谨以此书
向所有参加长城资源调查工作的
机构和人员致敬！

长城资源调查工作文集

国家文物局　编

文物出版社

封面设计　周小玮
责任印制　张　丽
责任编辑　贾东营

图书在版编目(CIP)数据

长城资源调查工作文集／国家文物局编．—北京:文物出版社，
2013.5

　ISBN 978 – 7 – 5010 – 3608 – 0

　Ⅰ.①长…　Ⅱ.①国…　Ⅲ.①长城 – 调查报告 – 中国 –
文集　Ⅳ.①K928.77 – 53

中国版本图书馆 CIP 数据核字(2012)第 261230 号

长城资源调查工作文集

国家文物局　编

*

文 物 出 版 社 出 版 发 行

(北京市东直门内北小街 2 号楼)

http://www.wenwu.com

E-mail:web@wenwu.com

北京京都六环印刷厂印刷

新 华 书 店 经 销

787×1092　1/16　　印张:31.25　　插页:1

2013 年 5 月第 1 版　2013 年 5 月第 1 次印刷

ISBN 978 – 7 – 5010 – 3608 – 0　　定价:150.00 元

编辑委员会

图二　北京市明长城箭扣段（北京市文物局提供）

图三　天津市明长城黄崖关关城（天津市文物局提供）

图四　河北省保定市涞源县白石口明长城（河北省文物局提供）

图五　山西省朔州市朔城区明长城墙体与马面（山西省文物局提供）

图六　内蒙古自治区包头市秦长城（内蒙古自治区文物局提供）

图七　辽宁省台子沟明长城 3 号敌台（辽宁省文物局提供）

图八　吉林省延吉市清茶馆土墙（吉林省文物局提供）

主墙　　　马面　　　　主壕　　　副墙　副壕

图九　金界壕遗址黑龙江段（黑龙江省文化厅提供）

图一○　山东省战国齐长城肥城市04段墙体（山东省文物局提供）

图一一　河南省狮豹头战国长城 2 段（河南省文物局提供）

图一二　陕西省榆林市明长城镇北台（陕西省文物局提供）

图一三 甘肃省敦煌市墩子湾墩汉长城（甘肃省文物局提供）

图一四 青海省大通县明长城（青海省文物局提供）

图一五　宁夏回族自治区固原市秦长城（宁夏回族自治区文物局提供）

图一六　新疆维吾尔自治区呼图壁县五工台唐代烽火台（新疆维吾尔自治区文物局提供）

目　录

序

　　长城，是世界上规模、体量最大的人工构筑物，是中华民族勤劳智慧的结晶，是中国人民创造的工程奇迹，是中华文明的突出见证。长城建筑时间之长、分布地域之广、影响力之大，是其他任何文物都无法比拟的，它已成为中华民族伟大精神的象征。长城整体及其重要节点、段落等相继被国务院公布为全国重点文物保护单位，实施依法保护。1987年，长城作为"全人类最令人震惊的文化遗产之一"，因其独特的历史、艺术和科学价值被整体列入《世界遗产名录》，成为我国首批世界文化遗产。

　　长城由墙体、敌台、马面、烽火台、关、堡等多种防御工事组成，是一个规模庞大的军事防御工程体系，以其复杂和艰苦的施工、严密而科学的战略布局、宏伟而坚固的结构闻名于世。长城始建于春秋战国时期，此后，汉、晋、北魏、东魏、西魏、北齐、北周、隋、唐、宋、辽、金、元、明等十多个朝代，都不同规模地修筑过长城。历代长城分布于我国的北京、天津、河北、山西、内蒙古、辽宁、吉林、黑龙江、山东、河南、陕西、甘肃、青海、宁夏、新疆15个省、自治区、直辖市。

　　长城在修筑过程中巧妙利用自然山体、河流，坚持"因地制宜、用险置塞"的理念，根据不同地理区域特点，采用不同材质构建多样的建筑结构，充分体现了古代人类社会修筑技术的绝妙智慧。长城与周边自然、人文环境完美结合，具有突出的建筑艺术和美学价值，是具有显著文化景观特征的巨型线性文化遗产。长城总体布局及各构成要素保存完整，其位置、工艺、形状、结构基本保存了历史原貌，具有极高的真实性和完整性。然而，由于经历了漫长的历史时期，长城仍不可避免地面临着自然侵蚀以及旅游开发、城市发展等人为因素带来的威胁。

　　长城保护工作得到中国党和政府的高度重视，党中央、国务院领导同志多次对长城保护工作做出重要批示，要求摸清长城家底，切实做好长城保护工作。为妥善保护这一极为珍贵的文化遗产，国家文物局发布了《"长城保护工程（2005～2014年）"总体工作方案》，并于2006年2月正式启动长城保护工程，争取用较短的时间摸清长城家底、建立健全相关法规制度、理顺管理体制，在统一规划的指导下，科学安排长城保护维修、合理利用等工作，并依法加强监管，从根本上遏制对长城的破坏，为长城保护管理工作的良性发展打下坚实基础。

2006 年，国务院颁布《长城保护条例》，这是我国政府首次为单项文化遗产开展保护立法工作，标志着长城保护法律体系的初步建立。与此同时，在国家文物局统一部署和组织指导下，各地相继启动了长城资源调查、长城档案及信息系统建设、长城保护规划编制、长城重点段落及节点保护修缮等工作。从整体上看，通过长城沿线各省、自治区、直辖市文物工作者的共同努力，长城保护管理和科学研究工作正在得到显著加强。2009 年，国家文物局和国家测绘局合作开展的明长城资源调查工作全部完成，并向社会公布了明长城长度数据 8851.8 千米。目前，已全面完成其他各时代长城的田野调查，进入资料数据汇总阶段，长城各时代资源调查成果汇集工作也正在有序推进。通过长城资源调查工作，全面、准确、详尽地掌握了长城的规模、分布、构成、走向、时代属性及保存现状，为科学开展长城保护、修缮及展示利用工作提供了科学依据。此外，我国还重点加大了长城保护资金投入，相继实施并完成了山海关段、嘉峪关段等长城重要段落的保护工程，妥善保护了长城本体及周边环境景观。

我们相信，随着长城保护工程的不断推进，通过长城沿线文物工作者的不懈努力，必将有更多的长城段落、节点及周边环境景观得到保护和改善，切实保护和传承长城突出的普遍价值及真实性、完整性，最终实现长城保护管理工作的良性发展。

为记录我国长城保护工作进展情况，增强全社会保护长城的意识，宣传长城保护各项成果，促进长城保护工作成果惠及社会大众，国家文物局组织长城沿线各省、自治区、直辖市文物行政部门及相关科研机构共同编辑出版《长城保护工程丛书》。本丛书将包括长城资源调查报告集、长城保护修缮工程报告集、各时代长城专题研究报告集、长城信息系统建设报告等系列丛书，并将随着长城保护工程的开展陆续面世。我们希望本丛书的编辑出版工作将对长城保护工作产生积极的作用。

同时，我们也希望通过本套丛书的出版，凝聚各省、自治区、直辖市长城管理者的心血和智慧，并向战斗在我国长城保护工程第一线的全体文物工作者致以最崇高的敬意！

国家文物局

2011 年 11 月

前　言

巰巰长城，中华之魂。

2012年6月5日，第七个"文化遗产日"来临之际，国家文物局在居庸关长城隆重举办长城保护宣传暨长城资源调查和认定成果发布活动。历时五年的长城资源调查工作所获得的累累硕果，终于和关心长城的人们见面了。

长城是中华民族的文化象征，也是我国首批世界文化遗产。中国政府高度重视长城保护，国务院于2006年颁布实施了《长城保护条例》。国家文物局制定了总体工作方案，启动了长城保护工程，长城资源调查和认定成为其中首要的工作任务。

2007年，国家文物局与国家测绘局合作开展了明长城资源调查工作。此后，国家文物局又组织开展了秦汉及其他时代长城资源调查。2010年，全国长城资源田野调查工作全部完成。根据长城资源调查成果，国家文物局启动了长城认定工作。经过各省申报、专家审核、各省复核和专家委员会集体评审的严格程序，确保了认定工作的科学性。

2012年5月，国家文物局批复完成了长城认定工作，认定长城分布于北京市、天津市、河北省、山西省、内蒙古自治区、辽宁省、吉林省、黑龙江省、山东省、河南省、陕西省、甘肃省、青海省、宁夏回族自治区、新疆维吾尔自治区等15个省、自治区、直辖市，包括长城墙体、壕堑、单体建筑、关堡和相关设施等长城遗产43721处。

长城资源调查和认定是深入贯彻《长城保护条例》的重大举措，是关系长城保护百年基业的大事。调查、认定工作的完成，使我们基本摸清了长城的家底，全面、准确地掌握了长城的保护管理现状，明确了各类长城遗产的范围和属性，确定了长城的保护身份，有利于推动地方政府依法将已认定的长城公布为省级文物保护单位，纳入《长城保护条例》的保护范围，落实保护管理责任，夯实长城保护工作基础。

这些成绩不仅凝聚着各级文物部门和广大调查队员的心血，也是有关部门、专家学者和社会各界共同努力的重要成果。

本文集根据最新的长城资源调查和认定材料，"趁热打铁"编纂而成，共分为三个部分：第一部分"长城资源调查工作和成果概览"全面介绍了各省长城资源调查工作的过程、主要收获和经验；第二部分"长城资源研究"收录了二十余篇学术论文，是长城研究者的各抒己见、百家争鸣；第三部分"长城资源调查随笔"则是一线调查队员们真情实感的展现。

《长城资源调查工作文集》是各省长城资源调查工作参与者和长城研究者集体智慧的产物，同时也凝结了全体一线调查队员的辛勤汗水。

在此，我们深切缅怀刚刚逝去的著名学者、长城专家罗哲文先生。

以罗哲文为代表的老一辈专家们带着对于长城的热爱，和对长城研究事业的不懈追求，为我们积累了一批重要的长城研究材料，为长城资源调查工作奠定了坚实的基础。

时值长城资源调查工作大规模展开，他们又对此项工作予以了热情鼓励和指导。

此外，一批中青年学者在工作中发挥了重要作用。数以千计的长城调查队员在极为艰苦的环境下，披星戴月，穿山越岭，克服了重重困难，为爱我中华，护我长城，立下了不可磨灭的功勋！

长城资源调查和认定的全面完成，为深入推进长城保护工程奠定了坚实基础。在"十二五"期间，我们将进一步加强长城"四有"基础工作和长城保护队伍的能力建设，建立较为完善的长城保护管理体系；编制完成长城保护总体规划；实施重点段落的抢救性保护维修工程，全面排除重大险情，基本解决长城保护面临的突出问题。

我们相信，以此次长城认定工作和本文集的出版为契机，长城沿线各级地方政府、有关部门和社会各界必将进一步掀起长城保护与研究的热潮，推动长城保护工作不断取得新的成绩，使万里长城永远屹立于神州大地，支撑起中华民族自强不息的民族之魂！

中国文化遗产研究院
2012 年 11 月

第一部分
长城资源调查工作和成果概览

"长城资源调查项目"的特点与收获

长城资源调查工作项目组

2011 年 11 月中旬，随着国家长城资源调查项目组对山东早期长城资源调查资料验收工作的完成，历时 6 年的长城资源调查项目田野阶段工作基本结束。回顾 6 年的长城资源调查工作，从国家到省市县，从文物系统干部职工到测绘科技人员，从野外的风餐露宿到内业的探索求真，无论是组织的系统和科学、技术方法创新，还是人员和经费的投入力度都是空前的。其结果，世人不仅第一次比较准确地知道了中国长城的规模和组成，而且也全面了解了中国长城的保存现状与问题。回顾、总结本次长城资源调查过程与结果，分析、研究其特点与得失，不仅能够使我们对本次调查行动的认识更加客观，评价更加科学，而且也会为今后类似的行动提供经验、借鉴教训，甚至能够促进管理者、研究者、社会公众正确理解、使用本次长城资源调查成果。

一 "长城资源调查"项目立项——被动与主动

世人对于长城的兴趣由来已久，亦有许多人、许多机构对其做过许多不同形式、不同程度的调查、研究。新中国成立以后，国家对包括长城在内文物古迹的保护日益重视，做了大量工作，其中重点之一是对文物资源状况进行调查摸底。例如，仅就不可移动文物就开展了三次全国性普查，其他专项调查更多。其中也包括对长城的调查。据不完全统计，新中国成立后至 1979 年，部分省份对当地长城进行过较为简单的实地调查。如，内蒙古自治区对战国燕赵长城、秦汉长城和金界壕的走向进行了调查；辽宁省对燕秦长城及其周边城址和遗址进行了调查；甘肃省不仅对秦汉长城遗址走向进行了调查，而且对古代"居延"地区城障烽塞进行了较为全面的文物考古调查，并对个别遗址进行了发掘[①]。

① 成大林等：《长城保护、管理和研究现状调查及对策研究》课题报告（国家文物局 2003 年重点课题）

需要特别提及的是，国家文物局在 1978 至 1984 年间组织了一次较大规模的长城普查，并在内蒙古召开了"全国第一次长城保护和研究工作座谈会"（1979 年）。《中国长城遗迹调查报告集》、《疏勒河流域汉代长城考察报告》、《内蒙古长城史话》、《长城访古万里行》、《明长城考实》等专著和普及读物陆续出版。这一时期，新技术手段也开始引入长城资源调查、研究工作中。例如，地质矿产部地质遥感中心于 1984 年对北京地区长城进行航空遥感调查。1990～1992 年，又对宁夏境内长城现状作了全面调查。发表了《长城航空遥感调查研究》和《宁夏长城航空遥感调查研究》等调查研究报告。此外，中国长城学会等群众学术团体也是这一时期成立的①。

进入新世纪以后，我国经济社会发展进一步加快，基本建设与文物保护的矛盾日益突出，并集中体现长城的保护上。在北京、河北、陕西、山东等地陆续发生了不同规模、性质的破坏长城事件，社会反响强烈。针对这一严峻形势，国家文物局经过系统分析、研究，从 2003 年起采取一系列措施加强长城保护工作：首先，设立专项课题对长城保护、管理和研究现状及对策进行调查、研究；在调查、研究的基础上制定长城保护总体工作方案，同时启动《长城保护条例》起草工作。

2004 年 5 月，国家文物局在征询国家发展改革、公安、财政、国土、建设、交通、环保、旅游等有关方面和专家意见的基础上，正式编制并向国务院报送了《"长城保护工程"总体工作方案》，并很快得到有关领导的同意。该方案从摸清长城家底、编制长城保护规划、出台长城保护专项法规、理顺长城保护管理体制、深化长城保护宣传、加强长城科学研究、科学保护修缮长城、依法严惩对长城的破坏行为和加大长城保护经费投入等 9 个方面系统论述、安排了为期十年的长城保护工作，并明确了该项"工程"要达到的具体目标是"争取用较短的时间摸清长城家底、建立健全相关法规制度、理顺管理体制，在统一规划的指导下，科学安排长城保护维修、合理利用等工作，并依法加强监管，从根本上遏制对长城的破坏，为长城保护管理工作的良性发展打下坚实基础"②。其中，以"通过科学调查，全面准确掌握长城现存状况"③ 为目的的长城资源调查工作被列为"长城保护工程"的首项内容。该项目的任务主要是全面准确掌握长城的规模、分布、构成、走向及其时代，保护与管理现状，人文与自然环境等基础资料，并依法建立科学完整的长城文物记录档案，为制定、落实保护长城政策法规和管理措施奠定基础。

上述情况表明，长城资源调查项目的立项具有明显的"被动"特点：长城被破坏

① 成大林等：《长城保护、管理和研究现状调查及对策研究》课题报告（国家文物局 2003 年重点课题）
② 国家文物局：《"长城保护工程（2005～2014 年）"总体工作方案》
③ 国家文物局：《"长城保护工程（2005～2014 年）"总体工作方案》

引发社会反响和领导重视—文物部门迅速应对、制订工作方案—得到有关部门配合、支持后实施。同时，文物部门的迅速应对反映了其在工作层面的"主动"：对长城的长期关注、调查和研究为及时提出应对方案打下坚实了基础。从某种意义上讲，长城保护的"被动"是我国文物保护整体"被动"的一种具体体现。这是由我国所处历史发展阶段——经济欠发达时期导致保护经费不足，专业机构和人员缺乏、社会认识和支持欠缺等—所决定的。"抢救第一"被列入我国文物工作方针，且成为方针的最重要部分之一既是我国文物保护工作所处历史阶段的客观反映，也说明了当前我们对文物的保护仍没有脱离被动性的"抢救"，距离游刃有余的"预防性"保护还有很长的路要走。《国家文物博物馆事业发展"十二五"规划》把"推进文物的抢救性保护与预防性保护的有机结合"作为一项重要任务提出也表明，文物保护正在从"被动"的"抢救性"保护向主动的"预防性"保护转变，我们也期待着对长城的研究、保护能够越来越主动，逐渐摆脱此前被动应对的局面。

二 "长城资源调查"项目实施——传统与创新

众所周知，长城具有规模庞大、构成复杂、分布地域广的特点，这个特点决定了即便是面对搞清其自身状况这一在其他文物古迹身上并不太难的问题，也变得非常困难。究其原因，除了长城自身的大与复杂外，再有一个就是此前我们即没有相应的技术手段，更没有赖以支撑的经济基础。当然，深究起来技术手段和经济支撑仍是具体操作层面上的问题。能否得到稳定的经济支撑、先进技术能否发挥应有作用，对于长城这种超大型的文物古迹来讲并不是一个简单问题，其组织协调尤为重要。本次长城资源调查的组织协调，如果以现在—2012 年的眼光看，并没有什么特殊之处：国家部署、部门合作、地方和专业机构落实。但回到 6 年前，仔细分析其历程，其中创新还是很多的：

创新之一，国家统筹规划部署，地方及相关专业机构通力配合。如前所述，本次长城资源调查是在得到国务院同意以后，由国家文物主管部门统一组织的针对长城这一超大型文物进行的专项调查，并得到了国家财政、测绘等部门的强力支撑与保障，这在以往是没有的。

如果非要确定一个时间点，我们认为，本次长城资源调查工作至少从 2003 年就开始了。那一年，国家文物局确定把《长城保护、管理和研究现状调查及对策研究》作为重点课题，并责成当时的文物保护司文物处负责组织实施。次年初，国家文物局针对当时河北、内蒙古、陕西、山东等地连续发生严重破坏长城事件展开调查、处理，并根据中央领导的要求提出了全面保护长城的《"长城保护工程（2005～2014 年）"总体工作方案》及相关具体工作计划。这些方案和计划成为日后统筹实施长城保护工作的基础性文件，也为长城资源调查项目科学推进奠定了坚实基础。

为确保《"长城保护工程（2005～2014年）"总体工作方案》落到实处，国家文物局首先从组织机制方面采取了一系列措施。如成立了局领导牵头的领导小组，并在中国文物研究所（中国文化遗产研究院）成立长城项目管理组。随后，国家文物局、国家测绘局决定合作开展明长城资源调查。两局联合成立"国家长城资源调查领导小组"，负责明长城资源调查的组织、协调及重大问题的决策，统筹安排国家层面的数据整合、建档、建库等工作。同时指示中国文化遗产研究院牵头并联合国家基础地理信息中心成立"长城资源调查工作项目管理组"，承担长城资源调查具体日常工作，包括落实领导小组的决策，开展前期调研、起草相关标准规范，起草各项工作制度、对调查人员进行培训、组织田野调查、内业整理、调查资料汇总、报告编写工作等。

与此同时，长城沿线各省（自治区、直辖市）文物部门根据"国家长城资源调查领导小组"的部署，先后建立了相应的长城资源调查管理机构，负责组织本省（自治区、直辖市）的长城资源调查、资料整理、数据整合、建立本省长城记录档案等工作。各省（自治区、直辖市）还任命了本辖区长城资源调查工作的总领队，根据本省长城分布的具体情况组建了调查工作队，具体实施调查工作。调查工作队成员既有省市县及文物、测绘主管部门的工作人员，也有省级文物考古、古建筑研究所、测绘专业机构，以及市县级文物考古研究所、文物管理所、博物馆等专业机构的专业技术人员。

至此，长城资源调查的组织、执行机构、运行方式基本确定，初步显示出本次调查在组织、实施方面在工作正式开始前即有较好的整体设计，条理性很强（图1）。

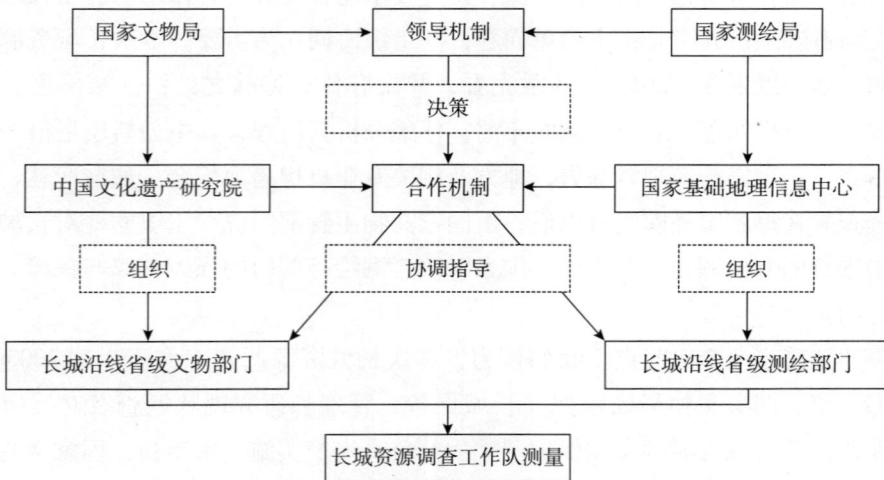

图1 明长城资源调查组织示意图

创新之二，制度规范，标准先行。本次长城资源调查在以下三个方面的特点非常明显：一是调查对象长城规模巨大，情况复杂，世上鲜有匹敌者。二是参与人员多，数以千计，这在以往亦很少见到。三是大量引入测绘等现代科技手段，没有现成经验可循。这三个特点对保证调查成果的全面、科学和规范，尽可能避免错误、混乱等提出了前所未有的高要求，需要在工作整体安排、队伍组建、技术标准和技术路线等方面有充分的准备。

首先，在长城资源调查项目的总体安排方面，为便于整体把握，把整个项目实施分为明长城调查、秦汉及其他时代长城调查等两个大的阶段，并首先实施明长城调查。其主要考虑是，明长城是中国长城中建成时间最晚、保存状况最好，人们对其了解最多，调查技术难度最小的部分，有利于以最小的代价摸索经验、锻炼队伍。

明长城资源调查亦分为前期准备、全面展开两个阶段。前期准备阶段的主要工作是组建队伍，结合对调查人员进行全员培训开展调查试点。如此安排的目的非常明确，就是通过试点形成较为成熟的调查和队伍组建方法，同时建立一套科学的工作程序，制定并验证一系列技术标准、规范和工作制度，并使之具有可操作性和适用性，为长城资源调查工作的全面展开提供经验，避免出现重大失误。

结合试点，形成《长城资源调查工作总体方案》、《长城资源调查工作规程》、《长城资源调查管理办法》和《长城资源调查资料管理制度》等工作制度。从组织管理、工作步骤和程序、职责分工、技术路线等方面对整个长城资源调查进行整体设计、规范。在对整个工作进行整体设计的同时，对其中的关键环节、关键业务和技术也制定了具体的技术标准和工作规范。例如，《长城资源调查名称使用规范》、《长城资源调查文物编码规则》、《长城资源保存程度评价标准》、《长城资源调查登记表及著录说明》、《长城基础地理信息与专题要素生产外业技术规定》、《长城基础地理信息与专题要素生产外业技术规定》、《长城基础地理信息与专题要素数据技术规定》等。出台这些规范、标准的主要目的就是要确保长城资源调查过程中涉及的各种技术方法及其操作，如名称使用、作业方法、要素选取、精度指标、成果整理等的统一性、科学性和可操作性，也就是说通过制定统一标准使所有的专业调查人员在同一语境、同一标准下开展工作，确保调查结果可汇总、可形成一个整体，进而实现调查成果的科学、准确，对长城保护、研究工作等提供科学支撑。这种在项目正式开始前即开始筹划，结合试点提出并完善工作制度、技术标准的做法不仅为长城资源调查工作的顺利实施提供了技术保障，也成为本次长城资源调查的一个突出特点。

创新之三，多学科合作，大量引入现代科技手段。田野考古调查是本次长城资源调查工作基础和主体。具体包括前期准备、现场调查确认、数据采集和记录、数据校核和调查资料临时归卷、资料数据整理、建立档案等（图2）[①]。在具体做法方面，除了全国

_____

① 本图引自国家文物局《长城资源调查工作手册》

1000 多名调查队员在近 6 个工作年度的时间里，克服严寒酷暑、荒漠高山等重重困难，风餐露宿行程数十万公里，徒步对中国境内所有的长城及相关遗存，进行全覆盖式的实地踏查，对长城每一段墙体、每一处设施和遗迹都进行详细的调查、记录与量测等一般专项考古调查的常规做法外，本次调查还充分利用了 GPS 定位系统、红外测距仪、数码照相机、摄像机等设备采集数据。同时，为确保考古田野调查数据质量和方便调查资料的后续使用，还应用现代计算机技术专门设计研发了长城田野调查数据采集、检查与汇交系统。该系统具有三项基本功能：一是田野调查数据管理功能。以县级行政区域为单元，录入和存储长城资源调查文字、多媒体等各类数据，实现县级、市（地区）级和省级行政区域的长城资源调查数据汇总，并对其进行查询、管理维护、备份和恢复；二是面向长城田野调查业务的地图应用功能。提供长城资源调查工作需要的地图，辅助应用于调查计划制定、任务安排等；三是长城田野调查数据检查功能。以图像的形式将调查数据与长城基础地理数据进行比对，以检验其准确性。实际应用表明，该系统基本实现了长城基础地理信息、田野考古调查专题信息（含多媒体数据）等数据的集成管理，具有不错的实用性与安全性，有力地支持了长城资源调查田野数据采集与整理工作。

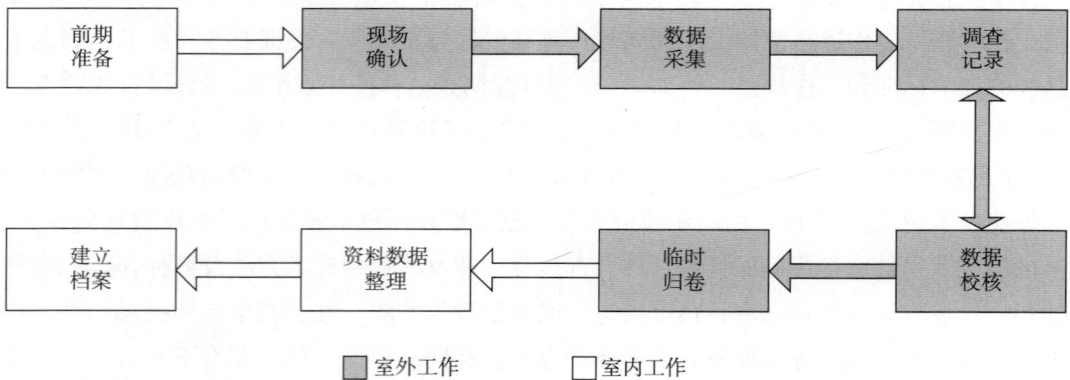

图 2　田野调查流程图

　　大规模引入数字摄影测量技术等现代科技手段是本次长城资源调查、特别是明长城资源调查的一大特色。在明长城调查阶段的具体做法是，首先根据长城的走向与分布，按照国家测绘标准在野外设立控制点，通过对这些点坐标的记录，获取满足长城测量的控制数据（控制点测量与调绘），然后通过立体量测和数据生产等过程，完成室内数据采集，计算并得出明长城的总长度（包括地表长度、投影长度）、分省长度、分类长度（不同建筑材质、保存状况）等数据。同时生产明长城墙体两侧各一公里范围内的基础地理数据（数字线划图〈DLG〉、数字高程模型〈DEM〉和数字正射影像图〈DOM〉）、长城专题要素数据（长城本体、附属设施、相关遗存的数字线划图〈DLG〉）。具体流程如图3[1]：

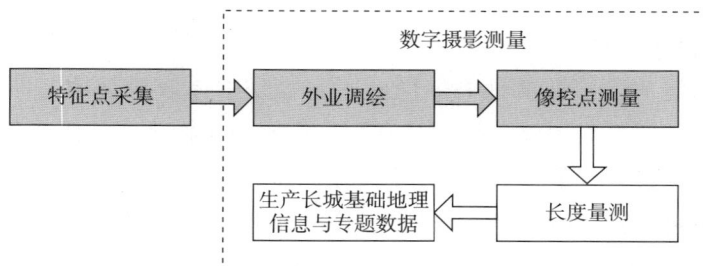

图 3　测绘流程图

　　充分应用计算机技术也是本次长城资源调查的突出特点。其中突出代表是长城资源信息系统的研究开发。系统以长城数据库为基础，以基础地理信息为纽带，以标准、制度和安全体系为保障，以长城资源信息管理、利用和研究业务流程为主线，以支撑长城保护为核心，形成数据更新和互联互通、长城资源变化监测、辅助决策支持和社会服务信息化体系。该系统主要包括三个子系统：一是长城资源信息管理子系统。用于长城资源信息等的集成管理、日常维护，实现长城资源调查数据自动装载入库，构建长城资源数据与地理数据关联关系等；二是长城资源信息应用子系统。主要面向长城保护、利用、管理和研究的应用需要，逐步实现长城资源数据统计查询、长城数字记录档案查看、长城专题图制作等，并根据长城保护工程需要，逐步发展其他方面的应用功能；三是长城资源信息公众服务子系统。利用 WebGIS 技术，将长城资源信息和长城保护有关法律法规发布于互联网上，使社会公众足不出户就能查询和浏览长城基本信息，同时也可就长城保护发表自己的意见和建议。这个系统是在明长城调查阶段开发完成的，其内容有明显的明长城烙印，但应用到整个长城应没有技术障碍。

三　"长城资源调查"成果——准确与模糊

　　据文献记载，长城始建于春秋战国时期。此后，秦、汉、魏晋南北朝、隋、唐、宋、辽、金、元、明等十多个朝代，都不同规模地修筑过长城。也就是说，从公元前7世纪到公元16世纪，中国人陆陆续续修建了两千余年的长城。历年的文物考古调查等工作结果表明，从地处北疆的黑龙江到长江流域湖北，从东部省份山东到祖国西陲的新

---

[1]　本图引自国家文物局《长城资源调查工作手册》

疆等十多个省、自治区、直辖市都有长城遗迹，或者疑似"长城"的遗迹分布。这些遗迹大致分布在北纬32°~48.5°，东经74.4°~130.5°之间，占据大半个中国。其时空跨度之大令人震惊。从形态上看，长城不只是一道连绵逶迤长而又长的墙，而是由墙以及形式体量各异的敌楼、烽火台，大小不一的关堡等多种设施组成的，功能完备、具有广阔战略纵深的军事防御体系。同时，它也是中原农耕文明与草原游牧文明交流、融合的通道与纽带。因此，长城具有无与伦比的文物价值与研究价值。长城的这些特质吸引着一代又一代的中国人、外国人以不同的目的、从不同的视角去了解、观察长城。但也不可否认，哪怕是长城的概念、长度、具体构成及其保存状况等最基本的问题，从长城诞生那天起就没有人说清过。通过本次长城资源调查，我们可以在一定程度上说，长城的规模、分布、构成，自然与人文环境，保护与管理现状等方面的情况已经被比较全面、准确地掌握了。限于篇幅，在此仅重点分析其分布、构成、管理等方面的主要成果。

厘清了长城资源的分布范围及其具体位置。本次长城资源调查共涉及黑龙江、吉林、辽宁、河北、北京、天津、山西、内蒙古、宁夏、陕西、甘肃、青海、新疆、山东、河南、湖北等16个省（自治区、直辖市），除了湖北省因"楚长城"的性质、年代等分歧较大未获认定外，国家文物局认定长城资源分布于上述除湖北省以外的15个省（自治区、直辖市）的403个县域。各省（自治区、直辖市）长城资源分布差异较大。仅就墙体而言，内蒙古自治区境内现存长度最长，达3809.5千米，天津境内长城最短，仅40.28千米。

以内蒙古自治区为例，其境内有战国、秦、汉、北魏、隋、西夏、金、明等时代的长城分布于76个县（旗、市、区）。其中：

战国燕北长城东起敖汉旗，经喀喇沁旗，西迄赤峰市元宝山区；战国赵北长城东起兴和县，经察哈尔右翼前旗、乌兰察布市集宁区、卓资县、呼和浩特市赛罕区、新城区、回民区，土默特左旗、土默特右旗、包头市东河区、石拐区、青山区、昆都仑区、九原区，西迄乌拉特前旗；战国秦长城南起伊金霍洛旗，经准格尔旗、鄂尔多斯市东胜区，北迄达拉特旗。

汉长城主线东起喀喇沁旗，经宁城县、兴和县、察哈尔右翼前旗、丰镇市、凉城县、卓资县、察哈尔右翼中旗、呼和浩特市赛罕区、新城区、武川县、固阳县、乌拉特前旗、乌拉特中旗、乌拉特后旗、磴口县、阿拉善左旗、阿拉善右旗，西迄额济纳旗；汉长城达拉特旗段分布于鄂尔多斯市达拉特旗；汉长城鄂托克旗－乌海段东起鄂托克旗，经乌海市海南区，西迄海勃湾区；汉代当路塞分布于呼和浩特市新城区、武川县、土默特左旗、固阳县、包头市石拐区、昆都仑区；汉外长城东起武川县，经固阳县、达尔罕茂明安联合旗、乌拉特中旗，西迄乌拉特后旗。

西夏长城包头段分布于包头市东河区；阴山北部草原段东起武川县，经达尔罕茂明安联合旗、乌拉特中旗、乌拉特后旗、阿拉善左旗、阿拉善右旗，西迄额济纳旗。

金界壕主线东起莫力达瓦达斡尔族自治旗，经扎兰屯市、扎赉特旗、科尔沁右翼前旗、突泉县、科尔沁右翼中旗、霍林郭勒市、扎鲁特旗、阿鲁科尔沁旗、巴林左旗、巴林右旗、林西县、克什克腾旗、翁牛特旗、赤峰市松山区、东乌珠穆沁旗、锡林浩特市、正蓝旗、正镶白旗、镶黄旗、多伦县、太仆寺旗、苏尼特右旗、化德县、商都县、察哈尔右翼后旗、四子王旗、达尔罕茂明安联合旗，西迄武川县；岭北线东起额尔古纳市，经陈巴尔虎旗、满洲里市，西迄新巴尔虎右旗；漠南线东起扎赉特旗，经科尔沁右翼前旗、东乌珠穆沁旗、阿巴嘎旗、苏尼特左旗、苏尼特右旗，西迄四子王旗；

明长城东起兴和县，经丰镇市、凉城县、和林格尔县、清水河县、准格尔旗、鄂托克前旗、鄂托克旗、乌海市海南区，西迄阿拉善左旗。

在调查过程中，除有常规考古调查记录以外，对于所有的长城遗迹均根据标准提取了准确的坐标点等数据，与山川河流、村庄、道路等其他地标、建构筑物等的相对位置亦记录、标注得非常明确。可以说，通过本次调查，我们已经系统、准确地掌握了中国长城资源的具体分布与精确位置。

明确了长城资源的具体构成与数量。根据《长城资源调查名称使用规范》、《长城资源调查登记表及著录说明》[①] 等的规定，本次长城资源调查按照长城墙体、壕堑/界壕、单体建筑、关堡、相关设施等对长城资源各个构成部分进行分类调查记录。其中，长城墙体可分为人工墙体、壕堑、自然险三大类。人工墙体可根据建造材质的不同，分为土墙、石墙、砖墙、山险墙（利用自然山体、沟壑等，通过人工铲削、砌石或夯土修整形成）等；自然险可分为山险、河险两类；壕堑是指人工掘壕形成的防御屏障；单体建筑则包括与墙体密切相关的敌台、马面、铺房、烽火台等；相关设施主要指挡马墙、品字窖、壕沟等。以上单体建筑及关堡等设施与长城墙体等一起构成了长城整个军事防御体系，属于长城文物的本体部分。此外，长城资源调查还调查、发现了采石场、砖瓦窑、戍卒墓、居住址、古驿站、刻石、碑刻等与长城防御体系相关的遗址遗迹。其主要数据如下[②]：

长城墙体总长度21196.18千米。包括土墙、石墙、砖墙、山险墙等不同人工墙体类型，另有自然险2000欲千米。其中，土墙最长，为6240.83千米；砖墙最短，为375.13千米。如果按时代统计，现存长度最长的为明代长城8851.79千米，此外，金

① 国家文物局：《长城资源调查工作手册》
② 国家文物局：《长城认定资料手册》

代、西夏、南北朝、秦汉、先秦等时代的长城长度均超过 1000 千米。

　　敌台、马面、烽火台等单体建筑共计 29507 座；关堡 2210 座。其中，又以明代的为大宗：敌台 7062 座，马面 3357 座，烽火台 5723 座、关堡 1176 处。

　　上述长城遗迹中有许多属于新发现。据初步统计，仅新发现的明长城遗迹就有 400 余处。例如，北京市大庄科、海字口等处新发现 5 千米墙体、与明长城相关的 1 处冶铁遗址和多处窑址以及采石场遗址等；甘肃新发现明长城墙体及壕堑 3 段、关堡 6 座、单体建筑 4 座。基本搞清了一直以来被认为线路比较复杂的古浪县明长城走向等问题等；河北迁安发现镶在城墙上的"东协燕河路西界"、"中协太平路东界"界碑两块，搞清了明代蓟镇所辖的太平路与沿河路的分界。在沽源县境内发现一条通往"开平卫"的烽燧线等；辽宁省新发现二台子路河、康家路河、连城路河、龙山路河、七台子路河、三台子路河、四台子路河、万家壕路河、五台子路河等河险墙。在锦州市黑山县白厂门镇石家沟村翟家屯发现 8 条长约 800 米平行且保存较好的长城墙体，颇为壮观。内蒙古自治区鄂尔多斯市新发现的长城修正了以往学术界关于明宁夏镇两道边墙西端交汇点具体位置的认识。宁夏回族自治区海原县境内发现一处总长度为 17358 米长城墙体，为历次调查中所未见；山西省繁峙县境内发现茨沟营南岭长城、西岭长城、白头沟长城等三段长城，均为石墙。左权县黄泽关关堡内发现的"新修十八盘并天井郊城堡图"石碑，详细描绘了黄泽关关堡、关门和关道的位置、格局；陕西省在定边县发现已被沙漠掩埋的烽火台、马面及墙体；榆阳区新发现了 76 千米的长城、33 座烽火台、74 座敌台、97 座马面、24 处堡等长城遗存等等。

　　系统了解、掌握了长城资源保护管理现状。20 世纪 50 年代起，各级政府、文物部门陆续开展了一些对明长城的调查工作。山海关、八达岭、荆紫关、嘉峪关等部分长城段落被国务院以及各级地方政府分期分批公布为全国重点文物保护单位、省级及市县级文物保护单位；相关地方政府为辖区内的部分长城划定了保护范围和建设控制地带，有的设立了专门的保护管理机构。期间，对八达岭、慕田峪、居庸关等重要的长城段落进行了不同规模、程度的保护修缮；1987 年，长城整体列入世界遗产名录；与此同时，各级政府也逐步依法加大对破坏长城案件的查处力度。但从整体上讲，明长城的保护和管理工作远未达到理想状态，这也是将保护管理状况列入本次明长城资源调查的重要原因。

　　明长城作为一个文物保护单位①，其直接的保护管理工作由一个专门机构承担最为理想。但由于历史、体制等方面的原因，明长城一直采取属地管理的方式进行保护管理，由所在地市县文化文物部门负责。据此次调查初步统计，全国参与明长城管理的各

---

① 从第六批全国重点文物保护单位开始，国务院将"长城"作为一个单位公布。

类机构有 183 个。具体管理方式多种多样：由政府文物主管部门委托当地文物保护管理所或者博物馆等专业机构兼管，没有专门的长城保护管理机构，这种方式占大部分。部分地方政府文物部门采取聘请长城保护员对属地长城及相关设施进行看护，也有和当地乡镇签订长城保护责任书的。如河北、北京、宁夏回族自治区部分市县；由政府设置的专门保护管理机构负责。这些专门机构一般设于重要或知名的长城关隘或段落等地方。如河北的山海关、金山岭、天津的黄崖关、北京的居庸关、八达岭、陕西省的镇北台、红石峡、榆林卫城和易马城等。这些专门机构的隶属多种多样，有政府派出机构（如北京居庸关）、旅游部门（如天津市的蓟县八仙山风景区管理局）；个别地方由社会团体对长城实施简单的看护管理，如陕西省神木县长城保护协会。明长城分布在十个省级行政区域，部分长城是省市县甚至乡镇之间的分界线，不同行政区域交界处的长城如何管理、责权利如何划分也是长城保护管理中需要注意的问题。

划定保护范围和建设控制地带是对一个文物保护单位保护管理方面的基本要求。本次调查表明，明长城保护范围和建设控制地带划定工作在各地的进展参差不齐。辽宁省对已公布为省级及以上文物保护单位的明长城段落，划定了相应的保护范围和建设控制地带；北京市文物局、北京市规划委员会根据《北京市长城保护管理办法》、《北京市文物保护单位保护范围及建设控制地带管理规定》等法规，为北京市境内的明长城划定了临时保护范围和建设控制地带（长城墙体两侧 500 米；长城墙体两侧500 米至 3000 米）；河北省人民政府《河北省人民政府关于印发〈河北省国家级、省级文物保护单位保护范围及建设控制地带〉的通知》，划定了境内 26 个县的明长城保护范围和建设控制地带。其中城墙以墙基外缘为基线，向两侧各外扩 50 米，为其保护范围，以保护范围边线为基础，向两侧各外扩 100 米为建设控制地带。单体设施（如烽燧、敌楼、战台、关隘等）均以其基础外缘为基线，四周各外扩 50 米，为其保护范围，以其基础外缘为基线，四周各外扩 100 米为建设控制地带。宣化区宣府镇城以城墙基两侧外皮为基线，城墙内外两侧各扩展 30 米为保护范围，以保护范围边线为基线，内外两侧各扩展 70 米为建设控制地带；山西省的黄泽关堡、关门、盘垴村东南侧长城和白皮关关门、口上村东侧长城 1 段、口上村东侧敌台等 6 处明长城遗迹划定了保护范围和建设控制地带；陕西省横山、靖边、吴起、榆阳等地共有 10 处明长城设立了保护范围；宁夏回族自治区中卫县、灵武市政府将其境内长城两侧各50 米划定为保护范围，两侧各 100 米为建设控制地带；青海省仅被公布为省级文物保护单位的大通县桥头镇明长城划定了长城本体两侧各 50 米为保护范围和建设控制地带；甘肃省永昌县将境内长城墙体两侧各 10 米范围划为保护范围和建设控制地带。永登县将明长城及烽火台遗迹四周外 20 米设为保护范围，保护范围向外顺延 150 米为建设控制地带。嘉峪关市早在 1968 年就划定了嘉峪关关城保护范围及其四至。山丹县规定长城墙体两边各 15 米为保护范围、40 米为建设控制地带。天津市和内蒙古自治区境内的明长城尚未划定保护范围和建设控制地带。

　　设置保护标志和建立科学的记录档案是文物保护单位的法定保护措施之一。据本次调查，已列为各级文物保护单位的明长城大都设置了保护标志，计 237 处。而未列为文物保护单位的长城，则绝大部分没有设立规范的保护标志。与此类似，除已公布为国保单位的长城点段建立了记录档案外，其他部分的明长城档案几近空白。本次明长城资源调查工作的一项重要任务就是全面建立明长城记录档案，相信其一定会为长城保护维修、展示与利用等提供有力的资料支持。

　　可以毫不夸张地说，这次调查是人类有史以来第一次准确量测并得到长城长度、各类设施准确数量等基本数据。同时，我们知道，上述数据是在现有认知条件、水平的前提下得出的，具有阶段性特点。随着调查、研究工作的进展，一些具体数据还会发生变化。例如，通过进一步的田野考古工作，还有可能发现新的长城遗存，长城资源总量有可能增加；随着研究的深入，对长城定义、性质、年代等的认识会深化，长城按类别、时代统计的数据也会随之发生变化。从这个角度看，本次长城资源调查数据亦具有相当的不确定性或者说模糊性。

（执笔：柴晓明①）

①　柴晓明：中国文化遗产研究院，研究馆员。

近年来北京市长城保护工作调研报告

北京市长城资源调查队

万里长城是世界上最宏伟的军事防御工程，其工程之艰巨，历史之悠久，气势之雄伟，均为世所罕见。长城不仅是中国传统文化的优秀代表，更体现了中华民族勤劳智慧，坚强勇敢，热爱和平的民族精神，已经成为人类文化遗产的重要组成部分。北京段长城记录了北京地区古代军事、政治、经济、社会、环境等的演变发展，因而对于军事科学，自然科学和社会科学的研究均具有重大价值，因此，做好长城的保护工作具有十分重要的意义。

为了加强对长城这一伟大工程的保护和研究，地质矿产部、城乡建设环境保护部和北京市人民政府从 1984 年 4 月 ~1985 年 3 月，联合对北京地区长城采用航空遥感技术进行现状调查。调查成果在北京燕山出版社 1988 年 6 月出版的《北京名胜古迹辞典》上面记载：北京段长城总体走向分布主要由东西、北西两个体系组成，二者在怀柔县旧水坑西南分水岭上汇合，连接成为一个整体，横跨了北京北部山区的平谷区、密云县、怀柔区、昌平区、延庆县和门头沟区，北京地区长城全长约 629 千米（主干线长度为539 千米，支线长度为 90 千米），其中明代以前的长城长度为 73 千米。长城线上共有城台（敌台、附墙台及战台）827 座，关口 71 个，营盘 8 座。

近年来，北京市对于北京段长城的保护，主要体现在以下几个方面：

一　开展长城资源调查工作，加强长城基础性工作

为落实《国务院关于加强文化遗产保护的通知》及国家文物局长城保护工作会议的精神和认真贯彻市委、市政府关于加强基础性工作的指示，完善长城记录档案的重要内容，我局于 2006 年组织开展北京段长城保护工程全线实地测绘调查及划定北京段长城保护范围和建设控制地带的工作。

北京市委、市政府十分重视长城的保护工作，为加大长城保护力度，做好长城基础

性工作，摸清家底，2006年3月启动了长城保护工程。

为进一步摸清长城资源和全国文化遗产资源情况，促进长城和其他重要文化遗产保护，充分发挥地理空间信息资源在长城资源调查和全国文物普查中的作用，国家测绘局与国家文物局友好协商，决定在长城资源调查和全国文物普查中加强合作，并就有关事宜于2006年10月26日达成了协议。

2006年12月8日，国家文物局、国家测绘局联合下发了"关于合作开展长城资源调查工作的通知"，通知中明确了双方职责分工及合作内容。北京市文物部门主要任务是：开展田野调查，对长城资源进行现场勘查、考古测量，做好信息采集和登录工作。对田野调查获取的资料和信息进行整理、归纳和汇总，依照全国重点文物保护单位记录档案相关规范标准，建立记录档案，建设长城资源信息系统运行环境。

2007年3月8日至3月20日，北京市文物局、市测绘院、长城沿线六区县文委及相关单位均派人，参加了国家文物局在居庸关举办的"全国长城资源调查培训班"的学习。通过学习掌握了长城资源调查的相关技术标准，明确了工作目标和任务。

2007年4月北京市规划委和北京市文物局共同成立北京市长城资源调查工作指导组，组长由市文物局副局长崔国民担任，下设项目办公室，全面负责组织协调长城调查工作。项目办公室由北京市规划委、市文物局、市古研所、市文研所等共同组成。

2007年4月3日~4月4日，北京市文物局组织了长城资源调查培训班。培训内容为调查、测量及数据采集整合的技术方法，培训形式包括室内请中国文物研究所长城项目组及测绘部门授课和现场实操培训。

主要任务是查明北京境内长城的分布状况，了解长城的损坏程度，计算长城长度及城台数等。目的是为长城的保护、维修、管理以及科学研究提供现状资料和科学数据。

此次长城资源调查前期调研中，我市参考了明《四镇三关志》、《明史》中华书局本、清田易等撰写的《畿辅通志》四库全书本及相关区县的县志、文物志、地名志及第二次全国文物普查资料、北京市第三次文物普查资料等。

北京市长城资源野外调查按行政区划分为平谷区、密云县、怀柔区、延庆县、昌平区、门头沟区六个区县进行。长城沿线六个区县文委组建9支调查队，每队不超过15人。实行队长负责制，成员各有分工，包括现场记录、资料收集管理建档、数据记录、标图、后勤保障、设备管理、摄影照片等。调查队长向总领队负责，总领队向项目办公室负责。调查队负责本区县长城调查测绘和资料整理。

长城资源调查的工作目标是通过北京市文物和测绘部门合作开展北京段长城的资源调查工作，全面、准确掌握北京市历代长城的规模、分布、构成、走向及其时代、自然与人文环境、保护与管理现状等基础资料，测量长城长度、生产长城基础地理信息和长城专题要素数据、发布长城长度等重要信息。建立科学、准确、翔实的北京段长城记录档案和长城资源信息系统，为编制北京市长城保护规划、开展长城保护工程、加强保护管理和进行科学研究提供依据。

根据已有工作成果，文物与测绘部门共同做好基于 1：50000 地形图的长城本体位置标绘工作，作为长城资源调查计划用图（文物部门负责长城本体标识与核对，测绘部门负责标绘）。

北京市明长城资源野外调查从 2006 年 5 月开始，至 2008 年 6 月结束，参加野外调查的 9 支调查队，近百名队员，历时三年，穿越北京市境内的 6 个区县，途径 35 个乡镇，166 个行政村，行程近万里。经初步统计，调查并初步确认长城墙体近 500 公里，由于自然和人为的破坏，许多长城墙体已经消失或损坏严重。经调查，确认有效墙体约363 千米，其中土墙约 29 千米，石墙约 286 千米，砖墙 71 千米，山险约 108 千米。敌台 1479 座、关、堡 145 座、烽火台 149 座、马面 43 座、44 处相关遗存、12 件采（征）集标本，7873 张照片、2429 段录像。

通过这次调查，北京市将第一次准确的测定北京段长城的长度及现状保护情况和类型特征，并为长城保护规划的制定和对长城抢修保护奠定基础。也为编制北京段长城记录档案，出版调查报告，整合长城资源调查与测量数据，建设长城资源信息系统提供了翔实的基础。

二 加大资金投入，对北京段长城进行抢险加固保护

众所周知，长城因年久失修，加之战争和早年人为破坏，导致部分墙体和敌台、烽火台等附属建筑存在着严重的安全隐患。为解决上述问题，在 2001 年～2003 年北京市文物局组织实施的"3.3 亿"抢险修缮工程和 2003 年～2008 年的"人文奥运"文物保护规划中，都把对北京段长城的抢险加固作为工作的重点。两项工程先后共投资 4000余万元对密云县鹿皮关、古北口、望京楼、吉家营、白马关长城；延庆县岔道城、九眼楼长城；平谷区将军关长城；门头沟区沿河城长城；怀柔区黄花城、箭扣长城等进行了抢险加固保护。通过抢险加固，不仅使有严重险情地段的长城得到了及时的保护，确保了长城文物的安全，也保证了居住在长城附近的村民的人身安全。

延庆县岔道城是八达岭长城临近的一处古城堡，因常年风雨侵蚀及周边杂乱建筑造成城墙很多部位出现险情。从 2002 年起在区县政府和当地村镇的支持下，对岔道城周边环境进行了彻底的整治，拆除杂建，对街区现代建筑进行改造，使文物保护环境得到了大大的改善。同时，北京市政府又先后对南城墙、东城门、西城门进行了抢险加固，至今总投资将近 1000 万元。

三　完善立法，加大执法力度，确保北京段长城的保护

为进一步加强长城保护管理工作，规范对长城的开发利用行为，北京市委、市政府根据《中华人民共和国文物保护法》的要求，认真贯彻"保护为主，抢救第一，合理利用，加强管理"的文物工作方针，于 2003 年 5 月 22 日制定、颁布了全国第一部有关长城保护的地方行政法规——《北京市长城保护管理办法》。加大了对长城的宣传力度和执法力度，使长城保护环境得到了很大改善。并把对长城的保护、管理和利用工作统一纳入本级政府国民经济和社会发展规划以及城乡规划，将保护工作所需经费列入本级政府财政预算。此外，北京市文物局与北京市规划委于 2003 年 7 月 3 日联合颁布了《关于划定长城临时保护区的通知》，加强对长城的保护。

2006 年 10 月 11 日，国务院第 476 号令公布了《长城保护条例》（以下简称《条例》）。《条例》是国务院首次对一个单体文化遗产制定并颁布的专项法规，体现了对长城保护工作的高度重视。按照国务院的要求，有关区、县政府要认真贯彻和落实《条例》，把长城保护纳入区、县国民经济和社会发展规划、城乡规划、财政规划。纳入领导责任制，负责组织实施本辖区内的长城保护工作，将长城保护的职责层层分解，落实到长城沿线乡、镇政府及村民委员会。区、县文化委员会具体负责本辖区内长城的保护管理工作。

各区县要按照《条例》的要求，同时结合《北京市长城保护管理办法》的有关规定，建立健全本行政区域内长城段的保护机构。聘请长城保护员加强对地处偏远、没有利用机构的长城段落的保护。

各区、县及相关委、办、局应严格按照《条例》的规定，加大对各种违法行为的处罚力度。对造成长城破坏的主要责任人，要依法追究其行政或刑事责任。

近年来，我局还结合贯彻《中华人民共和国文物保护法》、《北京市长城保护管理办法》、《长城保护条例》，组织长城沿线六区县文化委员会及两个特区组成的执法队伍，对长城保护现状进行联合大检查，发现并及时严肃查处了一些擅自开发长城及在长城周边私自建设案件，并处理了一些非法设计登城点、擅自攀登未开放段长城等违法行为。使长城沿线的保护环境得到了很大改善。

四　加强宣传，增强文物保护意识

为了改变长久以来长城保护工作的被动局面，近年来，在加大对长城抢修保护力度的同时，长城沿线六区县政府加大了宣传力度，各区县文委深入景区及长城沿线的村

镇，宣传并组织长城管护员认真学习《中华人民共和国文物保护法》、《北京市长城保护管理办法》、《长城保护条例》，印发宣传材料，设立保护警示牌，促进长城所在区县落实长城保护的各项法规，分别成立了由主管区（县）长带头、区县文委为主的长城保护管理领导小组，各乡镇政府也相应组成了长城保护领导小组，由乡、镇长任组长，并将长城保护工作同文物保护工作一起纳入了领导责任制。每年，六个区政府及八达岭特区还分别与长城沿线各乡镇、管理使用单位签订《长城保护安全责任书》，把管理工作落实到基层。延庆、怀柔、密云、平谷等部分重点区县，还聘请了当地村民为长城管护员，对重点地段加强巡查看护工作，在长城的保护中发挥了积极的作用。如八达岭办事处专门设立了宣传科和对外联络中心，以旅行社、学校、企业为对象，组织宣传、开展知识竞赛等多种形式进行宣传，提高文物保护意识。在 2006 年～2008 年进行的北京市长城资源野外调查中，队员们边开展调查、边进行宣传。

五　依法理顺北京段长城的管理体制

由于历史等方面的原因，长城也存在着管理体制不健全或者由企业资产经营的问题。例如，八达岭长城作为世界文化遗产、全国重点文物保护单位，一度由企业进行经营，由上市公司进行管理。《北京市长城保护管理办法》明确了"任何单位或个人不得将长城转让、抵押或者折股作为企业资产经营"的规定。为尽快解决这一历史遗留问题，北京市文物局按照市政府的指示经过多方努力，在延庆县人民政府的支持下，解决了八达岭管理体制问题，全长 7600 米的八达岭长城管理经营权由上市公司收归八达岭特区办事处。编制了《八达岭长城保护规划》；另一处长期以来由公司管理的密云县司马台长城，也已经收归司马台长城管理处进行管理。怀柔区黄花城长城修缮后，编制了《黄花城长城保护规划》，成立了黄花城长城管理处，编制 5 人，对黄花城长城进行保护和管理。

理顺长城管理体制，使管理机构由分散走向统一，管理职责更加明确，有利于长城景区的整体规划和发展，有利于更好地处理长城保护与开发的关系，也充分体现北京市委、市政府贯彻文物法加强对长城保护力度的决心。

六　目前北京市长城保护工作中仍然存在以下主要问题

（一）北京段长城仍然存在着安全隐患。许多险峻、远离村落地段的长城年久失修严重。特别是未开放地段的残长城，存在着非法设置登城口和游人私自攀登损坏的现象。

　　（二）长城涉及我市六个区县，同时涉及交通、规划、林业、土地、建设等部门管理。长城周边建设项目显著增加，长城的保护环境面临严峻考验。

　　（三）修缮经费不足。北京段长城约 500 多公里，据统计进行过抢险修缮的，只占其中很少的一部分，且资金主要依靠市政府拨款。区县政府及长城开放景点门票收入，只有极少的一部分用于长城修缮。因此，长城抢险修缮资金不足的问题仍然十分突出。

　　近几年来，在国家文物局的指导下，北京市长城保护工作取得了好的成绩，但是由于历史欠账太多，仍然存在着许多急需解决的问题，长城保护任重道远。但北京市委、市政府将进一步加大长城保护力度，在做好各项基础性工作的同时，加大对长城保护宣传的力度，加大对长城抢险的资金投入。争取使长城这一世界文化遗产能够得到全面保护和持续利用。

天津市明长城资源调查工作报告

天津市长城资源调查队

引　言

天津市辖域的明长城全部分布在蓟县北部山区，东迄天津市蓟县与河北省遵化市交界的钻天峰，向东与河北省遵化市马兰关明长城相接，向西经赤霞峪、古强峪、船仓峪，折向西北的常州，经东山、刘庄子、青山岭、车道峪、小平安向西穿沟河，过黄崖关，经前甘涧黄土梁大松顶出蓟县界，折向西北，与北京市平谷将军关相连，地跨下营镇的赤霞峪、古强峪、船仓峪、常州，东山、刘庄子、青山岭、车道峪、小平安、黄崖关、前甘涧 11 个自然村。

据文献记载，天津市辖域的长城始建于明成化一二年（1476 年），弘治十一年（1498 年）、嘉靖二十四年（1545 年）、嘉靖二十七年（1548 年）又"修蓟州边墙"、"堵塞蓟镇各隘"。万历四年（1576 年）开始部分边墙、敌台包砖。黄崖关关城建于天顺四年（1460 年），原为石墙，万历十五年（1587 年）包砌成砖墙。这样，在有明一代，蓟县境内明长城经过一百多年的不断增修，将自然地形和人造工程巧妙结合，基本形成了一道完整的长城防御体系。

清朝时期因蓟镇长城控诸燕山隘口，起着拱卫京师的作用，因此在黄崖关仍有驻兵镇守，关城内的衙署也得到了部分修复。

民国时期因社会动荡，未加修葺，长城建筑因年久失修而逐渐毁坏，部分敌台开始倒塌。在漫长的历史进程，长城受到自然和人为的破坏。

新中国成立以后，政府十分重视对长城的保护，先后颁布了一系列政策法令，在长城沿线以乡村为核心建立保护组织。1984 年，邓小平同志向全国人民发出了"爱我中华，修我长城"的号召。1984 年 9 月，天津市启动了修复天津境内的蓟县明长城行动。至 1987 年 9 月，共修复黄崖关段明长城 3025 米、敌台 20 座、黄崖关关城 1 座。

天津市文化局文物管理处组织相关业务人员进行了考古调查和部分相关遗迹的清理工作，可惜这些资料除见诸于《中国文物地图集・天津分册》、《天津黄崖关长城志》

零星介绍外，所有原始资料由于种种人为原因全部佚失。

壹　主要工作情况

一　前期准备工作

（一）主要任务

1. 调查任务

此次调查的任务是天津市境内的明代长城资源，主要分布在天津市蓟县与河北省交界的北部山区，东北连接河北省境内长城，西北连接北京市境内长城，据《中国文物地图集·天津分册》记载，天津市境内长城长度为 41 千米。此次调查对象为明长城墙体、附属实施及相关遗迹、关堡等。

2. 调查思路

针对此次明长城调查的特殊性，我们提出了"统一领导、合理规划、明确分工、协同配合、树立课题意识、严格按照《全国长城资源调查工作手册》和《田野考古操作规程》的技术要求进行调查"的调查思路。

"统一领导"指的是此次明长城资源调查工作统一由天津市文物局领导，为此天津市文物局成立了以天津市文物局、天津市规划局为主，蓟县人民政府、天津市文化遗产保护中心、天津市测绘院、蓟县文物局、蓟县公安局、蓟县林业局、蓟县黄崖关长城管理局、蓟县八仙山管理局、蓟县国土规划局、蓟县下营镇政府相关领导参加的"天津市明长城资源调查领导小组"，负责此次明长城资源调查的组织、协调工作。

"合理规划"指的是在本次天津市明长城资源田野调查开展之前，田野调查队所有成员经过了多次协商，就调查过程中可能遇到的每日调查路线、调查工作量、表格填写、资料提取等技术问题做了充分的讨论，并形成每日调查规划，同时，根据天津市北部山区地形的特点，制定了"天津市明长城资源田野调查安全预案"。实践证明，这些"规划"为安全、高效、保质保量地完成天津市明长城资源调查工作奠定了坚实的基础。

"明确分工"指的是业务工作主要由天津市文化遗产保护中心有关专业人员承担，有中心三位同志担任三个调查小组组长，三个小组之间由总领队分配各自的调查任务，厘清相互之间的责任，并将各自调查任务落实到人，做到互相提醒、互相补充、各司其职、责任到人。

"协调配合"指的是三个调查小组既有各自日常负责的调查任务，在调查过程中，又根据实际情况，承担一些其他工作，这样既充分发挥了调查小组机动灵活的特性，又提高了田野调查的工作效率。

"树立课题意识"指的是以课题带动调查,拓宽调查的领域和范围。此次明长城资源调查既是严峻的挑战和考验,又是千载难逢的机遇和契机,为了在调查过程中能充分调动队员们的积极性、主动性和创造性,使调查更科学、更深入、更彻底,将对长城资源的调查、研究、保护三者结合起来进行,在调查的前期准备过程中,我们就制定了"天津市明长城防御体系的组成及相互关系"、"天津市明长城防御体系研究"、"天津市明长城沿线的自然环境与防御体系的关系"等相关课题。

"严格按照《全国长城资源调查工作手册》和《田野考古操作规程》的技术要求进行调查"指的是《全国长城资源调查工作手册》是此次资源调查指导性技术规范,必须严格遵守。《田野考古操作规程》是传统田野考古工作规范,将之应用于此次长城资源调查是我们提出的更高要求,在整个调查过程中,我们坚持每处遗迹都有测绘图纸、数码照片、录像、文字记录。

(二)组织落实情况

1. 领导机构

根据《全国长城资源调查管理办法》、《全国长城资源调查工作总体方案》的有关规定和要求,为加强对实施长城资源调查工作的领导,推动长城资源调查工作的顺利开展,更好地完成我市长城资源调查任务,天津市文物局与天津市规划局会同长城所在蓟县人民政府、文物行政管理部门成立了天津市长城资源调查工作领导小组和天津市长城资源调查项目管理办公室。

长城资源调查工作领导小组,负责研究解决我市长城资源调查工作中的重大问题,确定我市长城资源调查的指导原则和工作方针,决策有关重大事项。

长城资源调查工作项目办公室,负责组织和协调各有关部门实施长城资源调查工作,组织项目有关单位制定工作方案,协调我市长城资源调查工作的进度计划和质量控制。主任:陈雍(天津市文物局文物处处长)、韩振彪(天津市测绘院副院长);成员:程绍卿(天津市文物局文物处文保科科长)姜佰国(天津市文化遗产保护中心文保部部长)、吴正鹏(天津市测绘院遥感院副院长)、张俊生(天津市文化遗产保护中心副研究馆员)、刘健(天津市文化遗产保护中心副研究馆员)、刘福宁(天津市蓟县文物保管所所长助理)、刘洪明(蓟县黄崖关长城管理局业务科科长)。

强有力的领导机构为我市长城资源调查的顺利进行提供了组织保证。

2. 专业工作队伍

1)天津市明长城资源调查项目

田野调查队伍由天津市文化遗产保护中心、蓟县文物局、蓟县黄崖关长城管理局等单位抽调相关业务人员共 21 人组成（名单见文集附录）。

总领队：姜佰国，负责整个田野调查工作的组织、实施、调查人员管理、资料整理等全部事务。

2）天津市明长城测量项目

总指挥：韩镇彪队（院）长。下设技术组、质量组、资料组、后勤保障组；

项目负责人：吴正鹏

（三）编制工作方案

1. 调研工作

在开展实地调查工作之前，我们先期对天津市明长城的分布、走向、保存现状、研究状况作了调研。2006 年年底，我们组织相关专业人员赴蓟县进行实地调研，对明长城的相关情况有了大致的了解。在此基础上，编制出长城调查工作的实施方案。

2007 年 7 月，天津市测绘院向天津市文化遗产保护中心提供了 1∶10000 正射影像图及相同比例的地形图，根据已经掌握的天津市明长城资料并结合相关文献，标注了天津市明长城的走向，确定明长城的初步位置，形成此次明长城资源调查工作用图。

2. 编制工作方案

2007 年 4 月，由天津市文物局和天津市规划局合作制定的《天津市长城资源调查工作方案》，并上报国家文物局，方案中明确了天津市长城资源调查的工作目标、组织机构、工作任务和成果要求、调查对象及工作内容、长城资源田野调查工作进度与时间安排、长城资源测量工作进度与时间安排、项目主要承担单位简介、工作经费预算等内容。

（四）人员培训

1. 接受国家文物局培训

2007 年 2 月，国家文物局和国家测绘局在北京召开"全国长城资源调查工作"启动会议。会后，天津市文物局和天津市规划局迅速行动，成立了长城资源调查组织机构，并通知长城所在蓟县人民政府、文物和测绘行政部门。3 月 9 日～19 日，天津市文物局和天津市规划局派出程绍卿、姜佰国等 5 名同志参加在北京居庸关举办的"全国长城资源调查培训班"，培训结束，五位同志均以优异的成绩获得结业证书。

2. 组织省内培训

2007 年 9 月中旬，我们在蓟县举办了天津市长城资源调查工作人员培训班。国家文物局文物保护司柴晓明副司长到会并做了重要指示，天津市文物局副局长张志提出了此次明长城资源调查工作要求，天津市长城资源调查专家组专家陈雍结合天津市长城资源实际情况作了专题讲座，参加全国长城资源调查培训班的同志按照居庸关国家培训班的授课模式并结合天津市实际情况，就有关规范与标准作了详细说明。通过培训使参加调查工作的每个队员都能清楚工作目标，明确调查任务、标准、规范及要求，并能熟练操作调查中使用的仪器和设备。所有队员完成了全部培训课程，取得优异成绩，并获得天津市长城资源调查资格证书。

2007 年 9 月，测绘部门对参加明长城测量的测绘专业技术人员进行了专业培训，重点是基本比例尺地形图控制、调绘，DLG 成图技术、数据库编辑技术等。

3. 培训效果

为了巩固和深化天津市明长城资源调查培训成果，2007 年 9 月下旬，我们组织参加长城资源调查的全部队员，在蓟县明长城东端赤霞峪段进行试点调查。通过这次严格的调查实习，全体调查队员全部能掌握调查数据采集、表格填写及仪器设备的应用，同时也发现了一些新问题，对调查工程中容易出现的问题和漏洞加以修补和改正，不仅为下一步正式调查奠定了技术基础，而且也为全体队员奠定了良好的体能和心理素质基础。

（五）制度保障

1. 财务管理制度

为顺利地开展长城资源调查，我们制定了《天津市长城资源调查财务管理制度》，专款专用，由专人负责全队的财务管理，严格按照报账制度逐级签字报销。

2. 资料管理制度

在开展工作前我们针对此次调查，制定出《天津市长城调查资料管理制度》，由于长城调查资料涉及国家机密，所以在队内实行资料专管制度，明确责任人。对调查所使用的地形图、调绘片实行严格的管理，要求工作人员不得随意外借、丢弃；对调查过程中形成的原始记录资料及时交由专人管理保存。我们还对参与资料整理的人员进行资料安全、保密教育，非资料整理人员不经总领队批准不得接触资料，并对负责保管资料的人员及全体调查人员进行资料安全与保密的教育。

3. 专家咨询制度

明长城所在的蓟县位于天津北部山区，这里山高林密，上个世纪八十年代虽经文物工作者的调查，但由于当时技术条件所限加之调查资料的佚失，故此次调查肯定会遇到长城相关遗存定名、定性问题以及其他的技术问题；同时由于长城六百余年间历经无数次地质灾害、环境变迁及不同时代人们的生产生活活动，对长城本体及相关遗存造成相当大的影响，调查结束后的长城保护也面临诸多新问题。为此我们聘请了相关领域的专家担任长城资源调查的咨询专家。

实践证明，专家咨询制度保证了长城调查采集资料的完整性、正确性和科学性。

4. 检查验收制度

对于田野调查获得的长城调查资料，我们实行严格的检查验收制度。调查中产生的原始记录资料由分队长检查验收，以确保资料的完整性；整理后的资料先进行省内自查验收，省级自查合格后申请项目组成员、专家进行进一步的检查验收，确保资料的真实性和完整性。

（六）后勤保障

1. 经费

对长城资源调查的经费我们实行专款专用的原则，由国家提供的经费我们及时地下拨到项目实施机构天津市文化遗产保护中心和天津市测绘院，保证了长城调查工作的有序顺利展开。

2. 设备

按照国家的要求，我们为每支调查队配备 IBM 笔记本电脑 1 台、GPS 数据采集设备 1 套、测距仪 1 台、Nikon－D80 照相机 1 台、钢卷尺 2 个、皮尺 2 个。为调查队员配备调查背包 1 个、记录本、笔若干。

3. 装备

为方便工作，我们为每支调查队配备越野车一辆、整理箱若干，为调查队员每人配备包括野外工作服、登山绳、运动鞋、帽各一套及一份人身意外保险。

（七）结语

经过前期精心的策划，细心的准备，天津市明长城调查工作得以按时开展，项目实施过程中进展顺利，于 2007 年 12 月结束全部野外调查。

二　田野调查工作情况

（一）确定调查范围

1. 辖区内的调查范围的划定

天津市明长城分布于天津市蓟县北部下营镇，自西向东依次经过赤霞峪、古强峪、船仓峪、常州、东山、刘庄子、青山岭、车道峪、小平安、黄崖关、前甘涧十一个自然村，覆盖面积约 28000 平方千米。按照国家的要求，我们初步划定的明长城调查范围包括长城墙体及沿线两侧各 1 千米范围内所有的单体建筑、及相关遗存以及所有蓟县境内与长城相关的寨堡。

2. 天津市与相邻省调查范围的划定

天津市境内明长城以墙体、山险的形式，东于钻天峰与河北省境内明长城相接，西于京津冀三界碑与北京市境内的明长城连接，经过和相邻省份文物与测绘部门的共同协商，我们和河北省、北京市准确地划定出彼此的调查量测范围。

（二）确定技术路线

本次调查严格按照国家文物局和国家测绘局制定的技术路线执行，根据我市的实际情况及调查过程中的一些具体情况，实行调查与测绘同步、严格数据整合程序的技术路线。

我们按照《长城资源调查工作手册》制定的技术路线开展工作。

（三）工作流程

1. 田野调查工作流程

天津市长城资源田野调查工作整体流程是：从准备接受任务开始，首先对境内明长城大体分布情况和以前的调查情况进行初步调研；然后组织人员进行培训学习；培训后再开展野外实习调查；总结经验教训后正式开始调查。调查过程中对采集的各类资料进行初步整理，野外调查结束后，再对资料作全面系统的整理，将整理后的所有表格、图纸、照片等调查资料按照要求录入数据采集系统；撰写《天津市明长城资源调查报告》和《天津市明长城资源调查工作报告》。

按照国家的要求，在对参加调查的工作人员进行集中培训后，将三支调查队集中到蓟县赤霞峪段长城进行试点调查，其中一队负责长城墙体调查，二队负责敌台调查，三队负责相关遗存调查。在试点调查中随时集中整理资料，讨论工作流程得失，不断改进工作方法。此次实习调查完毕后，我们又采取集中起来的方式，对调查过程中的经验、问题和教训进行互相交流，努力使各队在熟练掌握手册要求的基础上，基本上对一些定性问题的认识达成一致，制定和完善下一步调查工作的流程，确定资料采集的统一标准。

试点结束后，我们按照试点时的工作分工进行调查。具体调查工作的工作流程是：赴现场调查，途中进行采访；到达现场开始采集数据，用 GPS 定位，并在地图上、航片上找出相应的位置；确定工作编号和序号，用罗盘定向；拍照、测量并进行记录；详细描述调查对象及其周边环境情况并画线图；结束采集任务。

室内资料整理工作流程是，依据现场记录在电脑上用 WORD 填制调查登记表，对所采集的数码照片资料进行挑选、命名、注明、编号，将线图扫描后用 CAD 软件处理成电子文本；冲洗胶片照片并命名编号；将上述数码资料导入"长城资源调查数据采集系统"，结束资料整理任务。

2. 量测工作流程

在量测过程中我们采用设计中第三种方案进行长度量测工作，即在立体量测环境下直接量测墙体；精度评价采用量测野外实测点的方法获得（作业员对外业实测的各类控制点按照加密网进行立体量测，获得一组量测值，通过统计，得到该作业员在该区域网的实际量测精度，作为本网每个点的量测中误差，进而计算每段长城的长度精度，再计算整体长度精度）。

（四）主要工作过程

1. 野外调查

2007 年 10 月中旬，按照天津市长城资源调查工作领导小组的工作部署和安排，担负明长城资源调查工作任务的田野调查一队、二队、三队在预定地点，开始进行野外调查工作。2007 年 12 月中旬，天津市长城资源田野调查工作结束。

2. 室内整理

对调查中获取的调查资料，我们先后经过三个阶段的整理。

第一阶段：初步检查阶段（2008 年 1 月初至 3 月底）。

这一阶段我们根据《长城资源调查工作手册》，对天津市明长城田野调查中填写的表格进行了统一规范，对表格中一些语言文字进行了补充修改，对一些新发现的遗迹在征取天津市明长城资源调查专家组意见后进行了统一命名。在这一阶段，国家长城资源调查项目组对资料整理工作进行了悉心的指导。

第二阶段：初步全面检查验收阶段。

此阶段共分三步实施：

第一步为全面自查（2008 年 8 月 15 日至 10 月 15 日）。通过与周边省市明长城资源调查队的沟通、联系，交流经验，查找不足，调查队自查小组根据其他省市填写表格易出现的问题，对前一阶段整改后的表格作了全面的自查。此阶段发现了大量存在的问题，各调查队依据这些问题进行了资料的全面整改；

第二步为天津市初步检查验收（2008 年 11 月 11 日）。专家组认为"天津市长城资源调查工作资料整体完成较好，长城墙体定性正确、分段准确。记录完整，描述详细，数据相互关联，各调查单元长城墙体之间相互对应，基础数据齐备，基本符合《长城资源调查工作手册》的技术要求，并能够满足测绘部门的技术要求。"并指出了调查资料的一些不足，如：表格中"保存程度"与"保存现状"还需要注意相互吻合，个别"详细描述"还需完善。

第三步为国家长城资源调查项目组初步全面检查验收（2008年11月11日）。国家长城资源调查项目组对天津市明长城资源调查资料给予了充分肯定，认为：天津市提交的长城资源调查资料定性正确、定量比较准确，基本满足明长城长度量测的资料要求，基本符合《长城资源调查资料检查验收规足》的合格标准，通过第一阶段检查验收。但也指出调查资料存在GPS表格中名称填写以及与相邻点关系描述表述不清、"保存程度"一栏所填写的信息与"保存现状"中所描写的保存情况不一致等问题，国家长城资源调查项目组提出了具体的处理意见。

国家级长城资源调查项目组初步全面检查验收结束后，天津市根据检查验收组意见，对所有调查资料进行了全面的整改。

第三阶段：全面检查验收阶段。

共分两步组织实施。

第一步为全面检查验收及整改（2008年12月中旬至2009年3月）。在此阶段每个调查队队长都亲自组织人员对全部调查资料进行了检查，前后共检查了三次，发现个别表格还存在问题，并进行了整改。

第二步为市文物局组织专家进行全面验收（2009年4月）。

针对专家提出的意见，我们认真进行了整改。

对于检查验收的每个阶段，我们都严格按照《长城资源调查工作手册》、《长城资源调查资料检查验收规定》所规定的要求，对验收过程中发现的问题逐条记录，检查验收结束后形成书面意见，及时进行整改。

三 测量工作情况

在野外调查过程中测绘部门派专家到现场指导进行数据采集，确保采集过程中的科学性。在2008年7月份长城调查队将田野调查资料移交给天津市测绘院，测绘部门开始测绘工作。在量测过程中我们按照如下的步骤开展工作：

全数字加密成果的区域网，由作业员本人进行空三导入建立模型；

采用PSK模拟设备加密的区域网，由作业员本人进行手工内定向、相对定向和绝对定向，建立立体模型，由另一名作业员或者检查员进行检查，主要检查内定向、相对定向、绝对定向是否满足规范要求；绝对定向坐标值是否输入正确；

立体量测阶段，每名立体量测作业员配备一人，协助进行墙体表、调绘相片的查找对照，顺便做现场检查，确保一次量测准确，属性分割点准确定位；

为了便于控制复测精度，编制了复测检查软件，使作业员可以自己检查自己每段长城的复测问题，发现不合格，及时重测；

为了便于检查和统计作业人员的量测精度，编制了精度统计和计算的软件，对每个作业员每个区域网均进行量测精度统计，为最终的长度精度统计做好准备；

完成量测后，请文物部门人员对本省明长城两条边逐像对进行核实确认。

2008 年 11 月 25 日，测绘工作成果通过国家测绘局的检查验收。

贰　主要工作成果

一　主要调查成果综述

通过此次天津市明长城资源调查，我们按照国家长城资源调查项目组的要求及《长城资源调查规范及相关标准》，并依据自然地理情况，将长城主线墙体自东向西划分为赤霞峪、古强峪、船仓峪、青山岭、车道峪、黄崖关、前甘涧七个段落，七个段落内部按照《全国长城资源调查工作手册》又详细划分了 156 个小段，加上二道边长城，墙体共划分为 176 小段，平均每二百余米划分一段。

此次共调查关城 1 座、寨堡 9 座、敌台 85 座、烽火台 4 座、火池 13 座、烟灶 40 座、居住址 40 座、水窖 11 个、水井 3 口。共完成墙体登记表 176 份、关堡登记表 10 份、长城单体建筑登记表 85 份、长城相关遗迹登记表 108 份、采集文物登记表 1 份、日志 288 份、照片 801 张、图纸 543 张、录像 8GB、GPS 采集点约 1900 个。

通过此次调查，我们初步掌握了天津蓟县明长城关城、寨堡与长城墙体、敌台、烽火台、居住址、烟灶、火池等遗迹在防务上相互协作的具体关系。调查清楚了天津市域内明长城的分布和保存现状，以及二道边长城的分布规律、走向以及防御方式等。

经天津市测绘院量测，天津市域内明长城表面长度为 40389.6 米，投影长度为 37004.3 米。

二　田野调查工作成果

（一）长城防御体系调查主要成果

1. 墙体

依据自然地理情况，天津市域内明长城主线墙体自东向西将划分为赤霞峪、古强峪、船仓峪、青山岭、车道峪、黄崖关、前甘涧共七个段落，这七个段落内部按照

《全国长城资源调查工作手册》又详细划分了 156 个小段。上述赤霞峪、古强峪等七段长城主线墙体除黄崖关段为砖质（1987 年修复）外，其余六段墙体均为石质（未修复）。

石质墙体多用块石干垒而成，外侧部分残存有垛口，内侧全部没有女墙，马道用相对平整的片石铺成，宽 1.2~1.8 米，内外壁用平整的石块垒砌，三合土抹缝的现象少见，墙体收分在 0.5~1.2 米左右，在山势陡峭地段，墙体往往垒砌成台阶状。通过对各段墙体现存的周边环境观察，尤其是在前甘涧段长城中，墙体石块的颜色与其所在山体石块的颜色正好相对应，推测垒砌长城的石块应为就地取材。

砖质墙体因修复过，保存有完整的垛口、女墙、瞭望口、射口等，墙体上还修复有暗门。

除明长城主线墙体外，天津市域内还发现多条二道边长城，其宽度一般比主线墙体窄，并且不见垛口和女墙，墙体上部为平坦的马道，在墙体外侧见有垒砌规整的排水口。这些二道边长城大部分位于主线墙体的外侧，在平面上看，它们修建的很凌乱，看似毫无规律可言，实际上如果把它们放在具体的地理环境中，还是可以看出：它们一般修建于山势由陡到缓的半山腰或峡谷的隘口的。这些二道边长城实际上是对长城主线的防御起到了有效的补充作用。

2. 关城

关城 1 座，为黄崖关城，平面呈刀把形，位于泃河西岸，由水关和关城两部分组成，关内有提调公署、玄武庙、八卦街等，关城为 1987 年修复。

3. 寨堡

寨堡 9 座，自东向西分别为赤霞峪、古强峪、船仓峪、青山岭、车道峪、小平安、大平安、中营、下营，这些寨堡均位于峡谷南侧相对平坦的山地上，除青山岭寨堡形状保存完整外，其余寨堡的大部分已被现代民房所占压，这些寨堡依地势而建，形状一般不规整，墙体用大石块干垒而成，宽 4~6 米，现存高度 1~2 米，寨堡内现存有角楼、马道、水井、居住址等。

4. 敌台

敌台按质地可分为石质、上砖下石质和砖质三类，其中石质敌台在数量上占绝大多数，这些敌台在平面上多呈方形，大部分位于山顶或山谷旁居高临下的山包上，地理位置非常重要。

5. 烽火台

烽火台全部位于长城主线的外侧，多建于山谷旁半山腰上，依山体而建，居高临下。烽火台平面多呈半圆形，石块干垒而成，收分较大，上部平坦，不见其他遗迹。

6. 火池、烟灶

火池和烟灶是此次调查发现较多的遗存，多位于敌台的南侧，成组分布。火池平面多呈簸箕形，三面垒砌有石块，一面敞开。烟灶平面呈正方形，石块干垒而成，四壁垒砌平整，一面甚至四面的下部垒砌有灶门。在部分火池的内部和烟灶的灶门内发现有白色的灰烬，个别火池底部的石块、烟灶灶门附近的石块甚至还可看出有烟熏火燎的痕迹，可见有的火池和烟灶曾经使用过。

7. 居住址、水窖等

居住址、水窖、水井和坝台是此次调查新发现的长城相关遗存。居住址现仅存石块垒砌的墙基，它们形态复杂，大小不一，归纳起来主要有以下几种情况，一种为单间，平面呈长方形，此种居住址一般面积较小，多位于长城墙体内侧，距长城墙体不远或有一侧墙壁借助于长城内侧墙壁；还有一种为多间，平面长方形或方形，其内部用石块垒砌的墙壁分隔成若干间，这种居住址面积较大，多位于敌台分布较少的地段，距离长城墙体有 10～20 米的距离；还有一种居住址比较特别，是在修建长城的过程中在墙体的内部垒砌成一个中空的空间，这种居住址面积较小，发现也较少。水窖为石块垒砌，低于现地表，平面多呈长方形，深度一般在 1.5 米左右，面积较大的水窖还保存有上下汲水的台阶，水窖多位于敌台或居住址附近。水井均发现于寨堡，深度在 5～10 米，井口呈圆形，为便于多人同时取水，井口上部覆盖凿有两孔或四孔的石板。坝台发现一处，位于一处居住址的南侧，沿山势用石块垒砌成十八道坝台，形成了十八块长条形平整的土地。

此次调查测量出了明长城天津段的长度，对于所有长城本体、附属设施、相关遗存全部绘制了平、立、剖面图纸，并作了详细的文字记录和相对应的摄影和摄像记录。

这次天津市明长城田野调查，本着"发现问题－解决问题－思考问题"这一明确意识的，通过亲身经历此次长城资源调查，对天津市域内长城有以下几点认识。

第一，天津市域内的长城本体、附属设施、相关遗存的修建年代均为明代，没有发现其他时期的长城。

主要原因有以下几个方面。其一，在小平安、黄崖关等地发现有修建敌台时的刻碑，碑文上提到"隆庆四年"、"万历十九年"等明代年号，甚至还提到明代著名将领"戚继光"的名字。其二，天津市域内长城本体、附属设施、相关遗存修建方法相同，石块的垒砌方式一致。其三，从自西向东若干个墙体的断面观察，不见晚期墙体叠压早期墙体的迹象。其四，据《四镇三关志》等文献记载，"黄崖关，永乐三年建。……太平安寨，成化二年建，通大川正口，冲。西山顶东梢墩，通单骑。余缓。……车道峪寨，嘉靖十六年建，通步，缓。青山岭寨，成化二年建。正关，通单骑，冲。蚕椽峪寨，成化二年建，通步，缓。古强峪寨，永乐年建，通步，缓。耻瞎峪寨，成化二年建，通步，缓。"文献上记载的关、寨堡的名称、地理环境与此次发现的关、寨堡的名称、地理环境——对应。

第二，明长城天津段是一个完整的防御体系。

首先，明长城天津段是连贯的整体。明长城天津段自东向西除少部分为山险外，大部分为沿山势而建的墙体，如果是两个山险相连，也会在山险之间的鞍部修建一段短则数米多则几十米的墙体。这些墙体、山险以及它们之间散布的敌台等相关遗存，自东向西可连接成一条完整的防线。以往有的学者认为天津市明长城多为山险、墙体很少并且不连续的观点是不确切的。

其次，明长城天津段不单单是关城、敌台、墙体，而是包括起防御功能的墙体、敌台、关城，起警戒功能的烽火台，起报警功能的火池、烟灶，起生活功能的居住址、水窖、水井，起屯兵功能的寨堡，甚至还包括士兵为耕种粮食、蔬菜而平整的坝地，是一个完整的防御体系。

第三，明长城天津段敌台修建、维修时间上应有早晚关系。

天津市明长城石质、上砖下石质和砖质三类质地的敌台，考虑有的敌台青砖叠压块石以及青砖内包砌石台基的现象，从考古学上叠压打破原理考虑，这三类敌台在修建、维修时间上应有早晚关系，即：石质敌台要早于砖质敌台，而砖石混合质的敌台建造的时间则很可能介于前两者之间。

第四，明长城天津段所有石质敌台均不设登台阶梯。

从我们目前调查的所有屹立的石质敌台看，这些敌台与长城墙体或地面均没有台阶可以上下，估计当时应该是利用绳梯上下敌台，人员上下时放下，平时不用时收起，以防敌人偷袭。

第五，明长城天津段砖质敌台可以供士兵居住，而石质敌台则并不能住人。

砖质敌台内部有较大的空间，且门上有门枢、门栓孔痕迹、箭窗上有窗栓孔，说明当时砖质敌台上有门和窗，敌台周边没有发现居住址，这种敌台应该可以驻扎士兵。而石质敌台为实心（内部没有空间），顶部发现有长方形半地穴式结构，但此结构一般很小、很窄，周边也没有柱础、柱洞等痕迹，所以敌台上部没有房屋建筑，且在敌台下部往往有居住址，说明当时敌台并不住人，而是士兵站岗警戒之所。

第六，明长城天津段报警系统齐全。

在调查的过程中，我们发现烟灶和火池这两类遗迹，其中烟灶位于墙体上或敌台下部，因其只有添柴口没有出火口，所以推测应该是白天用来报警的；火池所处位置与烟灶相同，有些甚至与烟灶相邻，因其多呈簸箕形易通风起火，所以推测应该是夜晚用来报警的。

（二）保护管理现状调查主要成果

1. 保护机构

按照属地管理的规定，天津市明长城墙体、附属建筑及营堡等长城设施分别归属行政区划的文物管理部门——蓟县文物局管理。另外，蓟县黄崖关长城管理局、蓟县八仙山风景区管理局、蓟县梨木台风景区管委会负责景区内长城的看护管理。

2. 保护标志

全部调查对象中，除黄崖关关城立有保护标志外，没有整体的长城保护标志。

3. 保护范围及建设控制地带

绝大多数调查对象没有明确的保护范围和建设控制地带。

4. 记录档案

全线除黄崖关段长城有修缮记录档案外，其他的各段都没有记录档案。

（三）自然与人文环境调查主要成果

1. 自然环境基本情况

天津市域内明长城全部位于蓟县，其地势北高南低，山区、平原、洼区自北向南依次分布。境内山脉属燕山支脉，主要山峰有九山顶八仙桌子、盘山等，海拔均在800米以上。

蓟县地区属暖温带半湿润季风型大陆性气候，四季分明，年平均气温摄氏11.5度，平均年降雨量678.6毫米。

2. 人文环境基本情况

蓟县古称无终、渔阳、蓟州，有着8000年的文明史。蓟县在春秋之前无建置。周武王灭商，封召公奭于燕，此地即属燕国。

春秋中期，蓟县属无终子国，现在的蓟县城就是无终子国的国都。

战国后期，燕昭王设置无终邑，属右北平郡。秦统一后，无终置县，属右北平郡。

隋大业末年，无终县改名渔阳县，并为郡治。唐开元十八年（730年），"析幽州，置蓟州"。

天宝元年（742年），又改为渔阳郡。乾元元年（758年），又改为蓟州，州治仍设在渔阳。

辽、金、元各朝，蓟县始终是蓟州统辖下的渔阳县，并为蓟州治所。

明洪武初年，渔阳为蓟州所代替。

清依明制，称蓟州。

1913 年 2 月，蓟州改县，名蓟县。1928 年，南京政府成立，蓟县隶属河北省。1933 年蓟县为日军所占。

新中国成立后，蓟县属河北省辖县，1973 年 9 月划归天津市。

（四）调查数据整理主要成果

1. 数据汇总

天津市域内明长城表面量测长度：40389.6 米；

天津市域内明长城投影量测长度：37004.3 米；

关城 1 座、寨堡 9 座、敌台 85 座、烽火台 4 座、火池 13 座、烟灶 40 座、居住址 40 座、水窖 11 个、水井 3 口、墙体 176 段。

通过此次调查，我们初步掌握了天津蓟县明长城关城、寨堡与长城墙体、敌台、烽火台、居住址、烟灶、火池等遗迹在防务上相互协作的具体关系。调查清楚了天津市域内明长城的分布和保存现状，以及二道边长城的分布规律、走向以及防御方式等。

经天津市测绘院量测，天津市域内明长城表面长度为 40389.6 米，投影长度为 37004.3 米。

2. 照片

此次调查共采集进入数据采集系统的数码照片 801 幅。

3. 录像

此次调查共采集录像资料共 8G。

4. 图纸

此次调查共制作线图 543 份。

5. 文献

此次调查所得文献主要有《蓟县明代长城》、《中国文物地图集天津分册》、《黄崖关长城调查、试掘日志》等已有的工作成果，并且还查阅了《四镇三关志》、《畿辅通志》、《皇明九边考》、《蓟县志》《天下郡国利病书》、《天府广记》、《方舆全图总说》等历史文献十余种。

（五）长城资源调查档案编制情况

现已开始着手编制天津市明长城资源调查档案。

（六）几点体会

经过长城明长城资源调查，取得了一定的成绩，总结起来，主要有以下几个方面的体会。

1. 领导高度重视、项目组正确指导是圆满完成天津市长城资源调查工作的前提

国家文物局有关领导多次询问我市长城资源调查工作进度、存在问题及调查结果，长城资源调查工作项目组同志也就我市调查进度、面临困难、工作方法等方面提出了大量指导性意见并提供了无私的帮助；我市文物局领导多次叮嘱注意人员安全，并到调查住地慰问一线人员。

2. 目标明确、实事求是、科学计划、求真务实是圆满完成天津市长城资源调查工作的动力

鉴于天津市域内的长城长度比较短，我们一开始就给自己制定了"在调查深度和广度上一定要做细做精"的调查目标。基于这个目标，我们在调查中一方面采取拉网式的调查方法，扩大调查范围，严防长城相关遗迹的遗漏；另一方面，对发现的每一处遗迹现象，我们都按照《田野考古操作规程》的要求，绘制图纸、详细描述、摄有照片。我们正在将所有图纸转化为 CAD 格式，存档并上报国家文物局。

3. 合理分工、责任到人、统筹安排、协作互助是圆满完成天津市长城资源调查工作的保障

本次调查实行队长负责制，各调查队队长对自己调查队员负责，调查队总队长对全体调查队员负责。各调查队每天都提前做出第二天的调查计划，根据实际情况，时而分头行动，时而协同作战，既提高了工作效率，又加大了相互学习交流的机会，提高了调查质量。

4. 科学严谨、认真负责、不畏艰险、无私奉献是圆满完成天津市长城资源调查工作的基础

长城调查不同于以往的其他田野调查，由于住地一般距离调查地点较远，每天都要往返十几公里的山路，工作在调查一线的同志本着科学严谨、认真负责的工作态度，发扬不畏艰险、吃苦耐劳的敬业精神，克服了山高、路险、寒冷、体能透支等重重困难，而且由于天气太冷，每天中午只能在山上吃冰冷的饭菜，即使这样的工作环境，也没有一个调查队员喊苦喊累的，恰恰相反，每个调查队员十分珍惜调查每次上山的机会，相互提醒、相互补充，严谨认真地完成了数据采集、记录填写、图纸绘制、影像摄录等工作。整个调查工作无人员伤亡、无财产损失、无文物毁损、无资料遗失。

5. 专家组及时指导是圆满完成天津市长城资源调查工作的关键

天津市长城资源调查专家组成员多次到调查现场听取汇报和指导工作，对墙体区段的划分、墙体的命名、一些长城相关遗迹的命名及功用等方面给予了及时的指导，使调查工作得以顺利进行，少走了不少弯路。

6. 相信群众、依靠群众的"群众路线"是圆满完成天津市长城资源调查工作的法宝

通过与这些群众的攀谈，使我们了解到了大量关于长城的信息，一方面，使我们在调查中做到心中有数，避免了盲目调查；另一方面，使我们获得到大量在书本中无法获得的有关长城的知识。

以上几点体会，一定会对下一阶段其他时代长城资源调查提供一定的借鉴意义。

三 测量工作成果

天津市境内明长城项目依据已有的 1：10000 基础地理信息数据分析，计划生产图幅数量 8 幅，经过文物部门野外田野调查后，发现部分长城无论是从资料还是从实地调查资料看，均已无法辨认出其走向和布局。按照过去的资料最初认定的长城左右 1 公里范围内的生产图幅数量为 311 幅，在立体量测阶段，根据文物部门的实地调查成果，最终认定全部长城墙体分布的图幅为 8 幅，地理信息数据生产最终涉及的图幅数量为 8 幅。

根据天津市第三测绘工程院的量测成果，天津市域内明长城表面长度：40389.6 米；投影长度：37004.3 米。

河北省长城资源调查试点省项目管理综述

河北省长城资源调查队

根据国家文物局《关于启动长城保护工程的通知》精神，按照国家文物局《"长城保护工程（2005～2014）"总体工作方案》的要求，2006 年～2008 年，河北省文物局、河北省测绘局联合组织实施了河北明长城资源调查工作，根据国家长城资源项目工作组的要求和与相邻省市的分工，三年的时间中，先后完成了秦皇岛、唐山、承德、张家口、保定、石家庄、邢台、邯郸共 8 个设区市的 40 个县、市、区的明代长城调查任务，现将河北省长城资源试点省项目管理工作情况报告如下：

1. 河北省长城概况

河北省地处太行山山脉东麓，跨长城内外，燕山南北，自古为中华文明发祥地之一，历史上北部山区为古代游牧民族活动区域，经济形态以畜牧为主；中南部属华北平原的一部分，有着历史悠久的农业文明，自古以来即为拱卫京师的"京畿重地"，具有重要的军事战略地位。建立于中原的历代封建王朝，为防止北方游牧民族的侵扰，多以修筑长城作为防御北方民族入侵的重要手段。

据史料记载，自战国以来，先后有 20 多个诸侯国家和封建王朝修筑过长城。燕、赵、魏、齐、秦等国，都不同程度地修筑自己的长城。秦统一六国后，秦始皇派蒙恬北伐匈奴，把各国长城连起来，东起辽东，西至临洮，绵延万余里，遂称万里长城。

河北省现存有战国、秦、汉、北魏、北齐、唐、金、明代等不同时期的长城，其中尤以明代长城保存较为完好。河北省境内的明长城，东起山海关老龙头，西至怀安县马市口，南至邯郸武安。行经秦皇岛、唐山、承德、张家口、保定、石家庄、邢台、邯郸等 8 市 39 县，约有 2000 余千米，分属蓟镇（昌镇、真保镇）和宣镇，多为明长城的精华所在。20 世纪的 60、80 年代，有关部门曾组织过不同规模的专项调查，取得了珍贵的第一手资料。据初步统计，明代长城计有大小关隘千余处，城、堡、塞等 700 余处，各类敌台 7000 余处，各种烽火台 1500 余处。

2. 项目管理综述

2.1 组织协调

2.1.1 成立领导机构，重视科技应用，加强横向联系

河北省长城资源调查工作，是国家长城资源调查总体工作的重要组成部分。为了确保该项目的顺利实施，按计划完成长城资源调查任务，2006 年 3 月，河北省文物局成立了以局长张立方任组长，副局长谢飞任副组长的河北省长城资源调查工作领导小组，并明确省文物局文物保护处为项目责任单位，负责组织实施此次长城资源调查工作。

鉴于此次长城调查工作是一次特殊形式的考古调查，同时也是传统考古调查方法与现代科技手段相结合的实验过程，为确保此次调查的科学性和数据的权威性，河北省文物局在工作部署之初，就将长城的测绘工作作为整个长城资源调查工作中的重点提出，同时就有关长城资源调查中的长城长度量测、特征点坐标获取、重要区域测绘等问题与测绘技术力量雄厚的河北省测绘局进行了多方面、多层次的探讨，并诚邀测绘技术力量雄厚的河北省测绘局加入到长城资源调查工作之中。经过协商，2006 年 4 月 5 日，河北省文物局、河北省测绘局就各自所承担的任务和最终目标达成了一致，签订了《河北省长城资源调查工作协议》，确定了长城资源外业调查由河北省文物局组织文博专业技术人员承担，河北省测绘局负责长城主体量测及其附属设施的测绘工作。河北省文物局、河北省测绘局各部门对此次长城资源调查工作积极予以配合，在人力、物力、财力及测绘技术力量上予以了充分的保障。

协议签订后，河北省测绘局也相应地成立了以曹立总工程师任组长，省基础地理信息中心何建国主任、省第一测绘院许国振院长、省第三测绘院郭金华院长任副组长的河北省长城测量工作领导小组。至此由河北省文物局、河北省测绘局联合组成的河北省长城资源调查与测量领导小组正式建立，河北长城资源调查工作在河北文物局及河北省测绘局的密切合作下正式展开。组织结构如下：

2.1.2 制定科学的工作计划

2006 年 3 月，河北省文物局组织省内部分长城、文物建筑、考古、摄影等方面的专业人员对《河北长城资源调查工作计划（讨论稿）》进行了论证，在对河北明长城实际状况进行全面分析的基础上，利用一周的时间，对《河北长城资源调查工作计划》进行了完善；

在双方的共同努力下，在 2006 年 3 月完成了《"长城保护工程（2005～2014）总

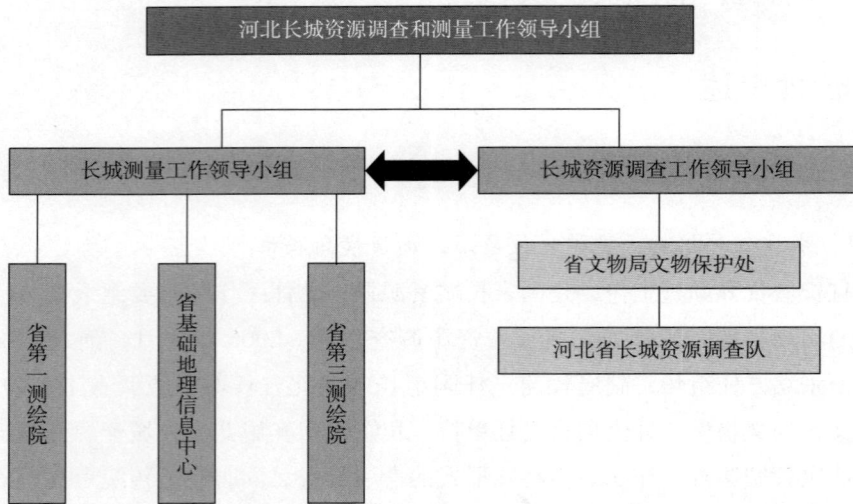

体工作方案"河北省长城资源调查工作计划》编制工作，内容包括：《河北省长城资源调查实施方案》、《河北省长城测绘技术方案》、《河北省长城资源调查经费概算》等部分，从而确立了河北长城资源调查工作实施的基本方式。

在确定了文物和测绘部门各自的任务分工后，河北省测绘局又对测绘工作进行了任务分解，并组织参与此项工作的技术人员进行了专门的技术培训，主要培训了《明长城测量总体技术方案》、《长城资源调查工作手册》、《明长城测量项目技术规定》、《明长城测量项目技术规定补充说明》等项内容，并针对各自的专业展开了相关的技术试验，开发了适用于长城资源调查测量工作的部分软件。

2.1.3 组建调查队伍

2006年3月下旬，河北省文物局从省直业务部门和部分市、县抽调业务骨干15名，正式组成长城资源调查队。调查队员中，具有中、高级职称的7人；50岁以上的2人，30岁以下的4人。采用矩阵式组织结构，并根据专业技能互补原则，科学分组、分工。分为两个相对独立的调查小组，以组为单位，根据文物资源调查以县为调查单元的工作要求，明确各调查组的工作任务。每个调查小组组内人员再根据考古调查、建筑测绘、文字记录、照片拍摄、碑刻石刻的拓印、表格填写、设备管理等方面工作的实际需要进行分工，明确职责。

2.2 前期准备

2.2.1 编制工作流程

为保证河北长城调查与量测工作顺利进行，河北省文物局、河北省测绘局共同编制了一套双方认可的《河北省长城资源调查工作流程》：

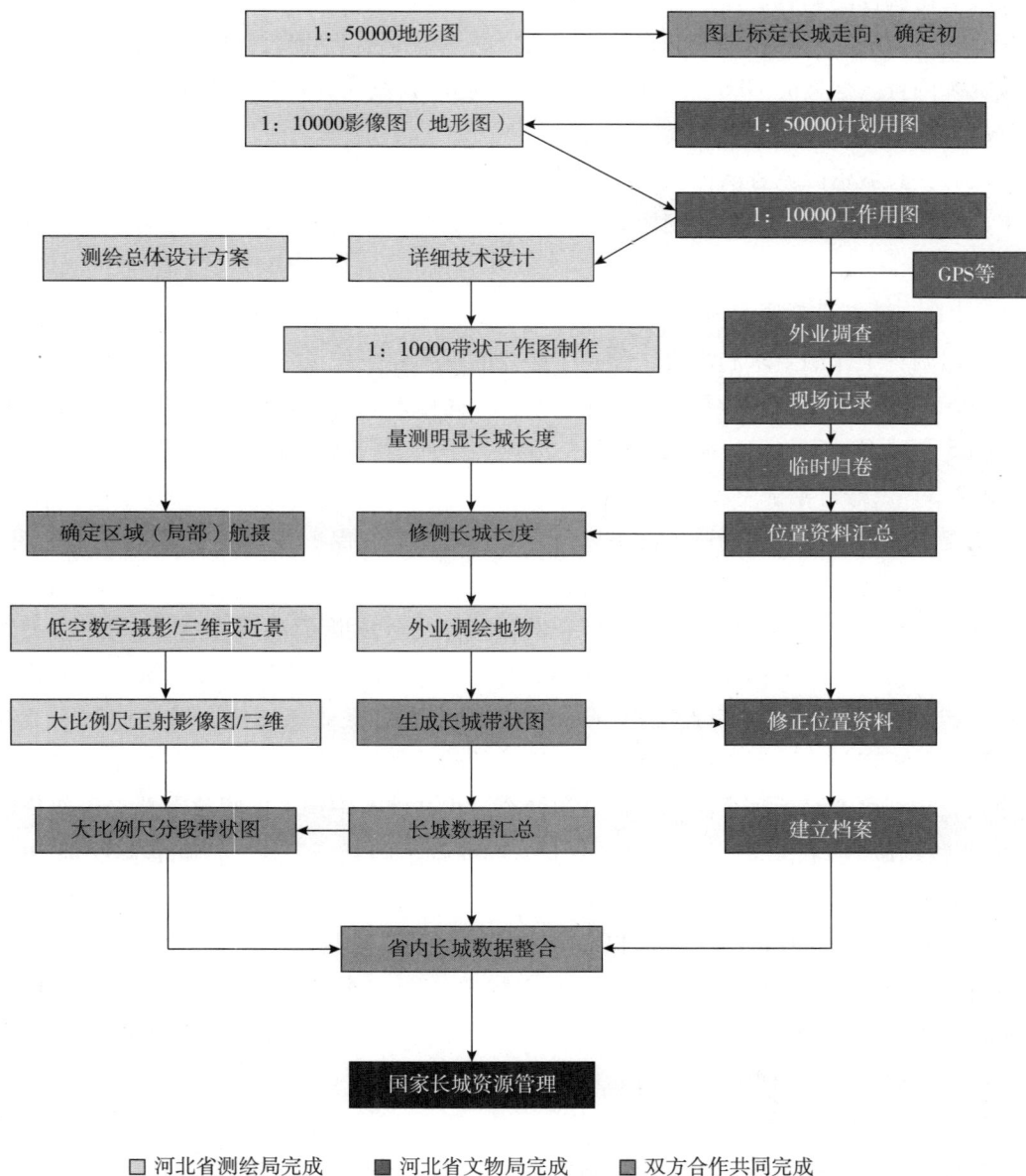

河北省长城资源调查试点省工作流程

　　按照工作流程的要求，省文物局和省测绘局合作，利用早期文物普查资料并结合有关文献资料，首先在1：50000地形图上标定长城走向，确定了长城的初步位置，形成了1：50000长城资源调查工作计划用图；以此为基础，省测绘局制作出地物地貌表示的更为详细的 1：10000 地形图作为调查工作用图，直接用于长城测量的详细技术设计和长城文物属性的调查。

其次：省测绘局的技术人员在立体测图仪的三维模型上量测长城的长度，然后根据长城资源调查队采集的 GPS 点，同调查人员一起对长城主体的准确位置和走向进行确认，最终量测出长城的准确长度。

最后：长城资源调查队把测绘局提供的长城的准确长度和位置等信息整合到调查资料中，对调查资料进行汇总，利用调查成果建立长城记录档案，最终建立河北省长城资源数据库。

2.2.2　配备调查设备

根据调查工作的要求和需要，配备了必要的现代化工作设备，包括全站型电子速测仪、GPS 全球卫星定位仪、激光测距仪、电脑、高像素数码照相机等，全站型电子速测仪、GPS 全球卫星定位仪、激光测距仪的应用，增加了调查的科学性和精确性。

2.2.3　做好前期资料搜集

购置了各种关于长城的资料图书以及有关长城研究和保护方面的专题资料 40 余种，并组织专人对所要调查的长城相关资料进行查阅、搜集、整理，全体调查队员在调查之前对这些资料进行熟悉，从而对所要调查的长城有一个初步了解；

同时，河北省测绘局按照 1：10000 成图精度的要求，广泛搜集与长城有关的测量资料，如数字栅格图、数字线划图、数字高程模型、航空遥感影像、像片控制点资料等，通过分析资料的可用性，明确了能使用的基础地理信息资料的种类与数量，提出资料的获取与利用方案。整个河北长城资源调查过程共涉及中国人民解放军总参谋部测绘局 70 年代出版的 1：50000 比例尺地形图共计 86 幅，国家测绘局、河北省测绘局 60 ～ 80 年代出版的 1：10000 比例尺地形图共计 336 幅。这些资料作为长城资源调查中的田野调查、内业测量工作的参考用图和工作用图。

文物部门和测绘部门共同利用早期文物普查资料并结合有关文献资料，在 1：50000 地形图上初步标定可识别的长城走向和地理位置及采用新技术进行测绘的长城重点地段，从而增强了调查的针对性、目的性。

2.2.4　专业技能培训

为保证外业调查的质量，全面提高调查人员专业素质，调查开展之前，河北省文物局联合河北省测绘局对调查人员的进行了系统的培训。培训主要分三个阶段：

2006 年 3 月 ～ 4 月，以山海关铁门关段长城为基地，对参加调查的全体队员进行了为期一周的、系统的有关长城知识的业务培训；同时，省测绘局派出专业人员对参加调查人员进行了全站仪操作、GPS 数据采集等方面测绘专业技能的培训，培训内容包括：

学习各种有关长城的基础知识，包括历史文献、相关地方史志和现代专著、研究论文查阅等。

学习掌握现代科技的应用：如 CAD 电脑制图；全站仪、GPS 操作及使用；

在学习的基础上，采取现场参观、实地操作方法，全面地提高了调查人员的业务技能。

2007 年 3 月，由国家文物局和国家测绘局在北京组织的历时 2 周的全国性培训，我省参加培训的人员以优异成绩获得结业证书。

2007 年 4 月，河北省文物局、河北省测绘局在石家庄市联合组织技术培训，两部门共 48 人参加培训。本次培训主要针对参加明长城调查的专业技术人员，进行一次系统的培训。针对具体的技术问题进行了交流。培训达到了预期目的。

2.2.5　完善安全保障

河北明代长城多分布于人迹罕至的崇山峻岭之间，作为一项在特殊环境中实施的田野考古调查工作，时刻存在着不可预测的意外因素，为保证参加调查人员的人身安全，河北省文物局采取了多项安全措施：

统一为所有参加调查人员购买了人身意外伤害保险，人身意外伤医疗保险；统一配备安全设施，为所有调查人员配备了对讲机，以便所有人员随时处于可联系状态、同时配备专业登山绳索、野外宿营等装备；为防止野兽和毒蛇的侵袭，配备了药包、特制的手镐等，从物质和心理上最大限度地为调查人员提供了基本的安全保障。

2.2.6　完善规章制度，规范调查管理

长城资源调查工作属于一项浩大的系统工程，为实现项目管理的科学化、规范化，河北长城资源调查工作启动之初，就把完善各项规章制度作为前期工作的重点之一，先后制定了《河北省长城资源调查队管理制度》、《河北省长城资源调查财务管理制度》、《河北省长城资源调查人员岗位工作职责》、《河北省长城资源调查工作守则》、《河北省长城资源调查资料管理制度》、《河北省长城调查队设备使用管理制度》等，从而在调查之初就把长城资源调查工作纳入了规范化轨道。

2.3　明确调查原则、工作内容，规范工作程序

2.3.1　调查工作原则

为使调查工作规范化、科学化，在调查之初，根据河北长城分布规律和现状，制定了"以敌台（墙台、烽火台）等单体建筑为点，以长城墙体为线，以两个单体建筑之间为段，逐段调查，力求精确。同时做好长城两侧相关遗址遗迹及其信息的搜集"的工作原则。

2.3.2　明确调查对象和调查内容

为避免调查中出现信息的遗漏，同时也避免对无效信息的采集，所以调查之初，就对主要信息采集对象及需要采集的信息进行了归纳明确，主要包括：

2.3.2.1　长城墙体的调查：重点是对墙体时代、走向、结构、类别、长度、宽度、高度及墙体上的各种设施，如障墙、垛口、射（望）孔、排水嘴以及便门、登城台阶等保存现状、数量进行记录，采用 GPS 测定并标识每个段落墙体的起止点坐标、高程、主要经由特征点坐标等。

2.3.2.2　单体建筑的调查：如敌台、墙台、烽火台等：主要记录建筑形式、形制、结构、保存现状（包括建筑基础、建筑主体、主要设施的残损程度）；记录现存券拱、门窗、楼梯、铺房、垛口墙、射（望）孔、礌石孔的形式、数量；记录各种不同的建造风格，尤其是对于一些特殊的建筑及其特色。记录该建筑墙体的关系。同时运用传统方法结合现代科技方法对该建筑的重要数据信息进行采集。

2.3.2.3　关、隘、营、堡的调查：记录关堡所在的地理位置、周边环境、地形地貌、整体布局（城门、城楼、角楼、墙台、瓮城、罗城等）、修建和使用的年代、墙体类别、城墙及墙体设施数量、现状，与城堡相关的遗存；运用 GPS 在城堡的标志点定位，测定坐标及高程。如因坍塌损毁不能准确确定位置，应尽可能找出相关标识点予以定位。

2.3.2.4　与长城相关遗址、遗迹调查：主要是墙体内外及附近的各类遗址、壕沟、挡马墙、砖瓦窑，采石场等。对大型遗址群，要运用 GPS 准确定位，查清其分布范围和规模，采集遗存的标本，同时依据调查结果，对其功能与性质进行初步分析。

2.3.2.5　长城附线调查：由于历史的原因造成了长城沿线的一些附线，即那些被称为"老边"或者"弃边"的城墙。这些附线，一般修建年代较早，后期废弃，有的与主线并列，有的与主线相接，呈现时断时续、若有若现的态势。对这些附线，应与长城主线一样进行调查，对其结构、走向进行记录，并对其中一些段落做典型"解剖"，对其墙体附属设施进行记录，以便对长城总体情况有尽可能全面的把握。

2.3.2.6　各类与长城建设、使用相关石刻、碑碣调查：长城周围分布着许多与长城有关的石刻、碑碣，如摩崖石刻、各种石碑、题刻、匾额、文字砖等，对研究长城的修建与使用有着重要的史料价值。对这些散存的石刻、碑碣，除记录其所处地理位置外，应尽可能拓制，并誊抄全文，登记造册，妥善存档。

2.3.2.7　民间传说及相关信息调查：民间传说是长城研究资料中的重要组成部分，在调查中，应尽可能多地了解与长城有关的传说故事，尤其是那些守城人后代记述的历史掌故，要仔细搜集，全面了解并加以认真整理。

2.3.2.8　自然与人文环境：包括自然山势、河流名称、长城两侧地域所属关系、现代村庄、道路及建筑。尤其是长城附近有无对长城造成直接和潜在影响的设施，如工厂、矿山、电力电信设施、水文地质设施等。

2.3.2.9　保护组织和保护标志情况：根据掌握情况和调查所见，如实记录，保护标志要标明质料、规格及上面的文字。

2.3.3　规范调查工作程序

为保证调查阶段和资料整理的准确、规范，内容全面、翔实，使调查成果完整、准确，制定了河北长城资源调查工作流程，对各个阶段的工作程序和内容进行规范。

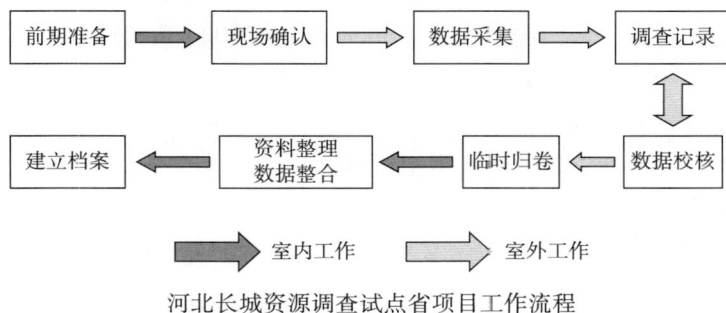

河北长城资源调查试点省项目工作流程

2.3.3.1　前期准备：利用早期文物普查资料并结合有关文献资料，在1：50000地形图上标定长城走向，确定了长城的初步位置，形成1：50000长城资源调查工作计划用图；以此为基础，划分调查区域。

2.3.3.2　现场确认：利用1：10000影像图、地形图、航摄相片作为长城资源调查工作用图，对被调查对象进行现场标绘确认。

2.3.3.3　数据采集：利用GPS等设备采集相关数据，原始数据作为日后数据整合的原始资料，不得随意删改和丢失。

2.3.3.4　调查记录：对调查对象进行文字记录。

2.3.3.5　数据校核：按规定精度要求对所采集的GPS数据及其他量测数据进行校核。

2.3.3.6　临时归卷：调查人员每天及时对调查资料进行整理，并将原始文字及数据资料交由专人归卷管理。

2.3.3.7　资料整理、数据整合：在外业调查的基础上，完善文字记录并提取有效GPS数据进行初步整合，通过对现场调查资料的后期室内整理，形成最终的调查成果，其内容主要有：文字资料整理、图纸资料整理、影像资料整理、相关表格填写、建立保护档案和撰写调查工作报告，同时对所采集的GPS数据进行初步整合，并与测绘部门对接，由测绘部门完成长城的精确测量。

2.3.3.8　建立档案：对调查资料进行汇总，利用调查成果建立长城保护记录档案。

2.4 明确试点省项目长城量测工作的任务与目标

根据明长城测量总体技术方案的要求，我省明长城测量项目的主要工作包括：通过立体量测获取长城长度和长城资源信息；生产长城沿线 1 千米范围内的 1：10000DOM、DEM、DLG 等基础地理信息数据；生产长城专题影像地图。通过这些专题和基础地理信息数据建立长城资源地理信息系统数据库，为长城保护提供技术支持。

长度量测部分的主要任务是在航测立体模型上获取本省境内明代长城的三维长度和投影长度，按类别对长城进行长度统计并进行长度量测的精度评价。

河北省境内明长城项目依据已有 1：10000 和 1：50000 基础地理信息数据分析，计划生产图幅数量 374 幅，经过 2007～2008 年度文物部门野外田野调查后，按照文物部门资料确认长城 1 千米范围内基础地理信息生产图幅数量为 416 幅，在立体量测阶段，经文物部门再次认定墙体直接涉及图幅 314 幅。

3. 调查工作实施

3.1 调查启动

2006 年河北省作为全国长城资源调查试点省份之一，率先开展了以秦皇岛市所辖长城为试点的长城资源调查工作，4 月 7 日，启动仪式在山海关正式举行，国家文物局、国家测绘局、省文物局、省测绘局等有关领导及河北省长城资源调查队全体队员参加了仪式。

启动仪式上，国家文物局文物保护司柴晓明副司长归纳了此次长城资源调查的主要目的是：一、摸清长城家底，为制定长城保护规划，划定保护范围和建设控制地带提供翔实、可靠的第一手资料；二、通过调查，进一步明确责任，理顺管理体制；三、加强对长城实施法制化管理的宣传；四、根据调查结果，提出科学的保护措施和维修计划。

河北省文物局局长张立方在讲话中提出："第一要树立严谨务实的科学态度，发扬一丝不苟的工作精神；第二要注重现代科技在调查工作中的应用；第三要争取长城沿线各级政府和文物部门的支持和帮助；第四全体队员在生活和工作中要互相关心，互相爱护，密切配合，团结协作"的要求，并对全体队员进行了勉励。

至此，河北省长城资源调查工作在省文物局、省测绘局的密切合作中进入了实施阶段。

3.2 外业调查

3.2.1 长城资源调查试点省工作

2006 年 4 月 22 日文物部门承担的野外调查正式实施，调查工作以秦皇岛市所属的三县一区为试点，分两组进行。按照分工一个组从山海关老龙头入海石城开始，向山海关第一关城楼方向推进，并调查了山海关东罗城、威远城、墙子里烽火台等相关遗址。然后，转至青龙县，由义院口向西调查；另一组从山海关关城北城墙开始，沿长城向北、向东，经角山，直达九门口，结束山海关地区的调查后，再沿长城线向西进入抚宁县，直到与青龙县交界的义院口，与前一组调查区域相接；再转至卢龙县，调查终点为秦皇岛市卢龙县与唐山市迁安县交界处的刘家口关。在为期5个月的调查中，调查队员们克服了种种困难，在计划时间内安全、保质保量地完成了调查任务，取得了丰富的成果。

3.3　在调查过程中，积极探索现代科技条件下不同的长城调查和展示方式

在应用传统建筑测量方法对长城及其附属建筑进行测绘的同时，为探索现代科技手段在长城调查与保护中的应用，河北省文物局还邀请清华大学、东南大学等国内知名高校加入，发挥高校的科研优势和力量，运用不同技术手段（如激光扫描成图技术、全站仪测绘技术）对长城单体建筑进行测绘，增加了长城调查的科技含量。

清华大学建筑学院运用3D激光扫描技术典型建筑进行测绘，真实地记录被测建筑现状；东南大学运用传统与现代技术相结合的测绘方式，对抚宁县董家口段长城部分单体建筑进行了测绘。两方面的成果深度均可满足文物保护工程维修方案的编制的需要。

在长城保存较好的重点地段，为了精确的确定长城的位置、属性信息，更加直观的展现长城，进一步满足动态监测的需要，河北省测绘局采用低空数码航空摄影测量手段获得了秦皇岛地区大比例尺、高分辨率数码航飞带状数字高程模型、带状数字正射影像图成果。

河北省测绘局同时还开展了重点部位长城测量与展示的技术试验，运用多重三维激光雷达扫描技术对山海关长城（关城、罗城、瓮城）实施了测绘。多重三维激光扫描在山海关长城测绘中的应用是集成使用机载激光雷达、地面激光雷达、高分辨率全数码彩色相机、GPS全球定位系统、IMU惯性测量器等，实现对山海关城墙的高精度高程模型数据，正投影影像数据和侧面航摄影像纹理数据的获取，处理，建模与多角度测量。

采用机载激光雷达航测，同时使用高分辨率数码相机进行同步正投影拍照。由机载和地面的全球定位系统确定每一瞬间激光雷达和数码相机所在的空间水平位置。由惯性测量器（IMU）测量飞机的转弯、摆动、俯仰姿态，白机载激光雷达直接测量长城和地面地形的高度。将机载数码相机倾斜并进行拍摄，直接获取长城城墙的侧面纹理，用于精确的点、线、面测量。

利用机载三维激光雷达和地面三维激光雷达，结合高分辨率的数码相机，从空中和地上对山海关长城进行精细的三维数字扫描试验，快速生成建筑物的三维和二维CAD

图、三维模型图，以及长城真实的三维景观图，并可以进行长度、面积和体积的量算、任意断面图的生成等。

多重三维激光扫描在山海关长城测绘中的应用，在我国为首次成功，该技术集合创新程度高，有着其广泛的推广应用价值，为测绘在数字城市、数字区域建设提供的新的高科技手段，为应用部门推出新的数字平台，具有广阔的推广前景，对我们测绘界将带来巨大的社会效益和经济效益。

采集数据处理后得到的山海关长城三维模型是真实的和可精确量测的，影像清晰、直观，发挥了机载激光雷达和地面激光雷达等多种设备集成使用、优势互补的技术性能，是目前效果最佳的、能实现真实三维的数字长城。该手段适用性强，不但对山海关古城修复有着直接的现实意义，对于今后河北乃至全国的长城或古建筑的测绘与保护、修缮事业也有着重要的应用价值。

其流程如图所示：

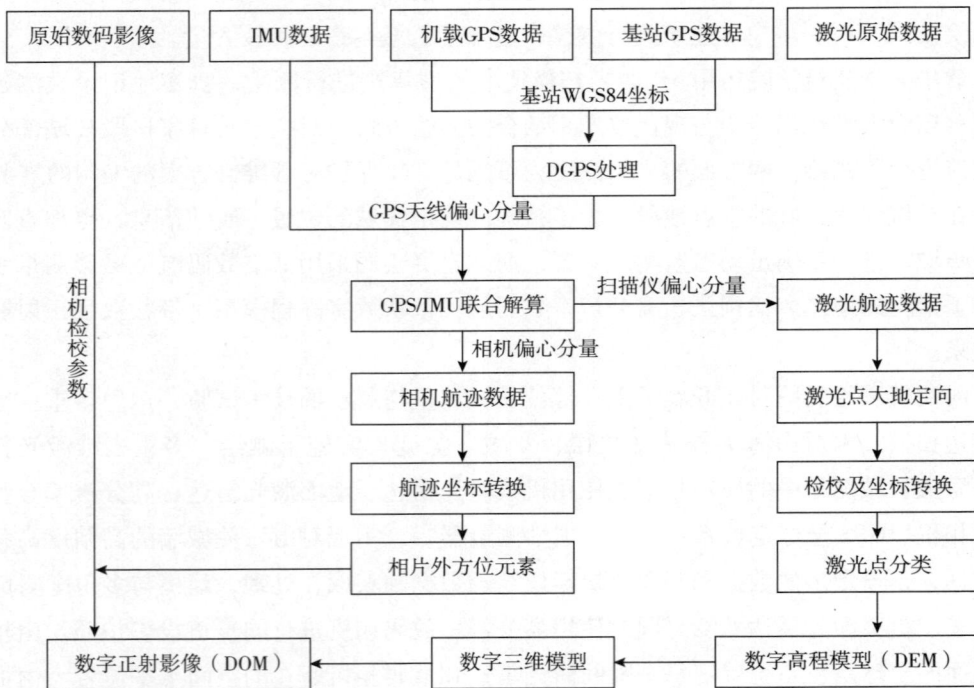

4. 试点省长城资源调查工作成果

2006 年，河北省作为试点省之一，对秦皇岛市辖区范围内的明代长城进行了外业调查，现将试点省长城调查工作成果综述如下：

秦皇岛市辖区范围内的明代长城涉及共四个县区。

4.1 墙体全长 163812 米

——人工砌筑墙体：全长 134267 米：保存较好 23756 米，约占 17.69%；保存一般 40788 米，约占 30.38%；保存较差 41045 米，约占 30.57%；保存差 26610 米，约占 19.82%；消失墙体 2068 米，约占 1.54%。

包砖墙体：计 37696 米，保存较好 8246 米；保存一般 14293 米；保存较差 9660 米；保存差 4915 米；消失 582 米。

石墙：96571 米：保存较好 15510 米、保存一般 26495 米、保存较差 31385 米；保存差 21695 米、消失 1486 米。

——利用山险：全长 28502 米

——消失墙体：1043 米

4.2 单体建筑：共 905 个

4.2.1 敌台：计 565 座：其中保存较好 57 座，保存一般 167 座，保存较差 173 座，保存差 168 座。

4.2.2 烽火台：计 107 座：其中保存较好 10 座，保存一般 14 座，保存较差 27 座，保存差 56 座。

4.2.3 马面：计 224 座：其中保存较好 16 座，保存一般 71 座，保存较差 69 座，保存差 68 座。

4.2.4 其他单体：计 9 座：其中保存较好 2 座，保存一般 3 座，保存较差 4 座，保存差 0 座。

4.3 关隘、城堡：62 处

4.3.1 关隘：计 17 处，其中保存较好 1 座，保存一般 3 座，保存较差 4 座，保存差 9 座。

4.3.2 城堡：计 45 座，其中保存较好 1 座，保存一般 1 座，保存较差 10 座，保存差 33 座。

4.4 相关遗存

居住址：11 处，均保存较差。

4.5 碑碣、题记、摩崖石刻：47 处

2006 年河北省长城资源调查试点省项目管理工作，为国家长城资源调查的全面启动和调查成果提交方式的确定提供了可借鉴的经验。

（执笔：孟琦 郭建永①）

---

① 孟琦：河北省古代建筑保护研究所，高级工程师，河北省长城资源调查队队员；
　　郭建永：河北省古代建筑保护研究所，副研究员，河北省长城资源调查队队员。

山西省长城资源调查综述

山西省长城资源调查队

根据国家文物局和国家测绘局的统一部署和"文物部门定性，测绘部门定量"的总体要求，山西省文物局会同山西省测绘局，组建了 8 支长城资源调查队（共80 余名调查队员），于 2007 年 5 月至 2010 年 7 月，完成了全省境内各时代长城资源田野调查、资料整理和长度量测工作，摸清了长城资源家底，为下一步编制长城保护总体规划和实施长城保护工程奠定了重要基础。现将此次长城资源调查工作综述如下：

一 总 述

山西简称"晋"，地处黄土高原东部，华北平原以西，黄河中游以东，地势高低悬殊，自古以来为兵家必争之地。

山西的长城修筑最早出现于韩、魏、赵彻底瓜分晋国之后的战国七雄鼎立之势基本形成时期。现存最早的长城遗迹为战国时代所筑，位于晋城市高平、陵川一带，大体呈东西走向。汉元景帝后元六年（公元前 158 年），匈奴数万骑兵从山西北部长驱直入，西汉朝庭就曾"以中大夫令免为车骑将屯飞孤（今山西广灵县东部），故楚相苏意为将军屯沟注（今广灵县以西的繁峙县与代县一带）。"文献记载，此后的北魏、东魏、北齐、北周几个南北朝时期，均曾在山西修筑长城，其中尤以北齐时期在晋西北的管涔山由北向南在关帝山西隅一线修筑的百余公里长城最为突出。

综合整理现有文献资料，山西高原明代以前早期长城遗迹主要为春秋战国、东汉、北魏、东魏、北齐、隋唐、五代、北宋时期，遗迹全长约 560 千米。其中：战国长城约106 千米，分布在高平、陵川两县。东魏长城约 65 千米，分布在宁武、原平两县。北齐长城约 380 千米，分布在以下 3 条线：一是离石—方山—岚县—岢岚—五寨；二是兴县—岢岚—五寨—宁武—原平—代县—山阴—应县—浑源—广灵；三是阳城（轵关）—河南济源市—泽州县。五代长城约 10 千米，分布在沁水县。北宋长城约 20 千米，分布岢岚县。另据《山西历史地图集》记载，岢岚、盂县境内有一段长度不详的隋长城，榆社（马岭关）有一段图上比例尺估算约 60 千米的唐长城，泽州天井关有一段时代不明的长城。

以下早期长城需考证：汉长城 300 余里；北魏千里"畿上塞围"的山西境内部分；北齐天保三年长城 400 余里；北齐天保六年长城 900 余里的山西境内部分；北齐天保七年长城 3000 余里的山西境内部分；北齐天保八年 400 里重城；北齐轵关长城 200 里的山西境内部分；北周长城；隋代开皇元年长城和开皇十六年长城的山西境内部分。

经 2009 年至 2010 年长城资源调查确认，大同市天镇县、朔州市应县、忻州市宁武县等 22 个县（市、区）境内现存有早期长城遗迹，大同市阳高县、吕梁市离石区、晋中市太谷县、榆社县、左权县、忻州市河曲县、保德县、五台县、繁峙县、阳泉市平定县、盂县等 20 个县、区，未发现早期长城遗迹。山西现存明以前早期长城遗迹总长度为 502590 米，单体建筑 26 处，关堡 20 处。

《明史》记载，明洪武二十八年（1359 年）开始，朝廷在山西北部"筑城屯田"大规模修筑长城，至嘉靖四十年（1561 年）左右，内、外长城基本完备竣工。外长城的城隘以"堡口"著称，如杀虎口、破虎堡、镇川堡等；内长城则以"外三关"和"内三关"最为驰名，其中"外三关"即指山西的雁门关、宁武关和偏头关。明代北方长城划分为十一个防守区段，时称"十一镇"，即：辽东镇、蓟镇、昌镇、真保镇、宣府镇、大同镇、太原镇、延绥镇、宁夏镇、固原镇和甘肃镇。其中太原镇和大同镇在今山西境内。太原镇管辖山西境内的内长城 800 多公里，大同镇管辖山西与内蒙古边界的外长城 335 公里。

明长城遗迹主要分布在天镇、阳高、左云等 31 个县（市、区），包括外长城和内长城。外长城东起于天镇县，经阳高县、大同县、大同市新荣区、城区、南郊区，左云县、右玉县、朔州市平鲁区，西迄河曲县；明内长城第一条线东起灵丘县，经广灵县、浑源县、怀仁县、应县、山阴县、繁峙县、代县、原平市、朔州市朔城区、宁武县、神池县，西迄偏关县；第二条线北起灵丘县，经五台县、盂县、阳泉市郊区、平定县、昔阳县、和顺县、左权县，南迄黎城县。作为长城军事防御体系的重要组成部分，山西省中北部长城沿线还保留着大量的烽燧、关隘、城堡等遗存，其中北线的雁门关、宁武关、偏头关，东线的平型关、娘子关闻名于世。

经 2007 年至 2009 年长城资源调查确认，山西境内明长城残存墙体总长度 735.02 米，单体建筑 3081 处，关堡 344 处，相关遗存 27 处。

二 分 述

1. 战国长城

（1）高平—陵川—长治段。分布于晋城市的高平市、陵川县至长治市的长子县、长治县交界区域的山脊上，整体为东西走向。东起于晋城市陵川县杨村镇闫家沟村北0.62千米处（天子岭西坡近底部），向西经高平市建宁乡、陈区镇、神农镇、永禄乡，止于高平市寺庄镇后沟村东北1.75千米处山顶。墙体为石墙（两侧壁面用片石垒砌，中间填杂土石）。

此段长城全长22782米，分为7段，整体保存较差。

单体建筑：烽火台2座。

据《潞安府志》载，长平之战时，"秦人遮绝赵救兵及刍饷而筑"；《太平寰宇记》载：长平关，"秦、赵二壁对垒，相距数里。"2000年在丹朱岭对遗址进行试掘时发现战国陶片，证明此段长城确为战国时期修筑。

（2）壶关县段。此段战国长城与河南省战国长城相连，并且向西与高平市、陵川县战国长城大致呈线状分布，呈东南－西北走向。起于鹅屋乡东土池村东南0.59千米，止于鹅屋乡东土池村西北0.71千米。

此段长城共1段，全长1424米。

据《潞安府志》记载，"潞泽之分，横亘一山，起丹朱岭，至马鞍壑，有古长城一道……"、"以事考之，则长平之战，秦人遮绝赵救兵及刍饷而筑也"。我们认为，此段长城为战国时长平之战秦国为防赵国援兵所修筑。

相关遗存：铺舍1座。

2. 北齐长城

（1）北线西段。东起于忻州市的原平市与代县交界处的白草口乡王庄村西2.16千米处（海拔2134米山顶），向西经原平市、宁武县、神池县、五寨县、岢岚县、吕梁市兴县等5县至黄河岸边，止于兴县瓦塘镇裴家津村东南。

墙体具体走向为：原平市段家堡乡田庄村、老窝村、大西沟村、道佐村、立梁泉村、要子贝村、二郎堂村、牛食窑村、南岭村、东窑头村、白鸠川村、黑峪村、南坨村、西庄头村，轩岗镇下马铺村、陡沟村、大立石村、四十亩村、新窑村、长畛村、糜子洼村、北梁上村；宁武县凤凰镇小南沟村、水泉窊村，余庄乡三张庄村、东坝沟村、窑沟村、硫磺沟村、榆树坪村、阳坡上村、正洼村，涔山乡与余庄乡交界处的管涔山山脊，东寨镇李家圪洞村、车道沟村、坝沟湾村、窑子湾村、东大洼村、前马仑村、后马仑村、桦林沟村；神池县龙泉镇青泉岭村、小狗儿洞村；五寨县境内荷叶坪乡；岢岚县境内王家岔乡武家沟村、黄土坡村、水泉子村、宁家岔村、大巨会乡武家沟村、岚漪镇乔家湾村、北道坡村、道生沟村、大庙沟村、阳坪乡赵二坡村、松井村、温泉乡后温泉村；兴县魏家滩镇木崖头村、水库村、瓦塘乡裴家津村。

所经山脉为恒山山脉西段、管涔山脉、吕梁山北。所经河流为滹沱河支流阳武河、桑干河支流恢河、汾河、岚漪河。

此段长城全长 184298 米，分为 143 段。其中：石墙长度 116535 米，土墙长度 13270 米，山险长度 47692 米，河险长度 2320 米，消失长度 10928 米。

单体建筑：14 处。

关/堡：20 处。

相关遗存：1 处。

（2）北线东段。分布于忻州市代县、朔州市山阴县、应县、大同市浑源县、广灵县 5 县境内，整体为东西走向。西起于代县白草口乡王庄村西 2.16 千米处（海拔 2134 米山顶），东止于广灵县加斗乡坡岩旧村水峪南侧山顶（尖山槐山顶）。

具体走向为：从原平市东入代县雁门关乡白草口，在白草口东山顶距新广武约 3 千米处进入山阴县后，在 208 国道 1 号桥北 50 米处跨过公路，一路向东，上猴儿山，再入代县境，向东经大沙梁、黄草彦，下山进水峪口沟，过沟后上东山进入胡峪乡，经下蔡家园村北海拔 2 301 米的金刚脑山、大滩梁村北、馒头山（海拔 2426 米）、草垛山（海拔 2396 米）、辉耀沟村南、蛟口村西北、刘原平村，过蛟口河，经孙家沟、长城村、扒子沟北山，东入应县境内的下马峪乡团城村，继续向东北方向延伸，经南泉乡盘道村南梁、灰窑北梁、五斗山（海拔 2216 米）、麻峪村东山、梨树坪西山马处梁、东岔村东山、菜子金山（海拔 1823 米），下山过石栈村，上东山，进入白马石乡，经李庄村西山，转而向北，经双钱树西山、石人脑山（海拔 1815 米）、三岔村西山、闻名山（海拔 1741 米），折东过小石口河，翻山至白马石乡赵家窑村北上东山，经大临河乡碾子沟南梁，过长城沟村，上东山进入浑源。经裴村乡小盘道，大致呈西南–东北走向，经大盘道西梁、凌云口、东坊城乡芦草圪洞、长城沟、水圪坨、龙山，遗迹至此消失；从龙山到大磁窑镇元圪村利用了自然山体，未筑墙体。由元圪村南始，又有长城遗迹，经孟家窑、柳林至翠屏山再次消失。恒山主峰上没有长城遗迹。长城遗迹再现于黄花滩乡三元号东梁，经苏家坪东梁、大仁庄乡黄土坡北梁、净石峪、黑沟北梁、常峪、净石南梁、五峰山、白家河北梁和石人山，东入广灵县境，经望狐乡草沟，向东延伸，经头庄南梁、上麻黄沟北梁、正南沟南梁、南村镇卧羊场、香炉台南梁、老爷庙梁、作疃乡唐山口南梁、憨崖洼南梁、宜兴乡直峪至南寺，从南寺往东约 10 千米利用了加斗乡的一段自然山势，进入河北省蔚县暖泉乡石门峪。

此段长城全长 197694 米，分为 80 段，其中石墙 47 段、土墙 5 段、山险 7 段、河险

21 段。石墙长 165223 米，土墙长 9723 米，山险长 21393 米，河险长 6021 米。墙体整体保存差，现存为乱石堆积的垄状形态。从个别保存较好的段落可知，墙体系用片石或块石垒砌两侧壁面，中间填充乱石，壁面有较为规整的椽孔，壁面较为陡直。

单体建筑：2 处。

据《北齐书·文宣帝纪》所载，该段应是天保七年（556）之前所筑的自西河总秦戍东至于海的长城遗迹。

（3）南线。分布于泽州县晋庙铺镇，均为石墙。依坡面用块石垒砌壁面，局部白灰勾缝。全长 3277 米，分为 2 段。

此外，我省北部的忻州市偏关县、朔州市平鲁区、大同市左云县境内分别发现一段 6 段总长度为 6821 米、3 段总长度为 4223 米、12 段总长度为 9847 米的北齐长城。

3. 汉代长城

（1）天镇县段。分布于山西与河北两省交界西洋河河谷南侧坡地与山脊之上及北侧平川地带，大致呈东南—西北走向，墙体均为土墙，由黄沙土夯筑而成。此段长城起于山西省天镇县新平堡镇平远堡村东南侧 4.1 千米，河北省怀安县渡口堡乡南堰截村南侧 1.4 千米，止于山西省天镇县新平堡镇平远头村东侧 0.1 千米，河北省怀安县渡口堡乡西洋河村西北侧 3.8 千米。

（2）左云县——右玉县段。左云段大致呈东南—西北走向，位于十里河谷地北侧较低的山地或丘陵的顶部，从东南向西北地势逐渐增高。右玉段分布于山体顶部，大致呈东北—西南走向。左云县起于张家场乡猪儿洼村村内东侧，右玉县止于李达窑乡西十五沟村西南侧 2.3 千米。左云、右玉 2 县墙体均为土墙，黄土夯筑而成。

此段长城全长 55488 米，分为 36 段，其中：天镇县 14 段 7664 米、左云县 18 段 26533 米、右玉县 4 段 21291 米。

单体建筑：11 处。

关/堡：23 处.

《后汉书·光武纪》："建武十二年（36）十二月，遣车骑大将军杜茂将众郡驰刑屯北边，筑亭障，修烽燧。"《后汉书·王霸传》："（建武十三年〈37 年〉）卢芳与匈奴、乌桓连兵，缘边愁苦。诏霸将弛刑徒六千余人，与杜茂治飞狐道，堆石布土，筑起亭障，自代至平城三百余里。"《后汉书·马援传》："建武二十一年（45 年）秋，援乃将三千骑出高柳（今阳高），行雁门、代郡、上谷障塞。"这些记载说明，东汉建武年间在山西北部堆石布土，修筑了亭障、烽燧或障塞。而天镇、左云、右玉 3 县在东汉时是雁门、代郡的属地。长城沿线采集有汉代绳纹灰色陶片和瓦片。我们认为，以上 3 县汉代长城应是东汉建武年间（25～56 年）所筑。山西省东汉长城的发现填补了全国没有东汉长城遗存的空白。

此外，在天镇县境内发现 5 段总长度为 4264 米（其中消失 3308 米）的北魏长城遗迹，有可能是文献记载中的北魏"畿上塞围"。

4. 五代长城

分布于沁水县和长子县交界的山脊上，总体为东西走向。东端起于十里乡孝良村北2.5 千米山梁凹地处，西端止于十里乡井沟村东北 3.2 千米山体北坡上。墙体为石墙，保存差，极个别地段可见片石垒砌遗迹，其余多为乱石，略成垄状。

此段长城全长 8122 米，分为 3 段。

单体建筑：1 处。

据《资治通鉴》卷 266 载，李克用与后梁争夺潞州（今长治市），后梁筑"夹寨"、"甬道"。2000 年试掘时出土有残瓷片，确认此段长城为五代时期修筑。

调查发现，山西境内战国至五代时期长城墙体主要沿山脊（顶）走向修筑，遇沟壑时将墙体修筑至沟壑两侧山坡底部，期间以自然沟壑、河流为险；陡峭山脊地段一般利用山险，在缺口或鞍部修筑墙体；平缓山顶在临北崖部用石块修筑或夯筑墙体。墙体一般就地取材，选用砂岩、石灰岩或夯土作为墙体材料；墙体一般呈梯形，用石块或石片砌筑墙体两边，中间填碎石或砂土；修筑位置一般比明长城更高；保存较差，多数已坍塌成垄状，但走向较明显；少部分保存一般或较好段落，可以看出墙体垒砌的结构。

5. 明长城

长城资源调查确认，山西境内明长城全长 735.02 千米。外长城东端起于大同市天镇县新平堡镇平远头村，向西经阳高、大同新荣区、左云、右玉、平鲁，止于忻州市河曲县文笔镇南元村石梯子堡。内长城第一条线东端起于灵丘县独峪乡牛邦口村，向西经繁峙、浑源、应县、山阴、代县、原平、宁武、神池、朔城区，止于偏关县老营镇柏杨岭村，与外长城会合；第二条线东端起于灵丘县独峪乡牛邦口村，沿太行山脊岭分布，向南经五台、盂县、平定、昔阳、和顺、左权，止于黎城县东阳关镇杨家地村。

明长城单体建筑：3081 处

关/堡：344 座。

相关遗存：27 处。

调查发现，山西境内明长城防御设施主要是凭缘太行山、恒山、管涔山之险，西北依黄河之地利，利用自然山石垒砌或高原峁梁取土夯筑而成，墙体多建造在曲折蜿蜒的山脉分水线上，特殊地形依山崖峭壁筑堡防守。外长城大多为黄土夯筑，结构密实，夯层清晰。位于重要关隘和险要地段的墙体多外包砖，墙体高度随地形而起伏，且每隔100～200 米建有敌台和马面，有的地段利用陡坡构成墙体的一部分（山险墙），墙外则地形平坦开阔。内长城蜿蜒起伏于崇山峻岭之中，悬崖峭壁之上，是明王朝防守最为严密的一道屏障。内外"边墙"之间堡寨林立，墙垣多重，墙体多为外包砖石垒砌，砖石与土墙之间用碎石和黏土充填，非常坚固。城墙上设置的敌台平面多为方形，用于瞭望射击。墙体按材质可分为石墙、砖墙、夯土墙、山险墙、山险几种主要类型。敌台平面多为方形，多数敌台高约 20 米，墙体多为条石筑基，青砖砌墙。烽火台大多为黄土夯筑，一般建于山岭高处，平面大多为方形；极少数烽火台为石片垒砌。

三　组织保障

为了确保此次长城资源调查工作的顺利推进和圆满完成，省文物局和省测绘局做了大量扎实有效的各项组织保障工作，主要包括：

1. 划分调查任务。省文物局与省测绘局根据《长城资源调查工作总体方案》，就共同承担和各自承担的主要任务进行了协商划定。

（1）共同任务。制订实施方案，组织人员培训，在 1：50000 地形图上标绘长城本体位置，完成田野调查与测绘，生产基础地理信息数据和专题要素数据，量测长城长度，编制长城记录档案，出版工作报告和调查报告，整合数据资料。

（2）各自任务。省文物局在对长城资源调查与测绘负总责的基础上，重点负责定性方面的工作，即：对长城资源进行现场勘察、考古测量，做好信息采集与登录工作，对田野调查获取的资料和信息进行整理、归纳、汇总，建立长城记录档案。省测绘局重点负责定量方面的工作，为长城资源调查提供资料与技术支持，即：处理影像和基础地理信息数据，提供正射影像图或航片、地形图等资料，提供数据定位、采集、整理等方面的技术支持，生产基础地理信息数据和专题要素数据，量测长城长度，进行重点地段精细测量。

2. 成立组织机构。为加强对长城资源调查工作的组织领导，省文物局会同省测绘局于 2007 年 4 月 23 日，联合成立了由两局局长任组长、分管副局长任副组长、省财政厅教科文处领导、省文物局和省测绘局直属有关单位领导、长城沿线的市文物局局长为成员的山西省长城资源调查工作领导组，领导组下设办公室（设在省文物局文物管理处），办公室下组建专业调查队。

3. 编制工作方案。2006 年全国明长城资源调查试点工作结束后，省文物局即组织有关专家和专业人员，在整理、汇总以往长城调查资料的基础上，拟定了《山西省长城资源调查工作计划》，并报经国家文物局批复。2007 年 2 月全国长城资源调查培训班结束后，省文物局即会同省测绘局编制《山西省长城资源调查与测绘实施方案》、《山西省长城资源调查经费总预算方案》和《2006～2010 年份年度经费预算方案》及《山西省明长城资源调查测绘经费预算方案》，并于 3 月 30 日同时正式上报国家文物局、国家测绘局和国家长城资源调查项目组。

4. 开展人员培训。一是组织参加了国家级培训，包括：2007 年 3 月 9 日至 22 日北京居庸关培训，7 月 15 日至 18 日宁夏银川培训，8 月 26 日至 29 日辽宁沈阳培训；2008 年 1 月 13 日至 17 日、7 月 8 日至 11 日北京蟹岛培训。二是组织了省级培训，包括：2007 年 4 月 25 日至 30 日首期培训，8 月 3 日至 5 日阶段性培训。

5. 建立规章制度。结合实际制定了《山西省长城资源调查专项经费管理办法》、《山西省长城资源调查经费支出管理办法》、《山西省长城资源调查资料管理暂行规定》、《山西省长城资源调查专家咨询暂行办法》、《山西省长城资源调查人员安全管理暂行办法》、《山西省长城资源调查资料检查验收办法》。

6. 提供技术保障。配备了田野调查必需的仪器设备，包括：台式电脑、笔记本电脑、移动硬盘、激光打印机、数码相机、数码摄像机、GPS 定位仪、红外测距仪、对讲机、双筒望远镜。此外，为调查队员提供了必要的安全保障，包括：军用帐篷、水壶、背包、登山绳等必需装备，防蛇咬、防擦伤、防感冒等常用药品，人身意外伤害保险。队员在长城资源调查期间发生的医保范围以外的医疗费用实报实销。

内蒙古自治区长城概况及保护工作报告

内蒙古自治区长城资源调查队

一 我区历代长城修建历史、分布情况及现状

内蒙古的长城既有诸侯国之间进行防御而修建的，也有中原与草原民族对峙而修建的，还有许多长城，是一个游牧民族为了防御另一个游牧民族而修建的。如北魏（拓拔鲜卑）长城之防御柔然，金（女真）界壕之防御蒙古等。根据自治区长城资源专项调查确认，内蒙古长城是由战国、秦汉、北魏、金、西夏、明等多个朝代修建而成的，其总长度约为 7400 千米，大部分处在山区和草原深处，现均为全国重点文物保护单位，并属于世界文化遗产"中国万里长城"的重要组成部分，是珍贵的历史文物，具有较高的科学研究价值。

（一）战国长城

内蒙古最早的长城为战国赵武灵王元年至二十八年（公元前 326 年 ~ 公元前 298 年）间修筑的赵北长城。赵武灵王"胡服骑射"后，沿今内蒙古中部、西部的阴山山脉兴修长城，东起代郡延陵县北境，向西沿灰腾梁（阴山东段）、大青山、乌拉山南麓的平缓地带伸延，即今乌兰察布市兴和县二十七号村，经察右前旗、卓资县，至呼和浩特市土左旗，包头市土右旗，至巴彦淖尔市乌拉特前旗大坝沟口终止，全长约 500 千米。

战国秦昭襄王（公元前 306 年 ~ 公元前 250 年）时期，秦占领魏国的河西地区，开始修长城。现残存两段，总长约 120 千米，南端自陕西神木县进入内蒙古自治区，经鄂尔多斯市伊金霍洛旗，向东北方向伸延，经准格尔旗西部，至东胜市辛家梁中断，在库布其沙漠北缘又出现，自达拉特旗王二窑子村向北偏东方向伸延，至准格尔旗十二连城西的沙漠中消失。

战国燕昭王十二年（公元前 300 年）在今内蒙古中部、东部兴筑了燕北长城，现存

有 2 条，南北相距 30 ~ 50 千米，被称作燕北内长城和燕北外长城。内长城的西端，在赤峰市喀喇沁旗姜家湾村始见明显遗迹，东至敖汉旗王家营子乡中断，遥与辽宁北票市境内的长城遗址相接，全长约 150 千米，沿线分布障址不多，未见烽燧址。外长城西端起点在滦河东岸，南行经河北丰宁满族自治县、围场县境，再东行至赤峰市松山区曹家营子村才见明显遗迹，东行经赤峰市敖汉旗，通辽市奈曼旗、库伦旗西南部伸入辽宁阜新市境内，全长约 300 千米。

（二）秦始皇长城

秦始皇统一六国后，于始皇帝三十三年（公元前 214 年）将秦、赵、燕等国的长城连接起来，形成了秦始皇万里长城。在我区境内，东西跨度为 1400 千米，西起巴彦淖尔市乌拉特中旗石兰计山谷北面小山，向东沿狼山、查石太山至大青山北麓，经乌拉特前旗，包头市固阳县，再自呼和浩特市武川县南部穿越大青山至呼和浩特市北郊，与赵北长城相接；再东行利用了一段赵北长城，在乌兰察布市卓资县西部另筑墙体，自灰腾梁西南部向南则利用东西横亘的大山险阻防守，再东行入河北尚义、张北、沽源，至丰宁县森吉图村，南与燕北外长城相接，再东全是利用燕北外长城。东西横跨约 1400 千米，其中秦代兴筑约为 600 千米。

（三）汉代长城

汉代初期仍沿用秦长城设防。武帝时为阻止匈奴南侵，进一步加固阴山地带的长城，沿线增筑了一系列障、塞。在南北交通要隘的山梁上加筑列燧，间距在 500 米以内；在非交通要道的山梁上加筑有少量烽燧，间距 1 ~ 5 千米。武帝时还主动放弃了上谷郡造阳地方，在燕、秦长城南面另筑长城。原属右北平郡的长城，西端自河北承德进入内蒙古赤峰市宁城县，东行经喀喇沁旗，再伸入辽宁建平县境内，长约 120 千米；在宁城县西北部还分出一条支线，先向西北行再折向东北与主线相合，长约 15 千米。墙体均用土夯筑，沿线分布有障址 5 座、烽燧址 77 座。

汉武帝时在五原郡外兴筑的外长城，现存有两道，称北线和南线。大部分为土筑墙体，基宽 3 ~ 5 米，残高 0.5 ~ 3 米，南北相距 5 ~ 50 千米。北线，东南端起点在呼和浩特市武川县后石背图村山顶，向西北横贯阴山北面的草原地带，经包头市达茂联合旗，巴彦淖尔市乌拉特中旗，至乌拉特后旗西北部伸入蒙古国境内，全长约 527 千米；沿线有障址 3 座，呼和浩特市武川县境内有少量烽燧址。后筑的南线，东南端起点在呼和浩特市武川县陶勒盖村北山顶，向西北横贯阴山北面的草原地带，经包头市固阳县、达茂联合旗，巴彦淖尔市乌拉特中旗，至乌拉特后旗西北部伸入蒙古国境内，再西行与居延塞相接，全长约 482 千米；沿线现存障址 10 座，在乌拉特后旗境内有少量烽燧址。

汉武帝时，还在居延海附近兴筑了张掖郡北面的外长城，通称居延塞或居延边塞。主线自阿拉善盟额济纳旗东北部向西行，再折向西南行至居延海西南方时，与自居延海东南向西南方伸延的支线汇合，再沿弱水（额济纳河）向西南伸延，进入甘肃金塔县境内，全长约250千米。其中只在中间地段有墙体和烽燧，长约100千米，其余地段均为列燧。居延区域内有城、障、亭、塞址十余座，烽燧址130余处。上述汉代长城遗址，在内蒙古地区东西绵延总长约2800千米，其中汉代兴筑有墙体和列燧的总长度约1600千米。

（四）北魏长城

北魏王朝为防御柔然人南下，曾两次在北部边境修筑长城，现仅查明孝文帝时的土筑长城遗迹。西段的西南端起自呼和浩特市武川县水泉村北，先向北伸延至包头市达茂联合旗南境，再折向东北方向，至乌兰察布市四子王旗东部折向东南行，经察右中旗，至察右后旗西北部折向东行，至商都县二吉淖尔村西中断；其中段被改筑为金界壕南线，经化德县、河北康保县、太仆寺旗境，至正蓝旗黑城子种畜场南再现东段，经多伦县，至河北丰宁满族自治县乌孙吐鲁坝西麓终止。全长约305千米。

（五）金界壕

为女真人所建立的金朝，在其北部边境兴筑界壕和边堡，统称金界壕，又称金长城，金王朝在与北方塔塔尔、蒙古等部族或民族战争中，每次向南撤退后便重新挖掘壕筑堡，或经切直或补筑，因而形成了岭北线、北线、南线三条主干线或北线西支、东支及南线西支三条支线，是内蒙古境内现存最长的长城遗迹，除去重复利用的地段外，总长约3000千米。

金界壕岭北线，约兴建于金熙宗皇统年间，东起自呼伦贝尔市额尔古纳上库力村附近，西行至根河口折向南行，至陈巴尔虎旗红山嘴越过额尔古纳河伸入俄罗斯境内，再自满洲里市北进入中国境内，西行至新巴尔虎左旗北部伸入蒙古国境内，终止于乌勒吉河与鄂嫩河发源的沼泽地带，全长约700千米，在中国境内长约256千米。

金界壕北线，兴筑于金世宗大定年间，东北端起自呼伦贝尔市莫力达瓦达斡尔族自治旗七家子村附近，沿大兴安岭东南麓西南行，经阿荣旗、扎兰屯市、兴安盟扎赉特旗、科右前旗，至科右中旗穿越大兴安岭，再西经通辽市霍林郭勒，至锡林郭勒盟东乌旗西部伸入蒙古国境内，再自阿巴嘎旗北部进入中国境内，西南行，经苏尼特左旗、苏尼特右旗，至乌兰察布市四子王旗鲁其根中断；自鲁其根以西，经包头市达茂联合旗，至呼和浩特市武川县上庙沟终点，长约235千米的地段已改筑为金界壕南线。总计金界壕北线在中国境内全长约1545千米。北线两支线，东端自兴安盟扎赉特旗额尔吐北面从主线上分出，西行经科右前旗北部，至锡林郭勒盟东乌旗东北部伸入蒙古国境内，消失在贝尔湖西南方，全长约500千米，中国境内长约270千米；北线东支线，东北端自兴安盟扎赉特旗吉日根从主线上分出，西南行经科右前旗，至突泉县北岗村与金界壕南线主线相合，全长约125千米。

金界壕南线，兴筑于金章宗明昌、承安年间。东北端起点在呼伦贝尔市莫力达瓦达斡尔族自治旗七家子村南，即北线起点之南3.5千米，西行15千米至北边墙村与北线相合，自此西南行至兴安盟科右前旗满族屯乡，长约500千米地段全部利用金界壕北线补筑，只将部分地段改造为双壕和双墙。南线自满族屯西南行，经突泉县、科右翼中旗，通辽市扎鲁特旗、赤峰市阿鲁科尔沁旗、巴林左旗、巴林右旗，至林西县凌家营子，之间长约480千米的地段为明昌年州所筑。再西南行，经赤峰市克什克腾旗、翁牛特旗、松山区，伸入河北省围场和丰宁县境，再进入锡林郭勒盟多伦县西南部，经正蓝旗、太仆寺旗、康保县（河北省）、化德县，至乌兰察布市商都县冯家村，之间长约705千米的地段为承安年间兴筑，其中内蒙古境内长约405千米。自乌兰察布市商都县出冯家村西行，经锡林郭勒盟苏尼特右旗，乌兰察布市察右后旗折向西北行，至乌兰察布市四子王旗鲁其根与北线相合，再折向西南行，经达尔罕茂明安联合旗至武川县上庙沟村终止，长约365千米，这段界壕是承安年间在原北线和南线基础上改建补筑而成。金界壕南线和承安年间补筑改建的全长共1945千米。还有，金界壕南线上的西支线为明昌年间所筑，东自赤峰市林西县凌家营子村北从主线上分出，西行至克什克腾旗达里诺尔折向西南行，经锡林郭勒盟正蓝旗、正镶白旗、镶黄旗，至乌兰察布市商都县冯家村与主线相会，长约590千米。

（六）西夏长城与边堡

西夏是由党项族在我国西北地区建立的封建王朝，12～13世纪时期西夏势力范围包含今内蒙古中、部地区，著名的西夏黑水镇燕监军司，位于阿拉善盟额济纳旗黑水城；黑山威福监军司，位于巴彦淖尔市乌拉特中旗新忽热古城。这些军司重点防范的是北方地区的蒙古军队。

13世纪初期，为了防范成吉思汗之军南下，西夏重新加固和修缮了西汉长城，在其南侧又修建了许多城堡，每个城堡之间的距离为10～20千米，表明了它们与长城之间的联系。当地牧民至今称其为"成吉思汗边墙"。其实，这些边墙（长城）就是西夏长城。1205～1227年，成吉思汗率蒙古军队六次冲破西夏长城南下，最后灭亡西夏，西夏长城废弃。考古人员在巴彦淖尔市乌拉特中旗、乌拉特后旗、磴口县，阿拉善盟额济纳旗等地，发现有西夏长城遗址。其中，在乌拉特后旗乌力吉高勒古城、阿日库伦古城发现有西夏石磨盘、宋"乾元重宝"铜币，西夏黑、白釉瓷片等。

（七）明长城

明王朝时为防御蒙古族南下，亦修筑长城。内蒙古南部边缘现有明长城遗址 2 道，主要是大边，分别属大同镇、山西镇、延绥镇及宁夏镇管领。

大同镇管领的外长城（大边），东起自河北省怀安县马市口的镇口台，向西行经乌兰察布市兴和、丰镇、凉城，呼和浩特市和林格尔县南境，至清水河县丫角山为止。山西镇（今山西省偏关镇）管领的大边，东起自清水河县丫角山，西行至黄河东岸的老牛湾墩为止。两段大边多数地段为今内蒙古与山西的分界线，总计长约 380 千米。山西镇所属内长城的北端起点亦在丫角山，现存遗址长约 5 千米。据清水河县口子上村发现的石碑铭文，可知是嘉靖三十七年（1558 年）修缮的。延绥镇（今陕西省榆林市）管领的长城，其东端起点在准格尔旗大占村的黄河西岸，长约 10 千米，墙体土筑。宁夏镇管领的长城，在今内蒙古与宁夏交界地带共有三段，分别位于鄂尔多斯市鄂托克前旗南部、乌海市巴音陶亥乡、银川市与阿拉善盟阿拉善左旗交界的三关，合计长约 70 千米。墙体都是土筑，沿线筑有墩台。

在明长城大边北面还分布有另一条明长城，通称二道边或次边，南距大边 2～50 千米，全在今内蒙古境内。东端起自乌兰察布市兴和县平顶山，西至呼和浩特市清水河县黄河东岸为止，全长约 350 千米，墙体均为夯土筑成。据丰镇市隆盛庄东山角发现的石碑铭文，这道长城是洪武二十九年（1396 年）兴筑的。经测量，其长度约 1000 千米。

由于两千多年来年久失修，加上我区的风沙、暴雨、大雪、地震的侵蚀，内蒙古地区的古代长城遗址受到不同的程度的破坏，许多地段的长城塌毁，许多长城形成危墙，急需加以保护。

二　我区长城保护工作开展情况

（一）修订公布了《内蒙古自治区文物保护条例》，并在全区深入开展了长城保护立法工作。1990 年 4 月，自治区第七届人大第十三次会议审议通过了《内蒙古自治区文物保护条例》，这是我区文物保护工作的重要法律，也是在全国较早出台的地方文化遗产保护法规。"十一五"期间，为进一步深入贯彻落实《中华人民共和国文物保护法》，自治区人民政府组织自治区法制局、文化厅（文物局）对《内蒙古自治区文物保护条例》进行了修订，专门把长城保护列入其中，要求各级政府在保护管理、组织机构和经费上给予保障。2005 年 12 月 1 日，经自治区第十届人大第十九次会议审议，正式通过了修订后的《内蒙古自治区文物保护条例》，在全区颁布实施。

（二）加大了《国务院长城保护条例》和《内蒙古自治区文物保护条例》宣传和贯

彻执行力度。依据《国务院长城保护条例》和《内蒙古自治区文物保护条例》。建立了自治区、盟市、旗县市三级文物保护体系，深入开展了宣传教育工作，自治区人民政府从 2005 年起，把每年的 9 月 6 日确定为内蒙古自治区"草原文化遗产保护日"。全区各级人民政府依照《国务院长城保护条例》和《内蒙古自治区文物保护条例》的要求，逐步落实文物保护机构、经费，长城保护工作得到了进一步加强。主要采取了以下措施：

一是严格执法。2008 年，由呼和浩特市清水河县人民法院依法判处破坏长城的犯罪分子 4 人，这在全国长城保护法制建设中尚属首例。此外，依法对乌兰察布、包头、鄂尔多斯、呼伦贝尔等地因生产建设造成长城损坏的单位给予行政处罚。

二是全面完成自治区的长城资源调查。由自治区文化厅（文物局）组织了 20 个长城调查队，完成了对明长城及早期长城资源的野外调查、数据整理、国家验收、成果上报等项工作。经调查，确认内蒙古明长城总长度为 712.6 千米。内蒙古燕、赵、秦、汉、魏晋南北朝、辽、金等早期长城墙体长约 6600 千米，标志着内蒙古进入了全国长城资源第一大省区的行列（全国长城总里程为 21000 千米，内蒙古长城总里程为 7312.6 千米，位居全国第一）。

三是采取有力措施进一步加强对各地长城的保护。在国家文物局的大力支持下，自治区文化厅（文物局）积极组织呼和浩特、包头、巴彦淖尔、兴安盟、呼伦贝尔等地党政部门，开展了秦、汉、金、明时期长城的保护工程。在东起呼伦贝尔，西至阿拉善长达数千公里的长城沿线，树立了 2000 余块长城保护标志。在长城保护的重点地区，组建了长城保护队伍，聘请长城保护员，发放《长城保护条例》宣传册一万余份。自治区文化厅（文物局）与各盟市文化局签订了《长城保护管理目标责任状》，在长城沿线建立保护组织、树立保护标志、聘请专人进行看护巡查。在明代长城所处的呼和浩特清水河县，当地政府与山西省偏关、平鲁两地政府，联合成立了内蒙古、山西省"偏（关）、平（鲁）、清（水河）长城保护委员会"，形成了县、乡镇、村三级长城保护组织，定期检查、评比长城保护工作，每年在正月里的庙会期间进行长城保护评比和宣传，深受偏（关）、平（鲁）、清（水河）长城沿线各族群众的欢迎。清水河县北堡乡长城保护员蔡睿良同志，还被评为全国长城保护先进工作者。锡林郭勒盟在古墓、长城分散分布的草原牧区，发动牧民群众组建"马背文物保护队"，保护队的马匹由牧民自行解决，文物巡查所需设备由盟文化、文物部门提供，并给牧民发放一定的补助。据了解，锡林郭勒盟各旗县的牧民积极报名参加"马背文物保护队"，各旗县的牧民最多的有十几人报名参加。特别在正蓝旗元上都遗址保护区，牧民们还自带了蒙古包和行李，认真巡查看护取得了良好的效果。组建"马背文物保护队"的方式，适合在内蒙古辽阔的草原地区进行长城保护和巡查看护。

　　四是不断加强文物行政执法干部队伍建设。全区共培训 310 名文物行政执法管理人员，经考试合格，由自治区人民政府法制办颁发了《文物行政执法证》。并有 60 位同志参加了国家文物局的行政执法培训班，提高了文物行政执法能力。

　　五是加强了宣传教育。深入宣传保护长城的重大意义、先进典型以及查处违法犯罪的典型案例，积极的引导社会力量保护长城，在全区表彰奖励了长城保护先进，加强了对内蒙古长城保护协会的指导与支持，通过内蒙古长城保护协会和全区新闻媒体，广泛开展"爱我中华、修我长城"，"我为长城添一块砖"的宣传活动。

　　（三）加强组织领导。根据我区文物事业的迫切需要，经自治区人民政府批准，在自治区文化厅加挂了文物局牌子。增设了文物监督处、文物保护中心两个机构，从组织机构上加强了文物保护工作。

（执笔：王大方 [1]）

---

① 王大方：内蒙古自治区文化厅。

辽宁明辽东镇长城资源调查的特点及主要收获

辽宁省长城资源调查队

　　根据国家文物局和国家测绘局的统一部署，辽宁省于 2007 年 3 月至 2010 年 7 月，对省内明辽东镇长城资源进行了一次全面调查。调查确认墙体 1101. 18 千米，单体建筑 1912 座，关、堡 176 座，相关遗存 19 处。此次长城资源调查不论从工作背景、组织方式、技术运用等方面与以往调查有很大不同，同时全面系统的调查了我省境内辽东镇长城，基本掌握了明辽东镇长城的长度、单体建筑、关堡及相关遗存的规模，为研究明辽东镇长城结构特点、布局、防御体系等奠定了坚实的基础。

一　此次长城资源调查的特点

　　1. 从工作背景上看，此次长城资源调查是一次国情国力调查。辽宁的长城资源，历史跨度长（从战国至明），涉及范围广，分布地理、地貌复杂。自 20 世纪中叶以来，虽然陆续做过局部调查，但从未有进行过全省范围的全面、系统的考古调查。此次明长城资源调查，是从 2006 年开始，按照国家文物局、国家测绘局有关工作要求，在全国范围内进行的一次跨区域、跨行业，带有长城资源国情、国力调查性质的系统文化工程。辽宁省这次的明长城资源调查，和全国其他省市一样，在组织领导、经费投入、业务准备和人力动员等方面，都是新中国成立以来规模最大的一次长城资源调查。

　　2. 从调查的广度和深度看，此次明长城资源调查的工作深度和技术含量，也是历次长城调查所不具备的。其一，在调查的业务指导思想上，引入了"文化遗产保护"观念，并把"资源调查"明确写入实施方案中，包括注重调查、分析长城遗迹的非物质文化内涵的外延部分，使此次长城调查的社会效益和文化价值更加突出。其二，把长城遗存本体调查，与"历史环境风貌"调查结合，使长城调查在以往调查中，单纯注重墙体、关堡结构、分布走向等基础上，增加了"环境风貌"的调查和分析。又把长城防御体系，作为历史形成中具有动态文化遗产性质的系统工程，从其形成的历史过程和现时遗存的多方面需要出发，进行了综合分析，为长城的全方位保护和研究，提供了更丰富的资料和科学信息。

其三，调查的手段和科技含量进一步提高。此次调查，除采用传统的考古学调查手段外，更倚重先进的科学仪器设备，如 GPS 定位、全站仪等测量技术、数码相机、航拍技术、激光测距仪等，使长城调查的准确度和工作效率大大提高。

3. 以长城保护、管理和研究中的相关课题带动调查工作。此次长城资源调查，准备工作较为充分。在调查前，进行了统一标准、统一工作方案和业务培训工作，对本调查区域以往的长城调查资料、档案和文献记载，要进行系统整理和归纳，对本调查区内长城资源的地理、地貌和已有成果等，进行了认真的研究，做到尽量熟练掌握以往调查成果等前期准备工作。在此基础上，对调查路线、专业人员分工，调查记录和调查资料的整合、汇总，都做了具体要求，使此次长城资源调查，在资料整合、技术准备和业务准备方面，均超过了以往任何一次局部分散的调查工作。在野外调查结束后的档案资料整理和编写报告过程中，各队和长城报告编写人员，又认真梳理资料，对辽宁明长城资源调查中涉及的指导思想、报告编写体例和内容，资料数据的整合、图表的汇总制作及相关重要学术问题，都进行了专题研究。同时结合报告编写，重点对辽宁明长城形成的历史沿革、结构特征、历史上对辽宁明长城调查的回顾，此次明长城资源调查与历次调查的比较，以及对调查成果的分析评估等全局性问题，均进行了认真总结和梳理，为整体提高此次明长城资源调查的社会效益和业务成果水平奠定了基础。

4. 跨部门、跨行业合作推动长城资源调查科技含量和水平的提高。此次明长城资源调查，从一开始，就在国务院的统一协调下，由国家文物局和国家测绘局，共同下发了《关于开展长城资源调查工作的通知》。辽宁省也在 2007 年 3 月 27 日，由辽宁省文物局、辽宁省测绘局联合上报了《关于上报"辽宁省长城资源调查工作方案"的报告》。《方案》规定省文物局的主要任务，是开展田野调查，对长城资源进行现场勘查、考古测量，做好信息登录，建立长城资源调查档案。省测绘局的主要任务，是提供长城资源调查所需技术资料与测绘技术；提供航片与地形图等资料；测量长城长度；形成长城基础地理信息数据和长城专题要素数据。辽宁省测绘局根据两局联合通知和方案的要求，由三个测绘院组成了三个长城测量外业队，三个长城测量内业队。项目实施中，共投入技术人员 220 人，其中野外相片控制测量共投入 10 个外业队，总人数 90 人。空三加密工作共投入四个队（室），总人数 11 人。内业长城采集、属性录入及长度量算和精度共投入四个队（室），总人数 74 人。形成了全省各县域明长城资源调查的规范图纸和数据。这是历史上第一次由国家组织的文物部门和测绘部门，共同对长城资源调查的联手合作。在我国文化遗产保护史上，开创了一模式。

二　此次明长城资源调查的主要收获

1. 进一步明确了辽宁明辽东镇长城的分布走向

此次明长城调查的第一个成果，是进一步掌握了辽宁地区明辽东镇长城主线的分布范围、具体走向。辽宁境内明辽东镇长城总的基本走向与全国其他各省明长城的东西走向是一致的，即为东北——西南走向。唯在辽东山地一段为由南向北的走向，转而向东进入辽河平原，从开原市镇北堡又由北折向南，至黑山县白土厂，使辽宁的明长城形成了从辽东山地到沿辽河河套的"凸"字形和"凹"字形走向。这是明辽东长城区别于其他八镇长城和清代柳条边的特殊之处。

2. 进一步确认了明长城的东端起点

根据《辽东志》、《全辽志》等文献记载，明代辽东长城（边墙）的东端起点，不应在俗称的山海关，而应起于鸭绿江右岸（西岸）的辽宁丹东。《明史·兵志三》记载，长城"东起鸭绿，西至嘉峪，绵亘万里，分地守御"。《全辽志》边防二中也记载，辽东边墙东端第一堡为"江沿台堡"，该堡的第一台为"邦（傍）山台"。此"邦山台"所傍邻的鸭绿江右岸之山，应即今丹东市东北虎山乡虎山，明代称"马耳山"。《全辽志》卷五记载，嘉靖时辽东巡抚都御史李辅，当年亲自勘察明边墙东端记事："臣为踏勘（江沿）台基，同分守道、参将等官，登马耳山"。并在"马耳山"上，直望朝鲜"旧义州"。这靠近鸭绿江西岸的"江沿台（堡）基"的"马耳山"，即今丹东市东北之虎山，为明辽东长城的东端起点所在。这一结论，与文献印证，并在20世纪90年代初已为考古发掘所证实。此次再经实地调查，明辽东长城的东端起点，在辽宁省丹东市振安区虎山乡东北鸭绿江右岸的虎山南麓。即此次明长城调查定位经修复后的"虎山1段长城"。

3. 重新调查确认了辽东镇长城与蓟镇长城的关系

学术界及历史文献资料，对辽东镇长城中的辽西段与蓟镇长城西端接点问题，说法不一。关于辽东镇长城的西部起点，在与蓟镇长城相接的部分，在以往确定北线锥子山长城的基础上，此次调查又有新发现。新发现的墙体，起自绥中县永安堡乡獐狼铳村沟外屯南岭山长城1段，终点在李家堡乡娄家沟村荆条沟屯荆条沟北山长城（南线），与锥子山至金牛洞长城段的墙体平行（北线）。辽西长城第一关堡"铁厂堡"即在此段南线长城内侧。根据文献记载，铁厂堡的修筑年代在正统七年。证明南线长城，应属明正统年间，辽东边墙第二阶段修筑的较早段落。据《全辽志》卷四宦业王翱传："正统七年提督辽东军务……沿山海关抵开原，高墙垣，深沟堑，经略屯堡，易置烽燧"。西部南线长城起点的"铁厂堡"亦应建于此时。

北线长城内侧有永安堡和背荫障堡，永安堡首见于正统八年始修的《辽东志》；而背荫障堡，不见于《辽东志》，首见于嘉靖四十四年修的《全辽志》，故辽西绥中北线长城的修筑上限应晚于南线长城。此次调查发现的"南线长城"长约20千米，为前人调查没有发现。此段长城的发现，明确了以锥子山为分界的蓟辽长城，其山之南、西为蓟镇长城，东面为辽东长城，从而在举世闻名的山海关以北，形成了明长城"三龙交汇"的壮观场面。

4. 对明辽东镇长城的结构和修筑特点有了较为全面系统的认识

此次调查，在进一步明确了辽宁地区明长城的总体布局、走向和深化认识长城防御体系的同时，对明长城修筑的结构和特点，亦有更明确的认识。总体看，辽宁明长城的墙体，可分为人工修筑的墙体和利用自然地势形成的墙体两大类。人工墙体又可分为四种形式：石墙、土墙、山险墙、木柞墙。利用自然地势形成的墙体有山险和河险。具体在修筑时大多根据当地的地理、地貌特征，因地制宜修筑而成。

辽东山地，由于地段山多，沟谷多，平原少，仅在江河两侧有零星小块冲积阶地、坡地，地势起伏较大。该区多海拔1000米以上高山，由此，人工与自然条件相结合的构筑特点比较明显。这与《全辽志》卷一所载的辽东边墙修筑方法所吻合："辽东沿边城堡墩台障塞兵马也，夫辽南望青徐，北引松漠，东控海西女直诸夷、朝鲜、百济、新罗诸国，西连平蓟，为神州襟吭，枕山抱海，风气劲悍，士马甲於天下，若乃山谷之险，天造地设，崇形势，据险隘，察远近，辨劳逸，识者恒汲汲焉"。另外，史籍所记载的"木柞墙"，亦在该地段人工墙体所占较大比例。

辽河平原地区，地势低平，地表平坦且河流较多。明长城在辽河平原地区的建筑材质与结构，与山地丘陵地区的长城有明显不同。此地区的长城墙体多为夯土筑成，只在极个别地区有石墙和堆土墙。该段土墙多以自然沉积沙石为基础，墙身经人工夯打而成。这段长城不仅在材质及结构特点上与山地丘陵地区有所不同，而且长城表现形式也较为多样化：出现路河、多道墙体等。

辽西丘陵地区，山脉亦较多，地势较高，且高山丘陵和平原纵横交错，有些地段山体十分陡峭。境内地形复杂。在这种复杂多变的地形进行长城的修建，在设计规划时，注意到充分利用其中有利条件。所以，辽西地区的明长城，多修在要塞部位，建筑结构为石墙、山险墙和山险的组合，只在极个别的地区为土墙。

5. 调查取得了一批新的重要发现

此次辽宁明长城调查中，还发现了一批具有重要研究价值文物标本，主要是在葫芦岛地区发现的三处石刻。在对绥中县鼓山长城题刻进行复查时，发现前人补录的内容不全，经认真核对，重新补录了前人调查没有补录的67个字。在调查椴木冲敌楼题铭记碑时，纠正了前人调查的7个错字。其中最重要的发现，是在葫芦岛市绥中县新发现的

"将军石摩崖石刻"。此石刻规模较大、字迹清晰、字体较大。东侧石刻通高 2.7 米，宽 0.9 米，楷书阴刻"万古擎天"一行四个大字，每个字的规格为 70 厘米×62 厘米；上款署"大明隆庆元年春日"，下款署"兵备副使张学颜题"，每个字的规格为 18 厘米×13 厘米。西侧石刻通高 3 米，宽 1.04 米，楷书阴刻"永镇关辽"一行四个大字，每个字的规格为 53 厘米×53 厘米；上款署"□□□□□年春日重修"，下款署"永安堡都督金书邵升题"。以上内容证明，此石刻为明代隆庆元年张学颜所刻。张学颜是继毕恭、李辅之后，躬巡辽东边墙的封疆重臣，据《明史》本传记载，其隆庆年间曾任的兵备副使应在巡抚辽东之前，首任蓟镇"永平兵备副使"，并于此时巡按蓟辽长城。这处大型摩崖石刻的发现，为研究明代辽东镇长城，从正统至隆庆年间辽西长城的历史沿革和巡边事略，提供了全新的实物资料，具有重要的史料价值。

从辽东长城边堡和烽火台的新发现看，最有代表性的是绥中县沙河镇发现的"镇夷台"。烽火台位于绥中县沙河镇板桥村双台子屯西 200 米的白石山上，该烽火台圆形外包转、内夯土，残高尚有 4 米，四周筑有围墙，是辽西与蓟镇相邻地区保存较好的烽火台之一。特别重要的是，在该烽火台下方的果树园中，发现了从台体上坍塌下来的一方"镇夷台"的花岗岩台额，台额上有"天启元年三月吉日立"的明确文字。这不仅说明在明末万历、天启，辽西边堡和边台仍有修葺，而且可以与《辽东志》直接印证，"镇夷台"正是辽西长城第一堡"铁厂堡"的第三台。"镇夷台"石额的发现，应具有代表性。它证明著录于"两辽志"中的边堡和重要烽火台上都应有石刻文字。

6. 对明辽东镇长城防御体系从调查与文献印证相结合的进一步认识

通过此次明长城资源调查，与《辽东志》、《全辽志》等地方文献相互印证，在前人研究的基础上，对辽东明长城的综合防御体系，有了进一步的认识和了解。结合文献记载和以往调查成果，结合辽东镇的镇城、卫城、所城和堡城，以本次系统调查的长城考古资料为基础，可进步一对明代辽东长城的防御体系和防御功能进行综合考察。纵观辽宁明长城的防御体系，从辽东镇城（都司）以下，到各卫、所、堡城系统，从长城的防御功能上看，大体可分为相互关联的指挥策应系统、屯兵守备系统和传烽报警系统。

指挥策应系统，该系统是辽东明长城防御体系中的最高指挥机构，在明初最重要的当属辽东都司镇城辽阳和明代"辽东总兵"驻地"广宁"（今北镇），以及北路开原、南路宁前等军事重镇。其以下为整个辽东长城沿边有关的卫、所、堡城的依次防御体系。

屯兵守备系统，该系统主要由长城卫所之下的边堡和墙体、台、空组成，是明辽东长城防御体系中，直接担负守备和屯兵的基层组织。共辖领 11 个卫，84 座边堡的边墙防务工作。按照辽东镇长城的防守需要，除了上述的镇城、卫、所等指挥系列外，从直接担负长城屯兵和守备的功能看，主要有堡城、墩台、空三个层次。

传烽报警系统，该系统与长城沿边的烽燧系统为横向配属的防御设施，主要由"路台"和腹里"接火台"组成。在明代辽东，把驿站递传制度编为军制，隶属卫所管理。在长城沿线，则统属边墙防御系统。这类"路台"和"接火台"，多分布于长城关隘、路口和边堡、卫所、镇城接点的连线中。

总之，此次辽宁明长城资源调查，同全国一样，无论在工作背景、组织领导、技术准备、指导思想、调查手段、成果收获、资料整合等方面，都是历史上空前的。这将是我国长城文化遗产保护工作中，具有划时代意义的一个阶段性标志。

（执笔：熊增珑　吴炎亮　王绵厚①）

---

① 熊增珑：辽宁省文物考古研究所，馆员；
　　吴炎亮：辽宁省文化厅文物处处长；
　　王绵厚：辽宁省博物馆，研究员。

发现与探索——吉林省长城资源调查总揽

吉林省长城资源调查队

吉林省是参与长城资源调查项目的 15 个省之一，在时间紧、任务重的情况下，通过精心组织和科学谋划，按时完成了田野调查任务，达到了预期工作目标。调查成果表明，吉林省境内长城资源具有重大的历史和学术价值，填补了我国长城分布区域和时代空白，为认识古代东北地区历史地理格局的变化和统一多民族国家的关系提供了新的资料。

在长城遗迹的发现与探索之路上，吉林省取得了重要收获。长城调查的成功经验在柳条新边、中东铁路（吉林段）等工作中得到广泛应用和进一步提升，对吉林省线性遗产的保护工作产生了巨大的推动作用。通过积极探索具有吉林省特色的长城资源保护工作路径，打造长城资源保护示范典型，真正使长城资源保护成果惠及民众。

一　吉林省长城资源调查工作情况

2010 年 3 月，吉林省的长城资源调查工作正式启动。我省高度重视此项工作，精心组织，科学谋划，在国家文物局的大力支持和国家长城资源调查工作项目组的指导下，在省内相关部门和长城资源所在地政府的紧密配合下，我们按时完成了田野调查和室内整理工作任务，达到了预期工作目标，通过了国家验收。

1. 高度重视，精心组织，全面做好长城资源调查前期准备工作

为了高标准、高质量地完成长城资源调查任务，吉林省文物局与吉林省测绘局及长城资源所在地文物行政主管部门联合组建了吉林省长城资源调查工作领导小组，领导小组下设办公室（以下简称省长城办），负责长城项目的业务管理和协调工作。为确保工作进度，省长城办从吉林省文化厅筹借经费，用于开展培训、购买装备、设备及启动野外调查等先期工作。为保证长城调查工作的工作质量，整合吉林省文物考古研究所、长春市文物保护研究所、四平市文物管理委员会办公室、延边州文物管理委员会办公室、

吉林大学等业务机构的力量组建了 4 支具有专业水准的调查队伍。2010 年 3 月 26 日，在延吉市召开吉林省长城资源调查工作会议，对我省长城资源调查工作做出了总体部署和安排。聘请国家文物局长城资源调查工作项目组、吉林大学、吉林省测绘局、沈阳市文物考古研究所的专家采取理论与实践相结合的方式，按照《长城资源调查工作手册》的要求对调查队员进行了系统的培训。为加强专项经费管理，制定出台了《吉林省长城资源调查专项经费管理办法（暂行）》和《吉林省长城资源调查专项经费支出管理规定（暂行）》。

2. 克服困难，科学规范，保质保量完成长城资源田野调查工作

吉林省是我国最后一个加入长城保护工程项目组的省份。按照要求，长城资源调查田野工作须在 2010 年末完成，时间紧迫，任务繁重。吉林省长城资源分布地域广阔，地形地貌多样。汉烽燧线和金代延边边墙位于长白山腹地和边缘地带，林木茂密、蛇虫活跃；老边岗土长城分布在松辽平原人口密集区，盛夏时节，作物茂盛，长城遗迹不易辨识。调查队员克服重重困难，充分发扬艰苦奋斗的精神，仅用了 6 个月的时间，实地踏查了 4 个市（州）的 11 个县（市、区），保质保量地完成了田野调查工作。

调查中期，为了确保我省长城资源田野调查工作质量，省长城办组织召开了田野调查中期汇报会。会议邀请吉林大学和省内有关考古、历史等方面的专家针对调查过程中存在的问题提出了具体的指导意见，为进一步做好吉林省长城资源田野调查工作奠定了坚实的基础。

3. 严谨认真，实事求是，进一步做好长城资源调查资料整理及省级验收工作，顺利通过国家验收

为了进一步完善吉林省长城资源调查资料整理和录入工作，2010 年 10 月 25 日～27 日，省长城办组织召开了吉林省长城资源调查资料整理工作会议。会议邀请沈阳市文物考古研究所副所长陈山研究员介绍了辽宁省长城资源调查资料整理工作的经验，并要求各调查队本着"严谨认真，实事求是"的态度对调查数据进一步校正、完善，使之更加准确、规范，扎实推进我省长城资源调查工作。

经过积极筹备，2011 年 3 月中旬，省长城办组织开展了吉林省长城资源调查的省级验收工作，对调查成果进行了全面的验收。各调查队针对存在的问题又进行了完善。

2011 年 5 月 14 日，国家长城资源调查工作项目组组织相关专家对吉林省长城资源调查工作进行了检查验收，国家文物局文物保护与考古司世界遗产处的有关领导出席了验收工作会议并作了简短讲话。有关领导和专家听取了吉林省文物局的省级验收工作报告，审阅了调查资料，进行了现场考察，认为吉林省秦汉及其他时代长城资源调查资料完整、齐备，调查登记工作全面细致，符合《长城资源调查调查工作手册》的要求，达到验收标准，通过国家验收。

4. 深入发掘，积极探索，寻找确认长城年代及相关遗存性质的考古学依据

吉林省长城资源相关历史文献记载较少，相关研究较为薄弱，基本未进行过田野发掘工作，判断长城的年代和相关遗存的性质缺乏明确的考古学依据。这一方面会影响长城调查报告的科学性，另一方面也使得保护规划的编制难以深化。根据学术研究和编制保护规划、制定长城文物本体维修方案的需求，2011 年 6 月~9 月，我们对通化县八岔沟西山烽燧、德惠市松花江屯老边岗土墙、公主岭市边岗屯老边岗土墙、延吉市平峰山堡、平峰山关、平峰山烽火台 3 号、平峰山段石筑边墙、平峰山铺舍以及图们市水南关 1 号和水南土筑边墙进行了小规模的考古发掘。考古工作以最小干预为原则，以解决长城年代、建筑结构、遗存性质等问题为目的，选择已遭受破坏的区域或部位进行解剖，取得了一定成果。

二 吉林省长城资源调查成果

通过田野调查和资料整理，我们对长城资源在吉林省的分布、构成、走向、自然与人文环境、保护与管理状况等有了较为深入的认识。吉林省境内确认长城资源 3 种，包括汉烽燧线、唐代老边岗土墙和金代延边边墙，分布于通化市通化县、长春德惠市、农安县、四平公主岭市、梨树县、铁西区、延边朝鲜族自治州和龙市、龙井市、延吉市、图们市、珲春市等 4 个市（州）的 11 个县（市、区）。长城资源包括墙体 362 千米，段落 122 段，烽火台 98 座，城址 1 处，关堡 6 处，铺舍 3 处。

通过对部分墙体、烽火台、关堡、铺舍等遗迹的发掘，进一步明晰了遗迹的构筑方式，找到了判断遗迹年代的线索，为吉林省长城遗迹的深入研究提供了科学依据，为长城遗迹的保护和利用奠定了基础，也为保护规划的编制、保护维修方案的制订指明了方向。

1. 汉烽燧线

吉林省境内的汉烽燧线分布于通化市通化县，此次调查发现 12 座烽燧、1 处堡城（南台子堡城），烽燧线蜿蜒 52 千米，东端终止于赤柏松古城，向西与辽宁境内的汉长城连为一体，是西汉中晚期西汉政权为经略东北地区而修筑的长城的有机组成部分。

调查结果表明，通化县境内发现的烽燧多利用自然山体之地势，在山顶修筑丘状烽台，平面多呈圆形或椭圆形，剖面半圆形或梯形，底径最小 3.5 米、最大 47 米，残高 0.5~4.5 米不等，在部分烽燧上采集到陶器残片，以夹砂红褐陶为主。在大南沟东山烽燧和八岔沟西山烽燧上发现了居住址，遭到不同程度的破坏，均为半地穴式，内有石板砌筑的火炕，可见残存的烟道。南台子堡城平面呈长方形，因城内地势较高，显得城墙内低外高，城墙土石混筑，保存一般，南墙西段和西墙南段均遭到破坏，东墙长 38、

西墙长 38、南墙长 48、北墙长 48 米，周长 172 米。在堡城内采集到陶器残片、网坠、石刀等遗物。

2011 年，吉林省文物考古研究所对赤柏松古城内外进行了面积达 3500 平方米的主动性考古发掘工作，获得了重要收获，并对赤柏松古城的年代和性质得到了更加深刻的认识。发掘显示，城内中心位置的主体院落在规划建设过程中即遭到火灾并废弃，城外发现的一座烧制瓦件和生活器皿的陶窑内原地保存的筒瓦、香炉盖、陶盆等成型器物，说明该窑内遗物未等取出便可能受到了突发事件的影响，而遭毁弃。以上线索和证据似乎可以说明该城可能仅存 5~10 年便毁于火灾。史料记载，在西汉昭帝时期，关于玄菟郡的行政变动事件颇为频繁——武帝元封三年（公元前 108 年）置四郡；昭帝始元五年（公元前 82 年）调整四郡，郡治移往高句丽县；昭帝元凤六年（公元前 75 年）玄菟郡再度缩减，七县被辽东郡吸收，赤柏松古城作为长城沿线玄菟郡管辖范围内的军事障塞可能兴废于此段时间。因此，赤柏松古城应该是汉长城沿线的一处军事障塞，是受到当时东北地区战乱的影响而遭毁弃的，其他烽燧上居住址遭破坏的原因也可能与此有关。

2. 唐代老边岗土墙

老边岗土墙在吉林省境内分布在 5 个县域。起自松花江镇松花江村（第二松花江左岸），经德惠市、农安县、公主岭市、梨树县、四平市铁西区，向西南延伸。长度 248 千米，段落 64 段。老边岗土墙分布区域人口密度较大，人为破坏严重，现除个别地段保存稍好外，多保存较差，甚至有的段落已经消失。老边岗土墙墙体多位于耕地内，呈隆起状，其构筑方式为挖壕筑墙，墙体经简单拍筑，形成壕墙一体的防御工事。

《新唐书·列传第一百四十五·东夷》记载：唐太宗贞观五年（631 年），"帝诏广州司马长孙师临瘗隋时战亡骸骨，毁高丽所立京观。建武惧，乃筑长城千里，东北首扶余，西南属之海"。《三国史记·高句丽本记八》也载："荣留王十四年春二月，王动众筑长城，东北自扶余城，西南至海千余里，凡十六年毕功"。为了防御唐朝的进攻，高句丽自荣留王十四年（631 年）到宝藏王五年（646 年），用 16 年的时间，修建了东北—西南走向的千里长城，其间"王命西部大人盖苏文监长城之段"。调查和发掘成果表明，老边岗土墙可能与文献记载的高句丽千里长城有关，始建年代大体可推断在高句丽晚期。

3. 金代延边边墙

延边边墙分布在延边朝鲜族自治州和龙井、延吉、图们、珲春等 5 个市的长白山腹地。墙体多土石混筑，亦有毛石干垒而成，部分段落利用自然山险、河险等天然屏障；沿线烽火台一般修筑在山峰的制高点，形制基本一致，均为圆丘形，多土石混筑，有的外围设有壕沟。延边边墙长度为 114 千米，段落 58 段，烽火台 86 座，关堡 6 处，铺舍 3 处。

关于延边边墙，文献记载较少，通过调查与发掘，延边边墙的形制特色鲜明，出土的陶器残片具有金代晚期特征，再结合其分布范围来看，我们初步判定延边边墙应为东夏边墙。

三　结　语

吉林省长城资源调查工作时间虽短，但取得了较为丰硕的成果。此次调查发现的长城遗迹大部分为新发现，这些发现表明，汉长城的最东端向东推进至吉林省通化县境内，赤柏松古城是汉长城防御体系的重点与核心；老边岗土墙或与文献中记载的"高句丽千里长城"有关；延边边墙独具特色，推测应为东夏边墙。吉林省境内长城资源具有重大的历史和学术价值，填补了我国长城资源分布区域和时代空白，为认识古代东北地区历史地理格局的变化和统一多民族国家的关系提供了新的资料。

在长城遗迹的发现与探索之路上，我们将视野由长城资源拓展到线性遗产，组织开展了柳条新边和中东铁路（吉林段）的专项调查，长城资源调查的成功经验在工作中得到广泛应用和进一步提升，科学、规范、全面的采集了柳条新边和中东铁路（吉林段）的相关信息，为今后保护和利用提供了详尽的材料，奠定了坚实的基础，对吉林省线性遗产的保护工作产生了巨大的推动作用。

目前，吉林省长城资源保护工作即将全面展开，扎实的基础工作为保护工作提供了有力的专业支持，希望通过全省各有关部门的共同努力，切实推动吉林省长城资源保护工作顺利进行，积极探索具有吉林省特色的长城资源保护工作路径，打造长城资源保护示范典型，真正使长城资源保护成果惠及民众。

附记：吉林省长城资源调查工作所取得的成果，是集体智慧的结晶，是各调查队的每一位调查队员不畏困难、辛勤付出的收获，是他们以严谨认真的态度、吃苦耐劳的精神、科学专业的水平，发现长城，探索长城，此文内容及观点系在他们的调查及研究成果基础上整理而成。笔者在此向所有参与吉林省长城资源调查工作的文博工作者致敬！

（执笔：于丹[①]）

[①] 于丹：吉林省文物考古研究所，助理馆员，吉林省长城资源调查队队员。

黑龙江省长城资源调查工作收获体会

黑龙江省长城资源调查队

按照全国长城资源调查工作会议精神及国家文物局、国家测绘局的统一要求和部署，2007 年起全国开展了各个时代的长城资源调查。作为全国长城资源调查工作的重要组成部分，黑龙江省长城资源调查工作不等不靠，积极开展工作。自 2007 年年初启动至 2011 年圆满通过国家验收，在各级政府、文物部门以及全体长城资源调查工作者的积极努力下，取得了全面丰收。

一 长城资源调查基本情况

黑龙江省现保存有唐代、金代 2 种类型的长城资源。其中唐牡丹江边墙分布在牡丹江市、宁安市；金界壕遗址（黑龙江段）分布在龙江县、甘南县、齐齐哈尔市碾子山区。

（一）高度重视，周密部署

2007 年 2 月，全国长城资源调查工作会议召开后，我省通过成立机构、召开会议、组建队伍、培训人员等各种措施狠抓落实，有效推进长城资源调查工作。

一是迅速与长城沿线市、县文物部门打招呼。传达全国会议精神，发放有关材料，督促其学习，使其提前做好思想准备；将长城资源调查列入省文化厅 2007 年重点工作目标，并落实具体处室和责任人；在 2007 年全省文化局长会议期间，召开长城沿线的市、县文化、文物部门动员会议，提出各项要求，部署工作，分解任务指标，研究具体细节。经过积极沟通协调，省及各市、县相继建立了省、市（县）二级的长城资源调查工作领导机构和议事协调机构，同时建立了各地的长城资源调查工作队伍。

省级长城资源调查工作项目领导小组由省文化厅、省测绘局领导及齐齐哈尔市、齐齐哈尔市碾子山区、牡丹江市、龙江县、甘南县、宁安市人民政府主管领导和文化局长组成，负责调查工作的组织、协调及重大问题的决策。同时在省文化厅设立办公室，负责长城调查和测量的具体实施和日常管理工作。

市（县）级长城资源调查工作领导机构由各市、县本级的文化局、国土资源局、水利局等部门组成，负责协调、处理本辖区内与长城资源调查工作有关的各项事宜。

按照黑龙江长城分布特点，为适应调查工作需要，我省组建了 3 支，计 30 人的调查队伍，其中金界壕遗址调查工作队伍 2 支，唐牡丹江边墙调查工作队伍 1 支。每支队伍由考古、文物保护、绘图、摄影、摄像、测绘等部门人员组成。

二是积极与省测绘局沟通。省文化厅主管厅长带领有关人员赴省测绘局，与该局主管领导及相关人员会商调查内容，明确任务划分，联合开展工作。

三是选派 9 名文物、测绘业务骨干参加全国长城资源调查培训班，学习知识，掌握技能，做好技术人员储备。

四是制定《黑龙江省长城资源调查工作实施方案》。为贯彻落实全国长城资源调查工作会议精神，更好地开展黑龙江省长城资源调查工作，省文化厅、省测绘局参照《长城保护工程（2005～2014 年）总体工作方案》，结合黑龙江省实际，经过认真调研、论证，制定了《黑龙江省长城资源调查工作实施方案》。方案对我省今后 5 年的长城资源调查工作总体目标、工作内容、技术路线、方法步骤、任务分工、工作成果、规章制度进行了详细部署和安排，具有较强的可操作性，为下步田野调查奠定了基础。

五是与内蒙古自治区文物局就金界壕遗址（黑龙江段）调查测绘协商一致。按照国家文物局关于以长城为界的省份开展长城资源调查工作的分工原则，2007 年 6 月 25 日，双方达成一致意见：黑龙江省文化厅与内蒙古自治区文物局经友好协商，达成一致意见：作为黑龙江省、内蒙古自治区分省界线的金界壕遗址（金界壕）段落，其主墙、副墙、壕、关堡、古城等，由黑龙江省调查测绘。

（二）开展培训，提高技能

一是举办黑龙江省长城资源调查培训班。按照《黑龙江省长城资源调查工作实施方案》的计划安排，2007 年 8 月 16～23 日，省文化厅和省测绘局联合在齐齐哈尔市举办了全省长城资源调查培训班，对来自齐齐哈尔市、牡丹江市、龙江县、甘南县、齐齐哈尔市碾子山区、宁安市的文物和测绘部门的长城资源调查队员进行了培训。

培训班采取了室内理论学习，室外田野实际调查相结合的形式。授课教师也都精心挑选，既有参加过国家长城调查培训的人员，也有多年来战斗在田野调查第一线的人员。全体队员听取了《黑龙江省长城资源调查工作介绍》，学习了《长城保护条例》和长城摄影构图知识，了解了唐、金界壕的型制与特点，以及长城资源调查各种文件和标准规范，进行了龙江县沙家街关堡、齐市碾子山区金界壕和丰荣关堡的实际田野调查。

通过培训，文物部门的学员初步掌握了长城资源调查各种登记表的填写以及测量技术的使用，测绘部门的学员也了解了文物知识，掌握了一定的田野考古调查要求，为长城资源调查奠定了基础。

二是举办长城资源调查标准暨录入软件培训班。2008 年 9 月 18～20 日，为学习长城资源调查最新标准，同时为解决调查记录不规范的问题，提高队员的业务素质，我省举办了长城资源调查标准暨录入软件培训班。邀请了国家长城保护工程项目管理组、辽宁省文物局、省内有关专家，围绕长城资源调查登记表填写规范、辽宁省长城资源调查的收获和体会、田野考古调查的有关事项、长城资源调查记录及软件的操作技能、不可移动文物摄影等课程，对全体调查队员进行了培训。

（三）深入田野，开展调查

几年来，各地调查队员克服种种困难，通过实地调查、资料整理，边摸索边实践，对长城资源调查从陌生到熟悉，再到基本掌握，取得了一系列收获。

一是提前启动金界壕的田野调查。2007 年 10 月 25 日，我省即对金界壕遗址（黑龙江段）开展调查，启动试点工作，摸索调查经验。金界壕调查工作队员来自不同单位和行业，在调查中遇到的一些问题，大家能够及时沟通和交流，统一思想、克服寒冷、风大雪飘的恶劣天气，通过文物与测绘部门密切合作，顺利完成了此次调查任务，取得了初步经验。

二是全面开展各时代长城资源调查。从 2008 年起，长城沿线文物部门全面展开对牡丹江边墙、金界壕遗址（黑龙江段）的调查工作。制定了各项规章制度和调查方案，翻阅了大量史志，购买了地形图，补充了调查装备。各地队员冒着酷暑严寒，风餐露宿，跋山涉水，起早贪黑，迄今完成调查牡丹江边墙 66.019 千米、金界壕遗址 200.266 千米，两处长城合计完成 266.285 千米田野调查任务。采集到了许多金代遗物，其中有轮制青灰色陶片，铁甲片，白釉瓷片，黑釉瓷片，砺石和铁锅口沿。

（四）广泛宣传，争取支持

为促进各级领导及社会各界对长城资源调查的关注和支持，我省在时间紧、人手少、压力大的情况下，利用各种机会加强对长城资源调查的宣传。

一是编发送给各级领导和上级部门的《文化要情》，争取政策支持。这一举措得到了省委办公厅的高度重视，特意编了一期发至中共中央的《黑龙江信息》，对我省长城资源调查工作进行了宣传。二是在中国文物报等媒体上发表我省长城资源调查工作报道。三是利用"文化遗产日"开展对社会的普及宣传。自 2007 年以来，省、市均将长城资源调查工作作为每年"中国文化遗产日"展出的重要组成部分。省文化厅为全省长城资源调查单独制作了宣传展板，全方位展示了黑龙江省长城的概况、长城资源调查过程，给出席文化遗产日开幕式的省领导和社会群众留下了深刻印象，吸引了各界群众的广泛关注。齐齐哈尔市、牡丹江市也制作了长城资源调查宣传展板并于遗产日当天在市政府办公楼、中心广场展出。四是编印《黑龙江省长城资源调查工作简报》。我们在工作中感到，获取各级领导的关注和支持是做好黑龙江长城资源调查工作的保障，为此，我们在上报文字信息、文字简报的基础上，改革创新，精心编印了两期图文并茂的《黑龙江省长城资源调查工作简报》，将长城资源调查工作的来源、过程、成果等内容进行了全面展示，使读者能够直观、快速了解这项工作。五是创新发展思路，建立运行黑龙江省长城资源调查网。2009 年 1 月 1 日，网站正式运行，这是国内第一个专门介绍、宣传长城资源调查工作的网站，也是我省第一个省级文博网站。

（五）总结评审，确保质量

为保证长城资源调查质量，我省除了多次培训外，还积极召开年度总结评审会，随时总结调查经验，评审调查成果，解决调查问题。迄今已召开 5 次总结评审会，取得显著效果。

一是召开 2007 年度长城资源调查总结评审会，2008 年 5 月，对 2007 年度金界壕调查工作进行了总结评审，总结了 2007 年金界壕试点调查经验，为有效开展 2008 年长城资源调查工作提供了借鉴。

二是召开 2008 年度长城资源调查总结评审会。2009 年 8 月，全面总结 2008 年度长城资源调查工作，评审调查成果，部署 2009 年长城资源调查工作。中国文化遗产研究院长城资源调查工作项目组参加会议，肯定了调查成果，指出了存在问题，为下阶段调查工作及调查质量把正了方向。

三是召开 2010 年度长城资源调查总结评审会。2011 年 1 月，与会专家对金界壕遗址、牡丹江边墙的资料整理成果进行了认真评审，并就存在问题及下步工作提出了要求。各地调查队就落实国家文物局、省文化厅要求，进一步做好长城资源调查工作分别发言。

四是召开黑龙江省 2011 年度长城保护工程项目评审会。2011 年 12 月 10 日，针对"十二五"时期长城资源调查转入长城保护工程的实际情况，为做好各项保护工作，我省以金界壕为保护重点，编制了多个保护项目方案。会议对各项保护方案提出了修改意见，同时围绕金界壕保护工作如何与国家长城保护方向更好对接明确提出了要求。

五是召开黑龙江省长城资源调查工作总结表彰会。会议宣读了《关于表彰黑龙江省长城资源调查工作先进单位和个人的通知》，对 6 个先进单位、44 名获奖个人进行了表彰并颁发证书。会议全面总结了 5 年来的长城资源调查工作，同时提出，要从提高长城保护意识，编制长城保护规划，夯实长城基础工作，排除长城重大险情，推动长城保护创新5个方面，科学规划长城保护工作，开展一系列重点工程。

（六）整理资料，全面验收

按照国家文物局的总体部署，各调查队对田野调查成果、材料采取集中或分散形式，进行了认真整理。为保证质量，省和国家分别对长城调查资料整理工作进行了省级、国家级验收。

一是开展省级验收。2011年6月1日，黑龙江省文化厅在哈尔滨市召开全省长城资源调查工作省级验收会，对5年来的长城资源调查成果、调查资料进行了专项验收。与会专家认真审查了各地的调查材料，并针对调查登记表、文本装订等方面问题提出了修改意见。

二是开展国家级验收。2011年6月25～27日，由国家文物局世界遗产处、中国文化遗产研究院长城资源调查工作项目组、吉林省文物局、内蒙古文物考古研究所等专家组成的验收组对黑龙江省长城资源调查资料整理工作进行了专项验收。验收组采取野外考察与室内审验材料相结合的方式，详细审验了长城资源调查各种登记表、图纸、照片等材料，认真检查了省级验收工作报告，一致认为，黑龙江省长城资源调查资料登记工作全面细致，符合《长城资源调查工作手册》的要求，资料完整、齐备，信息准确、丰富，登录规范、严谨，符合验收标准，建议国家文物局通过验收。

这次验收合格，标志着我省自2007年启动，历时5年的长城资源调查工作取得了全面胜利。"十二五"期间，我省长城将转入全面保护阶段，将针对长城资源调查中暴露出的问题，采取相应的保护措施，以及各种展示、管理手段。力争"十二五"末期，使我省长城保存状况得到根本改善，管理水平得到有效提高。

二 长城资源调查成果收获

历经5年来的田野调查、资料整理、复核认定等程序，我省对境内长城资源规模、分布、现状、价值特点已基本摸清。

（一）长城资源分布情况

黑龙江省现保存有唐代、金代两种类型的长城资源遗址。分别为唐代牡丹江边墙、金界壕遗址（黑龙江段）。

牡丹江边墙，年代为唐代渤海国时期。分布于黑龙江省牡丹江市爱民区和宁安市境内的张广才岭和老爷岭的山地丘陵中。由三段边墙构成，自北向南依次为牡丹江段边墙、江东段边墙、镜泊湖段边墙，均呈东南—西北走向。国务院于 2006 年 5 月 25 日（国发〔2006〕19 号）公布为第六批全国重点文物保护单位。

金界壕遗址（黑龙江段），年代为金。自东北向西南分布在黑龙江省齐齐哈尔市甘南县、齐齐哈尔市碾子山区、龙江县。国务院于 2001 年 6 月 25 日（国发〔2001〕25 号）公布为第五批全国重点文物保护单位，

（二）长城资源基本概况

1. 墙体

墙体总长度为 266.285 千米。其中牡丹江边墙调查总长度为 66.019 千米，金界壕遗址黑龙江段调查主墙总长度为 200.266 千米。通过此次调查，牡丹江边墙新发现墙体长度为 1.592 千米。

2. 单体建筑

单体建筑的总数为 1522 座。其中牡丹江边墙单体建筑为 38 座，金界壕遗址黑龙江段单体建筑为 1484 座。

牡丹江边墙单体建筑均为马面，修筑在镜泊湖段边墙外侧，牡丹江段边墙和江东段边墙没有发现马面等单体建筑。金界壕遗址黑龙江段单体建筑马面及烽火台 1484 座（马面 1466 座，烽火台 18 座）。此次调查，金界壕遗址黑龙江段新发现单体建筑——烽火台 18 座。

3. 关堡

关堡总数为 33 座。其中牡丹江边墙关堡 3 座，金界壕遗址黑龙江段关堡 30 座。

牡丹江边墙中，与江东段边墙相关的关堡为岱王山山城，与镜泊湖段边墙相关的关堡为城墙砬子山城和重唇河山城。

金界壕遗址黑龙江段关堡总数 30 座（关 2 座，堡 28 座）。

（三）长城资源价值特点

1. 唐牡丹江边墙价值特点

牡丹江边墙位于黑龙江省牡丹江市爱民区、宁安市境内，修筑于张广才岭和老爷岭山地丘陵之间。历史文献记载，仅 1924 年编撰的《宁安县志》中对镜泊湖段边墙有简要的记载。其卷三·古迹·古城条载"登此古城（城墙砬子山城）瞻望湖之南岸（实为东岸），有边墙一道，高约 5 尺余，直达延吉，不详其里数，盖辽金防戍之具最重边堡，如江省洮儿河迤北现存之泰州堡即其例也。"俄国学者鲍诺索夫 1932 年著《北满考古史》（未刊稿）中，有"在牡丹江北发现了东边墙"的记载。江东段边墙无任何记

载。牡丹江边墙修筑过程无考。

经本次长城资源调查确认的唐代渤海国时期的牡丹江边墙墙体总长度为 66.019 千米，调查段落 214 段；其中土墙 73 段，石墙 69 段，山险墙 11 段，山险 61 段。单体建筑为 38 座马面，关堡 3 座，没有发现相关遗存。均呈东南—西北走向。

（1）价值意义

渤海国是我国唐代以粟末靺鞨族为主体建立的少数民族地方政权。其国王历来受唐王朝的册封，系唐王朝在东北地区的一个藩国。

——牡丹江边墙是我国唐代渤海国为主修建的线性军事设施，具有唯一性。

渤海国在其存在的两个多世纪中，对推动中华民族多元一体化形成、维护中国国家统一、促进东北亚地区文明进步的发展，起到了空前的、至关重要的作用，也留下十分丰富的文化遗迹，主要分布在我国黑龙江东南部、吉林敦化地区、今朝鲜北部和俄罗斯远东地区。牡丹江边墙地势的选择、材料的使用、墙体形制、修筑方法以及相应的设施等，基本上与牡丹江流域渤海国早期山城相似，其性质、目的与始建于我国战国时期的中原地区古长城基本一致。迄今为止，牡丹江边墙是目前发现的渤海国线性军事遗迹，在涉及今朝鲜、俄罗斯的渤海国遗迹范围内具有唯一性，是我国东北地区少数民族政权借鉴和学习中原地区悠久的筑造线性军事设施传统的重要实物例证。牡丹江边墙对研究唐代东北地方政权的军事防御构成、特点、形制、军事体系等诸多方面提供了宝贵的实物资料。

——牡丹江边墙突出反映了民族和区域特点，具有重大的历史和科学价值。

渤海时期的军事设施，初期以建山城为主，当政权稳固之后，又修建了诸多平原城，尤以五京之一的位于今宁安市的渤海上京城为代表。此时，对渤海最大的威胁，是来自于同受唐册封的位于其北部的靺鞨族另一部落黑水靺鞨的南下侵扰。而牡丹江边墙在当时正处于渤海和黑水靺鞨之间水路交通要隘，是军事上必经之路，因而边墙的修建，最有可能是渤海为了防止黑水靺鞨南下，为配合沿线的各山城防御而修建。牡丹江边墙作为不可移动的文物遗存，从一个侧面反映了当时区域政治、经济、军事形势，对研究渤海早期粟末靺鞨和黑水靺鞨关系、军事防御和中国长城资源在东北地区的分布等均有十分重大的历史和科学价值。也为研究唐代东北少数民族地方政权的战争、发展、民族融合、政权演变乃至唐代东北少数民族发展变化的历史提供了珍贵的实物资料。

——牡丹江边墙原貌保存状态良好，具有鲜明的真实性和完整性。

牡丹江边墙建于崇山峻岭之中，金代以后的元、明、清时期即被废止，从此不为人知，一直到近代才有个别史料偶有提及，而其真正的文物考古发现则始自于 20 世纪 60 年代。由于东北地区金以后社会发展处于相对封闭的状态，因此，牡丹江边墙自废止后很少有人为扰动，即使到今天，其大部仍然处于林木笼盖之下，故边墙本体和各类遗迹具有相当高的完整性和原真性，在同时期的各类遗存中十分罕见，完全具备文物保护、管理、利用的基本条件。同时，也对研究我国唐代东北边疆少数民族考古工作提供了不可多得的实物证据。

（2）防御体系

牡丹江边墙均修筑在老爷岭和张广才岭低山区——中山区的群山峻岭之中，随山势蜿蜒曲折由东南向西北延伸。三段边墙的修筑形式、方法大体相同，均为就地取材，因地制宜。根据地势和天然筑墙材料可分为土墙、石墙、山险墙以及山险等四种墙体形式。土墙多修筑于土层较厚的山梁山坡和沟壑山谷处，直接原生地面上就地取土堆筑，一般高度1米左右，最高可达2米以上。石墙多修筑于山石裸露的山体顶部，用自然或人工劈凿石块垒筑的。根据地势情况，石墙的具体位置、长度、高度各不相同，有的筑在几个并排兀立的砬子豁口之间。现存高度一般在1米左右，最高的可达3米以上。山险墙多修筑在较平缓的山坡或较宽的山脊东、北侧，削山取土筑墙；山险则直接利用狭窄山脊或石砬子为天然屏障。

牡丹江段边墙在山脊交汇处和浑圆山丘处利用自然地势修筑朝北或东北防御方向凸出的弧形土墙，具有马面的功能。江东段边墙在跨越沟谷时，在其两侧依据地势设有多个向内的直角折转；在穿过较平缓山坳中的道路时，多筑有向内八字形的墙体，明显具有较强的防御作用。镜泊湖段边墙没有上述墙体特征，但在墙体上修筑有朝向北或东北的38个马面。

牡丹江边墙防御方向为北或东北方向，主要防御唐代渤海国北部的黑水靺鞨部落。牡丹江段边墙作为渤海国第一道军事防线，封锁牡丹江左岸交通；岱王山山城和江东段边墙构成渤海国第二道军事防线，封锁牡丹江右岸的交通；镜泊湖段边墙、城墙砬子山城和重唇河山城形成渤海国第三道军事防线，扼守水路交通。这三道军事防御线在牡丹江市东北郊至镜泊湖段边墙的这近百公里的地域上，形成此地域的立体式纵深防御体系。牡丹江边墙作为一个带有纵深防御体系的军事工事，对唐代渤海国的稳定、发展和开疆扩土起到了至关重要的作用

2. 金界壕遗址（黑龙江段）价值特点

12世纪，生活在东北地区的女真族创建金朝，先后灭辽与北宋，统一黄河流域，与南宋对峙。在金朝势力鼎盛之际，活跃于北方草原的蒙古族也逐渐强大，不断侵扰金王朝控制的地区，为了减少来自北方的威胁，金朝开始在北部构筑金界壕。

据载，金界壕始建于天会年间（1123～1137年）婆卢火驻守东北路泰洲浚界壕之际。金世宗大定年间，修建堡戍，诏以两路招讨司、乌古里石垒部族、临潢府、泰洲等路，分置堡戍。二十一年（1181年）"世宗以东北路招讨司十九堡在泰洲之境，及临潢

路旧设二十四堡参差不齐，遣大理直蒲察张家奴等视处置。于是，东北自达里带石堡子至鹤五河地分，临潢路自鹤五河堡子至撒里乃，皆取直列置堡戍。"（《金史·地理志》上），金章宗明昌三年（1192 年）又自西南、百北路沿临潢达泰洲，开筑壕堑，以 3 万士卒连年施工易遭风沙湮塞而不足以阻挡蒙古骑兵，就金界壕工程的兴与罢问题引起朝臣不断争议，工程至承安三年（1198 年）方告完成。由于大定年间修筑的西北路金界壕虽有墙隍，无女墙副堤，承安五年（1200 年）又进行了增缮后方告完成，前后历时 70 余年。

金界壕由东北路、西北路与西南路等路所组成。金界壕遗址（黑龙江段）属东北路段。该段金界壕循大兴安岭山脉主轴线由东北向西南走向，东北起自诺敏河右岸，即黑龙江省甘南县灯塔村小乌尔科，西南止于野马河右岸，即龙江县龙头村龙头六队。该段金界壕先后越过诺敏河、黄蒿沟河、阿伦河、三道沟河、音河、大水泉子（季节河）、忙牛沟、雅鲁河、中和沟、麒麟河、济沁河、苇莲河、乌尔根河等诸多河流，无论地势多么复杂，大体按照南偏西北走势而修建，婉如一条苍海巨龙，横卧在大兴安岭东部群山峻岭之中。

经本次长城资源调查确认的金界壕主墙长度为 200.266 千米，主副墙总长度为 367.299 千米。黑龙江段金界壕调查段落总数为 237 段，其中甘南县 177 段，龙江县 50 段，碾子山区 10 段。

（1）价值特点

金界壕由多民族共同协作而成，是中华民族智慧、才能的象征与伟大创举。金界壕既是渔猎文明、游牧文明与农耕文明三种人类文明之间斗争与交融的产物，又见证了我国民族融合过程中渔猎民族与农耕民族融合的历史，在资源中具有独特性。金界壕黑龙江段全长 200.266 公里，黑龙江段所呈现出的历史风貌基本可反映出整个金界壕的全貌，是金界壕乃至我国长城资源保护工作中不可缺少的段落。金界壕作为我国古代重要的军事防御设施，对研究我国古代军事思想与军事技术发展的历史具有重要作用。金界壕的发掘、研究与保护，为认识古代当地的农牧业发展、水利设施建设、手工业制作水平、习俗和社会制度等都提供了难得的依据。金界壕既包含了物质内容，又包含了非物质内容；既具有久远的历史感，又具有广泛事物的丰富联系；既具有外形的可视性，又具有内涵的可感知性。因此，金界壕是多学科、多领域信息的综合载体，是文化符号和精神象征。金界壕是中华文明史的重要实物见证，因此他的文化意义和华夏认同意义是政治功能的体现。

（2）防御体系

金界壕采用就地取材，土石混合堆筑为墙体方式修建而成，有的段落墙体外挖有壕堑。居于南侧宽阔高大的墙体为主墙，主墙基宽 11～18 之间，残高大多在 1～3 米，墙体北侧沟壑为壕堑（现大多被淤平），在主墙体上每隔 90～120 米有一座向外凸出的土台，称之为马面，全段共有马面 1466 座；为增强防御功能，很多地段在主墙外还筑有副墙，最多处是三墙三壕。在金界壕内侧距主墙 20 米至 3 千米，间距 10 千米左右，设有一座周长 92～700 米小堡，全段共有小堡 24 座；在距金界壕主墙 5～12 千米、间距约 50 千米左右，设有一座周长 1300～1600 米大堡，全段共有大堡 4 座。金界壕（黑龙江段）全段共有二座关，其中一座位于小乌尔科，另一座位于向阳山。小乌尔科关由东、西两道墙体分别与主副墙垂直相连形成关口；东西墙残长 18.5～19.3 米，整体保存状况较较差。向阳山关为瓮门关，东与主墙体相连向西北呈半弧形突出，与西侧墙体上的马面组成关门，瓮门直径为 20 米。在距金界壕 200～700 米，墙体南侧的山岗上或堡城附近设有烽火台，全段共发现烽火台 18 座。

三　长城资源调查经验体会

一是培养了长城资源保护人才。为适应长城资源调查需要，我省相继举办了两期不同内容的培训班，对 30 余名长城资源调查从业人员进行了培训。每年一次的成果总结评审会，及时发现问题并解决问题，以上措施有效提高了工作能力和水平。各地文物部门在田野调查、资料整理等实践中，边调查边学习，以老带新，锻炼了一批年轻队员。同时，省厅注重培养长城资源调查及长城资源保护工程领军人才。迄今，已培养了两名对牡丹江边墙和金界壕全面了解、具有长城资源调查丰富经验、能够承担各项长城资源保护任务的中青年保护专家。

二是摸清了长城资源保存现状。5 年来，在国家文物局的具体领导和大力支持下，我省对省内长城资源进行了全面调查和测量，投入的人力、物力、财力都超过历次长城调查。调查队员走遍了每一寸长城资源，采用文字、绘图、照片、录像等各种手段，记录下各类信息，全面摸清了长城资源分布、规模、长度、体系、现状。这些数据将会对今后的长城保护工程起到至关重要的作用。

（执笔：张云鹏[①]）

---

① 张云鹏：黑龙江省文化厅文物保护处处长，副研究员，黑龙江省长城资源调查工作负责人。

山东省齐长城资源调查工作总结报告

山东省长城资源调查队

齐长城是中国现存最早的超大型线形防御设施，西起济南市长清区孝里铺村黄河岸边，东至青岛市黄岛区于家河村海滨，横跨整个鲁中南山地和部分东部丘陵，全长 600 余千米。地貌特征多变，地质条件复杂，建筑材料、构筑方式多种多样，是不可多得的珍贵文化遗产。为切实加强齐长城的保护工作，山东省文物局根据国家文物局的统一部署，在省政府的大力支持下，于 2008 年正式启动了"齐长城资源调查"项目。

在省文物局主要领导的关怀和国家长城资源调查项目办公室的指导下，项目组和调查队经过持续不懈的努力，在全国率先完成了早期长城的田野调查工作，率先完成了《齐长城总体保护规划》的初稿的编制工作，取得了可喜的成果，在全国有关会议上，多次受到国家文物局的具名表扬。

"齐长城资源调查"项目的田野调查工作于 2008 年 10 月正式启动，到 2010 年 5 月底，完成了齐长城及沿线 27 处寨堡遗址的全面测绘，田野调查工作宣告结束。随后进入资料汇总、档案建立、成果报送和调查报告编写阶段。分别于 2011 年 7 月 17 号、2011 年 11 月 13 号、通过山东省文物局和国家文物局专家组的验收。

现从齐长城资源调查工作概况、主要成果收获、保护工作建议等几个方面，总结汇报如下：

一 齐长城资源调查工作概况

1. 组织准备

山东省文物局根据国家文物局《长城保护工程（2005～2014 年）总体工作方案》和历次长城调查工作会议精神，责成山东省文物考古研究所编制了《山东省齐长城资源调查工作方案》，设立了相关的工作机构。多次召开长城沿线 18 市县调度会，部署协调调查和保护工作。

组织机构：2008 年，山东省集合山东省文物局、山东省文物考古研究所、山东省文物科技保护中心等 27 家单位的力量，成立齐长城资源调查领导小组、办公室，组建齐长城资源调查调查队。其中：

齐长城资源调查工作领导小组，组长：谢治秀；副组长：王永波、叶健；下辖成员 12 人；

齐长城资源调查工作办公室主任：王永波；副主任：倪国圣、佟佩华；下辖成员 4 人。

齐长城资源调查调查队总领队佟佩华、李振光。下辖两个工作队，参加实际调查工作的专业干部共计 31 人（名单见附录）。

物资准备：由齐长城资源调查工作领导小组办公室负责，按国家文物局长城资源调查项目办公室的统一要求，购置了仪器、设备、物资，为调查工作做好物质准备。

安全保障：进行了必要的安全培训，制定了切实可行的安全措施，并为每位田野调查人员购买了短期人身保险。

2. 培训学习

2006 年，派员参加了国家文物局举办的长城资源调查与测量领队培训，通过野外实习、模拟考试，取得了优异的成绩。参加了河北省明代长城资源调查试点工作，对长城资源调查工作模式有了系统的把握，为山东齐长城资源调查工作积累了经验。

在此基础上，山东省文物局于 2008 年 10 月，在长清举办了为期一周的全省齐长城资源调查专题培训班，安排了野外调查实习，并举行了齐长城调查工作启动仪式。为做好齐长城资源调查工作打下了坚实的基础。

3. 项目内容

按照国家统一的要求，齐长城资源调查的项目内容包括：1）对齐长城全线进行实地测量，确认原有墙体总长和现存墙体的长度，绘制墙体线形走向电子地图。2）对墙体构筑方式、建筑材料、体量规格、保存状况、损毁原因和修补改建情况进行文字描述和图像记录，采集相关文物标本。3）对齐长城的关隘、关堡、沟堑、烽燧、屯兵营寨等相关遗迹调查登记，并完成与墙体相同内容的调查记录。4）对与齐长城有关的附属文物，如遗址、碑刻等内容进行相关调查和记录。5）按统一规范要求，完成县域资料录入、归档工作，编辑出版相关报告。6）为编制保护规划提供科学依据。

4. 工作方法

采用全国长城资源调查项目组规定的设备器材作为调查工具，按照《长城资源调查工作手册》制订的各项要求和《长城资源调查工作报告》、《长城资源调查报告》等档案规范标准，做好齐长城的调查、测量、资料录入、资料整理、建档立案与调查报告编写等工作。

为保证调查方法、设备调试、选点测量、相关标准和资料收集、录入等工作的规范一致，两个调查分队先在长清进行了半个月的合队调查，待全体队员都熟练掌握了各项工作程序后，开始分队分县调查。根据地貌和构筑特点，将全线分为 244 个工作段，每个分段原则上不超过 3 千米。为便于野外作业的组织和沟通协调，两个分队采用实时网络联系方式交流沟通。

在实地调查中，每到一地，首先对调查县段的《县志》、相关文献记载、以往的调查记录、分析研究报告等资料进行收集分析。重视对民间爱好者提供线索的分析考察，做到心中有数，有的放矢。针各类不同的墙体，制定了统一的数据采集、描述标准。严格按规范要求进行数据、图像采集。对关键部位和有争议的墙体，采用考古调查的方法进行判定。以 1：10000 的纸质地形图作为测绘数据标图，并做好相应的文字记录。回到驻地后，立即对当天的数据进行初步整理、录入，对标图进行室内扫描、拼接，依次完成单项遗迹、长城墙体调查分段、分县和总体路线图的 CAD 绘图。编写田野调查日志。每个县（市、区）段的野外调查完成后，安排时间对调查资料进行检查、核实，并专柜保存。

5. 调查进度

田野调查工作耗时约计 9 个月，大致分为三个阶段，2008 年 12 月至 2009 年 1 月，完成了济南市长清、泰安市岱岳、肥城等区段的野外调查；2009 年 3 月至 7 月，完成了齐长城本体全线的野外调查。2010 年 5 月至 6 月，完成了齐长城沿线寨堡遗址的全面测绘。田野调查工作结束。

6. 资料整理与报告编写

第二阶段调查结束后，于 2009 年八月份进行了半个月的资料汇总；2010 年 3 ~ 4 月份，对资料进行了系统的整理工作；2011 年 5 月，为迎接长城资源调查项目验收，对整理资料进行了检查复核和局部调整；2011 年 9 月开始编写《齐长城资源调查报告》。目前《报告》的主要部分已大致完成，正在进行结构调整、图片编辑和文本校对等项工作。

7. 项目验收

2011 年 7 月 17 日，"齐长城资源调查"项目顺利通过了山东省文物局组织的省级验收。山东省文化厅副厅长、省文物局局长谢治秀亲自主持验收工作会议。与会专家分别听取了项目组和调查队的工作汇报，认真检查了相关资料和电子文本，并提出了宝贵的修改意见。会后，齐长城项目组和调查队根据专家意见进行了认真的修改完善。于 2011 年 11 月 11 ~ 13 日，国家文物局"齐长城资源调查"项目验收专家组现场复查了齐长城长清 1 段（广里段墙体）和长清第 36 段（定头崖西段长城）的测绘、记录情况。按规定查阅了的相关资料和数据库系统。对山东省文物局"齐长城资源调查"项目的组织机构、人员调配、项目设置、调查成果和资料录入汇总等方面给予很高的评价。

8. 齐长城资源认定

根据国家长城项目组的统一要求，齐长城调查项目组根据省文物局的统一安排，组织人员对山东齐长城资源调查的各类表格进行整理汇总，对齐长城全线各类墙体及其他遗迹进行了资源认定登记，按要求完成了齐长城资源认定表的填报工作。

二　齐长城资源调查的主要成果与收获

齐长城资源调查工作取得的主要成果和最大收获，就是按照国家的总体部署和《长城资源调查工作方案》及《规程》的要求，高质量地完成了齐长城全线 244 段的野外调查、测绘、特征点数据采集、照相、录像和全面记录；完成了以县为单元的齐长城数据录入、综合工作；；完成了齐长城类型、保存状况的分析统计；完成了齐长城走向图、单项遗迹与相关寨堡平、剖面 CAD 电子地图的绘制工作。并按照要求全部录入齐长城资源调查数据系统；首次实现了对齐长城具体情况清楚认知的重要目标。通过省文物局委托山东省文物保护中心，以齐长城资源调查资料为基础，编制完成了《齐长城总体保护规划》初稿和个别具体区段的保护方案。为今后的保护、利用工作打下了良好的基础。具体地说，齐长城资源调查的收获主要有以下几点：

1. 准确的测量了齐长城原有实际长度、现存长度和各类墙体的长度。最终确认齐长城总长度，改写了旧著《齐长城》618900 米的旧有记录（图 1）。

2. 确认齐长城墙体由山险、土墙、石墙、土石混筑等几种类型构成。土墙：多在平川或低洼地方用土夯筑而成，窄者十几米，宽者二十余米，分多层夯打，墙体坚固结实。石砌墙体又有单面和双面垒砌之分，单面垒砌墙体多利用山岭自然地势。在外侧陡崖处砌筑石墙，内侧填塞土石，形成坚固的墙体；墙体外侧陡高，内侧与山体相连，有利于防守。双面墙体多依山修筑，全部用石头垒砌而成，或两侧垒砌石块内部填碎石或土石混填。宽度多在 5～12 米，现存高度多在 1 至 2 米左右，保存最高处可达 4 米。据章丘境内保存较好的石墙观察，墙体顶部可能采用平砌。部分石墙较窄，时代有待推定。章丘锦阳关一带石墙，外侧有垛口，应为清代重修所致。

3. 新认定山险 130 多千米、堑壕 1 条。

山险：短者十几米或数十米，长者数千米。所谓山险，就是以山为险，在修筑长城时，利用人马无法攀登的陡峭山脊或陡崖峭壁等天然屏障作为墙体的组成部分，山险与山险之间用人工墙体连接。

堑壕：在长清发现并确定一条东西向壕沟。壕沟地处山谷平地，不同于山谷地带自

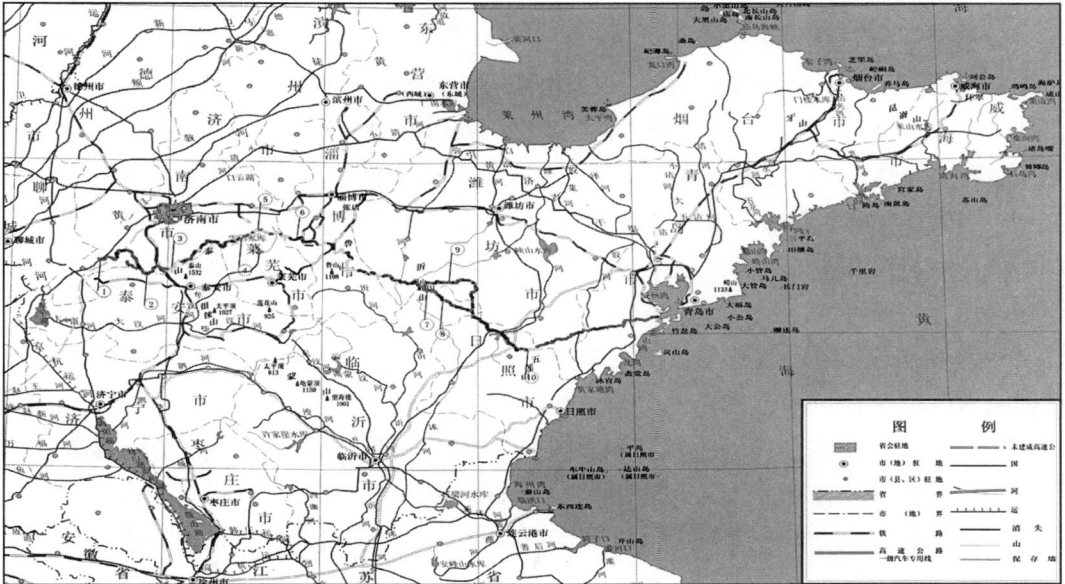

图 1 GPS 实测齐长城分布图

然冲沟。沟宽二十多米，深十几米。沟的东西与山脊长城相对。据当地村民介绍，大沟的北侧在六、七十年代还保存有较高的土墙，有待勘探确定。初步判定为墙体外侧堑壕。

这些发现是以往未知的新内容，丰富了齐长城的墙体类型。对于齐长城的设计理念、构筑模式、防御体系研究都具有重要价值。

4. 新发现烽燧 8 处、石砌寨堡 27 处、周代遗址 8 处、墙内陶片标本 3 例、木炭标本 1 例、碑刻 4 通。确定关隘 8 处。

烽燧：分为高台式和深坑式两种。台式烽燧亦称烽火台，有 3 处，平面多呈圆形或椭圆形，为泥土夯筑，或外砌石墙内填土石。如万南烽燧为黄土夯筑，现存残高 6 米，直径 15 米。深坑式烽燧共发现 5 处。通常是在山顶挖出直径 3 ~ 5 米方形圆角土坑，周边垒砌出略高于地面的石圈。

寨堡：在长城沿线的山顶上发现石砌寨堡 27 处。用石块砌筑围墙和寨门，有的还保存有石砌房屋。这类遗存的年代及其与长城的关系有待更深入的研究。部分可能与长城守卫防御有关，多数可能属于晚期山寨。

周代遗址：在长城线上发现 8 处东周时期遗址，面积小者数千平方米，大者上万平方米，有的遗址位于长城经过的山顶之上，应为长城防御体系的组成部分。

关隘：是长城南北交通要道设置的出入关防，有的还设有关堡。根据记载，长清防门、沂水穆陵关、莱芜青石关应为东周修建，其他 5 处的时代有待确定。现保存较好的青石关关门系清代重建。

5. 确认了齐长城主线外侧（南侧）的三条（段）与主线相呼应的复线（或支线）：一条由长清三岔沟至肥城的连环山；一条由博山区望鲁山北 729 高地南行，至梯子山后沿博山、莱城交界先东南行至莱城区炮台顶；一条由临朐、沂水交界处的脖根腿东山向东南，经朱家峪东山，过穆陵关，向东至三楞山，与北侧由安丘方向延伸而来的主线相交接。根据现场迹象判断，沂水穆陵关东西向墙体的构筑年代，应晚于其北侧沂水、临朐、安丘三县交界处的长城（主线）应为复线，纠正了此前以该段复线为长城主线的错误认识。

6. 重新定位了济南长清与泰安肥城交界处，齐长城复线西端起点，把该段复线西端起点向西延伸了 1400 余米。

7. 纠正了对临朐境内齐长城复线的错误认识。临朐长城爱好者刘镇宗曾撰写的《临朐县境内的齐长城复线》（未发表），认为临朐境内齐长城主线之外，还有 160 余千米的四条复线和多处烽燧。调查队用 30 天时间进行通过实地调查验证，排除了其中的三条。

8. 以齐长城资源调查资料为基础，对齐长城的保护状况与损毁原因进行了全面分析，选定重点保护地点，为编制齐长城重点区段的《抢救保护方案》提供了资料依据。

9. 对齐长城的采石场及起石方式有了初步的认识。齐长城沿线基本不见长城修筑采石场，结合长城墙体石材类型和莱芜农民用镢头、铁棍、铁锤就地采集裸露地表的分层山石砌筑山墙等现象分析，齐长城修筑所用石料，可能采用类似开采方式。

10. 完成了第三次文物普查在莱芜南部发现的石墙、寨堡遗迹的现场考察、分析、定性。认为：莱芜南部、穆汶河南侧东西向约 40 千米处山脉上的石砌构筑物，线形墙体总长不足 5 千米，多数宽度在 1 米左右，少量宽 2.3 米，与长城墙体的类型特点不符；围墙式寨堡多为独立单位，修筑时间不同，存在部分晚期寨堡。应是山寨与少部分墙体构成的临时防御设施。

11. 确定了齐长城保护范围和建设控制地带划定的指导意见。大部分现市已按要求划定了保护范围，有的县区已完成了保护标志树立工作。

三　齐长城的保护工作与建议

近年来，由于各类大型工程、矿山的开采、农田开垦等，致使长城的损毁速度加快，管理难度增大。齐长城墙体的保护形势极为严峻。截止田野调查结束之日，齐长城墙体遗址保存完好率尚不足百分之四。

长城沿线多数县市的管理机制、人员配置、后勤保障等方难以适应齐长城保护的需要。对齐长城保护的认识也有待于提高。我们建议：

1. 充分利用新闻媒体，加大宣传力度，使民众和社会各界充分了解传齐长城的概况、价值和保护的重要性。形成全社会重视齐长城保护、相关部门齐抓共管的良好氛围。

2. 以"齐长城资源调查"和实施《齐长城总体保护方案》为契机，动员各级文物管理部门，尽快根据实地调查情况，在适当位置设立或增设保护标志和保护界桩。现有山口道路、村口等显要位置都应设置保护标志，并附刻区段长城走向图和文字说明。在长城沿线醒目位置设立保护界桩。

3. 实行安全责任制，狠抓层层落实。由于现代化的生产工具的运用，人类改造地貌的能力和速度不断提升，损毁事件一旦发生，其速度和后果都难以预料。加上当地村民流动性增大，已有的文物保护员制度有可能沦成为形式。建议实行文物安全责任制度，长城沿线县（市）、乡镇和村主管领导都要签订安全责任书，并逐项落实到长城沿线居民，实行不定期的检查、抽查，发现问题及时究责。

4. 后续调查工作建议：1）齐长城西端为土筑墙体，历经千年沧桑，西端起点从地表已无法判定，应该用考古勘探的方法进行勘探，并结合考古试掘，确定齐长城西端的真正起点，为齐长城起点的保护提供可靠的资料。2）文献记载齐国"城防门，堑广里"，长清岚峪村西发现的堑壕，长度与此相合。建议对该段堑壕进行考古调查，了解墙体和堑壕的结构情况，以便厘清"堑广里"的准确位置，为齐长城墙体展示提供新的类型。3）目前，齐长城墙体的结构类型是根据地表现存情况而得出的，建议选择二三处地点进行解剖，以土墙和土石混筑墙体的构造和夯筑方法。4）齐长城档案的建设和保管是后期工作中的重要环节，建议完备档案建设并落实专室、专人管理。

河南省长城资源调查综述

河南省长城资源调查队

为做好河南省的长城资源调查工作，河南省文物局高度重视，按照国家文物局长城资源调查工作的总体部署，根据河南省长城资源分布情况，依据《全国长城保护工程（2005～2014年）总体工作方案》、《全国长城资源调查管理办法》和《全国长城资源调查工作总体方案》，通过成立"长城资源调查领导小组"，有步骤分阶段的组织实施此次调查工作。现将有关情况综述如下：

一 河南省长城资源分布概况

结合历史文献、地方史志、相关研究资料以及前期掌握的情况，经过实地调查和省级认定，并上报国家文物局确认，得出河南省长城资源分布概况：战国楚长城主要分布于南阳市的方城县、桐柏县，平顶山市的鲁山县、叶县、舞钢市，驻马店市泌阳县；战国魏长城主要分布于郑州市的新密市；战国赵长城主要分布于新乡市的卫辉市、辉县市，安阳市的林州市，鹤壁市淇滨区。墙体总长度约400千米（含山险和消失段落），关堡、烽燧、城址、兵营等相关遗存20处。

另外，因故未纳入此次河南省长城资源调查项目范围的相关遗存包括：现分布于新乡市、开封市、郑州市行政区域内的战国魏长城遗存，漯河市行政区域内的相关遗址，济源市行政区域内的北齐长城遗存，焦作市行政区域内的疑似明代长城遗存，南阳市、驻马店市、信阳市、洛阳市行政区域内的疑似战国楚长城遗址等。目前，这些未纳入调查的遗存主要依托所在地文物部门做一些基础性保护工作，待条件允许后，再对其进行调查、确认。

二 领导重视、精心组织，圆满完成既定工作目标

河南省的长城资源调查工作，是在国家文物局长城资源调查工作项目组的关心、支

持和悉心指导下顺利开展的，以河南文物局领导为组长的"河南省长城资源调查领导小组"为调查工作提供了组织保障。领导小组办公室设在省文物局文物资源管理与开发利用处，负责河南省长城资源调查的日常协调工作，为按时保质地完成调查工作的各项既定目标奠定了坚实基础。

（一）结合河南实际，创新长城资源调查工作组织架构。针对河南现存长城资源大多年代久远、遗迹难寻、缺乏断代依据的现状，省文物局采取了省级组队，长城资源所在市、县（市、区）文物部门参与配合，省、市、县三级联动的组队形式，实行划分片区、调查领队负责制。以河南省文物考古研究所业务骨干为主，成立了豫南长城资源调查一、二队，负责南阳、信阳、平顶山、驻马店片区的长城资源调查工作；以河南省古代建筑保护研究所业务骨干为主，成立了豫北长城资源调查队，负责郑州、新乡、安阳、鹤壁片区的长城资源调查工作。

（二）以查代训、试点突破，全力加推长城资源调查工作进度。组织相关人员参加由国家文物局和国家测绘局联合举办的长城资源调查培训班，根据调查工作时间紧、任务重的现实，2008 年 8 月 26 日至 9 月 3 日，在南阳市举办了"河南省长城资源调查培训班暨河南省长城资源调查启动仪式"。由国家文物局、国家长城资源调查工作项目组的领导、专家亲自到会授课、指导，采用以查代训的教学模式，来自河南省文物考古研究所、河南省古代建筑保护研究所及长城所在地文物部门的 40 余名调查队员，在最短时间内掌握了长城资源调查的工作要求、工作规程、登记表填写规范、编码规则、名称使用规范、田野调查方法等，为全面开展长城资源调查工作打好了基础。

2008 年 10 月下旬，河南省文物考古研究所和河南省古代建筑保护研究所的调查队员联合组队，在南阳市方城县进行了长城资源调查试点工作。通过对墙体、烽燧、关堡、城址等不同类型长城遗存的试点调查和资料整理、汇总，确定、统一了调查方法、数据采集内容和资料填写体例。

磨刀不误砍柴工，在培训和试点工作之后，豫南、豫北两个片区的实地调查工作即全面铺开，3 支专业调查队伍迅速进入预定作业面展开实地调查，为后续的资料整理、数据录入等工作争取了时间，加快了调查工作的进度。

（三）克难攻坚，圆满完成既定工作任务。河南的长城资源调查工作，自 2008 年 10 月全面启动至 2011 年 10 月向国家文物局上报《河南省文物局关于长城认定情况的报告》止，历时 3 年。调查队员发扬不怕苦、不怕累、忘我工作的精神，克服重重困难，徒步行程 1300 多千米，驱车行程达 2 万千米，共采集全球卫星定位 GPS 系统有效信息点万余个，录像摄像资料 300G，圆满完成了既定工作任务。

国家文物局、国家长城资源调查工作项目组的领导、专家和河南省的领导、专家多次赴实地调查一线慰问、指导，高度评价和赞扬了调查队员们在工作中的十足干劲、闯劲和求真务实的精神。

三 成果显著、宣传到位，长城研究保护工作进一步推进

（一）豫南长城遗迹的几类存在特式。第一类，以绵延数十千米的人工修筑墙体（当地俗称"土龙"）为存在方式。遗迹主要有分布于平顶山市叶县夏李乡高楼山以东楚长城遗存、南阳市方城县杨楼乡楚长城遗存；第二类，由山险和扼守山谷的人工修筑墙体相结合，共同组成防御线。遗迹主要有分布于平顶山市的舞钢市楚长城遗存；第三类，以山险为主，以关堡或城址扼守古道、关口而成的防御体系。遗迹主要有分布于驻马店市泌阳县楚长城遗存。

（二）豫北长城遗存的现存形式相对单一。从调查的结果来看，豫北长城遗存的主线位于太行山余脉的山岭之中，在山脊上修筑，遇山险则以山险为墙，大致呈东南－西北走向，均为毛石干垒的石头墙体。墙体自新乡市的卫辉市唐庄镇始，大致沿卫辉市和辉县市分界线，经由卫辉市唐庄镇、辉县市常庄镇、卫辉市太公泉镇、辉县市张村乡、卫辉市狮豹头乡、辉县市拍石头乡一线，直达新乡市和安阳市分界线，而后沿新乡市的辉县市与安阳市的林州市分界线，经辉县市南村镇、西平罗乡、南寨镇后，完全进入安阳市林州境内，再经林州市原康镇南部折向西行，入山西省壶关县鹅屋乡。此主线墙体全长约 70 千米，墙体两侧以较大而规整的石块干摆，墙体内部则以乱石填充，局部保留有壁面的墙体可明显看出有收分迹象，残存墙体最高处可达 2 米左右，墙宽 2.4－3.1米。

豫北长城遗存的其他段落分别位于安阳市的林州市和鹤壁市的淇滨区境内。其中，安阳市的林州市段土石质长城遗存，当地文物部门曾作为"赵南长城"调查并上报公布为河南省省级文物保护单位，结构为土石混筑，以黄土夹杂卵石、碎石直接堆积而成，无夯筑痕迹。残存墙体最高约 3.3 米，最宽处可达 10.3 米，残存墙体外形呈梯形，有收分。此段墙体与原康段长城成南北对应状，经合涧镇、城郊乡、姚村镇，到任村镇止，大致呈南北向分布，残余墙体总长约 20 千米；鹤壁市淇滨区段石质长城遗存，大致呈南北向分布，总长约 1.3 千米，墙宽多在 1 米左右，最窄处仅 0.85 米，最宽处可达 1.6 米。毛石干垒修筑，其选石较为随意，墙面则以较大而规整的块石摆放，不平处以小片石或小石块填缝。

（三）科学发掘，为早期长城定性探寻出路。河南现存的长城资源多数已年代久远，因此，调查工作就是寻找和发现长城，并对其确认和定性的过程。调查人员针对长城遗存分布的不同地域和现有长城遗存的不同特点，采取了不同的方式来处理。如豫北长城调查以主线对接为主，以课题项目结论成果为辅，分步骤、分层次进行。目前河南

省境域内的豫北长城主线已调查清楚,正在和山西省联系对接,进而完成对此段长城的定性工作;豫南长城调查则根据不同的建筑结构特征而对其进行认定。纯石结构和仅存关堡等遗存的段落采用串线的方式,联点成线,进而成区域、成体系对其加以认定。土石混筑和纯土夯筑区域则采用清理发掘的方式来认定,再由点、段成线、片,进而成体系。

经国家文物局批准,2009 年 6 月至 9 月,河南省文物考古研究所先后对平顶山市的舞钢市、驻马店市的泌阳县两处长城遗址进行了发掘。其中,平顶山市"舞钢平岭楚长城遗址"抢救性发掘项目,揭露面积达 1500 平方米,墙体内包含遗物时代多为春秋时期,少量为战国早期,未发现时代晚于战国时期的遗物。由此可以推断,平顶山舞钢平岭段长城年代下限应不晚于战国时期。再结合文献记载的楚长城修筑年代、地域、墙体修筑特点和功用等考究论证,可初步认定其为楚长城。该段长城墙体残高约 1.56 米,呈东西走向,墙体南北宽 10 ~ 16.1 米,墙体是由南北两侧各一道石砌墙体加中间包含物筑成,其中间包含物先是铺垫一层炭化的木棍或掺杂有炭化木棍的石块层,然后再堆筑红土层,红土层之上堆筑了数层北高南低呈倾斜状的黄土层。该段长城墙体大部分为堆筑,局部有夯筑,夯层厚约 0.03 ~ 0.07 米。

驻马店市泌阳县"象河关长城遗址"发掘项目,从发掘的情况来看,象河关应是一个集古道、关墙、堆筑或夯筑的土台、天然护城河和生活区于一体的,自成系统的楚长城线路上极其重要的关堡之一。其关墙呈东西走向,墙体可分为内、外护坡和主墙体三部分,宽约 32.5 米,残高约 2 米。墙体内出土的陶片、石器等遗物,时代最早者可达屈家岭文化时期,最晚者也不晚于东周时期。古道从关堡中部南北向穿越关墙。已发现的夯筑或堆筑的 3 个土台,从钻探和解剖的情况来看,皆建于地表之上,外形呈圆形馒头状,部分土台残高约 4.9 米,夯层厚度达 0.03 ~ 0.06 米,部分土台内壁有木炭和红烧土,由此,推断其为象河关的烽燧。在距象河关关墙北约 2.5 千米左右,即今泌阳县象河乡乡政府所在地,曾发现有大型东周遗址,面积达 182 万平方米,应是象河关关堡的生活区。

通过科学发掘,基本上可以破解学术界一直争论的"楚长城"是否存在这一命题,进而为早期长城的定性又探索出了一条有效途径。

(四)郑州市的新密魏长城填补了长城研究领域的一项空白。此段长城位于新密市西北 10 千米的尖山乡,最高处海拔 605.8 米,自荥阳市和新密市交界的香炉山东坡起,越香炉山、沙岗、风门口、南五岭,自北向南,到茶庵村北止。残存墙体达 5.8 千米,其中,北段墙体位于小顶山的山顶处,东距荥密公路约 2 千米,大致呈东北—西南走向,全长 1249 米,基宽 2.4 米,墙体最高处残高 3 ~ 4 米,城墙、墙基明显露出地面,保存现状较好,自此,折向西南到香炉山,此山上有大大小小石垒寨堡多层分布,靠南的寨堡以长城墙体为其寨墙，长城墙体和寨堡的建筑手法均为同类山石垒砌；中段墙体位于香炉山南的蜡烛山上，从蜡烛山主峰的南坡起，向南行，经花孤堆到薛家岭，全长595米，基宽2.2～2.5米，建于山脊顶部，墙体大多裸露于地面之上，残高最高处仅0.82米；南段墙体自沙岗北坡起，南行150米后折向东，经风口山、南五岭，又折向南行，到茶庵村北止，全长1486米，基宽2.4～2.6米，墙体残高0.5～1.3米。

郑州市的新密市战国魏长城的发现，填补了我国早期长城研究领域的一项空白，对研究古代战争，特别是战国时期各诸侯国之间的关系、战国长城位置与走向、战国长城构筑形制等提供了珍贵的实物依据，兼具极高的历史价值、科学价值和社会价值。因其部分长城墙体保存现状完好，墙体残高达4米以上，故此，充分向世人展现了我国古代人民的智慧和勤劳。从调查的实际情况来看，新密魏长城在不同的历史阶段被多次重复利用，时间跨度大，各时期建筑特征明显，简直就是我国军事建筑工程技术发展的活历史。新密市战国魏长城已于2006年5月25日被国务院公布第六批全国重点文物保护单位时，作为合并项归入第五批全国重点文物保护单位"长城"。

（五）注重宣传，鼓励民间团体、个人参与，让调查成果惠及民众。对长城资源调查的3年里，河南长城资源调查队在各级报刊发表长城调查相关消息、论文数十篇，接受各级电台、电视台采访十余次，举办长城考古发掘成果新闻发布会1次，举办长城学术研讨会2次，举办沿长城万人长跑公益活动1次，联合河南电视台拍摄并播出了6集大型历史文化类纪录片《寻找楚长城》。

通过不同形式的宣传、报道和活动开展，扩大了河南长城的知名度，让世人切身感受历史的厚重，让长城资源调查的成果惠及人民的文化生活，让更多的人自觉参与到保护长城的活动中来。

（执笔：程广治　杨华南　杨树刚[1]）

[1] 程广治：河南省文物局文物资源管理与开发利用处副调研员，河南省长城资源调查项目总协调；
杨华南：河南省古代建筑保护研究所副研究馆员，河南省长城资源调查队豫北领队；
杨树刚：河南省文物考古研究所副研究馆员，河南省长城资源调查队豫南领队。

陕西长城资源概况

陕西省长城资源调查队

陕西省历史悠久，文化底蕴深厚，文物古迹众多。长城资源是陕西省文化文物资源的一个重要组成部分，见证着陕西的兴衰变化与离合纷争，也见证着陕西的文明发展和繁荣进步。陕西省长城资源有战国魏长城、秦昭王长城（汉代沿用称为故塞）、隋长城和明长城资源。

陕西长城过数百年风雨之后，残破严重，引起民众及各级政府及相关单位的重视，陕西长城资源受到较好的保护。其中部分如榆林卫城、镇北台、麟州故城、渭南魏长城被公布为全国重点文物保护单位。高家堡、建安堡、宁塞堡等19座城堡被公布为陕西省重点文物保护单位，还有一批敌台、烽火台被当地各县公布为重点文物保护单位。

结合陕西省长城资源的调查，对陕西省长城资源介绍如下：

一　陕西省明长城资源

（一）陕西省明长城资源环境状况

1. 地理环境

陕西明长城分布在陕西北部榆林市府谷县、神木县、榆阳区、横山县、靖边县、延安市吴起县和榆林市定边县境内，东与内蒙古准格尔旗长城相接，再向东隔黄河是山西明长城，西与宁夏明长城相接。

榆林市和延安市位于陕西省最北部，在黄土高原和毛乌素沙漠的交界处，是国家级历史文化名城。处于毛乌素沙漠和黄土高原交界地带，煤炭油气资源丰富。该地区西南部平均海拔1600～1800米，其他各地平均海拔1000～1200米。地貌分为风沙草滩区、黄土丘陵沟壑区、梁状低山丘陵区三大类。有白于山、横山窟野河、秃尾河、榆溪河、无定河、大理河、延河、洛河等。

2. 历史沿革

该地区夏商时在雍翟族境内，周代为雍州白翟的一部分，春秋时属晋国，战国时先为赵国属地，后归秦国上郡地。秦统一后，仍属上郡。汉时，属于上郡和西河郡两郡。东晋时期，匈奴赫连勃勃在统万城（今靖边白城子）建立大夏国。唐设银、绥、夏、麟四州，均属关内道管辖。北宋时，属永兴军路，宋高宗南渡后，又沦为金有，属鄜延路。元代属延安路。明初，设延安府，置绥德卫，延安卫，成化七年（1471 年），增设榆林卫。清设榆林府、延安府，后来分属榆林市、延安市。

（二）陕西省明长城资源遗迹

陕西省明长城是明代延绥镇边墙的绝大部分，是一个整体的防御体系，包括三十六营堡、大边和二边，形成一个防御带。三十六营堡分布其中，大边位于营堡的北侧，二边位于营堡南侧。大边和二边共同构成"夹墙"，形成延绥镇的边防工事，大边修建比较坚固完善，二边只是铲削山险而成。陕西省境内明长城共有墙体 1170 千米，单体建筑 1151 座，关堡 112 座，另外在沿线还有各类相关遗存共 53 处。

1. 三十六营堡现状

陕西明长城沿线有一系列营堡，作为明代延绥镇长城边防系统中的重要组成部分，这些营堡在当时是作为平时驻兵以及蒙汉双方互市的场所。沿线共有类似的营堡 36 座，但明代，这些营堡大多发生过迁建、增建或者放弃的情况，现存这样的营堡遗址共有 45 处，其中包括绥德卫城。

延绥镇镇城是本镇最高指挥机构所在，另外沿边和腹地营堡共分为三路：东路、中路和西路，分段进行防守。

（1）镇城

镇城是延绥镇最高管理者总兵驻节所在，最早在绥德卫，辖延安卫，故称为延绥镇；成化九年（1473 年），巡抚余子俊将镇治迁至榆林，故延绥镇也称为榆林镇。另外，延绥镇副总兵驻于定边营。

绥德卫城　位于陕西省榆林市绥德县县城。整体保存差，只残存镇城北门，是明代建筑，名为"永乐门"。

榆林卫城　位于陕西省榆林市市区内，保存较好。城垣为夯土包砖筑成，完整部分高9.5、下宽15、上宽8~10 米，断续残存；共设有城门 3 座，没有北门，其中东、南门有瓮城；有马面 10 座，角楼 4 座；还有衙署、学宫、文庙、书院、武学、戴兴寺灵霄塔等。

定边营　位于定边县城，保存差，残存部分城墙，鼓楼。

（2）东路营堡

有神木营、黄甫川堡、清水营、木瓜园堡、孤山堡、东村堡、镇羌堡、永兴堡、大柏油堡、柏林堡、高家堡、建安堡等 12 处。延绥镇驻守东路参将就驻守在神木营。

其中神木营治所曾先后在麟州故城（杨家城）、东山旧城和神木县城三地驻守。

（3）中路营堡

有保宁堡、双山堡、常乐堡、常乐旧堡、归德堡、鱼河堡、镇川堡、平邑堡、响水堡、波罗堡、怀远、威武堡、清平堡 。延绥分守中路参将驻在保宁堡。

（4）西路营堡

有新安边营、龙州堡、镇靖堡、镇罗堡、靖边营、宁塞营、把都河堡、永济堡、柳树涧堡、安边营、砖井堡、石涝池堡、盐场堡、三山堡、新兴堡、饶阳水堡。明延绥镇分守西路参将驻在新安边营。

2. 明代大边长城现状

陕西明大边长城总长 574 千米，经过数百年风雨侵蚀和人为活动的影响，整体保存状况一般，现存遗迹共有四种：墙体、单体建筑、关堡、相关遗存。

（1）墙体

墙体是大边长城的主体部分，连绵不绝，串联沿线各个单体形成一道防线，分布在沿线七县区，总长 574 千米。依据墙体的构成材料可分为五大类：土墙、石墙、山险墙、山险、河险。

土墙 指以土夯筑而成的墙体。陕西明大边长域墙体基本以土墙为主，土墙全长 500 千米，全线断续都有分布。土墙夯土土质以黄土为主，夹杂有黑垆土、红色胶土、沙石，在定边县部分墙体夯土中盐碱含量较大。墙体夯层以 0.12 米～0.18 米厚度为主，包含物以料礓石为主，土墙下宽以 3～8 米范围为主；上宽以 1～3 米范围宽度为主；高度以 0.5～10 米高度为主。

全部土墙现状基本呈脊状锯齿形或驼峰形，在墙体受到的自然影响中，位于东部以及白于山区黄土梁峁丘陵地的墙体，多受山体崩塌的影响，当地居民耕种墙体附近的土地以及道路都对墙体有一定的影响，黄土地区沟壑发育则是影响墙体的最主要的因素；位于中部沙漠地区的墙体，多受流沙掩埋的影响；而在西部盐碱含量较高的区域，盐碱化是墙体面临的最大影响。墙体受到的人为活动的影响中，修筑道路和耕种土地是对墙体最主要的影响，在榆阳区共有大约七千米段被道路占用作路基。

石墙 以石构筑而成的墙体。石墙全长 6.9 千米，主要存在于石质山地。大部分是全部片石垒砌，有一段墙体是用片石垒砌两侧，内部用石块或片石堆砌填充。石墙依据其剖面形状可分为两种类型：A 型，剖面下宽上窄，多筑在比较平缓的地形处。B 型，剖面上宽下窄，多筑在陡峭山坡上。

山险墙 利用自然险再经人为加工而成的墙体。山险墙全长 2.7 千米，。以其改造方法可分为两种类型：A 型，山险加以人工铲削而成，这种类型所处山地为土质山地；

B型，山险加以人工增筑补缺而成，这种类型所处山地为岩质山地，增筑部分所用材料以片石为主。

山险　利用自然山地险要而成的防御形势。山险全长51.7千米。山险都位于山地，山体滑坡崩塌对山险的影响较大，而沟壑的发育经常导致山险的消失，地下矿藏的开采导致地表的开裂塌陷等变化严重影响山险的存在状况。

河险　利用自然河流险要而成的防御形势。河险全长12.7千米。

（2）单体建筑

单体建筑是长城的重要组成部分，是单独建筑为防守、传信目的实体建筑，此次共调查到1286座。依据其修建目的功能可分为三大类别：马面、敌台、烽火台。

马面　指依墙而建的单体建筑。全线共调查到马面有408座，全部马面的主体部分都是夯土筑成，夯土土质以黄土为主，夯层厚度在0.06～0.23米之间。平面形状有矩形、圆形、不规则形，其中有159座有包砖石。马面底部边长以6～11米为主；顶部边长以5～8米为主；高度以4～9米为主。

敌台　指骑墙而建或建在墙体附近的独立的单体建筑。全线共调查到敌台有503座，敌台主体部分都是夯土筑成，夯土土质以黄土为主，夯层厚度以0.1～0.18米为主。平面呈矩形、圆形和不规则形三种，其中有169座包有砖石。敌台底部边长以7～15米为主；顶部边长以5～10米为主；高度以4～10米为主。榆阳区镇北台和定边县惠楼村7号大型敌台远超出以上范围。

烽火台　指以传递信息为主要目的的单体建筑，所处位置距墙体较远。全线共调查到烽火台有375座，烽火台主体部分大都是夯土筑成，夯土土质以黄土为主，夯层厚度以0.1～0.18米为主。其中有大部分平面呈矩形，有127座包有砖石。底部边长以5～15米为主；顶部边长以4～13米为主；高度以5～12米为主。

在定边县有10座烽火台自成一系，位于东川河东岸，南北向分布，被称为烽燧线。

对单体建筑造成危害的主要是风沙侵蚀、拆取砖石和地下矿藏的开采，所有单体均受到程度不同的风沙侵蚀，有的风蚀窝最深达1米；部分包砖的单体建筑被拆掉；地下矿藏的开采也导致部分单体建筑开裂塌陷。

（3）关堡

关堡是长城的重要组成部分，是为驻兵、防守而修建的围墙建筑。依据与墙体的关系可分为两大类：关和堡。

关　指依托于墙体、筑有城围的屯兵地，共有68座。关围墙都是夯土筑成，其中有57座平面呈矩形，有11座平面成不规则形；其中有3座是跨长城墙体而建，边长在10～210米之间。

堡　指不依托于墙体、筑有城围的屯兵、居住地，共有34座。堡围墙都是夯土筑成，其中 30 座平面呈矩形，有 3 座平面成不规则形。有 1 座平面呈圆形；边长在 19 ~ 314 米之间。

（4）相关遗存

相关遗存是指长城墙体、单体建筑、关堡遗迹以外的其他与长城有关的遗迹。共有 35 处相关遗存在此次调查中被发现。

3. 明代二边长城现状

陕西省明二边长城总长 596.1 千米，是余子俊主持"铲削山崖"修成的，现存遗迹可明确判断属于当时边墙的共有四种：墙体、单体建筑、关堡、相关遗存。

（1）墙体

墙体是二边长城的主体部分，连绵不绝，串联沿线各个单体形成一道防线。经过数百年风雨侵蚀和人为活动的影响后，大部分已经漶漫不可辨认。依据形成墙体的外观形式可分为三大类别，土墙、山险墙、山险。

土墙　总长 2.8 千米，只在西部有分布。土墙全部人工夯筑土质以黄土为主，夯层厚 0.08 ~ 0.12 米。墙体底宽在 1.4 ~ 4 米之间，顶宽在 0.5 ~ 2 米之间，高度在 1.2 ~ 5.1 米之间。墙体由于风雨侵蚀，剥落严重，同时受到当地居民生产生活的影响，损坏严重。

山险墙　总长 0.1 千米，整体保存状况一般。个别段出现倒塌、开裂，有一宽 5 米的水冲豁口。自然坍塌和流水冲击是主要的破坏因素。

山险　总长 593.2 千米，山险顺山体沟壑河流形成自然屏障，由于历年来山体崩塌、洪水、风雨的侵蚀和人为种植作物等因素，使大部分自然险已经消失不存。史载二边的"铲削山险"，现在当年的铲削痕迹已不复辨认。

（2）单体建筑

单体建筑是二边长城的重要组成部分，二边长城的单独建筑兼具防守和传递信息的目的，全线共有 225 座。依据其修建目的可分为两大类别：敌台、烽火台。

敌台　共有 30 座。其中 29 座敌台的台体系夯土筑成，夯层厚度在 0.04 ~ 0.2 米之间。有 4 座敌台建有围墙，有 5 座敌台下建有夯土台基，有 1 座敌台外有包石。全部敌台中有矩形、圆形和不规则形。底部边长大多在 2.3 ~ 16 米之间；顶部边长在 0.5 ~ 12 米之间；高度在 2.8 ~ 10 米之间。

烽火台　共有 195 座。台体全部系夯筑而成，夯土土质以黄土为主，夯层以 0.08 ~ 0.18 米厚度为主。全部烽火台中平面呈矩形、圆形和不规则形。台体底部边长以 6 ~ 14 米为主；顶部边长以 4 ~ 10 米为主；高度以 4 ~ 8 米为主。

（3）关堡

关堡是长城的重要组成部分，全线共有 16 座。依据与墙体的关系可分为两大类：关和堡。

关　2座。一座平面呈矩形，夯土筑墙，长12.2、宽9.5、高0～2.8米；另一座平面呈不规则形，石块砌墙，长41、宽38、关墙高0.5～5米。

堡　8座。5座堡平面呈矩形，1座呈圆形，2座呈不规则形。夯土筑墙，边长在25～70米之间，高度在0～8米之间。

（4）相关遗存

相关遗存是指上述三种遗迹以外的其他与长城有关的遗迹，共有18处。

（三）对陕西省明长城资源的认识

1. 关于明延绥镇长城的组成

延绥镇明长城古称"夹墙"，组成部分有大边和二边，还有营堡。这三者共同组成一个纵深的防御体系，大边是用于御外，二边用于限内，中间形成一个军控地带，营堡则是居处其间进行指挥调度所在。

2. 关于明延绥镇长城的营建过程

延绥镇长城的形成也是有一个过程的，最初，先用前朝遗留的一线营堡进行防御；进而在营堡北侧二三十里修建一线瞭守墩台，加强防御；持续加大的边防压力，使得明朝将瞭守墩台一线用墙体连接，形成大边，而在军民种田的实际界线处铲削山险，形成二边，最终形成延绥镇的"夹墙"。

3. 明延绥镇长城的地位

相对早期长城，陕西明长城是最成熟最完善的长城，处于长城发展历史的最高位上。整个明代长城都是以北京为中心分布，层层防线，以确保明朝统治中心的安全。延绥镇长城处于明朝整个长城防御体系中的第三层级，是属于比较次要的长城。在修筑工艺上，稍显粗疏，全部是夯土筑成，只是在后期用砖包砌了营堡和单体建筑，与蓟镇的砖石长城相比明显落后。

二　陕西省早期长城资源

陕西省早期长城资源包括战国魏长城、秦昭王长城（汉代沿用称为故塞）和隋长城。其中战国魏长城和秦昭王长城遗留下的遗迹稍多，汉"故塞"就是汉代维修沿用的秦昭王长城，隋长城毁坏严重，只有少量遗迹残留。

（一）陕西省战国魏长城

陕西省现存最早的长城就是战国时代魏国修建的长城。

1. 陕西省魏长城资源的状况

陕西战国魏长城是指战国时魏国在西部修建的防御秦国的长城，也称魏西长城，或魏河西长城。战国魏长城并非像明长城或秦昭王长城一样一线相连绵延分布，而是分段存在，互不相连。主要有富县长城、黄陵－宜君长城、黄龙山南麓长城、合阳－澄城长城、华阴长城，另外还有大荔墙体。

（1）富县长城

富县长城自成一体不与其他长城相接，东西走向，全长 18 千米，沿线有烽火台 1 座。从监军台开始沿洛河东岸分布，至洛河东侧支流牛武川汇入处向西越过洛河，沿洛河西侧支流秋家沟、任家台川南岸分水岭向西北延伸至张家塬。墙体在塬上及嵝岘处为黄土夯筑而成，夯层厚度超过秦长城，清晰可辨，在陡峭的山体上基本采取堑山为障的形式。

富县长城位于黄土沟壑区，墙体以夯土墙体为主，坍塌严重，村民耕种土地对墙体的破坏也非常严重。残存墙体基本呈鱼脊状或一侧依靠台地，底部宽度在 1.2～3 米之间，顶部宽度可达 0.4～1.8 米，高度最高达 3 米；夯土土质为黄土，包含有料礓石，在夯层中夹杂有少量的外绳纹、内麻点纹瓦片；夯层厚度大部分集中在 0.06～0.1 米之间。

（2）黄陵－宜君长城

黄陵－宜君长城不与其他长城相连，东北—西南走向，现存全长 11.5 千米，沿线共有敌台 4 座。

黄陵段主要在洛河西侧支流沮河及沮河支流清水河东南侧的土塬及山体上，向西南进入宜君县境；宜君县段长城主要分布在洛河西侧支流清水河东侧的山梁和塬上。值得注意的是此段长城遗迹及相关遗存紧靠今 210 国道分布。

黄陵－宜君魏长城位于黄土沟壑区，墙体以夯土墙体为主，坍塌严重，现代道路修建和农田耕作对墙体的破坏也非常严重。残存墙体基本呈鱼脊状或一侧依靠台地，底部宽度在 1～3.4 米之间，顶部宽度可达 0.4～1.8 米，高度最高达 3 米；夯层厚度大部分集中在 0.06～0.1 米之间。

长城沿线遗物以瓦片为主，分布在附属建筑附近。有筒瓦和板瓦两种，外侧纹饰以绳纹为主；内侧纹饰有麻点纹、布纹和菱格纹等；在黄陵县南城村遗址还有动物（凤鸟）纹圆瓦当，另外，还有绳纹砖和五铢钱。

（3）黄龙山南麓长城

呈东西走向，东起黄河之滨，西至孔走河源头处黄龙山断崖，经渭南市韩城市、合阳县、澄城县和延安市黄龙县等四市县，全长 67 千米，沿线有单体建筑共 5 座，相关遗存 13 处。

此段长城整体地形为北高南低，部分断面显示长城附近后期堆积土达 2 ~ 4 米厚。长城越沟处大部分是沿坡下到沟底，说明附近两千年来水土流失小于土层堆积。此段长城夯层厚 0.06 ~ 0.09 米，包含物主要是料礓石，部分下部叠压一些仰韶、龙山时代灰坑，夯层中包含有少量的红陶、灰陶和彩陶残片。夯窝明显，直径 0.05 米。墙体底宽有 6 ~ 10 米。在韩城少梁城遗址、合阳苗家坡长城和澄城雷村长城发现有绳纹瓦片，瓦片外部纹饰为绳纹，内部纹饰有绳纹、菱格纹和布纹，没有麻点纹。

（4）合阳 - 澄城长城

分布在渭南市合阳、澄城县南部，东西走向，东起黄河西岸，西至城西河东岸。长 33 千米，沿线有单体建筑 1 座，有相关遗存 1 处。该段长城夯层厚 0.07 ~ 0.12 米，包含物较少，完整底宽 6 米；附近没有遗物，但该段墙体底部也是和黄龙山南麓长城一样为红土层。

（5）大荔县墙体

分布在洛河沿岸大荔县，长 6402 米，呈北南走向，沿线有相关遗存 3 处。大荔段墙体位于商原西段，呈南北走向，两端均止于洛河岸边。北段夯层厚 0.025 ~ 0.06 米；南段夯层厚 0.05 ~ 0.09 米。

结合该处地形地貌看，大荔段墙体不符合长城连续性的特征，却符合城堡独立性的特征。在墙体西侧发现两个绳纹瓦片分布区，内部纹饰有绳纹和布纹，在南端洛河对岸就是秦国重泉城，推测该段墙体应该是战国时代魏国雒阴城的遗存墙体。

（6）华阴长城

位于渭河南岸直至华山北麓坡底，呈北南走向，顺长涧河及其支流玉泉河西岸分布，长 8.6 千米。沿线有单体建筑 3 座，相关遗存 5 处。该段长城夯层厚 0.05 ~ 0.08 米，较完整底宽 6 ~ 14 米，墙体所经之处地势基本上为西高东低。墙体经过多处仰韶时期遗址，夯层中也有夹杂的红陶和彩陶残片。在该长城上没有发现明显的后代利用痕迹。

2. 关于陕西省魏长城资源的认识

（1）战国魏长城的特征如下：墙体以外的附属建筑少；墙体断续分布；沿线瓦片等相关建筑遗物少见。

（2）战国魏长城在长城历史中属于早期阶段，其形式还不够成熟。典型特征就是长城的不成连续一体，而是间断分布。

结合战国时代秦魏两国形势变化判断，战国魏长城的各段并不是同一时期修建的，而是在不同的时间选择不同的位置修建长城。该长城的分布可能反映了秦、魏疆界的不断变化的情况。

（二）陕西省秦昭王长城和汉"故塞"

1. 陕西省秦昭王长城和汉"故塞"资源状况

秦昭王长城是战国时代秦昭王修建的用于防备西北胡人的长城，陕西境内的部分是该长城东北部的一部分，呈东北－西南走向，东北接内蒙古秦昭王长城，西南接甘肃省秦昭王长城。"故塞"，就是汉代对沿用的秦昭王长城的称呼，也称河南故塞，或故河南塞，下文统一以秦昭王长城介绍，不再区分说明。

秦昭王长城自神木县大柳塔镇贾家畔陕蒙交界处入陕西境，分布在神木、榆阳、横山、靖边、吴起、志丹等区县，至吴起县庙沟乡大涧村陕甘交界处出陕西境，全长459千米，包括墙体459千米，单体建筑451座，关堡22座，相关遗存44处。

秦昭王长城包括墙体和附属建筑，在长城沿线还有一定数量同时代遗物留存。

（1）墙体

墙体是长城的主要部分，墙体依据建筑类型、材质及保存状况分为山险、山险墙、石墙、土墙和消失段（线路不明段均按消失段计算）。调查显示，不同类型的墙体是与不同的地质地貌联系紧密，在岩石山区，墙体主要是石墙和土墙；沙漠平坦地区则是夯土墙；而在白于山区多是加工成三道堑的山险墙；在有河流的地方利用河流形成河险；在白于山还有利用沟壑形成山险。

石墙主要分布以神木县秃尾河以东为主，因地制宜地采用片石垒筑或土石混筑的方式。墙体底部宽度在 2～5 米不等，高度最高达 2.2 米；片石厚度在 0.02～0.14 米之间。

土墙在全线都有分布，但主要集中分布在中部沙漠地带，基本在沙地或土地上直接夯筑，底部宽度在 2～8 米之间不等，高度最高达 5.8 米；夯土以黄土为主，含沙量较大，夹杂有料礓石，有的部分夹杂有一些外绳纹、内麻点纹或布纹瓦片；夯层厚度大部分为 0.06～0.11 米，夯窝直径 0.06 米。

山险墙主要分布在白于山区。在秦昭王长城中，山险墙是以"三道堑"为特征的一类墙体，这类墙体修建在土质山坡上，最上是一道夯土墙，夯土墙外侧顺墙体向下呈台阶状铲削出 2～4 层不等的堑以加大攀爬的难度，以 3 层数量为多。最上层的夯土墙与单纯的土墙相比要窄小一些，底部宽度在 2～3 米之间，高度最高达 2.5 米；而在夯土墙紧外侧堑壁面每一层的高度在 6～10 米之间，向上收分率基本为1/3，每一层的堑台面宽度在 9～15 米之间不等；夯土墙与外侧的堑就构成一道山险墙，整体的宽度都在 30 米左右，高度也在 30 米左右。

山险一般存在于陡峻的山沟或较大的河流，山险分布地沟深且壁陡。

消失段是指墙体消失不存，并且也没有相关可以证明墙体存在的遗物。在人工修建的各类墙体中由于自然与人为的侵蚀与破坏，都有消失段。消失段分布的地区多是环境变化比较大的地方，包括沙化区和沟壑发育区。

（2）附属建筑

包括单体建筑与关堡。单体建筑由于年代久远，坍塌严重，已无法看出最初的形状，学界有一个很形象的词称其为"卧鲸状"。大部分平面形状呈椭圆形或圆形，直径在 3～8 米之间不等，高度最高达 4.5 米。其中位于山险墙段部分的敌台都是依墙而建，位于墙体内侧，体量较小，其他地段无法判别与墙体位置关系。直径多在 5 米以下，高度也较矮，一般不超过 3 米。单体建筑保存程度不一，在西部山区保存较多，而在中部沙漠区和东部山区多消失不存。据残存墩台看，全部马面和敌台分布间距较小，多在 200 米左右。有少部分敌台和烽火台曾被明代沿用，改筑成方形墩台。

关堡平面都呈矩形，长宽在 20～180 米之间不等，有 11 座的长宽尺寸在 40～70 米范围内；墙体多残缺不全，大部分只剩下四个角或者更少，高度最高达 6 米，多在 3 米以下。

（3）遗物

在长城墙体沿线发现的遗物以瓦为主，都残破为碎片，一般瓦片集中的地方就是有附属建筑的地方，反之瓦片就较少。瓦片分布比较多的地方相对的长城保存状况就差一些，而在长城保存状况相对较好的地段，瓦片分布就较少。

瓦有筒瓦和板瓦两类，筒瓦外表纹饰主要是绳纹，有不规整绳纹、规整绳纹、瓦口处加抹弦纹、瓦口环轮纹；另有素面和少量全面环轮纹。内侧纹饰有麻点纹和布纹两种，麻点纹分为不均匀和整齐均匀两种，布纹有粗疏和细密两种。

带当筒瓦的瓦当有两种，素面半瓦当和几何纹与卷云纹圆瓦当。

板瓦外侧纹饰绳纹、环轮纹、素面，内侧饰麻点纹、菱格纹、绳纹。

长城沿线还发现有秦汉半两、铁锸、铜镞、铜削、铁削、铜匕首、铜杖头等。另外，在关堡及单体建筑周围还散落一些绳纹陶片和素面陶片。

2. 对陕西秦昭王长城和汉"故塞"的认识

经过调查汉"故塞"就是汉代沿用的秦昭襄王长城。

在对秦昭襄王长城调查过程中，沿线到处都发现有汉初遗物，包括外绳纹、内布纹瓦和汉初榆夹"半两"钱币，以此可知汉初对该长城还在沿用。

调查中发现大部分段落夯土中夹杂有绳纹瓦片，这些瓦片内部纹饰有麻点纹，也有布纹和菱格纹。依据研究，这些长城在汉代可能至少经过两次维修，现在所看到的所谓秦昭王长城其实都是汉代建筑遗存。

据文献记载，楚汉战争期间，匈奴复归河南地，与汉以故塞为界。武帝时期大规模出击匈奴，致使"幕南无王庭"。之后，故塞即废弃不用，所以很少见武帝以后的遗物。

（三）陕西省隋长城

陕西省境内隋代长城是隋代为防御北方突厥的侵扰而修建于北方边境的长城，隋开皇五年（585 年），司农少卿崔仲方主持修筑北部边境灵州至夏州段的长城，开皇六年（586 年）又修筑了夏州以东的长城。崔仲方所修筑的长城，就分布在今陕西北部向西经内蒙古南部与宁夏交界附近直达黄河岸边。夏州就是靖边县。朔方以东长城，向东延伸直到云州总管府榆关附近，在今内蒙古托克托县东南黄河岸边，主要分布在今陕西北部和内蒙古河套东部。

1. 隋长城资源状况

隋长城只在神木县、靖边县和定边县发现有遗迹残存。可确定线路段全长 19 千米，单体建筑 35 座。其中神木县段长 12 千米，有单体建筑 17 座；靖边县段长 3 千米，单体建筑 16 座；定边县段长 4 千米，单体建筑 2 座。

神木、靖边、定边三处遗迹，间距较大。由于毁损严重，均濒临消失，只残留一线土垄断续延伸，墙体大多没有清晰的夯层，以堆土筑成为主，神木段东北—西南走向，直接在沙地上筑成，土质含沙量较大，包含有较多的料礓石；高 0.8 ~ 1.4 米，底部宽度 2.4 ~ 4.5 米。靖边段东—西走向，墙体下部为堆土，顶部有夯层，夯层厚 0.06 ~ 0.09 米；底宽 4 米，高度最高达 2.8 米。定边段东—西走向，墙体在沙石层上直接堆筑，土质为沙土，包含有大量的红色碎石；底部宽度达 12、高 1 米，鱼脊状；起点位于明长城大边上，止点西接宁夏隋长城。单体建筑都坍塌严重，可辨形状为圆形、矩形和不规则形，夯土筑成。

另外，神木县西圪村、墩梁村发现两处烽火台遗迹，周围散落有隋唐特征的砖；在府谷明长城二边一线和神木明长城大边窟野河以东部分发现有许多圆形墩台，在横山河口庙（芦河东岸）也有一座圆形烽火台；定边瓦渣梁长城断面显示为多次修建。这些现象可能都与隋长城有关，但还需要更多的证据支持。

2. 对隋长城调查的认识

横截河套的隋长城正位于隋朝都城——大兴城的正北方向，是当时隋朝主要的防御方向，所以是隋重点修筑长城的地方。隋长城的几次修筑都历时很短，多是一旬二旬便结束工程，与其他时代的长城动辄耗时几年相比，显然时间仓促，这与隋长城本身的特点有直接关系。据研究和调查看，隋长城基本是堆土筑成，很少有夯筑的墙体，虽然也是连续绵延，但是由于只是堆筑，所以比起夯筑长城就省工不少。在调查过程中，在神木县、靖边县和定边县发现有隋长城遗迹，而在榆阳区和横山县则没有发现明显的遗迹。

据文献《通典》记载当时墩台形制，"烽燧于高山四望险绝处置，无山亦于平地高迥处置。……形圆，上盖圆屋覆之。"可知隋唐时期烽火台以圆形为主，调查结果也得到了证实。

对于神木、靖边段隋长城遗迹的鉴定，只是在圆形墩台建筑形制上显示一致，可以予以确认；至于堆土的建筑方法却并没有直接的文献证据支持，是参考已有的考古发掘简报进行认定的，都没有有力的遗物证据予以支持。尤其是定边段隋长城，明代曾经有过"扒沙"的举措，尚不能完全排除该段墙体遗迹是明代扒沙所遗留。

三　整体认识与意义

陕西省的长城资源延续时间从战国到明代，从最早长城的初级阶段的战国魏长城，到早期初具形态的战国秦长城和汉代长城，再到中期阶段的隋长城，最后到成熟阶段的明长城，陕西长城资源可以完整地反映出长城在中国的发展历程和不同的阶段，以及各阶段各自的特征。

战国魏长城尽管是为了防御秦国而修建，具有明显的军事目的性，但是依据魏长城以及分布可以看出，当时对于长城的修建并没有一个成熟的计划，只是根据需要临时进行修建的军事建筑工事，这是长城初期阶段的明显的特征，就是临时性，缺乏计划性。

战国秦长城和汉代长城是属于相互沿用的关系，这种关系也能说明战国秦长城是经过认真计划的，可以长期使用的，这种特征相对于战国魏长城的临时性，是明显进步的。但是在调查过程中发现有的段落并不是处于有利于军事防守的地理位置上，而是恰恰相反，处于不利于防守的地理位置上。由此可见该长城尽管整体呈一线分布，修建之前有具体详细的规划，但是这个规划并不完美，有很多比较明显的缺陷，这就是长城早期发展阶段的特征。

隋长城由于破损严重，并不能看到全部，只有零星的遗迹可供研究，无法把这个长城的建筑分布特征研究清楚。但依据文献记载和现有的研究资料看，隋长城的线路分布在利用地理地势上比战国秦长城和汉长城要有明显的进步，大部分线路可能被明长城沿用，在现有可以确定的线路上也没有发现类似于战国秦长城那种不利于防守的分布地理位置，但是全部使用土筑成，显然无法抵御长期的风雨侵蚀，即使在抵御人工破坏上，也不能经久，这就是长城中期发展阶段的特征。

明长城是相对保存最好的，现存的长城遗迹不仅显示了建筑工艺的进步，营堡、墩台进行包砖石，大大提高了长城自身的结实耐用程度；在长城选址上也都有明显的进步，更好地利用了地形进行防御，在经过山梁时都是沿沟边布防，再穿过河流时是在河流两侧建立关进行防御控制；尤其是在纵深防御上的发展，超越了以前的线性防御结构，利用大边进行防御外部势力入侵，利用二边控制内地军民外出招引寇盗，利用营堡进行整体防御指挥，能更好地起到防御作用。完善的建筑工艺，纵深的防御结构，这就是长城发展成熟期的特征。

在战国时代，关中是秦国国都咸阳所在，隔黄河相望对岸就是为国国都安邑所在，中间不仅有黄河相隔东西，还有洛河也是一道天堑，所以两国之间相互攻防就更多地利用天然河流，人工的军事工事修建都是作为这些天然防线的补充而存在的，所以全部魏长城都是垂直于河流分布，都显示了边境防御中对于自然河流的利用。同时魏长城的不连续性，正是反映了但是秦魏两国势力的消长情况，可以弥补历史文献记载的不足之处。

战国秦长城、汉长城位于都城咸阳和长安城正北，是作为国都北侧门户而存在，防御西北边的胡人匈奴；隋长城也是在国都大兴城的北侧，防御北方的突厥；明长城虽不是互为京师的重要门户，却是依然关中北方门户。这些不同时代的长城资源都是位于南方的农耕文明政权为防御位于北方的游牧文明政权而修建的，都是修建在当时民族交界线上，相互之间既有沿用的关系，也有交叉于与平行的关系，体现了近千年来该地农牧文明相互消长的态势，也反映出该地气候在近千年时间中的变化状况。

陕西保存着从战国、秦汉到明代丰富的长城遗迹。涉及长城形成发展的各个阶段，通过对这些长城资源的调查研究，可以对整个长城的发展史有比较清晰的认识。通过不同时代长城的位置关系可以了解长城带环境变迁的历史，也可以了解我国民族关系的发展，同时鉴古知今，为我们现在乃至将来的环境、民族方面的发展提供借鉴。

通过"十一五"期间的大量的调查工作，全面准确地掌握了陕西各时期长城的规模、分布、构成、走向、保存状况及自然与人文环境的基础资料。取得了多项研究成果，为今后长城进一步的保护、研究、管理和利用奠定了坚实科学的基础。对长城这一最大文化遗产的调查、研究、保护、管理与利用，将更有力地促进陕西文化事业的发展，促进中国文化事业的发展。

（执笔：李恭　于春雷　段清波　岳连建[①]）

---

① 李恭：陕西省考古研究院，副研究员，陕西省长城资源调查队队员；
　于春雷：陕西省考古研究院，实习研究员，陕西省长城资源调查队队员；
　段清波：西北大学文化遗产学院院长，教授，陕西省长城资源调查队队员；
　岳连建：陕西省考古研究院，研究员，陕西省长城资源调查队队员。

甘肃省长城资源调查工作综述

甘肃省长城资源调查队

长城是世界上规模最大的文化遗产，其建造时间之长，分布地域之广，影响力之大，是其他文物不可比拟的。在国人和世界人民眼中，万里长城已成为中华民族的象征。1987 年，长城因其独特的历史、艺术和科学价值，被联合国教科文组织整体列入《世界遗产名录》。

但是，在长城保护中却存在着相当严重的人为和自然破坏的威胁，特别是近年来人为破坏有加剧趋势。长城家底不清和保存状况不明严重制约了长城的保护、管理、利用和研究等工作深入开展。

2006 年国家文物局启动"长城保护工程"，力求摸清长城家底，进一步完善相关政策法规，在已有工作的基础上，采取更为有力的措施，进一步加强对长城的整体保护。为此，选择甘肃和河北两省为试点，启动了长城资源调查工作。

试点结束后的 2007 年年初，甘肃与其他省份一道启动了全面调查，于 2011 年年底基本结束，这是有史以来第一次对全国长城进行专题调查，是一次重要的国情国力调查。

一　甘肃长城概况

甘肃位于我国古代内地与西北沟通的主要通道——丝绸之路的必经之地，境内已知有战国、秦、汉、宋、明四代长城，且三代长城的西端起点均位于甘肃境内。甘肃境内长城规模宏大，建筑形式多样，出土文物丰富，为研究西北地区历史、地理、政治、经济、军事、文化等提供了十分宝贵的实物资料。

经初步统计，甘肃境内长城总长 3600 余千米[①]，根据国家文物局认定结果，分布在

---

① 目前省级长城资源长度尚未最后发布，故本文仅用概数。同时，根据国家规定，长城长度为长城墙体和壕堑长度之和，不含烽燧线长度。

全省 11 个市（州）38 个县（市、区），具有分布地域广、时间跨度长、体系完整、形式多样等重要特点。

二 试点调查

——试点启动。2006 年春节刚过，国家文物局通知甘肃开展长城资源调查试点，为全国长城资源调查积累经验。经过认真研究，甘肃省文物局选择临洮战国秦长城和山丹汉明长城作为试点段，成立了以局主要负责人任组长的领导小组，具体委托甘肃省文物考古研究所联合定西、张掖两市县有关人员组成调查组承担试点任务。

——起草规范。根据安排，试点标准规范起草工作由甘肃省文物局文物保护与考古处（时为文物保护处）与调查组及后来参与的省基础地理信息中心共同承担。经过多次讨论，最终确定以"点、段、面"相结合的思路来起草表格规范。该表格规范经过征求有关方面意见后，交调查组施行，并在调查中不断完善。同时，该局文物保护与考古处和调查组一起在试点期间还起草了系列工作制度，保证了调查工作的顺利开展。

——测绘介入。根据《"长城保护工程（2005～2014 年）"总体工作方案》要求，试点调查要探索引入高科技手段。根据要求，甘肃省文物局与有关单位进行了多次接触，最终确定与甘肃省测绘局合作。甘肃省文物局与甘肃省测绘局两局领导带队多次赴调查现场进行调研，确定引入"3S"技术（遥感技术 RS Remote Sensing、地理信息系统 GIS Geographical information System、全球定位系统 GPS Global Positioning System），确定由两局业务人员起草技术方案，并根据技术方案，从山丹开始，由省基础地理信息中心代表测绘部门承担外业调绘和数据生产工作。

——调查经过。田野调查从 2006 年 5 月正式启动，9 月底结束，对临洮县战国秦长城、山丹县部分汉长城及全部明长城做了调查，行程 9989.5 千米，调查各时代长城 190 千米。10 月至 12 月，完成资料整理工作。

——人员培训。根据国家文物局"以干代训"安排，山西、陕西、新疆、内蒙古和宁夏 5 省区的 10 名同志参加了山丹调查。同时，我省抽调定西、庆阳、酒泉、嘉峪关、武威和张掖等市业务人员分别参加了临洮和山丹调查，为全面调查培训了骨干。

——试点总结。9 月底调查结束后，省文物局和省测绘局随即转入试点总结阶段，撰写了《全国长城资源调查甘肃省试点工作总结报告》，参与了国家长城办组织的《长城资源调查工作手册》编撰工作。同时，将试点工作分别向"全国长城资源调查工作会议"和"全国长城资源调查培训班"作了报告。

——试点成果。本次试点主要成果可以概括为以下四点：

1. 基本掌握了临洮、山丹两县长城资源的基本情况，由于两县分属甘肃东、西两边，为全面开展调查工作提供了很多可资借鉴的经验；

2. 形成了田野调查的"三步骤调查法"，这一作法在全面调查期间得到了全面应用；

3. 取得了文物与测绘两部门协作的基本经验，确立了"文物定性、测绘定量"的基本分工，明确了"调查与测绘同步进行"的工作思路，并建立了文物与测绘紧密合作的工作模式。这一成果在我省及部分省份全面调查期间得到了推广运用；

4. 建立健全了长城资源调查标准规范，尤其是确立了"点、段、面"相结合的基本调查思路。这一思路经过完善后，被应用到了全国长城资源调查工作。

三　全面调查

长城资源全面调查开始于 2007 年，按时间先后分为明长城资源调查和秦汉及其他时代长城资源调查（以下简称"早期长城资源调查"），这是共同安排部署，但时间相对独立、工作方式有所差异的不同调查阶段。

——组建机构。为做好调查，省文物局与省测绘局联合成立了领导小组，由两局主要领导任组长，相关省直单位、长城沿线市州政府主管领导为成员，下设办公室，由省文物局主管局领导兼任主任，并设督导组，负责调查工作的监督、检查、咨询和质量控制等工作。

调查初期，成立了五个工作组：测绘项目组和四个调查小组。测绘项目组职责是与外业调查沟通协调，并负责内业数据生产。四个调查组分别由有关市县抽调的业务人员和省测绘部门派出的外业调绘人员共同组成，分片调查，前后共计 30 余人。

需要说明的是，2007 年启动之时，根据甘肃实际，四个调查组对境内历代长城同时调查。2008 年，根据国家文物局首先确保明长城资源调查进度的要求，其他时代长城资源调查暂停，四个调查组分工进行了微调，全面投入明长城资源调查。

2009 年下半年，早期长城资源调查全面启动后，由于部分队员回到地方从事第三次文物普查等，甘肃对调查小组进行了整合改编，先期成立两个小组投入调查。2010 年，遵照国家文物局"2010 年内完成田野调查"的基本要求，甘肃确立了"挖潜、提速、保质"的基本思路，积极挖掘整合省内有生力量，同时邀请西北大学参与，通过省局直管、省市（县）联建共管和省校共管等多种方式，甘肃成立了 13 支调查队共计 70 余名调查队员（含西北大学师生）投入到调查工作。同时，2010 年上半年后，由于特殊原因，测绘部门未再直接参加一线调绘工作。

——建章立制。2007 年，在国家印发《长城资源调查工作手册》后，甘肃根据本省实际，补充编印了《甘肃省长城资源调查工作手册》，收录了甘肃制定的一些补充要求、制度和有关资料等。2009 年，甘肃着手总结明长城资源调查经验，将国家《长城资源调查工作手册》和《甘肃省长城资源调查工作手册》进行有机整合，并收录了明长城资源调查期间国家文物局和甘肃省文物局下发的有关指导意见，整理编印了《甘肃省早期长城资源调查工作资料汇编》。

——人员培训。2007 年，甘肃组队参加了在居庸关举办的"全国长城资源调查培训班"。之后，甘肃省在嘉峪关举办了本省培训班，师资力量包括有关领导、专家和参加了全国培训班的部分人员。2009 年下半年，甘肃又在庆阳对部分早期长城资源调查人员进行了集训。2010 年，对新进调查人员采取"以老带新"和"以干代训"方式，未再集中培训。

——设备配置。调查初期，甘肃为调查组的标准配置主要是笔记本电脑 1 部、对讲机 2 部、手持式 GPS 定位仪 1 部、红外线测距仪 1 部（实践证明，测距仪在野外不实用）、照相机 1 部、摄像机 1 部、移动硬盘 1 块等，后来又增配台式电脑 2 部。车辆方面，以甘肃省文物局为各地文物单位配备的文物安全督察车辆为主，租用社会车辆为补充，文物安全督察车辆通过"以补代租"的方式调用。

——全面调查。2007 年 5 月至 2009 年 7 月，开展了明长城资源调查，其中 2007 年同步开展了部分县区战国秦长城和汉长城资源调查。

2009 年 9 月至 2011 年 11 月，开展了早期长城资源调查。在近五年的时间里，甘肃调查队员面对境内复杂的地形地貌和恶劣的自然条件，抛家别子，充分发扬了大无畏的牺牲精神，顶酷暑、战严寒，跋山涉水，风餐露宿，奔波在戈壁、沙漠、高原和群山之中，用他们的辛勤、汗水、智慧和勇气，全面完成了境内长城资源调查任务，基本摸清了境内历代长城家底。甘肃调查工作分别在 2009 年和 2011 年分别顺利通过省级和国家验收。

四 几点做法

——领导重视是甘肃长城资源调查顺利开展的坚强保证。甘肃多次邀请国家文物局和国家长城办来甘检查指导。同时，甘肃省长城办各级领导也多次召开会议听取汇报，深入一线实地检查。长城沿线有关单位则是出人出车出设备，全力保证。

——标准规范是开展长城资源调查的准则。甘肃高度重视长城资源调查标准规范贯彻实践工作。如前所述，甘肃相继编印了《甘肃省长城资源调查工作手册》和《甘肃省早期长城资源调查工作资料汇编》指导调查工作。同时，根据检查情况，随时就出现的新情况新问题，在认真研究国家长城资源调查标准规范的基础上，提出既符合国家标准规范、又符合甘肃省情的解决办法，对于比较集中而重要的问题，则随时印发书面通知，要求贯彻落实。调查期间，甘肃以多种形式强调对长城资源调查标准规范的学习运用。实践证明，这些措施使得甘肃长城资源调查少走了许多弯路。

　　——安全防范是甘肃长城资源调查顺利开展的生命线。调查期间，甘肃把安全一直放在调查工作首位。一方面，将安全要求写入有关制度和办法，一方面，每次检查指导和开会，安全问题一直是强调的重点。甘肃所有调查人员购置了人身意外险。同时，调查组也把安全教育作为重点，均有基本的防范配套措施。

　　——团队精神是甘肃长城资源调查顺利开展的重要支撑。长城资源调查时间跨度长，涉及人数多，行政隶属关系复杂，年龄和专业背景各不相同，对长城资源调查理解认识也不尽相同，强调和发扬团队精神显得尤为重要。甘肃采取措施，在每个参与人员中树立我们都是长城资源调查大家庭中重要一员的认同感，强化大家的责任感和使命意识，提倡"民主、团结、谦虚、谨慎"的作风，提出"我为我是长城资源调查人员而自豪，长城资源调查因我而精彩"等口号。

　　——检查指导是甘肃长城资源调查顺利开展的重要保证。省长城资源调查工作领导小组领导通过听取汇报和实地检查等方式及时指导，省长城办则开展了多轮多次实地检查，并通过电话、QQ和电邮等形式与调查组加强沟通交流，还策划实施了数次业务会议和多种形式的组际交流，这些举措对于提高我省早期长城资源调查的进度和质量发挥了重要作用。

　　值得一提的是，甘肃以制度的形式确立了调查组与省级检查验收的具体要求，并在省级验收时采取了如下作法：省级验收人员在县域普查单元现场随机抽取调查资料和对象，进行室内和实地检查。验收合格的，验收组出具省级验收报告，转入接受国家验收阶段。否则，验收组出具书面验收意见，调查组对照验收意见进行修改完善后，提请复核，复核通过后，验收组出具验收报告。

　　——宣传交流是甘肃长城资源调查顺利开展的重要因素。甘肃坚持编印长城资源调查工作简报，在甘肃省文物局网站开设"长城资源调查专栏"，利用"文化遗产日"举办展览、制作展板和在有关报刊上撰写文章，并主动与有关媒体保持联系，通过投稿和邀请等形式，及时宣传长城资源调查工作。国家文物局和国家测绘地理信息局网站、中国文物报、中国测绘报、新华网、人民日报及人民网、光明网、中国新闻网、中国广播网和中评网以及众多地方媒体曾多次报道甘肃长城资源调查工作。

　　调查期间，甘肃以多种形式组织了省际、组际交流，互通信息，共同进步。这些交流效果明显，甘肃部分新发现和长城线路就是通过交流发现并进而确定的。

五　调查成果

　　——摸清家底。通过调查，甘肃全面掌握了境内长城资源基本家底，形成了完整的长城资源调查资料数据成果和数据库，为编制长城保护规划、开展长城保护工程、加强保护管理和进行科学研究奠定了坚实的基础，达到了长城资源调查工作的目的。

调查确认甘肃早期长城资源分布在全省 8 个市 23 个县（市、区），明长城从调查前的 7 个市 18 个县（市、区）扩大到目前的 9 个市（州）27 个县（市、区）①，基本摸清了一直认为比较复杂和不甚清楚的部分市县境内明长城走向问题，并对部分长城资源形成了新认识，对部分县区早期长城线路进行了修订。本次调查新发现数量较多、类型丰富。这些新发现与其他调查成果一起改写了甘肃长城分布和内涵，奠定了甘肃作为"长城大省"的地位。

——锻炼队伍。长城资源调查是甘肃首次时间最长（历时六年）、参与人数最多（调查人员前后一百余人）的专题调查，对于加强省内业务人员专业素质具有十分重要的意义，特别是来自市县文博单位的业务人员，使他们的专业素质明显提高，不仅对长城以及相关文物知识有了一定的了解和掌握，而且也为我省今后相关专题性文物调查培养了骨干。调查后期及至现在，调查队员已经在当地开始发挥骨干作用，在一些工作中已经开始独当一面。

同时，通过与高校合作，为甘肃调查队伍注入了新鲜血液，并为高校学生提供了锻炼机会，为其走上工作岗位奠定了一定的野外工作基础。

——积累经验。作为专题文物调查，长城资源调查规模之大、涉及地域之广，在甘肃乃至全国尚属首次。长城资源调查工作的顺利实施，为今后开展相关专题文物调查积累了重要经验和做法。

长城资源调查是甘肃文物和测绘部门联合开展的第一个大型项目。通过本次合作，两个部门取得了在大型项目中跨部门联合工作的基本经验。

长城资源调查也为 3S 等新材料技术在文物保护领域中的应用积累了宝贵经验，并为其他相关新技术在文物保护领域的应用开拓了道路。

（执笔：梁建宏　肖学智　王旭②）

---

① 白银市白银区、张掖市民乐县、肃南裕固族自治县三区县仅见明代烽燧，而无长城墙体或壕堑遗存。
② 梁建宏：甘肃省文物局文物保护与考古处；
　　肖学智：甘肃省文物局文物保护与考古处处长；
　　王旭：甘肃省文物局文物保护与考古处副处长。

关于青海省明长城资源调查工作的报告

青海省长城资源调查队

按照国家文物局的统一部署，由省文物局会同省测绘局组织实施了青海省明长城资源调查工作。现将该项工作的开展情况，报告如下：

一　前期准备工作

（一）制订方案

2007年5月份，青海长城被纳入全国长城资源调查范围。之后，省文物局和省测绘局即对西宁周边长城（主要是明长城）重新勘察；下发通知，要求各地进一步搜集资料，核定本地区长城资源。根据重新汇总的资料，省文化厅及省文物局、省测绘局就相关事宜进行多次协商协调、实地考察；编制了青海省长城资源调查工作《实施方案》、《经费预算》、《培训班培训方案》，报送国家文物局和国家测绘局并审定。

（二）组织机构

1. 成立了青海省长城资源调查工作领导小组：组长为时任省文化厅副厅长、省文物局局长杨自沿和省测绘局局长杨峻岭，副组长为时任省文物局常务副局长马伟民和省测绘局副局长刘海平，成员为各州、地、市主管文物工作的文体广电局局长（副局长）。

2. 成立了青海省长城资源调查项目办公室和督导组，马伟民、刘海平任组长。

3. 组建了省专家组，省文化厅原副厅长苏生秀和省测绘局总工程师黄伟星为组长。

4. 组建了工作实施队伍。确定采用省级文物和测绘部门联合组队、统一调查的方式，省文物考古研究所副所长任晓燕和省基础地理信息中心主任郜利华为总领队；成立了3个调查队，每队正式成员6人，由省、地方文物、考古人员和省级测绘专业人员组成。

（三）培训工作

2007 年 9 月 20～27 日，在国家文物局、国家测绘局及国家长城资源调查工作项目组、国家基础地理信息中心的直接关注支持下，举办了青海省长城资源调查工作培训班，所有授课教师均由上述上级单位选定委派，课程设置基本采用国家长城资源调查培训班模式。省文物考古研究所、省测绘系统、各相关地区文物部门的 67 名学员参加了培训和实习。

（四）标绘工作

根据国家基础地理信息中心拟在青海省进行长城资源航空摄影的有关要求，省测绘局和省文物局联合下发了《关于请标绘填报各地长城资源示意图的通知》，并汇总上报国家基础地理信息中心。

（五）设备、装备采购配置

主要以政府采购的形式，购置了手提电脑、台式电脑、照相机、摄像机、打印机、望远镜等基本仪器设备，满足了三个调查队和项目办公室的工作需要。给每个调查队员配备了必要的防寒、登山等装备，并进行了人身意外保险。

（六）工作制度

相继制定了"青海省明长城资源调查工作人员工作职责"、"青海省明长城资源调查资料管理细则"、"青海省明长城资源调查仪器设备管理制度"、"青海省明长城资源调查验收工作制度"等工作制度。

二 调查工作

（一）计划方案

1. 时间安排

2008 年青海省明长城调查工作正式实施，分三个阶段。

第一阶段：前期工作准备（2 月 25 日～3 月 24 日）

工作目标：为全面启动、合理安排、开展业外田野调查工作，提供技术保障，奠定基础，做好充分的业务准备及物质后勤准备。

第二阶段：田野调查业外工作（3月25日~9月5日）

工作目标：全面、科学、准确的调查获取青海省明长城基础资料。

第三阶段：业内资料整理（9月6日~11月底）

工作目标：核对、汇总、提交全省长城调查基础资料。

2. 工作内容

（1）确定调查范围

本省辖区内的调查范围的划定。依据经查阅的相关文献资料，结合现场踏勘中的新发现来划定。主线调查范围在乐都、互助、大通、湟中、湟源县。其他非主线调查范围在民和、门源、化隆、贵德，平安、祁连县。

本省与相邻甘肃省调查范围的划定。青海省长城仅与邻省甘肃省接壤，地点在本省乐都县芦花乡转花湾村。经两省文物局商议确定，调查分界点为转花湾村壕堑1段起点（东经102°47′52.50″，北纬36°29′05.30″），该点以西由青海省负责调查，该点以东由甘肃省负责调查；两省在该处交界点的确定，以及两省明长城在交界坐标点与田野调查分界点的长度调整，依据两省测绘部门的结论，两省文物部门认可测绘部门结论，并予备案。

（2）确定技术路线

技术路线由调查范围的划定来确定。采取"集中领导、统一组织、分片调查、分别审核"的方式进行。全省分为三个调查区域，湟中－化隆片，由一队负责完成调查工作；大通－门源—祁连－平安－民和－贵德片，由二队负责完成调查工作；互助－乐都片，由三队负责完成调查工作。

调查工作实行队长负责制，各队队长负责安排本队工作计划等相关工作。各项调查记录均由队长检查签字后方可上报审核。

（3）确定技术方案

a）需要收集与获取的资料

收集与青海明长城有关的文物、文字、图片以及音频、视频等资料，为长城调查作依据。鉴于历代青海明长城研究的实际情况，资料收集主要来源于文字资料，包括历史文献、长城学术及研究论文、第一、二次文物普查相关资料等。

b）田野调查

对青海境内明代长城，包括长城沿线的烽火台、关堡和长城附属建筑有关的地上和地下的遗迹、遗物。包括下列内容展开调查。

第一，基本信息调查：

地理位置、走向、历史沿革（包括建置沿革、修建沿革、使用沿革）、建筑方法（结构、材料和修筑方法）等。

第二，保存状况、环境和病害调查

保存状况：长城本体、附属设施及相关遗存的现行状况。

环境调查：主要指长城周边自然与人文环境，包括：气候、地貌、地质、水文、土壤、植被、动物、居民状况、产业情况、交通状况、环境变化和主要环境问题等。

病害调查：长城本体及其附属建筑的残存状况和所存在的病害及其破坏因素，包括人为和自然两方面。自然因素包括：地震、山体滑坡、洪灾、雨水、河流冲刷、植物生长和动物破坏等；人为因素包括战争、生产生活活动、不合理利用等。

第三，保护管理状况调查：该内容以"四有"为核心。主要包括：保护机构、保护标志、保护范围及建设控制地带、记录档案、制定文物保护管理规划和管理使用等情况

（二）主要工作过程

1. 野外调查

本省野外调查工作历经了两个工作阶段，前期工作准备阶段及田野调查业外工作阶段。

前期准备工作，自2月25日至3月25日，历经一月。首先查阅相关资料，依据线索进行了现场踏勘，准确定位了青海明长城主线，大致走向，初步了解长城分布概况。随后，为寻求一种在长城调查中合理、统一规范的工作方法，组织了短期的实习调查。带着实习调查中存在的问题，赴邻省甘肃省交流、学习、取经，解决了实习调查中存在的具体问题。从而，为全面启动、合理安排、开展业外田野调查工作，提供了技术保障，奠定了工作基础。

田野调查业外工作阶段。3月25日，在前期准备工作的基础上，田野调查正式启动，三支调查队同时进驻调查驻地。依据长城墙体的分布区域，确定了调查范围，首先进入主线的分布区域互助、大通、湟中三县，重点调查已确定的主线区域。尔后，调查与寻找工作同步进行，以点带面全面展开调查工作。先后赴乐都、民和、平安、门源、化隆、贵德县等地，调查中队员们以强烈的工作责任心和敬业精神，面对基础资料欠缺，长城"底数不清"，不确定因素多等多重不利因素，查阅相关文献，多次沿途寻访，往返数次、翻山越岭实地勘查找寻。历经了春夏秋季，克服高原早春的天寒地冰、高寒缺氧、夏日的酷暑炎热，强烈紫外线的暴晒等高原恶劣气候等多重困难，穿越了青海省境内11县，往返行程数千公里。按国家长城项目组的规范要求，分别完成各县长城墙体、壕堑、单体建筑、关堡、相关遗存的调查工作。

野外调查工作历时五个月左右，各队前后于8月24日、8月28日、9月5日结束了野外调查。

2. 室内整理

调查资料的室内整理分两个阶段完成。

第一阶段，资料归档整理。一般与田野调查工作开展同时进行，即白天进行田野调查，晚上或下雨天即将调查所得的资料按照各类调查表格要求进行归类，按要求填入表格。这项工作在各队撤离工地前初步完成。

第二阶段，资料汇总整理。野外调查工作结束后，9月6日即进入室内资料整理工作阶段。参加人员由总领队、各队队长及相关人员共七人组成。整理工作自始至终采取了统一规范、集中整理的工作方法。首先由总领队将在资料检查中发现的各队存在的相关的问题予以归纳梳理，根据《长城资源调查手册》及调查登记范本，提出具体规范实施要求，达到各项技术操作统一准确。并要求将前期归档整理的资料进行一次彻底的整理汇总，查遗补缺，将文字资料进行一次全面的修改和润色，以达到长城资源调查行文规范要求。把调查的照片、录像等资料进行一次全面精选、编辑和汇总，并输入电脑。

随后，又依据中国文化遗产研究院、国家基础地理信息中心联合制定的长城资源调查成果数据检查验收规定要求，进一步拟定了"检查验收青海省长城资源调查成果需提交相关调查资料的要求"，我们对电子数据的存储方式及调查数据内容、纸质文档的打印输出、文档内容、录像、照片、图纸及装订均一一制定了详尽的要求。既要求各队在整理中各项工作均按统一规范予以整理，同时还要求工作人员，在整理工作中，进一步增强责任感和紧迫感，客观准确、认真核对、翔实全面整理每一份田野调查资料，确保青海明长城测量成果"定性"正确、"定量"准确，按时保质完成资料提交工作。

三　工作成果

（一）主要调查成果综述

1. 这次调查，最主要成果，是首次对青海境内明长城资源的规模、分布、走向、结构特点，青海明长城的保存、保护与管理现状和人文与自然环境等情况，进行了全方位的调查，采用了科学而严谨的调查手段，全面采集到了青海明长城资源的各类信息。这些基础资料的获取，既将为科学完整地建立青海省境内长城文物记录档案提高了翔实的一手资料；也为制定及落实长城的保护政策法规和管理措施、"长城保护工程"方案的制订奠定了扎实的基础依据。

（1）摸清了青海明长城的走向，掌握了分布区域。明长城资源主要分布在11个县，长城墙体的主线主要分布在乐都、互助、大通、湟中、湟源县境内，东端与甘肃省相接，起点为乐都县乡芦花转花村，经互助过大通抵湟中县拉脊山止。主线连线的分布呈拱形，环绕明代西宁卫，主要防御西海蒙古对西宁卫的侵扰。此外，在民和、化隆、互助、贵德、门源县，也零星修建有长短不等的墙体，多数建置在各县重要的关口及通道，主要是加强对重要关隘的防御。此外，还调查了分布在长城沿线的敌台、烽火台，修筑在重要位置的关、堡，它们与长城相互呼应共同构成完整的防御体系。

（2）通过本次实地调查，首次了解到了青海省明长城本体的建筑方式与结构特点，是因地制宜，灵活多样。还有与长城本体相关的单体建筑和关堡，依托长城本体的走向，组成相应的烽火连线和关隘峡榨，与长城本体构或宏大的防御体系。

a）长城本体

青海境内长城本体总长323061.1米（文物部门测量的数据），由夯土墙、山险墙、山险、壕堑构成，个别地段逢遇石山地形则就地取材取用当地石块垒砌石墙。一般在夯土墙外侧还挖有随墙壕，随墙壕位于墙体外侧，它的形成，在修筑墙体就地取土挖掘而成壕沟，再将壕沟加以修整即成随墙壕，与墙体组合构成双重防御。在不同的地段，根据不同的地形环境，其修筑方法各不相同。总体特点可概括为：逢山开壕凿堑，遇川（沟）则筑土为墙，或利用自然山体、河流作为防御屏障。表现出了古人或构筑高墙、或挖掘壕堑、或削山为墙、或利用山险及水险天然屏障，同时也再现出古人是已因地制宜为原则来修建长城防御工事的。

b）单体建筑

敌台共10座，分置于大通县、互助县，均建于长城本体上，承接各段墙体。敌台建筑形式平面呈圆角方形或方形，剖面呈梯形，均为黄土夯筑而成，整体保存程度一般。

烽火台115座，分置于乐都县、互助县、湟中县、大通县、平安县、民和县、贵德县、祁连等县。烽火台建筑形式平面呈圆角方形或方形，断面呈梯形，形制为覆斗形。由于自然和人为因素破坏，许多形制发生一些变化。个别烽火台周围有取土的壕沟遗迹，环绕于烽火台。烽火台均为黄土夯筑，夯层厚度0.10~0.25米。

c）关、堡共计49座。

关4座。分别位于大通县、湟源县、门源县。关平面略呈长方形，关的墙体多为黄土夯筑而成，有的墙体为就地取材，用当地较为多见的片石干垒而成。墙体多已残断，局部消失，关内设施均已荡然无存。

堡45座。分置于乐都县、互助县、大通县、湟口县、门源县、贵德县、祁连县、民和县、平安县。这些堡所处位置，只有少数在长城本体一公里范围。大多远离长城主体，分布于平川之中、重要通道处，以加强防御和管理。虽与长城本体没有必然联系，但是属于长城防御体系的重要组成部分。关堡平面多呈矩形，个别呈三角形不规则形。

堡内墙体都有不同程度的损毁，但基本格局仍较为清楚，个别由于损毁严重，仅存局部的墙体，故而平面形状不详。堡的墙体均为黄土夯筑而成，由于随着人们的生产和生活活动，大部分关堡保存较差，个别濒临消失。堡内的设施已经全部消失。

d）相关遗存

仅在湟中县发现题刻 1 块。

题刻 1 块，位于湟中县长城主体南端起点处的贵德峡内石壁处。该题刻是在人为砍削的石壁上墨书而成，共有 20 个字。推测题刻内容记述了当时几个民工修筑壕堑的长度。

2. 青海明代长城保存现状调查成果

青海明代长城已历经400 多百多年历史沧桑，受到了来自自然与人为的多重破坏。在调查过程中，我们不仅因过去遭到的各种不同程度的自然损毁和人为破坏而心情沉重，也为现在仍面临的非常严重的人为破坏和自然坍塌倍感担忧。长城本体所处环境自然破坏最为严重，历经几百年的风雨侵蚀，近乎半数造成坍塌和消失，形势非常严峻。近年来人为活动也正在加剧，直接威胁到长城本体。

长城损毁原因有自然因素和人为因素：

（1）自然因素

一是自然坍塌：自然风化，雨水冲刷、山体滑坡是长城遭到损毁的主要原因。此外，墙体长期暴露于野外，日晒、风蚀、植物生长等自然因素亦残蚀墙体，造成墙体表面剥落且坍塌。

二是动物破坏：主要是来自鼠害破坏。

（2）人为因素

一是建设性破坏：包括修建公路或便道、建石灰窑等工场、修建民居等建设活动，使墙体损毁较为严重。

二是生产性破坏：农田基本建设、平整土地，扩建农田挖毁墙体：墙体上种植黑刺，使墙体破坏。

三是生活性破坏：生活需要随意开挖取土，攀爬踩踏等对长城墙体造成破坏。

四是民俗性破坏：利用烽燧或墙体建企望地方平安的"俄博"、建能辟邪镇山的"镇"、建寺庙等，给长城墙体及附属设施造成破坏。

3. 保护管理现状调查主要成果

（1）保护机构

青海省明长城资源，分布于西宁市、海东地区、海南藏族自治州、海北藏族自治州等四个市、州、地区，十一个县，其中仅有少部分长城本体及相关设施已经纳入政府管理的体系，绝大部分长城资源尚未纳入政府管理的体系，未设立保护结构，分别叙述如下：

乐都县境内的长城本体是此次新发现，尚未建立档案。其日常管理归县文物管理所统一管理。

互助县、湟源县、化隆县、境内的长城本体、燧火台、壕堑、敌台、烽火台、关堡、山险、山险墙等未设专门保护机构，其日常管理归各县文物管理所统一管理。

大通县境内的长城本体属省级文物保护单位，建立了文物保护单位档案。该县境内的壕堑、敌台、烽火台、关堡、山险、山险墙等目前还没有纳入政府管理体系，应归县文物管理所统一管理。

湟中县境内的长城本体上新庄段长城（新城长城1～2段）为省级文物保护单位，此段及其他长城本体、单体建筑、关堡及相关遗存无专门的保护机构，其日常管理归县文物管理所统一管理。

平安县境内的没有发现长城本体，境内的关堡和烽火台是此次调查中的新发现，目前尚未建立文物调查档案，未纳入政府管理体系，应归县文物管理所统一管理。

民和县境内的长城本体于上世纪八十年代进行了调查，初步建立了文物普查档案，境内长城本体和烽火台、关堡等目前尚未设置专门保护机构，应归属县文物管理所管理。

门源县境内长城本体在20世纪80年代进行了调查，未建立文物普查档案，与新发现的敌台、关堡等，目前尚未设置专门的保护机构和建档，应归县文物管理所统一管理。

祁连县境内的未发现长城本体，仅在20世纪80年代进行了调查，并对俄堡古城建立文物普查档案，与新发现的关堡1座，烽火台1座，尚未设置专门的保护机构，应归属县文物管理所统一管理。

贵德县境内的长城本体、阿什贡烽火台等在20世纪80年代进行了调查，未建立文物普查档案和保护机构。境内的查达烽火台已经公布为县级文物保护单位，建立了记录档案，由县文物管理所管理。境内的贵德古城为全国重点文物保护单位，建立了记录档案，尚未设置专门保护机构，由县文物管理所管理。

（2）保护标志

青海省长城立有保护标志的仅有如下几处地点；

大通县的长城本体为省级文物保护单位，保护标志位于大通县桥头镇下庙沟村。

湟中县上新庄段长城（新城长城1～2段）为省级文物保护单位，在周德村水泥路北侧、民湟公路南侧各立有保护标志一块

贵德县境内的贵德古城为全国文物保护单位，保护标志位于县玉皇阁山门前。该县查达烽火台为县级文物保护单位，保护标志位于查达烽火台的西北角。

（3）保护范围及建设控制地带

保护范围及建设控制地带的划定，仅大通县境内桥头镇的长城本体公布为省级文物保护单位，并划定出长城本体两侧 50 米为保护范围和建设控制地带。除此之外，各县各处长城资源均未划定保护范围及建设控制地带。

（4）记录档案

青海省明长城资源，仅有如下资料建有记录档案；

大通县桥头镇长城本体，初步建立文保单位记录档案。

民和县境内长城本体、关堡，由县文物管理所建立文物普查档案。

祁连县的关堡，建立有文物保护单位档案，由祁连县文物管理所保存管理。

4. 调查数据整理主要成果

全省共整理完成各类调查登记表 336 份、照片册页 2909 张、图纸 527 份、录像 336 段、采集 GPS 点数据 3373 个。

四　验收工作

（一）本省验收

初验工作：根据国家文物局、国家长城项目组的要求及部署，结合我省实际情况，8 月下旬，省文物部门在向省测绘局提交调查资料前，组成了以省测绘局专家为主的验收组，对各队提交的调查资料进行现场核对复查，并召开验收会议。本次验收工作集中在调查现场，检查验收的重点是现场检查调查资料中 GPS 点的正确性，周边环境描写的准确性。

终验工作：在全部调查资料整理结束，并在调查队内进行了数次严格审校、核对，将所有资料准备齐全、装订成册后，11 月 6 日，组成了以省文物部门为主的验收组，对本次调查资料进行了全面验收，一次完成了第一和第二阶段的验收，验收结果为：资料完整规范、叙述翔实、定性定量准确、通过验收。

（二）国家验收

按国家文物局和国家长城资源调查工作项目组的安排，11 月 7 日，项目验收组进行第一阶段验收，此次验收为长城本体墙体及壕堑，验收结论："青海省长城资源调查资料齐全、定性正确、定量准确，能够满足明长城长度量测的资料要求，符合《长城资源调查资料检查验收规定》的合格标准，通过第一阶段检查验收。"

五 工作体会

1. 青海省明长城资源调查工作得到了各级、各部门领导和专家的重视和支持。省政府、国家文物局、国家测绘局、省文化厅、省文物局和测绘局等有关领导多次深入调查现场视察工作，慰问调查队员。国家文物局世界遗产处、国家长城资源调查项目组、国家基础地理信息中心领导和专家从实地调研、举办培训班直至调查工作结束，十多次到达现场，教授、指导、帮助、检查、督导调查工作。同时，调查工作得到了兄弟省区的大力帮助和支持，调查初期，甘肃文物局毫无保留地给我省"取经"人员以经验介绍，受我省邀请，宁夏文物局派专家赴我省调查现场进行指导，其余兄弟省份亦在各方面给予我省无私帮助。我省明长城调查工作能在晚于全国一年多的情况下如期完成任务，与各级领导关心支持、与上级业务单位鼎力帮助、与兄弟省区大力协助是分不开的，是重要的工作动力和保证。

2. 调查工作指导思想正确、调查目标明确、计划周密细致、组织有序规范，是完成工作的重要前提。

3. 调查制度完善、职责分工明确、责任到人到队、上下一致、团结协作、纪律严明，是完成调查工作的重要保障。

4. 调查队员工作认真负责、科学严谨、规范准确，作风坚定顽强、不畏艰险、不怕困难、无私奉献，是完成调查工作的基础。

宁夏长城保护

宁夏回族自治区长城资源调查队

宁夏地处北方草原与黄土高原、游牧文化与农耕文化的过渡地带，又是东部华夏民族和西部少数民族相接壤的地区，这一独特的地理位置，形成了宁夏文化多样性和兼容性的特点，留下了数量众多、丰富多彩而又弥足珍贵的文化遗产。宁夏长城，作为中华民族历史时期发展的载体，在我国文化遗产中占有十分重要的地位。多年来，在党中央、国务院的关怀下，在自治区党委、政府的领导下，在国家文物局的支持下，依据《中华人民共和国文物保护法》和《长城保护条例》等法律法规，坚持"保护为主，抢救第一，合理利用，加强管理"的文物工作方针，宁夏长城保护工作进展顺利，保护力度和资金投入不断加大。尤其是在国家文物局启动长城资源调查工作后，宁夏长城得到了一定的保护，成效显著。

一 宁夏长城概况

宁夏是现存长城遗迹较多的省份之一。主要有明长城和早期长城。

明长城现存东长城及沿河边墙、旧北长城、北长城、西长城、固原内边以及徐冰水新边等六条干线，现存遗迹穿越宁夏境内 5 个市 17 个县（市、区）。始筑于成化十年（1475 年），各条干线筑成后又不断改筑、完善。2007～2009 年开展的长城资源调查，现存墙体 881.99 千米，单体建筑 939 座，关堡 71 座，相关设施 1 处。明长城是自治区文物保护单位。

早期长城包括战国秦长城、秦汉长城与宋长城。战国秦长城位于宁夏南部，穿越固原市西吉县、原州区、彭阳县 3 个县（区），秦昭襄王时始筑。现存墙体 171.71 千米，单体建筑 156 座，关堡 24 座。秦汉长城分布于固原市原州区和彭阳县，现存关堡 9 座。宋长城依托原州区战国秦长城修建，现存墙体 23.43 千米，单体 28 座，关堡 10 座。战国秦长城是全国重点文物保护单位。

二 宁夏长城保护基本情况

（一）落实、宣传《长城保护条例》

《长城保护条例》是我国第一个专项文物单位法规，为长城保护和管理工作，提供了针对性和可操作性很强的政策法规支持。2006年12月1日国务院公布实施《长城保护条例》五年以来，自治区各级领导高度重视，组织各级文物部门和文物工作者，认真学习《长城保护条例》，用条例具体的规定来指导和规范长城保护工作。2006年，宁夏自治区人民政府下发通知，决定每年5月18日为"宁夏长城保护宣传日"。通过多种方式对广大民众，尤其是长城沿线群众进行《长城保护条例》宣传，增强他们保护长城的意识。每年利用"宁夏长城保护宣传日"和"文化遗产日"举办讲座、图片展览等活动，使保护和珍爱长城的理念深入人心，促使广大民众自觉参与长城保护。

（二）全力推进长城基础性保护工作

一是加强长城保护管理工作。1985年～1993年一些市县将明长城和战国秦长城公布为县级文物保护单位。1988年自治区人民政府公布了中卫、青铜峡、石嘴山境内明长城为第二批自治区文物保护单位。2001年宁夏境内战国秦长城公布为第五批全国重点文物保护单位。2009年将河东墙段、永宁三关口段、中卫姚滩段、平罗大水沟段4处土筑明长城申报第七批国家重点文物保护单位。2010年自治区政府将明长城公布为第四批自治区文物保护单位。逐步划定保护范围，树立保护标志，聘请人员看护，进行不定期巡查等工作。部分市县文管所聘请长城沿线居民为长城义务保护员，协助文物部门搞好长城保护工作，取得了明显的效果。

二是认真策划宁夏"十二五"长城保护计划。根据国家文物局《关于编制文物保护项目经费需求"十二五"规划的通知》精神，在认真总结"十一五"长城保护工作基础上，结合长城资源调查成果，按照轻重缓急，2010年编制宁夏"十二五"期间长城保护工作计划，涉及长城总体保护规划、抢救性加固维修、保护设施建设、四有工作等方面工作，已列入国家文物局项目库，为"十二五"宁夏长城保护工作的开展提供了充足的项目储备。

三是精心筹划编制《宁夏长城保护总体规划》。为贯彻落实《长城保护条例》的规定，通过保护规划科学统筹长城保护、管理、展示和利用工作，按照我区长城保护"十二五"工作计划，委托北京建筑工程学院编制《宁夏长城保护总体规划》，目前，《宁夏长城保护总体规划》已获国家文物局批复立项，编制工作已正式启动。

（三）全面完成长城资源调查工作

根据《"长城保护工程（2005～2014年）"总体工作方案》，为进一步摸清长城资源情况，加强对长城资源的保护，2007年国家文物局和国家测绘局联合组织长城沿线16个省、自治区、直辖市文物和测绘部门全面开展长城资源调查工作。按照《宁夏长城资源调查实施方案》，开展了明长城资源调查和战国秦长城资源调查。

一是明长城资源调查。2007年～2008年宁夏文物局和宁夏测绘局组成四个调查队，对我区明长城本体、附属设施，相关遗迹的保存状况与病害、人文和自然环境、保护管理情况等展开了全面实地调查测绘和信息采集。基本摸清了宁夏明长城资源的家底，取得了丰硕的成果。共调查长城墙体482段，长881.99千米，其中新发现墙体106千米。同时调查单体建筑939座，其中敌台509座，烽火台379座，关堡71座，相关设施1处。新发现敌台10座，烽火台16座。调查期间与天津大学建筑学院合作，对宁夏明长城沿线20余座关堡进行航空拍摄。

二是战国秦长城、秦汉长城资源调查。2009年，对彭阳县、原州区、西吉县境内的战国秦、秦汉长城本体、附属设施，相关遗迹的保存状况与病害、人文和自然环境、保护管理情况等展开了全面实地调查测绘和信息采集。共调查长城墙体109段，长171.71千米，调查敌台149座，烽火台7座，关堡33座（其中战国秦24座、秦汉9座）。

三是宋长城资源调查。在调查原州区境内战国秦长城资源时，在"内城"沿线调查确认宋代长城12段，长23.43千米，敌台21座，烽火台7座，城址10座，全部是新发现。

通过长城资源调查工作，全面、准确掌握我区历代长城的规模、分布、构成、走向及其时代、自然与人文环境、保护与管理现状等基础资料，为编制我区长城总体保护规划、开展长城保护工程、加强保护管理和进行科学研究提供依据。

（四）逐步实施长城维修保护工程

一是加强重点长城段落的保护。盐池县境内头道边明长城结合退耕还林还草工程两侧实施刺丝围栏保护，取得了良好的保护效果，并得到了国家文物局的肯定；固原市政府对原州区战国秦长城银平公路穿越处进行了刺丝围栏保护。在交通要道、人流频繁的区域，树立保护标志、加强保护宣传。

二是实施长城保护修缮工程。结合宁夏明长城资源调查情况，2009年聘请北京建筑工程学院专家来宁，对宁夏明长城全线进行抢救加固的实地勘察调研。2010年编制完成了《宁夏回族自治区明长城水洞沟段保护修缮工程设计方案》，国家文物局已审核批复，《宁夏明长城水洞沟段保护修缮工程》施工图已完成，正在前期准备工作中。

三是加强基本建设中的长城保护。宁夏公路、铁路、输气管道等穿越长城工程，根据《文物保护法》、《长城保护条例》的有关规定，编制工程穿越长城文物保护方案，报国家文物局审批通过后，采用架设桥梁、挖掘地下通道或地下顶管穿越明长城，在最小干预原则下，有效地保护了长城。近些年来，没有出现因公路交通等大型建设破坏长城本体的事件发生。

（五）科学严谨编撰长城资源调查报告

长城资源调查报告是长城资源调查工作成果的重要体现，在充分酝酿，多方沟通的基础上，以国家文物局印发的调查报告编写体例为基础确定宁夏明长城调查报告体例，并制订了报告编写计划和编写任务分工。并与文物出版社签订了《宁夏明长城调查报告》出版合同，《宁夏明长城调查报告》已获国家文物局批复立项。召开了宁夏河东长城时代论证会，对"二道边"、"头道边"及"隋长城"（暂定名）三道长城遗迹修筑时代、定名属性等关键问题进行了研讨，对"隋长城"定性为明长城壕堑，为科学编写报告提供了依据。目前已经完成河东长城和固原内边长城三本调查报告。其余三本调查报告初稿已完成，正在呈送相关专家审阅、修改完善。《早期长城资源调查报告》也正在编写中。

三 宁夏长城保护存在的主要问题

近年来，随着经济的发展和社会的进步，各级政府对长城保护重要性的认识进一步提高，自觉性进一步增强，长城保护工作虽取得了一定的成绩，但因多种原因，长城保护形势依然十分严峻。

（一）长城本体保护

对长城破坏有自然和人为两种情况。近年来，人为破坏已基本得到有效遏制，但仍存在基本建设和旅游开发中对长城的保护存在违规操作和破坏性修缮等问题。自然破坏诸如自然风化、雨水剥蚀、山洪冲刷、风沙淤漫等问题目前显得尤为严重。

（二）长城管理

长城管理工作相对滞后，长城的保护管理机制、能力建设、科学研究等方面还相当薄弱，尚未形成有效的长城保护管理体系。长城"四有"工作尚不健全。

（三）长城保护人才培养和队伍建设

长城保护文物管理部门没有专门从事长城保护的工作人员，均有所在地文物管理所承担，长城保护工作处于被动应付甚至空白状态；各市县文博单位从事长城保护和科学研究的业务人员数量较少。

（四）长城保护经费

由于长城几乎在宁夏各市县（区）境内均有分布，保护范围广、保护经费投入巨大，地方财政根本无力承担。经费投入不足，制约长城保护工作的开展。

（五）长城对外宣传

虽然长城是世界文化遗产，但对保护长城重要意义，保护长城的责任感和使命感的认识，以及全社会都来保护长城的意识和社会氛围，还都远远不够。

四　进一步做好长城保护的思路和措施

（一）科学安排，扎实推进长城保护工程

一是全力开展长城保护总体规划编制工作。将于近期集中精力开展宁夏长城总体保护规划编制工作，组建由规划人员、长城资源调查人员和长城管理机构人员共同组成的编制团队，利用长城资源调查成果，在准确分析宁夏长城保存现状、科学评估其遗产价值的基础上，对宁夏长城分级分类制定相应的保护、展示和利用措施，增强规划的针对性和可操作性，切实维护宁夏长城的突出普遍价值和真实性、完整性，切实保证规划能在今后宁夏长城保护工作中发挥重要作用。

二是展开抢救性加固修缮。依据宁夏长城保护"十二五"工作计划，遵循"先救命，后治病"的原则，贯彻"传统材料、传统工艺为主，辅以物理手段"的基本思路，以本体维修为重点，委托专业单位编制永宁三关口段、中卫姚滩段、平罗大水沟段、青铜峡北岔口段、惠农区红果子段明长城和原州区长城梁段、明庄段、海堡段、王堡段；彭阳城阳段、白阳段战国秦长城抢救性加固修缮保护方案，实施修缮。2012年实施明长城三关口段、战国秦长城长城梁段抢救加固修缮工程，目前工程立项报告已上报国家文物局。

三是推广刺丝围栏保护。在"十二五"期间对交通要道、村镇集市等游人较多、长城易遭破坏的地段两侧，进行刺丝围护。明长城主要对沙坡头区美利纸业工业园区长城、青铜峡市北岔口长城、永宁县三关口长城、平罗县大水沟长城、惠农区红果子长城、灵武市水洞沟长城、盐池县银青高速公路相交处和工业园区内明长城；战国秦长城主要有银平公路穿越处、银武高速公路穿越处、清水河与长城交汇处等。

（二）加强管理职能，建立较为完善的长城保护管理体系

一是根据《文物保护法》和《长城保护条例》的有关规定，督促作为长城保护与管理第一责任者的地方政府，切实承担起保护和管理该段长城的首要责任。建立长城保护的目标考核机制，并使之列入政府工作考核的重要内容。二是落实各级政府、主管部门、保护机构和使用单位对长城的保护管理职责，形成结构严密、职能清晰、切实有效的长城保护管理机制。三是指导各级文物部门利用长城资源调查工作成果，落实长城的"四有"工作，以长城本体、相关遗存和周边环境不受破坏、损害为标准，科学划定保护范围和建设控制地带；在游人集中区域、交通要道、与外省市县界等长城段全面树立保护标志、界桩；按照国家文物局《长城资源调查记录档案备案工作规范》的要求，以县为单位制作明长城和战国秦长城记录档案，健全长城保护档案。在有条件的地区设立专门的保护机构，委派专人管理。在没有条件的地区推广长城义务保护员制度，聘请长城沿线居民为长城义务保护员并与他们签订责任书，同时与长城沿线旅游区、厂矿等单位签订保护长城责任制，协助文物部门搞好长城的保护与管理工作。

（三）强化长城保护人才培养和队伍建设

建议各级政府适当增加长城保护行政管理人员和业务人员编制。自治区和有关市、县文物行政主管部门设立专门的长城保护管理内设机构，使全区长城保护管理达到科学、规范，巡视检查达到经常、全面，长城违法案件的处理及时、有效。为长城保护专业技术人员提供良好的工作环境和条件。采取有效措施，建立相应的奖励机制，创造良好条件，提高长城保护专业人员总体业务水平。加强长城保护机构和长城保护员队伍的能力建设，培养一支具有科学保护理念和较高业务水平的长城保护专业队伍。

（四）广开渠道，增加长城保护经费投入

在争取国家和省级文物保护经费的同时，建议县、市、区地方政府将长城保护经费纳入本级财政预算，设立长城保护专项经费。在条件允许的前提下，积极多方筹集社会资金。在每年的"长城保护日"各市县可以通过各大媒体开展"爱我家乡，修我长城"募捐活动，用于长城的日常保护和重点地段的修缮。建议设立长城保护基金，用设立"长城保护里程碑"的办法，向社会招募志愿保护单位或个人，让国内外企业或个人来认保，筹集保护资金，为长城保护提供经费支持。

（五）加强宣传教育，增强全民保护长城意识

一是要利用报刊、杂志、广播影视，以及网络等各种现代化的传播媒介，广泛宣传《文物保护法》、《长城保护条例》，宣传保护长城的意义，使"保护长城、人人有责"的理念深入人心；二是要教育人民群众不仅自己以身作则保护长城，而且在看见破坏长城的现象时要依法劝阻、制止或报告，让老百姓熟知《文物保护法》和《长城保护条例》，运用法律的武器保护长城。三是要对长城保护好的先进单位及个人的先进事迹和经验广为宣传、形成"保护长城光荣，破坏长城可耻"浓厚的舆论氛围。

（六）注重长城保护研究，提高长城保护科学化水平

建议国家把长城保护技术研究作为重要科研项目，列入国家科研规划中，予以重点扶持，吸收各方面有关专家学者参加，开展长城保护技术课题研究，尤其是长城自然损毁防治、化学加固以及新材料技术的应用等问题都需要加以研究，在尽短的时限内，取得高质量的研究成果，以满足长城保护需要，以提高长城保护的科学技术水平；组织专门管理或学术机构，关注、搜集和研究国内、行业内外的长城保护优秀科技成果，用于本辖区长城保护管理和抢救修缮。

新疆维吾尔自治区长城资源调查工作总结

新疆维吾尔自治区长城资源调查队

　　新疆地处欧亚大陆腹地，面积 160 多万平方公里，约占祖国土地的 1/6。分布有 99 个县（市）、区，853 个乡镇、175 个农牧团场。这里地形复杂，高山与盆地相间，形成明显的地形单元，地貌总轮廓是"三山夹两盆"。北为阿尔泰山，南为昆仑山，天山横亘中部，把新疆分为南北两半，南部是塔里木盆地，北部是准噶尔盆地，习惯上称天山以南为南疆，天山以北为北疆。由于远离海洋，高山环抱、盆地阻隔，形成了强烈的大陆性气候，干旱少雨。特殊的地理位置和环境，造就了独特的文化，遗留下了丰富的文化遗产。经过 20 世纪 50 年代和 80 年代两次文物普查，已登记不可移动文物 3000 余处，有全国重点文物保护单位 58 处、自治区级文物保护单位 373 处、县（市）级文物保护单位 1931 处。其中保存烽火台遗迹 200 余处。

　　2006 年 12 月，国家文物局、国家测绘局联合下发《关于合作开展长城资源调查工作的通知》，正式启动长城资源调查工作。根据《全国长城资源调查工作总体方案》规定，长城资源调查分为明长城调查，秦汉长城调查和其他时代长城调查三个阶段，计划从 2007 年 4 月至 2008 年 6 月，完成明长城的田野调查、外业调绘和控制、资源信息系统的开发工作；2008 年 6 月至 9 月，完成省级明长城的田野调查资料的整理、汇总与建档，以及长度测量、长城基础数据与专题要素数据生产；2008 年 9 月至 12 月，完成全国明长城调查资料数据的整理、汇总并建立档案、长城资源信息系统和数据库，发布明长城的长度信息；2009 年 12 月前，完成秦汉长城的调查、测量与数据入库，发布秦汉长城的长度信息；2010 年 12 月前，完成其他长城的调查、测量与数据入库，发布其他长城的长度信息，完善全国长城资源信息系统。

　　这次长城保护，从概念内涵到外延都有新的延伸，这里的长城资源不再指单一的墙体，而是以连续性的高墙为主体，并由其与城池、关隘、壕堑、烽火台等设施共同组成的一种绵亘万里，点阵结合，纵深梯次的军事防御工程体系。在这大的长城资源概念下，新疆也有着丰富的长城资源，被纳入了长城资源调查的省区之一。

新疆由于特殊的地理位置和气候环境，其境内长城资源有自己相对独立的体系结构和特征。新疆的长城资源没有修筑连续性的高墙，主要以丝绸之路为主线，以城池为中心，修建有烽火台、戍堡、驿站等设施共同组成军事防御体系。新疆长城资源相关设施的修筑是中央王朝经营统治西域的一项重要举措，这些设施起着保护边疆和古代丝绸之路畅通的双重作用，特别在丝绸之路文化交流中，这些设施起到更为明显的作用，护卫、迎送、补给往来于丝绸之路上的军队和商旅，保障了丝绸之路的畅通无阻，成为连接东西方文化的重要枢纽，为研究古代丝绸之路军事、政治、经济、文化交流等方面提供了实物资料。新疆长城资源的调查与研究，对于新疆长期进行的维护祖国统一、反对民族分裂和爱国主义教育，将具有重要的政治意义。而新疆的长城资源大多数又处于戈壁沙漠、山麓崖口的险要位置，如罗布泊、塔克拉玛干沙漠地区、帕米尔高原地区等，这里气候条件十分恶劣，长城资源保存现状十分严峻，有的甚至面临着消失的危险，开展新疆长城资源调查工作刻不容缓。

新疆长城资源调查工作从 2006 年 8 月派遣人员前往甘肃省参加"长城保护工程"试点工作学习即已开始着手准备；2007 年年初正式启动，2007 年 9 月与我区第三次全国文物普查工作一起进入实地调查阶段。也就是说，文物普查工作队，同时也是长城资源调查工作队，遇见长城资源，严格按照长城资源调查的要求采集数据，这样既节约开支，也确保长城资源调查及时顺利完成。

目前，我区长城资源调查工作已全面完成。数据资料已经上报，并得到认定通过。调查报告也即将出版。现将本次调查工作具体情况汇报如下：

一　准备工作

1. 成立长城资源调查管理机构

2007 年 5 月，自治区文物局与自治区测绘局联合下发了《关于成立新疆维吾尔自治区长城资源调查领导小组及工作机构的通知》，由两局的主管和分管领导为组长、副组长，相关处室和业务单位为成员，领导小组下设办公室具体负责组织协调日常事务，同时成立了调查测量总队。《通知》要求各地州（市）在自治区长城资源调查领导小组统一领导下，协助领导小组下设办公室做好本辖区内长城资源的调查工作。

2. 加强新疆长城资源的依法管理

2007 年，在自治区文化文物工作会议上，自治区文物局向各地州市传达了国家文物局和国家测绘局有关开展长城资源调查的文件，要求各地州市及时上报本辖区内长城资源情况，并向当地政府申报批准为地州县级文物保护单位。自治区文物局根据各地上报的长城资源材料，征求相关专家意见后，将其中部分长城资源遗存向自治区人民政府上报申请批准为自治区级文物保护单位。2007年6月自治区人民政府公布的第六批自治区级文物保护单位名单中,有40处烽火台、戍堡等长城资源遗存被批准列为自治区级文物保护单位,为今后做好长城资源的调查、保护、管理工作,起到非常重要的保障作用。

3. 编制完成有关方案,制定有关制度

根据《长城保护条例》、《长城保护工程2005~2014年总体工作方案》、《长城资源调查总体方案》、《全国长城资源调查管理办法》及长城资源调查相关规范和标准。我们制定了《新疆维吾尔自治区长城资源调查工作实施方案》,有效保证了我区调查工作的规范有序推进。

4. 召开动员会,举办培训班

2007年9月20日至10月3日,在哈密市举办了自治区第三次全国文物普查及长城资源调查培训班,对来自全疆16个地、州、市、县的300余人进行了集中培训。此次培训工作得到国家文物局及国家长城资源调查项目组的高度重视和支持,专门派出专家、学者参与此次培训工作。室内培训结束后,由自治区文物局和自治区测绘局组织,新疆文物考古研究所与新疆维吾尔自治区测绘院合作,一起对哈密地区巴里坤县清代烽火台进行了试点调查,初步完成了九座烽火台的调查登记和测量工作。通过试点调查,依照国家长城资源调查规范标准并结合新疆长城资源实际状况,准确进行数据采集和测量,为下一步全面实施长城资源调查工作积累了一定经验,也为两部门进一步合作打下坚实基础。

5. 完成工作设备的招标、采购和配发

为保证工作的顺利完成,我区利用专项经费为全本普查队员配发了笔记本电脑、照相机、GPS定位仪等工作设备。此外,还为他们购置了人身意外伤害保险和必备药品,为顺利完成调查任务提供了较好的后勤保障。

二 实地调查工作

2007年10月,新疆维吾尔自治区第三次全国文物普查第二阶段实地文物调查工作开始,全疆18个地州市成立了第三次全国文物普查工作队,这些文物普查工作队,也是长城资源调查工作队,在完成不可移动文物调查的同时,也要完成新疆境内长城资源的调查工作。截至2009年10月31日,各级调查人员合计678人,一线调查队员合计432人。同年12月,新疆维吾尔自治区第三次全国文物普查和新疆维吾尔自治区长城资源调查田野阶段工作结束。经过各地州市调查工作队两年多的艰苦努力,新疆维吾尔自治区长城资源调查工作取得的丰硕成果。经过初步统计,我区调查队员翻山越岭,行程数十万公里，跑遍我区 99 个县（市、区），共调查登记汉、唐时期长城资源 212 处，包括单体建筑、关堡、相关遗存三个类型。分布在全疆 40 个县（市、区）。

综合我区各地长城资源调查的经验，可总结为"严全稳，点线面；普宣广，互促进"，即要求长城资源调查工作严格按照相关标准规范进行，调查地域务必全面，资料收集务必翔实，田野调查稳步推进，不冒进，不急于求成，切实注意安全；并以调查工作开展情况好的典型县市带动其他县市，形成长城资源调查竞赛的局面；重视对文物保护工作的大力宣传，调查队不仅是长城资源调查工作队，还是文物保护工作宣传的播种机，在做好长城资源调查工作同时，广泛深入开展文物保护的宣传工作；鼓励各地以长城资源调查为契机，加强交往，互相学习，互相促进，共同提高。根据我区长城资源分布特点，沿着丝绸古道重点调查，以路线为主干，连起长城资源调查的具体工作，确保工作无遗漏。

1. 严格要求，规范指导

2009 年 3 月，在自治区文物工作会议上，要求各地州务必在 10 月 31 日之前，高质量完成第三次全国文物普查第二阶段实地调查和长城资源调查工作。

为确保文物普查和长城调查工作质量，自治区文物普查办公室和长城资源调查办公室根据国家文物局新修订的标准规范，借鉴兄弟省市的经验，结合新疆文物资源的实际情况，在总结前段文物普查和长城资源调查工作的基础上，编订并正式出版了《新疆维吾尔自治区第三次全国文物普查工作手册》，其中第一部分编录了《中华人民共和国文物保护法》等法律法规，并收录了相关文件，以便开展文物普查、长城资源调查以及今后的工作使用；第二部分编录了国家文物局新修订后的文物普查标准、规范，以及结合我区文物普查和长城资源调查工作实际，选录了文物普查信息采集资料作为范例，其中长城资源调查部分，选取了巴里坤二墩烽火台和阿拉沟戍堡作为范例。《手册》在实际工作中，起到了不可替代的作用，成为基层文物普查和长城资源调查工作的好帮手。

2. 深入基层，鼓励互助

自治区长城资源调查办公室多次深入基层了解各地州长城资源调查工作进展情况，及时发现并解决问题，同时大力推广调查工作中好的方法和经验，鼓励各地州之间以长城资源调查工作为契机，加强交流学习。

通过深入基层调研后发现，多数地州不但严格按照长城资源调查相关的标准规范开展工作，而且能够因地制宜，创造性地工作。这些地州根据前人对古代交通的研究成果，点线面结合，文物普查、长城资源调查工作共同进行，两不耽误。

一些县、市在文物保护、文物普查、长城资源调查方面形成了相互竞赛的局面，边调查、边保护，发现一处保护一处。有些县将新发现的不可移动文物（包括长城资源）公布为县市级文物保护单位，划定了保护范围，树立了保护标志牌，并办理了部分不可移动文物《土地使用证》，聘请了文物看护员，确保新发现的文物受到保护，不被破坏。

3. 创造性地开展工作

根据新疆长城资源分布特点，我们按地区分成若干区域，利用《新疆维吾尔自治区地图集》的分县图，找到乡一级地名点，在利用《新疆 1：50000 地形图分幅接合表》查出此乡坐落在 1：50000 的具体图幅号。利用查到的 1：50000 地形图，根据有关文字说明进行标注。再利用 1：50000 图幅上标注好的点位，通过不同比例尺的分幅转换，在《新疆 1：10000 地形图成图范围接合表》推出 1：10000 地形图图号，在按文字地名说明将此点位标注到已有的 1：10000 地形图上。

4. 遥感技术在长城资源调查工作中首次运用并取得成效

2009 年 9 月 20 日开始，由新疆维吾尔自治区文物局、中国国家博物馆、中科院遥感应用研究所、自治区文物考古研究所联合组成的新疆特殊区域普查队对我区北疆的阿勒泰山脉、额尔齐斯河流域、准噶尔盆地以及南疆的帕米尔高原、罗布泊、塔克拉玛干沙漠等特殊区域进行文物普查，历时 4 个多月，总行程近 32500 公里，覆盖了城市周边、平原、戈壁、沙漠、高原等不同地形区域。其中，调查不可移动文物近 800 处，采集了大量的信息数据，部分还绘制了平面图，进一步完善了已发现长城资源数据资料；弥补了常规考古田野调查空白地段，极大地丰富了新疆维吾尔自治区长城资源调查成果。

三 数据资料整理工作

2009 年 12 月，新疆维吾尔自治区第三次全国文物普查和新疆维吾尔自治区长城资源调查田野阶段工作结束。同时新疆维吾尔自治区长城资源调查工作转入室内整理阶段。

2010 年 12 月，完成了新疆长城资源的调查、测量与数据入库工作。国家长城资源调查项目组组织专家来疆对新疆长城资源调查工作进行验收，专家组对各类调查资料在室内进行了审核，又前往野外进行实地勘察，认为新疆维吾尔自治区长城资源调查资料合格，通过验收。

2011 年，完成了长城资源调查资料整理、归纳、汇总、建档工作。并经过多次反复修改后，向国家长城资源调查项目组报送了我区长城资源田野调查全部数据成果。编制了《新疆长城保护总体规划》、《长城保护项目——吐鲁番地区烽火台保护加固工程设计方案》、《长城保护项目——哈密地区烽火台保护加固工程设计方案》等保护方案。同时将新疆长城资源保护工作纳入"十二五"规划，加大了今后的研究保护力度。

2012 年 12 月前，编制出版《新疆维吾尔自治区长城资源调查报告》。该报告是在对本次长城资源野外调查的原始资料基础上，通过认真和系统整理，编写出的新疆维吾尔自治区长城资源调查成果的总汇。为今后新疆长城资源的研究和保护都提供了详实的基础材料和科学依据。该报告现正在校稿修订，出版在即。

四　多方支援，保证调查工作的顺利完成

新疆长城资源分布分散，分布区域地形复杂，环境恶劣，条件艰苦，田野数据采集成为一项艰巨的任务。在调查工作开展之初，自治区测绘局向自治区文物局无偿就提供了全疆 1：50000 和 1：100000 的大比例地图；随着工作的进一步深入，自治区测绘局又无偿提供了以县域为单位 1：50000 和 1：100000 的大比例地形图和电子地图数据。并采用内外业一体化测量的方法，采集新疆境内与长城有关的军事防御设施及相关遗迹等地理信息，编绘新疆长城资源基础地理信息和专题信息。这些工作的实施，使我们有针对性的选择调查区域，大大缩短了野外调查时间，节约了经费开支，提高了新疆长城调查的准确性。

新闻媒体关注，大力宣传报道各项工作。新华社新疆分社、光明日报社新疆站、新疆日报、新疆经济报、兵团日报、新疆都市报、都市消费晨报、乌鲁木齐晚报、亚心网、新疆电视台、新疆人民广播电台、兵团电视台等十多家媒体组成采访团，采取集中报道的方式，对长城资源调查及第三次全国文物普查工作进行全面的宣传报道。这些新闻媒体从纸媒、电视、广播、电台的角度大力宣传，从而使我区长城资源调查及文物普查宣传工作广为人知，深入人心。

在我区长城资源调查过程中，各地州市县调查队克服种种困难，群策群力，保证调查工作的顺利完成，同时在调查中注重宣传文物保护工作，走到哪里就宣传到那里。通过大规模的宣传，各级政府以及广大干部群众更加关注和重视长城资源调查及文物普查工作，文物保护意识大大增强。在野外调查期间积极提供线索，充当向导，为我区的长城资源调查和文物普查工作添砖加瓦，贡献自己的力量。正是由于得到了社会各界的大力支持，使得我区的文物普查工作和长城资源调查工作才顺利完成，并一直走在全国前列。

五　通过调查，锻炼了队伍

为了做好自治区长城资源调查和第三次全国文物普查工作，自治区长城资源调查办公室和第三次全国文物普查办公室邀请中国社会科学院考古研究所新疆队、西北大学文博学院文化遗产保护与考古学研究中心、中央民族大学民族学和社会学学院业务水平较

高的专业人员参加新疆境内的长城资源调查和文物普查工作，并与从自治区文物考古研究所挑选出的业务能力强、责任心重、具有中、高级职称的工作人员一道赴各地担任文物普查指导员，指导当地的长城资源调查和文物普查工作。工作期间，指导员在各地州充分发挥专业优势，勤恳工作，不畏艰难，严格要求，耐心指导，扎实有效地确保当地长城资源调查和文物普查工作高质量顺利完成。

通过这次实地调查，各地州文物工作的水平得到了极大的提高，干部队伍得到了锻炼，文物工作专业力量大大增强。实地文物调查过程中，各民族同志互帮互学，互相照应，成长起来了一批热爱文物工作、上进心强、勇于进取的年轻骨干，为今后文物工作又好又快的发展奠定了坚实的基础。

目前新疆维吾尔自治区长城资源实地调查工作已经结束，下一步的文物保护工作正在陆续展开。根据我区长城资源的现状，我们将尽快制定新疆长城资源总体保护规划方案，并根据规划的要求，有计划、有步骤地实施保护工作；同时在本次长城资源调查工作的基础上，制定科学的长城保护维修规划和实施方案，按实际需要分清轻重缓急，根据规划逐步实施；进一步加大经费投入，落实"四有"工作；组织开展长城保护课题研究，尤其是长城自然损毁防治的科技研究，提高长城保护的科学技术水平。相信随着本次新疆长城资源调查工作和保护工作的开展，调查数据和调查报告的公布出版，新疆长城资源保护工作将上一个新的台阶，新疆维吾尔自治区的文化遗产保护事业也将迎来大发展大繁荣的新局面！

第二部分
长城资源研究

辽代长城研究综述

刘文艳[*]

916 年，契丹族可汗耶律阿保机统一契丹各部，建立了契丹国（947 年改国号为辽）。辽王朝是与北宋相对峙的最强大的少数民族政权，在与其周边的北宋、西夏等国并存的两百多年间，不断利用其军事强势扩大自己的国土。在邻国或缴纳"岁币"或臣服与其强权的情况下，辽代是否也曾修筑过长城？

然而，《辽史》中仅提及了可能与长城有关的防御工事，并未见确指辽代北方边境长城。史籍记载及学界对辽代长城的讨论主要集中在以下三道：

其一，呼伦贝尔西部古边壕。其位置在今天蒙古高原东北部地区，呼伦贝尔西部，当地蒙古人称作"乌尔科"[①]。古边壕东始于根河上游南岸额尔古纳右旗的上库力乡，沿根河、额尔古纳河入俄罗斯赤塔省境内，又经我国满洲里市、新巴尔虎右旗，进入蒙古人民共和国东方省，西止于肯特省境内鄂嫩河源附近的沼泽地中，全长七百余公里[②]。

其二，鸭子河与混同江之间的防御工事。是指《宏简录·李俨传》，清宁四年（1058 年）在鸭子河与混同江之间修筑的一段长城[③]。此段长城"东起内蒙古呼伦贝尔盟额尔古纳右旗上库力西南约五六里处的一座古城。从这座古城向西南进入拉布大林，此段长四十余里"[④]。

其三，镇东海口长城。该段长城是指《辽史·太祖本纪》载"（太祖二年，908 年）冬十月己亥朔，建明王楼。筑长城於镇东海口。遣轻兵取吐浑叛入室韦者。"[⑤] 的海疆长城。

---

 * 刘文艳：中国文化遗产研究院，馆员，长城资源调查工作项目组成员。

① （俄）В·В·包诺索夫（著），胡秀杰（译）：《北部乌尔科古代边墙》，《黑龙江考古民族资料译文集（第一辑）》，黑龙江省博物馆，1991 年。

② 景爱：《关于呼伦贝尔古边壕的时代》，《社会科学战线》，1982 年第 1 期。

③ "清宁初，同知南院宣徽使事。四年（1058），城鸭子、混同二水间，拜北院宣徽使"。

④ 高旺：《内蒙古长城史话》，内蒙古人民出版社，1991 年。

⑤ 中华书局编辑部编：《历代纪事本末（全二册）》，中华书局，1997 年，第 1603 页。

1. 呼伦贝尔西部的"辽长城"

该段长城争议较大，主要有两种观点。第一种观点认为为辽代所建；第二种观点认为是金代界壕的一部分。

认为该段长城为辽代所建的学者也有不同论断。

景爱先生认为此段长城是在辽圣宗耶律隆绪和兴宗耶律宗真时为防御乌古敌烈部的侵扰所建的防御工事。耶律阿保机即汗位以后大举先后攻伐乌古、敌烈部。景爱认为，辽为了防御乌古、敌烈的侵扰修建该边壕，且在边壕内侧（南部）修筑了许多比较大的城镇作为官府驻地①。

孙秀仁依据《辽史·地理志》对辽代西北边防的城池设置的记载②并结合考察，认为该界壕与《辽史·地理志》所载的辽代北部边界"北至胪朐河"相一致。且在在边墙内侧纵深广大范围内很少发现金代遗物和遗迹；在呼伦贝尔盟西部牧业四旗境内都发现了辽代篦纹灰陶、少量辽三彩和辽代古城址，如陈巴尔虎旗浩特陶海，鄂温克旗辉河右岸的西索木、辉道、新巴尔虎左旗吉公社等古城③。应是辽为防御属部羽厥、室韦等族而修建的④。

上世纪 90 年代前后，冯永谦全面踏查这条边墙在中国境内分布的地段并结合文献记载进行深入考证，认为漠北界壕为金代所筑岭北长城。他指出"绵亘于克鲁伦河及额尔古纳河这道界壕即金初之旧疆，是极为明显的，并从中可以窥见这道界壕的修筑年代……而今所论之金初界壕，亦是我国中古时期在大兴安岭北部留下的又一道规模宏伟的长城，且为我国最北的一道长城"⑤。翦伯赞在《内蒙访古》⑥一书中，提出此边壕与塔塔儿人有关，也认为是金代遗迹；1879 年，屠寄经考察出版了《黑龙江舆图》，命名此段边壕为"金源边堡"⑦；张家璠的《呼伦贝尔志略》⑧、张伯英的《黑龙江志稿》又称为金代"兀术长城"⑨。

除此之外，1864 年，俄国贵族克鲁泡特金公爵到呼伦贝尔游历，将此边壕称作"成吉思汗边墙"。后俄国人包诺索夫也对此段边墙进行了调查，认为是"成吉思汗南边墙"⑩；寿鹏

① 景爱：《辽金边壕与长城》，《东北史地》，2008 年第 6 期。
② （元）脱脱等：《辽史》卷三十七，《地理志一》，中华书局，1974 年 10 月，第 451 页。
③ 孙秀仁：《黑龙江历史考古论述（上）》，《社会科学战线》，1979 年 1 期。
④ 孙秀仁：《黑龙江地区辽金考古与历史研究的主要收获》。
⑤ 冯永谦、米文平：《岭北长城考》，《辽海文物学刊》，1990 年第 1 期。
⑥ 翦伯赞：《内蒙访古》，《翦伯赞论文选集》，人民出版社，1980 年版。
⑦ 屠寄：石印套色本《黑龙江舆图》，光绪二十五年（1899 年），第 36～38 页。
⑧ 张家璠：《呼伦贝尔志略》，民国十一年上海太平洋印刷公司版。
⑨ 张伯英：《黑龙江志稿》，民国二十一年版。
⑩ （俄）В·В·包诺索夫（著），胡秀杰（译）：《成吉思汗边墙初步调查》，《关于呼伦贝尔古边壕的考察》，黑龙江省博物馆，1991 年。

飞的《历代长城考》提出边壕为汉武帝时徐自为所筑的"光禄城"。

2. 鸭子河与混同江之间的防御工事

学界对于鸭子河与混同江之间的防御工事的讨论，主要基于一些文献资料的记载，认为该段长城为防御女真所建。

《辽史·圣宗本纪》载，太平六年（1026 年）二月己酉，以"以迷离己同知枢密院。黄翔为兵马都部署，达古只副之，赫石为都监，引军，城混同江、疎木河之间。黄龙府请建堡障三、烽台十。诏以农隙筑之。"①

《宏简录·李俨传》，"清宁初，同知南院宣徽使事。四年（1058 年），城鸭子、混同二水间，拜北院宣徽使"。

《辽史·耶律俨传》："俨字若思，析津（今北京）人，本姓李氏。俨咸雍年（1065～1074 年）始登进士。父仲禧，重熙中（1032～1055 年）始仕。清宁初，同知南院宣徽使事。四年（1058 年），城鸭子、混同二水间，拜北院宣徽使。"②

《辽史·地理志》"统和十七年（909 年），迁兀惹户，置刺史于鸭子、混同二水之间"。

许亢宗在《乙巳奉使行程录》中谈到："第三十五程，自漫七离一百里至和里间寨。漫七离行六十里即古乌舍寨，寨枕混同江湄，其源来自广漠之北，远不可究……过江四十里，宿和里间寨。第三十六程，自和里间寨至句孤孛董寨。自和里寨东行五里，即有溃堰断堑自南而北，莫知远近，界幅其明，乃契丹昔与女真两国古界也。八十里至来流河……以船渡之，五里至句孤寨"。③

罗哲文先生据《宏简录·李俨传》，认为辽道宗清宁四年（1058 年）从鸭子河（今松花江）到混同江（今第二松花江）之间修了一段长城，长 24 里④。又有学者结合《辽史·地理志》"统和十七年（909 年），迁兀惹户，置刺史于鸭子、混同二水之间"的记载认为这段长城可能是用兀惹人戍守，以防女真的⑤。

冯永谦认为辽圣宗太平六年所建烽火台等应在第二松花江，这些军事工程规模不大，应当是为防御女真向南侵扰而设的，以便观察和传报边情，应该设于当时的交通道路上⑥。

① （元）脱脱等：《辽史·圣宗本纪》第一册，卷十七，本纪第十七，口华书局，1974 年 10 月，第 199 页。
② （元）脱脱等撰：《辽史·耶律俨传》，中华书局，1974 年 10 月，第三册，卷九十八，列传第二十八，1415 页。
③ 《三朝北盟会编》卷 20《政宣上秩二十》宣和七年；又见《大金国志》卷 40；文见贾敬颜编著：《五代宋金元人边疆行记十三种疏证稿》，中华书局，2004 年，第 249～251 页。
④ 罗哲文：《长城》，北京美术摄影出版社，2000 年。
⑤ 朱耀廷、郭引强、刘曙光：《古代长城——战争与和平的纽带》，辽宁师范大学出版社，1996 年。
⑥ 冯永谦：《东北古代长城考辨》，载张志立、王宏刚主编《东北亚历史与文化》，辽沈书社，1991 年；景爱、苗天娥：《辽金界壕与长城》，《东北史地研究》2008 年 6 期。

景爱等学者根据许亢宗《宣和乙巳奉使行程录》和《辽史·圣宗本纪》的有关记载，认为溪河界壕即许亢宗所谓辽金古界"溃堰断堑"的东段，当为辽统和十七年（999 年）迁兀惹人之后所建；溪河界壕附近的烽台和堡寨，皆修筑于辽圣宗时期；而敖花和敖花东山头两座烽台，很可能是辽太平六年（1026 年）黄龙府请建的"烽台十"中的组成部分①。

　　3. 镇东海口长城

辽代南筑长城，《辽史·太祖本纪》载太祖耶律阿保机二年（908 年）冬十月乙亥朔，"筑长城于镇东海口。"②

关于辽镇东海口长城因史料记载有限，其确指何地至今没有定论。

田光林先生认为，辽镇东海口长城即《南唐书》卷 18《契丹列传》辽朝镇东关，是辽为了强化对东南海疆的管理而建，具体位置在今天辽东半岛南端的大连地区。

金毓黻在其论著中，认为镇东海口可能是指《辽志》中记载的镇海府（具体地点在今盖平迤南；此外他据《旧唐书·高丽传》中的记载："其王建武惧伐其国，乃筑长城，东北自扶余城西南至海，千有余里"，认为该长城可能是在高句丽长城旧址上修建加固的③。后来的学者张博泉④、金殿士、⑤ 佟冬⑥也皆持有类似的观点。

2001 年冯永谦等在大连对该段墙体进行了较为详细的考古调查⑦，"该段长城整体呈东北—西南走向，具体路线为从渤海岸边南行至土城子村的烟筒山一线，而后折向东南过沈大高速公路，经后关屯村、前官屯村后至盐岛村之东即达黄海的大连湾边止，全长约 12 华里（6 公里）"。

此次长城资源调查中，在辽宁省大连市甘井子区发现有辽代长城遗迹。该段长城南起于大连经济技术开发区振兴路北的后盐村大染公司东围墙外黄海海边，止点位于大连市土城子村西侧渤海海边。据该省专家认证，应为《辽史·太祖本纪》所载的镇东海口长城。起初是为防止渤海国，后来是成为辽代为防止金朝与地处中原的政权在政治、军事上的联系以及海上贸易所修建。

---

① 景爱、董学增：《吉林舒兰县古界壕、烽台和堡寨》，《考古》1987 年第 2 期；国家文物局主编：《中国文物地图集·吉林分册》，中国地图出版社，1993 年，第 76 页。

② （元）脱脱等：《辽史》第一册，卷一，本纪第一，中华书局，1974 年 10 月，第 3 页。

③ 金毓黻：《东北通史》，五十年代出版社，1941 年，第 313～314 页。

④ 张博泉：《东北地方史稿》，吉林大学出版社，1985 年，第 228 页。

⑤ 金殿士：《试论辽太祖耶律阿保机经略辽东》，《沈阳师范学院学报》1984 年第 1 期。

⑥ 佟冬：《中国东北史》，吉林文史出版社，1998 年，第 340 页。

⑦ 冯永谦：《辽代"镇东海口"长城调查考略》，《阜新辽金史研究》第五辑，中国社会出版社，2002 年，第 69 页。

参考文献

[1] （俄）Ｂ·Ｂ·包诺索夫著，胡秀杰译：《成吉思汗边墙的初步调查》，吴文衔主编：《黑龙江考古民族资料译文集》第一辑，哈尔滨：黑龙江省博物馆，1991 年 9 月。

[2] （俄）Ｂ·Ｂ·包诺索夫著，胡秀杰译：《北部乌尔科古代边墙》，吴文衔主编：《黑龙江考古民族资料译文集》第一辑，哈尔滨：黑龙江省博物馆，1991 年 9 月。

[3] 张泰湘、郝思德：《呼伦贝尔草原考古研究的新收获》，《北方论丛》，1979 年 5 期。

[4] 景爱：《关于呼伦贝尔古边壕的时代》，《社会科学战线》，1982 年 1 期。

[5] 陈钟远：《试述哈斯罕关址的若干问题——兼谈曷苏馆诸名称及其来源》，《大连文物》，1986 年 1 期。

[6] 景爱：《关于呼伦贝尔古边壕的考察》，《博物馆研究》，1986 年 3 期。

[7] 米文平、冯永谦著：《岭北长城考》，《辽海文物学刊》，1990 年 1 期（总第 9 期）。

[8] 陈永祥：《蛟河新站辽代界壕考察》，《博物馆研究》，2001 年 2 期。

[9] 冯永谦：《辽代"镇东海口"长城调查考略》，中国社会出版社，《阜新辽金史研究（第 5 辑）》，2002 年 2 月。

[10] 徐俐力、张泰湘：《辽代边墙考》，《北方文物》，2003 年 1 期。

[11] 李丕华：《蒙古高原边墙考》，《东北史地》，2004 年 3 期。

[12] 田广林：《辽朝镇东关考》，《社会科学战线》，2006 年 4 期。

[13] 景爱、苗天娥：《辽金边壕与长城》，《东北史地》，2008 年 6 期。

[14] 陈钟远、刘俊勇：《〈鸭江行部志〉沿途纪事杂考》，《北方文物》，2003 年 3 期。

[15] 程廷恒、张家璠：《呼伦贝尔志略》，太平洋印刷公司，1924 年版，294 页。

[16] 高旺：《内蒙古长城史话》，内蒙古人民出版社，1991 年版。

[17] 谭英杰、孙秀仁、赵虹光、干志耿著：《黑龙江区域考古学》，中国社会科学出版社，1991 年版。

[18] 中国社会科学院考古研究所编：《新中国的考古发现和研究》，文物出版社，1984 年版。

[19] 孙秀仁：《黑龙江地区辽金考古与历史研究的主要收获》，《黑龙江文物丛刊》，1983 年 1 期。

[20] 孙秀仁：《黑龙江历史考古述论（上）》，《社会科学战线》，1979 年 1 期。

[21] 景爱：《中国长城史》，上海人民出版社，2006 年版。

试论鄂西北线性军事遗存

陈　飞　李长盈　王　吉*

关于楚长城，一直是我国长城研究工作中悬而未决的问题，但无论是从历史文献的记载，还是今人的研究，大家都认为存在楚长城，中国长城学会常务副会长董耀会曾明确指出"最早修筑长城的是楚国和齐国，修筑的时间约在公元前 7 世纪前后"①。为给这个问题一个较为明确的答案，在国家长城资源调查中，按照国家文物局长城资源调查工作项目组的统一部署和要求，湖北省文化厅古建筑保护中心、武汉大学考古学系、华中师范大学历史文化学院联合组成了工作专班，在前期文献查阅的基础上，运用考古调查和民俗调查的基本方法，对可能存在楚长城的鄂陕交界地区进行了拉网式的调查，不仅初步摸清了相关遗存的分布状况、数量、保存状态等信息，而且掌握了与遗存相关民俗资料和民间传说。

目前已登录的调查对象包括位于鄂西北竹溪、竹山、郧西、郧县、丹江口与陕西省平利、旬阳、白河县、河南省的淅川等地交界之处，由断断续续的石墙或土墙、关堡、烽火台、众多的山寨、天然的山险构成，共计有墙体 37 段（石墙 34 段，土墙 3 段），总长度 17671.8 米（石墙 15771.8、土墙 1900 米）；关堡 9 个，其中关 8 个，堡 1 个；单体建筑 16 个，其中敌台 9 个，铺房 5 个，烽火台 2 个（图 1）。

此前，对于这些遗存存在多种认识，其中以《中国文物地图集》湖北分册②和陕西分册③中的观点最为普遍，也最为学界所认同，该成果依据地方志等文献确认其为明清时期文化遗产，其作用是明清时期防守白莲教起义军之用。但通过深入的调查，根据历

---

*　陈　飞：武汉理工大学土木工程与建筑学院博士；
　　李长盈：武汉大学历史学院考古系博士研究生（在读）；
　　王　吉：湖北省古建筑保护中心设计部办公室。
①　董耀会：《万里长城长》，《光明日报》2010 年 1 月 8 日。
②　国家文物局：《中国文物地图集·湖北分册》，西安地图出版社，2002 年。
③　国家文物局：《中国文物地图集·陕西分册》，西安地图出版社，1998 年。

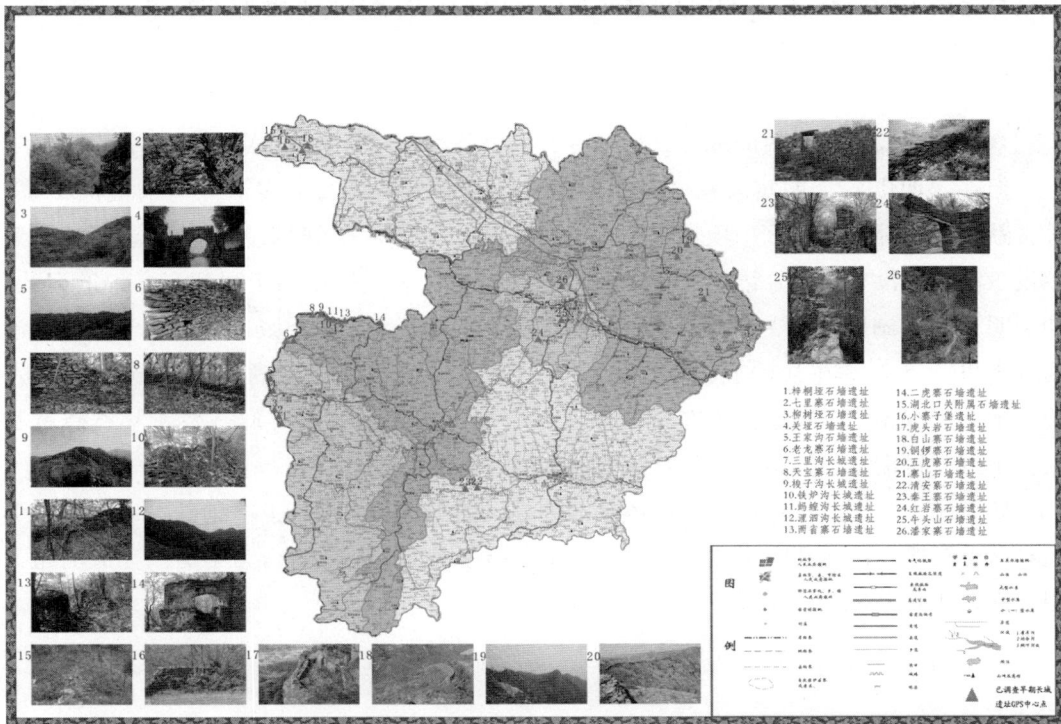

图1 湖北省长城资源分布图

代文献记载，从已知遗存的规模、体量、构筑方式，以及一些古老遗存的风化程度分析，我们不难看到，这个观点尚有值得商榷的地方，需要进行详细的论证和研究。

由于在国家文物局长城认定工作中，湖北省长城资源未被认定为长城，因此本文暂将鄂西北长城资源称为"鄂西北线性军事遗存"，特此说明。

一 鄂西北线性军事遗存的年代分析

为摸清鄂西北线性军事遗存的分布情况、数量、特点及时代属性，2001年，湖北省文物行政主管部门曾经组织湖北省考古所、十堰市博物馆的专业技术力量进行了一次较为系统的实地考察和研究。作为考察组的主要成员，龚德亮先生在其主编的《十堰文物志》中，对分布在竹山与竹溪的石墙遗址进行了详细的描述，并将其时代确定为明清时期的城垣遗存①。在湖北省长城资源调查之始的调研工作，大多的访问对象也认为这

---

① 潘彦文、龚德亮：《十堰文物志》，长江出版社，2007年版，第222页。

些遗存是清王朝所修筑①。事实是这样的吗，让我们从以下几个方面做以简单的逻辑推理：

（一）文献查阅

众所周知，明清时代的地方官员凡有大小事务都要写奏折上报朝廷，记载于史书之上。但在《明史》、《明实录》、《明经世文编》、《清史稿》、《清实录》、《清经世文编》等文献中，对鄂西北这么一项耗费巨大人力、财力、物力，历时数年甚至数十年的大型建设工程，却没有只字片语。然而，对当地同类型、规模较小的工程却有详细的记载，如，明嘉靖《湖广通志·郧阳府》卷九《古迹·竹溪》载："土城二处，上土城在县治西五十里，下土城在县治五里，世传前人行兵屯此，城垣遗址尚存。②"同书的《古迹·郧西》又载："朱家寨，在县西南五里，高山顶上，有路可通，城墉基址砖石犹存，雨过，每诣之，即得钱甲铁片数败器之属，未知起于何时。"

如果说，对于其中一些小段墙体是因为是民间工程，而没有上报朝廷可以理解，那么对白山寨段，长达200米左右，采用人工巨石垒砌的，非政府行为不足以完成的超大型工程，没有上报，就难以解释了。

（二）国策分析

明代出于军事防御的需要，高度重视修筑长城，但其主要精力是对付塞外的游牧民族和沿海的倭患，没有在此地修筑长城的必要。而清代，皇帝们向来不赞同修筑长城，康熙帝曾经认为长城根本就抵挡不住外来的侵略，要修建的是"心中的长城"，而不是砖石的长城。因此，更不会在中华腹地的大山中修建这么庞大而复杂的工程。

（三）田野调查

已确认的调查对象中，较多地段的石墙采用石灰岩砌筑，这种材料一般风化速度较慢，然而牛头山等地的墙体却风化十分严重，一些石料已呈灰白色，甚至可以见到蜂窝的风化痕迹，石质非常酥软。在鄂西北大山没有因现代工业发展而造成的环境污染，出现这种情况，只能有一种结论，那就是这些墙体的年代已很久远，远不止600年的历史。

（四）民俗认知

鄂西北山高林密，明代以前鲜有居民。现有农民，多是明清时期从外地迁徙而来的，以荆襄流民的后代居多。他们家谱上记载可知，原籍多是鄂东、湘西等地。据他们

---

① 在2001年的长城调查中，有些专家持这种观点。
② 明嘉靖《湖广通志·郧阳府·古迹》，载潘彦文主编《郧阳府志辑录》，长江出版社，2009年版，第26页。

讲，从他们祖辈那里得来的信息，在先人迁入当地前，已经有了这些遗存的存在，且几百年来一直将其称为楚长城。

综上，可以推断，鄂西北线性军事遗存至少在明代以前就已经存在。至于在明清时期是否因战防等原因对其进行了修补和添建，这些因素已不能成为改变其时代属性的决定因素了。那么如何定位这些遗存的始建年代，我们可以从实物和历史上实际状况，做进一步的梳理和分析：

从现有遗存的堆积情况看，特别是墙体类遗址大部为多个历史时期、历史阶段形成和演化的产物。其中当以关垭瓮城遗址最具代表性（图2）。根据《竹溪县志·卷二·边防》载"嘉庆初设立，边卡总兵路超吉曾带兵驻防"，遗址平面呈椭圆形，大部分地段基本保存较好。墙体分为明显的上下两层，历来都认为它们之间的关系仅是基础和墙身的关系。但通过实地调查，很容易查明，该部分遗存其上部墙体为三合土夯筑而成，整体保存较好，且形态布局清楚，而下层为自然毛石依托自然山体垒砌而成，特别是通过考古发掘，没有发现其完整的布局。因此，从使用材料、工艺手法和保存完好程度分析，上、下两部分墙体确实存在基础与墙身的关系，但它们之间最重要的关系是上部墙体对下部墙体进行了重新使用，两个主体非一个年代，下层早于上层构筑（图3）。

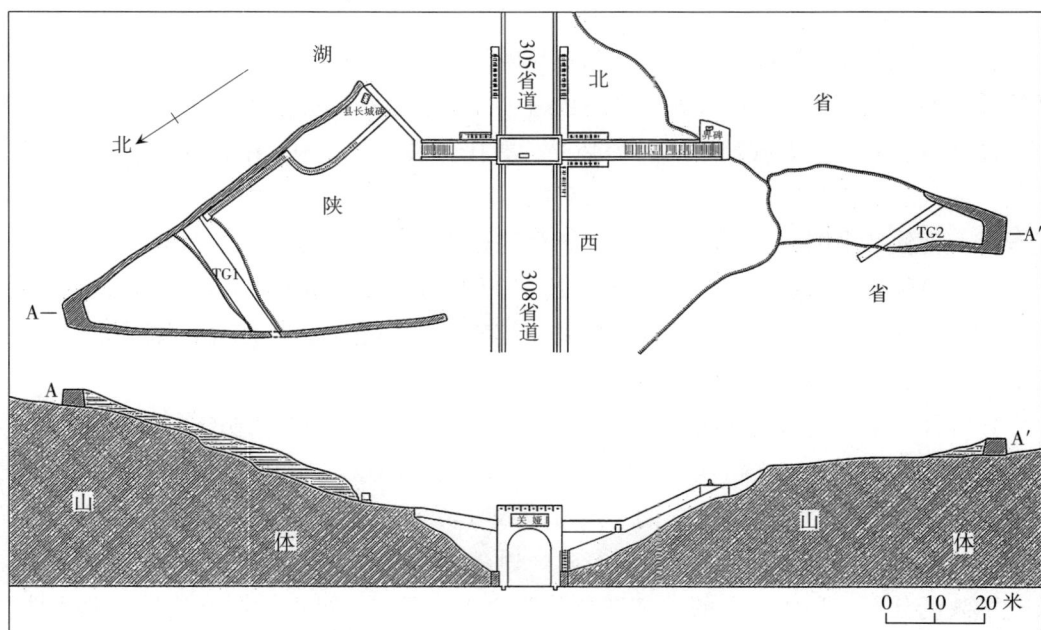

图2 关垭瓮城平面图

图 3　关垭瓮城城墙分层情况

　　任何一个劳民伤财的巨大工程，总有其动因，都需要充分论证才可能实施。从历史实际看，秦代到清代，我国各地区之间普遍实行的是中央集权的郡县制，天下一家，各郡县之间没有修建巨大的长城隔障的必要。秦代、汉代、三国、南北朝、唐代、宋代、元代、明代、清代都不可能花费大量的帑银，动用庞大的劳力在深山之中修筑这样的大型长城。即使在中国历史上的分裂时期，鄂陕边界两边也没有出现过敌对的两个国家，也不必修筑长城。当然，各地区之间会设一些关隘或卡哨，用于对人口流动的管理、税收的管理、盐与木材等物资的管理，但其规模不至于是这么一个连绵一体，规模宏大，带有军事防御性质的庞大工程。

　　排除掉从秦代到清代这些时间段，那就只能是先秦诸侯国时期修筑的了！再则，新中国成立后的 3 次全国文物普查和长城资源调查的成果显示，鄂西北的长城资源集中分布于历史上鄂陕分界线上，这样的一道分界线（界岭）是堵河与汉水（安康段）的分水岭，既具备自然地理意义，也具备行政区划意义，同时这条地理分界线也造就了南北文化鄂陕的分界，是历史上的"朝秦暮楚"之地。所以，可以大胆推论鄂西北线性军事遗存与楚长城关系密切，其始建年代上限应为春秋战国时期。

二 鄂西北线性军事遗存的用途认定

在清代，鄂西北的地方官员、豪强为了防范白莲教起义或其他的农民起义，确实热衷于修建寨堡和关卡。关于这些防御设施设立的源头，清同治五年（1866年）《郧西县志·舆地志卷三·关寨》载："古者筑关寨，设险以防隘也，舆图以之固，疆域以之分，尤为边隅所最要者。秦建百二之雄，汉列三千之众，则关若寨，皆以御侮也。"

关于其选址，清嘉庆《湖北通志·郧阳府》卷十四《建置·关隘》有明确的说明，"石鼓关，在州东五十里。""小江口关，在州东南八十里，接光化县界，路出河南。槐树渡关在州北五时，通陕西。"清嘉庆《湖北通志·郧阳府》卷十四《建置·关隘》记载"关在县西六十里，秦楚分界，高峰壁立，中开一径，为达陕西平利县要路。又西六十里为白土关，距县一百二十里。明成化间，迁县河镇巡司守之。"

关于其作用，同治《竹溪县志》《凡例》称："邑毗连川陕，山径丛杂，每为流匪出入门户，边防所关尤重，今详著于篇，俾后人一览而得其扼要。""邑旧称二十四寨，自教匪倡乱，乡民结寨保聚，亦不可略也。"对此，乾隆《旬阳县志》卷四《建置》亦有同样的记载："兴平寨在县南四十里，高处极平，可容千人，上有水泉，昔人避寇于此。愈兴寨在县南一百里，一名愉忻寨，嘉庆年间教匪扰境，寨民擒首逆陈潮官于此。"

目前，对于这些军事设施保留很多，特别是在鄂西北的南漳县，第三次全国文物普查中，发现了300余座山寨遗址[①]。同时，在鄂西其他地区亦有发现，一些保存较好的已被列入全国重点文物保护单位或省级文物保护单位，其中最著名的当属利川市的鱼木寨（图4）。该寨地处历史上鄂川交界的武陵山区，古人云"要克此寨，缘木求鱼"，寨因此得名。清嘉庆四年（1799年）寨内乡绅为防白莲教"贼匪流窜，扰乱乡渠良民"而集资兴建了寨楼、寨墙、寨卡等防御设施。作为川、鄂地区防御白莲教的典型山寨，通过对其选址、布局、防御体系设置分析，可以明显区分其与鄂西北线性军事遗存的差异：

（一）选址方面

鱼木寨位于一独立大山的顶部，周围"悬崖三迭，关卡雄峙，形如鼗鼓，仅"鼓柄"有一仅宽1米的石板古道可入寨内，堪称"一夫当关、万夫莫开"，防御能力极高。同时，在自然植被的遮挡下，一般很难发现，且有很高的隐蔽性。这种"据顶而设"的选址思路，与南漳等地的山寨完全相同。但鄂西北长城资源，虽然也有利用地势，凭依自然山险，充分利用地理条件的共性，但其却有明显的个性特征，特别是其中

---

① 叶植、陈飞：《山地建筑奇观——南漳古山寨群》，《中国文化遗产》2008年第4期。

图 4　鱼木寨

的墙体和关城的选址与之则明显不同：

墙体一般有两种选址，一是位于绵延山体的顶部，以白山寨段最为典型，该段墙体位于郧西县白山梁山脊上，沿山脊绵延约 200 米（图 5）；二是位于山的垭口处，与关卡的功能类似，如蚂蝗沟段城墙，该段城墙位于竹山大庙乡鄂陕两省交界的界岭之上，处于垭口两侧，整体形状为 "V" 字形。中间为过道，有一关，关堡的西南、东北两侧各有一段约 300 米的墙体（图 6）。

关城则一般只有一种选址，位于两山间的垭口，扼守住交通孔道。无论是竹溪的关垭遗址、还是郧西的湖北口关都是这种选址。

综上，可以确认，鄂西北线性军事遗存与防白莲教的山寨在防御能力方面虽然相近，但其与之相比不具有隐蔽性，因此其防御设置是一种主动防御，而非被动的简单防御。

（二）布局方面

鱼木寨平面为椭圆形，有寨楼、寨墙、寨卡等防御设施，内部有完整的道路系统、有水井等基础设施，有居民点，有墓葬区，是一个具有防御性质的农村聚落。据《枣阳石虎山砦碑记》："嘉庆丙辰，邪匪滋事，发难于荆、襄，漫延于随、枣，焚原诸野，老弱暴骨，各大帅奉旨征剿，敕下地方官，加意抚绥，并申坚壁清野之议，令各村依阻

图 5　白山寨遗存

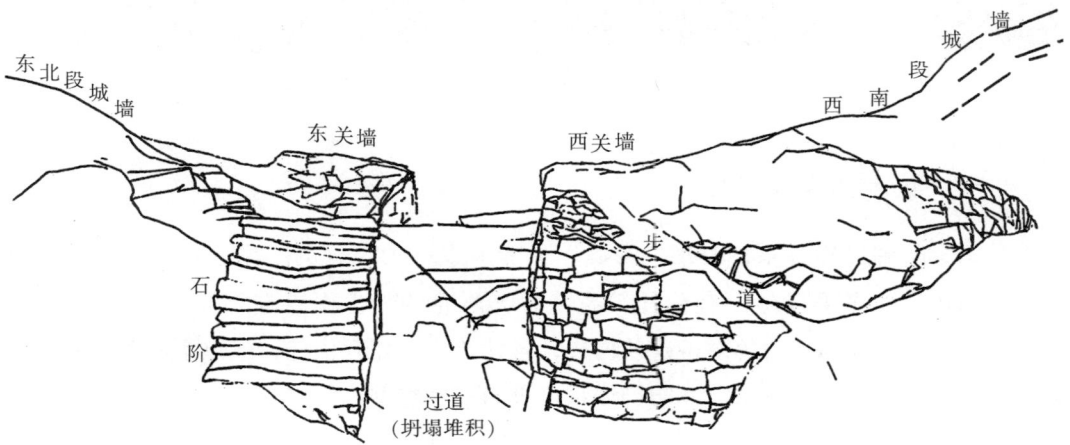

图 6　蚂蟥沟关立面图

险为固，结寨自卫……寇去则休，耕凿不辍，和春肃秋"。然而鄂西北的长城资源在布局上与之则大不相同，在分布上，虽是宽幅的、断断续续的、点状的，但总体呈线性布局，如竹溪的梓桐垭—松树尖—火龙垭—秋沟垭—柳树垭—关垭一线，竹山的三里沟一线和梭子沟—铁炉沟—蚂蝗沟—浬泗沟一线（图7）。线路邻近范围很少发现居民点聚集区，没有成规模的家族墓地，没有完整的道路系统，其功能方面没有追求一丝安居乐业的生活气息，有的只是军事防御性。

图7　铁炉沟—蚂蝗沟—浬泗沟段遗存

（三）防御体系设置方面

鱼木寨防御自称体系，寨楼、寨墙、寨卡形成一个闭合的空间，依托山险独立防守，与周边其他军事设施没有依托关系。而鄂西北的线性军事遗存则不同，由墙体、关、敌台、瓮城、烽火台等军事建筑构成，各建筑之间相互依托，或以不同类型自由组合形成一个整体的防御体系。其防御体系可分为三个类型：

第一类，关堡型，以竹溪县关垭段遗存和郧县香炉寨为代表。前者，规模较大，由一个瓮城和其西南直线距离1千米处的山堡寨敌台（图8），东北约0.5千米处为擂鼓台敌台，互为依托，构成一套完整的防御体系；后者，规模较小，东西长30.8米，南

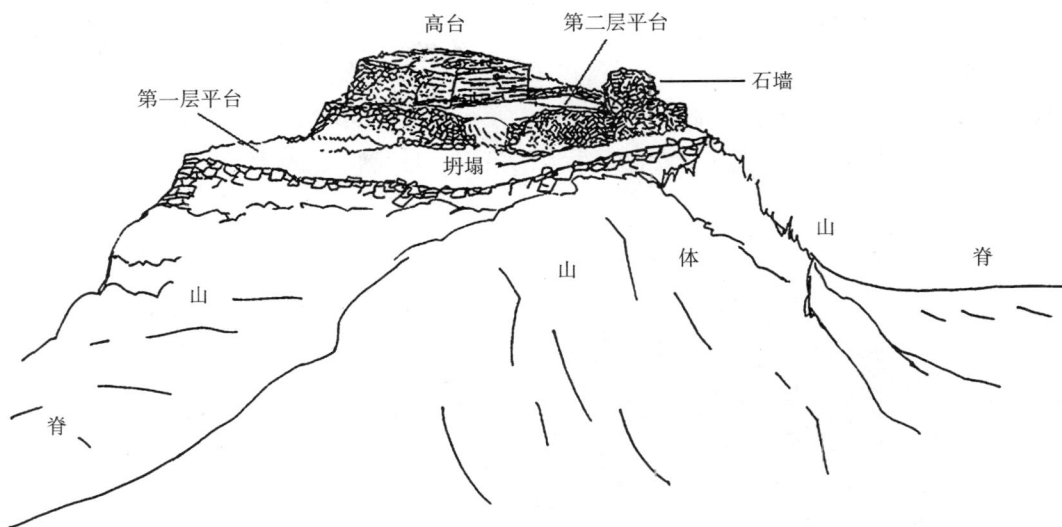

图 8　山堡寨敌台

北宽 25 米，占地面积 374.4 平方米。中部为寨，两侧设有烽火台两座，瞭望台 1 做。烽火台及其墙体主要是石墙，亦有土墙叠压于石墙之上，石墙周长 129 米，台阶、排水暗沟、瞭望孔、射孔等军事设施齐全。

　　第二类，长墙型，以前文所提到的铁炉沟、蚂蝗沟、浬泗沟三段为代表，从分布和构筑方式看，这三段墙体可联为一体，总长超过 7000 米，其中的铁炉沟石墙以中部的门洞中心，分东西两段，东墙长 2234 米，西墙 1900 米。墙宽 0.7～0.8、高 0.3～1.1 米，自然片石、毛石垒砌；可见明显的女墙、马道、堞口。沿线多处有较高山势，可作敌台之用。

　　第三类，山险型，以竹溪县七里寨段最为典型。由 1 墙、2 敌台构成一体。南有一敌台，圆形，面积约 15 平方米。敌台西边石墙垒砌，高约 2 米，其他三面借助地势。紧挨南敌台有一段石筑墙体，长约 43 米，宽约 0.8～1.2 米，残高 1～2 米。石墙向北地势下降至山腰处，再向北主要凭借山险为防。山险的东边很多地方只能容一人通过。山险的长度大约 300 米。山险之北的山顶上为另一敌台，大致呈圆形，面积约 60 多平方米。

　　综上三个方面的分析，可以确认鄂西北线性军事遗存与防御白莲教的寨堡有很大的功能性差别，虽然不能完全否定其具有防白莲教的性质，但把二者完全等同，似乎很牵强。

三　鄂西北线性军事遗存的主人确认

　　鄂陕边缘地带是人类文化的发源地，早在 100 万年前，就是著名的郧县人在此生活。这一区域有深厚的春秋战国和汉代文化沉积，在白山寨段长城附近曾出土一件战国铜戈（图9），在关垭附近发现有东汉的砖室墓（图10）。然而，由于一些复杂的原因，从汉代以降这里就人烟稀少。因而，文化形成了一个长时间的断层。于是，鄂陕边界线性军事遗存的最早的主人是谁，就存在很大的争议。目前，主要流传以下几种观点：

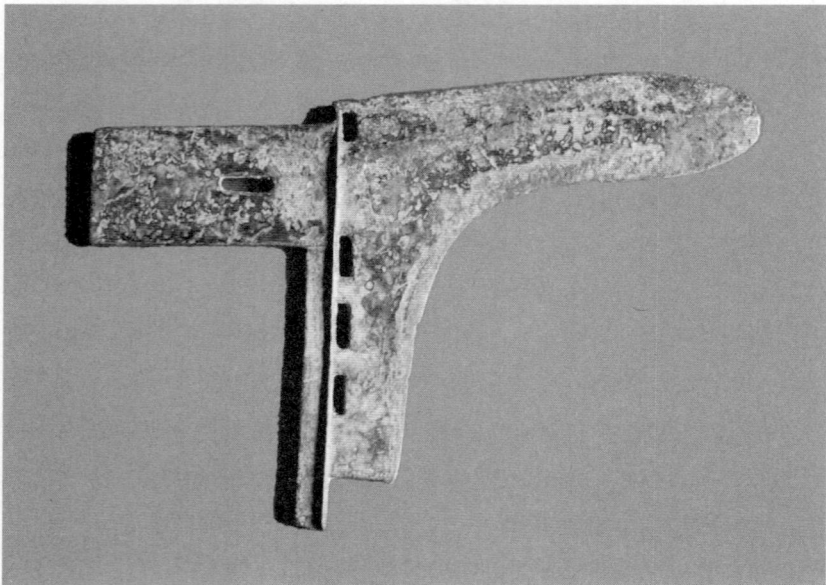

图9　白山寨附近出土的战国铜戈

图10　关垭附近发现的东汉砖室墓

第一种：庸人说

庸国此处现竹溪、竹山，参加过武王伐纣，一度称强一方，后被楚吞灭。大量文献载庸国曾经修过方城，用于防守的历史，较为著名和影响力的有：

《左传》文公十六年载："庸人帅群蛮以叛楚。……楚人谋徙于阪高……使庐戢梨侵庸，及庸方城。……遂灭庸"。

《史记·礼书》正义引《括地志》曰："方城，房州竹山县东南四十一里。其山顶上平，四面险峻，山南有城，长十余里，名为方城，即此山也。"

《元和郡县图志》曰："方城山，在县（竹山县）东南三十里，顶上平坦，四面险固，山南有城，周十余里。"

明嘉靖《湖广通志·郧阳府》卷九《古迹·竹山·方城山》记载："在县治东三十里，古代县治，遗址尚存。又名庸城山，山上平坦，四周险固，围护如城，故名。《方舆胜览》云：山南有城，周十余里。春秋庸地，楚使庐戢黎侵方城是也。"

第二种：楚人说

北魏郦道元在《水经注·汝水注》记载楚人有筑城的传统："楚盛周衰，控霸南土，欲争强中国，多筑列城于北方，以逼华夏，故号此城为万城，或作方城。"文中所说的"列城"是由方城连接的，就是长城。关于方城，《左传》已有记载，僖公四年云："楚国方城以为城，汉水以为池。"这说的是：公元前656年，齐桓公派兵攻打楚国，楚成王派屈完带兵迎敌。在召陵，两军对垒，齐桓公问屈完："以此众战，谁能御之？以此攻城，何城不克？"屈完则回答："君若以德绥诸侯，谁敢不服？君若以力，楚国方城以为城，汉水以为池，虽众，无所用之。"齐桓公听了屈完的话，只好退兵。公元前624年和公元前557年也有类似事情发生，晋襄公派处父伐楚，晋平公派荀偃伐楚，都因为楚国有"方城"作为防御设施，只好草草收兵。

第三种：秦人说

鄂西北在春秋战国时期的归属很复杂，秦人曾经占据于此地。明代徐学谟等撰《郧阳府志》卷三《沿革》记载："郧阳领县七。郧、房、竹山、竹溪、保康，即古麇、庸二国地。上津即古商国地，而郧西割于郧、津，为麇、商之地。在禹贡，为梁州之域。……春秋时始于楚也。战国时属韩，房、庸属楚。……战国属秦，以封卫鞅。及有天下，分为下为四十郡，以属南阳郡，房陵、上庸属汉中郡。"

另秦人有修长城的传统。既然他们可以在北方修长城防齐国，又为什么不会在南方修长城防楚国呢？同时，鄂西北一直有秦始皇"北修长城，南修五岭"传说。同时，从当时的国力分析：楚国曾经非常强大，一度饮马黄河，问鼎中原；东方诸国一度连横，都想依赖楚国牵头灭秦；秦国南边抗楚，北边抗齐，必须利用天然的地势，这就为秦修长城提供了可能和必要性。

但无论是哪一种说法，主要依据均为文献资料，缺少实物例证。如果，从实物的角度出发，我们不难发现，鄂西北线性军事遗存，一些地段的砌体为就近取材，以土、石为主。同时，各处墙体的风格也不尽相同，有的石墙包裹着土墙，有的直接采用土墙，有的采取毛石垒砌而成，有的采用加工过的石条砌筑。在石材的使用方面，石料的质地、形状大小也不一，构筑方式随材就势，不尽相同。而这么多样，且庞杂的技术手法，实难为一个时期所为。因此，鄂西北线性军事遗存的主人应具有多样性。

结　语

总体判断，鄂西北地区为先秦时期秦楚交战前沿，具备修筑最早军事防御设施的条件和可能，在长城资源调查期间所发现的墙体、关卡、敌台、烽火台、山寨等防御工事遗存是多个历史阶段形成、演化发展的。其地域特征、选址、布局、砌筑方式具有独特性，丰富了长城的类型，扩展了长城资源的分布范围，反映了鄂西北地区一个或数个历史阶段的政治活动，是物证，也是不可多得的文化遗产，将之纳入长城资源，有助于我们更深刻的理解长城的物态与本质。

青海省明长城主线研究综述

任晓燕[*]

青海地处黄河上游，在中国历史发展漫长的历程中，这里一直是多民族文化相互交流、传播的舞台与通道。考古发现表明，史前时期这里就有着丰富的古文化遗存，在这里曾有着距今三万年前青藏高原最早的原始人的踪迹；也有着新石器绚丽多姿的彩陶文化，造就过中国彩陶的艺术巅峰；还有着十分发达的锄耕农业，孕育并产生了黄河上游的早期文明，曾将黄河的远古文明推向了引人注目的高度；秦汉以前，这里被称为"羌戎之地"；汉宣帝时，在青海东部设县，青海被纳入西汉王朝郡县体制之内；至明代，设西宁卫，清代改为西宁府。

在漫长的历史岁月里，青海经历了数次政权交替，归属变更，但各族人民在这块土地上繁衍生息、交流融合的情形未变，青海地区基本隶属于中央政府管辖的格局未变，历代中央政权将该地区纳入西北军事重地的地位未变、增强军事防御的战略未变。由此，青海境内至今仍然遗留有众多古代军事防御文物遗存，其中不仅包括有建于不同时代的军城堡寨、关隘要塞，还保留有不同时代的烽燧、哨卡，特别是青海明代长城，是中国明长城体系重要的组成部分。

青海明长城，史称西宁卫边墙，对它的历史虽有文献记载，但尚欠完整；近现代对其调查研究较少，也未形成系统。以往考古调查，受多重因素的制约，对长城资源的调查只涉及了几段距城镇较近的墙体及个别烽火台与古城，均记录简略，整体状况不详。此外，对青海长城的研究、宣传乃至认识相对滞后，以至在世人中、甚至在部分业内人士中，造成了"青海没有长城"的概念。2008 年青海省开始的明长城资源调查，揭开了青海省明长城的神秘面纱，摸清了青海省境内明长城的家底。经科学调查获取的重要成果，向世人揭示了青海省明长城的历史风貌，再现出它的雄姿，证实了青海省明长城是中国长城防御体系的一部分，展示了其历史价值与文物价值。

---

[*]　任晓燕：青海省文物考古研究所，研究馆员。

　　本省境内的长城主线，是一条长达 331831.41 米，系由墙体（夯土墙、石墙、山险墙、山险、水险）及壕堑组成，相互连接、连续不断的防敌主体。除此长城主线外，还有长达 31605.95 米长短不一、相互不连接、各自独立存在的墙体或壕堑，其防御作用亦不相一致，本文从略。此文仅对青海境内长城主线的分布地点、建筑特点、修筑背景及建筑时代等研究综述如下。

一　分布地点

　　全面科学的考古调查，标绘出了青海明长城主线基本环明代西宁卫而行，全长 330 多公里，东与甘肃明长城相接，全线穿山越岭蜿蜒分布在青海东部，地处"世界屋脊"的青藏高原东缘，海拔高度雄踞中国明长城之首。

　　青海境内明长城主线东端始点，地理坐标为东经 102°47'52.50″，北纬 36°29'05.30″，其东与甘肃省永登县河桥镇边墙村壕堑相接，向东延伸与明长城主干线相汇合。甘肃境内的与青海相接的长城，应属中国明长城主线的支线之一。甘肃境内明长城全长 1700 余千米，明代分属固原镇和甘肃镇管辖。主线起自嘉峪关，向东南经酒泉市、张掖市、金昌市、武威市、白银市、和临夏回族自治州，分别止于兰州市城关区盐场堡、景泰县索桥堡黄河岸边和临夏回族自治州永靖县盐锅峡。另有一条长城线蜿蜒于甘肃省庆阳市环线境内甘宁交界地区，在甘肃省兰州市永登县县城附近，明长城主线分出一条烽燧线向西南延伸至该县河桥镇边墙岭壕堑 1 段处，由此开始，以壕堑形式折向西北延伸与横跨甘青两省青海境内的转花湾村壕堑 1 段东端相接进入青海省乐都县境内。由此可见，就中国明长城整体而言，分布在青海省境内这条长城线路，应属明代万里长城（东起鸭绿江、西达嘉峪关）中的支线之一。无可置疑，它是中国明长城的重要组成部分。

　　这条长城线分布在日月山以东的湟水谷地及两侧的山地上。长城本体与相关防御设施烽火台、关、堡城等，依据地形特点及防御目的不同，高低交错修筑在湟水河谷高低阶地、低山丘陵和中高山处。从东端起点乐都县芦花乡转花湾村始经冰沟向西北延伸至松花顶长城与互助县龙王山长城 1 段相接，从互助县向西南至平顶山长城与大通县西坡长城相接，横贯大通县向西通过娘娘山山险与湟中县相接，湟中县从香林口开始，南北向弧形延伸至拉脊山，整体走向呈拱形。全线穿山越岭蜿蜒分布在青海东部，由东向西途经乐都县、互助县、大通县、湟中县及湟源五县。

二　建筑特点

　　青海省明长城主线全线系由墙体及壕堑两大类组成。

墙体类别有土墙、石墙、山险墙、山险（河险）之分。建筑方式因地制宜，灵活多样。在这条长城线上，逢黄土结构的河谷地和低山丘陵处的山脊，就地取用黄土，采用版筑法，根据防御需要筑起高低不一的夯土墙体。在一些需要重点防御的地点，在土墙墙体外侧又挖掘有壕沟，史书称"随墙壕"，构成双重防卫设施；个别地段还在内侧局部挖掘壕堑，与墙体、随墙壕共同组成三重防卫设施；局部线段土墙的墙体之上增筑有敌台。在地质结构以岩石为主的山脊及峡谷处，则原地选用大小不等的石块垒筑石墙；遇平缓的山体，出于防敌的军事需要，在迎敌一面平缓处，依山体人为铲削出陡峭的断壁，形成人为加工而成的山险墙，即文献中记载的"斩山崖"。在山体特别险峻的地方，直接利用悬崖峭壁，依山险制敌，或利用了波涛汹涌的河水作为天然防御屏障阻挡敌侵。

壕堑，即是在山腰或平缓地上挖掘的深沟。大多修建在黄土结构较为陡峭的中山地处，依山势开掘而成，沿山梁或山腰于防御方向的内侧从高处向下削挖，形成一定角度的陡壁及一定宽度的平台后，再向下挖掘深沟，土堆一侧为垄，构成壕堑，壕堑截面略呈"L"字形；在少数平缓地带与墙体相接的壕堑，其挖掘方式是在地上向下掘土成沟，土堆两侧为垄，壕堑截面呈"U"字形。

墙体是以地面上修筑的夯土墙、垒砌的石墙防敌，或斩山设防，或以险要的山险阻敌；壕堑则以深阔的壕沟御敌。青海境内的明长城主线，系以不同类别的墙体与壕堑组合，相互连接成一体，共同构成长城连线，以达到军事防御的目的。这一特点，既呈现出了青海境内明长城军事防御的特点，也再现出了青海明长城建筑方式的地方特点。

因壕堑是以深沟制敌，不是以高墙阻敌，故有学者认为壕堑不应定为长城①。根据青海明长城调查结果，在地面上夯筑而成的土墙与地面之下挖掘成的壕堑外观的不同一目了然，但就建造的目的、发挥的功能而言二者又是完全一致的。以壕沟代替土墙是青海省境内明长城设计者从实际出发、因地制宜的创造性成果。我们认为，在青海地区壕堑是长城主线的一部分；统称时，壕堑也应称作长城，壕堑是长城的特殊表现形式，增添了明长城的多样性；细分时，可称作壕堑。在青海境内壕堑所处位置有两种情况：其一，壕堑与墙体衔接连为一体组成军事防线；其二，位于墙体内侧，与墙体并列而行，组成多重防卫，系为加强防御。我们认为第一类与墙体相连的壕堑，应属长城本体重要的组成部分；第二类情况的壕堑，不属长城本体，应归属长城本体的附属防御设施。

三　修建背景

青海境内走向呈拱形的明代长城主线，即文献记载中的边墙。在文献《西宁府新

---

① 景爱：《长城》，学苑出版社，2008 年 9 月版。

志》舆图上，标绘出了西宁周边的边墙基本是围绕着明代西宁卫城，从北、西、南三面构成拱卫形状，调查结果长城主线的走向基本与文献吻合。

西宁是青海省省会，青藏高原及河湟地区的中心城市。位于湟水之中，居四条大川交汇之地，扼东西交通之要，是东连中原、沟通南北、西通西域"丝绸之路南道"的必经之地；由中原赴西藏的门户，"唐蕃大道"上的重镇。"西宁"地名源于北宋，北宋徽宗崇宁三年即 1104 年改鄯州为西宁州，意在希望西方安宁。"西宁"之名相沿至今，已有 900 年历史。数百年来，西宁始终是河湟的中心。因西宁是河湟地区极为重要的军事重地和交通枢纽，故历史上长期被视为西陲重镇。

1368 年，元灭明兴。明朝在灭掉元朝之后，原来的统治者蒙古贵族退回旧地，仍保持有一定的军事力量，不断南下骚扰掠夺，长期与明对峙。明代置边防重心于北方，设立"九边"以防蒙古，而西北边卫因其处于"南捍诸蕃，北拒蒙古"的特定的地理位置，在军政建置上大都成为管军管民的军民卫所。明代的西宁系西北边卫中重要的一卫，从明代建置沿革的变化，改元西宁州置西宁卫，即反映出这个时代的特点。

西宁卫建置于洪武六年（1373 年）正月，宣德五年（1430 年），升为军民指挥使司，正式成为具有兼理地方民政职能的军政合一的机构。明代西宁卫军民兼治，下辖西宁在城中、前、后、左、右及中左六个千户所。洪武八年，改元贵德州为归德守御千户所（治今贵德县河阴镇），隶陕西都司。自该年起，还在今青海省西部地区陆续设置"塞外四卫"，即安定、阿端、曲先、罕东 4 卫，亦由西宁卫兼辖。西宁卫作为兼司地方行政的机构，其下有编户四里，即巴州、红崖、老鸦、三川，由卫经历司进行管理。对周围藏族各部（明代统称"西宁十三族"）也行监督权，各部落僧俗头目"每月赴卫听受约束"[①]。弘治初置西宁备道后，"扶治蕃夷"也是陕西按察副使的重要职责。

自明宗武正德以后数十年间，先后有多股居住在土默特川的东蒙古部落，成批迁徙到青海湖周围地区。此后，边陲不安，西宁不宁。明朝官方把进入青海湖一带的蒙古侮称作"海寇"，现代史学称作"西海蒙古"。明正德四年（1509 年），因内部矛盾，蒙古亦不刺、卜儿孩部率部西进，占据青海湖地区。之后，东蒙古首领俺答率丙兔、火落赤等部落先后入据，因他们中有的在内争中失败，为求生存空间；也有为寻求新的牧场，扩展领地，驻牧西海。他们不但抢掠原在此驻牧的藏族部落，使"诸蕃逃亡，遂据有其地"，而且互相攻伐，西海多事，使青海湖地区陷入一片战火之中，并与明朝边卫数次发生军事冲突，导致边陲不宁。这就是青海历史上有名的长达数十年的"海寇"

---

① 《明英宗正统实录》卷二十七。

之患。从 1512 年进攻西宁北川起，到 1541 年进攻碾伯，在长达三十年的岁月里，西宁南、北、西三川战火不息。明王朝驻西宁卫的总指挥、总兵等武官先后战死，一时间"西海蒙古"成为明代西部边防大患，西北防卫也成了明王朝的重中之重，加强西宁卫的防御措施就成了当务之急。为了加强西北边疆防务，明朝廷听从总制延绥、宁夏、甘肃三镇军务杨一清的建议，下令修筑边墙，构筑烽燧，"以备夷骑"。为防御"西海蒙古"，加强西宁卫的防务，明代大兴土木，除在青海境内修筑边墙、闇门外，还大力修缮西宁、碾伯、镇海等城池，或新筑、或重修。其中修建长城就成为抵御西海蒙古、保境安民的首选的有效手段，青海境内的明长城即是在此历史背景之下，在民族矛盾比较尖锐的历史时期产生的。

四 修建时间

据《西宁志》、《西宁府新志》记载，青海境内边墙与边壕的修建，始于明世宗嘉靖二十五年（1546 年），由西宁兵备副使王继芳、周京等修筑，至明神宗万历二十四年（1596 年），西宁兵备副使刘敏宽、副将达云、同知龙膺、通判高第进行了修缮和增筑完工，历时达 50 年之久。修建过程可分为三个阶段：

第一阶段：创建阶段，明代嘉靖二十五年至隆庆六年（1546～1572 年）。

此阶段的修筑的边墙与边壕，只是在西海蒙古进犯较为频繁的通道位置修筑长城，阻止西海蒙古的大规模入侵扰边，在西宁卫周边尚未形成完整的防御体系。据《西宁志》、《西宁府新志》记载在这一时期共修了以下多处城堑、边墙或边壕：

其一：修建年代最早的城堑。修于嘉靖二十五年（1546 年），由西宁兵备副使周京、王继芳及守备薛卿等人主持修建。"插把硖、黑松林峡俱在城北一百里。两峡悬距，中多孔道，海虏所从侵，边人苦之。嘉靖丙午兵备副使周安〔京〕、王继芳、偕守备薛卿，缮制城堑，延属五十余里，西宁始就枕席云。"[1] 此记载中的城堑，有学者认为是修建年代最早的一段边墙[2]。我们认为其"城堑"之意不一定即是边墙，也有可能是堡城，此段记载是指在西宁以北今大通县境内长达五十余里便于"西海蒙古"出入的交通要道一带，修建了多处城堡，扼守"孔道"。

其二：嘉靖三十年至三十一年（1551～1552 年），西宁卫兵备副使范瑟倡议并督修了今乐都县境内转花湾村壕堑 1 段至磔线沟壕堑共 9 段的长城。"乃以九月（辛亥年）兴工，逾岁告竣。工始于大通河之河，止于磔线沟之西献百四十里。为墩台者四，为闇门者

---

① （清）苏铣纂修，王昱、马忠校注：《西宁志》卷四《兵防志·隘口》，青海人民出版社，1993 年版，191 页。
② 卢耀光：《青海的边墙》，《青海民族学院学报》（社会科学版），1998 年 2 期。

三。为夫役二千六百有奇"①。结合调查资料经考证文中记述的"工始于大通河之河，止于碾线沟之西献百四十里"的这段长城横跨甘青两省，东起自甘肃省境内永登县边墙岭壕堑1段（东距大通河1.7千米左右），向西行至边墙岭壕堑3段，与青海省境内长城主线东端始点乐都县转花湾村壕堑1段相接，继续西行至碾线沟壕堑止点止。实地调查该段长城均为壕堑，全长约26千米，与文献记载中的140明里（约75千米）相差甚大，推测如不是误计，有可能是虚报长度，或是某些地段已消失，造成数据不合。由此，推测乐都县境内转花湾村至碾线沟段的明长城本体修筑于嘉靖三十年至三十一年（1551~1552年）。

其三："撒尔山口　城东北一百五十里。有边一道，延二十里。"②

其四："北石峡口　城北一百里。自靖边墩起，抵草人山，新筑边一道，延二十里。"③

其五：隆庆元年（1567年）由巡抚石茂华督修完成了哈剌只沟边壕，长500丈。"哈剌只沟在县东北七十里，边壕一道，长五百丈。隆庆元年，巡抚石茂华督挑。"④此条边壕位于互助县境内哈剌只沟赵家村，即已调查的赵家村壕堑。

这些边墙及边壕均位于西宁卫北部，封锁了北川、沙塘川等地的主要隘口通道。以上所述的边墙及边壕，除哈剌只沟边壕和乐都县位于冰沟一带的壕堑可与调查资料对应，其他几条因多种原因，主要是由于古今地点的差异，尚不能准确地断定是否包含在已调查的长城本体之内。

第二阶段：发展阶段，隆庆六年至万历二年（1572~1574年），为大规模修筑阶段。

调查结果所标绘出的青海境内明长城主线，大多是修筑在这一时期，并已形成基本框架。此条长城线东起乐都县，途经互助县、大通县，至湟中县止，按县区分又可分为四个线段，在顺治《西宁志》中，先后简略记载了各县长城的修筑年代、长城结构、具体长度。

其一：乐都县，"隆庆六年（1572年）修完：……又碾伯、冰沟、巴暖、三川、南川等地方，碟榨、边壕、沟涧，斩断石路二万二千六百六十九丈，各高、阔、深不等，俱不支粮钱。""万历元年（1573年）修完：……又自碾伯土官沟苏家大凹上年停工边墙起，厦儿巴营止，边壕二千五百丈，口阔、深各二丈，底阔一丈。"⑤以上记载中述及的三处地点，碾伯、冰沟、土官沟，均在乐都县辖区内。乐都县境内的明代长城，穿越整个乐都县北部，涉及地点众多，经分析大多在碾伯、冰沟、土官沟范围之内。根据

① （清）杨应琚：《西宁府新志》卷十三《建置·关隘》，青海人民出版社，1988年版，926~927页，范瑟《创建定西门记》。

② （清）苏铣纂修，王昱、马忠校注：《西宁志》卷四《兵防志·隘口》，青海人民出版社，1993年版，191页。

③ 同②，192页。

④ （清）查郎阿、刘于义修，许荣纂：（乾隆）《甘肃通志》卷十一，台湾文海出版社据清乾隆元年刻本影印本，28页。

⑤ 同②，192页、193页。

文献记载，推测分布在乐都县境内的长城主线，除上文已经提及的转花湾至礈线沟段长城本体系嘉靖年间所修，礈线沟以西乐都县境内的明长城本体应均修筑于隆庆六年（1572 年）和万历元年（1573 年）。

其二：互助县，"隆庆六年修完，……又沙塘川、西石硖、黄草墩起，插把硖山墩止，边墙、山崖共二千九百六十一丈。内墙底阔一丈，顶阔五尺，实台高一丈五尺，朵墙五尺，共高二丈。随墙壕一道，口阔二丈，底阔一丈，深一丈五尺。斩山崖高一丈五尺。西石硖石柞一道，底阔一丈五尺，顶阔八尺，实台高一丈五尺，朵墙五尺，共高二丈。筑墩三座。共用本色粮一千九百八十一石二斗，折色银一千四百二十二两五钱零……"①。经分析文献中提及的四处地点，即沙塘川、西石峡、黄草墩、插把峡山墩均在互助县境内，此段记载记述的正是长城主线穿越互助县境内的长城线段，故互助县境内的长城主线修筑年代完工于 1572 年。

其三：大通县，"隆庆六年（1572 年）修完：自娘娘山沙儿岭起，剖板山下止，边墙、水关、山崖共四千四百三十三丈，内墙底阔一丈五尺，顶阔七尺，实台高一丈五尺，朵墙四尺，共高一丈九尺，斩山崖高二丈，随墙墩 5 座，随墙壕一道，口阔一丈，底阔七尺，深一丈八尺。"②自娘娘山沙儿岭起，剖板山下止的这段边墙，即是长城主线中的大通线段始止点，长城主线途经大通县内，东端与互助县接壤起自扎板山，止于娘娘山与湟中县相接。故大通县境内的长城主线修建的完工年代在 1572 年。

其四：湟中县，"隆庆六年修完：自娘娘山沙儿岭起，剖板山下止，边墙、水关、山崖共四千四百三十三丈，……又碾伯、冰沟、巴暖、三川、南川等地方，硖榨、边壕、沟涧，斩断石路二万二千六百六十九丈，各高、阔、深不等，俱不支粮钱。"

万历元年（1573 年）修完：自南川大桦坡起，西川乾沟止，边墙、壕关、土石、山崖共一万二百四十二丈，内边墙底阔一丈，顶阔五尺，实台高一丈五尺，朵墙五尺，共高二丈，边壕口阔二丈，深一丈五尺，底阔一丈，斩削土、石山崖高深一丈五尺，阔一丈，修砌水关底阔一丈五尺，顶阔五尺，实台高一丈五尺，朵墙五尺，共高二丈，用过本色粮四千一百六石五斗；……

万历二年（1574 年）修完：自西川、乾河山、大小康缠、打草沟山等处起，哈尔卜山止，边墙十五丈，底阔一丈，顶阔五尺，实台高一丈五尺，朵墙五尺，共高二丈，随墙挑壕一道，口阔二丈，深一丈五尺，底阔一丈，斩山崖长二千四百四十丈，高深一丈五尺，阔一丈，共用食米行粮二千三百三十七石四斗八升。"③

① （清）苏铣纂修，王昱、马忠校注：《西宁志》卷四《兵防志·隘口》，青海人民出版社，1993 年版，192 页。
② 同①。
③ 同①，192～193 页。

　　文献里的"南川"就是指湟中县南部，"南川大桦坡"即为今上新庄镇上新庄村 11 社南的山坡，"西川乾沟"约为甘河滩镇坡东村的位置，"哈尔卜山"为尕布沟西侧山体（共和镇北村所在山体）。从文献记载分析，贵德峡内的长城（上新庄壕堑 1 段～上新庄壕堑 4 段）应是修筑于隆庆六年（1572 年），从上新庄村 11 社（上新庄长城 2 段）开始，至坡东村（坡东壕堑 4 段）的这段长城均修筑于万历元年（1573 年），而从坡东村西（坡东长城 5 段）开始，一直到西石峡（下脖项长城 2 段）为止的这段长城则修筑于万历二年（1574 年）。此外，湟中县从西石峡（石板沟长城 1 段）至娘娘山（李家山镇峡口长城 1 段）段长城的修筑年代无明确记载，推测应在此后万历二十四年修建。故湟中县境内明长城，据文献记载是从南向北分两个阶段修筑完成的，第一阶段为 1572 年～1574 年，第二阶段为 1596 年。

　　此外，1572～1574 年还修建了化隆县的杏儿沟、大通县黑林榨、湟中县的香林口榨等长城附属设施。

　　第三阶段：完成阶段，明万历二十四年（1596 年）。

　　明万历二十三年（1595 年）湟中三捷后（明军先后在甘州甘浚山、西宁南川、西宁西川对西海蒙古实施了军事打击，明军均获全胜，史称"湟中三捷"），西海蒙古势衰。"宁郡塞垣，自明嘉靖丙午兵备副使王继芳、周京等缮治，厥后迤逦修整。至万历二十四年，兵备按察使刘敏宽、副将达云、同知龙膺、通判高第遍历荒度，增筑广堑，于是大备。"[1] 从此记载分析，湟中县内未有明确记载的从西石峡至娘娘山段长城的修筑年代，可能修筑于万历二十四年（1596 年），这也是整个青海省长城主线中修筑最晚的一段明代长城。由此，使西宁卫北部与西南部边墙最后在这里合龙，连成一片，青海的明代长城主线最终定形。

　　青海境内边墙与边壕的修建历经了五十年，环明代西宁卫而修的长城主线，历经了二十多年之久。在此期间，虽发挥了一定的防御功能，但仍未能阻止强悍的瓦剌它卜囊、火落赤等西海蒙古部铁骑的进袭。西宁卫经常受丙兔、火落赤、永邵卜等部落的攻袭，"遭虏蹂践，不可胜计"。直到明万历二十三年（1595 年），明军在都御使田乐等的率领下，取得了被誉为"盖二百年无前之奇捷"的"湟中三捷"后，西海蒙古一蹶不振，西宁卫近边才进入较为安定的时期。

　　青海明长城，作为是中国长城的重要组成部分，是一笔珍贵的历史文化遗产。它凝聚着中华民族的勤劳与智慧，是屹立在"大美青海"大地上的一座历史丰碑，是人类文明的骄傲。它对进一步增添青海历史的厚重感，拓展青海历史文化的深刻内涵，丰富青海的文化资源有着非常重要的意义。

---

① （清）杨应琚：《西宁府新志》卷十三《建置·漏泽园附》，青海人民出版社，1988 年版，341 页。

甘肃省玉门市境内汉长城调查与研究

张　斌*

　　长城作为古代社会最宏伟、持续修筑时间最长、最系统的军事防御工程，在我国有着 2000 多年的悠久历史。不仅是举世闻名的历史遗迹和古代劳动人民聪明智慧的结晶，更是中华民族自强不息、热爱和平的精神力量的象征。汉长城作为中国长城体系的重要组成部分，不仅具有军事价值，还具有建筑和文化内涵。以玉门市汉长城为代表的河西走廊汉长城更具有显著的特点。

一　玉门市境内长城修建的历史背景

　　河西走廊以其得天独厚的地理位置，在军事上有着极为重要的战略意义。西汉时期，从武帝元狩二年（公元前 121 年）起，汉政府凭借其强盛的国力，历经二十年，至武帝太初四年（公元前 101 年）打通了二千余华里的河西走廊，逐步开拓了从长安通往西域的丝绸之路。为保障这条交通大道的畅通无阻，出于军事上的考虑，开始大规模经营河西，"初置（河西）四郡，以通西域，隔绝南羌、匈奴。"《汉书·地理志》积极加强边防的建设，向河西各地派去了大量的戍卒，在河百就地屯守，并修筑了亭鄣烽燧等军事防御设施。

　　武帝元狩二年（公元前 121 年），封霍去病为骠骑将军，率一万骑兵，从陇西出发，过焉支山（今甘肃山丹县东南）一千多里。同年夏霍去病、公孙敖又领数万骑兵出北地郡，在祁连山麓与匈奴浑邪王、休屠王军激战，斩获匈奴四万余人。同年秋，浑邪王率部降汉，河西一带遂全为汉朝所据。为巩固河西走廊边陲的安全，汉武帝修筑了由今甘肃省永登县至酒泉的长城。关于这次修长城，《汉书张骞传》载："汉始筑令居（今甘肃永登）以西，初置酒泉郡，以通西北国。"《汉书张骞传》亦载："令居，县名也，

---

*　张斌：嘉峪关市文物局，助理馆员。

属金城。筑塞西至酒泉也"

　　武帝元鼎六年（公元前 111 年）至元封元年（公元前 110 年）修筑了由酒泉至玉门关段长城。《汉书·西域传》载："遣从骠侯破奴，将属国骑及郡兵数万，至匈河水，欲以击胡，胡皆去。其明年，击姑师，破奴与轻骑七百余先至，虏楼兰王，遂破姑师，……于是酒泉列亭障至玉门。"

　　武帝元封元年（公元前 110 年）至天汉元年（公元前 100 年）间，西汉政府又先后组织了七次大规模修筑边塞的行动，兴建起了长达 2000 千米左右的新的长城，当时不以"长城"名之，而是统称为"塞"，或称这些边防防御工程为"障塞"、"城障"、"列城"、"外城"、"亭障"、"亭塞"、"享燧"等等。这些障塞亭燧及边墙，又称"西塞。

　　所谓"西塞"，是汉朝在占据河西走廊及开通西域过程中所修筑的防御工程的通称，因地处秦长城之西而得名。西塞东部起于令居（今甘肃省永登县境），逶迤而西，直至敦煌郡的玉门关（今甘肃敦煌市境）。西塞又分东西两段。西塞东段，始于令居，止于酒泉，大约是从令居北行，经张掖、休屠（今甘肃武威北）、武威（今甘肃民勤东北）而折向西行，经日勒、删丹至今张掖；然后又自张掖沿甘州河（今黑河上游）东岸西北行，经今临泽、高台、镇夷营而至毛目（今金塔县鼎新镇），再折向西行至酒泉。西塞西段，起自毛目（今金塔县鼎新镇）以西，沿黑河西岸向西南经金塔县航天镇天仓乡、国光村、至营盘墩西南 2.7 千米处拐向西，从沙枣园子进入玉门市境内的干海子地界，再沿北石河至头墩拐向西北，经花海镇、柳湖乡、青山农场、黄花营、饮马农场等绿洲北部边缘，至饮马农场十一组西北 3.1 千米处进入瓜州县，又傍疏勒河向正西而行至玉门关。西塞的修筑，有利于巩固河西走廊的安定局面，使西汉王朝初步实现了隔绝匈奴与西羌交通的战略构想，同时也使汉朝在军事上开通西域成为可能。

二　长城的分布和走向

　　玉门市位于甘肃省河西走廊西部，全境汉时分属酒泉郡的池头、天依、乾齐、玉门县。汉长城主要分布于玉门市北部，沿玉门市境内的绿洲北部边缘由东南向西北贯穿整个县境，全长 104 千米，沿线分布有烽火台 31 座。

　　玉门市汉长城自金塔县沙枣园子入境，在玉门市境内的干海子荒漠地带用红柳根和梭梭木垒筑有 2.4 千米长的墙体至干海子湖边缘，墙体内侧发现两座外部用红柳根垒筑中间填充沙土的烽火台，分别为干海子 1 号烽火台、干海子 2 号烽火台。干海子湖是一处内陆淡水湖，现已干涸，汉长城修筑到干海子湖边缘再未筑墙体，而是因地制宜地设防，利用自然水域为天然屏障，仅在干海子湖东北（长城外侧）的戈壁滩—黄土台地上筑有烽火台 1 座，即黄墩子墩，俗称黄墩子。从干海子湖西北始，长城墙体用红柳夹沙土分层叠筑，在北石河（季节河）西岸向北蜿蜒至头墩。在头墩南 160 米处发现一座关堡，关堡与长城墙体间有一道东北至西南向的壕堑连接。长城从头墩起拐向西北延伸。经花海镇北侧的二墩滩、柳湖乡北侧的毕家滩、四墩门戈壁、青山农场、黄花营、饮马农场等绿洲北部边缘，至饮马农场十一组西北 3.1 千米处的玉门市和瓜州交界处进入瓜州县境内。

三 长城建筑结构与形制

玉门市境内汉长城由墙体、烽火台、关堡、壕堑等组成。长城沿线多为戈壁荒漠地带，长城的修筑无不体现了"因地制宜，就地取材"的原则。

（一）墙体

玉门市境内的长城墙体长 104 千米，现存墙体 73 千米，消失 31 千米。长城受沿线自然环境影响，残存墙体大部分保存较差。从金塔县和玉门市交界处至头墩之间，当地俗称东沙窝，地貌为沙丘荒漠地带，高大的红柳灌丛沙丘密布。经千百年自然环境的变迁恶化，北石河断流，干海子干涸，荒漠化严重。长城墙体在沙丘间断续残存。从头墩向西北至玉门市和瓜州县交界处之间，长城南侧为绿洲，长城北侧为戈壁，墙体受自然和人为因素破坏，呈低矮的沙土垄状，局部段保存较好。长城墙体的构筑方式根据沿线植被的不同大致分为两种：一是红柳根和梭梭木垒筑；二是植物根茎夹沙土分层叠筑。

1. 红柳根和梭梭木垒筑的墙体。从金塔县沙枣园子入境，至干海子湖东缘，长城沿线区域全部为荒漠地带，高大的红柳灌丛沙丘密布。长城墙体为直径 0.08～0.30 米的红柳根茎和梭梭木纵向垒筑而成，墙体底宽 1～9.50 米，顶宽 0.50～3.50 米，残高 0.30～4 米。

2. 植物根茎夹沙土分层叠筑。从干海子湖西缘始至玉门市和瓜州交界的长城墙体均为植物根茎夹沙土分层叠筑而成。植物根茎主要有红柳、胡杨、芨芨草、芦苇等。其构筑方法是，由下至上，先横向平铺一层植物根茎，厚 0.15～0.20 米，然后周围以植物根茎束为框架，内填沙土，沙土层后 0.08～0.10 米，以此类推，分层向上叠筑。墙体底宽 2.5～5 米，顶宽 0.3～1.2 米，残高 0.30～2.7 米。

（二）烽火台

玉门市境内汉长城沿线共有烽火台 31 座，其中 29 座位于长城内侧，2 座位于长城外侧。在长城内侧的 29 座烽火台中又有 25 座建于长城内侧 1 米至 200 米左右，4 座建于较远处地势较高的山梁顶部。建筑结构大同小异，平面均呈矩形。其建筑方式和材质略有不同，主要有以下几种方式：

1. 外部用红柳根茎垒筑，内部填充沙土。干海子 1 号和 2 号烽火台属于这种类型。这两座烽火台均位于灌丛沙丘区域内，沙丘上红柳生长茂盛，烽火台修筑时就地取材，平面呈矩形，剖面成梯形，台体外部 1.5 米用 0.10～0.30 米的红柳根茎垒筑，内部填充沙土。由于年代久远，烽火台坍塌严重，底部残存红柳根茎垒筑体。

2. 植物根茎夹沙土分层叠筑。这种构筑方式的烽火台有北石河 2 号烽火台、头墩、末河湾北墩、大石疙瘩墩、小石疙瘩墩和九墩，植物根茎主要有红柳和胡杨。其构筑方法是，由下至上，先纵向平铺一层植物根茎，厚 0.07～0.15 米，然后周围以植物根茎束为框架，内填沙土，沙土层厚 0.14～0.20 米，以此类推，分层向上叠筑。

3. 土坯夹芦苇、芨芨草垒筑。这种构筑方式的烽火台有四墩门 2 号烽火台、十二墩和十八墩。其构筑方法是，四墩门 2 号烽火台为每层土坯间夹一层芦苇席，芦苇席厚 0.01 米。十二墩为每三层土坯间夹一层芨芨草，芨芨草层厚 0.08～0.10 米。十八墩为每一层土坯间夹一层芨芨草，芨芨草层厚 0.02 米。起到内外土坯间的拉连作用。土坯规格为长 0.36～0.40 米，宽 0.15～0.18 米，厚 0.10～0.13 米。

4. 土坯垒筑。这种构筑方式的烽火台有北石河 1 号烽火台、毕家滩 1 号、2 号烽火台、二墩滩 1 号、2 号烽火台、末河湾南墩、四墩门 4 号烽火台、十四墩、十六墩等。其构筑方式为用土坯一横一纵的方式由下而上收分砌筑。土坯规格为长 0.34～0.40 米，宽 0.15～0.20 米，厚 0.10～0.17 米。其中，北石河 1 号烽火台土坯砌筑后外围包裹一层红柳夹沙分层叠筑的台体，外围包裹层应为后期加固维修所筑。毕家滩 2 号烽火台底部 2.3 米为土坯砌筑，上部 1.60 米为芦苇编制成的草帘夹沙土分层叠筑，上部也应为后期加固维修时所建。

5. 砾石夹芦苇分层垒筑。地窝铺墩就属这种类型。该烽火台修筑于当地人称为头树山的山顶，烽火台修筑时就地取材，用山上的黑色砾石块夹芦苇分层叠筑。烽火台平面呈矩形，剖面成梯形，砾石层厚 0.10～0.30 米，芦苇层厚 0.03～0.05 米。

（三）关堡

玉门市境内长城沿线分布有三座关堡，二墩滩堡距长城较近，上回庄堡和三个墩遗址相对离长城较远。其建筑结构、形制和材质也不同。

1. 二墩滩堡。该堡位于二墩滩长城内侧，头墩西南 160 米处。由于时间的久远，整体保存差，平面格局不清。墙体为红柳夹沙土分层叠筑而成，现仅残存西墙和北墙的部分痕迹。西墙长 12 米，底宽 4 米，顶宽 0.70 米，残高 0.70 米；北墙长 11 米，底宽

2. 20 米，顶宽 0. 90 米，残高 0. 30 米。

2. 上回庄堡。该堡坐北向南，平面呈方形，四面堡墙各长 45 米，为黄土夯筑而成。南墙中间开门，门外有曲尺回臂墙体呈"┐"回护，堡内东南角有土坯砌筑的角楼，西南角有燃烧后残留的灰层，灰层中残存有马粪，疑似马厩；堡外西北角西侧 70 米处残存一座土坯砌筑的烽火台。因长年的风雨侵蚀和人为盗挖，四面堡墙不同程度的出现坍塌、夯土剥落损毁。堡墙为底宽 2 米，顶宽 0. 60 ~ 1. 10 米，现存完整的墙体最高 5 米，夯层厚 0. 13 ~ 0. 15 米，西墙中部残存的一段墙体和北墙顶部有红柳夹黄土分层叠筑痕迹，红柳层厚 0. 15 米，黄土层厚 0. 10 米。

3. 三个墩遗址。三个墩遗址位于柳湖乡兴旺村西南 7. 80 千米处的戈壁滩上。三个墩遗址实际上是汉代的一座关堡，因废弃后，坍塌损毁严重，仅存三处夯土建筑物而俗称"三个墩"。该堡因常年的风雨侵蚀，坍塌损毁严重，平面格局不清，现仅存东墙局部墙体和墙体东侧土坯砌筑的马面及北墙局部残墙痕迹。关堡墙体为黄土夯筑而成，墙体底宽 3 米，顶宽 0. 80 米，高 4. 50 米，夯层为 0. 09 ~ 0. 12 米；东墙马面为土坯砌筑，东西长 5. 70 米，南北宽 4. 20 米，残高 4 米，土坯规格为长 0. 25 米，宽 0. 15 米，厚 0. 10 米。另外，在三个墩遗址上散布大量灰陶器物残片，铁渣等遗物。

（四）壕堑

二墩滩壕堑位于二墩滩堡与长城之间，全长 260 米。总体走向为由东北向西南走向，东北与二墩滩长城 1 段相接，头墩（烽火台）修筑于壕堑起点西北 170 米处；止点处南 20 米处残存二墩滩堡。壕堑挖掘方式为掘地挖土堆积两侧，南北垄为壕堑内挖出的沙石土堆积而成，南垄局部为红柳夹沙分层叠筑，红柳层厚 0. 05 米，沙土层厚 0. 10 米。壕堑地面痕迹清晰可辨，剖面呈梯形，上宽下窄，壕堑底宽 1. 30 ~ 3 米，上宽 3 ~ 4. 50 米，深 0. 30 ~ 0. 60 米，垄底宽 2 ~ 3. 80 米，顶宽 0. 60 ~ 1. 50 米，残高 0. 15 ~ 0. 60 米。壕堑内有沙土淤积。

四 长城病害情况及原因初步分析

笔者 2010 年对玉门市境内的早期长城资源进行了全面的调查，通过实地调查分析认为：玉门市境内的长城由于受自然因素和人为因素的影响破坏，墙体和烽火台均出现了不同程度的病害，主要病害及其形成的原因如下：

1. 植物根茎材质腐朽

此类病害主要出现在植物根茎夹沙土分层叠筑的墙体和烽火台上。植物根茎长时间被埋在沙土中，沙土受潮后，沙土中的盐碱腐蚀植物根茎，随着时间的久远，植物根茎在盐碱的作用下腐朽，失去了韧性，加之风蚀雨淋和墙体上沙土的重量，致使墙体坍塌。

2. 土质酥碱

此类病害主要出现在黄土夯筑的关堡墙体上和土坯砌筑的烽火台上。墙体底部夯土受潮后，在夯土中可溶盐的活动下，夯土酥碱，土质变得疏松，加之风的掏蚀作用而使墙体底部形成横向凹槽，墙体的局部支撑力降低，墙体在凹槽边缘沿夯层层状剥落坍塌。

3. 动物打洞筑巢

此类病害在长城上普遍存在，长城所在区域地处荒漠，长城受自然因素的破坏，土质变的疏松，尤其是植物根茎夹沙土分层叠筑的墙体，植物根茎均以腐朽，啮齿类动物更容易打动筑巢。动物打洞筑巢破坏了长城的整体结构，致使长城局部坍塌。

五　长城修建与自然环境的变迁

长城作为军事防御体系，同时也是游牧区和农耕区的分界线。从玉门市境内的汉长城走向来看，长城修筑于绿洲和戈壁荒漠的分界线上，汉代修筑长城时，显然也考虑到了发展和巩固耕种业的自然条件。长城以内临边的居民往往以农牧为主，农耕和畜牧并重，筑起长城，把植被较好的绿洲圈到里面，容易发展农牧业，确保边防的供给保障。把自然环境较为恶劣的区域划在长城以外，以恶劣的自然环境形成一道天然防线。

长城的修建和河西边塞戍守对自然生态环境造成的破坏，有学者进行过更为具体的分析，古代河西有良好的植被，以红柳、胡杨、梭梭木等组成的森林植被，它们都是极耐旱性植物。汉代，为确保丝绸之路的畅通，巩固河西走廊的安定，在玉门市境内修筑了烽燧和汉塞等军事防御体系，这些汉长城大多均为植物根茎夹沙土分层叠筑修建，局部段用红柳根和梭梭木垒筑。修筑时砍伐了大量的树木，造成植被稀疏，地表覆盖物减少，地下沙砾暴露。加之，当地多西北风，全年平均风速为 4.2 米/秒，被暴露出来的沙砾，在西北风的作用下，沙土飞扬，逐渐形成了较多灌丛沙丘。

另外，从干海子湖一带长城的修筑情况看，干海子湖东侧的长城为红柳根和梭梭木垒筑而成，部分红柳根的直径达 30 厘米左右，长城修筑到干海子湖边缘后，再没有筑墙，而是因地制宜地利用干海子湖的水域作为天然屏障，说明汉代时干海子湖的水域宽阔，周围植被较好。现如今，随着千百年来气候的变迁，人为对该区域生长的红柳、梭梭木等植物的砍伐，自然环境进一步恶化，干海子湖水干涸，红柳丛大部分枯死，流动沙丘侵入，灌丛沙丘密布。

参考文献

1.《汉书·西域传》,《汉书·张骞传》,《汉书·地理志》。

2. 陈梦家:《汉武边塞考略》,《汉简缀述》, 中华书局, 1980 年版。

3. 马雍:《西汉时期的玉门关和敦煌郡的西境》,《中国史研究》, 1981 年 1 期。

4. 罗琨、张永山:《中国军事通史·第五卷·西汉军事史》, 军事科学出版社, 1998 年版。

甘肃省长城资源调查重要发现二题

梁建宏[*]

　　甘肃长城资源调查历时六年，在前人工作的基础上，充分利用文献和新技术，基本摸清了省内历代长城的基本现状，并有较多重要发现，这些重要发现覆盖了长城体系主要组成部分的各个类型，和其他调查成果一道改写了甘肃长城的分布和内涵。同时，甘肃境内长城类型丰富，体系完整，时间跨度长，横亘甘肃东西，是我国西部土质长城的典型代表。本文将对其中的战国秦长城沿线障墙和河仓城遗址平面格局再认识进行介绍。

一　战国秦长城沿线障墙

　　本次长城资源调查期间，共在甘肃及与该省华池县相接的吴起县境内（笔者注：按照长城资源调查分工，华池与吴起交界地区部分长城资源由甘肃省调查，其中，这部分区域内发现短墙 1 道，下文将一起分析）战国秦长城沿线发现 29 道短墙，大多与墙体垂直，我们定名为"障墙"。

（一）以往资料记载

　　彭曦先生在《战国秦长城考察与研究》中对障墙有一定记载。彭曦先生明确提到的障墙主要分布在甘肃省环县、华池县和吴起县境内，而尤以环县为多，与墙体垂直者称之为"横城"[①]，个别称为"横城障"[②]，与墙体平行者称为"重城"（外城)[③]。而在

＊　梁建宏：甘肃省文物局文物保护与考古处。
① 彭曦：《战国秦长城考察与研究》[M]，西北大学出版社，1990 年版，134 页，169 页。
② 同①，182 ~ 183 页。
③ 同①，109 ~ 110 页，176 ~ 177 页，181 页。

镇原县甘沟发现的一道与"有垣小障"相连的，则称为"单墙"①。

《中国文物地图集·甘肃分册（下）》明确记载了两处障墙，均命名为"城障"：一处为华池县营盘山城障遗址②、一处为镇原县梁台障城遗址③。

李红雄先生在《庆阳地区秦长城调查与探索》中，也记载了两段障墙：一段位于环县演武乡刘坪村（笔者注：现为刘家坪村）中庄一带，与长城垂直④，一段即前文所提的华池县营盘山城障遗址⑤。

（二）障墙的名称与功用

这些短墙多修筑在相对位置较高的山顶，且短墙向内侧一端多临深沟或断崖，我们认为可能是用来挡风和供士兵休息的，定名为"障墙"。按《说文解字》，障，隔也，现代汉语中还有"遮蔽物"之意，故定此名。

（三）障墙的基本特点

甘肃境内发现的战国秦长城沿线障墙均位于长城内侧，有 2 段与长城墙体平行，其余 27 段均与长城墙体垂直。仅通渭境内发现的障墙中 2 段有 2 道墙，其余均为 1 道墙。障墙方向以南—北向为主，共 16 段，占总数的 55%，次之为东—西向，共 6 段，占总数的 21%，其余均为东南—西北或东北—西南向。

障墙现存长度为 25～80.5 米，其中 29 米以内的区间内，1 道墙的有 2 段，另有通渭县李家岔障墙之第 1 道长度也在该区间内；30～39 米区间内的均为 1 道墙，共 11 段，占障墙总数的 38%；40～49 米区间内，1 道墙的有 9 段，占障墙总数的 31%，另有通渭县长城湾障墙之第 2 道长度亦位于该区间内；50 米以上的区间内，1 道墙的有 5 段，占障墙总数的 17%，另外，通渭县李家岔障墙之第 2 道、长城湾障墙之第 1 道的长度也位于该区间内。

障墙现存高度受所在地形地貌和后期人类生产生活活动影响较大，据测量，现存高度为 0.5～8.3 米，其中有 19 段高低不一，高差 0.3～5 米不等，此类障墙占障墙总数的 66%；障墙均高 1.4～6.6 米，其中 1.9 米以下 2 段，占障墙总数的 7%；2.0～2.9 米区间内 7 段，占障墙总数的 24%；3.0～3.9 米区间内 11 段，占障墙总数的 38%；

① 彭曦：《战国秦长城考察与研究》[M]，西北大学出版社，1990 年版，106 页。
② 国家文物局，廖北远：《中国文物地图集·甘肃分册（下）》[G]，测绘出版社，2011 年版，393 页。
③ 同②，475 页。
④ 李红雄：《甘肃庆阳地区境内长城调查与探索》[C] //甘肃省文物局，庆阳地区博物馆，刘德祯，李红雄：《庆阳文物》，兰州大学出版社，1995 年版，229 页。
⑤ 同④，236 页。

4.0 米以上的 6 段，占障墙总数的 21%。

障墙夯层厚度不一，有 3 段夯层不详，其余 26 段夯层厚度位于 0.05～0.12 米区间内，其中有 7 段夯层厚度均为 0.08～0.12 米，其余夯层厚度薄厚不一，规律不十分明显。

二　河仓城遗址平面格局的再确认

河仓城遗址，又名大方盘城，也有资料称为"阿仓城"，西南距玉门关遗址 10 千米，坐落在疏勒河南岸高出河床 2 米多的自然土台上，是汉至魏晋时期我国西部防线储备粮秣等给养的军需仓库。河仓城遗址总体保存一般，以往资料对其基本情况记载不完全一致，多不甚准确或清晰，笔者因工作关系多次前往该城，当地陪同人员均介绍为两重墙，笔者陪同前往考察的一些专家学者对两重墙的平面布局持怀疑态度，认为与其重要性不符。本次调查期间，我们判读分析了航空影像，对河仓城遗址进行了实地踏勘，确认了河仓城遗址的现存平面总体格局。

（一）以往的资料记载

《中国文物地图集·甘肃分册》中"河仓城（大方盘城址）"条对其平面布局有如是记载："城平面呈长方形，坐北向南，分内外城。外城东西长 160 米，南北宽 110 米，仅残存部分北墙，……南墙尚存痕迹，……正中有一宽 6 米的缺口，可能为外城南门。内城距外城北墙 4 米，距外城南墙 98 米，东西长 132 米，南北宽 17 米，……内城内有南北方向的两堵土墙将内城隔成连通的三间仓库。"[①]

岳邦湖、钟圣祖两位先生在《疏勒河流域汉代长城考察报告》中，对河仓城有两处记载，表述不完全一样。第一处记载如下："仓城长方形，夯筑，东西长 132 米，南北宽 17.8 米，……仓城隔为三部分，……仓城周围筑坞墙，坞门位于南墙中部，南坞墙较完整，长 192.5 米，……北坞墙残缺不全，长 150 米，……距仓城 14.3 米。北墙现存烽燧（瞭望台）4 个，……仓城西南角有一烽燧比较高大。"[②]

第二处，报告作者依据《沙州都督府图经》将其定名为"阿仓古城"（笔者注：该处小标题为"汉阿仓城址"），对其平面格局记载如下："城为长方形，东西长 132 米，南北宽 17.8 米。……分隔为三个储仓。……阿仓城南北两侧均有坞墙，……北坞墙距仓城 1.43 米，残毁，东西残长 150.6 米，……坞墙中残存 4 个角墩。……南坞墙距仓

① 国家文物局，廖北远：《中国文物地图集·甘肃分册（下）》［G］，测绘出版社，2011 年版，253 页。
② 甘肃省文物局，岳邦湖，钟圣祖：《疏勒河流域汉代长城考察报告》［R］，文物出版社，2001 年版，35～36 页。

城 25.2 米，东端南北向长 25.2 米，东西长 192.5 米，……南坞墙北角、西南角各有一角墩。……西坞墙长 129.2 米，墙已毁。"①

　　李并成先生在《大漠中的历史丰碑——敦煌境内的长城和古城遗址》中对河仓城有如是记载："大方盘城平面大体呈正方形，南北长约 150 米，东西宽 155 米。城内北部有一处高约 1 米的台地，台地上建有一座大型仓房，仓房东西长达 132 米，南北宽仅 17 米，……仓房四外 12 米处又有围墙一圈，此道围墙为该城中的内围墙，亦已圮成土垄，仅北、东二面残迹明显。内围墙四角原各有墩台一座，西南角墩尚存，残高 6 米许，其余三墩仅余废址"②。李先生在其他部分继续说"城址位于玉门关内，为确保安全，还特意在仓城周围加设两道围墙"③。

　　敦煌市博物馆所著《敦煌汉代玉门关》一书中，对河仓城记载较为简略："河仓城为长方形……东西长 132 米，南北宽 17 米许，……内有南北方向的两堵墙将它隔成相等并连的三座仓库，……仓库外围东、西、北三面还加筑两重围墙，而且四周还有土墩建筑的痕迹。"④

　　甘肃省文物考古研究所吴礽骧先生在《河西汉塞调查与研究》中，对河仓城记载较为详细："仓建于风蚀台地上，呈长方形。……仓外有两重坞墙，内坞墙，南距仓房 12 米，原有的北墙、东墙、南墙，现已倒塌，北墙中间仅存一墩台，四角原有角墩，现存西南角墩，残高 6 米，东南角墩，有倒塌残迹；外坞墙，北墙仅存部分墙体，距内坞墙约 24 米，东墙、西墙无存，南墙坍塌成土垄，北距仓房 91 米，中间坞门宽 4.7 米。"⑤

　　以上记载中，纂成于 2011 年的《中国文物地图集·甘肃分册》与《疏勒河流域汉代长城考察报告》均持两重城墙的观点，但具体认识略有差异；其余三本著作均持三重城的观点，具体认识亦有差异。限于篇幅，本文不再详细分析。

（二）河仓城平面总体格局的再确认

　　长城资源调查期间，负责敦煌地区的同志在调查初期形成的资料中对现存相对较好的仓城记载相对准确，其他地面遗迹记载则不甚清楚。笔者与相关同志赴敦煌检查指导期间，发现这一情况，随即调出卫星影像进行判读分析，后又赴现场进行了核查，确定了三重城的基本认识。鉴于这处城址的重要性，笔者与笔者所在的长城办相关人员与该地区共同整理了该城址调查资料，形成如下认识：

① 甘肃省文物局，岳邦湖，钟圣祖：《疏勒河流域汉代长城考察报告》［R］，文物出版社，2001 年版，100 页。
② 李并成：《大漠中的历史丰碑——敦煌境内的长城和古城遗址》［M］，甘肃人民出版社，2000 年版，第 127 页。
③ 同②，128 页。
④ 敦煌市博物馆：《敦煌汉代玉门关》［M］，甘肃人民美术出版社，2001 年版，10 页。
⑤ 甘肃省文物考古研究所，吴礽骧：《河西汉塞调查与研究》［M］，文物出版社，2005 年版，70～71 页。

　　河仓城遗址坐北向南，平面呈长方形，门南开。分仓城、内城和外城三重。仓城东西 132 米，南北 17 米；内城东西 168 米，南北 60 米；外城东西 168 米，南北 122 米。外城西墙内侧有黄土夯筑墩台，墩台东北距仓城西南角 25 米，仓城南墙距外城南墙 94 米，仓城北墙距外城北墙 15 米。

　　这一认识与河仓城遗址的重要地位比较相称，也符合作为边陲军事仓库重地的基本需要。

宁夏明长城资源调查中三则新发现

王仁芳 *

一　固原市郊战国秦长城明代修缮利用情况的发现与确认

在今固原市郊，即明代三边总制驻地固原镇城北，东西向横亘有一道土筑长城，即为途经宁夏彭阳、原州区、西吉县的战国秦长城①。关于这道长城，郦道元《水经注》中有过记载。由于年代久远，其整体保存状况并不乐观，但唯独绕经固原城郊的一段，墙体高大、壕堑宽阔、敌台规整、城障密集，观者无不啧啧称叹。鉴于这段墙体的构筑特征、保存状况等与其他的地段墙体间的差异及其所处特殊位置，自然引起了一些研究者对其时代与成因的注意与猜测，但由于缺乏确切史料以及直接的田野证据，相关观点亦仅限于推测，并未引起学界太多的注意，其具体的修缮利用情况也不清楚②。

这段长城历史上有明确记载的维修利用是在宋夏时期。北宋真宗咸平年间，为防御西夏进攻，镇戎军节度使曹玮曾自陇山而东，缘古长城开浚壕堑一道，时称"长城壕"③。明代固原为三边总制驻地，也是残元蒙古势力扰掠的主要区域。包括秦纮等数任三边总制除了对固原城不断修葺完善外，对其周边的防御亦做了精心的布置，环绕固原城的这道古长城防线因其位置与构筑特征，当时不可能被忽略。事实上，明代流传至今的有关固原的两种地方志对其均有记载，本次调查中发现的相关修缮情况充分印证了这一点。

经调查明代时期对战国秦长城的利用维修主要有以下几个方面：一、堆高、堆筑长城墙体及敌台。二、墙体外侧疏浚、挖设壕堑。三、依托战国秦长城，利用有利地形铲

* 王仁芳：宁夏文物考古研究所，馆员，宁夏回族自治区长城资源调查队队员。
① 韩兆民、许成：《宁夏境内战国秦汉长城遗迹》，《中国长城调查报告集》，文物出版社，1981年版，45～51页。
② 许成：《明代对固原附近战国秦长城的利用》，《宁夏考古史地研究论集》，宁夏人民出版社，1989年版，12～16页。
③ （元）脱脱等撰：《宋史》卷二八九《葛霸附葛怀敏传》，中华书局点校本，1977年版，9701～9702页。

削增置山险墙。经数据统计，固原镇城附近调查发现明代修缮、利用战国秦长城墙体共计16735.8米，其中直接维修利用战国秦长城墙体10179.1米；依托战国秦长城墙体，利用有利地形，在其外侧增置山险墙6556.7米。另外在固原镇城附近还调查相关关堡3座、烽火台9座。

其中明代修缮利用战国秦长城部分发现有两段，第一段处于清水河河川地带，长1262.5米。墙体南侧距临洮营1550米。东南距固原城十里。该段长城由于近代平田及邻近居民区，保存状况相对较差，墙体堆筑加高等修缮痕迹仅在东端郑磨村附近较为明显。现存墙体堆筑加高部分内侧剥落严重，基本裸露出早期夯层，外侧仍呈斜坡状，土质松散，表面杂草丛生，外侧敌台仅保留3座，因坍塌取土也不甚规整。墙外残留有因人为平田及自然淤积已经变浅的壕沟遗迹。残留墙体东端断面距清水河不足百米，隔河与东岸墙体相接。据当地老乡介绍，河道上原设有水关，与两岸墙体相接，现水关已经难觅痕迹。河岸西侧墙体经发掘，其断面结构显示，该段墙体内外两侧均进行过堆土附筑，早期夯土墙体被包筑于内。后期维修主要采用堆筑法，断面无夯层，但堆筑墙体的表面经过简单的镇压，堆筑部分坡度较大，剖面发掘中，在后期堆筑墙体中发现了小片的青花瓷片，为修缮时代的确认提供了重要信息（图1）。

图1 固原市郊清水河河谷段修缮情况近景

第二段处于"长城梁"上，长7388米。此段墙体由于地处山梁，明代时期充分利用了有利地形，重点疏浚墙体外侧壕堑及加固敌台，整体保存较好。现存墙体两侧堆筑坡面内缓外陡，顶部微拱，断面呈梯形。墙体外侧分布有33座敌台，底部堆筑呈方座形，上部为半圆形，顶部略高出墙体。壕沟紧靠墙体外侧挖设，沟底平坦，外侧沟壁铲削较直，内侧沟壁与顶部墙体整体铲削连为一体，整体形成陡直的斜坡面，维修痕迹较为明显。山梁顶什里村三组段保存较好处墙体基宽14米～17米，顶宽1米～2米，内高2.5米～4米，外侧斜高18米～22米。壕沟底宽7米～12米，深2.5米～4.2米。修缮后敌台方形基座见方25米～35米，外侧突出墙体5米～10米，基座高10米～15米，其上半圆形敌台半径约7米～10米，高5米～10米，顶部突出墙体1米～2米。豁口断面处战国秦长城原始墙体基宽5米～8米，顶宽1米～3米，高4米～6米，夯层厚0.07米～0.13米（图2）。

图2　固原市郊明代修缮后的战国秦长城长城梁段（由东北向西南）

长城村～海子峡口段依托战国秦长城，在其外侧塬畔断面，发现一道人工铲削山险墙，长6556.7米。从徐家坡村后的南塬塬畔开始，明代时期弃用战国秦长城及壕堑。在其外侧直接沿塬畔铲削增置山险墙一道，一直延伸至西南白马山西海子峡口。西端海子峡口河床亦曾经人为改道，沿山险墙坡底流淌，将西海子水被引入固原城内，改道后的河流兼具护城河作用。现因峡口修建水库，入城水源改道，谷底河床已干涸。

该道山险墙根据走向及保存状况，大致可分为两段。第一段长4164.9米，保存状况一般。从徐家坡村后战国秦长城折拐处断崖起，止点处于战国秦长城拐向海子峡口河川与山险墙交汇处，止点处早期长城已被破坏。该段山险墙自苦井村固将公路以东因南塬地势自然隆起，塬畔陡直，塬下居住人口稠密，坡面后期因取土、掏挖窑洞、自然滑坡、塌方等因素破坏影响，山险墙人为铲削迹象保存较少。固将公路以西南塬塬面开阔平缓，塬畔与谷底地势落差较小，山险墙人为铲削痕迹明显，局部保留有近千米长的铲削斜坡面，坡度在30°~40°，斜高10~25米。坡面覆盖杂草，无明显的水冲壕及人为破坏痕迹，与长城梁上修缮后的长城墙体外侧坡面相似。西段近吴庄村一带，铲削山险墙被开辟为数级梯田阶地，种植糜、谷等农作物（图3）。

图3　固原城郊明代铲削山险墙

第二段长2391.8米，保存状况较差。至吴庄村近山海子峡口河水分水口，该段山险墙保存情况与吴庄村一带相似，但由于临近山体，地势渐高，受海子峡流水及山洪冲蚀影响，其走向不甚规整，坡面冲沟、残损现象普遍。与沟底相对高差5~25米。

二　明代"徐斌水新边"长城的发现与确认

　　"徐斌水新边"是明代嘉靖年间依托"固原内边"长城沿罗山西麓的徐斌水至中宁县鸣沙镇黄河南岸修筑的一道边墙，又名"梁家泉新边"①。关于这道长城是否修筑，一直存在争议。

　　修筑"徐斌水新边"长城的动议，最早由当时的宁夏总兵官任杰提出，得到了时任三边总督刘天和的支持，嘉靖十六年（1537 年）八月，二人联名陈奏朝廷于此地"创筑新墙"，但遭到了兵科都给事中朱隆熹等人的反对。明廷兵部批示认为刘、任奏议是"避危就安，割己资敌，罪不可辞。"嘉靖皇帝的诏批也认为"移筑边墙……劳民费财，……无事生扰"，指斥任杰"擅兴妄议"，并给他"夺俸半年"的处分②。由此看来，这道修边计划没有得到中央政府的支持与批准，一些研究者也据此认为这道长城实际未曾修筑。

　　据后来的《九边考》记载："红寺堡直北稍东总制刘天和新筑横墙二道以围梁家泉，直北稍西旧有深险大沟一道，受迤东罗山之水流于黄河，长一百二十五里，总制刘天和堑崖筑堤一百八里五分，筑墙堡一十六里八分，自大边自此重险有四道矣"③。另据万历四十四年所修《固原州志》载："嘉靖十六年，总制刘天和，修干沟干涧六十余里，挑筑壕堤各一道。复自徐斌水迤鸣沙州黄河岸修一百二十五里"④。清代的《道光中卫县志》亦作为"古迹"对此予以记载。从这些史志记载的情况来分析，看来此道长城虽然奏报未准，但由于军事防御需要，最终还是修了，并且采用了堑崖与筑墙结合的方式，"徐斌水新边"长城似乎确实存在。

　　由于红寺堡一带属于宁夏中部干旱带，以前人烟稀少，交通不便，使得实地调查困难较大，学界鲜有实地考证。近年由于引黄灌溉工程实施以及大量移民的迁入，新设立了红寺堡区，当地文物工作者在进行第三次全国文物普查中报告在其境内发现古长城一道，随后长城资源调查队对此进行了调查确认。根据其位置走向及构筑特点，调查队认定新发现的这道徐斌水至鸣沙的长城遗迹，即为史书记载中的"徐斌水新边"。

　　徐斌水与鸣沙地名均沿用至今，其中徐斌水地处小罗山西麓，从徐斌水至新红寺堡

① （清）《雍正甘肃通志》卷十〈关梁〉"固原州"，四库全书影印本。
② 《明世宗肃皇帝实录》卷二〇三，"嘉靖十六年八月庚申"，（台北）历史语言研究所校印，1961 年版，4251～4253 页。
③ （明）魏焕：《皇明九边考》卷八〈宁夏镇〉"保障考"，王友立主编，中华文史丛书15 册（台北）华文书局，1969 年版，324～325 页。
④ （明）刘敏宽：《万历固原州志》上卷，牛达生、牛春生校勘《嘉靖万历固原州志》，宁夏人民出版社，1985 年版，114 页。

及其西北太中铁路红柳沟大桥至鸣沙黄河岸间调查未见墙体，沿线分布有烽燧、小堡，该段烽燧线部分长 53 千米。调查发现有人工修筑痕迹的墙体主要处于红寺堡西北侧的红柳沟东南侧崖畔，共计 7 段，首尾计长 15036.2 米。由于红柳沟蜿蜒曲折，河岸崩塌损毁，除去其间损毁消失部分，实际残留墙体为 3133.6 米。所见墙体均为夯筑土墙，风沙掩埋严重，墙体多呈风沙土垅，非经仔细辨认，已不能准确判断。其中兴旺村附近残留墙体近 1.5 千米，由于距红柳沟岸相对较远，墙体较为连续，两侧为黄沙掩盖，形成一道宽大的土垅。墙体为颗粒状红土夯筑，局部红黄土分层夯筑，夯土颗粒较粗，夯筑不甚密实，夯层底部夹有较薄的砂石层，为较为典型的明代夯筑特征。墙体底部加两侧沙土掩埋处宽达 17 米，顶宽 2 米，无沙土处墙体底宽为 6 米，高 2.4~4 米，夯层厚0.20 米左右。另外墙体沿线及附近区域内还调查相关烽火台 16 座、关堡 4 座（图 4）。

图 4　徐斌水新边长城红寺堡兴旺村 3 段土墙（由西南向东北）

三　河东壕堑的新发现与时代确认

宁夏河东地区笼统指黄河以东包括今银川市兴庆区部分辖区、灵武市以及吴忠市盐池县的中北部，明代以来被视为河套地区一部分。该地区现存三道长城遗迹。其中内外两道痕迹明显的墙体，当地百姓分别称为"头道边"与"二道边"，时代已认定为明代，学界基本无异议。2007年作为明长城资源已调查登记。但其中紧临"头道边"，构筑特征有异、保存状况较差的一道墙体痕迹，对其时代与定性一直以来存在模糊与争议。

此道长城从宁夏盐池与陕西定边交界处入境，在定边境内有数公里，主要遗迹在宁夏境内，红沟梁以东处于"头道边"明长城北侧数十米，与之并行向西北方向延伸。该线长城以前掌握长度约25公里，主要指盐池县城以东至红沟梁这一段。本次调查中发现该道长城一直向西延续到灵武市清水营附近。该线长城在红沟梁与"头道边"交汇，红沟梁以西新发现墙体又位于头道边南侧。共计调查墙体27段，长90.482千米，墙体外侧发现敌台11座。其间除去消失段落，全线现存墙体痕迹47.324千米。墙体消失原因主要为流沙掩埋、河流改道冲刷、后期改筑利用、以及人为损毁。

该道墙体以花马池城（今盐池县城）西至红沟梁间保存状况最好。红沟梁现存部分地表墙体呈窄土垄状，顶宽1~2米，基宽3~5米，高0.5~2.5米，内侧铲削斜坡高3.5米。北侧壕沟底部宽平，沟壁外直内陡。壕沟底宽6.7米，深4.3米（图5）。

图5　河东壕堑盐池县红沟梁段

　　本次调查中，调查队在三处地点利用自然坍塌豁口对墙体进行了解剖，剖面显示该道墙体的修筑主要采用墙体外侧挖壕，内侧堆筑断面呈梯形墙体。堆筑墙体坡面外陡内缓，两侧有壕。墙体坍塌土层内虽有零星夯土块，但未见明显清晰的夯层。与头道边夯筑墙体区别明显，较为接近一种壕堑形制（图6）。

图6　河东壕堑内侧堆筑墙体发掘剖面

　　对于这道长城的修筑时代与性质，学界均存在争议，主要有隋代与明代、墙体与壕堑两种不同意见。1997年文物部门曾在刘八庄附近做过试掘，简报主要对内侧堆筑墙体构筑情况作了详细介绍，其构筑特征与本次发掘情况基本一致。鉴于其与头道边、二道边明长城墙体构筑特征与保存状况之间的明显差异，发掘者大胆推测"这段长城很有可能是被后来明长城利用（叠压）的隋长城中仅没有被叠压的部分"[1]。但亦有人对此结论提出过质疑。

　　要搞清这个问题，首先有必要对明代宁夏河东地区长城修筑的历史进行一番梳理[2]。明代宁夏河东地区长城始筑于成化十年，"自黄沙嘴起至花马池止，长三百八十七里"，由"都御使余子俊奏筑，巡抚都御使徐廷章、总兵官范瑾力举而成者"。这道

---

① 宁夏文物考古研究所等：《宁夏盐池县古长城调查与试掘》，《考古与文物》，2000年3期。
② 王仁芳：《明代修筑河东长城的新认识》，《宁夏社会科学》，2011年5期。

边墙时称"河东墙"，即现在的"二道边"长城。正德二年（1507年），三边总制杨一清计划增筑"河东墙"，工程起自横城，自西而东，又修完包括横城堡在内以东四十里，即因计划不周，工程紧迫，发生民夫哗变，加之刘瑾弄权作梗，工程半途而废。嘉靖九至十年（1530～1531年），王琼总制任内，吸取杨一清筑边失败的教训，考虑到省工与防御的需要，他沿河东墙内收十里，主要采用挑沟挖堑的方法，进行改线新筑，其修边原则是土脉好处挑挖成沟堑，沙土容易坍塌处则筑墙。自"定边营南山口起，西北至横城旧墙止，共长二百二十八里，内筑墙一十八里，开堑二百一十里"，时称"深沟高垒"。由于兴武营一带王琼所筑墙体"土沙相半，不堪保障"。此后唐龙、刘天和总制任内对这道边墙均进行过修缮维护。嘉靖十六年，由总制尚书刘天和沿边内外挑壕堑各一道，长五十三里二分。

王琼所设壕堑至嘉靖二十六年前后仍在沿用的主要为花马池附近其重点修筑防御的一段，计长五十四里，沿线设有墩铺五十座，时称"东关门墙"①。而其余地段经后任督抚陆续改筑利用即形成了现在的"头道边"，史志中一般称"横城大边"或直接称"大边"，而先筑的"河东墙"与"深沟高垒"或被弃用或被改建利用。现存头道边即明"大边"长城是王琼之后，由多任督抚接力续修才逐渐完善当时，这些史实在《嘉靖宁夏新志》、《皇明九边考》、明嘉靖《陕西通志》、《全陕边政考》、《万历固原州志》等史志中均有记载，虽材料零散，前后因缘亦较为混乱，但基本确认了大边系多人接修的事实，史称为"续修壕墙"。

虽然最初对河东长城是按不同时代分两次开展的调查，但随着调查中的墙体遗迹的新发现与其后资料搜集与研究的深入，对包括新发现部分在内的整个河东长城的修筑历史与时代认定逐渐明晰并形成基本共识，即宁夏河东地区现存长城本体及相关遗迹均为明代所筑，新发现部分属明代所挖设壕堑而非隋长城；现存头道边应为王琼之后续修壕墙逐渐成形的明代主防线，确切名称应为"大边"，而非"深沟高垒"。由于以上发现与认识涉及河东长城修筑时代与性质等重要问题，提请自治区文物局同意，由自治区考古所组织相关调查人员及专家学者，为此召开了专题讨论会，调查人员提出的上述观点基本得到了与会专家的肯定与赞同。

四　三则新发现的重要性与意义

1. 固原镇作为明代陕西三边四镇防御体系的中枢指挥所，以往对其防御设施的相关研究主要集中在镇城本身以及以北的"内边"沿线，对明代时期绕经固原城郊的早

---

① （明）张雨：《边政考》卷三，王友立主编：《中华文史丛书》14册，（台北）华文书局，1969年版，128页。

期长城的修缮利用情况由于缺乏直接的文献记载与确切的田野调查证据不甚清楚。本次通过细致科学的田野调查与考古发掘、出土实物，基本确定了明代时期对该段长城修缮利用的事实，搞清了明代时期修缮利用的形式、规模、与具体方法。

2. 红寺堡长城遗迹的发现与确认，证实史志中所载"徐斌水新边"是确实存在的，基本可以平息自明代以来围绕该问题的相关争议。任杰作为镇守宁夏总兵官，地方志赞誉其"谋勇兼备，实今之名将"①，他提出该修边计划自有其道理，并且得到了总督刘天和的支持，时人许伦亦以此议遭阻为误。那么任杰等人为什么要甘冒朝廷反对的危险修建这道长城呢？稍晚时期的顾祖禹在其《读史方舆纪要》中对此有过记载。嘉靖十五年（1536 年），三边总制刘天和在分析固原镇边各形势时说："固原为套部深入之中，前尚书秦竑筑边墙延袤千里，然彼大举入寇，尚不能支。及杨一清筑白马城堡，而后东路之寇不至。王琼筑下马关，而后中路之患得免，唯西路自徐斌水至黄河岸六百里地势辽远，终难保障，今红寺堡东南起徐斌水至鸣沙州河岸二百二十里，总兵任杰议于此地修筑新边一道，迁红寺堡于边内，撤旧墩军士，使守新边。舍六百里平漫之地，守二百二十里易据之险，又占水泉数十处，断彼马饮牧之区，而召军佃种，可省馈饷，计无便于此"②。本次调查中虽然发现的有人工夯筑痕迹的墙体仅三千余米，但这些墙体断续分布在红寺堡红柳沟沿岸长达十余公里的区域内。大部分地段仅有烽燧，没有发现墙体。这些现象表明当时这道长城虽然修了，但终因没有得到中央政府的肯定与支持，因此修筑较为草率，墙体的修筑规模及质量亦远不能与大边等长城相比。可能仅在部分地段人工修筑了墙体，主要还是依靠红柳沟的自然山险形胜结合一些烽火台进行警戒防御，所谓的百二十里长度里程，也仅是包括烽燧、山险在内的两地间的防线距离，并非实际的筑墙长度。

3. 明代中期杨一清、王琼在宁夏的筑边活动在当时影响都很大，杨主张帮筑旧墙而王琼则改线挖堑，关于杨、王间墙、堑优劣之争，明人就有论及，且多认为墙优于堑。王琼弃墙挖堑、依托壕堑摆边防守的主张在当时就遭到了一些人的反对③，其后任改筑壕墙的事实也证明在地形平漫、风沙肆虐的河东地区弃墙挖堑并非是一种成功的防御策略，随着续修壕墙过程中的对该道壕堑的改建、利用及大边防线的逐渐完备，王琼等人挖堑的事实如同其所挖壕堑一样逐渐被历史的风沙所掩埋。由于当时及后来的一些记述囿于信息资料不全、著述年代时间所限以及该地修边活动中不断地改弦更易与反复曲折，相关记载较为零散。本次调查中结合新发现壕堑与考古发掘，并通过对相关史料

① （明）胡汝砺：《嘉靖宁夏新志》卷二《宁夏总镇续》，陈明猷校勘，宁夏人民出版社，1982 年版，108 页。
② 顾祖禹：《读史方舆纪要》卷五十八《陕西七》，贺君次、施和金点校，中华书局，2005 年版，2803～2804 页。
③ 《嘉靖宁夏新志》卷二《宁夏总镇》，85 页。

的爬梳与比对，基本搞清了该地区明代筑边的历史，确定了相关长城遗迹的时代与属性。

　　这三则新发现属本次长城资源调查中宁夏调查工作的重要收获，为研究宁夏地区以及中国明长城修筑历史提供了新的资料，深化了对相关长城遗迹内涵的认识，也为以后开展相关长城的维修、保护提供了基础信息与一手资料。

天津市明长城防御体系研究

姜佰国 *

　　天津市辖域的明长城全部分布在蓟县北部山区，东迄天津市蓟县与河北省遵化市交界的钻天峰，向西经赤霞峪、古强峪、船仓峪，折向西北的常州，经东山、刘庄子、青山岭、车道峪、小平安向西穿沟河，过黄崖关，经前甘涧黄土梁大松顶出蓟县界，折向西北，与北京市平谷将军关相连，地跨下营镇的赤霞峪、古强峪、船仓峪、常州、东山、刘庄子、青山岭、车道峪、小平安、黄崖关、前甘涧11个自然村。

　　天津市明长城资源田野调查工作开始于2007年10月，结束于2007年12月。此次长城资源调查，共在天津市域内发现关城1座、寨堡9座、敌台85座、烽火台4座、火池15座、烟灶40座、居住址41座、水窖11个、水井4口，经天津市测绘院量测，天津市域内明长城表面长度为40283.06米。

　　经过亲历天津市明长城资源调查，使我对天津市域内的明长城防御体系有了更加深刻、直观、系统的认识，天津市明长城防御并不单单是那些依山而建的墙体、依势而成的山险以及它们之间散布的敌台连接成的防线，还包括关城、寨堡、烽火台、火池、烟灶、居住址、水窖、水井，甚至还包括士兵为耕种粮食、蔬菜而平整的坝地，是一个集侦查预警、前线防卫、信号传递、增援策应、军事指挥、后勤保障等系统构成的完整防御体系（图1）。

一　侦查预警系统

　　据《天下郡国利病书》记载，探听敌方消息，往往设有明哨和暗哨，明哨亦称"直拨"或"夜不收"，相当于现在的侦察兵，潜伏在敌营附近，"深入虏穴，察其情

＊　姜佰国：天津市文化遗产保护中心，副研究员。

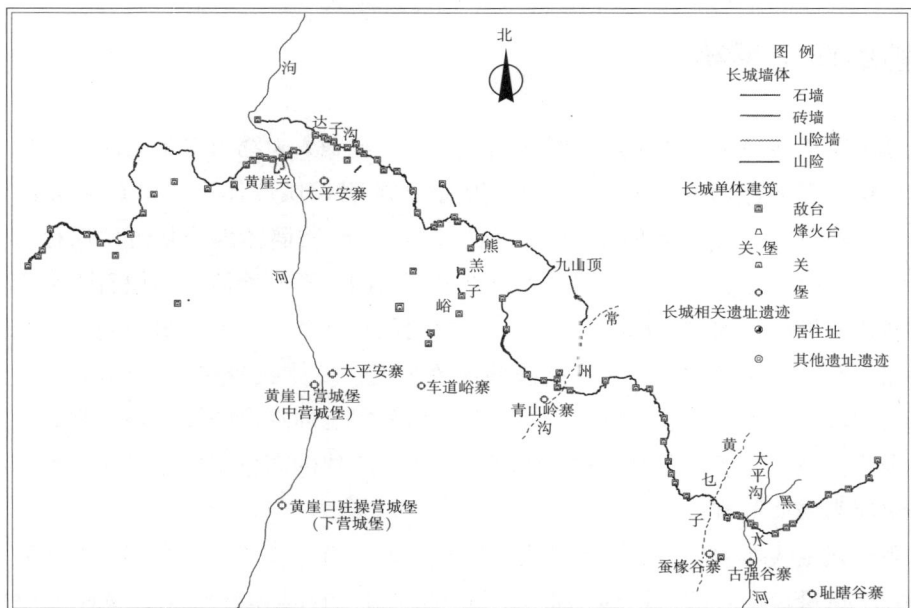

图 1　天津市明长城分布示意图

形", 一有敌方入侵消息, 即"一面通报抚镇, 调兵驰援; 一面传楼台烽堠, 昼夜加防"①。而暗哨亦称"横拨"或"墩军", 其相当于现在的哨兵, 在前沿树木密集的高处站哨, "沿边了望", 人员定期轮换, 一般自关隘向外 3～4 里或 5～6 里一拨, 每拨 2人, 各持 1 杆快枪, 其"瞭见敌人南向, 十人以内则放枪 1 杆, 二三十人以上则放枪二杆, 依次传至关下"。这样, 通过明哨和暗哨的安置, 明朝军队就形成了长城防线前方的侦查预警系统。

"墩军"与"夜不收"作为明长城防御体系的特殊兵种, 或巡哨, 或深入敌境侦察, 最先对敌方构成威胁, 其特殊作用不言而喻, 所以明朝统治者多次强调"沿边夜不收及守墩军士, 无分寒暑, 昼夜瞭望, 比之守备, 勤劳特甚"②。多次出台优待"墩军"与"夜不收"的政策, 给他们增加俸饷。

天津市域内发现的烽火台, 全部位于长城主线的外侧, 多建于山谷旁半山腰上, 依山体而建, 居高临下。烽火台平面呈半圆形, 石块干垒而成, 收分较大, 上部平坦, 不见其他遗迹。这些烽火台应该是"墩军"定点站哨的地方, 其作用除具有地势突兀、便于侦查瞭望之外, 还具有一定的自卫、阻敌的作用。当然, 由于"夜不收"活动隐蔽, 其遗迹已无从考证。

① （清）顾炎武:《天下郡国利病书》[M], 卷四, 北直三烽堠, 清光绪二十五年石印本。
② 《明实录·英宗睿皇帝实录》[M], 卷之九宣德十年秋九月, 历史语言研究所, 1962 年, 校勘本。

二　前线防卫系统

天津市明长城防御体系中修建时间延续最长、耗费人力物力最多的防御设施，莫过于长城墙体。在天津市域内横亘东西的 40 余千米明长城墙体中，除黄崖关段为砖质（1987 年修复）外，其余墙体均为石质（未修复）。砖质墙体因修复过，保存有完整的垛口、女墙、瞭望口、射口等，墙体上还修复有暗门。石质墙体多用块石干垒而成，外侧部分残存有垛口，内侧全部没有女墙，马道用相对平整的片石铺成，宽 1.2～1.8 米，内外壁用平整的石块垒砌，三合土抹缝的现象少见，墙体收分在 0.5～1.2 米左右，在山势陡峭地段，墙体往往垒砌成台阶状。通过对各段墙体现存的周边环境观察，尤其是在前甘涧段长城中，墙体石块的颜色与其所在山体石块的颜色正好相对应，推测垒砌长城的石块应为就地取材。

除明长城主线墙体外，天津市域内还发现多条二道边长城，其宽度一般比主线墙体窄，并且不见垛口和女墙，墙体上部为平坦的马道，在墙体外侧见有垒砌规整的排水口。这些二道边长城大部分位于主线墙体的外侧，在平面上看，它们修建的很凌乱，看似毫无规律可言，实际上如果把它们放在具体的地理环境中，还是可以看出：它们一般修建于山势由陡到缓的半山腰或峡谷的隘口的。

这些二道边长城所起作用在文献中鲜有记载，根据此次亲身实地调查，我想主要有以下几个方面：第一，构筑于主线外围、封闭可以出入平原的隘口，构成主线外侧的第一道防线，这里最突出的是黄崖关二道边长城 3 段和青山岭二道边长城 2 段（图 2），这样在敌进攻时既可以起到对主线的缓冲作用，为主线防御赢得时间，又可以在援军到来之时，与主线一起对所犯之敌形成合围之势；第二，构筑于主线外围、基本与主线相平行，如前干涧二道边长城，此类二道边长城一般修筑立陡高耸，实际是弥补主线长城墙体外侧地势平缓、敌可轻易靠近主线长城墙体的劣势，对主线长城墙体防御起到了双保险的作用；第三，构筑于主线外围山谷一侧的较缓山坡之上，与山顶部敌台相接，如青山岭二道边长城，起到了拱卫敌台、扼守山谷的作用；第三，多道平行构筑于主线外围、宽且平坦隘口，此种情况仅见于车道峪二道边长城，其作用一方面可以阻止敌方骑兵对主线墙体的冲击，具有挡马墙、战术防御和战略反击的三重作用，另一方面，通过观察其所处地势及文献中多有山洪冲毁隘口墙体的记录，我觉得这些平行分布的二道边长城墙体可能还有缓冲山洪对封锁隘口的主线长城冲刷的作用；第四，构筑于主线内侧、封锁出入平原的谷口，与居于山顶部的敌台相连，如车道峪二道边长城，此种二道边长城修筑得一般都很粗糙，防御作用有限，一旦主线墙体被攻破，不过仅仅是延缓敌方进攻、静待增援罢了。

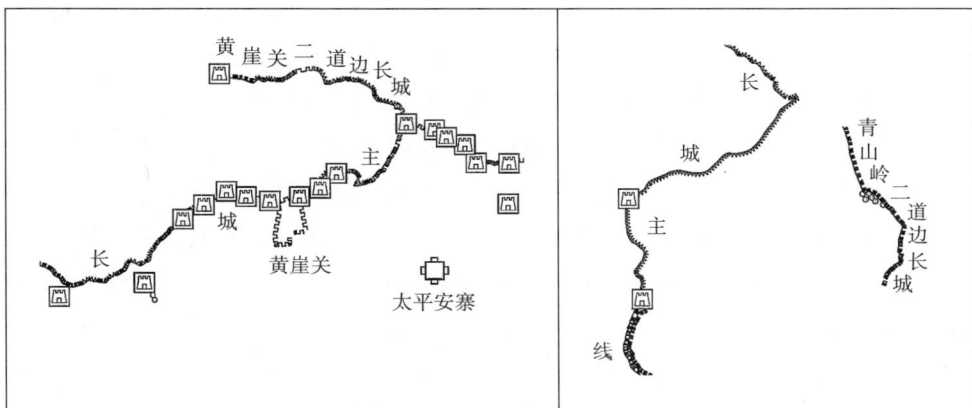

图 2　天津市明长城黄崖关段、青山岭段二道边长城位置图

　　天津市域内沿墙而建的敌台是前线防御系统中又一重要设施。敌台按质地可分为石质、上砖下石质两类，这些敌台在平面上多呈方形或长方形，大部分位于山顶或山谷旁居高临下的山梁上，地理位置非常重要。砖质敌台内部有较大的空间，且门上有门枢、门栓孔痕迹、箭窗上有窗栓孔，说明当时砖质敌台上有门和窗，敌台周边没有发现居住址，这种敌台应该可以驻扎士兵。石质敌台虽然为实心，但在一些敌台顶部发现有长方形半地穴式结构，此结构一般很小、很窄，周边也没有柱础、柱洞等痕迹，另外还在一些敌台顶部发现有长方形、方形或圆形的黄色垫土，这些遗迹都表明石质敌台上部虽没有房屋建筑，但有帐篷或窝棚等简易住所，以充当士兵站岗警戒、遮蔽风雨之所。

　　关于修建敌台的原因，戚继光认为"蓟镇边垣，延袤二千里，一瑕则百坚皆瑕。比来岁修岁圮，徒费无益。请跨墙为台，睥睨四达"①，"先年边城低薄倾圮，间有砖石小台，与墙各峙，势不相救。军士暴立暑雨霜雪之下，无所藉庇。军火器具，如临时起发，则运送不前；如收贮墙上，则无可藏处。敌势众大，乘高四射，守卒难立。一堵攻溃，相望奔走，大势突入，掳掠莫御。今建空心敌台，尽将通人马冲处堵塞……两台相应，左右相救，骑墙而立"②。

三　信号传递系统

　　天津地区明长城传递边界敌军入侵信号的方法主要有烽燧、发炮等方法。
　　明代用烽燧传递信号的方法基本沿用汉制。据唐人李贤《后汉书·光武帝纪下》

---

① （清）张廷玉等撰：《明史》[M]，卷二百十二，列传第一百，戚继光，中华书局，1984 年版。
② （明）戚继光：《练兵实纪》[M]，杂集卷之六，车步骑营阵解，中华书局，2001 年版。

注云："《前（汉）书音义》曰：边方备警急，作高土台，台上作桔皋，桔皋头有兜零，以薪置其中，命低之，有寇即燃之，举之以相告，曰烽。又多积薪，寇至即燔之，望其烟，曰燧。昼则燔燧，夜乃举烽。"由此可知，烽用于夜间放火报警，燧用于白昼施烟报警。这也与居延汉简"虏守亭鄣不得燔积薪，昼举亭上烽一烟，夜举离合苣火"[1] 的记载相同。到了明代，与汉代烽燧传递信号略有不同的是施烟、放火的设施有了较大的改进，出现了用石块垒砌的火池、烟灶——专门用于信号传递的长城防御附属设施。烟灶、火池是此次调查发现较多的遗存，多位于敌台的南侧，成组分布。烟灶一词，在明清文献中不见记载，其命名源于甘肃居延出土的汉简记载："烟造一"[2]（E. J. T37·1544），"造"即"灶"字误写[3]。这些烟灶位于墙体上或敌台下部，平面基本呈正方形，石块干垒而成，四壁垒砌平整，下部垒砌有 1～4 个不等的灶门，没有出火口，仅能出烟。火池见于戚继光《练兵实纪》，平面多呈簸箕形，三面垒砌有低矮的石块，一面敞开，火池内用石板平铺，其形制易通风起火。火池的尺寸、形状与文献"每座方五尺，张口，庶草多火亮"[4] 记载相同。在部分火池的内部和烟灶的灶门内发现有白色的灰烬，个别火池底部的石块、烟灶灶门附近的石块甚至还可看出有烟熏火燎的痕迹，可见在有明一代特别是明代末期，烟灶在白天、火池在夜晚报警方面的确发挥了一定的作用。

　　明英宗正统元年（1436 年）前后，发炮传递信号的方法开始在天津域内明长城，具体做法是在蓟州镇长城内每三里设一墩炮架，"遇贼薄城，举火发炮传报"[5]。成化二年（1466 年），明廷下令用发炮和烽燧两种方法共同传递报警信号，"边墩举放风烽炮"，并以烽炮的数量作为表示敌人数量的定律。即：见敌一、二人至百余人举放一烽一炮，五百人二烽二炮，千人三烽三炮，五千人以上四烽四炮，万人以上五烽五炮[6]。弘治七年（1494 年）又对天气变化、昼夜更替等特定条件下报警信号的传递做了规定，"凡遇寇近边，天晴则举炮，天阴则举烟，夜则举火"[7]。

四　增援策应系统

　　天津市明长城防御是以黄崖口关为中心，以沿线长城 7 座寨堡为纽带，以长城墙体相连接，以黄崖口驻操营城堡、黄崖口营城堡、蓟州为依托，一处有敌情，其他各处视

① 中国科学院考古研究所编：《居延汉简甲乙编》[M]，中华书局，1980 年版。
② 甘肃省文物考古研究所、中国社会科学院历史所：《居延新简》[M]，中华书局，1994 年版。
③ 上官绪智、黄今言：《汉代烽燧中的信息器具与烽火品约置用考》[J]，《社会科学辑刊》，2004 年 5 期。
④ （明）戚继光：《练兵实纪》[M]，杂集卷之六，车步骑营阵解，中华书局，2001 年版。
⑤ 《明实录·英宗睿皇帝实录》[M]，卷之十六，正统元年四月甲寅，历史语言研究所，1962 年版，校勘本。
⑥ （明）申时行等撰：《明会典》[M]，卷一百三十二，兵部十五各镇通例，中华书局，1989 年版。
⑦ 《明实录·孝宗敬皇帝实录》[M]，卷九十四，弘治七年十一月甲寅，历史语言研究所，1962 年版，校勘本。

敌情轻重依次增援策应，临危不乱，援守有度。

黄崖口是沟河下切燕山余脉流入华北平原形成的最后一道峡谷口，也是出入京津腹地的一条战略要道。早在洪武年，明廷就建立了黄崖口驻操营城堡一座①，明长城资源调查中在天津蓟县下营镇沟河东岸下营村发现一座寨堡，平面呈正方形，占地面积约3.3万平方米，推测其应为黄崖口驻操营城堡。在下营寨堡北沟河西岸的中营村发现的寨堡，平面呈长方形，占地面积比下营寨堡还大，约4.7万平方米，据嘉靖三年《蓟州志》记载，黄崖口营城堡一座天顺四年（1461年）建，此寨堡应为黄崖口营城堡所在。

黄崖关扼守沟河谷道，是明代蓟镇长城的重要关隘，也是天津市域内唯一的一座长城关城，平面呈刀把形，面积约3.8万平方米，永乐乞建，天顺时又重建，《四镇三关志》记："黄崖口关，城六十里，嘉靖三十年创修，三十六年、三十八年，隆庆元年（1567年）增修，包括正关、水关、东西稍城"。

太平安寨，原名小平安寨位于黄崖关东南部、天津蓟县下营镇小平安村内，寨堡地势东北高，西南低。平面呈正方形，占地面积很小，仅约0.49万平方米。此寨设立于成化二年。太平安寨扼守的是黄崖关东侧半拉缸山下的一处叫"达子沟"的谷道，"山口二十丈，孤绝难守"，正是因此，嘉靖二十四年（1545年）"虏犯黄崖口失事"，才从此谷道攻入。

大平安寨堡位于黄崖关东南部、天津蓟县下营镇大平安村中部，沟河东岸，地势平坦，此寨堡朝向为正南，平面呈正方形，占地面积约2万平方米。此寨设立的具体年代不详，但据嘉靖三年《蓟州志》已见记载看，其建设年代当在嘉靖三年之前。

上述一关四寨堡均位于沟河两岸，实际上构成了阶梯状的三道防线。

其一，是以黄崖关、太平安寨为前沿阵地，它们分别扼守沟河口和达子沟口，并分别策应增援沟河两岸边墙。

其二，是以黄崖口营城堡（中营城堡）和大平安寨构成第二道防线，这两个寨堡位置居于黄崖关和黄崖口驻操营中间，据守沟河两岸。其中黄崖口营城堡面积最大，现城堡中尚保存有四眼水井、饮马石槽以及大量石碾、磨盘，说明这里驻兵最多。黄崖口营城堡和大平安寨既可在黄崖关失陷时形成据沟河谷道的防线，又可以在黄崖关防守紧迫时，加以驰援。

其三，黄崖口驻操营城堡（下营城堡）构成第三道防线。其防守、驰援的作用与黄崖口营城堡和大平安寨构成第二道防线相同。

通过这一关四寨堡的设立，真正达到了"关据极边，所以扼长城之冲；营据关内，

① （明）刘效祖撰：《四镇三关志》[M]，卷之二，形胜三十八，昍万历四年刻本。

所以为应援之用"①。

天津市明长城沿线还有 5 座寨堡,自东向西依次为耻瞎谷寨、古强谷寨、蚕椽谷寨、青山岭寨和车道谷寨。

耻瞎谷寨,又称"东寨",成化二年(1466 年)建。位于天津市蓟县下营镇赤霞峪村内北部的高台地上,平面为不规则四边形,占地面积约 1.3 万平方米。地处一处峡谷的口部,北面 1.4 千米即为建于两山鞍部的长城墙体,其作用主要应该是增援北部长城,同时也可增援西邻古强谷寨。

古强谷寨,又称"中寨",永乐年建。位于天津市蓟县下营镇古强峪村内北部,永乐年建。其北距长城仅 0.8 千米,地处黑水河谷的口部,扼守太平沟,是太平沟出入的必经之路,地理位置非常重要。该寨堡平面呈刀把形,南部凸出,占地面积约 1.5 万平方米。

蚕椽谷寨,又称"西寨",成化二年(1466 年)建。位于天津市蓟县下营镇船舱峪村北,扼守黄乜子河道,平面为长方形,占地面积 0.7 万平方米。

耻瞎谷寨、古强谷寨、蚕椽谷寨三寨"品"字分布,相互兼顾,互为依托,形成最佳的防守格局。

青山岭寨,位于天津市蓟县下营镇青山岭村北,扼守常州沟,平面呈不规则长方形,占地面积约 0.6 万平方米,成化二年(1466 年)建。

车道谷寨堡,位于天津市蓟县下营镇车道峪村内中北部,扼守熊羔子峪,平面呈长方形,占地面积约 0.7 万平方米,成化二年(1466 年)建。"量移营堡以便策应……黄崖口营之距古强谷、耻瞎谷、蚕缘谷、青山岭各关寨则三十里……皆于策应不便,请酌其便之地改立营堡"②,这是因此,嘉靖十六年(1537 年)才在介于耻瞎谷、古强谷、蚕缘谷、青山岭和黄崖口营之间,为策应增援和扼守谷道,又增建了车道峪寨。

五　军事指挥系统

天津市域内明长城军事指挥系统大致经历了洪武、永乐及嘉靖三个时期的发展演变,日臻完备,逐渐形成了一套严密的军事指挥系统。

明洪武六年(1373 年)"从淮安侯华云龙言,自永平、蓟州、密云迤西二千余里,关隘百二十又九,皆置戍守"③,加强了对天津市域长城沿线的防御。明朝初年,设立都司卫所制度,洪武四年(1371 年)置蓟州卫指挥使司④,设指挥使、同知、佥事,负

① (明)熊相撰修:《蓟州志》[M],全国图书馆缩微文献复制中心,1992 年,嘉靖三年本。
② 《明实录·世宗肃皇帝实录》[M],卷之一百二十五,嘉靖十年五月己亥,历史语言研究所,1962 年版,校勘本。
③ (清)张廷玉等撰:《明史》[M],卷九十一,兵志三,中华书局,1984 年版。
④ 《明实录·太祖高皇帝实录》[M],卷之六十七,洪武四年秋七月辛未,历史语言研究所,1962 年版,校勘本。

责天津市域长城边防，隶属于北平都指挥使司，后并属五军都督府之后军都督府管辖①。

明永乐时期，为了加强长城防御能力，"初设辽东、宣府、大同、延绥四镇，继设宁夏、甘肃、蓟州三镇，而太原总兵治偏头，三边制府驻固原，亦称两镇"②，这样沿边共设九镇，是为九边，天津市域内明长城为蓟州镇长城一部分，由北平都指挥使派遣的总兵官负责军事指挥。

嘉靖以后，由于北方局势日趋严峻，明廷日益重视长城沿线防务，这是在这样的大背景下，长城防御的军事指挥系统才得以严密完备，逐渐形成了以文官、武官分别担任戍边职官，充分发挥各自优势，既可在战争时期协调各方、充分发挥前线指挥官的能动作用，又可在和平时期相互监督牵制，避免拥兵自重、贪污腐化（图3）。

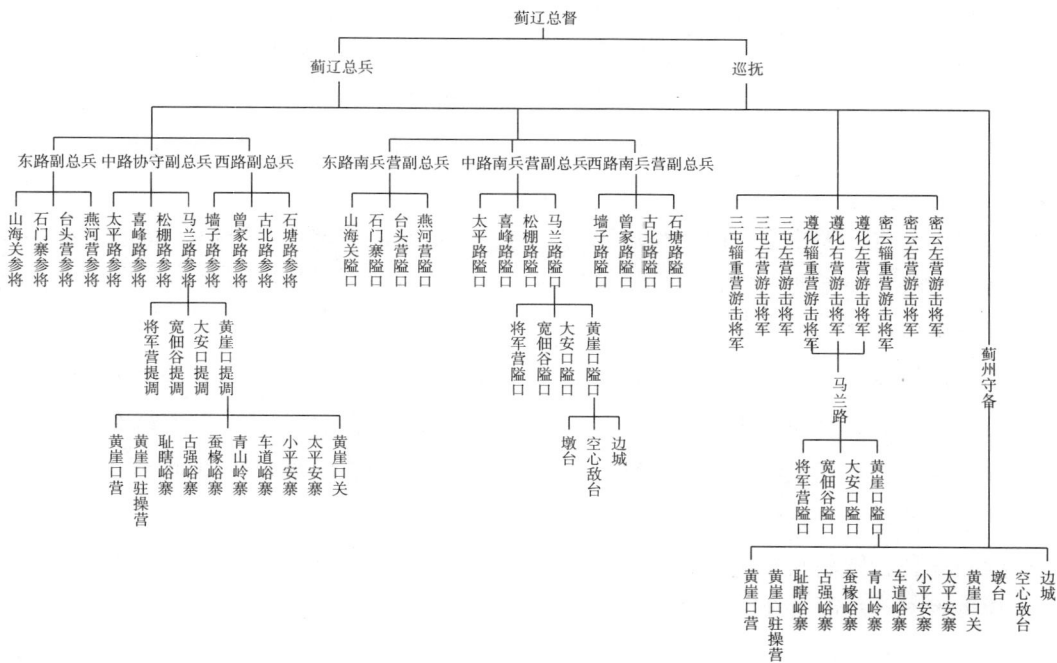

图3　天津市明长城军事指挥系统（明朝中后期）简表

文官中蓟辽总督（全称是"总督蓟辽保定等处兼理粮饷"）是掌管蓟镇、辽东、保定明长城防御的最高军事指挥官，相当于现在的战区总司令，设于嘉靖二十九年（1550年），开府密云，后驻蓟州③。总督的设立主要是统一事权，辖顺天、保定、辽东三巡

---

① （清）张廷玉等撰：《明史》［M］，卷九十，兵志二，中华书局，1984年版。
② （清）张廷玉等撰：《明史》［M］，卷九十一，兵志三，中华书局，1984年版。
③ （清）张廷玉等撰：《明史》［M］，卷七十三，职官志二，中华书局，1984年版。

抚，在一镇或一路遭到敌人进攻的情况下，协调各镇巡抚、总兵，集中兵力增援。巡抚的职责与现在的军区参谋长和后勤部长职责相近，但其地位高于总兵，具有一定的指挥权。蓟州镇巡抚驻蓟州，职责与辽东镇巡抚相近[①]，主要是"防御虏寇，操练军马，修理城池，听理词讼，区划粮储，禁革奸弊，保障军民，一应边机军务，务须与同事内外守臣计议停当而行，分守、守备等官，悉听节制[②]"。

武官中蓟镇总兵是掌管蓟州镇长城防御的军事指挥官，相当于现在的军区司令，蓟镇总兵其职责是"操练军马，督修边城，内防奸宄，外御贼寇"[③]，"三路分守、守备等官悉听节制"，起初总兵的职权受巡抚的节制很大，"凡事须与镇守内臣并巡抚都御史计议停当而行，不许偏执己见"，隆庆二年（1568 年）改为总理练兵事务兼镇守，负责全镇防务。

蓟州总兵下设东路、中路、西路协守副总兵三人，东路副总兵，隆庆三年（1569年）添设，驻建昌营，管理燕河营、台头营、石门寨、山海关四路。中路副总兵，万历四年（1576年）改设，驻三屯营，带管马兰峪、松棚峪、喜峰口、太平四路。西路副总兵隆庆三年（1569年）添设，驻石匣营，管理墙子岭、曾家寨、古北门、石塘岭四路。

各路设参将，天津市域内明长城属马兰路，由中路协守副总兵统辖、马兰路参将直接管辖。参将下设提调、守备，据文献记载，现天津市域内与长城防御相关的提调、守备仅见黄崖口提调、黄崖营提调和蓟州守备。

黄崖口提调辖一关六寨，即黄崖关、太平安寨（即"大平安寨"）、车道峪寨、青山岭寨、蚕椽峪寨（即"船舱峪寨"）、古强峪寨、耻瞎峪寨（即"赤霞峪寨"）以及黄崖口驻操营和黄崖口营。提调统辖的寨堡又根据地理位置的重要性和辖兵的多少，由指挥、千户甚至百户管辖[④]。

蓟州守备管辖蓟州全境，建于嘉靖三十一年[⑤]，其统领的兵马具有防守本城并服从本镇战事需要，随时设伏或支援。

以上将领分别镇守关、城、寨堡。镇守长城墙体、敌台的士兵则是南兵，"今将召到南兵一万，分布各台五名十名不等，常川在台，即以为家，经年再不离台入宿人家"[⑥]，"每一路，各设传烽委官一员，系南方人员，以其机利素习也"，为加强对南兵

---

① （明）魏焕：《皇明九边考》［M］，卷第三，蓟州镇。

② （明）魏焕：《皇明九边考》，卷之二，辽东镇：《中华文史丛书》第三辑，台湾华文书局，1968 年版，影印本。

③ （明）魏焕：《皇明九边考》，卷之三，蓟州镇：《中华文史丛书》第三辑，台湾华文书局，1968 年版，影印本。

④ （明）熊相撰修：《蓟州志》［M］，全国图书馆缩微文献复制中心，1992 年，嘉靖三年本。

⑤ （明）刘效祖撰：《四镇三关志》［M］，卷之八，职官，明万历四年刻本。

⑥ 戚继光：《练兵实纪》杂集卷之六，车步骑营阵解，中华书局，2001 年版。

的管理，戚继光在任总理练兵官时，于隆庆二年在石匣营设立了西路南兵副总兵，隆庆六年分别在汉儿庄、燕河营建中路南兵副总兵和东路南兵副总兵，统领相应各路隘口，其中中路南兵副总兵掌管天津市明长城各隘口、敌台和边墙①。

除上述外，领导机动部队的游击将军也是不可忽视的，据《四镇三关志》记载，负责天津市域明长城沿线增援的游击将军是遵化左营游击将军（建于嘉靖四十三年）、遵化右营游击将军（建于隆庆二年）和遵化辎重营游击将军（建于隆庆二年）。

了解了蓟镇长城庞大而复杂的军事指挥官职，我觉得还有一点需要弄清楚，那就是蓟镇长城复杂的军队，而且还有一个现象很有趣，就是不同兵种由不同级别的官员统领，通过查阅文献，蓟镇长城军队的兵种主要有标兵、营兵、守城兵、瞭侦兵和家丁。

标兵。从文献上看，只有蓟辽总督、蓟镇巡抚和蓟镇总兵拥有标兵，其名称来源无考，顾名思义，应该是"从军队中百里挑一组成的样板军队"之意，标兵比较特殊之处就是由蓟辽总督、蓟镇巡抚和蓟镇总兵直辖。蓟辽总督标兵设于嘉靖三十八年（1559年）②、蓟镇巡抚标兵和蓟镇总兵标兵均设立于嘉靖四十二年（1563年）③。

营兵。明时总兵、副总兵、参将、游击将军统领军队的总称。根据其隶属的将领不同，其称谓和职责也不同，"参将、游击。总兵总一镇之兵，谓之正兵；副总兵分领三千，谓之奇兵；游击分领三千，往来防御，谓之游兵；参将分守各路，东西策应，谓之援兵"④，由此可见，总兵直辖的军队称正兵，正兵的主要有护卫总兵、随警策应、配合作战等职责；奇兵，由副总兵直辖，主要任务是待报赴援，设伏防守，常年防守；援兵归参将统领。参将及其援兵的主要任务包括护守本路、各路配合、诸兵合作、应援他镇、防秋摆边等项；游击及所统游兵主要为机动出击而设，一般无固定防区，游兵的任务主要有戍守本镇、镇内驰击（这是游兵最主要的任务）、援助他镇、人卫京师、巡回哨守。

守城兵。也称城操军，主要职责是防守本城及附近辖区、服从战事需要，随时设伏或应援、防御盗贼。

瞭侦兵。即墩军和夜不收，分别负责瞭望和侦察。

家丁。是将领自募的亲兵。嘉靖四十二年（1563年）允许副总兵、参将、游击将军、守备、提调等将领自募家丁，"（蓟镇令）副、参、游、守、提调等官许自募家丁，报名在官，一体给粮"⑤，这应该与当时战事紧迫、兵源枯竭有关。

① （明）刘效祖撰：《四镇三关志》[M]，卷之八，职官，明万历四年刻本。
② 《明实录·世宗肃皇帝实录》[M]，卷469，嘉靖三十八年二月庚申，历史语言研究所，1962年版，校勘本。
③ 《明实录·世宗肃皇帝实录》[M]，卷527，嘉靖四十二年（1563年）十一月庚辰，历史语言研究所，1962年版，校勘本。
④ （明）苏佑：《说郛续》，第19，逌旃琐言，上海古籍出版社，1988年版。
⑤ （明）申时行等撰：《明会典》[M]，卷一百二十九，兵部十五，各镇分例一，中华书局，1989年版。

终上所述，可见天津市明长城军事指挥系统中，各级官员及其统领的军队，职能各有侧重，分工略有不同，既强调各守其土、各司其责，又注意精诚合作、协同作战，最终达到一方有难、八方支援、首尾呼应、援守有度。

六　后勤保障系统

在明长城防御体系中，后勤给养保障对沿线防御、克敌制胜起到关键的作用。后勤保障系统主要体现在后勤给养的来源、运输、仓储以及监管四个方面，并且这四方面环环相扣，缺一不可。

首先是后勤给养的来源。驻扎在长城墙体、敌台及沿线关城、营堡的兵卒数以万计，其每年消耗的物资更是不计其数，纵观明朝历史，供应长城驻守士卒的给养主要来自于四个渠道，即军队自给、地方供应、以盐易饷、中央调剂。

"军队自给"实际上就是军队屯田，自古以来军屯都是戍边士兵粮饷的一个重要来源，这一点在明朝也不例外，皇帝多次采纳大臣建议，"自山海至蓟州，守关军万人，列营二十二所，操练之外无他遣。若稍屯种，亦可实边，请取勘各营附近荒田，斟酌分给，且屯且守，实为两便。上嘉纳之"①。本次长城资源调查，在天津明长城青山岭段发现坝田一处，位于一处居住址的南侧，沿山势用石块垒砌成十八道坝台，形成了十八块长条形平整的土地，此遗迹所处一山凹南部，人迹罕至，无人居住，应为明时屯田遗迹无疑。军屯在一定时期达到了很好的效果，甚至"一军之田，足赡一军之用，卫所官吏俸粮皆取给焉"②的自给自足的程度。长城戍守兵卒还承担了牧马的任务，"以蓟州之东地广草肥，宜于畜牧，故令永平卫军每人牧牝马一，并免他役，期所牧蕃滋以资军国之用"③。另外，长城戍守兵卒还承担过以下工作：采矿，"镇守蓟州、山海都督金事陈景先奏：比有令，遵化仍开冶铁，所役军民，如取旧用"④；采草，"初，京操马多草束不足，以天津等八卫原运粮关军内兑出三千五百员名，每岁八月于草场采草，给以行粮分为七运，运草二十万束"⑤；伐树，"乞移文……辽东、蓟州等处镇巡等官各下所属相度山川形势，若非通贼紧要道路，仍许采取鬻贩，庶几不误应用"⑥。

---

① 《明实录·宣宗章皇帝实录》[M]，卷之五十四，宣德四年五月丙辰，历史语言研究所，1962 年版，校勘本。
② （清）张廷玉等撰：《明史》[M]，卷八十二，食货六，中华书局，1984 年 3 月。
③ 《明实录·宣宗章皇帝实录》[M]，卷之十九，宣德元年秋七月甲午，历史语言研究所，1962 年版，校勘本。
④ 《明实录·宣宗章皇帝实录》[M]，卷之十七，宣德元年五月丁酉，历史语言研究所，1962 年版，校勘本。
⑤ 《明实录·宪宗纯皇帝实录》[M]，卷之一百七十三，成化十三年十二月丙午，历史语言研究所，1962 年版，校勘本。
⑥ 《明实录·孝宗敬皇帝实录》[M]，卷之九十二，弘治七年（1494 年）九月壬寅，历史语言研究所，1962 年版，校勘本。

　　"地方供应"也称"民运"，这是戍边士兵粮饷的主要来源渠道。户部每年指派近边府州县将税粮运至指定的边仓，这样就形成了地方州府供应固定戍边军队的一一对应关系。此制在洪武二十三年（1390年）形成定制，"谕户部校理各卫官军岁支俸粮实数，以内外有司民户该输正粮对数拨给。如一县之粮以对一卫，或多或少，捐其赢，补其不足．一户之粮以对一军"①。

　　"军队自给"及"地方供应"均受驻边极其附近地区小气候的影响，自明成化之后，蓟州自然灾害频发，粮食产能自然不足，为保障粮饷供应，"以盐易饷"也就应运而生了。

　　"以盐易饷"也叫"盐引"、"开中"，是指招募商人自筹粮草、自运至边，作为酬劳，明廷发给商人盐引，凭盐引到盐运司支盐，然后贩卖获利。"（行在户部奏）边卫粮储不足，请召中纳盐粮，不拘米麦豆。……永平府及古北口仓，淮浙长芦盐并引五斗"②，"户部以各边粮草缺乏，请开中两淮、长芦、河东盐课……蓟州十九万一百十八引，各得银五万……从之"③。

　　"中央调剂"亦称"京运"，就是将运往京师或京师储备的粮银粮调剂给长城沿线各镇。京运在明朝中期出现，明朝后期尤甚，其主要有以下三种方式，其一，南方漕运，"南京遮洋漕运一十三卫，例给全粮二十四万石，运到蓟州仓"④；其二，京师仓运，"发临清仓折粮价银三万五千两于蓟州备客兵粮储"⑤；其三，发太仓银，"发太仓年例银两于各镇，……蓟州三万"⑥。

　　关于粮饷的运输方式主要是河运。明初南方的粮食经漕运至天津后，再出海进入梁河（蓟运河），沿蓟运河上溯至蓟州，但因"道远水湍，舟数为败"⑦，海难频繁，正是因此，天顺二年开通了直沽河（又称新河），此运河起自今天津市滨海新区水津沽，止于今天津市滨海新区北塘⑧，联通水套、沽河，"阔五丈，深丈五尺"⑨，北接蓟运河，这样漕运的粮食就可以不经渤海，既安全又便利。

① 《明实录·太祖高皇帝实录》[M]，卷之二百，洪武二十三年（1390年）二月丙辰，历史语言研究所，1962年版，校勘本。
② 《明实录·宣宗章皇帝实录》[M]，卷之一百五，宣德八年闰八月壬子，历史语言研究所，1962年版，校勘本。
③ 《明实录·武宗毅皇帝实录》[M]，卷之一百三十一，正德十年（1515年）十一月辛丑，历史语言研究所，1962年版，校勘本。
④ （明）熊相撰修：《蓟州志》[M]，全国图书馆缩微文献复制中心．1992年版，嘉靖三年本。
⑤ 《明实录·世宗肃皇帝实录》[M]，卷之二百七十二，嘉靖二十二年（1543年）三月辛未，历史语言研究所，1962年版，校勘本。
⑥ 《明实录·世宗肃皇帝实录》[M]，卷之三百三十二，嘉靖二十七（1548年）年正月壬辰，历史语言研究所，1962年版，校勘本。
⑦ 《明实录·世宗肃皇帝实录》[M]，卷之拾，嘉靖元年正月壬戌，历史语言研究所，1962年版，校勘本。
⑧ 《沽口潮汐》编委会：《沽口潮汐·新河探源》[M]，百花文艺出版社，2008年版。
⑨ （清）张廷玉等撰：《明史》[M]，卷八十六，河渠四，中华书局，1984年版。

据《四镇三关志·职官》记载，现天津市域内存储长城戍边士兵粮饷的仓库共有三个，即蓟州仓、蓟州预备仓和黄崖口仓，蓟州仓、蓟州预备仓位于蓟县城中，黄崖口仓位于黄崖口关城内。

粮饷的实行中央直管、地方协管的方式，即中央户部委派督饷郎中，负责"粮储，兼理屯种"①。成化二年建蓟州粮储户部分司于蓟州城，隆庆三年建蓟州管粮通判公署于遵化县城②，"管粮通判专给关防，监督收放，乃其本职"③，"各镇管粮通判，悉听郎中节制，抚按关不得他委"。巡抚、镇守总兵则负责催督粮草，管理仓库。

七　结　语

天津市辖域的明长城虽然很短，其防御体系却很完整，在某种程度上，可以说是明长城防御体系一个具体而微的代表。天津市明长城防御体系，体现了有明一代以长城墙体、敌台、烽火台及关城、寨堡等设施为载体的"边有墙、墙有关、关内有堡、堡内有兵"的防御思想，在此思想指导下，形成了从侦查预警到前线防卫、从信号传递到增援策应、从前线指挥到后勤保障的一整套以防为主、防守兼备、以静制动、以逸待劳的完整防御体系。

---

① 《明实录·宪宗纯皇帝实录》［M］，卷之八十一，成化六年（1470 年）秋七月乙未，历史语言研究所，1962 年版，校勘本。

② （明）刘效祖撰：《四镇三关志》［M］，卷之八，职官，明万历四年刻本。

③ 《明实录·世宗肃皇帝实录》［M］，卷三百三十九，嘉靖二十七年八月辛未，历史语言研究所，1962 年版，校勘本。

从点到面：明代延绥镇长城的形成与演变——兼谈延绥镇的边防理念[*]

于春雷[**]

　　明王朝的政权建立之时，就确定了将退守北方的蒙古部族视为整个王朝主要的防御对象。明王朝非常重视其北部的边境防御，为了防御退守北方的蒙古部族反攻进入中原，明王朝沿边设立军镇负责边防，在河套一带进行防御而设置的军镇就是延绥镇，因本镇治所在成化九年迁往榆林卫城，故也称榆林镇。

一　延绥镇地理简述

　　明代延绥镇位置地理上位于河套南侧，处于毛乌素沙漠和黄土高原的交界地带，在今天的陕西省北部榆林市和延安市，在明代行政上属于陕西布政使司管辖。河套内部北部是库布齐沙漠，南部是毛乌素沙漠。延绥镇东与山西镇隔黄河相接，西与宁夏镇相接，西南与固原镇相接。《明史》中说到延绥镇边墙，就称为"横截河套之口"。

　　延绥镇的防区范围有明确的记载，"由黄甫川西至定边营千二百余里，墩堡相望，横截套口，内复堑山堙谷，曰夹道，东抵偏头，西终宁、固，风土劲悍，将勇士力，北人呼为橐驼城。"[①]延绥镇是被说成是横亘在河套的南口，而河套的地理范围在《延绥镇志》中也有明确记载，"东接山西偏头关，西至宁夏镇，相距二千里而遥。南则限以边墙，北滨黄河。"[②]《九边图说》记载"延镇东起皇甫川，西止定边营……"[③]，由以

*　本文为 2010 年教育部哲学社会科学研究重大课题攻关项目第 7 号招标课题：《中国历代长城研究》（项目批准号 10JZD0007）阶段性成果。

**　于春雷：陕西省考古研究院，实习研究员，陕西省长城资源调查队队员。

①　（清）张廷玉：《明史》，卷 91 兵［M］，中华书局，1974 年版，2238 页。

②　同①，卷 33。

③　（明）兵部编：《九边图说·延绥镇图说》［M］，隆庆刻本，卷 99。

上记载可以看出，延绥镇防区是主要河套内东半部分，全部防区并不能"横截河套之口"，只能包括河套之口的东部。

由于延绥一带和河套特殊的地理形势，所以明朝延绥一带军事防御的重心与方式也颇具特色，结合明蒙关系的不断变化，将这一地带的防御略分为如下几个阶段，以说明明代延绥镇长城本身的发生发展与明蒙关系的关系，以及明朝延绥镇的边防理念。依据明代延绥镇边防所凭借的依托，按照不同阶段分为：守在天险、守在营堡、守在墩台界石营堡、守在夹墙、守在互市与边墙。

二　守在天险

守在天险是指明代初期，东胜设卫之时，即永乐元年（1403 年）之前，明朝在该地区的防御仅设置有延安卫和绥德卫，依凭北方辽阔的沙漠、黄河与阴山等天险，阻止蒙古部族南下侵扰。

元代，河套地区北、西分属中书省、甘肃行省管理，在中部鄂尔多斯大部地区为察罕脑儿①宣慰司都元帅府，河套南部延绥一带归陕西行省管辖。元末明初，河套地区最初有故元河南王扩廓帖木儿（王保保）占领，明朝初年，才进兵河套，在《延绥镇志》一书中记是在"洪武四年，大将汤和攻察罕脑儿，获元猛将虎陈，定东胜。"② 东胜，在今内蒙古托克托县城，并最迟至洪武四年正月即设东胜卫。但由于军事上的失利，旋即于洪武五年就又撤销了东胜卫，直至洪武二十五年，北元衰微，明朝才又重占此地，再设东胜卫③。直至永乐元年（1403 年）二月，因东胜卫孤远难守，撤往北直隶④。

明朝占领了河套地区后，在这一带将原来的蒙古政权进行驱逐，原来进行以畜牧生产为主的蒙古诸部也退出该地，察罕脑儿一带遂为空地。整个河套沙漠占绝大部分，不适合进行农业生产，所以也大都成为人烟稀少的地区，而明朝在河套内部并没有设置任

---

① 察罕脑儿是蒙语的汉语音译，察罕意即白色，脑儿或作淖尔，意即湖泊，或海子，察罕脑儿就是指白色的湖泊。元朝共有两处地名察罕脑儿，一处是位于和林西侧，元上都西侧的元世祖行宫就被称为察罕脑儿行宫，故址今称白城子古城。见陈得芝：《元察罕脑儿行宫今地考》[J]，《历史研究》，1980 年 1 期，145～152 页。一处是位于陕西靖边县统万城附近，全国八个宣慰司都元帅府之一即设在统万城，故址今俗称白城子。本文所及察罕脑儿是指后者。王天顺认为"察罕脑儿是元代一种特殊的行政建制，其所辖地区是元朝皇室的封地，封地内的赋税收入归领主所有。"见王天顺：《河套史》[M]，人民出版社，2006 年版，334～335 页。恐有误；同书记"察罕脑儿遗址在今陕西省横山县正北 90 公里的白城子，在今乌审旗境内。"也属误记，该遗址应该在陕西省靖边县境内，即靖边县城正北 90 公里白城子，现据实改之。
② （清）谭吉璁撰，刘汉腾、纪玉莲校注：《延绥镇志》，卷一，附记［M］，三秦出版社，2006 年版，421 页。
③ 薄音湖：《从明东胜卫到蒙古妥妥城》[J]，《民族研究》，2009 年 4 期，78～84 页。《明太祖实录》洪武四年正月"升东胜卫指挥金事为巩昌卫指挥使"。
④ 历史语言研究所校印：《明太宗实录》[M]，卷 17，302 页。永乐元年二月辛亥"以……东胜左、东胜右……六十一卫……俱隶北京留守行后军都督府"。

何军民管理机构。

明代在延绥一带依据元代府州设置有延安卫和绥德卫，进行屯驻操守，归陕西都指挥使管辖。在当时，明蒙之间并没有明确固定的界线，行政能力或军事设置所达到的地方就是各方实际占有的地方。但明王朝对自己实际占领的北部界线并不承认，而是认为一直向北至少直达黄河以北阴山一带包括整个河套都是明朝疆域。事实上当时蒙古诸部确实也都退到阴山以北，在阴山以南已没有蒙古势力存在。洪武三十年正月，明太祖对西北沿边放牧草场的地理疆域进行图画，《明太祖实录》记载"是月，以宁、辽诸王各据沿边草场，牧放孳畜，乃图西北沿边地里示之。敕之曰：自东胜以西至宁夏河西察罕脑儿，东胜以东至大同、宣府、开平，又东南至大宁，又东至辽东，又东至鸭绿江，又北去不止几千里，……其腹内诸王驸马听其东西往来，自在营驻，因而练习防胡。"①

在延绥一带就是由延安卫与绥德卫进行防守，东胜卫设置的时间段内（洪武三年至洪武五年、洪武二十五年至永乐元年），河套是很少有蒙古人进行活动的，《皇明九边考》云："河套外皆中原之地，……元末为王保保所扰，国初追逐之，筑东胜等城，屯兵戍守。"②

明太祖在延绥一带也同样设王进行镇守，河套南部延绥一带是在庆靖王的分辖区，"庆靖王㮦，太祖第十六子。洪武二十四年封。二十六年就籓宁夏。以饷未敷，令驻庆阳北古韦州城，就延安、绥、宁租赋。二十八年诏王理庆阳、宁夏、延安、绥德诸卫军务。"③

当时对河套一带的防守的记载是"于是设东胜城于三降城之东，与三降城并，东联开平、独石、大宁、开元，西联贺兰山、甘肃北山，通为一边。地势直则近而易守。"④以东胜和贺兰山相连成为一边，其间就是漫天的沙漠与弯曲的黄河，并没有任何军事设置，足见是将沙漠与黄河作为天险进行防御的。延绥一带，虽设有两卫，但明朝方面对蒙古部族的防御是利用河套的黄河和沙漠，辅以地方官的定期巡查而已。但这种巡查并不得力，⑤ 导致"后多失利，退而守河，又退而守边墙。"⑥

这段时期，延绥一带虽已是处于明王朝势力的末端，但由于河套地区整体没有敌对势力，所以该地区是被视作内地的，只是由陕西都指挥使遥控延安、绥德两卫，并有分封诸王在该地"自在营驻，因而练习防胡"，应该也有宁夏总兵官参与负责防守。

---

① 历史语言研究所校印：《明太祖实录》[M]，卷 249，3613~3614 页。
② （明）魏焕：《皇明九边考·榆林考·经略考》[M]，嘉靖刻本。
③ （清）张廷玉：《明史》，卷 117，3588 页。
④ （明）魏焕：《皇明九边考·卷一·经略总考》[M]，嘉靖刻本。
⑤ 同②。"正统以来，有司又失守东胜，大虏乃得逾河，而偏头关迤西遂有河套之虞。因循既久，有司又不肯以时巡套内地，形势愈弱。"
⑥ （明）魏焕：《皇明九边考·卷一·镇戍总考》[M]，嘉靖刻本。

这种防御设置明显薄弱，之所以会是这样的情况，还有一个原因就是经济原因，因为延绥一带并不十分适合农业耕作，整个河套地区又基本是沙漠区，明朝本身没有发展游牧经济，如果在此地进行驻军防守，所需的大量粮草物资并不能就地生产，需要从遥远的关中运至，便得不偿失。《皇明九边考》中也提到这种情况，"河套边墙自国初耿秉文守关中，因粮运艰远已弃不守，城堡、兵马、烽墩全无。"①

依据对东胜卫"东联开平、独石、大宁、开元，西联贺兰山、甘肃北山，通为一边"的记载看，东胜卫的废止应该是与这种联系消失有关。蒙古部族通过东胜至贺兰山之间的黄河进入河套，东胜与贺兰山之间的联系就被迫中断，东胜卫就失去了本来的功能，被废止就是一种必然的结果。但这种结果却同时又促使了更多蒙古部族进入河套，明朝方面依托天险的边防就不再起作用了。

蒙古部族进入河套，一个原因是因为瓦剌对鞑靼诸部的进攻；鞑靼被迫进入河套；另一原因就是气候原因，根据历史地理学的研究，整个明代都是处于不断变冷的小冰期，② 不断变冷的气候迫使整个蒙古草原上的人们不断南迁。

三　守在营堡

守在营堡是指在洪武五年（1372 年）至二十五年（1392 年）之间、永乐元年（1403 年）至正统元年（1436 年）③ 之间，由于蒙古人渡过黄河，延绥沿边一带外侧的防御天险不再有效，对于这一带的防御重心就放在旧有的一线营堡之上。

东胜卫撤销后，蒙古人边开始进入河套，永乐十一年冬十月的记载能说明该问题，"己酉，山西缘边烟墩成。先是从江阴侯吴高请于缘边修筑烟墩，至是，东路自天城卫至榆林口，直抵西朔州卫暖会口；西路自牤牛岭，直抵东胜路，至黄河西对岸灰沟村烟墩皆成。高五丈有奇，四围城高一丈，外开壕堑吊桥，门道上置水柜，暖月盛水，寒月积冰。墩置官军三十一人守瞭，以绳梯上下。皆上所规画也。"④ 说明此时东胜虽然撤卫，但还能由大同进行有效管辖，根据所筑守了墩台有在黄河西岸者，说明当时河套已经有蒙古人存在了，并且足可以引起明朝方面警惕。史书没有记载蒙古人怎样进入河套，但以理度之，应该是从土默川平原经娘娘滩渡黄河进入河套的。对于蒙古人能够进入河套，一方面是因为东胜卫的撤销，另一方面也是因为在河套内部的空虚。

① （明）魏焕：《皇明九边考·卷一·经略总考》［M］，嘉靖刻本。
② 竺可桢：《中国近五千年来气候变迁的初步研究》［J］，《考古学报》，1972 年 1 期，15～38 页。
③ 《明宪宗实录》记王琼、余子俊会奏称正统初年创筑墩台、界石等事。艾冲研究认为延绥一带于正统元年成为一独立军防单位。本文采取艾冲说法以为时间界线。
④ 历史语言研究所校印：《明太宗实录》［M］，卷 144，1709 页。

　　此时延绥一带的军事压力也并不很大，只是凭借前朝留下的一系列营堡进行防守，因为蒙古人刚进入河套，数量并不太多，辽阔的河套尚可养活一定数量的人，所以南下掳掠的事并不多见。

　　这段时间内，延绥一带沿边的防御力量稍有加强，以神木营堡为例，《明太宗实录》记永乐四年五月丙辰"宁夏总兵官左都督何福奏：'陕西神木县在绥德卫之外七百余里，盖极边冲要之地，虏之所常窥伺者。洪武中，每岁河冻，调绥德卫官军一千往戍。后设东胜卫，又在神木之外，遂罢神木戍兵。今东胜卫率调永平、遵化，神木虽如旧戍守，然兵少不足以制寇。且县治在平地，四山高峻，寇至凭高射，城中难为捍卫。县城东山有古城，颇险峻，且城隍坚完，请移县治于彼，益兵戍守为便。'上从其言命于绥德卫再调一千户所往戍守"①。可知永乐四年以后，在沿边一带又逐渐增强了防御势力，尤其是在冬天黄河结冰的时候，而这种变化也正是与东胜卫的废置有直接关系。

　　这些营堡都扼守交通，作用就是相互策应遮贼来路，在这段时间内由于居于河套内的蒙古人并不多，这样在河套通往南部的道路数量和规模也就有限，明朝方面依托这些点状分布的营堡，控制住这些通道，就可以避免蒙古人侵扰内地了。

　　延绥一带用防守的营堡多是前朝所留，也有明初创筑，有名目可考者如下②：

　　府谷堡，位于芭州旧城，元代旧城，成化三年更名清水营，在府谷县清水营北侧；

　　木瓜园寨，明初设立，成化十六年建堡，在府谷县木瓜乡；

　　东村堡，位于高汉岭，明初建于东村寨，成化二年迁址并更名镇羌堡，在府谷县新民乡；

　　黑城儿，宋代旧城，成化中置堡，即永兴堡，在神木县；

　　麟州古城，宋代旧城，明代曾移神木营于此，在神木县；

　　神木堡，金元旧城，位于神木县神木镇；

　　柏林寨，明初设立，成化九年改为柏林堡，在神木县解家堡乡；

　　高家堡，金元时代弥川巡检司，正统四年建堡，在神木县高家堡镇；

　　榆林寨，永乐元年置，正统初年改为堡，成化七年设卫，九年徙延绥镇治于此，在榆阳区；

　　白洛城堡，明初设立，成化二年移建砖营儿，改名清平堡，在横山县；

　　石堡寨，宋代旧城，成化五年建堡，即龙州堡，在靖边县；

　　塞门堡，宋代旧城，成化五年移至笔架城，八年移至镇靖堡，旧城在安塞县；

　　鱼口寨，宋代旧城，万历二十八年建镇罗堡，在靖边县；

---

① 历史语言研究所校印：《明太宗实录》[M]，卷54，810页。

② 依据《延绥镇志》、《明实录》、《明代陕西四镇长城》相关内容进行考证。

靖边堡，永乐中在宋代兀喇城址建靖边堡，景泰四年移筑新堡，称新城堡，在靖边县；

栲栳城，宋代旧城，成化十一年置堡，即宁塞堡，在靖边县；

永济堡，明初筑，成化十年迁址今址，在吴起县；

海螺城，宋代旧城，有东西两城，成化十一年于东东海螺设堡，为新兴堡，在定边县；

定边守御千户所，明初设，正统二年改为定边营，在定边县；

三山堡，宋代旧城，成化九年增筑，在定边县；

石涝池寨，宋代旧寨，成化十一年筑堡，在定边县。

饶阳水堡，即古萧关，成化十一年筑堡，属庆阳卫，后改属榆林卫，在定边县。

北方的鞑靼蒙古部族在各种压力下源源不断地南下，其中部分进入河套地区。对于日渐增多的蒙古部族，点式的防御就显得难以应付了。

四　守在墩台、界石、营堡

守在墩台、界石是指在正统元年（1436年）以后至成化九年（1473年）之间，由于边境军事压力逐渐增大，延绥镇得防御设施主要是依靠营堡北侧的一线墩台和营堡南侧的一线界石来实现的。

成化八年三月，叶盛，王越，余子俊等会奏"……延绥沿边地方，自正统初创筑榆林城等营堡二十有三，于其北二三十里之外筑瞭望墩台，南二三十里之内植军民种田界石，凡虏入寇必至界石内，方有居人，乃肆抢掠。"[1]

延绥一带在正统元年就成为了一个独立的军防单位，叶盛、余子俊等会奏内容说明，正统初年对延绥镇的边防设施曾有一次较大规模的规划和建设。其中最主要的就是在营堡一线以北二三十里之外筑瞭望墩台，营堡以南二三十里之内植军民种田界石。另外，根据《延绥镇志》记载，在此时也曾增修挪移许多营堡，有孤山堡、高家堡、双山堡、榆林堡、鱼河堡、响水堡、旧安边营堡、砖井堡、定边营，其中大部分是在正统二年进行的。以此推测，余子俊等人所言正统初年修筑的瞭望墩台与栽立的耕田界石应该是和这些营堡的增修挪移同时，也在正统二年。

瞭望墩台的作用通过名称有明确的反映，就是瞭望，位置是在营堡以北二三十里一线。墩台用来瞭望敌人，并向营堡军民传递信息，营堡驻军居民在接到信息后就做好防御抵抗或战斗准备。由于墩台的主要目的是瞭望，所以并不具有较大的御敌作战功能，

---

[1]　历史语言研究所校印：《明宪宗实录》[M]，卷102，1994~1995页。

但应该具有基本的自保能力。

　　墩台设在营堡以北二三十里处，是为了在墩台发现敌情，并传递警报到营堡，然后在敌人到达之前做好战斗准备。以墩台的安全为基础进行分析考虑，墩台发现警情，做出反应传递警报，然后营堡驻军受到警报做出反应，出兵迎敌，双方应该会在墩台附近相遇。据此，可以认为一般情况下，该地的墩台能发现二三十里以外稍远的较大规模的警情。

　　界石就是标明界线的石头，或者会刻有相关文字。此处明确说明是"军民耕田界石"，可知这一线栽立的界石是军事屯田及平民耕种土地的界线，这个界限必然是军民耕田的北部界线，军民是不能越界进行耕种的。之所以会栽立界石限制军民外出耕种，因为当时有一种比较普遍的认识是内地军民外出耕种放牧，与蒙古人接近，引起蒙古人的垂涎而至侵扰，如果双方不接近，互相不了解，就不会垂涎进而侵扰。成化六年六月乙亥，"兵部尚书白圭等议户部郎中万翼所言边事，其言故事，边境封疆之外，军民不得擅出耕牧。尔岁守边诸将乃私令军士于界外开种沃地，于各堡分牧头畜，招寇掳掠，因粮于我……"①

　　界石栽立位置在营堡以南二三十里处，与北侧一线墩台相距达五六十里远，就是为避免"遇贼入境，传报声息仓卒相接，比及调兵策应，军民已被抢虏，达贼俱已出境，"的情况。以王复希望做到"庶几墩台稠密而易于瞭望，烽火相接而人知防避，营堡联络而缓急易于策应，声势相倚而可以遥振军威。"的目的看，当时边防的一贯政策也就是墩台报警，人知防避，各部相互策应相依。那么当初栽立这一线界石的位置所反映的情况就是：首先，这五六十里的纵深是一般入侵者深入的极限；第二，烽火传到界石一带后，在敌人越过五六十里而来之前，当地居民可以做好坚壁清野、躲避隐藏的工作；第三，敌人突击这么长距离的时间基本就是各营堡相互调兵策应所到达并形成统一战斗力的时间。

　　营堡是驻军的主要地方，尽量选择有利地形，一方面要保证自身的安全，另一方面要对蒙古人经常的侵扰做出快速反应，控制敌人入境的通道。所以会由于河套的蒙古人日渐增多并开辟出更多的道路而增设若干营堡，或由于道路的改变而相应挪移若干营堡。

　　在这个墩台城堡界石的防御系统中，墩台的作用是报警，界石的作用是控制消除侵扰事件发生的诱因，营堡则是基本的战斗单位。

　　正统初年在延绥镇进行大规模的边防建设，主要是为了应对鞑靼进入河套后对明朝造成的新的威胁。同时，面对实力日渐强大的瓦剌，明朝方面也要加强防备，土木堡事件即是例证。

---

①　历史语言研究所校印：《明宪宗实录》［M］，卷80，1569页。

鞑靼在瓦剌的打击下分崩离析，不断向东、南退缩，其中残部有退入河套之中的，像后来的孛来、毛里孩、小王子等部俱是鞑靼残部。《明英宗实录》记载"戊申，敕缘边诸将：比得降房言，阿鲁台为瓦剌所败，部属溃散，多于近塞潜伏，伺间入寇。瓦剌席其战胜，兵势日盛，遣人交通兀良哈、女直诸部，其意叵测。况今阿台朵儿只伯往往窃犯西北边境。朕屡敕尔等谨饬边备，能遵朕言，必成懋功。不然，且获罪矣。今秋高马肥，计房必来为寇，尔等尤宜尽心协力，先事运谋，戒将吏，谨烽堠，整戎马，以待其来，毋贻边患。"① 这就是正统初年大规模修筑城堡、墩台、界石的原因。

景泰年间，鞑靼势力又逐渐强大，《明史·鞑靼传》记"阿剌死，而孛来与其属毛里孩等皆雄视部中，于是鞑靼复炽。"在天顺中进入河套，屡次侵扰延绥一带。

鞑靼进犯延绥一带在成化二年又达到一个高潮，《明史·鞑靼传》记"二年夏，大入延绥。"这也是成化二年十一月己丑整饬边备兵部尚书王复奏疏要对延绥19座营堡进行增置挪移并增筑墩台的主要原因。另外还修筑一系列墩台，包括连接安边营到庆阳卫每20里筑一座墩台，通共24座；连接定边营到环县每20里筑一座墩台，共10座；北面沿边一带墩台稀疏空远处各添墩台一座，共34座。共创筑墩台68座。

这19座营堡可考者有：

清水营，原府谷堡，移出芭州旧城；

镇羌堡，原东村堡，移出高汉岭；

大柏油堡，成化初年筑；②

建安堡，哨堡，在高家堡至双山堡交界地方崖寺子；

常乐旧堡，哨堡，在双山堡至榆林城交界地方三眼泉；

响水堡，移出黑河山；

土门堡，移出十顷坪；

波罗堡，原大兔鹘堡，移出响铃塔；

清平堡，原白洛城堡，移出砖营儿；

镇靖堡，原塞门堡，移出务柳庄；

柳树涧堡，哨堡，在宁塞营至安边营交界地方柳树涧③；

砖井堡，哨堡，安边营至定边营交界地方瓦刕梁；

依照所在地情况推测定边营到环县十座墩台就是位于定边县东川河东岸的一线烽燧线④。

———————————

① 历史语言研究所校印：《明英宗实录》［M］，卷22，438～439页。

② 艾冲：《明代陕西四镇长城》［M］，陕西师范大学出版社，1990年版，47页。

③ 同②，53页。艾冲认为筑于天顺初年（1457）。

④ 国家文物局：《中国文物地图集·陕西分册》，定边县文物图（南部），268页。

增置挪移后的营堡、墩台、界石继续构成一个更加完整严密的防御体系。但是这个体系却遭到来自内部或内地的破坏。成化八年，延绥巡抚右副都御史余子俊联名吏部右侍郎叶盛、总督军务右都御史王越，向朝廷建言："后以守土职官，私役官军，招引逃民于界石外垦田营利，因而召寇。七年六月内因总兵巡抚官之议，乃依界石一带山势，随其曲折，铲削如城，……申戒总兵巡抚等官严加禁约，自后敢有仍于界石之外，私役军民种田召寇者，官必降调，逃民即彼充伍。"① 面对已经不完整的防御体系和更加严峻军事压力，明朝方面认为主要原因来自内部，并提出一系列的措施建议。

五　守在边墙

守在边墙是指成化十年（1435 年）至隆庆五年（1571 年）之间段，延绥镇的防御体系以修建的夹墙构成，并以夹墙防御为主要的对蒙关系选择方式，夹墙是由大边、二边和营堡构成的防御体系。

延绥镇原来以墩台、界石、营堡构成的防御体系由于受到来自内部的破坏，并且外部军事压力持续加大，已经不足以防护延绥一带边境安全，屡屡发生蒙古人深入内地进行掳掠的事件。

在旧的防御方式遭到破坏后，就在旧的防御方式上发展出新的防御方式，具体的发展就是将位于营堡以北二三十里一线的瞭望墩台用墙体连接起来，形成大边；将军民越界石外耕种的土地按照实际范围所至铲削山险形成二边，将原来位于营堡以南二三十里一线的界石予以废弃；将营堡按照新的防御体系所需进行适当的位置调整。

在《明史·兵志》中对延绥镇边防工事的描述也是"由黄甫川西至定边营千二百余里，墩堡相望，横截套口，内复堑山堙谷，曰夹道，东抵偏头，西终宁、固，风土劲悍，将勇士力，北人呼为橐驼城。"这里明确提到延绥镇边防工事有两道，一道是墩堡相望，横截套口的，一道是位于其内侧堑山堙谷的，这样就形成了延绥镇的边防工事——夹墙②。夹，是指位于两侧的意思，所谓夹墙，就是有平行的两道墙组成③。墩堡相望的就是大边，堑山堙谷的就是二边。大边、二边和位于夹墙其中的营堡共同构成延绥镇的边防体系，大边用于防御外来入侵掳掠，二边用于限制内地军民外出耕牧招寇。

---

① 历史语言研究所校印：《明宪宗实录》[M]，卷 102，1994～1995 页。
② 艾冲：《明代陕西四镇长城》[M]，陕西师范大学出版社，1990 年版，25 页。认为《明史·兵志》中所谓"夹道"应该为"夹墙"的误写。
③ 同②，22 页。认为"夹墙"是指二边，本文认为该说法不正确。

　　大边是一线连绵相接的墙体，调查显示有间隔 300 米～600 米不等的墩台（敌台与马面）附于墙上。大边所起的作用就是阻挡位于墙体以北侧的敌对势力不能进入，而不再是以前墩台以报警为主的作用了。大边位于营堡北侧，在进行明长城资源调查时，大边上的墩台形制依据与大边墙体的关系大体可以分为三类：敌台、马面、烽火台，敌台是突出于墙体两侧的，有的带有围墙圈起的墩院，两侧与墙体相接；马面是一侧依墙而建；烽火台是与墙体分开有一定距离。按照地层学的原理来确定时代顺序，就应该是敌台、大边附近的烽火台→墙体→马面。因为在修建边墙之前，位于营堡北侧二三十里是有一线瞭望墩台的，而在调查过程中，大边两侧稍远也没有发现更多的墩台，因此可以确定这些敌台、马面、烽火台中，就包含有原来的瞭望墩台。据此可以断定，大边的敌台和大边附近的烽火台就是早于大边修建的瞭望墩台。

　　二边只是一线堑山堙谷形成的山险，只有少量的夯土或垒筑墙体。成化八年，余子俊曾计划眼界石一带铲削山险，但没能实现。《明史·兵志》中所记载的"内复堑山堙谷"说明二边是与大边同时修建的，而不是先后不同时期修建的，二边所在的位置是位于界石北侧，而不是界石一线①。因为在成化八年之前，守土职官就于界外垦田营利，界石已经不再是军民耕田的实际北部界线了，余子俊修成边墙后的奏章也说"其界石迤北直抵新修边墙，内地俱已履亩起科，令军民屯种，计田税六万石有余"②，说明边墙并不在界石一线上，政府对越界垦田的事实予以承认，但仍然要限制内地军民外出耕牧招寇，就在实际耕田北界又修建了二边，这是和界石一样目的与作用的。大边和二边共同组成延绥镇的边墙，即所谓的夹墙。

　　这边墙是余子俊于成化九年至成化十年修成，后又经过正德、嘉靖、隆庆及万历初期的不断增修补建，一直控制着蒙古诸部不能深入抢掠。但也就是在这段时间，蒙古部族的侵扰活动也日渐频繁，且规模越来越大，这段时间内明朝方面屡次进行修缮边墙，并进行关于复套与弃套的议论，可以得知河套蒙古部族给予明朝方面的压力是相当大的。正是由于边墙有效地增强的延绥一带边防，使得边墙两侧人民相隔不能交通，蒙古诸部生活所需的农业产品和中原产品就无法获得，在进行朝贡贸易所得有限，只能诉诸武力抢掠。边墙的功能越完善，武力抢掠就越多，且规模越大，这样的结果正与当初修筑边墙的本意相违。明朝方面只能再采取其他方法来实现最初的目的，对于蒙古方面的武力掠夺，而明朝方面关于"复套"的讨论，但终因有违大局安定而没有实现。

---

① 　艾冲：《明代陕西四镇长城》［M］，陕西师范大学出版社，1990 年版，23 页。认为二边修建于成化九年，而大边修建于成化十年，且二边是沿界石一线修建。本文认为该说法不正确。

② 　历史语言研究所校印：《明宪宗实录》［M］，卷 130，2467 页。

六　守在互市与边墙

　　守在互市与边墙就是从隆庆五年（1571年）直至明朝末年（1643年），在延绥一带，开展了蒙汉两族人民之间的互市，交通有无，蒙古人民在获得生活物资后就安心放牧，两族之间战事明显减少，但仍然有边墙区分两侧，防御零星的侵扰事件，作为明朝政权的实施范围。

　　蒙汉互市，自古不绝，只是规模偏小。尤其在蒙汉多次战争之后，明朝方面认识到蒙古部族之所以入侵，主要是由于蒙汉互市不通或规模过小，为了获得生活物资不得已而为之。"为今之计，宜外示羁縻，内脩战守。虏既称部落众多，食用不足，欲先许开市以济。自前令其将各部夷众，于宣大延宁分投开市，以我之布帛米粮，易彼之牛羊骡马，既可以中彼所欲，因借以壮我边备。"① 隆庆五年，发生了一件对蒙汉两族意义重大的事件，就是两族议和，明朝册封俺答为顺义王，对居于河套中的吉能部也予以封赏，《明史·鞑靼列传》记载"西部吉能及其侄切尽等亦请市，诏予市红山墩暨清水营。市成，亦封吉能为都督同知。"红山墩即榆阳区镇北台之前身，《明穆宗实录》记隆庆五年八月"总督陕西右都御史戴才……因上互市事宜：一、改延绥市厂于红山边墙阊门之外……"。互市可以使蒙古诸部获得生活物资，武力掠夺就明显减少，俺答及其夫人三娘子历代接受封赏，史载"自是约束诸部无入犯，岁来贡市，西塞以宁。……自宣大至甘肃不用兵者二十年。"② 与此同时，延绥巡抚张守忠对本镇边墙又进行一次大规模的修缮。

　　万历初年，明朝方面也曾因为蒙古部族卜失兔武力骚扰而停止贡市，但不久就又重开，且规模不断扩大。说明明朝方面认识到互市交流对蒙汉两族的重要性，不再一味依托军事防御，而是结合互市获得边境安宁。

　　自此以后，明朝方面就以互市来牵制蒙古部落，史载"（万历）二十四年明旨，一年恭顺，方准一年市赏，毋得轻听苟且了事。"③ 虽然仍有小型的战事发生，但根据再没有大规模修筑边墙的举动看④，互市的作用还是相当明显的。

七　结　论

　　明代延绥镇的防御变化反映了延绥镇长城在明代从无到有逐步完善的发展过程，这

① 历史语言研究所校印：《明世宗实录》［M］，卷371，6623页。
② （清）张廷玉：《明史》，卷327，8488～8489页。
③ 历史语言研究所校印：《明神宗实录》［M］，卷369，6911页。
④ 艾冲：《明代陕西四镇长城》［M］，陕西师范大学出版社，1990年版，33～35页。

种从点式的营堡防御到线性的墩台、界石防御，再到带状的边墙纵深防御说明长城日趋完善，到最后发展到结合互市与边墙的防御方才换的一方平安，说明互市是完善的长城体系的一个必要元素。

这种变化也反映了明朝的边防理念从依靠天险到重点防御，界石和二边的设置说明明朝方面注重问题诱因的思考，最后摸索出以交流代替战争，依托互市进行维护安定的理念。

延绥镇长城的演化历程，也反映了蒙汉两族关系的由冲突走向合作的历程。

北庭都护府军事组织初探

胡兴军*

北庭都护府是唐朝在西域设立的两大军政一体的首脑机关之一，既是行政管理机构，又是军事指挥中心。唐朝根据北庭都护府管辖范围内的民族分布特点因地制宜，采取不同的管理措施。在汉人比较集中的庭州、伊州地区，政治上实行与中原相同的州、县、乡、里制度。军事上强化军镇设置，实行边镇镇防体系，设立军、守捉、烽火台等军事组织；在少数民族地区设立了都督府，实行羁縻府州制度①。这些措施大大增强了北庭都护府的管辖和防御能力。近年随着全国长城资源调查和保护工作的深入，长城资源从概念内涵到外延都有新的延伸。北庭都护府下设置的军事组织设施是唐代新疆长城资源的重要组成部分。本文拟根据这次调查成果，结合历史文献，对北庭都护府军事组织做一些初步的梳理与分析，以期能够对唐代新疆长城资源的深入研究有所裨益。

一 北庭都护府设立背景

隋末唐初，突厥势力强盛，西域各地依附突厥而立。唐与东突厥在西域地区经过一系列的斗争，至贞观四年（630 年）取得了决定性的胜利。先后在伊吾设立了西伊州（后称伊州）、在高昌设立了西州，并设安西都护府于交河城，以郭孝恪为第一任都护，掌管西域军政事务。后攻取了西突厥屯兵的可汗浮图城（吉木萨尔），并置庭州于此。高宗显庆三年（658 年）安西都护府由西州迁至龟兹，自此天山南北、巴尔喀什湖以东以南和葱岭以西皆分置州府，隶属安西都护府管辖。为加强对天山以北各地的管辖，唐龙朔初在西州都督府的基础上设置金山都护府。在天山以北西突厥、突骑施等游牧民族活动地区，设立羁縻府州，安置新降附的突厥各部。

---

* 胡兴军：新疆文物考古研究所，馆员。

① 殷晴：《丝绸之路与西域经济》［M］，中华书局，2007 年版。

七世纪后期，位于青藏高原的吐蕃王朝崛起后，不断对外进行军事扩张，开始与唐朝争夺对西域地区的管辖权。面对突厥和吐蕃军事力量的不断进犯，为进一步巩固唐朝在天山以北的统治，武后长安三年（703年），置北庭都护府于庭州，统辖西突厥十姓部落诸羁縻府州，驻军二万人以加强防卫。景龙三年（709年），北庭都护府改置为北庭大都护府，标志着以庭州为中心的天山北麓地区，与前期成立的安西大都护府所在的天山以南地区，完全处于对等地位。北庭都护府担负着"防制突骑施、坚昆，抚宁西戎"①的战略任务，北庭大都护府下辖二州七县，除庭州外，伊州也划入辖境。下属的羁縻府州，管辖着天山以北、巴尔喀什湖以东原属于西突厥的草原游牧地区。

二　北庭都护府下军事组织

自春秋战国时期，位于北方的秦、赵、燕等国为防御北方游牧民族的侵扰，开始修筑长城起，历代统治者对待北部边防均采取一种消极的防御战略，多修筑长城墙体，希望依靠绵亘数千里的军事防线抵御外敌的入侵。但大唐帝国建立初期，唐太宗锐意向外扩张，采取积极国防战略，在军事上实行行军制。在西域地区，相继攻灭东突厥、高昌、焉耆、于阗、龟兹等政权。这些军事胜利就是实行行军制的结果。但行军多为临时组建，对敌人的威慑作用不能持久。随着唐朝周边突厥、吐蕃、回纥等少数民族的不断壮大，唐朝边境面临着强大军事压力。长寿元年（692年），唐武威军总管王孝杰率军收复安西四镇后，唐朝接受了唐驻西域边防兵力不足，几度失陷的教训，遣军三万人常驻四镇，以巩固边防，标志着唐朝以镇军取代过去的行军，是唐朝在西域军事上所作的重大调整。为进一步加强对天山南北地区的管辖，面对吐蕃、突厥多次进攻西域的严峻形势，唐朝强化军政设置，采取因地制宜灵活多样的行政体制。在边防体系中，陆续设立并扩大军、镇、戍、守捉、堡、烽燧等军事组织。《新唐书·兵志》称："唐初，兵之戍边者，大曰军、小曰守捉、曰城、曰镇、而总之者曰道"，"其军、城、镇、守捉皆有使。而道有大将一人，曰大总管，已而更曰大都督。"②镇军初期的基本组织形式是军、城、镇和守捉，以后城、镇和守捉或趋于衰微或转隶于军之下，军成为其中最主要的组织形式。

北庭都护府作为唐朝派驻统辖西域天山以北地区的首脑机关，担负着行政管理和军事保卫的双重职能。在军事上接受了安西都护府和四镇多次失陷的教训，不断强化军镇设置，逐级设立军、镇、守捉、烽火台等机构，共同构成完备的军事组织，大大加强了

① （后晋）刘昫等撰：《旧唐书》[M]，志第十八·地理一，中华书局，1975年版。
② （宋）欧阳修等撰：《新唐书》[M]，卷五十·志第四十·兵志，中华书局，1975年版。

北庭都护府的防御能力。在北庭都护府下起初设置有瀚海、天山、伊吾三军，后又增设静塞、清海、保大等军。北庭都护府下除置军外，军下还设有守捉，守捉下置烽火台。尤其在唐显庆三年（658 年）伊丽道行军大总管苏定方率军大败西突厥阿史那贺鲁后，修筑了大量的烽火台，遍及天山南北。"由是脩亭障，列蹊隧，定强畔，问疾收胔，唐之州县极西海矣"①。

（一）瀚海军

根据文献记载瀚海军本名烛龙军，702 年置，703 年更名为瀚海军。《旧唐书》载："瀚海军，开元中盖嘉运置，在北庭都护府城内，管镇兵万二千人，马四千二百匹。"②《新唐书》载："瀚海军，本烛龙军，长安二年置，三年更名，开元中盖嘉运增筑。"③《唐会要》载："瀚海军，置在北庭都护府。本车师王境也。贞观十四年置庭州。文明元年。废州置焉。长安二年十二月，改为烛龙军。三年，郭元振奏置瀚海军。"④《元和郡县志》载："瀚海军，北庭都护府城中。长安二年，初置烛龙军。三年，郭元振改为瀚海军。开元中盖嘉运重加修筑。管兵一万二千人，马四千二百匹焉。"⑤

瀚海军作为北庭都护府的卫戍部队，驻扎在北庭故城内。古城位于吉木萨尔县北庭镇古城村，为内外两重城，平面呈不规则的长方形。现外城周长约 4558 米，其中东墙长 1648、南墙 850、西墙 1575、北墙 485 米。北侧有低矮的羊马城。外城北城门保存尚好，有瓮城，其余三面城门无存。现存马面 34 个，间距约 60 米。西墙中部偏南存敌台 1 个，顶部存房址残迹。外城四角原有角楼，现只有东北和西北两角楼保存较好。外城护城壕宽 30～40 米，深 2～3 米。内城位于外城中部略偏东北，周长约 3003 米。

瀚海军是北庭都护府下的主力军，也是唐王朝在西域的主要军事力量之一。瀚海军所在的庭州地处天山北麓，丝绸之路北道要冲，东连伊州，西通弓月城、碎叶镇，战略地位十分重要。在瀚海军所处的北庭都护府前往伊州、西州及伊吾军、天山军、静塞军、清海军等军镇之间的交通线上，修建有众多的守捉、烽火台等军事设施。根据对敦煌吐鲁番出土文书的研究发现，在瀚海军下至少设置过九个守捉，即沙钵守捉、耶勒守捉、俱六守捉、轮台守捉、东道守捉、神山守捉、冯洛守捉、西北道守捉和石堡守捉。根据地望推测这些守捉均位于今昌吉回族自治州、乌鲁木齐市境内。守捉之下统辖若干烽火台。吐鲁番所出《唐北庭诸烽属斤田亩数文书》记载在耶勒守捉界内至少有耶勒

① （宋）欧阳修等撰：《新唐书》[M]，卷一百一十一·列传第三十六，中华书局，1975 年版。
② （后晋）刘昫等撰：《旧唐书》[M]，卷四十·志第二十，中华书局，1975 年版。
③ （宋）欧阳修等撰：《新唐书》[M]，卷四十·志第三十，中华书局，1975 年版。
④ （宋）王溥撰：《唐会要》[M]，卷七十八，上海古籍出版社，2006 年版。
⑤ （唐）李吉甫撰：《元和郡县志》[M]，卷四十，中华书局，1983 年版。

烽、乾坑烽和柽林烽3烽①。新疆长城资源调查中发现在瀚海军所辖的今吉木萨尔县、阜康市境内有八家地、营盘梁、土墩子、西泉、西泉七队、阿克木那拉烽火台等唐代遗存。这些烽火台均为黄土夯筑而成，地处交通要道或沙漠边缘，间距多为13.5千米，据陈梦家先生考证唐一小里约等于442.5米，合唐代30里置一烽规制②。《武经总要》载："唐法，凡边城候望三十里置一烽，须在山岭高峻处，若有山岗隔绝，地形不便，则不限里数，要在烽烽相望；若临边界，则烽火外周筑城障"③。

（二）伊吾军

《新唐书》载"伊州伊吾郡，下。本西伊州，贞观六年更名……户二千四百六十七，口万一百五十七。县三：西北三百里甘露川有伊吾军，景龙四年置。伊吾，下。贞观四年置，并置柔远县，神功元年省入焉。在大碛外，南去玉门关八百里，东去阳关二千七百三十里。有折罗漫山，亦曰天山；南二里有咸池海。纳职，下。贞观四年以鄯善故城置，开元六年省，十五年复置。南六十里有陆盐池。自县西经独泉、东华、西华驼泉，渡茨萁水，过神泉，三百九十里有罗护守捉；又西南经达匪草堆，百九十里至赤亭守捉，与伊西路合。别自罗护守捉西北上乏驴领，百二十里至赤谷；又出谷口，经长泉、龙泉，百八十里有独山守捉；又经蒲类，百六十里至北庭都护府。柔远。下。"④在伊州下辖的伊吾县、纳职县、柔远县境内修筑有烽火台。据成书于885年的《沙州·伊州地志》残卷载："伊吾县有烽七：水源、毛瓦、狼泉、香枣、盘兰泉、速度谷、伊地具。纳职县有烽八：百尺、不到泉、永安、车柘厥、花泉、延末、口口、口口。柔远县有烽四：白望、白杨山、伊地具、独堆⑤。据调查在伊州所处的今哈密地区境内发现有墩墩山、拉克苏木、尤库日巴格、大泉子、下焉布拉克、尤勒滚鲁克等唐代烽火台遗迹，它们均分布在伊州至各地的交通线上。

唐景龙四年（710年）在伊州西北三百里的甘露川设置伊吾军。据《旧唐书》载："伊吾军，在伊州西北三百里甘露川，管兵三千人，马三百匹……在北庭府东南七百里。"⑥《元和郡县志》载："伊吾军，伊州西北三百里甘露川，管军三千人，养羊马四百匹"⑦。伊吾军驻地为今巴里坤县大河镇东头渠村的大河古城。古城由主城和附城两部分组成。主城平面略呈方形，南北长210米，东西宽180米。在西墙开有一门。附城

---

① 孙继民：《唐代瀚海军文书研究》[M]，甘肃文化出版社，2002年版。

② 陈梦家：《亩制与里制》[J]，《考古》，科学出版社，1966年第1期。

③ 曾公亮、丁度：《武经总要》，福建师大历史系，1985年，油印本。

④ （宋）欧阳修等撰：《新唐书》[M]，卷四十·志第三十，中华书局，1975年版。

⑤ 荣新江、张志清：《从撒马尔干到长安》，北京图书馆出版社，2004年版。

⑥ （后晋）刘昫等撰：《旧唐书》[M]，志第十八·地理一，中华书局，1975年版。

⑦ （唐）李吉甫撰：《元和郡县志》[M]，卷四十，中华书局，1983年版。

居东，南北长 240 米，东西宽 170 米。附城无通道出入主城，城墙较主城低矮，但面积较大，除居住部分士兵外，主要用来养马。城内曾出土有陶器、石器、莲花纹瓦当等遗物。在大河古城北侧，沿莫钦乌拉山修筑有阔吐尔、四塘泉、三塘泉、中湖村、岔哈泉、马王庙东山顶等 10 余座烽火台。这些烽火台由黄土夯筑而成，内部夹有原木。有的呈方形，有的呈多边形。清代时外部又包砌土坯，加固沿用。这一线烽火台包围着大河古城，对伊吾军驻地起到了警戒护卫作用。

伊吾军与北庭都护府间有交通道路连接。在巴里坤境内现有两道可行。一条位于巴里坤湖南侧，与省道 303 重合。清代时，在此道沿途修建有众多的烽火台，但目前并未发现唐代遗迹；另一条位于巴里坤湖北侧，从今巴里坤县大河乡西行经博尔羌吉镇、大红柳峡乡，可至木垒县。在该道沿途发现有白墩烽火台、石板墩烽火台等唐代遗迹。伊吾军连接北庭都护府和伊州连接北庭都护府的线路，在木垒县交汇后至北庭都护府。在木垒境内发现有油库古城，古城平面近椭圆形，南北长 685 米，东面宽 420 米。城墙为夯土建筑，夯层厚 10~11 厘米。城内曾出土大量陶器、瓦当等，均为典型唐代遗物。有学者认为是唐代独山守捉①。

（三）天山军

唐朝在贞观十四年平高昌（今吐鲁番）后，以其地置西州。领高昌、柳中、交河、蒲昌、天山五县，置天山军。《旧唐书》载："天山军，唐开元二年（714 年）设置，驻西州。兵员五千人，马五百匹。"②《元和郡县志》载："天山军，西州城内，开元二年置，管兵五千人，马五百匹。"③ 西州治所为今吐鲁番市二堡乡高昌故城，先后为汉晋时期戊己校尉治所高昌壁、高昌郡城、高昌国国都、唐西州州治、高昌回鹘王国都城，在元代时废弃。现存城址由外城、内城和宫城三重城组成。外城平面呈不规则形，周长约 5000 米。墙垣外筑马面、瓮城。内城在外城中间，周长约 3000 米。宫城在内城偏北，俗称"可汗堡"，周有高大墙体包围。由于西州地处唐代丝绸之路中道的主要干道上，对唐朝经营统治西域地区具有重要的战略地位。唐朝控制了西州地区后，开通了西州前往天山南北的交通路线，并修筑了大量的烽火台。根据出土文书《西州图经》载，在西州内有赤亭道、新开道、花谷道、移摩道、萨捍道、突波道、大海道、乌骨道、他地道、白水涧道、银山道等通道，沿途设有密集的馆驿、烽铺。从吐鲁番出土文书中已发现的唐代烽火台名称有：赤亭烽、罗护烽、达匪烽、突播烽、小岭烽、挎谷

① 戴良佐：《唐代庭州守捉城考略》［J］《新疆文物》，1989 年第 1 期。
② （后晋）刘昫等撰：《旧唐书》［M］，志第二十·地理三，中华书局 1975 年版。
③ （唐）李吉甫撰：《元和郡县志》［M］，卷四十，中华书局，1983 年版。

烽、维磨戍烽、柳中上烽、狼泉烽、塞亭烽、胡麻泉烽、上萨捍烽、悬泉烽、神山烽、赤山烽、河头上烽、武城上峰、交河上烽等①。根据本次调查，发现在今吐鲁番地区共有唐代烽火台44处，这些烽火台分布线路基本与文书记载的通道吻合。

赤亭道、新开道为西州通伊州的道路。由伊州纳职县（哈密四堡）穿越沙碛，直西向赤亭，再西抵蒲昌城的交通线，即唐之赤亭道，也就是唐伊西路南道。此道沿途为沙漠戈壁，无水草，多热风，故行人商旅多不走此道。新开道为唐伊西路北道，大致与今312国道路线相重合。色克三墩烽火台、三十里大墩烽火台都位于该道上。

大海道为西州东南连接沙州的一条捷径，《西州图经》载"右道出柳中县界东南向沙州一千三百六十里，常流沙人行迷误，有井泉，咸苦，无草，行旅负水担粮履践沙石，往来困弊"②。由于此道沿途均为沙漠，容易迷失方向，又无水草补给，所以推测其可能并不是一条主要通道。迪坎烽火台就戍守于此道上。

花谷道、移摩道、萨捍道、突波道、乌骨道、他地道都是西州连接北庭都护府的路线，大部分都是穿越天山的小道，其中他地道可能为最主要的一条通道，"右道出交河县界。至西北向柳谷。通庭州四百五十里。足水草。唯通人马。"赛克散烽火台、二塘沟烽火台、煤窑沟戍堡、吐尔退维烽火台、潘家地烽火台等基本扼守在这几条通道沟口的要隘处。

银山道是唐代连接南北疆的一条主要交通路线，《新唐书·地理志》载："自西州西南有南平、安昌两城，百二十里至天山西南入谷，经擂石碛，二百二十里至银山碛，又四十里至焉耆界吕光馆。又经盘石百里，有张三城守捉，又西南百四十五里经新城镇，渡淡河，至焉耆镇城"③。贞观十八年（646年），安西都护郭孝恪"帅步骑三千出银山道"④，大败西突厥。清代在此道沿途还设有驿站。由于此道石壁陡峭，路径险恶，每当盛夏时常有山洪暴发，故在沿途并未发现有唐代文化遗存。

从西州前往安西都护府途径阿拉沟，穿越天山一线，也是连接南北疆的一条重要的交通线路。在该道沿途今存有阿拉沟戍堡、吾斯提沟烽火台、查汗通古东、西烽火台等遗址。在20世纪70年代前，沟内还有数座唐代烽火台，现均被毁。

（四）静海军

庭州……领县三：金满，蒲类，轮台。在轮台县境内设置有静海军，据《新唐书·地理志》载："庭州西延城西六十里有沙钵城守捉，又有冯洛守捉；又八十里有耶勒城

① 巫新华：《吐鲁番地区唐代交通路线的考察与研究》，青岛出版社，1999年版。
② 巫新华：《吐鲁番地区唐代交通路线的考察与研究》，青岛出版社，1999年版。
③ （宋）欧阳修等撰：《新唐书》［M］，卷四十·志第三十，中华书局，1975年版。
④ （后晋）刘昫等撰：《旧唐书》［M］，卷八十三·列传第三十三，中华书局，1975年版。

守捉，又八十里有俱六城守捉，又百里至轮台县……轮台，下。有静塞军，大历六年置。"① 出土文书表明，在设置静塞军之前，在轮台县内还设置有轮台守捉。

1. 牒轮台守捉为侯山等死马肉钱不到事。

2. 牒轮台守捉为彭琮等欠肉钱事。

3. 牒解默、牒神山守捉、牒轮台守捉、牒俱六守捉②。

关于轮台县的地望，学术界有乌拉泊古城、昌吉古城、米泉古城等说③。笔者根据相关文献分析，初步推测乌拉泊古城应为静塞军驻地。乌拉泊古城位于乌鲁木齐市东南约 17 千米的乌拉泊村内。古城平面略呈长方形，南北 550 米，东西 450 米，周长约 2000 米。城内分东、西、南三个小城。外城东、南、北墙外建马面，并有 3 个瓮城；西城南墙外建马面，东南角修角楼；东城南墙建有瓮城。在乌拉泊古城周围发现有乌拉泊村、新疆化肥厂等烽火台。从静塞军驻地经白水涧道可前往西州，沿途有柴窝堡、盐湖等烽火台。向南前往西域都护府还有一条捷径，从乌鲁木齐市经省道 216 线翻越一号冰川达坂可直接进入南疆焉耆盆地。永丰乡烽火台就扼守在该道上。

（五）清海军

据《旧唐书》载："清海军，唐天宝七年（748 年）设置，驻地为庭州西七百里的清海镇"④。《元和郡县图志》载："清海军，在州西七百里。旧名镇城镇，天宝中改名清海军"⑤。关于清海镇的位置，史学界存在长期的争论，有安集海、乌兰乌苏、石河子、玛纳斯等说。笔者认为清海军驻地为玛纳斯的楼南古城，古城位于玛纳斯县头工乡楼南村东北 1 千米农田中。古城平面呈长方形，南北长 620 米，东西宽 520 米。古城东、西、北墙保存较好，南墙残损严重。残墙宽 7～10 米。城外有护城河，宽约 15 米。古城东南 150 米处残存有烽火台，直径约 10 米，高约 5 米。古城内地表散落夹砂红、灰陶片和石杵、石磨盘、动物骨骼等。出土陶器有缸、罐、瓮、盆等典型唐代遗物。另出土有宋代铜镜，宋、西辽和元时期的大型灰陶瓮、罐和一些玉、石器等。

楼南古城南北长 620 米，东西宽 520 米，符合千人驻军的规模。在楼南古城与庭州之间有南北并列的两路烽火台线路连接，南路途经沙钵、冯洛守捉、轮台县、五工台烽火台、塔西河古堡烽火台等可至清海军驻地；北路烽火台修筑在准噶尔沙漠南缘，主要为警戒北方游牧民族穿越沙漠，南下骚扰而建，烽火台村烽火台就是其中之一。同时玛

① （宋）欧阳修等撰：《新唐书》[M]，卷四十·志第三十，中华书局，1975 年版。

② 孙继民：《唐代瀚海军文书研究》[M]，甘肃文化出版社，2002 年版。

③ 薛宗正：《唐轮台县故址即今昌吉古城再考》，《昌吉学院学报》，2011 年 4 期。

④ 陈国灿：《唐安西四镇中"镇"的变化》，《西域研究》，2008 年 4 期。

⑤ （唐）李吉甫撰：《元和郡县志》[M]，卷四十，中华书局，1983 年版。

纳斯河作为天然屏障，也可以防御从西北入侵的敌人，对清海军也起到了保卫作用。

（六）保大军

《新唐书》载："安西都护府有保大军，屯碎叶城。碎叶川口至裴罗将军城，又西二十里至碎叶城，城北有碎叶水。"① 碎叶初为安西四镇之一，后归为北庭都护府下。关于碎叶镇地望学术界有不同的见解，传统说法认为在今吉尔吉斯斯坦楚河州北部的吐克玛克。庭州连接碎叶的交通道路为唐代丝路北道中一段，又名碎叶路。《新唐书·地理志》载："自庭州西延城西六十里有沙钵城守捉，又有冯洛守捉……七十里有清镇军城，又渡叶叶河，七十里有叶河守捉，又渡黑水，七十里有黑水守捉，又七十里有东林守捉，又七十里有西林守捉；又经黄草泊、大漠、小碛，渡石漆河，逾车岭，至弓月城。过思浑川、蛰失密城、渡伊丽河，一名帝帝河，至碎叶界。又西行千里至碎叶城。"② 保大军屯驻的碎叶城，出于屯兵备战的需要，王方翼整修城郭，变其形制，立四面十二门，皆屈曲作隐伏出没之状，引致"西域胡纵观，莫测其方略"③。

除军、守捉、烽火台等军事组织外，唐朝还极力维护商道的安全。在北庭都护府管辖的丝路沿途还设置大量馆驿以保护交通要道的通行，《通典》载："三十里置一驿。"④馆驿的设置既便利了军政官员和军队的往来交通，也给过往商旅和物资流通带来极大方便。

三 余 论

北庭都护府作为唐朝在西域设立的两大军政机构之一，它的设置反映了唐代边镇军制的变化和唐朝国防政策的改变。在唐代初期，唐朝实行积极防御的国防思想，唐太宗本着"不战而屈人之兵者，上也；百战百胜者，中也；深沟高垒者，下也"⑤，认为"隋炀帝劳百姓，筑长城以备突厥，卒无所益"⑥。所以不愿修筑长城墙体，一改过去在边塞分兵防守之策而转取攻势来防御游牧民族。但是随着唐朝疆域的不断扩大，边防战线越来越长，特别是在西域地区，一旦发生战事，唐廷调兵困难很大，高宗中期以后，随着突厥、吐蕃等民族的崛起，局势发生了变化。使得唐代修改了边防军制，在西域地

---

① 陈国灿：《唐安西四镇中"镇"的变化》，《西域研究》，2008 年 4 期。

② （宋）欧阳修等撰：《新唐书》[M]，卷四十·志第三十，中华书局，1975 年版。

③ （宋）欧阳修等撰：《新唐书》[M]，卷一百一十一·列传第三十六，中华书局，1975 年版。

④ （唐）杜佑：《通典》[M]，卷三十三·职官十五，岳麓书社，1995 版。

⑤ 周百义译：《武经七书》，黑龙江人民出版社，1991 年版。

⑥ （宋）司马光：《资治通鉴》[M]，卷第一百九十六·唐纪十二，中华书局，1956 年版。

区开始设置军镇机构，驻扎军队。北庭都护府及其下驻镇、守捉、烽火台等军事组织的设置，反映了唐朝在西域军事上所作的重大调整，充分体现了唐朝边防政策的灵活多变性。

北庭都护府军事组织中的军、守捉、镇、堡、烽火台、馆驿等各级组织的设置，充分利用新疆地域辽阔，地形特殊的特点，遵循因地制宜，就地取材的原则进行修筑，并依照唐代"凡边城候望三十里置一烽或一驿"规制，进行修筑，并在险要地形和交通要道上设置军和守捉等大的军事机构，形成了"大军万人，小军千人，烽戍逻卒，万里相继，以却于强敌"① 的严密防御体系，大大加强了北庭都护府的管理和防御能力。同时北庭都护府各级军事组织作为唐代新疆长城资源的组成部分，它的设置集中反映了唐代新疆长城资源遗存依线设点，形成以城镇为重心，以烽火台、驿站、戍堡等为基点，构筑为不同级别、类型和规模的防御建筑的特点。

北庭都护府各级军事组织的设立不但可以捍卫天山以北地区的安全；而且可以护卫、迎送、补给往来于丝绸之路上的军队和商队，促进丝绸之路经济文化交流，护卫中西交通畅达；同时对维护国家的统一，增强各民族的凝聚力也具有重要的意义。

---

① （后晋）刘昫等撰：《旧唐书》[M]，卷一百九十六上·列传第一百四十六上，中华书局，1975 年版。

河南楚长城考古调查收获、认识及问题思考

河南省文物考古研究所　李一丕　杨树刚

为了配合国家文物局长城资源调查项目，按照河南省文物局的部署，河南省文物考古研究所承担了豫南地区楚长城资源的调查，并组织涉及长城分布的市、县共计40余人，组成河南省楚长城调查队。2008年10~12月，调查队在南阳市方城县进行了试点调查。2009年3月，调查队兵分二路，分段开始正式调查工作。调查队徒步行走854千米，调查长城墙体30.51千米，被历代破坏而消失或掩埋于地下的长城墙体约25.37千米、山险200多千米、关堡6个、寨堡105个、调查确认的烽燧37个、古代道路8条、长城沿线及附近的冶铁遗址7个、城址18座。在调查的同时，经国家文物局批准，做了些配套的试掘或发掘工作。

文献记载楚长城分为东线、西线和北线。《水经注》卷三十一"潕水"条下引盛弘之所言："叶东界有故城，始犨县，东至瀙水，达比阳界，南北联络数百里，号为方城，一谓之长城，云郦县有故城一面，未详里数，号为长城，即此城之西隅。其间相去六百里，北面虽无基筑，皆连山相接，而汉水流其南，故屈完答齐桓公楚国方城以为城，汉水以为池。"学术界一般认为，"犨县"县城即今平顶山市鲁山县东南四十里张官营镇前城村；"潕水"即纵贯南阳市方城县东部、平顶山市叶县东部的甘江河；"瀙水"即发源于今天驻马店市泌阳县象河乡的瀙水河；"比阳"即今驻马店市泌阳。由此可知，始自平顶山市鲁山县东部、东南部，途经叶县旧县乡（古叶邑）东部、东南部，跨甘江河（潕水），直达驻马店市泌阳县瀙水河沿岸的长城为楚长城的东线；据清康熙《内乡县志》记载，郦县故城在今南阳市内乡县西北二十里（一说十二里）郦城堡。翼望山有研究者认为是南阳市内乡县西北，西峡县东部的纱帽岭，亦有研究者认为翼望山应是南阳市内乡县七里坪与南召县板山坪交界处的翼夹湖和望山的综合称谓。穰县县治在今南阳邓州市县城一带。据文献记载，沿翼望山至今邓州市一线有"故城一面"，为楚长城的西线；西线和东线之间的区域，大体为平顶山市鲁山县南界，即伏牛山脉沿线为楚长城的北线。本文着重依据楚长城北线、东线的调查、发掘和研究情况，来谈谈这次

调查的收获、认识及对有关问题的思考。

一　河南楚长城考古调查收获

（一）楚长城北线、东线的分布线路、防御形式及其规律

目前，南阳盆地北沿、东沿楚长城的分布线路比较清晰。自伏牛山主峰尧山循南阳盆地北沿的伏牛山支脉向东，大体沿今天的平顶山市鲁山县、叶县与南阳市方城县交界处，经叶县夏李乡椅子圈村高楼山，保安镇五里坡、花山头、毛毛山等，再向东过甘江河（滍水），经叶县辛店乡七棵树村土龙岗、龙头山、鹳山，延伸至叶县辛店乡刘文祥村小梁沟一带，穿南阳市方城县杨楼乡而过，至擂擂石山、关坡一带进入平顶山舞钢市境内，经舞钢市平岭村、舞钢市垭口办事处，再向东经东、西火山、苏山至舞钢市石漫滩水库东端大坝处，折转向南，沿驻马店市泌阳县东部的五峰山、塔山、白云山、铜山一线分布，向南可达桐柏境内。整个线路绵延约 300 余千米。

在不同地段，楚长城的防御形式不同。整体地势海拔多在 330 米以下的区域加强了人工设施的修筑，防御形式表现为修筑绵延几十公里的人工墙体；整体地势海拔多在 330 米～400 米之间的区域防御形式则是山险和人工墙体相结合，仅在遇到山间垭口、古道、要冲处，沿两侧山势而下，修筑一段人工墙体扼守；整体地势海拔多在 400 米以上的区域防御形式则表现为以山险为主，以关堡、城址扼守古道、要冲。

具体而言，平顶山市叶县保安镇、辛店乡与南阳市方城县杨楼乡的墙体是连绵不断的；向东进入平顶山舞钢市境内，一直到石漫滩水库东端大坝处，楚长城的防御呈现出山险和人工墙体相结合。在此间，楚长城利用了一条绵延较长的山脊，在山脊脊顶上无墙体修筑，仅在遇到山间垭口时，顺山势修建人工墙体。舞钢境内，石漫滩水库以北的楚长城人工墙体可分为 15 段；进入驻马店市泌阳县东部，楚长城则是以山险为主，以关、城扼守山间通道的防御形式。此外，平顶山市叶县西部、鲁山县东部、东南部与南阳市方城县北部、西北部的独树镇、拐河镇、四里店乡交界处的楚长城防御亦呈现出山险和人工墙体或关堡相结合的防御形式，再向西，在平顶山市鲁山县南伏牛山脉一线则呈现以山险为主，以关堡扼守山间通道的防御形式。

由上可知，此次调查的楚长城北线，即伏牛山脉一线，以山险为主，以少量的关堡扼守古道、要冲。在调查中发现，鲁山县南界一线为伏牛山向东延伸的支脉，多为海拔一千米以上的崇山峻岭，至今也只有分水岭关、鲁阳关两个通道可通行。该地段的楚长城与文献关于楚长城北线"北面虽无基筑，皆连山相接"的记载一致。平顶山市鲁山县东南部、叶县西部与南阳市方城县西北部交界处开始断续出现墙体，向东

至叶县南部、东南部与方城县北部、东北部交界处，跨甘江河（潕水）两岸，墙体连绵不断，进入平顶山舞钢市境内后，墙体仍然断续存在并折转进入驻马店市泌阳县境内。这与文献关于楚长城东线"叶东界有故城，始犨县，东至潕水，达比阳界"的记载相符。

（二）楚长城东线的人工墙体

就材质而言，楚长城东线的人工墙体多为土石混筑。因这种土石混筑的墙体连绵延续较长，远看宛若一条蛟龙蜿蜒在山体的北侧，被当地村民俗称为"土龙"。除此之外，南阳市方城县西北部和平顶山市叶县偏西部交界处，青山西侧交界岭垭口处有长约45米的墙体。从地表残存情况看，该墙体为毛石干垒的石砌墙体。亦有人工墙体为纯土筑的。

楚国修建长城的目的是为了向北扩张，问鼎中原。因此，楚长城具有浓厚的军事色彩，军事战略意图所指的方向特别明显——防御和进攻北方。楚长城的人工墙体多紧贴山体或山间垭口北侧的崖边修建。其作用和意义在于一旦敌人进攻到山脚下的时候能够观察到敌人的行动，一旦敌人攀缘而上的时候也能对其进行有效的打击。这一点是豫南楚长城与豫北长城的显著区别之处。豫北的长城墙体没有固定地沿山体的哪一侧修建，防御方向不明确。墙体本该沿山体而修的，却修在了山谷处，本该修在山谷处的，却修在了山体上。豫北的长城不是按地形地势及军事需要修建的。此外，燕、赵、秦三国的北长城亦是如此，整个长城在地理上主要考虑农牧分界，而很少考虑军事防御要求，甚至在地形上只考虑耕地而不考虑军事防御[①]。

关于土石混筑的人工墙体的结构，为了配合焦桐高速公路叶县至舞钢段项目工程的建设及豫南地区长城资源调查，经国家文物局批准，2009年6月~9月，河南省文物考古研究所对舞钢市杨庄乡五座窑行政村平岭自然村村北垭口处西段楚长城墙体进行了发掘。

平岭遗址位于舞钢市西北，杨庄乡五座窑行政村平岭自然村村北，杨庄乡和庙街乡分界处。遗址地表为一条土石结合的东西向土垄，当地老百姓俗称为"土龙"。土垄正位于两山之间，山谷的南北分水岭处，西端起自平岭西山东坡，东至马头崖山西北坡，中部被杨八公路（舞钢市杨庄乡至八台镇）南北穿过。土垄全长约906米。土垄所在的山谷地势自南向北呈缓坡状上升，至土垄处达到最高，过土垄再向北则呈陡坡下降。土垄所在的山谷向北出山口即为大平原，向南则进入舞钢市西南部略呈东北－西南向的狭长盆地，盆地再向南可进入驻马店市泌阳县和南阳市方城县。遗址所在的位置军事意义

十分重要。

本次发掘区位于杨八公路西侧，平岭西山东坡上，地势西高东低。通过发掘，使我们对平岭西段楚长城墙体的结构及建造程序有了清晰的了解。长城墙体修筑前，先将自然山体平整，然后再在平整过的自然山体上东西向修建两道南北平行的石砌墙体。地势较高处，北侧石砌墙体宽约 2.25~2.35 米，南侧石砌墙体宽约 1.85 米；地势较低处，北侧石砌墙体宽约 2 米，南侧石砌墙体已凌乱；发掘区中部，北侧石砌墙体宽约 1~1.5 米，南侧石砌墙体已凌乱。两道石砌墙体外侧，地势较高处与地势较低处修建维护石砌墙体基础的小护坡，发掘区中部则挖建活土或生土基槽。北侧的基槽深约 56~78 厘米，南侧基槽深约 30~40 厘米。两道石砌墙体之间的距离约 4.9 米。两道石砌墙体之间，地势较低处最底层堆积有厚约 40~85 厘米的石块层。石块层里面掺杂有炭化的木棍。其他区域则是在两道石砌墙体之间，将炭化的木棍层直接堆积在自然山体上。其后，则是在石块层或炭化的木棍层之上堆积当地的原生红土。红土层之上呈北高南低倾斜堆积数层黄土层。

炭化的木棍层厚 10 厘米左右。这些炭化的木棍垂直于长城墙体的走向南北向放置。炭化的木棍层下叠压的自然山石见有被火烧烤的痕迹。石块层里面掺杂的炭化木棍。粗者，直径 5~6 厘米。细者，直径 1~2 厘米。长者，长约 1 米。短者，仅长约 6 厘米。部分炭化木棍的横截面上，锯砍的茬痕清晰可见。从挖建基槽等方面来看，墙体基础修筑比较考究。墙体基础部分的炭化木棍应该是有意堆积或掺杂在石块层里面的。

依据此次发掘的情况，墙体残宽 10~16.1 米，残高 1.56 米。长城墙体主要运用堆筑的筑法，局部夯筑。石砌墙体与基槽壁之间的部位夯筑得非常仔细，夯层厚约 3~7 厘米；长城墙体上层黄土层局部见有大块石头平夯现象。夯筑的石头似为不带棱角的圆形石头，底部稍圆，直径约 23 厘米。

叠压长城墙体的地层可分两层：层深灰色，厚约 5~20 厘米，所出陶片时代皆为宋元以后；层浅灰色，厚约 10~55 厘米，既出有饰布纹的汉代瓦片，又出有饰细绳纹的东周时期陶片。长城墙体之下不见叠压有早期的遗迹。长城墙体内所出陶片大部分饰有细绳纹，个别绳纹稍粗，少量素面，可辨器型有鬲、盆（盂）、杯、壶、豆等。此外，墙体内还出三棱状铜镞 1 枚、铁臿 2 件、铁斧 1 件。墙体内所出遗物的时代不晚于战国中期。墙体内所出陶器口沿沿面上多有数周凹槽或凸棱，显示出楚文化的风格特点；个别陶器口沿则为大宽沿，素面，显示出郑韩文化的特点。舞钢市平岭长城墙体内所遗物以楚文化风格为主，同时受到了郑韩文化因素的影响。

舞钢市平岭长城墙体分布在山间垭口的分水岭上。从地形地势上看，北侧坡度较陡，尤其是杨八公路东侧，长城墙体北侧即为较宽大的自然深沟，而长城墙体南侧坡度则较缓。关于两道石砌墙体外侧基础部分的小护坡，北侧的坡度稍陡，南侧的稍缓。长城墙体北侧挖建的基槽明显深于南侧。北侧的石砌墙体宽于南侧。两道石砌墙体之间，北侧堆筑的红土明显厚于南侧。这些都体现了楚长城防御北方的特点。有关舞钢平岭发掘的详细情况刊登在2010年5月21日的《中国文物报》上。

调查中，在平顶山市叶县、舞钢市及南阳市方城县境内，利用自然断面，在楚长城沿线其他地段的土石混筑的人工墙体上，所做墙体的十几个剖面显示的结构与发掘的舞钢市平岭西段人工墙体的结构一致，而且皆在墙体最底层堆积有炭化的木棍或堆积掺杂有炭化木棍的石块层。这种现象在中国古代城池史和建筑史上是不多见的。

（三）楚长城北线、东线的关堡

此次调查的楚长城北线、东线上的关堡有北线上的分水岭、鲁阳关，东线上的方城县大关口、泌阳县象河关、虹桥关等。

就材质而言，关墙有纯石砌的，亦有纯土质或土石混筑的。如驻马店市泌阳县象河关关墙为纯土质的，而平顶山市鲁山县四棵树乡车场村村南分水岭关关墙则为纯石材的。

在有关楚长城的关堡调查中，经国家文物局批准，着重对驻马店市泌阳县象河乡象河关遗址、南阳市方城县独树镇大关口遗址进行了调查和试掘。以象河关为例，介绍楚长城关堡情况如下：

象河关遗址位于驻马店市泌阳县象河乡乡政府所在地及其以北的地区，北有潕水上游河流界牌河自东向西流过，南有溱水河自西向东而流，东、西分别有五峰山、关山等山。由关墙和壕沟组成的防御设施略呈向北敞口的弧形，东西横亘于关山和五峰山之间，省道S234从中部南北穿越。S234在此间和一条古道重合。其中S234以东有人工修筑的关墙，长约1.1千米。通过解剖发现，象河关关墙底基残宽32.5米，残高约2米。关墙分内、外护坡和主墙体三部分。其中内护坡即南侧护坡可分两期。两期基础部分皆为夯筑，上部皆为堆筑。主墙体为夯筑。外侧护坡为堆筑。紧贴关墙北侧有壕沟。钻探可知，壕沟宽约23米。S234以西仅有壕沟，未发现关墙痕迹。钻探可知，S234以西的壕沟宽约15～20米，深约1.5～2米，长约1.9千米。古道和关墙交汇处今名五里堡。五里堡原有土台一座，今已被毁。五里堡以南5里左右，即今象河乡乡政府一带，溱水河北岸为大型东周遗址。该遗址南北跨度不大，但东西狭长，东西跨度正和五峰山与关山之间孔道的跨度相当，面积约182万平方米。遗址中心区和边缘区地表均可见到东周时期的绳纹陶罐、陶豆、陶盆、板瓦、筒瓦等遗物。此外，象河关关墙和壕沟的北侧，有两个土台东西对称分布于两端的山脚下。这两个土台呈圆形覆锅状，皆修建在地表上，均为堆筑。有土台内部发现有木炭和红烧土。结合布局推测，这些土台可能是象河关的烽燧。北侧有烽燧对称分布，南侧有大型的东周遗址，守南攻北的特征明显。

叠压象河关关墙的淤土层内出土遗物全部为东周时期；关墙之下叠压的文化层出土的遗物全部为龙山时代。龙山文化层之下叠压龙山时代水沟一条；关墙之内出土的遗物全部为东周时期，与象河关关墙南侧的大型东周遗址所见遗物的时代一致。

1957年4月，安徽省寿县城南邱家花园出土了《错金鄂君启铜节》后，针对"车节"中所提到的地名，围绕是"象禾"，还是"菟禾"的问题，殷涤非、罗长铭、于省吾等先生进行过诸多的讨论。结合前人的研究和这次调查与试掘的情况看，象河关应是一个集关墙、壕沟、相关联的大型东周遗址、烽燧、古道及山险和自然河道组成的防御屏障于一体的系统完备的楚长城防御体系上的一处重要关口。

（四）楚长城东线上的兵营遗址

2010年10月，调查队在平顶山叶县保安镇花山头、马头山山顶上，楚长城墙体附近发现有大面积灰土堆积。灰土堆积面积近30万平方米，厚40余厘米。在村民挖山采石的石头坑上，随处可捡到东周的绳纹陶片。调查队随即决定对该遗址进行试掘，布10米×10米探方一个。截止2010年12月中旬，探方清理完毕。探方内，灰土堆积共分三层：①层灰褐色，厚约22厘米，似经过混扰。该层出土有较为完整的铁耸、陶豆及一些绳纹陶片；②层灰土层，厚约20厘米。该层出土有铜镞及铜樽柄部的青铜构件等遗物；③层为红烧土层，厚约5厘米。位于探方北部，大面积零散分布。③层以下为自然山体。

此次试掘，所出遗物皆不晚于战国中期。尤其是出土的饰有细绳纹的陶片，其绳纹纤细的风格与舞钢市平岭西段楚长城墙体内所出陶片饰有的细绳纹非常相近。灰土、红烧土及生活陶片的发现和出土说明了这些山顶上是一处重要的生活遗址；金属武器的出土说明了此处遗址是与军事防守相关的。此处遗址位于山顶上，楚长城墙体附近，出土遗物时代又与楚长城墙体的时代一致，即不晚于战国中期。该遗址很可能是与楚长城防守相关的兵营遗址。

（五）楚长城的烽燧

此次还调查了一批烽燧。这批烽燧就名字而言多叫望火楼，后因语音厄变或称之为望花楼、万花楼、看花楼、看河楼、玩火炉、王和楼，亦有名叫烽火台、狼烟墩等的。这些烽燧以楚长城为界，楚长城之外有烽燧分布，如上蔡县蔡国故城的北城墙和西城墙上各有一个烽燧。楚长城沿线有烽燧分布，如叶县保安镇五里坡坡顶山上烽燧、方城县拐河镇军章老薄地望火楼。楚长城之内亦有烽燧分布，如南阳市方城县四里店乡老景庄村西望火楼、米家河村南望火楼、刘庄村西北望火楼、马沟村西九里岗望火楼、拐河镇舒家庄村东北望火楼等。此外，驻马店市泌阳县象河乡汪口村北烽燧、林李村东烽燧、马谷田镇西陈庄小学东烽燧、牤牛李烽燧等皆位于楚长城之内。这些烽燧大多近似圆形覆锅状，少数则呈上小底大的圆形覆斗状。多数烽燧中间从上到下堆积大量红烧土。红烧土里边多钻探出有木炭。部分烽燧被盗墓贼作为墓冢进行盗掘。从盗洞壁上可以看出，部分烽燧为堆筑，部分烽燧则为夯筑。个别烽燧地表发现有较多的筒瓦、板瓦。这反映了烽燧顶部原来可能有建筑。

为了了解烽燧的结构、确定其年代及性质，经国家文物局批准，2011 年 3 月－5 月，调查队对南阳方城县四里店乡米家河村南望火楼进行了发掘。米家河村南望火楼与四里店乡老景庄村西望火楼、刘庄村西北望火楼、马沟村西九里岗望火楼及拐河镇舒家庄村东北望火楼大体在一条线上，呈西北－东南向分布。这条望火楼分布线，部分地段可能有望火楼还没有找到，部分地段可能有望火楼已被毁坏，但其中的米家河村南望火楼与四里店乡老景庄村西望火楼、刘庄村西北望火楼、马沟村西九里岗望火楼分布比较均匀，相邻两个之间的距离约为 2～2.5 千米。发掘前该望火楼呈圆形覆锅状。地表散落大量的筒瓦和板瓦，皆为泥质红陶或灰陶，外饰绳纹，内为素面。

通过发掘可知，该望火楼选择在一个海拔 246 米的高岗上，视野开阔。先在岗地最高处简单夯筑一个方形土台。土台夯筑成以后，再在土台顶部挖建一个圆角近方形的半地穴式房子。该房子东西长约 4.1 米，南北宽约 3.85 米，面积约 15.8 平方米。地穴深 0.57～1.1 米。门道位于地穴的东南角，凸出于房子之外，为斜坡式，长约 1.95 米，宽 0.95 米。以门道为准，房子方向为 187°地穴壁上涂抹一层厚约 0.5～0.8 厘米的草拌泥，并经过烘烤。紧贴地穴的东壁中部偏北处，有南北三个灶并列分布。南侧的 Z1 灶台仅可看出轮廓，烟囱保存相对较好。烟囱为上细下粗的喇叭筒装。烟囱上口直径约 20 厘米，下口直径约 55 厘米，残高约 60 厘米。烟囱外围被一快完整的板瓦包裹。该板瓦为泥质灰陶，外饰粗绳纹，内为素面。在 Z1 的灶台位置，发现陶鬲残片一块。该鬲片为夹砂灰黑陶，外饰粗绳纹，内为素面。Z2 位于 Z1 的北侧，保存较差，灶台轮廓已不可辨，烟囱毁坏严重，但烟囱外围亦可见包裹一板瓦。板瓦的形制与 Z1 的相同。Z3 位于房子东北角，烟囱残痕尚存，灶台痕迹已不见。Z1 烟囱应为挖建半地穴房子时，在地穴壁上，挖建一个半圆形凹槽，然后再糊草拌泥，形成一个上细下粗的喇叭形。Z2、Z3 的建造方法亦应与 Z1 相同。房子地穴周围有柱洞 20 个。柱洞直径粗者约 40 厘米，细者约 10 厘米。

该半地穴式房子开口于表土层下。房内填土可分三层：层，厚约 20～25 厘米，为红烧土层；层，厚约 30～70 厘米，为灰褐色土层，亦掺杂有少量红烧土。层，厚约 12～18 厘米，亦为红烧土层。房内填土里面，尤其是第 层包含有较多筒瓦和板瓦。

房子所在的人工土台未解剖，但房内填土还出有陶鬲、高领罐、盆、甑以及铁铤铜镞等。其中，此次发掘出土的高领罐与当阳赵家湖楚墓乙类墓 JM2 出土的三期五段即春秋中晚期的高领罐[1]相近，但沿面比赵家湖的罐沿稍窄，罐领比赵家湖的罐领稍高。此次发掘出土的部分筒瓦上带有羊角形云纹半瓦当。这些羊角形云纹半瓦当与河北怀来大古城遗址[2]出土东周瓦当中的 Aa 型和 Ab 形瓦当，尤其是 Aa 瓦当的云纹风格近似。这些遗物的上限可到春秋，下限不晚于战国中期。这表明至少在战国中期时，该房子仍然在使用。其年代下限与楚长城的时代下限一致。

　　该房子内发掘出土的建筑材料有筒瓦、板瓦、土坯等。筒瓦为泥质红陶或灰陶。经过复原，完整的筒瓦长约 47 厘米，宽约 13 厘米。瓦唇短而上翘，瓦唇一端外表素面，饰几周阴弦纹，瓦尾一端素面，中部饰中绳纹，内壁为素面。内壁可见泥条盘筑的痕迹。板瓦亦为泥质红陶或灰陶，外饰中绳纹或粗绳纹，内为素面。土坯长约 30 厘米，厚约 13 厘米。此外，房子内还发掘出土有草拌泥。部分草拌泥上有木棍等建筑材料的印痕，部分草拌泥上则有竹片或木条的印痕。房子内填土里还见有少量木炭。

　　据研究，汉代河西地区的烽燧主要建筑物是一个墩台。墩台一般呈方锥体，上有小屋一间，即望楼。墩台旁边有坞院等建筑[3]。在敦煌、居延的烽燧遗址中出土的汉简表明当时守烽燧的人数有五六人或十多人。其中有燧长一人。戍卒平日必须有一人专事守望，有一人做饭，其余的人作修建、收集柴草（包括点烽火时用的柴草）等工作。方城县四里店乡米家河村南望火楼亦是一座高台。高台上亦有住房建筑。该房子居于高台之上，很可能也是用来守望的。

　　此外，调查中，还在方城县拐河镇舒家庄村东北望火楼烽燧上采集到战国陶片一块。在老景庄村西望火楼烽燧内钻探出红烧土、木炭和少量绳纹陶片。这些陶片的形制、纹饰等与米家河村南望火楼烽燧发掘出土的陶片时代一致。我们还在泌阳县马谷田镇西陈庄小学东烽燧上采集有战国中期以前的绳纹陶片及筒瓦等。该筒瓦为泥质红陶，外饰绳纹，内为素面，形制、纹饰等亦与米家河村南望火楼烽燧的筒瓦一致。除此之外，从断面上看，叶县保安镇五里坡坡顶烽燧断面上有一呈扁 U 形向上敞口的红烧土遗迹，亦可能为一半地穴式房子。该烽燧断面上还可见到木炭及东周绳纹陶片。

　　综合调查的情况看，楚长城烽燧分布位置的海拔高度因地形地势而不同。如林李村东烽燧海拔高度仅 157 米，而方城县四里店乡的望火楼烽燧海拔多在 250~300 米之间。叶县保安镇五里坡坡顶的烽燧海拔可达 400 米以上。烽燧与烽燧之间的距离亦根据需要而不同。如泌阳县境内的烽燧与烽燧之间的距离可达 4 千米，当接近关、城的时候烽燧

①　湖北省宜昌地区博物馆、北京大学考古系：《当阳赵家湖楚墓》，文物出版社，1992 年版，187 页。
②　李维明等：《河北怀来县大古城遗址 1999 年调查简报》，《考古》，2001 年 11 期。
③　陈菁：《两汉时期河西地区烽燧亭障规划营建刍议》，《甘肃社会科学》，2006 年 2 期。

与烽燧之间的距离缩小至2.5千米以下。方城县四里店乡老景庄村西望火楼、米家河村南望火楼、刘庄村西北望火楼、马沟村西九里岗望火楼，相邻两者间的距离皆为2～2.5千米。

烽燧往往分布在关口的左右两侧，遥相呼应。此外，烽燧也往往用来连结关与关或关与城。如泌阳县象河乡象河关的东西两侧分别有汪口村北烽燧和林李村东烽燧分布。泌阳县象河乡象河关与付庄乡付庄古城之间的烽燧则是用来连接关与城的。一般来说连接关与关或城的烽燧大致呈线状分布。此次发掘的方城县四里店乡米家河村南望火楼烽燧所在的烽燧线，大体呈西北－东南向，线状分布，西北可达鲁阳关，东南或可连接方城县城或独树镇一带的缯关。

（六）楚长城北线、东线沿线及内、外两侧的城址调查

此次还对楚长城北线、东线沿线及其内外两侧，尤其是楚长城外侧附近的城址进行了调查。调查楚长城北线、东线沿线的城址时，除了对平顶山市叶县保安镇的前古城进行调查外，还着重调查了驻马店市泌阳县的付庄古城、沙河店古城、牛蹄古城等。从此次重点调查和解剖的情况看，付庄古城和沙河店古城皆为东周时期的城址。

付庄古城位于驻马店市泌阳县付庄乡古城村一带。付庄乡乡政府所在地占压古城南部。省道S234穿越城墙东南角。付庄古城北墙长约948米，东墙长约955米，南墙保存较差，仅在付庄乡派出所西墙外保存一小段。在付庄乡粮库东南墙角外，保存有古城的西南城角。南墙复原长度约1000米，西墙呈反写的"L"形，西墙复原长度约1100米。整个城址平面呈拐尺形，面积约0.7平方千米。此次调查中，在古城北墙的西部，利用自然冲沟的断面做了剖面。从剖面看，古城北墙底基残宽约45.4米，残高约2.75米。北墙分主墙体、内、外护坡三部分，采用堆筑和夯筑相结合的两种筑法。夯窝为圆形平底夯，直径约5厘米，深约2厘米。我们在该剖面上未发现任何遗物，但在其他断面上，相当于主墙体的位置上，发现有陶器口沿、绳纹陶片，时代属东周时期。城内亦见有东周绳纹陶片。古城南有梅林河自西向东而流，注入板桥水库，并与瀔水交汇，流入沙河，即南汝河。梅林河南岸为山岗，东南为塔山。古城外北、东、西三面遗物极少，唯有城南及东南沿梅林河有较多遗物分布。付庄古城与北边的象河关之间有烽燧相呼应，又与东边的牛蹄古城、沙河店古城共同扼守泌阳县东部五峰山余脉和塔山之间的山间孔道，位置十分重要。

沙河店古城位于驻马店市泌阳县沙河店乡古城村一带。沙河店古城由东、西两座城址组成，城外有遗址。城墙上、城内及城外遗址上散落有较多东周的陶鬲足、豆柄、豆盘、壶盖、盉流、瓮或罐的口沿等遗物。鬲足明显具有楚式高足鬲的特点。陶豆则显现出楚式豆豆盘弧度比较大，豆盘与豆柄不相称的夸张风格。

楚长城北线、东线外围近处，围绕南阳盆地盆沿自西向东，再向南，依次调查了绕角城、鄀城、叶邑故城、吴房故城、道国故城及信阳市境内的东周城址等。这其中一些城址有些是楚国向中原扩张过程中新建的，亦有些是利用了被楚国灭掉的诸侯国都城。除此之外，这么多年的考古调查和发掘表明，楚长城外围更远处还有大量的城址为楚长城的屏障。南阳盆地北、东北、东、东南，有多重城址环绕在楚长城外围，起拱卫和屏障作用。

总之，在此次调查和发掘中，调查队对构成楚长城军事防御体系的人工墙体、关堡的关墙、烽火台、城址进行了调查、发掘或解剖，采集或发掘出土了铜镞、青铜器构件、铁舀和一些陶器残片等遗物。上述遗物的时代为东周时期，但均不晚于战国中期，与文献记载的楚长城时代一致。上述遗物为楚长城存在提供了大量有力的实物证据。正如 2012 年 2 月 20 日，罗哲文先生在接受《中国社会科学报》记者采访时说的那样："学术界对楚长城是否存在一直颇有争议，……。2008 年（以来），国家文物局委托河南省文物考古研究所调查楚长城并进行考古发掘，大量的文物资料重见天日。这也为楚长城的存在提供了足够的证据，让很多人疑虑顿消。①" 有关文献中的楚长城是否存在的争论基本可以结束了。

二 河南楚长城考古调查认识

通过调查、发掘和研究可知，楚长城具有和一般长城一样的共同特点：

首先，楚长城确实与其他长城一样存在一条长距离，大范围的分布线。有研究者认为，长城首先在分布上是一条不封闭的线，绵延一般都在几百里、上千里、上万里。楚长城（方城）历史文献上记载近千里，也应是有一条线的②。楚长城确实如此。其分布的详细线路如上文所述。

笔者认为长城的定义有狭义和广义之分。狭义上的长城仅指连续性的绵延较长的城垣或墙体③。事实上连续性绵延较长的城垣或墙体，还不能概括长城的全部内涵，仅靠绵延较长的城垣或墙体亦说明不了长城的功用。长城的分布线本身就是一个组合体，除了绵延较长的城垣或墙体外，还有烽火台、关堡、城址等。有些关堡则是在山间孔道中间修筑城址，再由城址修筑向两侧山体绵延的墙体。这本身就是一个有机组合的统一体。组合在一起才能发挥长城的功用，代表长城的真正内涵。除了这些人工的设施外，

---

① 唐红丽：《楚长城：开启人类长城工程的先河——访中国文物学会名誉会长、中国长城学会名誉会长罗哲文》，《中国社会科学报》，2012 年 2 月 20 日。

② 罗哲文：《访南召楚长城三首（并序）》，《中国文物报》，2002 年 8 月 30 日。

③ 景爱：《中国长城史》，上海人民出版社，2006 年版，25 页。

我国古代长城还普遍存在某些地段完全利用山河之险的现象。利用山河之险本身就是因山为城，即把山险当城垣，与人工城垣或墙体组成一道有机统一的防御线。人为地把山河之险与人工设施割裂开来亦显机械化。因此，笔者认为广义的长城概念应是以绵延较长的城垣或墙体的连接为基础，串联中间地段或沿线的山河之险、关堡、城址及沿线的烽火台等构成的一条有机统一的防御线。

此次调查所勾勒的楚长城分布线路即是对有遗物依据的人工墙体、烽火台、关城、遗址串联基础上勾勒的。此次调查所勾勒的楚长城分布线路与山形地势紧密结合。楚长城分布线路的绵延走势及大的曲折转拐与南阳盆地北沿、东沿大的地理走势及转拐是一致的。

其次，长城亦不是单独的一道墙，而是以长城分布线为主线的一个完整的军事防御体系①。楚长城与其他长城一样具有一个严密的防御体系。

楚长城分布线之外近处，围绕南阳盆地盆沿自西向东，再向南，依次有绕角城、鄳城、叶邑故城、柏国故城、吴房故城、道国故城等。楚长城外围更远处还有大量的城址与楚长城并存。如陈、蔡、东不羹、西不羹等城址。南阳盆地北、东北、东、东南，有多重城址环绕在楚长城外围。这些城址既是楚长城之外进攻中原诸侯的前卫哨所和基地，又是楚长城之外的屏障。如《史记》卷四十《楚世家》记载楚灵王的一段话即是证明："昔诸侯远我而畏晋，今我大城陈、蔡、不羹，赋皆千乘，诸侯畏我乎？"。又如《左传·昭公十八年》记载："叶在楚国，方城外之蔽也。"因此，这些城址的性质应是楚长城之外的障城和卫城，其作用应是对楚长城起屏障和保卫作用。

如叶县保安镇一带的方城凹口南侧，即内侧近处，方城县独树镇一带则是学术界普遍认为的缯关所在地。这些关城位于楚长城线路上山间孔道的内侧，临近楚长城，与楚长城线路上的山间孔道又有大道相通，一旦前方楚长城分布线上的山间孔道出现战事，这些关城可起到多层次防御和军事战备的作用。再如驻马店市泌阳县象河关北有舞钢一线的长城，东有五峰山山险，正位于楚长城东北拐角的内侧近处，是楚长城防御体系上的一处重要的内关。其功用应是和武城、缯关一样。此外，泌阳县付庄古城，正位于付庄、板桥、沙河店东西一线的山间孔道内侧近处。其功用亦如武城和缯关一样。

南阳盆沿之内，即楚长城分布线内侧近处那些起特殊作用的关城等再向内，则有烽燧与南阳盆地内楚国的政治和军事大本营——申相连。从文献记载看，申在楚国具有重要的地位。《左传》记载：成公七年，楚臣"子重请取于申、吕以为赏田。王许之。申公巫臣曰'不可。此申、吕所以邑也，是以为赋，以御北方。若取之，是无申、吕也。晋、郑必至于汉。'王乃止。"

---

① 　罗哲文：《访南召楚长城三首（并序）》，《中国文物报》，2002年8月30日。

　　近年，南阳市文物考古研究所在南阳市八一路一带发掘东周楚申县公彭氏墓地①。这从一个侧面证明了楚申县县邑应该就在今南阳市一带。据有关资料记载，在南阳市老城区东北4千米处，宛城区老庄村西北隅，今南阳市林科所院内原有烽燧一个。当地俗称为狼烟墩。该烽燧相传建于春秋时期，解放后曾一度列为市级文物保护单位。该烽燧就矗立在"夏路"旁，应是楚长城前线向军事大本营申传递军事警报的军事设施之一。

　　综上所述，楚长城由外而内形成了严密的军事防御体系。即南阳盆地盆沿外围的障城和卫城、南阳盆地盆沿上的楚长城分布线、楚长城内侧近处由一些关城等组成的军事战备区，再向内则有烽燧与南阳盆地内的政治和军事大本营——申相联系。

　　通过调查、发掘和研究亦可知，与其他长城相比，楚长城又具有自己的特殊之处。

　　首先，楚长城代表的是我国早期长城的特点，它与北方晚期长城那种人工墙体可以绵延上百公里，甚至上千公里的特点是不一样的。楚长城较多依赖于山形地势，因山为城。如上文所述，整体地势海拔较低的地方，修筑绵延几十千米的人工墙体；整体地势海拔稍高的区域则是山险和人工墙体相结合；整体地势海拔较高的区域以山险为主，以关堡、城址扼守古道、要冲②。即在可通人之处加强人工设施的修筑，在不易通人的海拔较高之处完全利用山势作为屏障。南阳盆地周围多高山险峻。因此，在整个楚长城分布线上，山险的比重较大，人工墙体整体上呈分段式分布。楚长城大量地段完全依赖山河之险的特点体现我国早期长城的原始性。这种特点是由当时交通工具、战争武器、战争形态及当时的生产力水平所决定的。楚长城分布线上的人工墙体、关城、烽火台、山险等，与楚长城内外的关城、烽火台等构成有机统一的体系，共同在南阳盆地盆沿上构筑一条牢固的防御线。楚长城是一个集合多种元素于一体的有机统一的防御体系。

　　其次，亦如上文所述，楚国修建长城的目的是为了向北扩张，问鼎中原。因此，楚长城具有浓厚的军事色彩，军事战略意图所指的方向特别明显——防御和进攻北方。楚长城的人工墙体多紧贴山体或山间垭口北侧的崖边修建。其作用和意义在于一旦敌人进攻到山脚下的时候能够观察到敌人的行动，一旦敌人攀缘而上的时候也能对其进行有效的打击。这一点是豫南楚长城与豫北长城的显著区别之处。豫北的长城墙体没有固定地沿山体的哪一侧修建，防御方向不明确。墙体本该沿山体而修的，却修在了山谷处，本该修在山谷处的，却修在了山体上。豫北的长城不是按地形地势及军事需要修建的。此外，燕、赵、秦三国的北长城亦是如此，整个长城在地理上主要考虑农牧分界，而很少

①　柴中庆、乔保同、王凤剑：《南阳市新发现春秋楚国贵族墓》，《中国文物报》，2009年5月15日。
②　李一丕等：《豫南地区楚长城资源调查与发掘取得突破》，《中国文物报》，2011年9月30日。

考虑军事防御要求，甚至在地形上只考虑耕地而不考虑军事防御①。上述长城在实质上是边墙或界墙性质的长城，而楚长城则与此不同，在实质上既不是边墙，亦不是界墙。楚长城不是一个经济形态文明与另一个经济形态文明的分界线，而是一个军事色彩特别浓厚，军事防御方向非常清楚，军事战略意图所指非常明确，军事实用性非常强的防御体系。

　　总之，文献记载的楚"方城"具有一般长城的特点，具备长城的基本属性，但又有自己的特点，实质上属于我国的早期长城。

三　存在问题与思考

（一）山寨问题

　　在豫南长城资源调查中，共计调查100余座山寨。对大量山寨的寨墙、门道、寨内房基、水井、与山寨相关的碑刻、石刻、岩画及其他附属建筑进行调查，均未发现早期遗物或线索。这些山寨在大的范围内也显示不出明显的分布规律。此次调查还对平顶山市叶县保安镇闯王寨寨墙进行解剖，对山寨内外的水井进行了清理。闯王寨原名为刘盆子寨，为内、外包大石块，中间填充土和碎石。通过解剖和清理发现，闯王寨寨墙不分层，为一次性建成。寨墙内所出遗物时代较晚。对寨内、外的水井清理后发现，水井内所出遗物的时代亦较晚。同时，还对驻马店市遂平县歪头山寨、确山县平顶寨等寨墙做了剖面，亦没有发现早期的遗物。在没有出土早期遗物为依据的情况下，山寨与楚长城关系难以确定。

　　目前，整个学术界对山寨的调查和研究均没有找到可以证明山寨为楚长城的突破性的遗物证据。网络、报纸等社会宣传屡见把某山寨归认为楚长城，多为调查或研究者依据实地观感，或是认为实地的这些古遗迹和一些文献相合，或利用一些民间口耳相传的传说，或是从民俗的角度加以研究，或是从建筑规模宏大，石块砌筑等非一般人群所为，应是倾全国之力的排除法，加以分析和推测的。没有早期遗物为依据来证明山寨与楚长城同一个时代的情况下，就人为地把山寨直接归认为楚长城的一部分，并以此为基础勾勒楚长城的线路的作法是不科学的，其勾勒的楚长城线路缺乏可信度。

（二）楚长城的西线问题

　　关于南阳盆地西部的楚长城线路，也即楚长城的西线问题，也是需要我们今后继续

---

① 白音查干：《战国时期燕、赵、秦长城新论》，《内蒙古社会科学（汉文版）》，1999年9月，5期。

关注和研究的。文献记载南阳市西部确实存在楚长城的西线。如《水经注》卷三十一"潕水"条下："云郦县有故城一面，未详里数，号为长城，即此城之西隅"。关于楚长城西线的建筑材料，唐书《史记·正义》篇引《括地志》云"故长城在（河南）内乡县东 75 里处，南入穰县，北连翼望山，无土之处，累石为固"。由此可见，楚长城西线有土的地方堆筑或夯筑人工防御设施，无土的地方则用石块砌筑防御设施。总之，这都说明了楚长城西线是有人工修筑的防御设施的。

在南阳市西部的长城资源调查中，除了调查大量的山寨外，还对西峡县县城东北的白羽城、丁河乡邪地都国故城、二郎坪乡汉王城等城址进行了调查。尤其是对汉王城的调查表明该城可能确如研究者所认为的那样应始建于东周，汉代被重新利用[①]。该城位于一南北向的峡谷中间，扼守南北通道。此外，《史记·楚世家》："顷襄王横元年（公元前 298 年），……秦昭王怒，发兵出武关攻楚，大败楚军，斩首五万，取析十五城而去。"通过公元前 298 年一战，秦国侵占了楚国在南阳西部包括"析"在内的 16 城[②]。楚国在析邑周围即今南阳市西部建如此多的城址可能与楚国在南阳西部的防御有关。

此外，此次还对南阳邓州市城郊的望花楼、内乡县马山口镇望火楼寨的望火楼、镇平县高丘镇唐沟村九组望火楼自然村的望火楼等进行了调查。

在今后的南阳盆地西部，楚长城西线的调查中，应结合山形地势，加强对南阳盆地西部，豫陕交界处的古道、古道沿线的城址、遗址的调查和研究。在古代，由于社会生产力水平相对较低，古代道路容易受到自然条件限制。特别是在山区，凡是有水有河的地方地势较低。地势较低的地方相对比较平坦。因此，在山区，古代道路往往沿河而行。凡是有河流的地方往往有古代道路。有古代道路的地段往往是楚长城要修墙、设关、建城、置烽燧要重点防御的地段。

四　结　语

大量考古发掘出土的遗物为楚长城存在提供了足够的实物证据。有关文献中的楚"方城"是否存在的争论基本可以结束了。文献记载的楚"方城"具有一般长城的特点，具备长城的基本属性，但又有自己的特点，实质上属于我国的早期长城。楚长城不是边墙，亦不是界墙，是一个军事色彩相当浓厚的防御体系。

楚长城距今时代较早，风雨侵蚀或历代人们的活动破坏严重。此外，秦始皇统一六

---

① 柴中庆：《楚长城西段考》，《楚文化研究论集》第四集，河南人民出版社，1994 年版，252 页。
② （唐）司马贞等：《史记三家注》，卷四十·楚世家第十。

国后，实行"堕名城，疏川防"的政策，对包括楚国在内的关东六国都城及原有的军事防御设施进行专门破坏。加之文献对楚长城的记载亦不甚详细。通过一次调查不可能把楚长城所有的问题都给以解决。楚长城的问题还需要长期不懈的努力。但在这次豫南地区楚长城资源调查中，以科学考古发掘的手段摸清了楚长城的结构及建造程序，并以科学考古发掘出土的遗物断定了楚长城的年代，专门进行大规模的实地调查并系统地掌握了楚长城的分布线路，这在两千多年的楚长城研究中是一个突破，具有十分重要的意义。对于楚长城烽燧，史书无记载，既往研究者不多。在这次豫南长城资源调查中，首次通过科学考古发掘确认了楚长城烽燧并了解了楚长城烽燧的结构。随着对楚长城烽燧及其分布特点、分布规律的进一步研究，对进一步研究和确定楚长城的防御体系和防御框架具有十分重要的作用。

陕西战国秦长城的调查与研究*

段清波　于春雷**

自东周开始建造长城以来，几乎每个时代都建有规模、长短、体系不同的长城，这些都成为我们弥足珍贵的文化遗产，其间蕴含着无比丰富的历史文化信息，历代长城作为规模最大的线性文化遗产，无不受到各界的广泛关注。

不可否认的是，长期以来，历代长城中几乎没有一个时代的长城是可以说得清楚的，无论是其走向，还是结构与体系，乃至沿用，这可能与多数长城修建在北方广袤的、环境恶劣的区域有关，与长期以来他们遭受到风霜雨雪和人为的侵蚀有关，也和有关长城的文献描述较少或模棱两可的记载有关，更为重要的是，长期以来致力于长城研究的专家或爱好者，在田野调查时因为缺少文物考古的专门知识而影响了他们对这些遗存的基本属性判断。

有鉴于我们对历代长城实际状况的了解程度，已经严重影响到我们对这一世界文化遗产的保护。2009 年～2010 年，陕西省组织文物考古力量，实施了国家文物局、国家测绘局联合主导的"长城保护工程——长城资源调查"项目，对境内战国秦长城、战国魏长城、汉"故塞"、隋长城等早期长城资源进行调查，本文主要对战国秦长城有关遗存本身的调查情况和收获做以报告。

通过调查发现，今天我们看到的所谓战国秦昭王长城，其实是战国秦、统一秦和西汉前期等三个时代前后相继，经过沿用、修缮、新建等各种形式建造后所存留下的长城，文献中屡见的汉"故塞"长城就是西汉在战国秦长城的基础上加以利用、新建而成的；其走向和前人的调查成果相差不大；战国秦长城的结构和体系不是我们习见的明长城模式，呈现出早期长城体系不完备的共同特征。

---

* 本文是教育部哲学社会科学重大课题攻关项目《中国历代长城研究》（10JZD0007）的阶段性成果。
** 段清波：西北大学文化遗产学院院长，教授，陕西省长城资源调查队队员；
　于春雷：陕西省考古研究院，实习研究员，陕西省长城资源调查队队员。

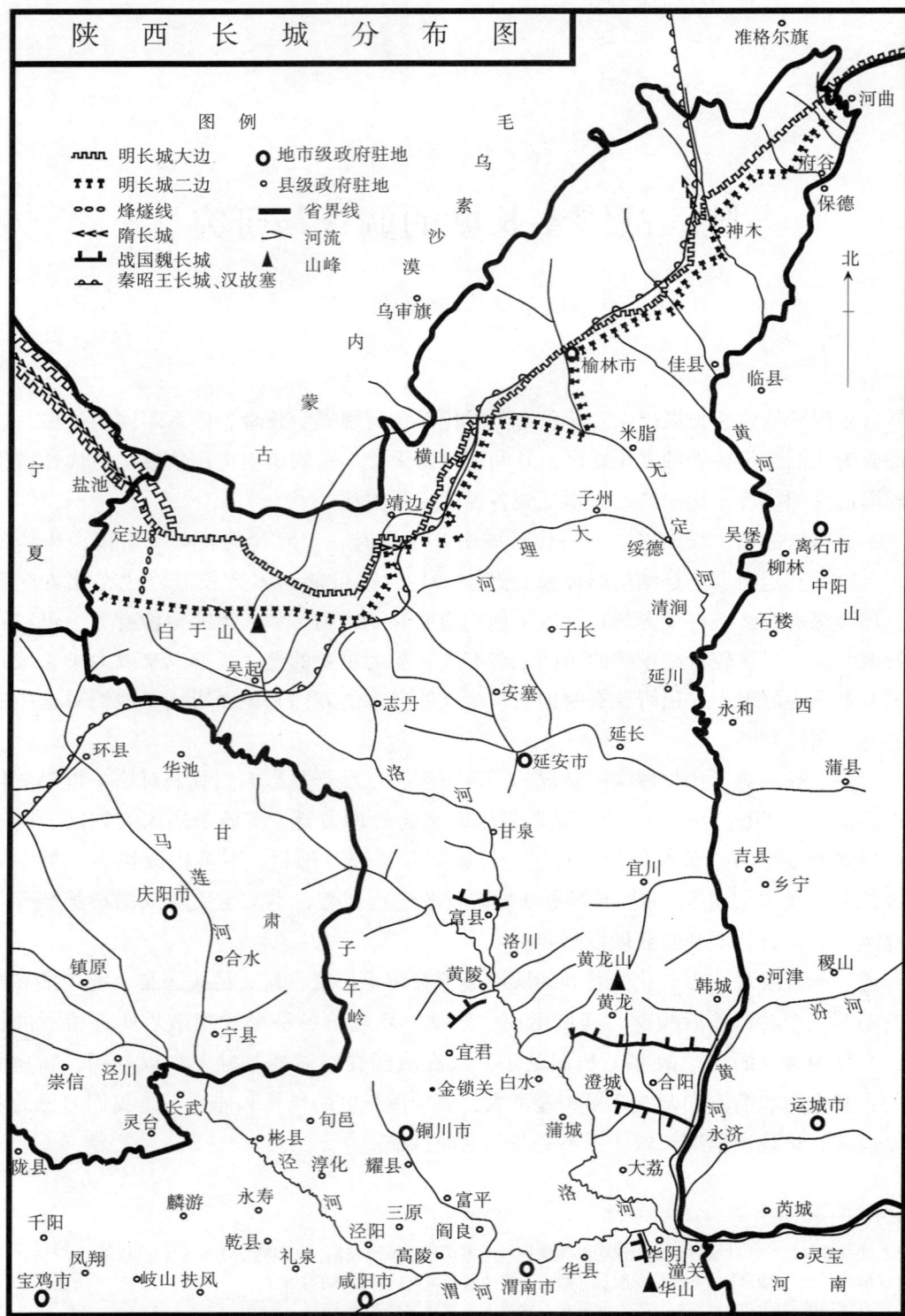

陕 西 长 城 分 布 图

图 例

明长城大边　　○ 地市级政府驻地
明长城二边　　○ 县级政府驻地
烽燧线　　　　━ 省界线
隋长城　　　　河流
战国魏长城　　▲ 山峰
秦昭王长城、汉故塞

一 战国秦长城研究的基本概况

历代文献关于战国秦长城的修建有着不太明确和简略的记载，秦国在不同的历史阶段和面对不同的国别和族群的压力下，似乎分别修建过"城堑河濒"、"堑洛"、"上郡塞"和秦昭王长城。前三者是否为长城，至今学术界还未成定论，只有秦昭王长城则基本上没有异议。

（一）文献中的战国秦长城

关中平原洛河以东的黄河以西地区，是战国时期秦与晋以及三家分晋后魏国之间长期争夺拉锯的区域。春秋末的三家分晋前，秦国趁晋国内乱，遂蚕食夺取晋国在河西的大片土地，时"晋公室卑而六卿强，欲内相攻，是以久秦晋不相攻……历共公十六年（公元前461年），堑河旁。以兵二万伐大荔，取其王城。"[1] 三家分晋后，魏国获得原晋国在河西的遗产，秦魏在河西遂展开持久的争夺战，魏文侯六年（公元前419年）"城少梁"[2]，八年（公元前417年）"复城少梁"[3]；"十六年（公元前409年），伐秦，筑临晋元里"[4]，而秦国也因此在秦灵公六年（公元前419年）抗击魏国，七年（公元前418年）继续与魏国在少梁进行战争，在魏国的压力下于八年（公元前417年）"城堑河濒"[5]。据此有学者认为这是秦国在黄河西岸沿河铲削修建的一道长城[6]。

在随后几年的秦魏争战中，魏国处于攻势而秦国处于守势，魏国呈咄咄逼人强势进取状态，秦国步步为营不断退守。此时洛河以东的关中东部地区秦国基本上已悉数拱让给魏国，到秦简公七年（公元前408年），秦国不得已"堑洛，城重泉"[7]，有学者认为这是秦国为防御魏国而沿洛河右岸修建的又一道长城，同时还认为"堑洛"长城正是把关中东部北起黄龙山、南至华山之间的平坦缺口给封堵起来，和富县长城（有研究认为是"上郡塞"）共同把关中变成一个封闭的范围[8]。但也有学者认为"城堑河濒"和

---

① 《史记·秦本纪》，中华书局，1959年版，199页。
② 《史记·魏世家》，中华书局，1959年版，1838页。
③ 《史记·六国年表》，中华书局，1959年版，705页。
④ 《史记·魏世家》，中华书局，1959年版，1838页。
⑤ 《史记·六国年表》，中华书局，1959年版，705页。
⑥ 史党社：《陕西渭南地区的秦魏长城及城址考察》，《秦陵秦俑研究动态》，2003年1期。
⑦ 《史记·六国年表》，但在同书《秦本纪》记此事却在秦简公七年（公元前408年）。据瓯燕考证应该以《六国年表》为是，此从。详见瓯燕、叶万松："上郡塞"与"堑洛"长城辨》，《考古与文物》，1997年2期。
⑧ 史念海：《黄河中游战国及秦时诸长城遗迹的探索》，《中国长城遗迹调查报告集》，文物出版社，1981年版。彭曦：《陕西洛河汉代漕运的发现与考察》，《文博》，1994年1期。彭曦：《秦简公"堑洛"遗迹考察简报》，《文物》，1996年4期。

"堑洛"都不是修筑长城，或者只是一项水利工程而已，当时秦国只是将局部的河岸铲削，更多的是利用自然的河流与陡峭的河岸进行军事防御，不能算作长城①。

在秦国的北部似乎还有一道防线，即秦惠文王时建造的"上郡塞"。"仪相秦四岁，立惠王为王。居一岁，为秦将，取陕。筑上郡塞"②。有学者据此认为，这是惠文王时，在张仪的主持下，秦国在关中北部修建的又一道长城，并依据实地调查与文献考证，认为该长城位于延安市富县境内横跨洛河两岸，以防御北方的赵国③。同时，通过对地形地势的研究，认为关中北部有一个缺口可以沟通南北，而富县长城就是为了封堵这个东起黄龙山，西至子午岭之间的缺口，与上述的"堑洛"共同将关中封闭护卫。但也有学者认为将"上郡塞"解释为长城缺乏根据，应该是在上郡某地所建的要塞④。

在所有战国秦长城中，秦昭王长城的位置和走向是基本没有异议的一道长城，史载周赧王四十三年（公元前272年）秦灭掉义渠之后，⑤ "于是秦有陇西、北地、上郡，筑长城以拒胡。"⑥ 并有史念海、彭曦等多位学者及陕西文物部门对此长城进行过调查研究。相关学者还通过详细研读文献，考证在靖边县向东沿大理河南岸分出一支线长城，达绥德再向北沿无定河西岸至榆阳区鱼河堡止。该长城修建于秦昭王之时（公元前306～前251年），一直作为秦国与西北诸邻的界线，直至秦始皇三十二年（公元前215年）因有"亡秦者胡也"的图录，"乃使蒙恬北筑长城而守藩篱，却匈奴七百余里，胡人不敢南下而牧马，士不敢弯弓而报怨⑦。"至此秦昭王长城就不再作为秦国的西北边界。

（二）文献中的汉"故塞"

顾名思义，"故塞"即过去的塞，指前朝的防御设施。

中原社会结束列国交相互伐、帝国形态形成时期，而北方草原区域游牧帝国也同时悄然兴起，两种帝国形态自此开始影响中国历史两千余年。秦二世元年（公元前209年），本已被蒙恬驱逐到阴山以北的匈奴又返回河套地区，史载匈奴头曼单于在蒙恬死后就"稍度河南，与中国界于故塞。"⑧ 该故塞遂成为匈奴与秦朝之间的分界线。汉初楚汉战争期间，面对北方强大匈奴不断南下的压力，无可奈何下西汉帝国与匈奴媾和，

① 瓯燕、叶万松：《"上郡塞"与"堑洛"长城辨》，《考古与文物》，1997年2期。
② 《史记·张仪列传》，中华书局，1959年版。
③ 史念海：《黄河中游战国及秦时诸长城遗迹的探索》，《中国长城遗迹调查报告集》，文物出版社，1981年版。
④ 瓯燕、叶万松：《"上郡塞"与"堑洛"长城辨》，《考古与文物》，1997年2期。
⑤ 《后汉书·西羌传》："至王赧四十三年，宣太后诱杀义渠王于甘泉宫，因起兵灭之，始置陇西、北地、上郡焉。"
⑥ 《汉书·匈奴传》，中华书局，1959年版，2885页。
⑦ 《史记·秦始皇本纪》，中华书局，1959年版。
⑧ 《史记·匈奴列传》，中华书局，1959年版，2887页。

以前朝故塞互为边关，"悉复收秦所使蒙恬所夺匈奴地者，与汉关故河南塞。"① 或被称为"河南故塞"，同类长城见于史籍的还有"辽东故塞"。

以故塞与匈奴为边的状况一直延续到汉武帝元朔二年（公元前 127 年），"卫青复出云中以西至陇西，击胡之楼烦、白羊王于河南，得胡首虏数千，牛羊百余万。于是汉遂取河南地，筑朔方，复缮故秦时蒙恬所为塞，因河为固。"② 于是这道秦统一及汉初的"故塞"就不再作为汉匈边界使用了，其使用时间前后长达 82 年。至元狩二年（公元前 121 年）秋，匈奴浑邪王与休屠王等降汉，"居顷之，乃分徙降者边五郡故塞外，而皆在河南，因其故俗，为属国。"③ 自是之后，终西汉之世该故塞就作为汉朝内服胡人属国的南界使用了。

此前学术界对河套一带的故塞没有进行过专题研究与调查，只是习惯上默认故塞即为前朝的长城，至于其布局、走向与形态则无人提及。

二　调查所见战国秦长城与汉"故塞"

关于"塞"和"长城"，有学者曾用心讨论过他们之间的词义区分和实际形态差别，多数认为塞不当作长城讲，认为塞是点上的防御设施，长城为线状防御设施。其实古代文献以及古人并没有对二者之间认真地区分过，尤其是在东周时期，当然塞和长城作为军事防御设施，前者出现一定会比后者为早，相对而言，就防御形态和体系来比较，长城的确要比塞不仅规模大，而且体系相对复杂。"长城、钜防，足以为塞"④，因之他们在功能上是没有区分的，从我们调查河西魏长城和秦昭王长城所了解的形态而言，也证实早期长城其实就是在塞的基础上添加为数不多的、长度不长且不连续的墙体而成，这样直到西汉，人们依然将二者混称，而尽管此时长城早已声名鹊起。

（一）"城堑河濒"、"堑洛"

黄土的特性决定了他容易遭受自然的剥蚀，文献中的"城堑河濒"和"堑洛"遗存，在实地调查中没有任何发现。

在反复研读文献的基础上，虽然经过认真调查，在沿黄河西岸的调查中，没有发现任何可以证明"城堑河濒"的遗迹和遗物；在洛河右岸，经过对以往认定的 100 余千米长"堑洛"线路全面调查，没有发现人工铲削痕迹；沿线也没有发现战国时代的夯土

---

① 《史记·匈奴列传》，中华书局，1959 年版，2890 页。
② 《史记·匈奴列传》，中华书局，1959 年版，2906 页。
③ 《史记·卫将军骠骑列传》，中华书局，1959 年版，2934 页。
④ 《战国策·秦一·张仪说秦王》，上海古籍出版社，1985 年版，95 页。

墩台；时至今日，我们仍无法确认"城堑河濒"和"堑洛"是否有以及是否属于战国秦长城的范畴，因为我们没有发现任何可资说明的遗存；但这并不代表我们持否定意见，即他们不属于战国秦长城体系，这种存疑可能还要持续很长时间。

明代延绥镇所辖的明二边长城现状或许可以说明此类"铲削"痕迹难以发现的状况。二边是成化年间基于蒙古部族不断南侵的局面由延绥镇巡抚余子俊主持建造的，其形式在文献上明确记载为"依山铲凿，令壁立如城，高可二丈五尺；山坳、川口，连筑高垣，相度地形，建立墩堠，添兵防守"①，此即为后来相对有连绵墙体的大边长城而言的"铲削二边"。经过两年的调查，这道铲削而成的长城，全线只发现零星几处人工垒筑的墙体，却没有发现任何铲削痕迹，而这过了仅仅不到500年的时光。可想而知，倘若战国秦长城体系中有经过"堑"而成的防御形式，时至今日当然也无法觅其踪迹了。

（二）上郡塞

过去，史念海、姬乃军等对跨越富县县城周围的钳二乡、城关镇和茶坊镇呈西北东南走向、段状分布的约30千米的一段长城，判断为其属秦惠文王时期张仪所建造的"上郡塞"长城，而欧燕认为其属战国魏长城；这次调查中我们发现，在关中通往陕北的通道上，在南部沮河段通道的宜君、黄陵两县及北部洛河段通道的富县，有成段状分布于孔道的墙体，还有少量的墩台以及含有战国时期富有秦魏两国特征的内麻点文和内布纹瓦片的遗址；另外，在黄龙山南麓还有一道长城。

该段长城遗存在东部黄龙山区和西部有不同的特征之分。东部即韩城以北的黄龙山南麓，单体建筑体较少，没有发现属于秦国的瓦类遗存，盛行内布纹的筒瓦、板瓦，表明此段长城属魏国新建；西部即宜君、黄陵、富县部分，墙体仅建造在关口一带，每段墙体较短，墙体沿线不见瓦片分布，这和秦昭襄王长城墙体沿线发现较多瓦片的特征形成鲜明的对比，并且该段墙体夯层较薄，宜君一带发现的墙体夯层仅3~4厘米，其夯层的厚度也比秦昭襄王长城薄，表明此段长城的墙体属魏国占据该地后所建。该长城沿线单体建筑很少，在富县全长18千米的长城沿线只有一座烽火台，再无其他单体建筑，这也和秦长城差异甚大。关堡类军事据点所发现的瓦类遗存有两种风格，一类是属于秦国的内麻点文筒瓦，一类是属于魏国风格的内布纹筒瓦，富县圣佛峪遗址还发现内麻点文筒瓦被夯夹在墙体中的现象，而该遗址内布纹瓦则大行其道，说明秦国最早拥有该遗址、其后被魏国占据的过程，黄陵县候庄乡韩庄村遗址发现的遗物也表明同样的历程，并且发现秦长城体系中没有见过的动物纹圆瓦当。

经过调查，我们认为，分布于延安南部的黄陵、宜君及富县长城，为秦魏两国先后

---

① （明）张懋、刘吉纂修：《大明宪宗纯皇帝实录》卷93，全国图书馆文献缩微中心，1986年版。

修建沿用而成，其中墙体部分为魏国所建，关堡部分多数为秦国始建、魏国沿用。分布于黄龙山南麓的长城，属于魏国修建。

这道军事防御线路有着较为复杂的建造和利用过程，使用这道长城的国家先后分属于秦国、魏国，最后在惠文王时期又回归秦国，此过程中分别留下各自的遗存。这道防御体系所反映的历史进程是，春秋战国之际，秦国向外扩张过程中占据了关中北部和关中东部，在关中北部的宜君、富县、黄陵一线修建军事性据点，用以防备来自北方晋国（后是魏国）的侵袭；三家分晋后，秦国在魏国的步步紧逼下从该地退却，魏国遂重新占领原属晋国的领地，随后伴随着秦国国力的提升，魏惠王时期，魏国在关中北部、东北部沿黄龙山一线，在原秦国军事据点的基础上，新建了旨在防御秦国北进的长城——规模较小、连续性较差的墙体；秦惠文王时期，秦魏两国发生于关中北部的甘泉雕阴之战后，魏国不得已退出陕北，秦国遂占领该地，但秦国此次占领关中北部后并没有故步自封，所向披靡的局势发展，使得秦国已经无意以此为界，接受上郡后并没有在此再次修建军事防御体系，张仪的上郡塞所指的并非是新建的防御工事，仅是指魏国割让上郡后秦国在一个相对短暂的时间内利用了这道防御体系。

（三）秦昭王长城与汉"故塞"

秦昭王长城自东北向西南经内蒙古、陕西、宁夏和甘肃四省区。该长城自神木县大柳塔镇贾家畔陕蒙交界处入陕西境，至吴起县庙沟乡大涧村陕甘交界处出陕西境，沿线经过神木、榆阳、横山、靖边、志丹、吴起等区县，从吴起出陕西镜后，经过甘肃的华池、环县、镇原、彭阳，宁夏的固原、西吉、静宁，甘肃的通渭、陇西、渭源直到洮河东岸的临洮止。

陕西境内的战国秦长城中只有所谓的"秦昭襄王长城"体系最为完备，走向最为清晰，遗存现象清楚，但经过对这道长城沿线墙体及关堡的地势、地貌与分布特征以及沿线发现的遗存特征对比研究，我们认为这道长城始建于秦昭襄王时期，秦统一后沿用，西汉早期继续修缮、沿用并以此作为和阻隔南下匈奴之间的边界；西汉时期曾经至少两次对该长城进行过维修和新建；战国秦时期虽然墙体段落很少，连绵性较差，但墙体上覆盖有筒瓦板瓦现象为东周长城所仅有；西汉前期不仅新建了连续性很好的未曾覆瓦的墙体，并且增筑了大量的烽火台，从而完备和丰富了该段长城的防御体系。学界长期沿袭称谓的"秦昭襄王长城"，其实是战国秦、秦统一和汉故塞长城的混合体。

1. 走向与分布

秦昭王长城自内蒙古入境后，在明长城西北侧延伸；至榆阳区十八墩与明长城交汇，至榆阳区黄沙碛墩与明长城分离；其后继续沿明长城西北侧布设，越无定河后与明长城相交；继续前行，分布于明长城东侧，向南延伸至靖边黄草垭与明长城两次相交，小段分布于明长城西北侧；西南方向前行直至进入甘肃界处，皆分布在明长城东南侧。

该长城在白于山以北，大体上沿毛乌素沙漠东侧和南侧边缘分布。具体线路是沿陕蒙交界处的勃牛川、窟野河西岸南下，沿窟野河与秃尾河之间的分水岭向西南延伸。其后再沿秃尾河支流团团沟与喇嘛沟之间的分水岭向西南延伸至秃尾河东岸，越过秃尾河后经芦沟与红柳沟之间沙漠区域向西南延伸，越红柳沟后在其南岸进入榆阳区境。

进入榆阳区范围后，长城沿红柳沟南岸向西偏南延伸，越过钵钵梁再沿头道河（常乐川）南岸向西南延伸，在榆林市区以北的红石峡处越过榆溪河，顺无定河流域北侧向西南延伸至无定河北岸，越无定河进入横山县境。

进入横山境内的长城沿芦河西岸向南延伸，入靖边县境。

进入靖边的长城，经瓦渣梁越过芦河向西南延伸，至龙州乡黄草圪与明大边长城两次相交后，向南沿芦河与大理河分水岭至天赐湾拐向西南，再沿芦河和延河的分水岭白于山脉向西偏南延伸进入吴起县境。

进入吴旗县的长城沿洛河和红柳河之间的分水岭向西偏南延伸，越洛河支流薛岔沟进入志丹县境，再沿薛岔沟、杨青川的分水岭延伸，并再次进入吴起县境，转向西北延伸到杨青川南岸，沿南岸向西延伸到小桥崾岘越过杨青川，再沿北岸向西延伸并越过洛河，继续沿洛河西侧支流三道川北岸向西南延伸，至长官庙乡阳洼村越过三道川，再沿洛河和泾河的分水岭向西偏北延伸，至庙沟乡曹儿畔大涧出境进入甘肃省境。

2. 保存现状

该段长城体系由长城墙体、附属建筑包括单体建筑与关堡组成。线路全长 458 千米，其中夯土墙 198 千米，石墙 20 千米，山险墙 100 千米，河险 9 千米，山险 3 千米，消失段 127 千米；原已发现、经此次调查证实的部分，全长 187 千米；此次调查新发现的部分，全长 226 千米；此次调查没有找到相关遗物、线路不明的部分，全长约 42 千米。（见表 1）

表 1　陕西省秦昭王、汉长城各县各类型分布统计（米）

秦汉长城	神木	榆阳	横山	靖边	吴起	志丹	总计
山险	0	0	0	0	3127	0	3127
山险墙	0	0	0	56620	31069.4	12750	100439.4
石墙	20251	0	0	0	0	0	20251
河险	6600	270	1105	0	985	0	8960
消失段	38029	47502	16698	25200	0	0	127429
土墙	40354	39485.2	38981.7	21797	57645.6	0	198263.5
总计	105234	87257.2	56784.7	103617	92827	12750	458469.9

马面 15 座；敌台 350 座；烽火台 85 座。

（1）墙体

是长城的主体部分，全长 458 千米。

墙体依据建筑类型、材质及保存状况，分为山险、山险墙、石墙、土墙。调查显示，不同类型的墙体主要是和不同的地质地貌相关，在岩石山区，墙体类别主要是石墙和夯土墙；沙漠平坦地区则是夯土墙；在有山沟河流的地方利用自然地形以山险为凭。

石墙只在神木县发现，主要分布在秃尾河以东，采用片石垒筑或土石混筑的方式砌造，内外两侧以片石叠加，中间填筑黄土或大小不等的块石；或一侧为片石砌筑，一侧为夯土墙，因地制宜，不拘一格。石墙存留长 20 千米，墙体底部宽度在 2 米~5 米不等，最高达 2.2 米；片石厚度在 0.02 米~0.14 米之间。

全线大多墙体以土墙为主，但主要集中分布在中部沙漠地带，即秃尾河以西的神木县部分、榆阳区、横山县和靖边县芦河以北区域以及吴旗、志丹的部分区域。夯土墙的墙体基本上是在沙地或黄土地上直接夯筑，现存的墙体全长 198 千米，底部宽度在 2 米~8 米之间不等，高度最高达 5.8 米；夯土以黄土为主，含沙量较大，夹杂有料礓石，有的部分夹杂有一些外绳纹、内麻点纹或布纹瓦片；夯层厚度大部分为 0.06 米~0.11 米。

山险墙主要分布在靖边、吴起、志丹三县的白于山区，以铲削和筑墙相结合，全长 100 千米。山脊部分的夯土墙相对而言要窄小一些，底部宽度在 2 米~3 米之间，高度最高达 2.5 米。调查中发现，夯土墙外侧山坡上有多层向外侧倾斜的梯田，内侧壁面每一层的高度在 3 米~5 米之间，向上收分率基本为 1/3，每一层的堑台面宽度在 9 米~15 米之间不等，向外落差 1 米~3 米不等；夯土墙与外侧的堑就构成一道山险墙，过去把这种迹象称为"三道堑"，据当地耆耋所言，非近代人工所为，但考虑到黄土山区的水土流失性，我们无法确认这是秦汉之际的人工痕迹。

由于自然的侵蚀与人为的破坏，该长城有大量的消失段落，长 127 千米，多分布在环境变化比较大的地方，包括沙化区和沟壑发育区。

全线共有约 12 千米长的范围内未见墙体，包括沿线长城所跨越较大的河流，有西拉木伦河、秃尾河、无定河和洛河，跨越河流段及河流两岸不见长城遗存。但该地沟深壁陡，流水滔滔，也许可以成为自然天险。

（2）附属建筑

包括单体建筑与关堡。单体建筑是指建在墙体上的马面或与墙体相连的敌台及墙体附近的烽火台，其功能是用以瞭望防守；关堡包括依墙而建的关和离墙而建的堡，用以屯兵居住。

单体建筑

马面依墙而建位于墙体外侧，现存 15 座；敌台骑墙而建或依墙而建但位于墙体内侧，现存 350 座；沿线发现的烽火台现存 85 座。

单体建筑由于年代久远，坍塌严重，已无法看出最初的形状，大部分平面形状呈椭圆形或圆形，直径在 3 ~ 8 米之间不等，高度最高达 4.5 米。其中位于山险墙部分的敌台都是依墙而建，位于墙体内侧，体量较小，直径多在 5 米以下，高度也较矮，一般不超过 3 米。单体建筑保存数量和程度不一，西部山区保存较多，而在中部沙漠区和东部山区多消失不存。从残存的墩台看，马面和敌台分布间距较小，多在 200 米左右。有少部分敌台和烽火台曾被明代沿用，改筑成方形墩台。

关堡　沿线现存 14 座关和 8 座堡。

关堡平面都是呈矩形，长宽在 20 米 ~ 180 米之间不等，有 11 座的长宽尺寸在 40 ~ 70 米范围内；墙体多残缺不全，大部分只剩下四个角或者更少，高度最高达 6 米，多在 3 米以下。

（3）遗物

在长城墙体沿线发现的遗物以瓦片为主，一般瓦片集中的地方就是有附属建筑的地方，反之瓦片就较少。瓦片分布比较多的地方相对的长城保存状况就差一些，而在长城保存状况相对较好的地段，瓦片分布就较少或者没有。

瓦片有筒瓦和板瓦两类，筒瓦外表纹饰主要是绳纹，另有素面和少量的环轮纹；内侧纹饰有麻点纹和布纹两种，麻点纹分为散乱和整齐均匀两种形式，布纹有粗疏和细密两种之分。

瓦当有素面半瓦当和几何纹与卷云纹圆瓦当。板瓦外侧纹饰绳纹、环轮纹、素面，内侧饰麻点纹、菱格纹、绳纹，或为素里。

调查中于长城沿线还发现有秦汉半两、铁锸、铜镞、铜削、铁削、铜匕首、铜杖头等。另外，在关堡及单体建筑周围还散落一些绳纹陶片和素面陶片。

（4）障墙

调查中还发现一种新的夯土墙体式的防御体，一般位于长城墙体（位于半山坡处）后侧的山顶平坦处，宽度大于长城墙体、长度为十数米或再稍长，夯土墙两端或一端夯建一座与之不相连接的墩台，这些墙体周边甚少见到瓦片一类的遗物，墩台周边能见到零星的瓦片，瓦片有内布纹和内麻点文之分。

陕西境内共发现这类障墙 6 段。其中神木的杨旺塔村段障墙长 52 米，呈西—东向，与杨旺塔村长城 1 段呈垂直状，墙体宽 2.8、高 0.65 米，石块垒筑，墙体内填碎石。靖边盘古梁村障墙，长 44 米，与新城乡黑龙沟长城平行，南距黑龙沟村长城 25 米。吴起石碑湾村障墙，长 24、墙体顶宽 2、底宽 5.4、高 3.2、夯层厚 0.07 ~ 0.11 米，呈北—南向，与石碑湾村长城 1 段基本垂直，间距 235 米。

这样的防御设施在甘肃境内发现 23 段。甘肃境内该类遗存一般位于嵝岘处长城墙体内侧山顶，走向基本与长城的墙体垂直但不相连，其现存的宽度与高度要大于长城墙体，障墙的长度 30～80、底宽 5～10、高 2～4 米，所在山梁的高程为海拔 2000～2020 米。镇原县第三铺村长城湾社南 610 米山梁上的长城湾遗存，发现有两道土墙，西北距墙体 100 米；两道土墙处于山梁的顶部，形成交角，向西南、西北眺望，可视度达数千米。其宽度、高度要大于长城墙体，其所处的山梁顶部较平坦开阔，在此土墙的周围发现有陶器残片，据此判断，此处可能还作为临时的休息、食宿、避风雨等场所。

由于在这类设施附近发现内布纹筒瓦，我们分析这类防御设施建造于汉代，调查时登高观察周边状况，可视域明显优于在墙体上看到的景象，同时也可以即时地将观察到的敌情信息传递到远方，而站在墙体附近墩台上则达不到这一效果。

三　几点认识

（一）关于“城堑河濒”和“堑洛”

虽然没有发现文献中所记载的“城堑河濒”和“堑洛”的迹象，但考虑到时代背景以及环境状况，我们无法排除当年曾经有过这样的举措，合理的推测是，当年只是将局部的河岸铲削利用后加以防御，更多的是利用自然的河流与陡峭的河岸进行军事防御，就此而言，他们并不属于严格意义上的长城系统。

《史记》所记“城堑河濒”和“堑洛”分别是秦灵公八年（公元前 417 年）与秦简公七年（公元前 408 年），前后相差九年，其间发生的事情还有魏筑少梁、临晋、元里和雒阴，还有秦晋战于郑下，秦败魏胜。可知此阶段秦晋之间形势是秦退魏进，拉锯的地方就在河洛之间的西河地区，直至出子二年（公元前 384 年），“秦以往者数易君，君臣乖乱，故晋复强，夺秦河西地。”[①] 可知“城堑河濒”是秦国利用黄河来防御魏国的一种措施，假如此天险不能有效地防范就退守洛河一线再组织力量防守。但后来魏国并没有越过洛河，两国界线就在洛河一线暂时稳定下来。

以当时的情势看，退守洛河后，秦国必然会利用洛河作为一道天然的防线来防御魏国的前进，但通过实地调查，洛河西岸并没有发现多少遗迹，大概利用洛河来防御东方的魏国，只需要将右岸铲削之后即可吧。洛河自北向南穿越的区域均属黄土高原，黄土具有很好的直立性，现今的洛河两岸大多作壁立状，那是由于洛河侧蚀致使两岸崩塌所致，现在依然能看到这种崩塌时有发生。洛河西岸发现很多夯土墩台，这种墩台体型瘦高，与可以确定的任何时代的敌台或烽火台都有明显的区别，沿岸发现的墩台在关中东

---

① 《史记·秦本纪》，中华书局，1959 年版，200 页。

部较为常见，据说那是当地村民依据堪舆理论为所居住的村庄挡引风水的设施，与长城无涉。在渭南蒲城发现的"洛渭漕渠"被一些学者认为是"堑洛"遗迹，其依据就是渠壁发现的一系列包含汉代遗物的灰坑，并且在两岸发现了战国秦遗址，位于西岸的遗址明显多于东岸。但依据漕渠与灰坑之间属打破关系看，显然漕渠时代晚于灰坑，不会早于汉代，当然也就与所谓的"堑洛"无关。

以"堑洛、城重泉"同时记载看，所堑地方应该是位于渡口便于通行之处，目的就是切断通道，这样的地方在战国时可能只有重泉附近和元里附近的洛河口岸具备这样的条件，以秦晋数次在元里发生战争和和谈看，可知此处应该是交通咽喉，附近洛河应该很容易渡过；重泉位于商原铁镰山南侧洛河对岸，附近有船舍村，可知该处也是交通要冲。另外，这两处地方现今仍然是交通道路跨越洛河的地方。当时秦国只是以洛河为边界，并利用天险防御魏国，不能等同于秦国在西岸建造有长城体系。"城堑河濒"也是类似的情况，这样的工程最多算作路障，不能视为长城。

（二）关于秦昭王长城与汉"故塞"

1. 秦昭王长城部分线段分布状况的思考

长城的防御方向是我们在调查过程中特别予以关注的一个问题，秦昭王长城是在灭掉义渠并占有了陇西、北地和上郡以后修建的并经过西汉前期的修缮新建而完善的，现状表明该长城多数线段的防御方向是自内侧防御外侧，即东南方向的力量防御来自西北方向的侵扰，这符合该长城修建的历史背景。但是，调查中也发现个别段落似乎并非如此，从地貌和长城所处的位置看，显然属于外侧防御内侧的情况。

该长城有部分段落修建于山梁的南坡或东坡，也有部分线段位于河流的西岸台地上，其地势明显不利于自东南防御北侧或西侧，这样的段落主要是分布在神木县北部勃牛川、窟野河西岸、横山县芦河西岸和吴起县西南部三道川北岸。

勃牛川是窟野河上游一条支流，源于内蒙古境内，自北向南沿毛乌素沙漠东南边缘流入陕西，分布在神木县境内这段长城墙体，"沿着河川西面的一个个梁峁爬上爬下，其东临河，紧切峭壁陡坡而筑，显得格外险峻挺拔，西面则是一个个八字形的支沟和两条支沟之间的马鞍形低地。山峁的顶部正当'贼冲'，土厚地阔，往往筑有高大的墩台。""到神木县城西北方与西南—东北行的明代长城相交后继续向南伸延，直抵兔毛川汇入窟野河的河口二郎山"①，墙体材质以石墙为主，两面垒砌石板，中填细碎石块。尤其是城墩村敌台的地理位置及与墙体的关系，更显示出早期防御方向为自西北向东

---

① 陕西省考古研究所陕北考古队、榆林地区文物管理委员会：《神木县窟野河上游秦长城调查记》，《考古与文物》，1988 年 2 期。

南，晚期为自东南向西北的转变过程。墩台东临陡坡，西面有一大片开阔地，建造在山峁最高处，突出长城之西的这块墩台是后来补筑的，而城垣与其东突的那块墩台则浑然一体，是同时夯筑的，土质纯净，补筑部分的夯土中夹有碎陶片，二者泾渭分明，迥不相同。从军事防御方向看，为自西北防御东南方向的进攻，倘若是秦国修建，其防御方向明显和其他线段的长城自东南防御西北的布局不同，而秦国控制的区域应当位于长城的东南侧，西北侧为戎胡之地。

　　横山县段秦昭王长城分布在芦河西岸，但不是在最高处，而是在半坡上分布，部分距河岸边约 100～200 米，最远距离河岸也就是 300 多米。而同样行经此地的明长城则是在芦河与黑河的分水岭上分布，位于秦长城西侧 2～5 千米处，相互平行分布。以这种分布地形看，更应该是西部防御东部的军事工事，而非往常所认为的东部防御西部的态势。

　　吴起县西南东西向的三道川是洛河西侧北数的第三道支流，故名三道川，秦长城在该处主要沿河流北岸分布。按照地理地势看，长城位于三道川北岸山峁的南坡上，应该是北侧占尽地利，为防御南侧而修建，此前有学者曾认为此处的长城分布在三道川南岸[1]，但经过详细调查，三道川南岸没有发现墙体，而在三道川北岸分布有一道断续相接的夯土遗迹，夯层厚度与夯筑方式等与他处秦长城夯土一致，且沿线有较多的外饰绳纹、环轮纹，内饰麻点纹的瓦片。同类情况也见于杨青川北岸。在其他段落中，尤其是白于山上的段落，还有若干这样的小段长城，他们位于山峁的东南坡，展现出西北侧占有防御地利的态势，但每段长城确实和两端的长城都相互连接，尤其是其中有一些小的段落明显是为了省工省时，长城在山间一条直线相连，从某个凸出山峁的东南坡经过，将山峁高处置于长城西北侧。

　　上述三处长城遗迹虽然在地形地势使我们认为该长城并非是东南防御西北，但这几段长城却又和其他段长城明显相连一线的，而其他段长城则也有明显的东南防御西北的特征，像处于山体的西北坡上、长城本身两侧地形东南侧高于西北侧约十几米、沿线关堡都处于长城东南侧等等。

　　对于秦昭王长城部分段落出现这种分布状况的原因，我们有一种推测，即这些段落的长城属有前后沿用的可能，最早为赵国所建，其目的是自西北向东南防御秦国，后来在秦国的压力下，赵国退出该地区，秦昭襄王时修建长城利用、完善该段长城，遂构成秦长城的一部分。

　　做如此推断是因为我们考虑到三家分晋前，晋国的力量尚未到达这里，到赵武陵灵王胡服骑射略取西北胡地后（公元前 300 年），在阴山南坡"筑长城自代并阴山下，至

①　彭曦：《战国秦长城等考察与研究》，西北大学出版社，1990 年版，197 页。

高阙为塞"①，此为防御北方游牧民族的目的而建造的；其后，公元前 299 年赵武灵王
以主父的身份，"身胡服，将士大夫西北略胡地，而欲从云中、九原直南袭秦"②，并且
还乔装打扮以使者身份南下咸阳拜会秦昭襄王，目的是观察沿途地形地貌环境和秦王处
事风格。秦国从魏国手中获取的上郡其北线我们并不确知，但从昭襄王二十年（公元前
288 年）"之上郡、北河"看，此时河套以南地区应该已经归属秦国了，此后于昭襄王
二十七年（公元前 280 年）修建长城，那么，赵国占据河套以南的时间段当在前 300 年
至前 288 年之间。但现今榆林、延安之间的一带此前的归属或为赵或为秦，考虑到秦昭
王十二年（公元前 296 年）赵惠文王三年，赵国灭掉中山国后将中山王迁到肤施的情形
看③，肤施为赵国领土，如此的话，不论肤施在延安或者在榆阳堡，在秦昭襄王"之上
郡、北河"之前，该地当为赵国所有。

　　从先秦游牧民族甚少或不见他们修造长城的史实上看，分布于神木县勃牛川西岸、
吴旗三道川、杨青川的长城就只有可能为赵国所首建，在步步向北退却的情况下，建造
长城其目的是旨在阻止战国后期逐渐强大起来的秦国继续北上，又凭此可以作为赵国向
南攻略秦国的桥头堡。到秦昭襄王二十七年建造长城时利用了这段长城，从而改变了防
御方向，因之，墙体、墩台等均有新筑和修缮行为。

　　赵国北长城和秦昭王长城最大的区别是，前者墙体上没有筒瓦、板瓦覆盖墙顶，而
后者则不同，已经发现的战国秦长城墙体沿线均发现连绵不绝的瓦片，即使在沙漠地区
墙体早已或掩埋于流沙中或消失，但地表仍能见到连续性的瓦片，则秦长城墙体顶面当
覆盖有瓦无疑。

　　阴山南麓赵长城因地制宜，石墙与夯土夹砂墙并用，南侧及沿线分布有烽火台和障
墙遗址，墙体沿线没有发现瓦类建材，外侧发现有壕沟。而陕北神木发现的这些长城，
其墙体外侧也有壕沟现象，墙体附近多发现呈战国秦特征的麻点纹筒瓦残片。我们推
测，这类墙体是秦国对赵国长城的再利用和改建。

　　当然对这一现象或许还有更好的更合理的解释。

　　2. 汉"故塞"沿用秦昭王长城的证明

　　汉"故塞"即为沿用秦昭王长城而成的观点过去就曾有研究者提出过④，只不过当
时并没有提出依据来。经过此次调查，在秦昭王长城沿线发现不仅发现具有鲜明战国秦
特征的筒瓦板瓦以及战国秦半两，也发现属于秦统一时期的铁铤铜镞，更发现大量汉初
器物及大量的具有汉代特征筒瓦、板瓦，尤其是墙体夯层中不仅夹含有内麻点纹筒瓦，

①　《史记·匈奴传》，中华书局，1959 年版。
②　《史记·赵世家》，中华书局，1959 年版。
③　肤施地望有两说，一说在今榆林榆河堡，一说在今延安宝塔区。
④　史党社、田静：《追寻秦昭王长城》，《文博》，2004 年 6 期。

还夹杂有外绳纹内布纹的瓦片，由此可以确认，所谓的汉故塞就是西汉前期对战国秦长城加以利用、完善并新建而成的长城体系，换句话说，今天我们现场看到的所谓的秦昭王长城，其实是战国秦（赵）、统一秦以及汉代前期三个时期前后沿用、修缮、完善而成的长城。

调查时在秦昭王长城沿线发现大量的外绳纹、内布纹的瓦片和卷云纹的瓦当，这些特征显示其时代属典型的汉代遗物。另外还发现一些具有汉代特征的遗物，在发现的二十四枚"半两"中，只有一枚是秦"半两"，其余都是汉"半两"，另外还发现一枚榆荚"半两"，但是没有"五铢"。还发现十八枚铜镞，其中有铁铤铜镞八枚。

长城沿线存在为数较多的汉"半两"，说明汉初对于该长城使用的深度和广度要超过战国与秦代，表明汉代长城沿线驻守有人数较多的军队。铁铤铜镞在秦代并不常见，秦始皇兵马俑三个坑出土数万枚铜镞中，铁铤者只有数枚而已[1]，而时隔千年在长城沿线上还采集到八枚铁铤铜镞，说明这些铜镞的时代当为汉代而不会早到秦统一时期。汉代在该长城沿线的大量驻军从另一个方面说明汉初与匈奴的关系远比秦昭王至秦始皇时代紧张，对此文献中也多有记载。大量的汉初钱币的发现同时也能说明汉初长城沿线的人员流动和商业交通远较以前发达，史载"昔和亲之论，发于刘敬。是时天下初定，新遭平城之难，故从其言，约结和亲，赂遗单于，冀以救安边境。孝惠、高后时遵而不违，匈奴寇盗不为衰止，而单于反以加骄倨。逮至孝文，与通关市，妻以汉女，增厚其赂，岁以千金，而匈奴数背约束，边境屡被其害。"[2] 可知汉匈之间的关市是从汉文帝时代（公元前179~公元前157年）开始，至元光二年（公元前133年）马邑之谋失败，汉匈交恶，但匈奴"尚乐关市，嗜汉财物，汉亦尚关市不绝以中之。"直至"自马邑军后五年（按：即元朔元年、公元前128年）之秋，汉使四将军各万骑击胡关市下。"元朔二年（公元前127年）河套南部的关市才由于汉朝大力出击匈奴而结束。

沿线发现的瓦片大体分为两类：一类为外绳纹内麻点纹；另一类为外绳纹或环轮纹，内布纹或菱格纹。前者类型的瓦片在秦雍城遗址、咸阳宫遗址和秦始皇陵均有大量发现，而同遗址中，后者在咸阳宫遗址仅看到一片，秦始皇陵仅有不到十片，[3] 可以判定外绳纹内麻点纹是秦瓦的鲜明特征；后者类型的瓦片在汉长安城遗址和汉代帝陵均有大量发现，而前者类型的瓦片只在早期帝陵有所发现，可以判定外绳纹或环轮纹，内布

---

[1] 在秦始皇兵马俑一号坑出土镞280簇（每簇约100枚），另有零散的10896枚，其中只有1枚铁镞和2枚铁铤铜镞，其余均是铜镞。见陕西省考古研究所、始皇陵秦俑坑考古发掘队编著：《秦始皇陵兵马俑坑一号坑发掘报告1974~1984》（上），文物出版社，275页。

[2] 《汉书》卷94下·匈奴传，中华书局，1962年版，3830页。

[3] 陕西省考古研究院、秦始皇兵马俑博物馆编著：《秦始皇帝陵园考古报告2001~2003》，文物出版社，2007年版，209页。

纹或菱格纹是汉代瓦片的特征。在调查过程发现有的墙体部分或单体建筑夯层中分别夹杂有上述两种类型的瓦片，说明汉代曾经至少两次维修过这道长城，第一次维修时曾将战国秦的麻点文瓦片夹入夯层内，第二次维修时将此前的汉代建材瓦片夯筑在墙体内，这说明我们现在看到的秦昭王长城墙体遗迹大部分是经汉代维修后的结果。

3. 该长城的布设与结构特点

不论是战国秦还是统一秦乃至汉初，在长达百余年的时间段内，该长城作为内陆的西北边防，其军事防御也呈现出与时代、作战对象、冷兵器时代兵器与作战方式相一致的特性来。

其一，该长城并不布设在山脊部位。

进入火器时代的明长城墙体，在山区环境下几乎全部布设在山脊上，相对而言处于冷兵器时代的秦昭王长城墙体则基本没有发现这种情况，其线路多数分布在山体一侧的半坡上，这和明长城分布特征形成明显的差异，这应该和当时战国秦汉之际，作为防御方的农业民族军队，属于以步兵为主作战的时期，其远射兵器为弓弩，常规武器不外乎刀枪剑戟一类；而进攻方的游牧民族军队，则以骑战为主，对阵的双方呈现出不同优劣态势。长城作为守方的防御体，最佳的防御效果莫过于将对方的骑兵有效地阻挡在山前地带，这样弓弩一类的兵器就可以在对方发起进攻时处于上坡、速度慢的劣势，将之有效地击退；倘若第一轮进攻时防线被突破，还可以后撤再组织防御，而进攻一方的骑兵在爬山过程中并没有明显的优势。

其二，沿线长城墙体上墩台分布密集、部分墩台分布在山顶。

墙体上的墩台均依墙而建且高于墙体，山区处墩台的密度很大，间距小者有 50 米、80 米的，多数墩台之间的距离在 200 米左右，在地势稍微平缓的沙地、平原地带，分布要稀疏一些。山区地带的墩台一般设置在沟壑或谷道正对的墙体部分，或者设置在河道拐弯处以及多个河道交汇处，开阔的可视域能将沟壑或谷道内的动态尽收眼底。墩台的密度大，可能和战事形势趋紧有关，作为防守的一方，两座墩台之间采用弓弩来守卫，能对进攻者进行有效的打击。该长城墙体上墩台间距 200 米左右，恰好相当于弓箭有效射程的 2 倍稍小，所以设计墩台间距应该是按照在相邻两墩台上相对射箭能将该段范围全置于射程之内的要求而定①。

沿线多数墩台周边发现大量的瓦片，瓦片内侧纹饰既有麻点纹也有布纹，即表明这些墩台上当年曾建有固定的有顶覆盖的建筑，也表明墩台屋面建筑的时代既有战国秦的、也

① 有调查研究认为平坦地势处墩台间距在 210 米～240 米，符合当时之百丈（相当于230 米）长度。见彭曦：《战国秦长城等考察与研究》，西北大学出版社，1990 年版。另外，关于明代弓箭射程要求小于战国，由于当时沿边均配有一定数量的火器，弓箭处于次要地位。见于春雷：《陕西榆林明长城新发现"阳坬墩石碑"考》，《文博》，2008 年 3 期。

有汉代的。分布在山顶的墩台不论是规模还是保存状况，均优于墙体上的墩台，墩台周边的瓦片中布纹瓦多于麻点纹瓦，我们推测建于山顶上的墩台当为汉代。墙体上的墩台有些属战国建造，有些应该为汉代添建或沿用修缮，只不过现在还不能将之一一理清。

其三，该长城沿线墙体存在大量汉代新建的现象。

现今看到的长城墙体基本上呈现出较好的延续性，调查中发现，某些线段的墙体两侧分布有较多的瓦片，而有些线段则几乎不见瓦片，一般情况下，墙体保存较好的线段，瓦片分布的较少，墙体保存较差的线段瓦片分布的较多。在一些保存好的墙体夯层中发现夹含有布纹筒瓦残片的现象。于此，我们认为，战国秦长城墙体连续性很差，墙体上覆盖有板瓦筒瓦，墩台分布的较为疏散，经过汉代的修缮、新建，该长城呈现出我们现在看到的形态，即墙体连续性好、墩台密布，就墙体而言，汉代时墙体上没有战国秦时期那样覆盖筒瓦板瓦的现象，这也表明，前后两个时代利用墙体时的防御方式完全不同，汉代时守城的将士可以在城墙上巡视防守，而战国时战士并不在墙体上巡守，仅依靠墩台瞭望和防守，这或许与战国气候相对湿润降水较汉代多有关[①]，或许与前后两个时代的防御思想、防御方式有关。

4. 该长城的废弃、再沿用和破坏

该段长城直到汉武帝大规模出击匈奴后才彻底废弃，始于周赧王四十三年、秦昭襄王三十五年（公元前 272 年），至于武帝元朔二年（公元前 127 年），前后沿用将近 150 年。此后史称"幕南无王庭"，匈奴浑邪王降汉后，于五郡故塞外，设立属国，此时"故塞"就不再是作为重要的军事防线来使用，但依然是一条胡汉之间的界线。

西汉以后直至隋代，该长城一直是废弃状态，隋代修筑灵武到朔方的长城有部分段落与该长城重合，这样的段落可能存在于神木县西部、榆阳区、横山县和靖边县东部，因为调查过程中，在该地段没有发现确认与疑似的隋长城遗迹。明长城榆阳区中部麻黄梁镇十八墩至芹河乡黄沙碛墩 30 千米段直接和该长城分布线路重合。

---

① 陈业新：《两汉时期气候状况的历史学再考察》，《历史研究》，2002 年 4 期。

春秋战国时期秦晋（魏）对河西地区的争夺研究
——兼论战国时期秦"堑洛"长城

陈探戈[*]

一 秦初占河西

《史记·秦本纪》载，秦穆公十五年（公元前 645 年）"九月壬午，与晋惠公合战于韩地……十一月，归晋君夷吾，夷吾献其河西地，使太子圉为质于秦。秦妻子圉以宗女。是时秦地东至河"[①]。这就说明秦在公元前 645 年第一次占据了河西地区。《史记·晋世家》载："当此时（晋献公二十五年，公元前 652 年）晋强，西有河西，与秦接境，北边翟，东至河内"[②]。这条记载说明晋在公元前 652 年还占据河西。为什么在短短七年之后，即公元前 645 年，河西地区就被秦占据了呢？笔者将其原因归结为两点：一是穆公图强，秦穆公继位后，奋发图强、锐意进取，推行富国强兵之策，发展军事，奖励生产，使国力大大增强。并且常常亲自征伐，"穆公任好元年，自将伐茅津，胜之"。"秋，穆公自将伐晋，战于河曲"，并且广招贤才。二是骊姬之乱，在秦穆公图强的同时，晋国却发生了骊姬之乱，世子申生自杀，公子重耳和夷吾出逃。穆公九年（公元前 651 年）晋献公死，骊姬子奚齐继位，旋即被其臣里克杀死。秦穆公派百里奚带兵送夷吾回国继位，为晋惠公。夷吾事先答应将河西八城割给秦作为谢礼，但继位后却毁约。晋臣丕豹逃到秦国，受到穆公重用。十二年（公元前 648 年）晋国旱灾，秦穆公运了大量粟米给晋。十四年（公元前 646 年），秦国发生饥荒，晋国不仅不给秦国粮食救灾，反而乘机出兵，于次年攻秦。双方在韩原大战，晋惠公在韩原大战中被俘，拱手献出其河西之地。

---

* 陈探戈：西安博物院，助理馆员，陕西省长城资源调查队队员。
[①] 《史记》卷五《秦本纪》，中华书局，1982 年版，189 页。
[②] 《史记》卷三十九《晋世家》，1648 页。

二　魏夺秦河西地

《史记·秦本纪》载"出子二年，庶长改迎灵公之子献公于河西而立之。杀出子及其母，沈之渊旁。秦以往者数易君，君臣乖乱，故晋复强，夺秦河西地"①。这里又明确指出了魏在秦出子二年即公元前 385 年又重新夺回了河西地。在公元前 645 年到公元前 385 年的 260 年间，秦晋（魏）为争夺河西地区进行了一系列大大小小的战争：

> （秦穆公）三十六年，穆公复益厚孟明等，使将兵伐晋，渡河焚船，大败晋人，取王官及鄗②。
> 康公元年……秦以兵送至令狐。晋立襄公子而反击秦师，秦师败③。
> （秦康公）二年秦伐晋，取武城④。
> （秦康公）四年，晋伐秦取少梁⑤。
> （秦康公）六年，秦伐晋，取羁马。战于河曲，大败晋军⑥。
> （晋）成公六年，伐秦，虏秦将赤⑦。
> （秦桓公）二十六年，晋率诸侯　伐秦，秦军败走，追至泾而还⑧。
> （秦景公）十五年，救郑，败晋兵于栎⑨。
> （晋悼公）十四年，晋使六卿率诸侯伐秦，度泾，大败秦军，至棫林而⑩。
> （秦厉共公）二十一年，初县频阳，晋取武城⑪。
> （魏文侯）六年，城少梁。十三年，使子击围繁、庞，出其民。十六年，伐秦，筑临晋元里⑫。
> （魏文侯）二十四年，秦伐我，至阳狐⑬。

---

① 《史记》卷五《秦本纪》，200 页。
② 《史记》卷五《秦本纪》，193 页。
③ 《史记》卷五《秦本纪》，195 页。
④ 同③。
⑤ 同③。
⑥ 同③。
⑦ 《史记》卷三十九《晋世家》，1676 页。
⑧ 《史记》卷五《秦本纪》，196 页。
⑨ 同⑧。
⑩ 《史记》卷三十九《晋世家》，1683 页。
⑪ 《史记》卷五《秦本纪》，199 页。
⑫ 《史记》卷四十四《魏世家》，1838 页。
⑬ 《史记》卷四十四《魏世家》，1839 页。

（魏文侯）三十六年，秦侵我阴晋①。

（魏文侯）三十八年，伐秦，败我武下，得其将识②。

　　从公元前 645 年至公元前 385 年这 260 年间秦晋（魏）之间发生的一系列战争中，我们可以清楚地看到，在晋成公六年，即公元前 601 年以前发生的战争中，几乎是秦全部取得胜利，而在公元前 601 年以后的战争中，胜利者几乎都是晋。这说明秦在初夺河西之后对河西地区的控制并不是很牢固。其原因就是晋在晋文公继位后逐渐恢复了其强国地位到了战国初期，魏文侯实行变法，改革政治，奖励耕战，兴修水利，发展经济，取得了很大成绩，成为战国初期强国。公元前 617 年晋攻取少梁，古代少梁是黄河西岸的一个水路交通要塞，这里是有名的黄河少梁渡口，是东西水路交通的枢纽，这里有一条贯通南北的大路从中通过，是南北交通唯一的通道。所以，它便成为古代军事上兵家的必争之地。在以后的争夺里，秦陆续失去了武城（今华县东北十七里）、繁庞（今韩城东南）、临晋（大荔县东朝邑镇西南二里）、元里（今澄城县南）、洛阴（大荔县西南）等战略要地，其河西地区逐渐被占据。直至公元前 385 年魏重新夺回河西地区。

三　魏予秦河西地

　　《史记·魏世家》载："襄王五年，秦败我龙贾军四万五千于雕阴，围我焦、曲沃，予秦河西之地"③。至此河西地三次易手，终被秦所占。

　　秦在经历了厉、躁、简公、出子之不宁后，献公继位。献公"镇抚边境，徙治栎阳，且欲东伐，复穆公故地"。孝公时期，秦国国力大大增强，秦在公元前 385 至公元前 330 年五十年间与魏的争夺中取得了一系列胜利：

秦献公十九年，败韩魏洛阴（六国年表）④。

（秦献公）二十二年，与晋战于石门，斩首六万，天子贺以黼黻。二十三年，与魏晋战少梁，虏其将公孙痤⑤。

（秦孝公）七年，与魏惠王会杜平。八年，与魏战元里，有功。十年卫鞅为大良造，将兵围魏安邑，降之⑥。

---

① 《史记》卷四十四《魏世家》，1841 页。
② 同①。
③ 《史记》卷四十四《魏世家》，1848 页。
④ 《史记》卷十五《六国年表》，719 页。
⑤ 《史记》卷五《秦本纪》，201 页。
⑥ 《史记》卷五《秦本纪》，203 页。

（秦孝公）二十一年，卫鞅击魏，虏魏公子卬[1]。

（秦孝公）二十四年，与晋战于雁门，虏其将魏错[2]。

（秦惠文君）七年，公子卬与魏战，虏其将龙贾，斩首八万。八年，魏纳河西地[3]。此役之后秦完全占据河西地区。

四　对于秦简公“堑洛”长城的一点认识

关于秦河西长城，历史文献记载十分简单。《史记·秦本纪》载：厉共公“十六年（公元前461年），堑河旁。以兵二万伐大荔，取其王成”。《史记·秦本纪》又载：简公六年（公元前409年）“堑洛，城重泉”[4]。结合上文可知，这时秦在与魏的交锋中处于劣势，只好采取守势，筑长城以自保。

关于魏河西长城，史籍中有如下记载。《史记·秦本纪》载：“孝公元年（公元前361年），河山以东强国六，与齐威、楚宣、魏惠、燕悼、韩哀、赵成侯并。淮泗之间小国十余。楚魏与秦接界。魏筑长城，自郑滨洛以北，有上郡”[5]。《史记·魏世家》又载：惠王“十九年，诸侯围我襄陵。筑长城，塞固阳”[6]。《水经注疏》济水条引《竹书纪年》载：“梁惠成王十二年（公元前385年），龙贾率师所筑长城于西边”[7]。魏河西长城，在今陕西省华阴、大荔、澄城，韩城诸县均有遗迹可寻。学者们关于魏河西长城争论的焦点在于其走向问题。而魏河西长城确实存在，学界则没有异议。关于魏河西长城，在此自不必多言。

然而，学术界至今对于秦简公“堑洛”的性质还有争论。史念海先生认为：“‘堑洛’的‘堑’是掘的意思，这里所谓的‘堑洛’是削掘洛河岸边的山崖。这是修筑长城的一种方法”[8]。而张文江先生认为：“由以上战争形势不难看出秦与魏在河西的战争中，连年兵败失地，到简公七年已全失河西地而退守洛水西岸，依洛水固守。此时的‘堑洛’能是疏浚洛河的一项水利工程吗？很显然，这是秦人在失去河西地后退至洛水西岸，依洛水所筑的最后一道防线。若简公七年的‘堑洛’不是筑了一道长城，那么，

---

① 《史记》卷五《秦本纪》，204页。

② 同①。

③ 《史记》卷五《秦本纪》，206页。

④ 《史记》卷五《秦本纪》，200页。

⑤ 《史记》卷五《秦本纪》，202页。

⑥ 《史记》卷四十四《魏世家》，1845页。

⑦ 杨守敬、熊会贞：《水经注疏》卷七《济水一》，江苏古籍出版社，1989年版，686页。

⑧ 史念海：《黄河中游战国及秦时诸长城遗迹的探索》，《中国长城遗迹调查报告集》，文物出版社，1981年版。

洛水西岸断断续续，至今遗迹显见的长城又是何时人所筑?"①。彭曦先生在 1991～1993
年，三次对大荔、蒲城、白水、宜君、黄陵诸县徒步考察，并著《秦简公"堑洛"遗
迹考察简报》一文。本次我们沿洛河西岸对白水县的西固、门公、雷牙、收水 4 个乡进
行了考察，发现彭先生文中所举的材料今天不是已经消失，就是与我们的考察结果不
符。据彭先生说"田家河村遗迹。战国遗址：田家河村遗址南北约 300 米、东西 50～
70 米。农舍中随处可见从地下挖出的绳纹罐、瓮、茧形壶，以及其他陶器。村南靠近
田家河入洛的台地较开阔，地表及灰层中散布大量绳纹、麻点纹、席纹瓦片。从器物类
型及纹饰、质地等分析，可确定为战国秦戍守障塞遗址"②。我们对田家河村进行了考
察，可能是因为村民耕地等原因，并没有看到彭先生所说的绳纹、麻点纹瓦片。彭先生
说西沟村至北乾村东西 5 公里内共发现烽燧其中 F1 位于西沟村西二级台地中央高阜处。
残高 4 米、基径 14 米。上有夯层。台地上遍布绳纹、麻点纹瓦片和细绳纹灰陶片。我
们按彭先生的说法对西沟村至北乾村进行了考察，并在西沟村二级台地中央高阜处发现
了彭先生所说的 F1，但 F1 上并没有夯层，而且 F1 周围也没有发现绳纹、麻点纹瓦片。

　　至于张文江所说的，"洛水西岸断断续续，至今遗迹显见的长城"，我们在考察中
并没有看到。经过实地考察，笔者很赞同史党社先生的观点："在战国时期，洛河作为
秦晋之间一道天然的屏障，把秦国与魏国之河西地与上郡分割开来，若秦军沿洛河进行
防守，也是理所当然的。但以我们现在所认知的'堑洛'遗迹来看，'堑洛'很可能是
利用洛河天然河道驻军，进行防守的一种方法"③。此外，在某些交通要道，战略要冲
修筑城池，可以更好地加强防守。秦晋（魏）对河西地区的争夺也主要体现在对一些
重要城池的争夺。如阴晋（今华阴东）、临晋（今大荔朝邑镇西南二里）、洛阴（今大
荔县南部洛河南岸）、元里（今澄城县南）、少梁（今韩城芝川镇北）、武城（今华县东
北十七里）、重泉（今蒲城县东南钤铒镇北）、繁庞（今韩城市东南）。其中少梁城是秦
晋（魏）争夺最为激烈的地方，在两国之间数易其主，是秦晋（魏）的战略要地。

　　由此看来，"堑洛"很可能是利用洛河天险进行防御，"堑洛"只是疏浚、加宽河
道，使洛河天险更好进行防守而已，此外在某些交通要道筑城，能更好地起到防守作
用。综上所述，笔者认为秦在与晋（魏）的交锋中处于劣势时在河西筑起了一道依靠
洛河天险的天然长城。这条长城没有边墙，只有城池。

---

①　张文江：《渭南地区秦魏诸长城考辨》，《文博》，2004 年 1 期。

②　彭曦：《秦简公"堑洛"遗迹考察简报》，《文物》，1996 年 4 期。

③　史党社：《陕西渭南地区的秦魏长城及城址考察》，《秦文化论丛》（第十辑），三秦出版社，2003 年版。

人地关系与长城修建的关联性研究
——以明代榆林镇长城为例

李大伟*

长城是中国古代伟大的建筑工程，是中华民族的象征，是重要的历史文化遗产。其建造时间之长，分布地域之广，影响力之大是世界其他遗产无可比拟的。长城是由墙体、城堡、关隘、烽火台、敌楼等要素构成的军事防御体系，始建于春秋战国时期，历经秦汉、魏晋南北朝、隋唐宋、至明，2000多年内多个诸侯国和封建王朝都不同规模地修筑过长城。长城虽饱经风霜，历尽波劫，至今仍伫立在中华大地。

长城是人类出于政治、军事等目的人为划出的界线。目前关于长城的研究基本都集中在长城建筑、兵制和军事管理制度、军事屯垦、商贸历史、聚落与文化、生态环境、遗产保护等几个主要方面。也有学者从地理分界线的角度探讨长城作为农牧分界线或气候带的地理指示意义。如俞炜华，南文海《"400mm等雨量线"、长城与农耕游牧民族的分界线》、冯嘉苹，程连生；徐振甫《万里长城的地理界线意义》等。

关于历史时期长城沿线人地关系的研究成果也颇多，在长城沿线人类活动与水土流失、沙漠化、草原和森林变化等方面做了很多工作，也产出了很多优秀成果。

目前的研究基本是着眼于长城修建后所带来的地理上某种指示意义或者从政治、军事、历史方面探讨长城修建的原因，较少有人基于人地关系角度探讨长城缘何修建于此，缺乏制度政策和环境变化与长城修建的关联性影响研究。本文选择明代榆林镇这一相对较小尺度和范围的长城为对象，希望借助此次全面的长城资源调查资料和数据，能对制度和政策层面与环境之间的关系进行比较和探讨，从人类活动与环境变化对于长城修建的影响为切入点进行阐述它们之间的相互关联性。

---

* 李大伟：中国文化遗产研究院，馆员，长城资源调查工作项目组成员。

一 明代榆林镇长城修建的历史演变

1. 以营堡为防御核心时期

明初黄河外设立东胜卫（今内蒙古呼和浩特市托克托县），保障了河套及其以南地区的安全，但自洪武年间东胜卫内撤后，河套地区外失其险，内无强有力的防御力量，随着蒙古鞑靼部强盛后，正统以来，就有蒙古部落入套抄略，威胁明朝边境安全，天顺年间，阿罗出、毛里孩等部始南下入侵内地，但规模并不大，危害尚小。

成化以后，鞑靼人逐渐熟悉河套的地理、军事形势，阿罗出、孛罗忽和癿加思兰等部相继入套，连年入侵延绥（延绥乃明代边镇，因其防区在延安府、绥德州而得名，辖境包括今陕西榆林、延安等地）、宁夏、山西和宣府（明代边境重镇，辖境包括河北宣化等地区）等地，不但沿边军民失去河套耕畋、牧猎之利，内地也常受侵袭，而河套地区广袤几千里，基本无险可守，加上运输不便、兵力单薄，明政府无力在如此宽大正面，进行有效防御，边防形势日渐严峻。

此时，榆林特殊的战略作用得以显现，它近可以作为延、绥等地屏障；远可作为西北地区守卫京师的重地，一旦蒙古铁骑通过榆林，乘势南下，就会威胁到延、绥、宁夏和固原（今甘肃固原地区）等地；如果东渡，突破宣大防区，兵锋就可直指京师[1]。然而，明初"洪武二年定陕西，设绥德卫，屯兵数万守之，拨绥德卫千户刘宠屯治榆林"[2]，在榆林仅设千户所的建制，如此单薄的兵力不足以守御。在日益严峻的边境形势下，朝廷为了加强榆林地区的防御力量，"正统以后，赆失其险，彼始渡河犯边，镇守都督王祯始筑榆林城，创缘边一带营堡墩台，累增至二十四所，岁调延绥、延德、庆阳三卫军官分戍。"[3] 表明此时主要是以营堡为主要防御策略的时期。

2. 以边墙结合营堡防御模式时期

成化六年（1470 年）为了防御鞑靼人频繁的侵袭，明政府设置了榆林卫。此后，为了应对北部日益严重的军事威胁，余子俊任延绥巡抚都御使期间，开始大规模修筑边墙。成化九年（1473 年），余子俊开始东起清水营紫城砦，西至宁夏花马池，用两个月

① 《明史》卷 327《鞑靼传》载：正德十二年（1517 年）冬"小王子以五万骑自榆林入寇围总兵王勋等于应州，帝幸阳和，亲部署督诸将往援。"应州为今山西省应县，阳和为今山西省阳和县。对此，史念海先生认为，他们是从府谷县渡黄河进入山西。（史念海：《论西北地区诸长城的分布及其历史军事地理》，《中国历史地理论丛》，1994 年 2 期）
② 雍正：《敕修陕西通志》，卷 35《兵防》，雍正十三年刻本。
③ 章潢：《图书编》，卷 46《防河套议》，据万历四十一年刊本影印；张雨：《边政考》卷 2《榆林卫》，据明嘉靖刻本影印。

时间筑墙凿垣，修建了大量营砦堡寨，完善了边境防御体系①。成化七年至十五年，巡抚余子俊规划并部署了城堡的挪移、增建工作，使长城线上的屯兵城堡数量增至34座；迄万历中，上升到36座，此后，城堡的分布大体上稳定下来②。此后，随着军事防御的需要，边墙屡次进行改建或加固。

总兵和巡抚衙署成化中自绥德州城迁至榆林卫城后，延绥镇亦称榆林镇。隆庆年间，巡抚王遴重建大边长城；东起榆溪河西岸，西至保宁堡（今榆林市西南15余千米）；五年（1571年）郜光先又督造榆溪河红石峡以东至常乐堡（榆林市东北20余千米）、保宁堡西南至波罗堡大川口无定河北岸的两段长城；万历初，张守中殚力营建黄甫川至建安堡（今榆林市李家峁村南）及波罗堡西南至镇靖堡的数百里大边长城。这一带河泽众多，沙砾遍地，旧墙早已冲垮，此次施工砌石券水洞暗门、水口水眼、水道五百余处，解决了城墙跨河的难题．同时"因边为墩，因墩置院，因地筑寨，补修改移，重新配置"，计修墩堠104，墩院484，寨城59，使榆林镇北边长城最终定型，屹为巨障。万历三十五年（1607年）榆林长城又进行了清除积沙、砖包台堡的工程，并在榆林城北15里红山市口创建镇北台、高7丈，是明代万里长城沿线最大的一座城台③。

长城大边和二边作为最外边屏障挡住了北部少数民族部落入侵，镇城作为中央指挥部位于辖区东西向的中间部位，便于指挥战斗和调遣兵力。向南与绥德、延安以及葭州（今陕西佳县）均有便捷的道路联系，是集军、运输及传递军情的枢纽。三路防守兵力相差不大，且三个路城基本上均匀分布。在镇城两边，榆林镇境内有三条主要水系：无定河、窟野河和芦河，神木路城位于长城线和窟野河相交处，榆林镇城和保宁路城位于长城线和无定河支流交口处，路城选址在陆路与水路交通要道上便于传达讯息和调遣兵力④。

二　长城修筑与地理环境的关系

不同历史时期修建的长城都是出于军事防御目的，并且针对不同地貌而修建的长城

① 郑汝璧修：《延绥镇志·序》，明万历三十五年刻本。"成化八年，延绥镇巡抚余子俊"扩榆林城，增三十四堡，于敦台空处筑墙建堡，⋯⋯于是东起清水营紫城寨西至宁夏花马池延袤千二百余里，连毗不绝，凡三月而功毕。"以其为代表的诸多文献都认为，余子俊首次筑墙是在成化八年，笔者根据文献记载分析，这里所说的筑城年代不正确，应为成化九年比较合理。艾冲先生在其专著《明代陕西四镇长城》中也认为延绥筑墙年代是成化九年，其论证具有合理性，本文予以引用。（艾冲：《明代陕西四镇长城》，陕西师范大学出版社，1996年版）。
② 艾冲：《明代陕西四镇长城》，陕西师范大学出版社，1990年版，21页。
③ 李孝聪：《明长城》，中国长城网。
④ 李严：《明长城"九边"重镇军事防御性聚落研究》，天津大学2007年博士毕业论文。

形态也各不相同。根据此次各省（自治区、直辖市）开展的长城资源调查资料可以看出长城修筑方法、修筑结构、修筑材料更是建立在对周边环境场地的理解上，"因地形用险制塞"是长城及长城军事聚落选址与建设的基本原则。

1. 秦汉及其他时代早期长城修筑与地理环境的关系

秦汉长城防御体系以长城为中心，由长城外成片的森林、深浅不一的壕沟、一排排的木栅、侯望亭障、列城、烽燧及长城内的亭障、烽燧及道路、屯垦区等组成，集农、军于一体，具有传递军事情报、抗击、固守、屯垦等多项功能。

阴山山脉秦汉长城主要分布于阴山山脉的北坡地带。修筑方法是因地制宜，巧妙地利用了穿越地带的不同地形条件，山上用石垒，平地以土夯，在陡峭的崖壁处，又常常利用崖壁山险，稍加修筑即成。正如西汉元帝时郎中侯应所言，长城"非皆以土垣也，或因山岩石，木柴僵落，溪谷水门，稍稍平之"[1]。

秦汉长城的最显著变化是建立起了墙体与亭燧、城障、道路、后方补给系统等相结合的较为完备的防御系统。沿长城内外，凡重要的关口和适于了望的地方，都设置了烽燧和城障，作为警讯和驻军之用。烽燧一般由石块垒成，个别四周有围墙，多设在视野宽广的山巅，与长城的距离不等，有的很近，有的远隔数峰。障城位于长城以南，以夯筑土墙围就，是长城守军的驻扎营所。还有一种很小的石城，坐落在长城外面的山头上，往往是周围一带的制高点，作为长城守军的前沿哨所[2]。

汉代将烽燧和城障修筑在更边远的地区，同时也把甘肃河西走廊的大片绿洲纳入长城内侧。汉武帝太初三年，在修筑汉外长城的同时，派强弩都尉路博德还在居延泽附近兴筑了张掖郡北面的外长城，通称居延塞或居延边塞。居延边塞主要是沿着弱水（今额济纳河）延伸，没有修筑墙体，主要是由城、障、烽燧和天田等遗址组成了一个防御体系。而北部则利用居延海、素嘎淖尔、嘎顺淖尔形成的天然屏障，南部则通过建造的肩水都尉将额济纳河的绿洲全部包围起来，尽可能地控制住戈壁中的绿洲、水草地带。

金代为了防御北方蒙古部落和契丹各部，根据地貌特征，于平地挖取土方夯筑，这是在平原地带实施军事防御的一个典型案例。金界壕采用就地取材，土石混合堆筑为墙体方式修建而成，有的段落墙体外挖有壕堑。居于南侧宽阔高大的墙体为主墙，主墙上有马面，很多地段在住墙外还筑有副墙，最多处是三墙三壕。主墙内侧设有关和堡。这种长城修筑方式被后世明朝长城所借鉴[3]。

---

① 《汉书·匈奴传》。
② 内蒙古自治区长城资源调查队：内蒙古自治区长城认定资料。
③ 《黑龙江省长城资源调查综述》，《中国文物报》，2012年6月8日。

2. 明代榆林镇长城长城修筑与地理环境的关系

明代对长城的重视达到顶峰，终明一代，不断修建和加固长城。明长城也是因地制宜，利用陡山峻岭，人工铲削的山墙、深沟高垒、大漠戈壁、山川河流等自然地形地貌，或利用前代长城旧址或新建。形成了由墙、关、堡，马面、烽燧、壕堑等组成的完整军事防御工程体系。

明代榆林镇长城主要分布于今陕西省榆林市。榆林地区的地貌大致分为低山丘陵区、丘陵沟壑区和风沙区。长城以南地区主要由低山丘陵区和丘陵沟壑区组成。低山丘陵区主要分布在白于山地区，面积约5000平方公里，其特点是地势高亢，梁塬宽广，梁峁交错，流水侵蚀强烈，土层深厚，山大沟深，重力滑塌普遍，水土流失严重，梁、塬不断缩小，塬地受到严重威胁；丘陵沟壑区，面积较大，约为22300平方公里，这里沟壑纵横，梁峁起伏，地面支离破碎，沆水侵蚀剥蚀强盛，水土流失极为严重。

风沙区主要分布在长城以北，是毛乌素沙地的南缘，面积约15813平方公里。这里地形起伏不大，但沙丘沙地绵延不绝，风蚀严重，风沙移动显著，土地沙化不断扩大。沙丘沙地之间湖泊海子星罗棋布，滩地交错。

榆林地处大陆内部，属于暖温带和温带半干旱大陆性季风气候，主要特点为冬寒夏凉，降水量少而分配不均，春多风沙，霜冻时间长，水热状况差别较大，从东南到西北呈现递减趋势，这种趋势与自然植被的分布规律相一致，随着干燥度从东南向西北逐渐增加，植被也从森林草原地带逐渐向典型草原地带、荒漠草原地带的性质过渡。[1]

根据此次长城资源调查的明代榆林镇45座营堡中，可以明显地看出，其选址基本都是以军事防御为目的，根据不同地貌条件而建。主要分为以下几种类型：[2]

（1）据山临水型

目前发现有23座营堡属于此类，占总数的53.4%。选址一般都为蒙古军队南下的主要通道，城堡从川道延伸到山顶上，地势居高临下，高程变化较大。城堡的形状一般因地势而有所变化，大多数城堡上小下大，呈簸箕形，也有部分城堡呈长方形或长圆形。典型的有大柏油堡、皇甫川堡、清水营、木瓜园堡等。

（2）土塬型

此类城堡有6座，占总数的13.9%。这部分营堡多建在塬上，周围有多条川道环绕或半环绕，川道多为自然形成，也有部分系自然冲沟人工改造而成。城堡的平面形状多

① 陕西师范大学地理系《陕西省榆林地区地理志》编写组：《陕西省榆林省地区地理志》，陕西人民出版社，1987年4月，4～28页。
② 陕西省考古研究院编著：《陕西省明长城资源调查报告·营堡卷》（上册），文物出版社，2011年版，254页。

随地势状况选择，有方形、长条形和四边形等。

（3）河谷型

目前发现5座此类城堡，占总数的11.6%。城堡一般建在河谷地带，地势平坦，如高家堡、神木县城等。

（4）荒漠滩地型

目前发现有7座，占16.2%。营堡处于黄土高原与沙漠草滩的过渡地带，主要地貌为沙丘、碱滩和草滩。如定边营、砖井堡、安边堡、盐场堡等。

（5）周山环绕型

目前只发现三山堡属于此类型。它是位于群山环绕的一处山间开阔平原地带，周围山坡度不大，拥有大面积的土地资源。

（6）山头型

目前只发现石涝池堡为此类型。城堡占据整个山头，平面也因地势而为圆形，城堡前面设有障城一座。

此外，在陕北地区，水源既是人类居住的最重要因素，也是军事防御设施设计的必要条件之一，因此，通过此次资源调查以及资料，有28座营堡的设立与水源密切相关。

表1　陕西省明长城营堡与其所临河流统计表①

所处河流		营　堡
皇甫川		黄甫川堡
清水川		清水营
木瓜川		木瓜园堡
孤山川		孤山堡、东村堡
窟野河		神木营、麟州故城、大柏油堡、永兴堡
秃尾河		高家堡、建安堡
无定河	榆溪河	常乐堡、榆林卫城、归德堡、鱼河堡
	无定河	镇川堡、响水堡、波罗堡、怀远堡、威武堡、清平堡、龙洲堡、镇靖堡、镇罗堡、把都河堡、宁塞营、柳树涧堡
北洛河		新安边营、石涝池堡、永济堡

---

① 陕西省考古研究院编著：《陕西省明长城资源调查报告·营堡卷》（上册），文物出版社，2011年版，254页。

此外，营堡也因地理环境的变化也发生过变迁，如表 2①：

表 2　部分陕西明长城营堡迁徙情况表

营堡	迁徙时间	迁徙者	迁徙者官职	迁徙方向	迁徙原因
镇靖堡	成化年间	王复	兵部尚书	西北	就快滩河迤南之险
清平堡	成化七年	余子俊	延绥巡抚	迁回	去水太远
响水堡	成化九年	余子俊	延绥巡抚	迁回	泉水枯竭
柳树涧堡/永济堡	成化九年	余子俊	延绥巡抚	向南	水苦且远，人马多病，宜就险而守
常乐堡	弘治二年	刘忠	延绥巡抚	向北	沙碛缺水

从上可以看出，由于地处黄土高原和毛乌素沙地接界地区，长城的分布更多地依赖于自然地理环境的变化，其分布更多的体现出了两种不同地貌的指示意义。

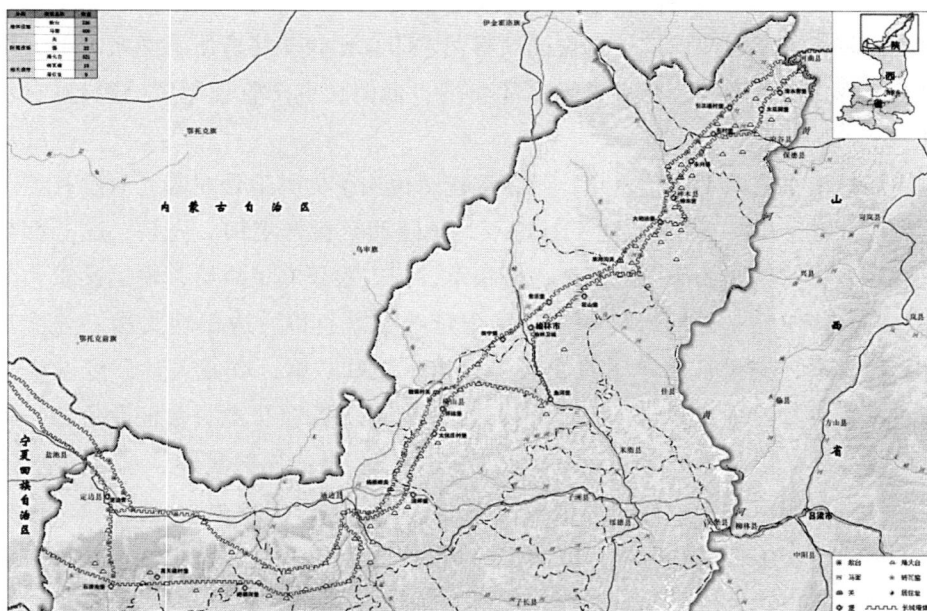

图 1　陕西明长城分布图②

从此次长城资源调查的图上可以看出，榆林镇长城基本是沿着黄土高原与毛乌素沙地相交界的走向修建，在河流、牧场、土地条件较为优越的地方设立营堡，修建边墙，

①　赵现海：《明长城的兴起——14 至 15 世纪西北中国军事格局研究》，《中国长城博物馆》，2007 年 4 期。
②　国家文物局长城资源调查项目组：根据明长城资源调查数据绘制的专题图。

体现了因地制宜的原则。

　　3. 政策与制度因素与榆林镇长城修建的关系

　　明长城作为一项巨大的国防工事,长年驻扎军队人数庞大,榆林镇高峰期曾有5万多常驻军队,再加上其所携带的家眷,后勤补给就成了大问题。为了解决粮草转运困难,成本高的问题,明代在边境地区开展了大规模、成建制的屯田活动。

　　边境地区是军事斗争最前沿,如何保障屯田活动的顺利进行,从而更好的保障军队后勤补给,是直接关系到边防守军战斗力和边境是否稳固的关键。从屯田地点与长城走向的关系我们可以看出,长城的修建在很大程度上也是为了保障屯田活动顺利开展。

　　明代从朱元璋时代就十分重视屯田的组织和管理,从中央到地方乃至基层卫所都设置官员管理屯田,并日趋制度化和规范化。

　　洪武三十五年(1402年)开始令各卫所委官管理屯田:"令各处卫所每卫委指挥一员,每所委千户一员提督屯种,年终以上仓并给军子粒数目造册赴京比较,各该都司每岁仍委指挥一员督察,年终同赴京复奏。又令各处屯田卫所每军岁征正粮一十二石,直隶差御史比较,各都司所属巡按御史同按察司掌印官比较年终造册,奏缴户部,不及数目者俱奏,降罚所收子粒,行御史等官盘查"①。此时,屯田管理制度已经趋向规范化、制度化。

　　明代榆林镇军屯始于成化六年,延绥巡抚王锐出于榆林地处北部,后勤补给十分困难,上疏请求在这里实行军屯:"三月壬辰,诏陕西延绥开屯田。先是,巡抚都御史王锐言:榆林一带营堡原无额设屯田,一应粮草,俱以腹里军民供给,输运甚艰,请待边墙筑完之后,营堡已立,行令陕西三司督令营堡委官通将沿边田地丈量,分拨官军耕种,每岁秋收之后,量征谷草入官,人田百亩,征草二束,以万人计,可得草二百万束,遇有丰收,有司量其多寡,依时价和籴,行令腹里州县依此分数征收价银,解边收贮,以备支用。上以其言有理,命户部计议以闻。至是,户部复奏,从之。"② 这是明代长城沿线有确切军屯起始时间的记载,文中王锐明确提出待边墙、营堡修筑完毕后,可以在沿边地区实施大规模屯垦,以加强部队的后勤保障,这也是长城修建的前提条件之一,体现了其修建的价值和出发点。

　　就在第二年(成化七年),新任延绥巡抚余子俊上任,他开始了城堡的挪移、增建,并且开始了大规模修筑边墙工作。那么关于长城修筑与屯田活动的关系如何?我们可从长城走向与屯田的空间分布关系中略窥端倪。

---

① 徐溥等奉敕撰,李东阳等重修:《明会典》卷19户部4,景印本《文渊阁四库全书》史部375,台湾商务印书馆,1983年版,232~233页。
② 《明宪宗实录》卷77。

　　关于军屯的范围，据《明实录》载："延绥沿边地方，自正统初，创筑榆林城等营堡二十有三，于其北二三十里之外筑瞭望墩台，南二三十里之内植军民种田石，凡虏入寇，必至界石内，方有人，乃肆抢掠。"① 由上可知，正统初所立"界石"在榆林各堡之南 20～30 里，而且居民生产生活都在该区以南，即使如此，仍不时遭受来自北部游牧部落的掳掠。这就直接导致长城二边、大边的修建。

　　叶盛、王越、余子俊于成化八年（1472 年）三月奏："总兵、巡抚等官议，依界石一带山势，随其曲折，铲削如城，高二丈五尺，川口左右俱大墩，调军防守，依为一劳永逸之计。"② 这里提到了沿"界石"铲削为城的建议，再结合成化七年（1471 年）余子俊奏筑边墙疏："延、庆边疆，崖高峻，乞役山西、陕西丁夫五万，量给口粮，依山铲凿，令壁立如城，高可二丈五尺，山坳川口连筑高垣，相度地形，建立墩堠，添兵防守。"③

　　从这段文献记载以及本次长城资源调查来看，二边基本是借助地势，铲削而成，辅之以关堡守卫。这说明余子俊等建议修筑的边墙就是"二边"，它位于延安、庆阳之北，同时也表明当时屯垦活动的界线—"界石"位于"二边"之南，这就能断定，当时屯垦的范围是在"界石"以南。

　　成化十年（1474 年）朝廷命令修筑"大边"长城，工程完毕以后"界石"北移到"大边"长城以南，余子俊在成化十年汇报长城修建进度时奏："其界石迤北直抵新修边墙内，地俱已履亩起科，令军民屯种，计田税六万石有余。"④ 由此可知，到了成化十年，作为屯田界限的"界石"已经移到了现在"大边"长城以南，而屯垦的范围也日益扩大，收获粮草颇丰，极大地支持了部队的后勤补给。这说明大边的修建并非单纯考虑军事防御目的，将北部适宜耕种的农田，适宜放牧的草场囊括其中乃是其实质目标。长城修建于农牧业生产范围扩大的关系体现的十分明显。

　　出于安全考虑，当时还制定了严格的制度，严禁越出边墙耕牧："成化十年（1474 年）令陕西榆林等处近边地土各营堡草场界限明白，敢有那移条款盗耕草场及越出边墙界石种田者依律，拟追征花利完日，军职降调甘肃卫分差操军；外地者发榆林卫，客军系本处者发甘肃充军，有越出边墙私出境外者，枷号三个月发落。"⑤ 由此判断，自从大边长城修筑完毕，屯垦的界限基本就在"大边"长城之内，屯垦都集中在这一区域，也体现了长城作为生产活动的保障作用。

---

① 《明宪宗实录》卷 102。

② 同①。

③ 《明宪宗实录》卷 93。

④ 《明宪宗实录》卷 130。

⑤ 嘉靖《陕西通志》卷 40，《政事 4·马政》，嘉靖二十一年本。

　　万历《延绥镇志》记载了详细的榆林镇边屯资料，不但有屯田数额，而且还指出了屯田的分布区域："榆林卫军田五千七百分，每分六顷，共官军屯田五千七百七十四分，通赖字号军屯计地三万七千九百六十余顷，今威武迤西，饶阳以东，北铲削二边，南界延安府安塞、保安、安定、庆阳府合水、环县，给延、庆二府募军余丁及赖字号军余住种，绥德卫官军田共五千七百分，除荒共六千六百九十八顷四十亩，今高家堡迤西，威武堡迤东，北铲削二边，南杂葭州、吴堡县，绥德州，清涧县民田，沿黄河至清涧县南营田铺止。"① 该书记载的榆林镇沿边营堡军屯地的地理分布，见表3：

表3　万历年间榆林镇沿边军屯分布一览表

营　堡	具体位置	屯田范围
威武堡	今陕西省横山县塔湾乡塔湾村东1公里	府谷屯、东赖字号屯
龙州城	位于今靖边县龙州乡龙州村	吴堡屯、神木屯
镇靖堡	位于靖边县南15里镇清乡白塔涧村	葭州屯、米脂屯、宁州屯
靖边堡	位于今靖边县城西南100里德新城堡乡政府所在地	绥德屯、安定屯
宁塞堡	位于今吴旗县长城乡董涧村	保安屯、安塞屯
把都河堡	位于今吴旗县周湾乡毕家梁	环县屯
永济堡	于吴旗县周湾乡境内	肤施屯、延长屯、东真守屯
新安边营	位于今定边县城东南130里的新安边乡政府所在地	延川屯、宜川屯、甘泉屯、中部屯、鄜州屯、洛川屯
新兴堡	位于今定边县城东南80里德油房庄乡星星堡村	西真宁屯、宜君屯
石涝池	位于今定边县西南王盘山乡王盘山麓	合水屯、西赖字号屯
三山堡	位于今定边县西南九十里冯地坑乡	安化屯

　　表3详细记载了榆林镇沿边军屯地的分布状况，由此看来，军屯地都集中在长城以南，延安府北部地区，并没有超出长城界限，军屯的界限分布见图2：

　　从以上分析可以看出，大边、二边的走向及诸营堡的修建与当时实施的屯垦政策密切相关，除了作为领土边境防御之外，当时长城的修建一个很重要的作用就是保障边境生产活动的顺利开展。

----

① 郑汝璧修：《延绥镇志》卷2，《钱粮上·屯田》，万历三十五年本。

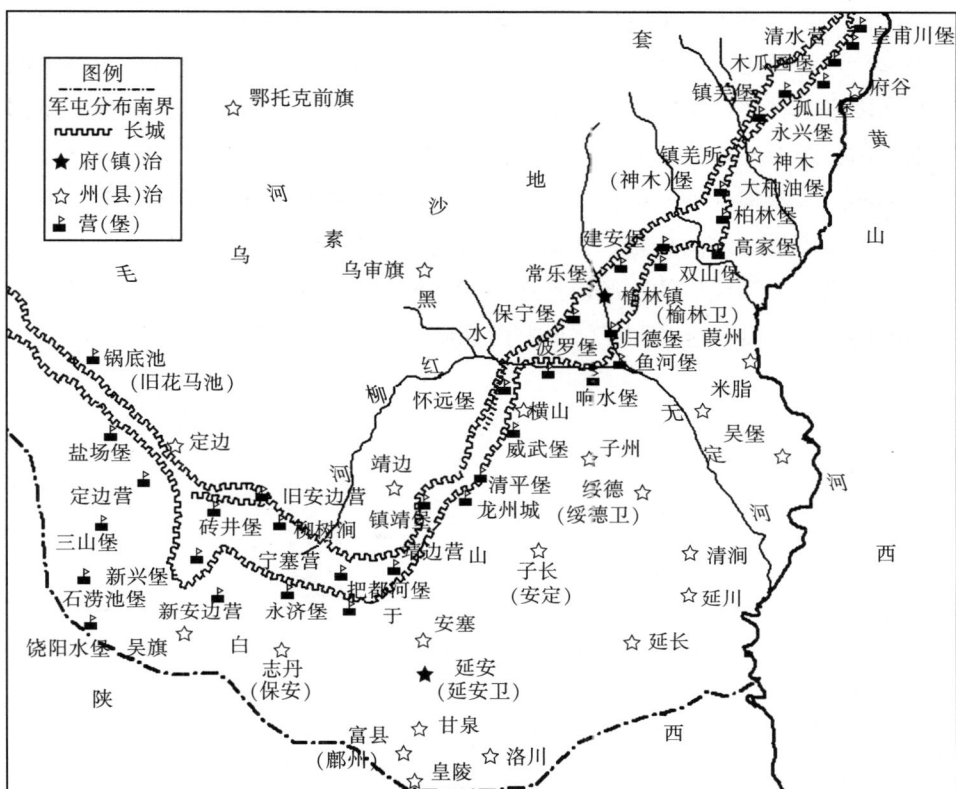

图 2 明代榆林镇沿边军屯分布范围示意图

注：此图为根据长城资源调查陕西明长城分布图和谭其骧主编《中国历史地图集》第 7 册改绘的示意图

三 小 结

长城的形式与走向和长城所在的自然地理环境、地形地貌关联紧密，长城的布置和走向是精心设计和挑选的，历代长城都是将肥沃的土地，充沛的河流围括其中，将水草丰美的地区、水源、绿洲和牧场等控制起来，这样既可以发展成为自己的屯田区，又使得敌人在这些区域难以生存下来，这是长城的修筑原则之一。所以，长城也就在很多情况下成了不同地理环境的分界线之一①。

从此次长城资源调查资料和数据以及文献记载分析来看，明代陕西榆林镇长城的分布及走向在很大程度上受制于自然地理环境和人为制度与政策，是自然与人为因素共同作用的结果。

---

① 胡平平、汤羽扬：《长城自然地理环境的历史研究及保护策略》，2007 年《中国建筑学会学术年会论文集》。

　　长城的修建首先考虑到了地理环境因素，榆林北部地处沙地，如果过于向北深入毛乌素腹地修建营堡及边墙，不仅建筑材料难以获取，建成之后也难以持久。城堡的选址多考虑水文因素，在北部干旱地区水资源的宝贵不言而喻，因此，大部分的营堡都设立在紧邻水源的交通要冲。

　　其次，明代大规模开展的屯垦活动也要求长城必须提供相应的保障措施，所以从目前的资料来看，屯垦的空间分布与长城的分布与走向有着密不可分的联系。长城既要尽可能地将肥沃的土地和优质的牧场包括在内，又要起到保障屯垦的作用，这既是边境军事后勤保障的必然需要，也是国家层面制度和政策的要求。

明代长城烽燧的初步研究——以明代次边长城为例

许慧君*

在谈明代长城烽燧之前，我们先来简单回顾一下烽燧的出现和发展脉络。

烽燧，原指烽火，是古代军情报警的措施，即敌寇白昼来犯就燃烟，夜间来犯就点火，以燃烟、点火为信号向内地和周围报警。

汉代称作烽堠、烽候、亭燧，唐宋以来，烽燧一词常被引申迳指燃烟点火报警的墩台，即烽火台，明代称作烟墩或墩台。烽火台一般建于峰顶、高岗或易于相互瞭望之处。每隔一定距离筑一台，发现敌人来犯时，一台燃起烽火，邻台见后随之，能迅速传递军情。在中国古代，烽火台自秦汉以后与长城密切结为一体，构成了长城防御体系的一个重要组成部分。

长城沿线烽火台的布置均因地制宜，有的在边墙以外，向远处延伸，以监测敌人来犯的动向；有的在边墙以内，与关隘、镇所相连，便于及时组织作战反击；有的在长城两侧，紧靠城墙，利于迅速调动全线戍边官兵，起而迎敌。早期还有与王朝都城相联系的烽火台，以便尽快向朝廷报警。

烽火台的结构和构造与长城一样，有用夯土打筑的，有用石块垒砌的，有用砖石砌筑的，也有内部夯土、外面用砖包砌的。

唐杜佑《通典》中，详细记载了烽火台的结构和应用的情况：

"烽台，于高山四顾险绝处置之，无山亦于孤迥平地置。下筑羊马城，高下任便，常以三五为准。台高五丈，下阔二丈，上阔一丈，形圆。上建圆屋覆之，屋径阔一丈六尺，一面跳出三尺，以板为上覆下栈。屋上置突灶三所，台下亦置三所，并以石灰饰其表里。复置柴笼三所，流火绳三条，在台侧近。上下用屈膝梯，上收下乘。屋四

* 许慧君：中国人民大学历史学院博士后；长城资源调查工作项目组成员。

壁开觇贼孔及安视火筒，置旗一口，鼓一面，弩两张，抛石、礧木、停水瓮、干粮、麻蕴、火钻、火箭、蒿艾、狼粪、牛粪。每晨及夜平安，举一火；闻警，固举二火；见烟尘，举三火；见贼，烧柴笼。如每晨及夜，平安火不来，即烽子为贼所捉。一烽六人，五人为烽子，递知更刻，观视动静；一人烽率，知文书、符牒、转牒。"①

明代在燃点烽火的同时，增加了用点炮传递军情的措施，据明宪宗成化二年（1466年）的法令规定：

　　"令边候举放烽炮，若见敌一二人至百余人，举放一烽一炮，五百人二烽二炮，千人以上三烽三炮，五千以上四烽四炮，万人以上五烽五炮。"②

下面以明代次边长城的烽火台为例：

将长城称之为"边"，主要是明朝。中国古代将中原各地与少数民族之间的地域称之为"边地"，明代则将在这一地域修筑的长城称之为"边墙"或"边垣"。

今人在研究长城的时候，根据长城的功能和规模将其分为"次边"、"外边"和"内边"。"次边"、"外边"和"内边"三道长城都位于明代都城北京的西北，次边位于前，外边居于中，内边列于后，三者彼此相连，构成一个整体，成为拱卫京都的稳固的军事防御线。可见，明代次边是明代长城的第一道防线。

需要说明的是，所谓次边长城是大边长城兴筑之后相对的称呼，并非因为其地位和作用次之。今人在研究长城的时候，根据长城的功能和规模将其分为"次边"、"外边"③和"内边"④。"次边"、"外边"和"内边"三道长城都位于明代都城北京的西北，次边位于前，外边居于中，内边列于后，三者彼此相连，构成一个整体，成为拱卫京都的稳固的军事防御线。可见，明代次边是明代长城的第一道防线。次边在当地也称二道边，例如长城所经过的村庄有一个叫"二道边"的村庄，属内蒙古兴和县，村子有20几户人家，极贫苦，那个村庄紧靠着长城，"二道边"就是当地人对那段长城的称谓。不远处还有个叫"三道边"的村庄，村庄更小，比较荒凉，这些村庄当是古代戍边者的军营。

---

① 杜佑：《通典》卷一百五十二，拒守法附。
② 转引自中国长城学会：《长城百科全书》，吉林人民出版社，1994年版，701页。
③ 明代外长城东起北京市延庆县四海冶，在四海冶与内长城分岔，西北行经张家口，又西行经大同、内蒙古的兴和县而止于清水河县北堡乡口子上村，并在此处与内长城连接。这道外长城（外边）属于明大边（或称正边），是明代所筑长城的重要地段。
④ 明代内长城（内边）位于外长城之南，东起于北京市延庆县四海冶，从外长城分出，走居庸关西南，经过河北省的紫荆关和倒马关，而后取道山西省的平型关，再向四行经雁门关、宁武关，又向北折，途经偏关县老营堡后抵达鸦角山（亦称丫角山）北麓的清水河县北堡乡口子上村，在这里同外长城再次相连。内长城全长1025千米。

就次边这个名称而言，因为明长城大边是如今山西省和内蒙古自治区的边界，所以，在内蒙古看来的次边，可能在山西看来正好相反[1]。而在古籍之中，很少，或者几乎不会区分这么细致，大边出现之后，多称呼次边为二道边。另外，很多书籍中认为明代次边长城都在内蒙古自治区境内[2]，如果单纯从名称"二道边"来说，不仅内蒙古，山西、河北、陕西、宁夏都有。但是本人经过查阅相关资料，并经过实地考察后认为这段次边长城与内蒙古和其他省市的二道边是不同的。其他的二道边多是在大边建立之后，又在重要的关隘险塞地段由于边防需要临时修筑几重城墙，用以增强防御能力。这样的二道边在内蒙古也有，如"成化二年总兵王玺复于关北六十里起；老营石角墩，至老牛湾。筑墙一百四十里。号为二边。"[3] 再以宁夏为例，宁夏境内被当地居民称呼为二道边的长城修筑于成化十年（1474 年），和本文的次边已经相差一个世纪之久，它是在特殊地段对大边的完善和补充。[4] 而本文所论述的次边长城是明朝初期建于大边长城之前的一段防御工事，该段长城建立之初就是一段独立的长城，只是由于政治以及气候原因，使大边得以修筑，以致后人将其称之为次边。

明代次边长城建于明代初期，西起中国内蒙古自治区呼和浩特清水河县，东到中国内蒙古自治区乌兰察布兴和县。具体走向情况：自起点呈东北—西南向延伸至止点，局部地段有所弯曲而变向为东—西，东南—西北等。关于它的修筑年代，据丰镇市隆盛庄镇东双台山上峭壁下的摩崖石刻铭文，这段长城肇建于明洪武二十九年（1396 年）。

明代次边长城沿线有 119 座烽火台。

按照设计特点，烽火台可以分为四类：紧靠长城两侧的为沿边烽火台；向长城外延伸的为腹外接火烽火台；向内地州府深层联系的为腹内接火烽火台；沿交通线排列的则为夹道烽火台。[5]

① 如在《内蒙古和山西省交界处的明长城》一文中，所说的"大边"正是本文研究的"次边"！

② "明代修筑长城达到"全盛"时期，曾修筑过外边、内边、次边三条长城。三条长城在内蒙古均有分布，尤其是次边长城，全部绵延在内蒙古乌兰察布盟西南山地。……次边西起清水河县单台子乡青草峁村，从外长城分出，东北行，经清水河县城西北，沿盘山西岭进入和林县和凉城县。又绕丰镇县隆盛庄村东行，最后到达兴和县的平顶山，成一弧形。次边全长约 350 千米，均在内蒙古乌兰察布盟境内。"见朱耀廷、郭引强、刘曙光：《战争与和平的纽带——古代长城》，长城文化网，1995 年。"次边"是相对于"主边"而言的，规模小于主边（即大边），是明朝最早修筑的长城，也称作"二道边"，位于大边以北，全部建筑于今内蒙古乌兰察布盟境内。它西起于清水河县单台子乡青草峁村，从这里与外长城分岔，沿东北方向，取道清水河县城西北，经盘山西岭进入和林县和凉城县，再绕过丰镇县隆盛庄村向东行，最后抵于和林县平顶山，呈一大弧形，全长约 350 千米。见宏鉴：《三道边墙》，《长城百科全书》吉林人民出版社，1994 年，96 页。"在明代长城大边北面还分布有另一条明长城，通称二道边或次边，南距大边 2～50 千米，全在今内蒙古境内。全长约 350 千米。"见内蒙古自治区文物局编写的《内蒙古长城资源调查培训班讲义》。

③ 绥远通志馆：《绥远通志稿》，内蒙古人民出版社，2007 年版，第二册卷九，17 页。

④ 关于宁夏二道边的修筑详情参见魏焕：《巡边总论》卷 3《论边墙》，《明经世文编》卷 250。

⑤ 据鲁杰、李子春：《长城防卫的哨所——烽火台》，《文物春秋》，1998 年 2 期。

　　明代次边长城的烽火台分为两种：沿边烽火台；夹道烽火台。沿着次边长城所筑的烽火台既高大又结实，它们不用砖台垒砌而全是用夯土版筑而成，台体有圆形，多数是上小下大的方形墩子，大约每2.5千米左右设置一座。多数烽火台四周有围墙，即小方城，形状类似亭障。可参见二甲地1号烽火台。（资料来源于笔者实地调查。）

RJD1 号烽火台，拍摄方位东南—西北

RJD1 号烽火台围墙，拍摄方位东北—西南

RJD1 号烽火台围墙局部，拍摄方位南—北　　　　RJD1 号烽火号挡门墙，拍摄方位东南—西北

RJD1 号烽火台台墩，拍摄方位西—东　　　　RJD1 号烽火台台墩，拍摄方位东—西

　　明代次边长城烽火台多建在在高山之上，或孤旷的地方，利于四面观察动静，以达到传递军情及时援救的目的。从明代次边长城的烽火台遗址上可以看出其修筑的方法，烽火台的四周常常留有碗粗的圆孔，有的是上下交叉孔，有的则为一排排圆孔，一层又一层直到顶上，这就是修筑烽火台用的绑脚手架的方法遗留下来的痕迹。绑脚手架的方法就是人登上脚手架（就是用麻绳绑木杆，围着烽火台立起一个大木笼，然后在木笼上搭上踏板，以便上下），逐层填土，夯筑成墩。

　　其中，下面两个个烽火台存在疑问：

1. 兰家沟 2 号烽火台

　　建于丰镇市兰家沟村平顶山山顶之上，位于长城墙体内侧，距离墙体约有 12 米。

RJD1 号烽火台窑洞内壁，拍摄方位东北—西南　　RJD1 号烽火台窑洞内部结构，拍摄方位东南—西北

烽火台夯层

　　由台基、台墩两部分组成，台基为上小下大的方体，剖面呈梯形，夯筑，高 4 米，底边长 50 米。台基四周坡体上散落着较密集的石块，大小不一。台墩呈圆锥状，平顶内凹，上面有人为堆砌高 1 米的石堆。台墩剖面呈梯形，现存高度 7 米，底边周长 100 米。烽火台的西面和南面各有一条由台基底部通向烽顶的通道，宽约 2 米，中间踩踏部为夯土。此烽火台相比较其他烽火台，有一独特之处。在它的正西、正东面，均有一个用石头围起来的比较规矩的圆形石圈，周长 100 米，半径 16 米，在圆形石圈的中部有

兰家沟 2 号烽火台，拍摄方位北—南

石块摆成的"十"字形图案，长均为 16 米，宽 0.5 米，"十"字形图案东西南北各端距离石圈的边缘均为 8 米，整个图案平坦整齐。由于烽火台四周长满茂密的野草，因此被圆形石圈围起的"十"字形图案被野草遮盖，西面的较南面的轮廓更为清晰。

这个"十"字形图案到底是用来做什么的，实在无法参透，查阅了很多相关文献，请教了很多学者，都无法解释这个现象。暂且存疑。

兰家沟 2 号烽火台外侧的十字形石块设施，方形。拍摄方位南—北

兰家沟 2 号烽火台外侧的十字形石块设施之于烽火台的位置，拍摄方位西—东

2. 兰家沟 3 号烽火台

建于郭家坡村西北的一座山上，烽火台建于两座山包的鞍部，看不出与长城形成呼应。没有台基，只在鞍部的凹处堆筑起一座高 7 米，剖面呈梯形，周长 74 米的圆锥形

兰家沟 3 号烽火台，拍摄方位西—东

台墩。台墩坡体四周堆满了密集的石块。台墩顶部有石块堆积的石堆，石块显然被人工凿过，棱角突出。在一块石块上发现有刻文，该石刻利用天然生成的不规则石头凿刻，字迹因年代关系趋于模糊，经清水冲洗后用放大镜依稀可辨认出部分字，有"大定"和人名疑似"李"或"十八子"字样。

兰家沟 3 号烽火台所发现的刻石

随着长城在明代成为最为重要的军事防御体系，作为体系的一部分的烽燧也日渐完善，它和其他单体建筑一起配合长城墙体，成为明代军事防御中不可缺少的一项防御工事。但是烽燧的分布特点，形制，随着地形的变化或者具体军事战争的需要都是各异的，对它的研究远远不止于此，还有很大的研究空间可以拓展。

山河、镇戍与"华夷之辨"——京津冀地区
明长城建筑过程及其分布成因分析

张依萌[*]

有明一代凡276年，长城的修建贯穿始终，至崇祯十七年（1644年）思宗殉国，工程仍未完工，是谓空前绝后。何以至此，发人深思。欲得其所以，必究明人军事思想；欲知明人军事思想，则必考北疆军务；欲考大明北疆军务，则必识明长城布局；而欲识明长城布局，则必详其精华——京畿边墙，即京、津、冀地区之明长城。

大凡长城之修建，一循山河大势，二据军情缓急，三依主持修建者的主观意志。作为历代长城之集大成者，明长城的建设亦大体如此。本文即从此入手，以明长城墙体、敌台建筑为例探讨其分布规律及原因，继而管窥明人思想之一二。

一 明长城建筑的地域性特点

1. 墙体的类型

据2009年结束的明长城资源调查工作所获数据显示，河北、北京、天津境内现存明长城广泛分布于三省（直辖市）境内的66个县（市、区）。其中构成明长城主干的墙体主线东起自秦皇岛市山海关区，西行穿越38个县（市、区）到达晋、冀交界的太行山东麓[①]。根据墙体的建筑材质，分类如下[②]：

石墙。墙体以石块砌筑而成。根据墙体顶部形制可分为如下二型：

A型：平顶式（图1）。剖面呈梯形。顶部平坦，建有垛口墙、女墙等设施。根据

---

* 张依萌：中国文化遗产研究院，助理馆员；长城资源调查工作项目组成员。

① 国家文物局、中国文化遗产研究院编：《长城资源认定资料手册》，2012年6月5日。

② 本文所说的"墙体"、"敌台"、"马面"、"烽火台"等概念，以国家文物局、国家测绘局2007年联合编制的《长城资源调查工作手册》中的定义为准。为配合文章主题，文中"墙体"仅指完全由人工修建的墙体，不包括山险墙及自然险。特此说明。

设施材质，可分为如下二式：

    AⅠ式：石砌垛口墙、女墙等设施。

    AⅡ式：砖砌垛口墙、女墙等设施。

    B型：封顶式。墙体收分明显。无垛口墙、女墙等设施（图2）。

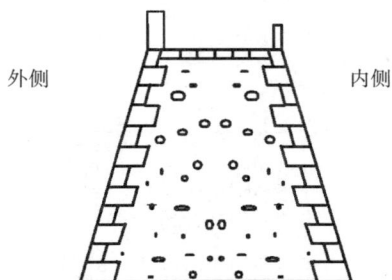

图1　石墙A型示意图   图2　石墙B型示意图

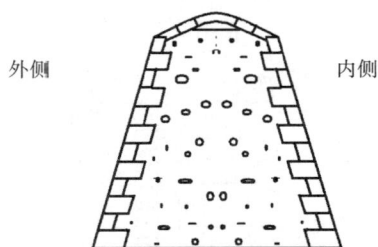

砖墙。墙体以条石砌基，土、石等砌芯，外侧包青砖。剖面呈梯形。顶部有垛口墙、女墙等设施。根据包砖情况，可分为如下二型：

    A型：双面包砖（图3）。

    B型：单面包砖（图4）。

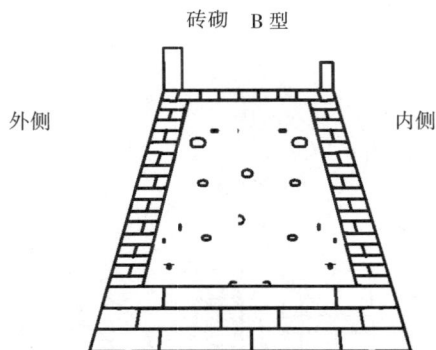

图3　砖墙A型示意图   图4　砖墙B型示意图

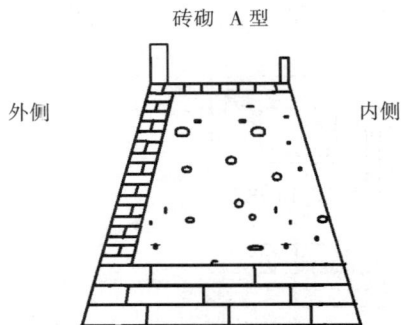

2. 敌台的类型

    京、津、冀地区明长城现存敌台4000余座。这些敌台随墙体走势广泛分布于三省（直辖市）北部的34个县（市、区）。现根据墙体材质、形制等分类如下：

    根据材质不同，可将京、津、冀三省境内的明长城敌台分为石砌、土砌、砖砌三类。

    石砌。根据内部结构可分为二型：

    A型：实心。条石砌基。无登顶通道，顶部无设施。根据平面形状可分为二亚型：

    Aa型：平面呈矩形，剖面呈梯形（图5）。

Ab 型：平面呈圆形，剖面呈梯形（图 6）。

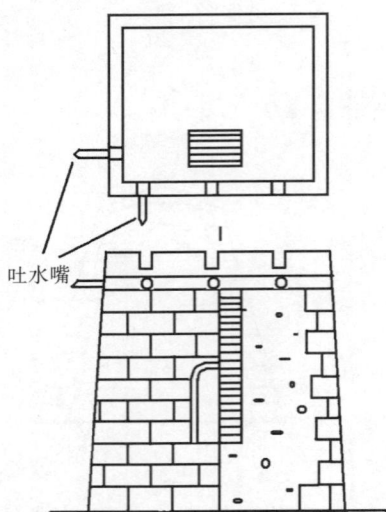

图 5　石台 Aa 型示意图　　　　　　　　图 6　石台 Ab 型示意图

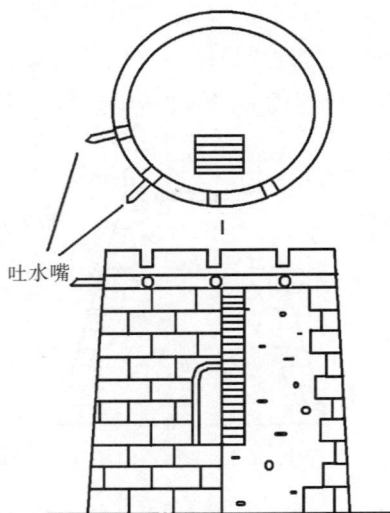

B 型：空心。条石砌基。中间有天井，顶部有垛口墙等设施。根据平面形制，可分为二亚型：

Ba 型：平面呈矩形，剖面呈梯形（图 7）。

Bb 型：平面呈圆形，剖面呈梯形（图 8）。

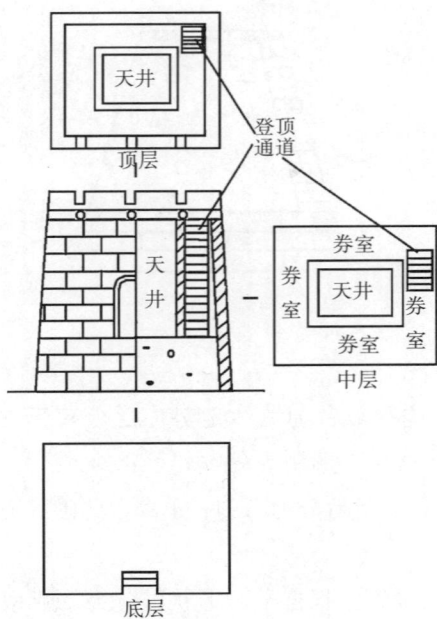

图 7　石台 Ba 型示意图　　　　　　　　图 8　石台 Bb 型示意图

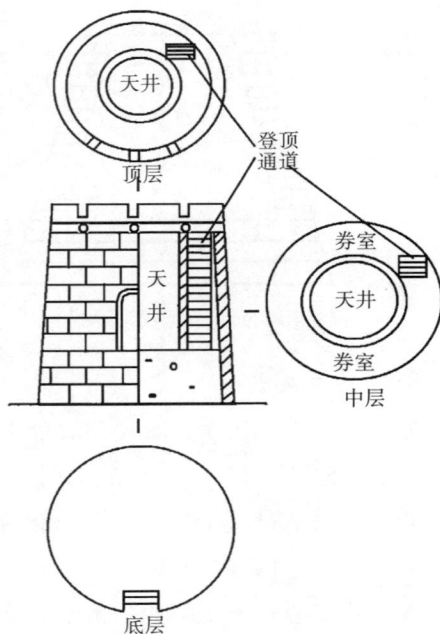

土砌。根据内部结构可分为二型：

A 型：实心。黄土夯筑。无登顶通道。部分外侧有围墙。根据平面形制可分为二亚型：

Aa 型：平面呈矩形，剖面呈梯形（图9）。

Ab 型：平面呈圆形，剖面呈梯形（图10）。

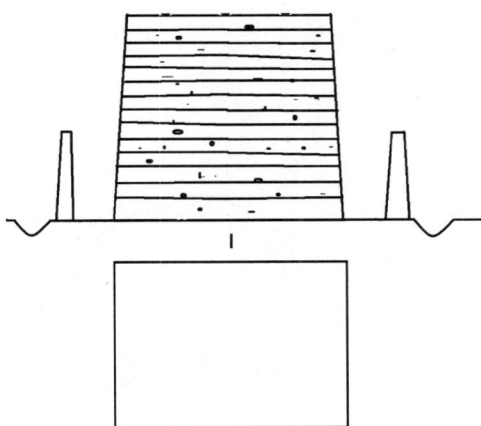

图9　土台 Aa 型示意图

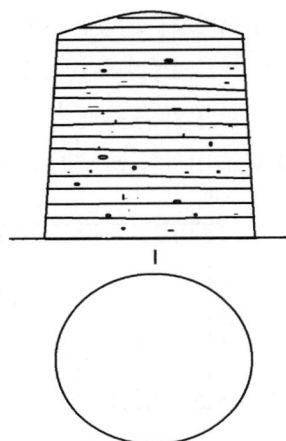

图10　土台 Ab 型示意图

B 型：空心。平面呈圆形，剖面呈梯形。顶部有垛口墙或铺舍等设施（图11）。

砖砌。平面呈矩形，剖面呈梯形。条石砌基，毛石或土石混砌台芯，外包青砖。顶部海墁青砖，有垛口墙等设施。根据内部结构可分为二型：

A 型：实心。内设较窄的登顶通道，一侧设券门。根据平面形制可分为二亚型：

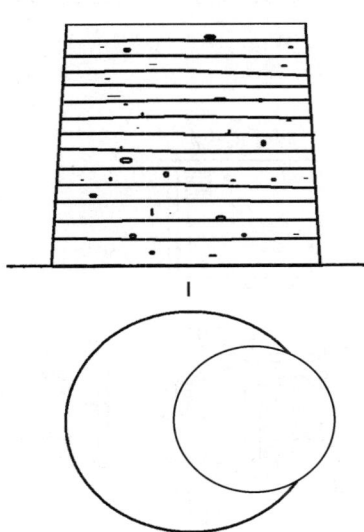

图11　土台 B 型示意图

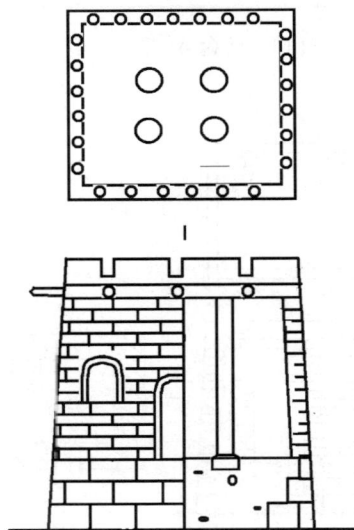

图12　砖台 Ba 型示意图

Aa 型：平面呈矩形，剖面呈梯形（图 13）。

Ab 型：平面呈圆形，剖面呈梯形（图 14）。

B 型：空心。台体内设砖室。四壁设箭窗、射孔等。内部有登顶通道。部分顶部有铺舍。根据内部结构可分为二亚型：

Ba 型：木梁柱结构。不起券，顶部平铺厚木板（图 12）。

Bb 型：台体内设券室。据券室形制分为四式：

Bb I 式：单券室单通道（图 15）。

Bb II 式：单券室回廊通道（图 16）。

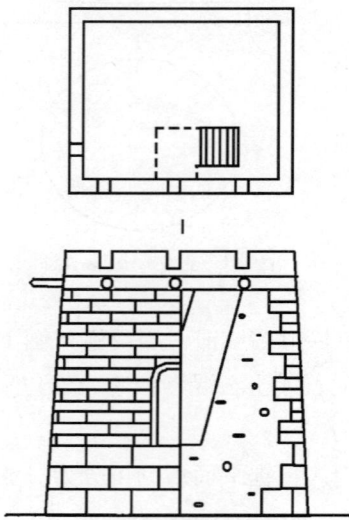

图 13　砖台 Aa 型示意图

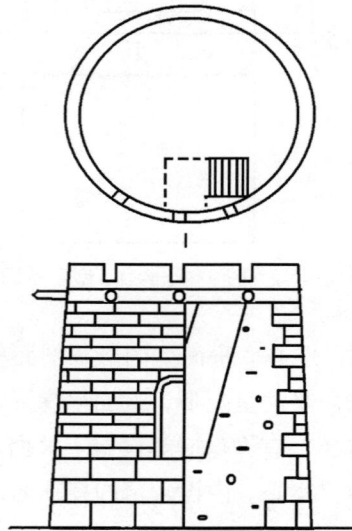

图 14　砖台 Ab 型示意图

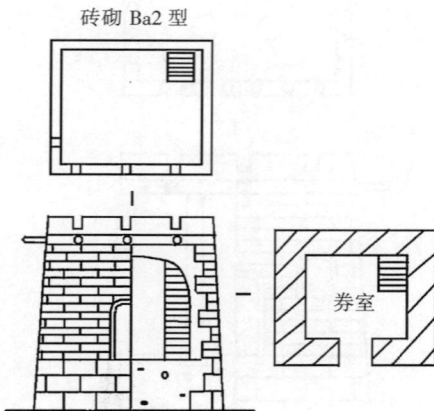

图 15　砖台 Bb I 式示意图

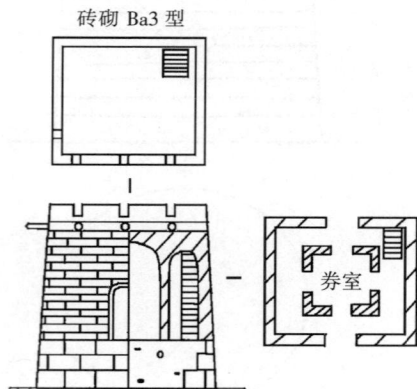

图 16　砖台 Bb II 式示意图

BbⅢ式：双券室多通道（图17）。

BbⅣ式：三券室多通道（图18）。

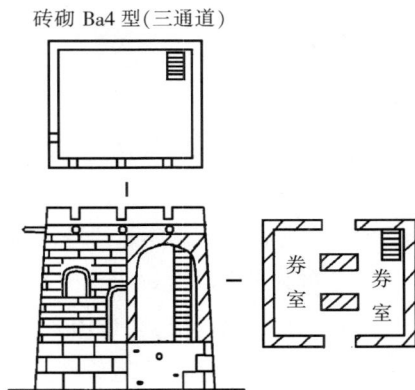

砖砌 Ba4 型(三通道)　　　　　　　　　　　　砖砌 Ba5 型

图 17　砖台 BbⅢ式示意图　　　　图 18　砖台 BbⅣ式示意图

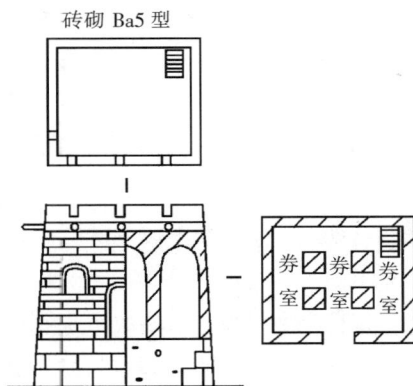

3. 京、津、冀三省明长城墙体及敌台分布特点

（1）墙体分布特点

京、津、冀地区明长城墙体，大体为东西向，沿燕山南麓至太行山东麓一线展开，东起河北省秦皇岛市山海关区，在北京市怀柔区境内向西分为三条线路，其一南下至延庆县南止；一支走西南，沿太行山东麓下行至晋冀豫三省交界处一带止；另一支走西北，至潮白河上游谷地东缘又分两支并行，对谷底形成合围后并为一线继续西行进入山西省。

全线墙体皆以 A 型石墙最为常见。同时以延庆县为分界，东、西部具有明显的地域差异。

其中延庆以东诸县（市、区），A 型砖墙亦占据一定比例，与 A 型石墙相间分布，且墙体北侧马面较为密集，而 B 型砖墙与 B 型石墙基本不见；

延庆县及其以西地区，B 型石墙较为多见，另有少量 B 型砖墙分布。在这一地区，A 型砖墙几乎不见，马面亦较罕见。

（2）敌台分布特点

京、津、冀地区明长城敌台，一如墙体，可分为东西两种特点。大体以延庆、怀来、门头沟一线为界，西侧敌台密度较小，且以 A 型石台为主，土台、砖台。其中 A 型土台集中分布于赤城、崇礼、宣化、桥西等县（区），B 型土台仅见于万全县；砖台以 Aa 型、Bb 型较为主。前者多分布于赤城、宣化、桥西等县（区），北京市以西的其他地区基本不见。后者集中分布于涞源县，北京市以西其余地区完全不见。

北京市及其以东地区，B 型砖台数量占据绝对优势。其中 Ba 型砖台以 B 集中分布于抚宁、迁安、滦平等县，其他地区基本不见；Bb 型砖台以 BbⅢ、BbⅣ式最为常见。

前者主要分布于冀东，后者则主要分布于北京市境内。

二　影响明长城布局诸要素

1. 据险而守——山河大势对明长城布局的影响

据地形图可见，京、津、冀地区依地形地貌可划分为西、北部山地与东南部平原两个主要地理单元。明长城主线的修建，大体沿两大地理单元之边界，即燕山南麓——太行山东麓一线展开。如此一来，长城以北的层峦叠嶂，在客观上成为了明长城防御体系的外延部分。

以密云、兴隆之间为界，山地又可细分为东西两部。东部为覆盖冀北，直达蒙、辽的燕山主脉，仅在渤海沿岸有一条狭窄走廊可达辽东；而西部则是燕山余脉与太行山系结合部，其间河道纵横，一如草原民族的利刃，切割山峦，在形成高山、河谷相间，地势高低起伏不定的地貌同时，也形成若干通向华北的孔道，每一条孔道都可能成为蒙古各部入寇的路线。

明长城的修建，当是充分考虑上述问题的基础之上进行的。

我们看到明长城主线在兴隆、密云之间折向东北，至滦平界西返，形成突出部，意在将潮河谷地纳入畿内；墙体西行至怀柔西境后的分野，亦对潮白河、洋河、永定河、壶流河等诸河谷低地形成合围，得居高临下之势，对北虏南下形成阻滞。

在各类型墙体、敌台的分布方面：地势低平无险处常见 A 型石墙及砖墙，墙体多宽厚坚固，墙顶可驻放军马器械，平均约 200 米设敌台一座；地势平坦的山海关地区，墙体多建马面，加强防御；而在荒芜高峻处则以 B 型石墙为主，质量相对较差，墙顶不能驻兵，敌台分布较稀疏，间距宽者可达 1 千米以上。

可见明长城修建之时，充分考虑了防守的平衡，"险处用天险，平处以人工"。

综上所述，山河大势为影响京、津、冀地区明长城布局的关键因素之一。墙体的选址，遵循"据险而守"这一总原则。具体有三：一是在山地内缘起建，利用重山峻岭形成防御纵深；二是沿山脊行进，占据制高点；三是合围低海拔地区，阻断边境通道；四是防守平衡，"险处用天险，平处以人工"。

2. 各司其镇——明代军制对明长城形态的影响

明长城有"九边"①、"七镇"②、"十三镇"③、"十六镇"④ 之说。今京、津、冀三

① （明）魏焕：《皇明九边考·镇戍考》[M]，齐鲁书社，1997 年版。关于九边所指，自明至清说法不一，《皇明九边考》成书于嘉靖年间，为诸说中最早之一种，本文采此说。

② 张宝钗：《明绘本〈边镇地图〉考》，《东南文化》，1997 年 4 期，119～123 页。

③ （明）张居正等：《明穆宗实录》[M]，卷三十九，《梁鸿志影抄本》，民国三十年（1941）。"国家备边之制，在祖宗朝止辽东、大同、宣府、延绥四镇，继以宁夏、甘肃、蓟州为七，又继以固原、山西为九，今密云、昌平、永平、易州俱列戍矣。"

④ （清）李清：《三垣笔记·附识上》，中华书局，1982 年版，207～208 页。

省（市）所辖范围，盖囊括明"山海关镇"、"蓟镇"、"真保镇"全境，及"宣府镇"之一部。考据文献，可知诸边镇之设，时间各有先后，而辖区首尾相连。

（1）山海关镇

原属蓟镇。万历四十六年闰四月（1618年）"割蓟镇东协四路（山海路、石门路、台头路、燕河路）属山海关为一镇"①。辖区东起山海关老龙头，西至白羊谷②（今迁安市大崔庄镇白羊峪），与蓟镇五重安关长城衔接③。

（2）蓟镇

永乐二年（1404年）始设④，至嘉靖二十七年（1548年）方正式称镇⑤。东起五重安关东，初延伸至浑河（即今永定河）左岸⑥。嘉靖三十年后，东退至慕田峪石塘路（今密云县石城镇石塘路村）⑦。

（3）昌平镇

嘉靖三十年（1551年）始设⑧，东起慕田峪石塘路，西抵居庸关镇边城（今怀来县横岭乡镇境内）⑨。

（4）真保镇

嘉靖二十九年（1550年）年始设⑩，东起紫荆关沿河口（今门头沟区沿河城），西至故关（今山西省平定县娘子关镇旧关村），再向西西接山西平定界止⑪。

（5）宣府镇

关于宣府镇的建立，文献说法不一，约在永乐三年（1405年）⑫至洪熙元年（1425年）年间⑬，而最晚。可视为宣府镇形成。明前期，其辖地多有变化，至正统年间趋于

---

① （明）张惟贤等：《明神宗实录》[M]，卷五百六十九，《梁鸿志影抄本》，民国三十年（1941）。

② （明）刘效祖：《四镇三关志》[M]，卷二，万历四年刻本。

③ 艾冲：《论明十三镇长城的起止点和结合部》[J]，《陕西师范大学学报（哲学社会科学版）》，1993年2期，87~94页。

④ （明）张居正等：《明穆宗实录》[M]，卷三十九，《梁鸿志影抄本》，1941年版。

⑤ （清）张廷玉等：《明史》[M]，卷九一，中华书局，1974年："蓟之称镇，自[嘉靖]二十七年始。"

⑥ （清）李清：《三垣笔记·附识上》，中华书局，1982年版，207~208页。

⑦ 同④。

⑧ 同④。

⑨ 同④。

⑩ 同④。

⑪ 同④。

⑫ （明）张辅等：《明太宗实录》[M]，卷四十八，《梁鸿志影抄本》，民国三十年（1941）："永乐三年十一月辛丑"敕武安侯郑亨统率北京步骑三千，并永平立功官军于宣府操备，节制宣府、万全、怀安、隆庆、兴和诸卫"，或为宣府镇之滥觞。一说设于永乐七年（1409年），见（清）王者辅：《宣化府志》[M]，卷十六，清乾隆八年（1743）刻本。

⑬ （明）杨宁时：《宣府镇总图说》[M]，《万历癸卯刊本》，上海古籍出版社，1995年版。

稳定，盖东起今延庆县四海镇①，西至山西阳高县境内②。

表一　京、津、冀地区明长城诸边镇区划一览表

镇　名	设立时间	起点（今名）	止点（今名）	行政管辖	备注
山海关镇	万历四十六年（1618）	山海关区老龙头	迁安市大崔庄镇	蓟辽总督	分蓟镇
蓟镇	永乐二年（1404）～嘉靖二十七年（1548）	迁安市五重安乡	密云县石城镇	蓟辽总督	
昌平镇	嘉靖三十年（1551）	密云县石城镇	怀来县横岭乡镇	蓟辽总督	分蓟镇
真保镇	嘉靖二十年（1550）	门头沟区沿河城	平定县娘子关镇	蓟辽总督	分蓟镇
宣府镇	约永乐三年（1405）～洪熙元（1425）	延庆县四海镇	山西省阳高县境内	宣大总督	

空间上，山、昌、真三镇由蓟镇分出，而与宣府相区别。蓟辽、宣大总督并非常设，但从其辖地可见，明人亦视山、蓟、昌、真四镇为一个军事单元。

据调查所见，明长城在京、津、冀地区所呈现出的东西不同特点，恰以延庆为分野，与蓟辽、宣大总督辖地分别相合。

究其原因，须探察明代军制。

明朝"以武功定天下，革元旧制，自京师达于郡县，皆立卫所……征伐则命将充总兵官，调卫所军领之。既旋则将上所佩印，官军各回卫所……"③《明史》中这一段记载表明了明军一条建军原则，即分兵把守，遣调归上。

长城九边的设立，即秉承这一原则。各镇常设总兵一名，统辖镇内军务，其中也包括长城的督造。各镇总兵事权专一，自守辖地，互不干涉，即便军情紧急时，无中央命令也不能擅自调遣，形成相对封闭的军事体系。因此，各镇长城建筑难免各具特色。

何栋、戚继光先后于嘉靖三十年（1551年）、隆庆三年（1569年）分别提出重修蓟镇长城墙体、敌台的尺寸——"边墙规格，高一丈五尺，根脚一丈，收顶九尺"④、"（空心敌台）高三、四丈不等，周围阔十二丈，有十七、八丈不等者"⑤，现存明长城遗迹中，与此规格相近的墙体和敌台全部见于延庆以东⑥。

---

① （清）李清：《三垣笔记·附识上》，中华书局，1982年版，207～208页。

② 一说西止于天镇县界。参见（明）杨宁时：《宣大山西三镇图说》[M]，《万历癸卯刊本》，上海古籍出版社，1995年版。

③ （清）张廷玉等：《明史》[M]，卷八九，中华书局，1974年版。

④ 转引自沈朝阳：《秦皇岛长城》[M]，方志出版社，2002年版，12页。

⑤ （明）戚继光：《练兵实纪》[M]，《杂集第六》，清光绪十五年（1889）刻本，上海鸿文书局。

⑥ 明代一丈约合3.3米。笔者注。

明人徐日久著《五边典则》云蓟辽边墙"原分三等"[1]。京、津、冀地区发现的部分明长城石刻[2]，亦明确记载墙体分为三等，但各地称谓不同。如抚宁、青龙、迁西、迁安、怀柔、延庆等地石刻称"一、二、三等"；而涞源县所见则称"上、上中、下等"。尺寸见下表：

表二　京、津、冀地区长城石刻所见边墙等级统计表

尺寸 墙等级	底宽		顶宽		通高（连垛口）	
	原文	合今（米）	原文	合今（米）	原文	合今（米）
一等	一丈六尺	5.28	一丈三尺	4.29	二丈五尺	8.25
二等	一丈六尺	5.28	一丈二尺	3.96	二丈三尺	7.59
三等	一丈	3.3	九尺	2.97	二丈	6.6

据调查显示，蓟、昌等镇长城墙体基宽多在 3.5 ~ 10 米、高 4.5 ~ 8 米；空心敌台边长多在 8 ~ 10 米左右，通高约 6 ~ 10 米；而宣府镇长城墙体基宽不超过 4 米，高则不超过 7 米[3]，空心敌台更是非常少见。可见明长城并不严守此制，且地域特点十分明显。抚宁、青龙、迁西、迁安、怀柔、延庆等地属蓟镇，而涞源属真保镇，两镇长城甚至对等级的称谓都不同。

这种差别当是因九镇的分镇管理所造成。

3. 因"兵"置宜——明军武器装备的发展对长城敌台建筑形态的影响

戚继光主蓟镇以来增修空心敌台，除巩固防卫之大计外，亦有另一原因，即明军武器装备的发展。明军自创立以来即有大量使用火器的传统。至戚继光主持蓟镇军务时，又对火器品种、性能、配置分别加以优化、改进。

如戚继光自己所言：空心敌台可"内卫战卒，下发火炮，外击敌人"[4]。又详解每座敌台设备军火器械什物："佛狼机八架，子铳七十二门……神快枪八杆……火药四百斤。火绳二十根，火箭五百枝……石炮五十位……"。以《练兵实纪》记载为准，每台守军人员为百总 1 人，台头副 2 人，"主客军" 30 ~ 50 人，浙江兵5 ~ 10 人，约合每台 38 ~ 63 人。如此计算，至少在隆庆朝时，明军的火器使用率已相当惊人。

可见戚氏的空心敌台在设计之初，即已考虑配合热兵器效能发挥而使用。

---

① （明）徐日久：《五边典则》[M]，卷三，北京出版，1998 年版。

② 郑立新：《明长城等级碑刻试释》[J]，《文物春秋》，2012 年 2 期，40 ~ 44 页。

③ 李建丽、李文龙：《河北长城概况》[J]，《文物春秋》，2006 年 5 期，19 ~ 22 页。

④ （清）李清：《三垣笔记·附识上》，中华书局，1982 年版，207 ~ 208 页。

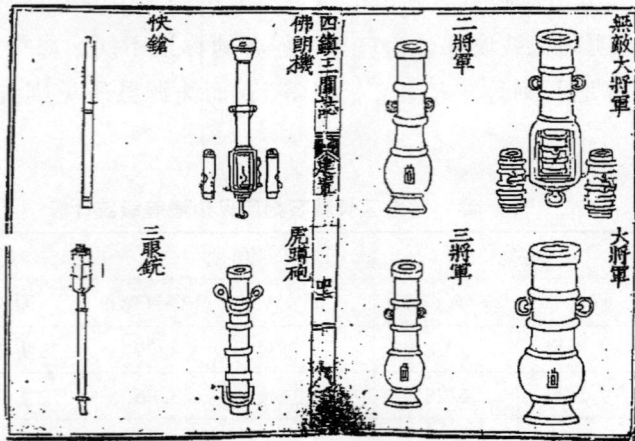

图 19　《四镇三关志 P34 – 35》所见明长城守军所用之热兵器（1）

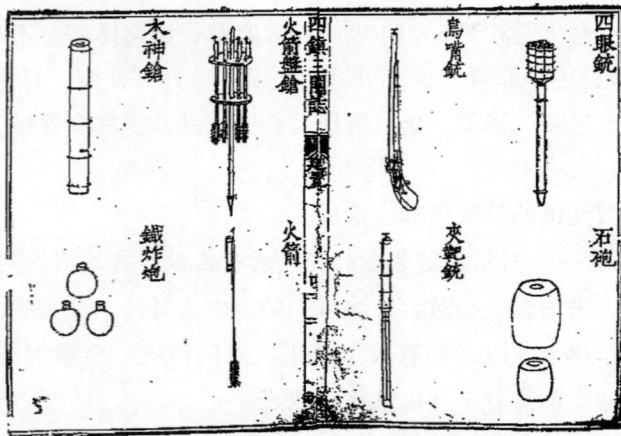

图 20　《四镇三关志 P34 – 35》所见明长城守军所用之热兵器（2）

4. 满蒙交侵——明长城沿线军事态势变迁对明长城建设的影响

（1）明蒙势力消长的影响

由表一可见，在时间上，京、津、冀地区明长城诸边镇的设立历经永乐、嘉靖、万历朝三个阶段。

蓟、宣二镇同设立于永乐初年，蓟镇至嘉靖"庚戌之变"前并无大的改变，而宣镇至晚于成化年间已基本定型①。

永、洪二朝更迭之时，正是明朝对蒙古由攻转守的关键时段。前者永乐帝以蒙古兀

---

① （明）张居正等：《明穆宗实录》［M］，卷三十九，《梁鸿志影抄本》，1941 年版。

良哈部在"靖难之役"中从战有功，而尽付以塞北三卫地，以致宣府至辽东一线"声援断绝"①。兀良哈部时叛时服，遂成明王朝肘腋之患。而后仁宗（洪熙）即位，注意力转向国内，开启十一年"仁宣之治"，边防方面，除修复部分战乱损坏的长城外，并无大的建树。此时塞上狼烟渐浓，仁、宣两朝内政清明，而北元内乱方兴，尚无失国之虞。至正统朝，君臣失矩，终有"土木之变"，国势逆转。明朝对北疆消极防守的态势既成。

实际上，所谓"消极防御"并非全无作为。蓟镇长城自成化十二年即已开始大规模增修②。但至隆庆朝之前，明长城建筑都不甚坚精，于险要处"每年虽修垒二次，皆碎石干砌，遇水则冲，虏过过即平"③。隆庆二年（1568 年），戚继光以都督同知总理蓟州、昌平、保定三镇练兵事，实地考察蓟镇长城之后亦云："蓟镇边垣……一瑕则百坚皆瑕。比来岁修岁圮，徒费无益。"④

恰于此间，蒙古各部陷入分裂，相互厮杀，无暇大举南侵，给了明王朝以喘息之机。

及至嘉靖朝，军政积弊日久，防务废弛，致使蒙古俺答汗部积蓄力量再次大举入寇之时，明廷无兵可用。于是有二十九年（1550 年）秋"庚戌之变"。而昌、真二镇的设立，正当其时。边镇的调整与巩固，体现在明长城的修筑上，一是空心敌台的修建，二是改建砖墙。

戚氏以"先年边墙低薄倾，倾圮，间有砖石小台，与墙各峙，势不相救。军士暴立暑雨霜雪之下，无所藉庇"⑤，因地制宜，首倡"跨墙为台，睥睨四达。台高五丈，虚中为三层，台宿百人，铠仗糗粮具备。"⑥ 据此，京、津、冀地区所见之砖砌空心敌台的出现当不早于隆庆二年。而这一规划仅在蓟、昌、真三镇实施，空心敌台集中出现于北京市及其以东地区，则当是戚继光辖地不及冀西所致。

另一方面，自"隆庆和议"之后，明蒙开互市，边境军情趋于缓和，"戎马无南牧之儆，边氓无杀戮之残"⑦ 明朝北疆出现开国以来未有的和平局面。然而与此同时，东北建州女真日益强盛，自嘉靖三十六年（1557 年）已开始有反叛明廷之举⑧。万历三年

① （清）李清：《三垣笔记·附识上》，中华书局，1982 年版，207～208 页。
② （清）沈锐：《蓟州志》[M]，清道 11 年（1831）刻本：成化十二年李铭为总兵官"在镇十二年，修边备，峻处削偏坡，漫处甃砖石总二千余里。"
③ （明）魏焕：《皇明九边考》[M]，卷十，齐鲁书社，1997 年版。
④ （清）张廷玉等：《明史》[M]，卷二百十二，中华书局，1974 年版。
⑤ 同①。
⑥ 同④。
⑦ （明）瞿九恩：《万历武功录》[M]，卷七，上海古籍出版社，1995 年版。
⑧ （清）赵尔巽等：《清史稿》[M]，卷二百二十二，上海古籍出版社，1995 年版："三十六年十月，窥抚顺，杀守备彭文洙，遂益恣掠东州、会安、一堵墙堡无虚岁。"

（1575 年）明朝擒杀建州首叛王杲①，次年即有城墙包砖之议。万历四年（1576 年）。时任蓟辽总督杨兆云："当是时，墙犹夫旧也，至我皇上御极四年，始有拆旧墙，修新墙之议。近墙高广，加于旧墙，皆以三合土筑心，表里包砖，表面垛口，纯用灰浆，足与边腹砖城比坚并久。"② 此时西北已无战事，是议当是针对女真威胁而来。

无独有偶，万历四十六年（1618 年）努尔哈赤以"七大恨"起兵反明，又恰与山海关镇之设立在同年。

而调查所见唐山、秦皇岛等地长城砖题刻纪年，全在万历十二年（1584 年）至天启七年（1627 年）之间。据此推断，砖墙之出现当不早于万历四年，而不晚于万历十二年，恰在蒙古息兵，辽东有事之时，必为针对女真人的军事活动。

而砖墙的修建，也有重点。今调查所见，京、津、冀地区现存砖墙，基本已覆盖延庆及其以东所有重要关隘（如居庸关）、人口聚居地（如各级行政中心）及无天然险段落（如山海关），于高山险阻处，仍多为石墙。

综上所述，京、津、冀地区明长城建设与明蒙实力消长及明廷防御重点的转移关联甚大。

洪武、永乐间明采攻势，边防压力相对小，长城修筑并不十分积极；

洪熙以降，明朝由攻转守，北虏势起，明廷即开始增修长城。但景泰至嘉靖前期，明朝国势日衰，却因蒙古内乱，并无失国之虞，南北形成相持，长城修建并不十分坚精；

嘉靖中后期，蒙古俺答汗主事，比于中兴，伺机南下，蓟镇边防再度紧张，明廷于是再度大规模增修长城，并采取措施，分蓟镇为三镇，改建长城，增设空心敌台，完善边防。

隆庆之后，蒙明讲和，女真起事，京北防御重点由西北转向东北，于是有冀东砖墙的修建。

三　华夷有别——从明长城建设看明代军事思想

明长城无论其建筑之坚固、布局之精巧，或技术之先进，均远胜汉唐，而北方游牧民族骑兵战法较前代并无特长。但是，明代北疆军事压力之大、持续时间之长，却为中国历代之最。我们不禁要问，为什么会出现这样的情况？这恐怕要从国人文化心理说起。

---

① （清）张廷玉等：《明史》［M］，卷二百十二，中华书局，1974 年版。
② 天津市"爱我中华，修我长城"赞助活动指导委员会办公室：《天津黄崖关长城志》［M］，《明筑蓟镇长城》，天津古籍出版社，1988 年版。

中原民族自三代以来，较四临为先进，自诩"华夏"①，以外邦异俗者为"蛮夷戎狄"②，即视为劣等民族。孔子云："夷狄之有君，不如诸夏之亡也"③。这一思想后为中国历代所继承。朱元璋以"驱除胡虏，恢复中华"为口号逐蒙人北归，定"固守封疆"④为国策，对残元势力不加追剿，而是遣使通好。在其祭顺帝子爱猷识礼达腊文中曾有"君主沙漠，朕主中国"⑤语。可见在他的观念中，北元为外国，而草原为外域。

明人的"夷夏"观事实上造成了明蒙长期对峙的"南北朝"局面。

由于洪武、永乐间的十三次远征未能彻底消除蒙古人的威胁，而后继诸君，承袭祖制，专注边防，不思北进。于永、洪、宣三朝国力强盛时，边防稍缓，贡使尚可往来；至正统朝国势衰落时，蒙古人便伺机大举南下侵夺。

众所周知，"逐水草而居"的草原经济，具有其脆弱的一面，受气候环境等自然条件影响甚大。作为游牧民族的蒙古族，"流动和开拓是其生活的保障。因此在空间上追求开拓，在对外关系上追求征服。其文化精神表现为进取和扩张的一面"。一旦天有灾异，就意味着这种"流动"和"开拓"的停止，一旦流动停止，则经济崩溃，畜死人亡。而弥补这一缺陷的重要方法，便是与农耕民族进行贸易。"土木之变"后，明廷对蒙古实施经济封锁，断绝贡道。草原各部受到沉重打击，为求生存，只得一次次南下抢掠。

另一个方面，明人"华夷有别"的思想，也决定了明长城的特殊性质。与以往各代不同。永乐朝之后弃守塞北各卫，尽失战略纵深，蒙古人进抵塞前，明长城自此基本可视为国家的边境线，如明人自称的"边墙"，或正是指其性质而言。

明中后期，长城的修建规模日胜一日，俺答汗攻明三十年，只为求和开市。可见明人对蒙古的经济封锁起到了效果。但蒙古骑兵的机动性，又使明朝无法彻底断绝边患。

草原民族一则入为牧民，出为战士，可谓全民皆兵；二则有马匹之利，集散自如，长途奔袭，行踪不定；二则逐水草而居，作战无后勤之赘。

相较北军三利，明军复有三弊：一曰兵有定额，兵民分离，人口虽众，兵力不足；二曰步军为主，卫所禁锢，全无机动；三曰固守城乡，远战维艰。

而以卫所制度为基础设置的明长城九镇，实际上非但没有使边防更加稳固，反而催

---

① （唐）孔颖达：《春秋左传正义》[M]，定公十年，上海古籍出版社，1995年版："中国有礼仪之大，故称夏；有服章之美，谓之华"。
② （清）孙诒让：《大戴礼记斟补》[M]，王制，上海古籍出版社，1995年版："东曰夷，西曰戎，南曰蛮，北曰狄。"
③ （清）戴望：《戴氏注论语》[M]，八佾，上海古籍出版社，1995年版。
④ （清）张廷玉等：《明史》[M]，卷十三，中华书局，1974年版。太祖语："元运衰矣，行自澌灭，不烦穷兵。出塞之后，固守封疆，防其侵轶可也。"
⑤ （明）董伦等撰、姚广孝等删修：《明太祖实录》[M]，卷一一九，《梁鸿志影抄本》，民国三十年（1941）。

生了更严重的军事威胁。"无所不备，则无所不寡"①。据统计，明代长城沿线驻军常数约在 60 万左右②，被分散在数千公里的防线上，则每镇不过数万人。嘉靖朝"庚戌之变"后，行"摆边"之议③，将兵力进一步分散，致使"千里之墙，为诱敌之地"④，蒙人频繁入寇，明军不胜其扰，疲于应付又调遣不及，"在宣府则急宣府，如在蓟州，则又当急蓟州"⑤。

各镇非但不相配合，反而相互掣肘。"查蓟镇大举之寇，多自宣大来……凡有东犯蓟镇之信，率多隐匿不报，幸其不入本境而已……盖以入援者不惟成他镇追剿之功，亦且免本镇失收之罪。将兵入援，此亦宣大之所乐为者也"⑥

"庚戌之变"后明朝被迫开马市，这一举措却遭到来自明朝内部激烈的反对。视明蒙边贸为有失天朝颜面之举。明人吕坤有云："境外之大防，夷夏出入是已"⑦。时任兵部员外郎杨继盛上疏云："人君居中制外，统驭四夷，以其有国威之重，以屈服之也。今以堂堂天朝之尊，而下与犬羊为此交易之事，是天壤混淆，冠履同器，将不取笑于天下后世乎？"⑧

幸而明廷最终与蒙古达成和议，而有隆、万两朝数十年的边境和平。试想最不堪者，双边协商破裂，一条二百年的恶性循环链将加以延续：边贸绝，则边患重；边患重，则修长城；修长城，则国力竭；长城长，则兵力散；兵力散则边患加重；边患加重，则封锁更甚，增修长城更甚……长此以往，明朝将不会亡于大顺或大清，而将亡于长城。

归根结底，是明人的夷夏观成就了明长城的雄奇状盛，而明长城的完善过程非但不是大明北疆边防巩固的象征，反而与军事危机的不断加深"相辅相成"。

结　语

综上所述，本文认为：

1. 京、津、冀三省境内不同类型的敌台建筑，其分布具有明显的地域性。
2. 山河大势是明长城建筑选址及布局的决定因素。

① （周）孙武：《孙子兵法》[M]，虚实第六，钱基博章句训义，民国二十八年（1939）。
② 梁淼泰：《明代"九边"的军数》[J]，中国历史研究，1997 年 1 期，147～154、156～157 页。
③ （明）陈子龙等：《皇明经世文编》[M]，卷三〇四，上海古籍出版社，1995 年版。
④ 同③，卷二二四。
⑤ 同③，卷二一六。
⑥ 同③，卷三〇五。
⑦ （明）吕坤：《呻吟语》[M]，卷一，齐鲁书社，1997 年版。
⑧ 同③，卷二九三。

3. 明长城建筑之地域性差异与明代卫所制度和长城九镇的设置密切相关。

4. 明长城空心敌台建筑的出现，与明军武备情况有关，是为配合热兵器使用而设计的。

5. 明蒙势力的消长，以及明代后期长城防御重点向东北转移是明后期京、津、冀地区长城布局变化的直接原因。

6. 明人强烈的"华夷有别"观念是有明一代不断增修长城的根本原因，而长城防御体系的完善，反映了明代北疆军事危机不断加深的过程。

呼和浩特市南部清代杀虎口驿路沿线
铺墩的调查与研究

张文平　杨建林　马登云[*]

　　2008 年 6 月，内蒙古自治区明长城资源调查队对呼和浩特市和林格尔县、土默特左旗境内沿着省道 S210 和国道 G209 一线的土筑墩台遗存以明长城的名义进行了调查，经调查队员实地调查以及后期的查阅资料研究对比，认为该类遗存为清代杀虎口驿路沿线的铺墩，为附属于驿路沿线铺的一种建筑。

一　前人调查与研究成果概述

　　目前对和林格尔县、土默特左旗境内沿省道 S210 和国道 G209 一线的土筑墩台遗存作记载和研究的，可见《和林格尔县志草》、《和林格尔县志》、《和林格尔县文物志》三书与《和林格尔县新店子乡窑沟村明代烽燧址的清理》考古报告。

　　成书于民国二十三年（1934 年）的《和林格尔县志草》，在"津梁铺墩附"一节中列出了当时所见的铺墩，共 18 座："铺墩：九龙湾头铺、二铺，喇嘛湾铺，坝北铺，坝顶铺，榆树梁西铺、东铺、底铺，东石砠嘴铺，三道河铺，茶坊铺，三保岱铺，二道边铺，西石嘴铺，下土城铺，上土城头铺、二铺、三铺。"[①] 成书于 1993 年的《和林格尔县志》，对这些铺的记载较为详细，在"邮政·驿站"一节中描述如下："同治九年（1870 年），因西路羽书络绎，军情繁杂，奏开设开站，次年批准境内增设坝底、佛爷沟等三个腰站，加配马夫 15 名，驿马 15 匹，兽医、铁匠、驿书各 1 名。两站之间设 19

---

*　张文平：内蒙古文物考古研究所副所长，研究馆员；
　　杨建林：包头市文物管理处，馆员；
　　马登云：内蒙古文物考古研究所，馆员。
①　内蒙古图书馆编：《和林格尔县志草》[M]，《内蒙古历史文献丛书之五》（全二册·上），远方出版社，2008 年版，291～292 页。

个铺司，一铺建一烽火台，每铺之间相隔 2～5 千米，配备铺兵 2～3 名，北路有厅北石咀子铺，上下土城子铺、二铺、三铺、四铺入绥远境内。东南路有厅东南头铺、九龙湾头铺、榆林城铺、东石咀子铺、三道河铺、茶坊河铺、三保岱铺、二道边铺。清光绪年间弃驿归邮。"①《和林格尔县志草》在排列铺名的时候以和林格尔县县城为界，先由西北向东南排列县城东南部的铺墩，之后由南向北排列县城北部的铺墩。《和林格尔县志》在介绍铺的时候采用了与之相同的叙述方式，名称也大体与之相同。同时，《和林格尔县志》在"长城·烽火台"一节中再次提到这些铺墩："到了清时，又沿长城内侧修筑了驿站墩台，为边境通信设施。县境残存的墩台有：东二铺，将军沟，九龙湾，苏家湾，南园子，上土城，四铺等古台。"②《和林格尔县志》对铺墩的记载比较混乱，既然认定其和驿站相关，就不应再归入"长城·烽火台"之中。

　　成书于 1988 年、反映和林格尔县第二次全国文物普查成果的《和林格尔县文物志》，对这类铺墩的记载较为简略，结论近于推测，认为它们是明代连接杀虎口至土默特平原、沿"古定襄大道"的夹道烽台③。2000 年 4 月，为配合省道 S210 和林格尔至杀虎口段的扩建工程，内蒙古文物考古研究所在和林格尔县文物管理所的配合下，对位于窑沟村附近的一座铺墩进行了抢救性清理解剖，认为是与和林格尔县及凉城县南部明长城沿线烽火台相类似的夹道烽燧④。上述四项记载和研究，其中《和林格尔县文物志》与《和林格尔县新店子乡窑沟村明代烽燧址的清理》的观点大致相同，均认为是明代的烽火台；《和林格尔县志草》与《和林格尔县志》则认为是清代杀虎口驿路上的铺墩。

　　循诸《和林格尔县志草》与《和林格尔县志》的相关记载，在部分为二者史源的《嘉庆会典事例》和同治十年（1871 年）修成的《和林格尔厅志略》中，均可找到杀虎口驿路沿线设立站铺的相关记载。《嘉庆会典事例》卷五三七记载：和林格尔厅"厅前铺三十里至五素途路铺，十五里至坝底铺，十五里至新店铺，二十里至佛爷沟，二十里至八十家子铺，二十里至右玉县在城铺。"⑤。《和林格尔厅志略》在"驿递附递役"一节中详细介绍了杀虎口驿路上驿马、马夫的配备情况，特别是提到了同治九年曾增设腰站："新设本街递马十匹、马夫五名。新设坝底腰站递马十匹、马夫五名。新设佛爷沟递马十匹、马夫五名。以上新设腰站马共三十匹，马夫十五名。兽医、铁匠、

① 　和林格尔县志编纂委员会：《和林格尔县志》［M］，内蒙古人民出版社，1993 年版，264 页。
② 　同①，514 页。
③ 　和林格尔县文物保护管理所编：《和林格尔县文物志》［M］，内部发行，1988 年版，142 页。
④ 　内蒙古自治区文物考古研究所，和林格尔县文物管理所：《和林格尔县新店子乡窑沟村明代烽燧址的清理》
　　　［J］，《内蒙古文物考古文集》，第三辑，配合国家基本建设专集，科学出版社，2004 年版，430～433 页。
⑤ 　钦定大清会典事例（嘉庆朝），文海出版社，1991 年版，卷 537。

驿书各一名。同治九年，因西路羽书络绎，经国道宪详请添设开站，于十年四月奉准兵部咨覆。"① 站与腰站均配备有马夫、兽医、铁匠、驿书等人员与驿马，站下所辖的铺日常驻扎二、三名士兵。《和林格尔厅志略》在"营汛"一节中详细记载了这些铺的具体位置：

北路二铺每铺设兵二三名不等。石嘴子铺离厅十里，北至下土城子铺八里。下土城子铺离厅十八里，北至上土城，归属界二铺五里。

东路四铺　头铺离厅三里，东至九龙湾头铺八里。九龙湾头铺离厅十一里，东至九龙湾二铺五里。九龙湾二铺离厅十七里，东至喇嘛湾铺五里。喇嘛湾铺离厅二十二里，东至五定汛八里。

五定防汛五铺　坝北口铺离厅三十五里，东至坝顶铺五里。坝顶铺离厅四十里，东至榆树梁西铺五里。榆树梁西铺离厅四十五里，东至榆树梁东铺五里。榆树梁东铺离厅五十里，东至榆树梁底铺五里。榆树梁底铺离厅五十五里，东至新安汛五里。

新安防汛六铺　榆林城铺离厅六十五里，东至石嘴子铺五里。石嘴子铺离厅七十里，东至三道河铺五里。三道河铺离厅七十五里，东至茶坊铺十里。茶坊铺离厅八十五里，东至三保代庄铺五里。三保代庄铺离厅九十里，东至二道边铺五里。二道边铺离厅九十五里，东至杀虎口五里。② 关于清代在长城以北设置驿路的情况，金峰③和韩儒林④两位先生均对此作过专门研究，长城以北五路驿站中的杀虎口驿路，即通过今和林格尔县与土默特左旗。本次调查中的铺墩所在位置，均可与以上记载相对应，从而确认，对于该段土筑墩台遗存，《和林格尔县志草》与《和林格尔县志》的记载应当是正确的，它们为杀虎口驿路沿线站铺所属铺墩。

乌兰察布市和呼和浩特市南部地区分布有南、北两道明长城，分别命名为二边和大边，它们都大致呈东西走向，而分布于和林格尔县、土默特左旗的这道土筑墩台遗存大致呈南北走向。此外，这些墩台的形制与明长城沿线的烽火台差别很大。如明长城大边沿线烽火台多高大雄壮，形制为上小下大的覆斗形或圆柱形，外部多数甃有砖石，有的还带有台基和围院等附属设施（图1），而这些铺墩则相对较小，形制多呈上小下大的覆斗状，且其外侧附带的登台步道也是明代烽火台所不见的，进一步表明它不具有军事防御的功能。

---

① 内蒙古图书馆编：《和林格尔厅志略》[M]，《内蒙古历史文献丛书之五》（全二册·上），远方出版社，2008年版，26~27页。

② 同①，21页。

③ 金峰：《清代内蒙古五路驿站》[J]，《内蒙古师范学院学报》，1979年1期。

④ 韩儒林：《清代蒙古驿站》[J]，《穹庐集》[M]，河北教育出版社，2000年版。

图 1 和林格尔县明长城二边梁家十五号村烽火台

二 本次调查的主要收获

杀虎口驿路沿线铺墩多数分布在和林格尔县境内，东南起自和林格尔县新店子乡佛爷沟村，向西北沿着省道 S210 分布，至和林格尔县域后折向北，沿着国道 G209 分布，最后至土默特左旗沙尔沁乡二道凹村东 0.1 千米处，为今天可见沿线最后一个铺墩。本次调查，共调查可见铺墩 14 座，另 2000 年内蒙古文物考古研究所清理解剖的位于窑沟村附近的一座铺墩虽已为公路所覆压，但保存下来了完整的考古资料（图 1）。这些铺墩的间距一般在 2～5 千米之间，间距超过 5 千米者，是由于原来分布在它们之间的铺墩现已消失不存。

关于目前所知 15 座铺墩所在铺的具体名称，因其时代距离现在很近，当时的铺名或为附近村庄名，现代的村庄名或来自当时铺名，因此可结合相关记载，将它们逐一作分析比对。首先，《嘉庆会典事例》记载和林格尔厅以南、杀虎口以北最早有 5 个铺，由北向南依次为厅前铺、五素途路铺、坝底铺、新店铺、佛爷沟（铺）。到《和林格尔厅志略》，共记 17 铺，并说明了它们相互之间的方位关系，和林格尔厅北有 2 铺，和林格尔厅南至杀虎口有 15 铺。厅北 2 铺当时称作北路二铺，由南向北依次为石嘴子铺、

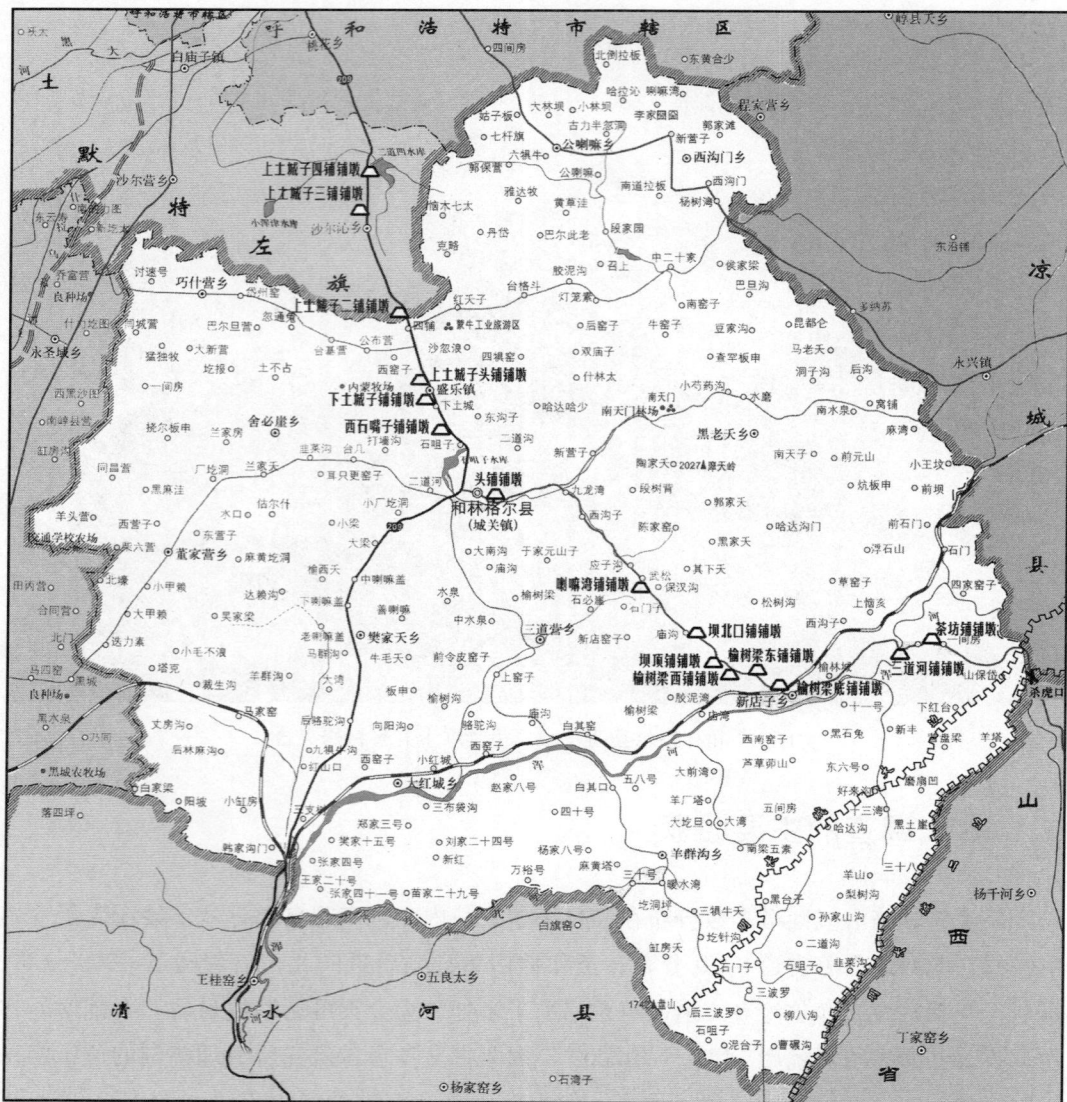

图 2　呼和浩特市南部铺墩分布图

下土城子铺；厅南 15 铺分为东路四铺、五定防汛五铺和新安防汛六铺，由北向南依次
为头铺、九龙湾头铺、九龙湾二铺、喇嘛湾铺、坝北口铺、坝顶铺、榆树梁西铺、榆树
梁东铺、榆树梁底铺、榆林城铺、石嘴子铺、三道河铺、茶坊铺、三保代庄铺、二道边
铺。造成《嘉庆会典事例》厅南 5 铺与《和林格尔厅志略》厅南 15 铺差异的原因，在
于同治九年新设 3 个腰站及同治十年新增铺若干。两厢对比，《嘉庆会典事例》所记厅
前铺应改名为头铺，五素途路铺升格为五定汛，坝底铺、新店铺、佛爷沟（铺）均升
格为腰站。综此统计，同治十年和林格尔厅厅南 15 铺中，除头铺外，其他均为新增铺。

民国二十三年（1934年）修成的《和林格尔县志草》则记载了18座铺墩，多出了《和林格尔厅志略》无载的上土城子头铺、上土城子二铺、上土城子三铺，缺少了头铺、榆林城铺，并将《和林格尔厅志略》中的两个石嘴子铺，分别加上东、西方位，变成了东石嘴子铺和西石嘴子铺。1993年修成的《和林格尔县志》描述同治十年设19个铺，虽并列出全部铺名，却多了一个以前文献均无载的"四铺"（上土城子四铺），本次调查也发现了这座铺的铺墩。

对于同一条驿路上在同一时间内设置的铺，为什么会出现数量的差异和名称的不同呢？具体问题需具体分析。《和林格尔厅志略》是当时人记当时事，所记铺又有明确的方位和相对距离，资料可信，它所记17铺除个别铺名外不会有错，如此后的《和林格尔厅志草》将其所记两个石嘴子铺修正为东石嘴子铺、西石嘴子铺。《和林格尔县志草》在增设站铺60多年后修成，它漏记了头铺和榆林城铺两铺，而新增的上土城子头铺、上土城子二铺、上土城子三铺，以至再后《和林格尔县志》所增的上土城子四铺，并非《和林格尔厅志略》编撰者遗漏或者当时这4个铺尚未修筑。《和林格尔厅志略》在描述北路二铺时，最后一句为"北至上土城，归属界二铺五里"。这句话内容表述不清，编撰者真正要表达的意思是：从下土城子铺再往北为五里为上土城子头铺，该铺已进入归化城的管辖范围了。

图3　榆树梁东铺铺墩照片（南—北）

弄清楚了上述问题，即可初步确定，同治十年之后杀虎口驿路在杀虎口以北地区至少设有 21 个铺。本次调查所发现的铺墩所在铺名，均可与以《和林格尔厅志略》为第一手史料的文献记载一一对应。现存铺墩 14 座，由东南向西北依次为：茶坊铺铺墩、三道河铺铺墩、榆树梁底铺铺墩、榆树梁东铺铺墩、榆树梁西铺铺墩、坝顶铺铺墩、坝北口铺铺墩、头铺铺墩、西石嘴子铺铺墩、下土城子铺铺墩、上土城子头铺铺墩、上土城子二铺铺墩、上土城子三铺铺墩、上土城子四铺铺墩。消失的 7 座铺墩，由东南向西北依次为二道边铺铺墩、三保代庄铺铺墩、东石嘴子铺铺墩、榆林城铺铺墩、喇嘛湾铺铺墩（2000 年内蒙古文物考古研究所清理者）、九龙湾二铺铺墩、九龙湾头铺铺墩，这些铺墩均应位于今天的省道 S210 线路上，在修筑公路时被破坏。

铺墩近侧原应有站铺所在的房屋，但现均已不存，仅个别可发现模糊残迹。铺墩均黄土夯筑，夯层清晰，厚度不一，大部分在 20～25 厘米、25～30 厘米、30～35 厘米之间。原始外观呈覆斗形，由于破坏，部分铺墩外观发生了改变。铺墩的尺寸一般为，

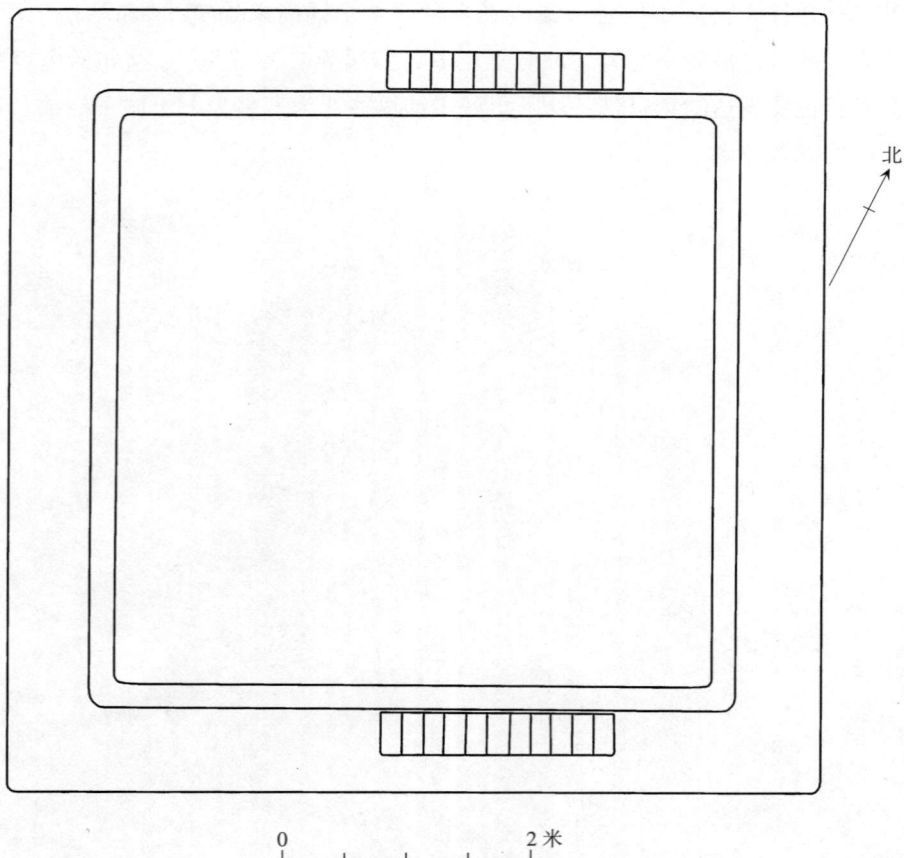

图 4　喇嘛湾铺铺墩平面图

高 5 ~ 6 米，顶部东西长 2.7 ~ 3.5 米，南北长 4.2 ~ 4.7 米，底部东西长 4.5 ~ 5.5 米，南北长 4.5 ~ 5.5 米（图 3、图 4、图 5）。每个铺墩外侧均带有台阶式登台步道，一般在北壁，个别位于东壁或南壁，由于破坏严重，台阶几乎消失，只能大体看出步道的轮廓，一般走势较陡，每一层台阶高 30 ~ 35 厘米，宽 30 ~ 40 厘米（图 6、图 7）。一些铺墩周边散落有黑釉、白釉、青花瓷片和砖、瓦片等。

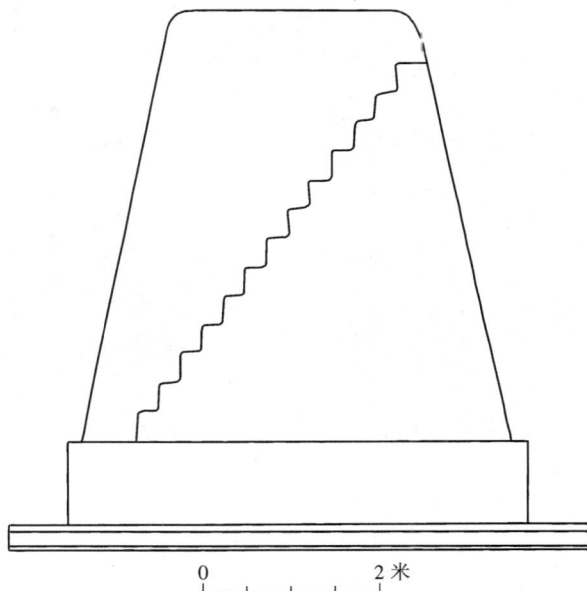

图 5　喇嘛湾铺铺墩南壁剖面图

　　本次调查，对现存每个铺墩都作了量测与描述，相关内容具体见附表。

三　结　语

　　通过本次调查，参阅史料记载与前人相关研究成果，大致可描述出这些铺墩的历史。康熙三十一年至三十二年（1692 ~ 1693 年），清朝政府出于平定漠北蒙古喀尔喀部噶尔丹叛乱的需要，于内蒙古设置了五路驿站，分别出长城的喜峰口、古北口、独石口、张家口和杀虎口，并以此五口命名，通往内、外蒙古各盟旗、卡伦。

　　其中，与本文相关的杀虎口驿站，设置于康熙三十一年，在内蒙古境内设有 11 处驿站，分为北路 4 站、西路 7 站。北路 4 站从关内出杀虎口，经八十家子站（在今杀虎口北侧）、二十家子站（在今和林格尔县城关镇）、萨尔沁站（在今土默特左旗沙尔沁乡）至归化城（今呼和浩特市旧城）。西路从归化城向西南方向，渡过黄河，至伊克昭

图6　坝北口铺铺墩北壁登台步道照片（北—南）

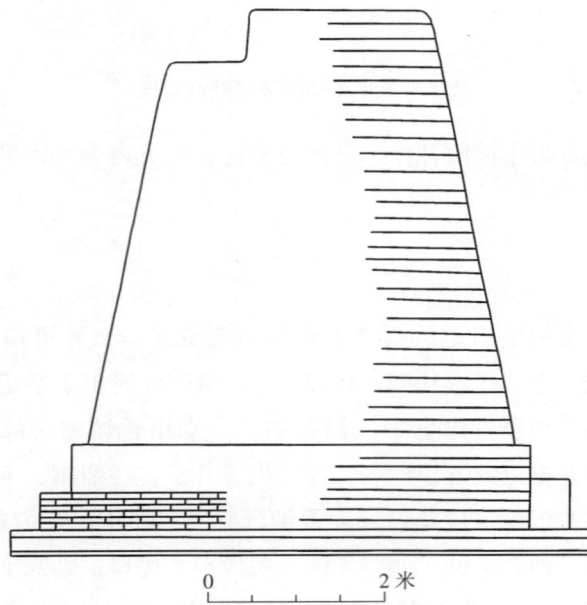

0　　　　　　2米

图7　喇嘛湾铺铺墩东壁剖面图

盟鄂尔多斯七旗。同治九年，因陕甘回民起义，西北军事吃紧，为保障通信，于二十家子站至八十家子站之间增设坝底、新店、佛爷沟三处腰站。第二年，又添设若干铺，每铺旁侧建一铺墩，铺与铺之间相距 5～10 里不等，本次调查的绝大部分铺墩应是在这次建铺工程中修筑起来的。每铺驻扎有二三名士兵。驿站与铺的"基本职责是负责军政通讯、官吏来往和物资转运，是专门为官方服务的邮递机构"①。

自清代光绪年间以来，产生于西方国家的邮电通讯业传入中国，并迅速在内地、沿海的中心城镇间普及开来，开始取代传统的驿站制度。1901 年，归化城试办邮政，但是奏折文书仍由驿站递达。1911 年，归化城裁撤驿站，全面启用邮局业，杀虎口驿路沿线的站铺也就此失去了它们的使用价值。

由杀虎口至和林格尔一带，为山丘沟壑纵横分布地带，杀虎口驿路沿线众设站铺，能够起到对驿路的有效保护作用。铺墩多建在驿路两侧丘陵的半山腰上，主要起瞭望和标识作用。从这个功能上来看，铺墩与明长城沿线的烽火台差别很大。明长城沿线烽火台的功能是举烟点火、传递军情，它们的分布很有规律，会选择地势较高、视野开阔的地方建造，而且两两之间都在可视范围之内。虽然这些铺墩也有一定的信息传递功能，但它们与作为长城军事防御体系中的烽火台有着本质的差别，所以并不能将它们划归长城的范畴，而只是驿传交通发展史上的一个组成部分。

附表　呼和浩特市南部清代杀虎口驿路沿线铺墩形制简表（共 14 座）

名　称	位　置	概　况
茶坊铺铺墩	和林格尔县新店子乡佛爷沟村东北 1.1 千米的半山坡上，南侧坡下为省道 S210	黄土夯筑，夯层厚 30～35 厘米。形制近似圆柱形，高 5.2 米，顶部东西长 2.4 米，南北长 2.1 米，底部边长 3.8 米。北壁有阶梯状登台步道，只大体可见其轮廓，宽约 0.3 米。周围散落有少量砖、石块。
三道河铺铺墩	和林格尔县新店子乡佛爷沟村西南 1.3 千米，南侧坡下为省道 S210	黄土夯筑，夯层厚 35～40 厘米。形制不规则，高 4.2 米，顶部东西长 2.1 米，南北长 1.3 米，底部东西长 5.4 米，南北长 4.5 米。
榆树梁底铺铺墩	和林格尔县新店子乡新店子村西南 1 千米，省道 S210 东侧的土崖上	黄土夯筑，夯层厚 30～45 厘米。形制呈覆斗形，高 4.8 米，顶部东西长 3.1 米，南北长 2.7 米，底部东西长 4.8 米，南北长 4 米。北壁有阶梯状登台步道，只大体可见其轮廓，宽约 0.3 米。周围散落有大量石块和砖瓦片。

---

① 乌云格日勒：《十八至二十世纪初内蒙古城镇研究》[M]，内蒙古人民出版社，2005 年版，89 页。

名　称	位　置	概　况
榆树梁东铺铺墩	和林格尔县新店子乡西二铺村东南 0.5 千米的山梁上，南 0.1 千米为省道 S210	黄土夯筑，夯层厚 20～25 厘米。形制呈覆斗形，高 5.5 米，顶部东西长 2.7 米，南北长 3 米，底部东西长 4.4 米，南北长 5.2 米。北壁有阶梯状登台步道，破坏严重，每一台阶高 0.35～0.4 米，宽约 0.4 米。东侧散落有大量石块和砖瓦片。
榆树梁西铺铺墩	和林格尔县新店子乡西二铺村西南 1.1 千米的山梁上，北 0.1 千米为省道 S210	黄土夯筑，夯层厚 25～30 厘米。形制呈覆斗形，高 6.2 米，顶部东西长 3.3 米，南北长 2.5 米，底部东西长 5.4 米，南北长 5.5 米。北壁有阶梯状登台步道，只大体可见其轮廓，宽约 0.35 米。东侧散落有大量石块和砖瓦片。铺墩东 20 米处地表隐约可见一条由石块垒砌的石墙，呈东西走向，长 3 米，宽约 0.2 米，附近散见白釉和青花瓷片，似为铺房所在。
坝顶铺铺墩	和林格尔县新店子乡下坝村东南 1.9 千米的山梁上，北 30 米为省道 S210	黄土夯筑，夯层厚 30～35 厘米，整体形状不规则，高 3.5 米，顶部东西长 1.5 米，南北长 2.5 米，底部东西长 3.7 米，南北长 3.8 米。南壁有阶梯状登台步道，只大体可见其轮廓，宽约 0.3 米。东侧散落有大量石块、砖块和瓦片。
坝北口铺铺墩	和林格尔县新店子乡下坝村东南 1 千米的山梁上，南 0.1 千米为省道 S210	黄土夯筑，夯层厚 20～25 厘米。形制呈覆斗形，高 5 米，顶部东西长 3.5 米，南北长 2.5 米，底部东西长 4.7 米，南北长 4.5 米。北壁有阶梯状登台步道，保存较好，每一台阶高 0.3～0.35 米，宽 0.2 米。西壁底部有一人为洞穴。四周散落有大量石块和砖瓦片。
头铺铺墩	和林格尔县城关镇苏家湾村东南，省道 S210 北侧的山坡上	黄土夯筑，夯层厚 30～35 厘米，内夹有白色砾石。形制呈覆斗形，高 5.6 米，顶部东西长 2.5 米，南北长 1.4 米，底部东西长 4.3 米，南北长 4.9 米。南壁有阶梯状登台步道，痕迹模糊，只隐约可见轮廓，宽约 0.3 米。周围散落有黑釉、白釉、青花瓷片和大量石块、砖瓦片等。
西石嘴子铺铺墩	和林格尔县盛乐镇南园子村西北 0.6 千米的农田中，东北 0.4 千米为国道 G209	黄土夯筑，夯层不清晰，厚 25～30 厘米。形制呈覆斗形，高 5 米，顶部东西长 3 米，南北长 2.1 米，底部东西长 5.3 米，南北长 4.5 米。南壁有阶梯状登台步道，只大体可见其轮廓，走势较陡，每一台阶高 0.3～0.35 米，宽约 0.3 米。

名　称	位　置	概　况
下土城子铺铺墩	和林格尔县盛乐镇上土城子村西北 0.6 千米，土城子古城东南角的东墙上，东北 0.2 千米为国道 G209	黄土夯筑，夯层厚 30～35 厘米。形制呈覆斗形，高 5.2 米，顶部东西长 2.3 米，南北长 3.5 米，底部东西长 4.2 米，南北长 4.4 米。西壁有阶梯状登台步道，破坏严重，痕迹模糊，走势陡峭，每一台阶高 0.3～0.35 米，宽约 0.3 米。
上土城子头铺铺墩	和林格尔县盛乐镇三铺村东南 1.1 千米，盛乐博物馆院内，东北 0.2 千米为国道 G209	黄土夯筑，夯层厚 30～35 厘米。形制呈覆斗形，高 4.6 米，顶部东西长 2.7 米，南北长 3.2 米，底部东西长 4.7 米，南北长 4.8 米。东壁有阶梯状登台步道，破坏严重，痕迹模糊，每一台阶高 0.3～0.35 米，宽约 0.3 米。铺墩底部有盛乐博物馆围筑的保护性砖墙。
上土城子二铺铺墩	土默特左旗沙尔沁乡一间房村西南 0.7 千米，国道 G209 西侧	黄土夯筑，夯层厚 30～35 厘米。形制呈覆斗形，高 3.3 米，顶部东西长 3.7 米，南北长 3.5 米，底部东西长 4.4 米，南北长 4.5 米。北壁有阶梯状登台步道，破坏严重，痕迹模糊，每一台阶高约 0.35 米，宽约 0.3 米。
上土城子三铺铺墩	土默特左旗沙尔沁乡色令板村东南 1.1 千米，国道 G209 西 0.9 千米	白土、白石灰、小石子混合夯筑，夯层厚 30～35 厘米。形制呈覆斗形，高 3.9 米，顶部东西长 3.2 米，南北长 3.8 米，底部东西长 4.2 米，南北长 4.6 米。
上土城子四铺铺墩	土默特左旗沙尔沁乡二道凹村东 0.1 千米，国道 G209 东 0.7 千米	黄土夯筑，内夹有白色砾石，夯层厚 30～35 厘米。整体形制不规则，高 5 米，顶部东西长 2.9 米，南北长 3.2 米，底部东西长 4.3 米，南北长 4.9 米。

早期长城的判定——以山东省齐长城为例

李振光　于忠胜　姚秀华*

中国长城是世界上规模最大的文化遗产，由城墙、敌楼、关城、营城、卫所、烽火台等多种防御工事组成，是一个规模庞大的军事防御工程体系。始建于春秋战国时期；秦王朝建立后，在原来燕、赵、秦等诸侯国北方长城的基础上，修筑了"西起临洮，东至辽东，蜿蜒一万余里"的万里长城；此后，多个朝代不同规模的修筑过长城，形成长达2万余千米的中国长城①。

我国长城始建于春秋时期的齐国，到战国时期各诸侯国普遍采用作为国家边境防御工程。春秋战国时期的长城修建，受当时工具材料及生产力水平的限制，与秦、汉以后长城相比，长城的建造处于初创阶段，因此将这一时期的长城定为早期长城。

笔者参加了山东齐国长城的全面调查，对早期长城有着亲身的体验和感受，并在调查工作中遇到了墙体时代及性质难以确定等问题。本文拟对齐长城的墙体类型、结构特点进行总结，归结早期长城的基本特点；并从夯具夯窝的发展演变，铁与钢质工具的使用，石头的开采加工能力，以及考古发现的工具状况，结合文献及目前研究状况，对早期长城的判定标准进行探讨，以期对长城的时代判断提供参考。不当之处望批评指正。

一　齐长城的结构特点

齐长城是春秋战国时期，齐国为抵御鲁、晋、楚等国的入侵，在南部边境地区修筑的以城墙为主体，包括关隘、城堡和烽燧等建筑在内的大型军事防御工程。西起济南市

＊　李振光：山东省文物考古研究所，研究馆员，山东省长城资源调查队队员；
　　于忠胜：山东聊城东昌府区文物管理所，馆员；
　　姚秀华：山东聊城东昌府区文物管理所，馆员。
①　参考长城资源调查工作手册。

长清区孝里镇的广里村，东至青岛市黄岛区于家河村入海。

通过调查，对齐长城的墙体结构、类型与长度进行了确定，发现有壕堑、烽燧、烽火台、周代遗址、墙体内陶片标本、木炭标本、碑刻、关隘等。

1. 墙体部分

墙体：由土墙、石墙、土石混筑墙体构成。

土墙：多在平地或低矮丘陵上用土夯筑而成，窄者十几米，宽者二十余米，分层夯打而成，墙体坚固结实。诸城以东的丘陵地区以土墙为主，而中西部地区土墙较少，多分布在山谷低地。

石墙：在山岭之上就地取材垒砌而成，西部长清、肥城多用片麻岩，石薄易取；中部岱岳、历城等地，多用青石；章丘、莱芜多用石灰岩；而东部地区多用红色砂岩。总体观察，齐长城所用石料较小且不规整，西部地区起月的片麻岩层薄易取，中东部地区的石头多是从山坡拣取自然石块略作修整，齐长城沿线没有发现修建长城时起取石料的石坑。墙体的垒砌有单面和双面垒砌，单面垒砌墙体多利用山岭自然地势，在外侧陡崖处修整台地砌筑石墙，内侧填塞土石，墙体外侧陡高而内侧略凸与山岭相连利于防守。双面墙体多沿山岭中脊修筑，垒砌呈两侧陡直的石墙。石墙宽 5 ~ 12 米，现存石墙高度多在一、二米，保存好者高达 4 米。由章丘疙瘩岭发现保存较好的石墙观察，石墙的顶部可能为平顶。

土石混筑墙体，两侧用石头垒砌，中间用土夯打。石墙起到保护加固的作用。

在莱芜锦阳关发现的石墙，是用加工规整的青石块垒砌而成的，石块较大，垒砌成行，缝口对接紧密，墙体高大，顶部外侧垒砌有垛口。莱芜、博山发现的部分石墙宽一米左右，时代可能较晚。

2. 其他遗存

确定壕沟一条：在长清发现并确定一条东西向壕沟。壕沟地处山谷平地，沟宽二十多米，深十几米。沟的东西与山脊长城相对，不同于山谷地带自然冲沟。访谈村民了解到，大沟的北侧在六、七十年代还保存有较高的土墙，有待勘探确定。初步判定该条东西长沟应为城墙外壕沟。

关隘：重要关隘 8 处。在南北交通要道设置的出入关门，有的还设有关堡。根据历史记载长清防门、沂水穆陵关应为东周修建，其他的关门或关堡时代有待确定。文献记载或现代传说的重要关隘有穆陵关、青石关、东门关（鲁地便门）、锦阳关、天门关、北门关、黄石关、风门关。现保存较好的青石关北关门，系清代重建。长城经过山沟处，可能修建有水门或排水口，利于上部山水的排泄。

烽燧：共发现 5 处。深坑式仅在山顶挖圆角方形或圆形深坑，直径三、五米，周边用石头垒砌，略高出地面，中部凹陷，利于点放烟火。

烽火台：3 处。平面多呈圆形或椭圆形，为泥土夯筑或外砌石墙内填土石。如万南烽燧为黄土夯筑，现存残高 6 米，直径 15 米。

对齐长城进行总结，有如下特点

1. 土筑长城墙体宽十几米到二十几米，长清广里部分长城到五六十年代还保存高达五六米；石头墙体宽在 5 到 12 米，现存好者，高达 4 米。因此，长城墙体宽而高大，其本体就是一项大型防御设施。

2. 山险占长城路线的十分之二，现存石墙占十分之四，消失部分占十分之三，残存的土墙约占十分之零点六。从调查情况看，消失部分多分布在山间低处或低矮丘岭上，由于长城的修建就地取材，消失部分应多为土墙，因此推测土墙约占总长度的十分之三多。长城是用带状墙体连接而成长条形防御设施，长城修建完成后，除却山险或河流，基本是连续的。

3. 石头墙体选用自然石块或较薄易于起取的片麻岩。但是石头垒砌规整，墙体坚固结实。

4. 发现有土筑烽火台，石头垒砌的烽燧坑。

5. 关隘与障城等设施还有待探讨。

二　土筑长城的修筑技术与时代判定

土筑长城在齐长城中占有较大的比例，土墙的时代判断可以依据墙体内出土的陶片标本、木炭标本的年代测定，长城多远离村庄，墙体内存在的遗物较少。而我们进行的又是地面调查，墙体内的标本只能从墙体断面中寻找，对齐长城全线的调查仅发现三例陶片标本，一例木炭标本，这相对于 600 余千米的长城，仅能做参考。我们需要对土筑长城的夯筑方法和特点进行分析，并将发现的迹象与考古多年的研究相结合。因此，有必要对夯土技术与迹象的发展演变进行探讨，对城墙的历史进行分析，并进行相互对比，对土筑长城的时代进行判断。

随着山东地区多年的考古工作，对不同时代的遗址、墓葬、城址进行了大量的发掘，土质遗迹的夯筑技术与迹象呈现在我们的面前，考古工作者对不同时代的夯筑特征进行了总结，为我们判定土筑长城的时代提供了判断依据。而山东作为一个较为独立的文化单元，其夯筑技术的发展演变也从一个侧面反映了我国古代夯筑技术的变化历程[1]。

早在 6500 年前北辛文化晚期，就发现有经过夯筑的柱坑，夯筑技术已经在住房建

---

[1]　孙波：《山东地区先秦时代的夯土遗迹》。

筑中应用，这在济宁玉皇顶、泰安大汶口等遗址都有发现。

到了大汶口文化时期，夯土的应用范围逐渐扩大，到大汶口文化晚期，有的墓葬填土也经过夯打，并出现了规模较大的夯土台基，五莲丹土遗址发现了大汶口文化晚期城墙。这说明，夯土的技术工艺也在进步，已经发展到可以构建大型建筑的水平了。

但大汶口文化以前的夯窝目前还没有发现，至少没有清楚的夯窝。

龙山文化时期夯土工艺开始大规模应用，技术上也达到了高峰。这时期普遍出现城址。城址的建设中，最为重要的工程就是城墙的构筑。而在中国，城墙历来是夯土建筑的典范，同时也是其最大载体。山东龙山文化目前共发现确定了章丘城子崖、阳谷景阳冈、邹平丁公、临淄桐林、寿光边线王、五连丹土六座城址，据报道茌平校场铺、费县防城发现了龙山文化城址。龙山文化城址的面积，一般都在 10 多万平方米以上，稍大的超过 20 万平方米，景阳冈和桐林遗址的大城将近 35 万平方米，是目前山东地区最大的龙山文化城址。在桐林、丹土等遗址还发现两重或三重城圈，城址是不断扩大的。城垣直接由地面堆筑起来，一般没有基槽。城垣的堆筑采用夯筑的方法，这时期夯土层的厚薄并不均匀，厚的可达二十厘米，薄的有三四厘米的，一般在七八厘米左右。这时期的夯窝，有些还比较清晰，但数量很少，分布也不规律，大小深浅不一，可以看出技术还不很规范。景阳冈遗址最先开始应用版筑，夯土质量较好，夯窝明显，但仍然深浅不定。

岳石文化目前仅发现一座城址——城子崖岳石文化城。城墙夯筑过程中采用版筑技术，以木板平行地包在所要夯打的土层两侧，其间用绳索固定，然后填土分层夯打，待夯土与木板厚度相同后，于其上再加一层木板，按同样方法向上修筑，将墙体层层加高，至最后完成。夯窝小而深，十分密集，夯土坚硬。

周代夯土遗迹发现增多，主要是各地大大小小的诸侯国都和城邑，大多数故城内都存在大面积的夯土建筑台基，这些迹象主要还是集中在东周时期，特别是到了战国，城墙修筑的高大而规整。

周代薛国故城的发展演变反映了山东地区从西周经春秋到战国时期的夯土建筑的发展变化。西周薛故城：呈长方形，面积约 17 万平方米。城墙宽约 15 米，残高 1 米多，外有城壕。城垣版筑而成，夯土的加工采用的是集束棍夯的方法，即将四根木棍绑在一起，然后夯打土层。夯窝圆形圜底，直径约 3~4 厘米，深约 0.5 厘米。春秋薛故城：面积可达 80 多万平方米。城垣宽约 20 米，残高 1.5 米，城壕宽约 20~40 米。城垣也是版筑建成，夯层一般不到 10 厘米，夯窝圆形圜底，较小，直径 5 厘米左右。战国薛故城：面积约达 6 平方千米，城墙宽二三十米，现存最高处可达 4 米多，墙外城壕宽达四十米以上。城垣版筑建成，夯土层较厚，一般都在 10 厘米以上，厚者可达 15~20 厘米，夯窝直径在 5~8 厘米之间，圆形棍夯。战国晚期夯土层中有些夯窝印痕浅平，可能出现了金属夯具。墙体内还可见分布规律的横向空洞，当是穿棍腐朽后留下的痕迹。穿棍的作用类似今天建筑中的钢筋，能将夯土拉紧在一起。

汉代山东地区城址数量增多，城的规模变大，代表的有曲阜鲁故城、临淄齐故城、章丘平陵城，城墙宽而高大，夯筑采用金属夯，夯窝直径 7 厘米左右，夯层厚达二三十厘米，夯筑时采用横向、竖向木棍进行连接。

魏晋以后山东地区城址发掘的较少，由中原地区的考古工作可探索其迹象。

北魏永宁寺佛殿基址的基础[①]，以平底圆夯夯筑而成，土呈黄褐色，夯窝直径 0.05 米、夯层厚 0.08 米。应为金属夯具。由此可见，战国晚期出现汉代流行的金属夯具，至北魏时期仍在采用。

唐代李宁墓[②]的西门阙的夯层厚 0.08~0.1 米，采用的是平夯，夯面平整。这时期应该采用夯头面积较大且平整的石头夯具，一直沿用至明清时期。当然还存在其他形式的夯具。

通过分析，我们确定春秋到战国中期的夯土层较薄，夯层厚度一般不到 10 厘米，夯窝呈圆形圜底，较小，直径 5 厘米左右，是用成束木棍夯筑而成的，每捆木棍直径约 20 厘米，形成密密麻麻较深的夯窝。战国晚期可能已经出现金属夯，汉代普遍运用，从永宁寺发现的夯窝看，金属夯沿用到北魏时期，但是考古发现的金属夯具多为汉代的。唐代已经出现平夯，形成的夯土遗迹坚固结实，夯层较厚，应该是用较为平整的石头夯夯打形成，其表现为夯层表面光滑平整，这种夯筑方法一直沿用到明清时期。因此，春秋战国时期的土筑墙体，夯窝痕迹应该是用木棍或成束木棍夯打而成，夯窝较深，直径较小，底部呈圜底状。其他时代的土墙可以依据夯窝或夯层表面迹象进行判断。

三　石头砌筑长城的特点与时代判定

我们对齐长城的石头特征进行了总结，就地取材，选用自然石块或易于起取的薄石片（片麻岩），但石墙的垒砌规整结实。个别段落墙体中存在用加工规整的石块垒砌成行的石墙。由于石头较硬，起取与加工局限于使用的铁质工具，铁工具的硬度对于石材加工极为关键。而春秋战国时期恰好是铁的产生与推广应用的关键时期，有必

① 中国社会科学院考古研究所：《北魏洛阳永宁寺》（1979~1994 年考古发掘报告），中国大百科全书出版社，1996 年版。
② 陕西省考古研究所：《唐李宁墓发掘报告》，科学出版社，2005 年版。

要对铁的产生、铁工具的使用、百炼钢的使用进行探讨，以其对不同石材长城的时代进行判定。

"在人类历史上起过划时代作用的原材料中，铁是最重要的"，冶铁术的发明具有划时代的意义，极大地提高了生产力，推动了大型工程的修建。而铁器的普遍使用，也为石头长城的修筑创造了条件，钢质工具的大量使用，又为大块石头的起取和规整石块的加工打下了基础。

我国铁器的使用有着悠久的历史[①]。人们最早开始使用陨铁器具，河北藁城台西村商代遗址出土的铜钺铁刃是我国迄今所知最早的陨铁器件。陨铁的制作使用，可能对早期冶铁术的产生起到某种程度的影响。

在我国发现的人工冶炼的早期铁器，见于报道的有100余件。其中最早的是新疆哈密、乌鲁木齐所出的西周时期的铁刀、铁剑、铁戒指，三门峡虢国墓地所出的西周晚期玉柄铁剑以及甘肃灵台、永昌、陕西陇县等地所出的春秋早期铁器，属于春秋中晚期的有47件。新疆早期铁器有饰件和刀具，甘肃、陕西、河南早期铁器多为铁剑和农具，到春秋晚期出现铁鼎以及铁锥、铁凿等手工工具。华觉明先生认为："把冶铁术在中国的起始年代暂定为西周时期，生铁冶铸技术的发明暂定在春秋中期或稍晚。"

山东临淄齐故城已发现东周冶铁遗址多处，淄河两岸有铁矿石出露，品位高，易开采。范文澜曾指出冶铁术可能由东夷最先发明。管仲"官山海"，行盐铁之利，齐国在春秋时已设铁官，无疑是冶铁术较早得到发展的地区之一。这也为齐长城的最早开始修建创造了条件。

冶铁业在战国时期突飞猛进的发展，迅速成为最重要的手工业部门。战国初期的铁器与春秋时期相比有增长趋势，但铁器数量和分布地域与前期相近，冶铁生产仍处于早期发展阶段。重大突破出现于战国中期，发现的铁器分布地域广，数量多，种类齐全，有铁农具和手工业工具，能配套使用，同类工具还有不同类型。战国铁器的大发展是以铁范铸造、铸铁柔化术和块炼铁渗碳制钢等先进技术的发明和推广为工艺基础的。铁器的加工以铸制为主，农具、工具、容器多为铸制，兵器多为锻制，也有少数铸件。

秦统一六国后采取的系列措施，有利于冶铁业的发展。如修驰道、筑长城，凿灵渠，均需要大量的铁农具。临潼秦俑坑出有铁锤、铁钎、铁锄和铁斧，始皇陵附近发现的铁犁，秦代大而重的铁权，这都说明秦代冶铁业的进步。

西汉三大手工业，以冶铁业最为重要。全国设铁官49处，其中山东12处。战国时期兴起的铁范、叠铸、铸铁柔化等技术，到西汉臻于成熟，成为冶铁作坊的常规工艺。

---

① 华觉明：《中国古代金属技术——铜和铁造就的文明》，大象出版社，1999年版。

铸铁脱碳处理的进一步发展，导致有意识地在高温下炒炼生铁料，以得到熟铁或钢。巩县铁生沟所出地炉式炒铁炉和含碳不同的铁料，表明这一技术在西汉中期已经产生。由于它操作简便，生产效率高，因而具有很大的优越性，能为社会提供大量廉价、优质的制钢原料。随着炒铁和百炼钢技术的推广应用，锻铁器件明显增多，铁兵器全部取代了铜兵器，标志着铁器化进程的基本完成。在鲁中南地区，流行石椁墓，用长宽厚重的石板作葬具，那些仅有凿痕没有画像的石椁墓可以早到西汉中期①，这与西汉中期大量廉价优质钢的生产和使用是相吻合的。到东汉时期雕刻精细的石碑、石像、石阙、石室大量涌现，充分说明石方工程和石刻艺术在东汉时期的兴起，是以优质钢工具的充分供应为前提的。

中原地区考古发现的石头应用情况也可以与之佐证，秦都咸阳发掘的一号、二号、三号宫殿基址②，皆为战国中期的建筑。基本不见用石料做建筑材料，其柱础用未加工的天然石块。而汉代长安城南郊发掘的西汉礼制建筑遗址③，房子础石用规整石块雕凿周边凸起的圆槽（门轴窝），说明到西汉时期，能够加工规整石块。

由我国冶铁业的发展及铁器的使用情况看，在西周时期我国已经开始人工冶铁，生铁冶铸技术的发明是在春秋中晚期，战国早期铁器的使用范围和发现数量与春秋晚期基本一致。到战国中期铁器的冶炼和使用飞跃发展，数量多，种类全，铁范铸造、铸铁柔化术和块炼铁渗碳制钢等先进技术得到推广，容器、工具以铸造为主，兵器多为锻制。这为齐长城石头墙体的垒砌创造了条件，齐长城的石头墙体应该是在战国中期垒砌完成的，也可能是中期的前段完成的。秦代，已经使用大型的铁工具，产生犁耕，说明铁的产量显著提高。汉代，冶铁业是政府重要的手工业，能够有意识地在高温下炒炼生铁料，得到熟铁或钢，西汉中期能为社会提供大量廉价的制钢原料，考古发现证明，这时期已经能够开采制作大而厚的石材。因此，大石块的开采和规整石块的加工是从西汉中期开始的。

四　文献所见齐长城修建情况

关于齐长城的修建年代，王献唐、张维华、景爱、罗勋章、任相宏、任会斌等先生多有论述。其始修时间正如罗勋章先生所说应早于鲁襄公十八年④（公元前555年）"齐侯御诸平阴，堑防门而守之广里"，任相宏先生认为其上限不早于鲁襄公十三年

① 山东省文物考古研究所：《鲁中南汉代墓地》，文物出版社，2010年版。
② 陕西省考古研究所：《秦都咸阳考古报告》，科学出版社，2004年版。
③ 《西汉礼制建筑遗址》，文物出版社，2003年版。
④ 罗勋章：《齐长城考略》，《海岱考古》第四辑，科学出版社，2011年版。

(公元前 560 年)[1]。景爱先生认为："齐长城始建于齐宣公"[2]。齐长城的始建年代学界意见较倾向于公元前 555 年。对于齐长城的修建有三段说，即先修西南段、再修东南段、后修中段。齐长城大规模之修筑当在楚灭莒（公元前 431 年）之后，齐长城的完成普遍认为在齐威王或齐宣王时。

齐长城的修建，正如学界观点，应从齐长城西端的防门开始，在交通要塞处修筑带有关门的长条形高墙式防御设施，后来逐渐发展演变连续成长达千里的长城体系。既然能够设计建设长墙式守御设施，那么齐国在它南侧边境山谷间的交通要塞上也应该修建有同样的设施，后来逐渐把山谷间的关隘长墙向两侧山岭延伸，把段式防御设施发展为大型长城防御设施。应该是先修建山谷间平地处的土墙，至战国中期，随着冶铁业的发展，铁工具的大量使用，才有能力修建工程巨大的石墙。如是，先修西段、次修东段、再修中段的三段说法可能不妥。

五　结束语

齐长城始修于春秋时期，是我国最早开始修建的长城，开线性长城防御先例。齐长城宽厚高大，土墙宽 16～26 米，石墙宽 5～12 米，现存高者 4 米，长城本体就是一项大型的防御工程。长城中，除却山险、河流，其他部分用墙体连接，墙体是绵延连续的长城主体。石墙的垒砌选用自然石块或较薄易于起取的片麻岩。这反映了我国早期长城墙体的基本特点。

由考古发现的夯土遗迹观察，春秋到战国中期的夯土层较薄，夯层一般不到 10 厘米，夯窝呈圆形圜底，较小，直径 5 厘米左右，是用戍束木棍夯筑而成的，每捆木棍直径约 20 厘米。春秋战国时期早期长城的土筑墙体夯窝迹象应与此相符。平底圆形金属夯窝从战国晚期开始出现，经秦汉，到北魏时期一直沿用，这可以作为我们判断秦汉时期或北魏时期土筑墙体的依据。唐代开始出现平夯，平整光滑的夯层层面是石头夯形成的，这为我们判断晚期长城提供了参考。

我国从西周时期开始人工冶铁，生铁冶铸技术的发明是在春秋中晚期，战国中期铁器的冶炼和使用飞跃发展，数量多，种类全，铁范铸造、铸铁柔化术和块炼铁渗碳制钢等先进技术得到推广，这为齐长城石头墙体的垒砌创造了条件，齐长城的石头墙体应该是在战国中期或中期的前段垒砌完成的。这时期铁工具的硬度不够，选用自然石块或易于起取的片麻岩垒砌长城，这是早期长城石头墙体的基本特征。汉代能够有意识的在高

---

[1]　任相宏：《齐长城源头建置考》，《东方考古》第 1 集，科学出版社，2004 年版。
[2]　景爱：《中国长城史》，上海人民出版社，2006 年版。

温下炒炼生铁料，得到熟铁或钢，西汉中期能为社会提供大量廉价的制钢原料，这时期已经能够开采制作大而厚的石材，大石块的开采和规整石块的加工是从西汉中期开始的。因此用大石块或加工规整石块垒砌的长城是西汉中期以后的产物。

　　文献记载与齐长城的研究成果表明，齐长城开始修建于公元前 555 年前后，齐长城的大规模修建是在楚灭莒之后（公元前 431 年），齐长城的完成是在齐威王或齐宣王时。这与战国中期铁器的大量使用相吻合。

　　局限于春秋战国时期铁工具的质量，当时人们对石材的开采加工能力有限，因此，在早期长城中不可能对山险进行改变，早期长城中不存在山险墙。

左权县黄泽关堡的调查与考证

赵　杰*

左权县黄泽关堡位于山西省中东部，东邻河北省武安市，地处太行山十字岭山脉的黄泽岭山体之上。黄泽岭系由古火山岩堆积而成，山体较为松散易形成山体滑坡。2007年5月28日至6月29日，为配合全国明代长城资源调查，我系组队对黄泽关堡及附近的长城墙体等资源进行了调查。

一　调查数据

左权县黄泽关堡附近的长城资源，累计有堡1座（黄泽关堡），关门1座（黄泽关关门），长城墙体1段（盘垴村东南侧长城），以及堡内现存的10块石碑，包括明代4块，清代3块，另有3块时代不明。

（一）黄泽关堡

黄泽关堡，在今羊角乡盘垴村中，堡南门东南距盘墩村东南侧长城起点0.65千米，东南距黄泽关关门0.68千米。

黄泽关堡依地势而建，堡内地势较高，堡位于一道山梁之上，东西两侧为悬崖，形势险峻。

堡平面呈不规则形，南北方向，周长560米，占地面积15604平方米。现存主要设施、遗迹有部分堡墙，南、北2座城门，护城壕1条，街道1条，明代石碑4块及清代石碑3块和时代不明的石碑3块。

堡墙存于南、北堡门两侧及堡西侧、东北侧和东南侧。有石墙和土墙2类。堡门两侧墙体为石墙，两侧条石砌筑，中间堆以碎石泥土，条石坍塌脱剥落严重，墙体绝大多

---

*　赵杰：山西大学历史文化学院考古系，讲师。

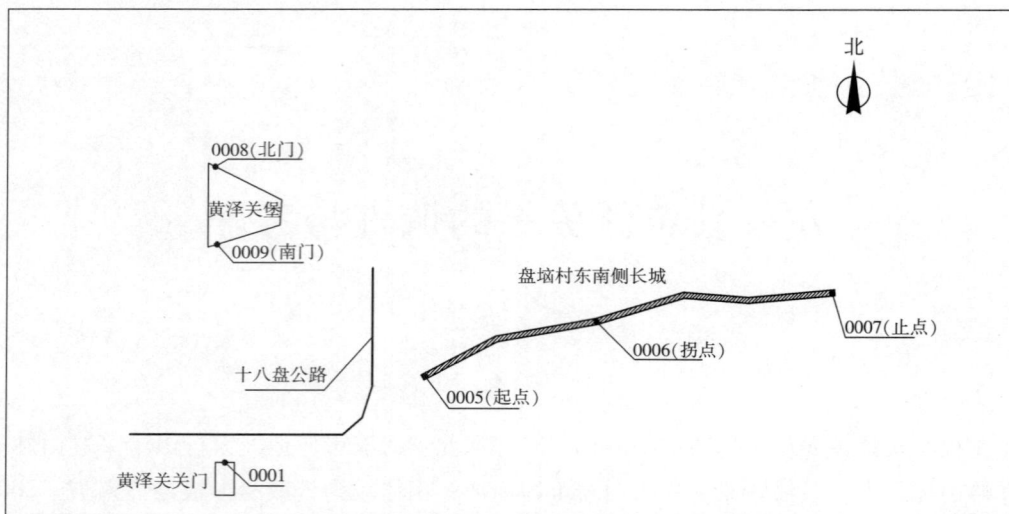

图 1　黄泽关堡及附近长城资源位置示意图

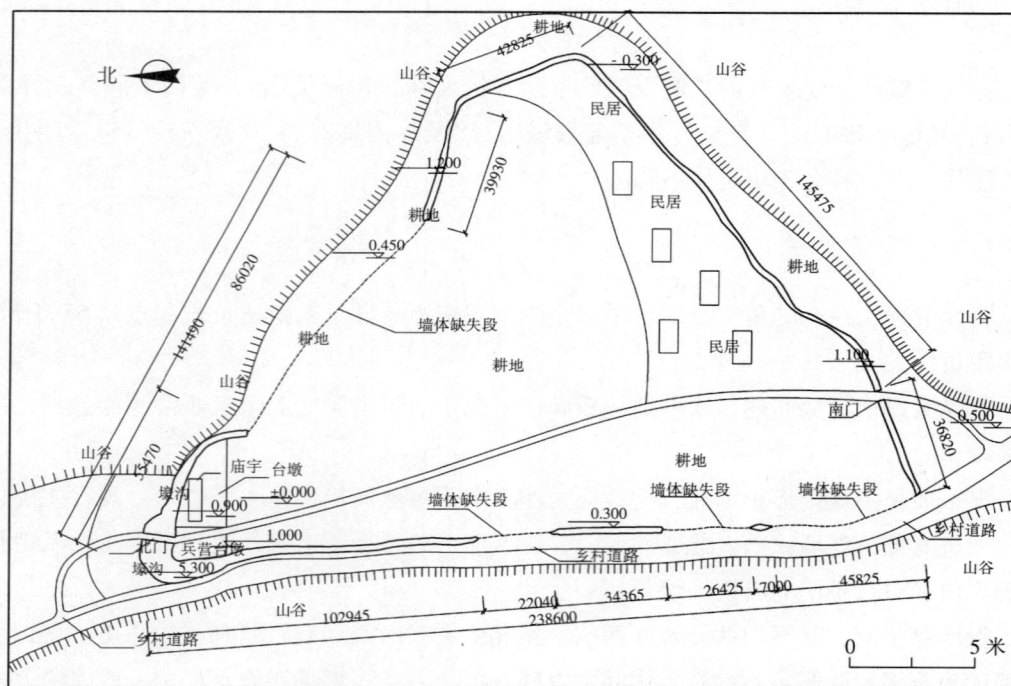

图 2　黄泽关堡平面图

数段落呈土坡状，残存条石缝隙之间填以灰泥。西侧和东北侧墙体为两侧石块垒砌，中间堆以碎石泥土，两侧石块大小不一，石块坍塌脱落严重。东南侧墙体为土墙，堆土而成。现堡墙共残存 328 米，绝大多数保存较差，仅见有很低矮的墙体。现存墙体底宽 2～10 米，顶宽 0.2～5 米，残高 0.3～5.3 米。

北门为条石基础的砖券拱门，基础高 2 米，砖券为三伏三券，内侧砖券部分经过现代维修。条石缝隙间填以灰泥，砖缝间则以白色灰泥勾缝。门洞外宽 2.17 米，内宽 2.18 米，外深 3.17 米，内深 7.02 米，外高 3.22 米，内高 3.27 米。门洞内砖有脱落，今有树木支架，内外拱之间有横木门架，其上有柱眼，为门扇所在。北门墙体残高 5.3 米。门拱上方嵌 1 块石匾。石匾呈横长方形，长 1.4 米，宽 0.65 米，厚 0.15 米，正中阴刻楷书横排"飞磴盘云"四字，上款阴刻楷书竖排"大明嘉靖二十二年季春吉旦立"，下款阴刻楷书竖排"巡抚河南都御史秦中李宗枢建"。

图 3　黄泽关堡北门外侧全景（从北向南）

南门今仅存有基础，为条石砌成，券顶已毁，在门内东侧地面散落有 1 条石券。现门道东侧仍存条石基础，西侧已坍塌成土坡状。门道宽 2.6 米，进深 4.8 米，残高 3.8 米。南、北 2 门门道地面均用石块铺成，与堡内街道相连。南门向南原应有关道与黄泽关关门相连，现被十八盘公路打断已无存。

图 4　黄泽关堡北门石匾（从北向南）

图 5　黄泽关堡南门外侧全景（从南向北）

北门外有 1 条护城壕，壕略呈东西向，东西两侧即为悬崖。壕长 30 米，宽 16 米，深 2.5 米。护城壕中间有石块铺成的道路与北门相通，路宽 4 米。

堡内建筑格局大致是以街道和北门、南门相连，区分为东、西两部分。街道今仍铺有石块，宽 1.8～2.6 米，大致呈南北走向。东部面积较大，西部面积小且狭长。北门内街道东侧有现代庙宇，西侧有土台，且现代庙宇和土台所在均地势较高，高出街道并形成一个道口。西侧土台略呈矩形，南北 10 米，东西 7 米，高于街道地面 0.85～1.5 米，周围有块石围砌，上存有 2 块柱础，有可能是驻兵营房所在。东侧庙宇经现代重建，附近有明代石碑 4 块，清代石碑 3 块，时代不明石碑 3 块，据明代石碑所记，供奉关帝、天仙圣母的庙宇早在明代就已存在了。至于土台和庙宇南侧的道口，据现代庙宇内存放的《新修十八盘并天井郊图》碑，此处原有城门。

图 6　黄泽关堡北门内侧及街道（从南向北）

黄泽关堡整体保存较差。除北门内侧砖券在 20 世纪 60 年代部分经人工修缮外，余皆无人工修缮痕迹。堡墙坍塌脱落严重，现存低矮。南门已毁，仅存部分基础。堡墙附近及堡内植物生长茂盛，堡内外有耕地、民房，耕地往往利用堡墙为边坎。堡内村民多已外迁，村民仅有三四户，10 余人。堡内的现代庙宇常有人燃香放炮，往往直接在庙宇附近的石碑上燃放，对这些石碑造成严重的破坏。

（二）黄泽关关门和盘垴村东南侧长城

1. 黄泽关关门

　　黄泽关关门，位于羊角乡盘垴村东南 0.68 千米，关门东侧门墩西北角。黄泽关关门东北距盘垴村东南侧长城起点 0.055 千米，西北距黄泽关堡南门 0.68 千米，黄泽关关门与黄泽关堡南门原应有关道相连，现被十八盘公路打断已无存。黄泽关关门建于山梁之上，两侧悬崖对峙，形势险峻。黄泽关关门系土石混筑，现仅存有门墩的部分条石和石块基础，其中内侧（北侧）门墩为条石砌成基础，外侧（南侧）门墩为石块混合泥土筑成基础，门墩内部堆以碎石泥土。内侧（北侧）门墩经现代重修，在残存条石基础之上垒砌石块。现存条石基础有 2 层条石，高 0.4 米。条石为青石质，长 0.8~1.5米，厚 0.2 米。所用石块大小不等，均为火山岩石。关门内侧（北侧）经现代重修后高1.99 米，外侧（南侧）最高 0.91 米，内侧（北侧）宽 2.79 米，外侧（南侧）宽 3.7米，进深 8.68 米。黄泽关关门南侧存有关道，关道已于 20 世纪 50 年代废弃。关道路面由石块铺成，从关门南侧沿山势向山下蜿蜒延伸。关道长满杂草。在地势较低处，关道逐渐变窄，大小石块壅塞及植物生长情况严重。现存关道宽 1.5 米~7 米，长 789 米。

图 7　黄泽关关门南侧全景（从南向北）

图 8　黄泽关关道路面（从北向南）

黄泽关关门整体保存差。石块坍塌散落，杂草灌木丛生。1997 年在关门北侧修筑十八盘公路时，虽对关门内侧（北侧）门墩进行过葺修，但仅是在残存条石基础上垒砌石块，并未复原关门原状。并且当时为纪念公路竣工，在关门东北侧筑方形石质台基，其上立碑，还在关门北侧修筑了阶梯，严重影响了关门的原貌。2007 年调查时，正重修十八盘公路。由于公路紧邻黄泽关关门，势必影响其保存。

2. 盘垴村东南侧长城

盘垴村东南侧长城，起点位于羊角乡盘垴村东南0.65千米，；止点位于羊角乡盘垴村东南0.7千米。大致呈西—东走向。全长33.1米，其中保存一般18.8米，差14.3米。墙体系土石混筑而成，基础为自然基础，石块混合碎石泥土垒砌，石块缝隙间填以碎石泥土，墙体较窄。墙体所用石块，大小不等，相差很大，大者2立方米多，小者如砖块大小。由于风雨侵蚀，石块缝隙间泥土已基本无存，仅见于墙体底部。墙体沿山体脊线修筑，两侧高度相当。墙体两侧和止点处东侧均为陡峭山谷，地势险峻。现存墙体剖面大致呈不规则的梯形，底宽1.2～2.5米，顶宽0.82～1.6米，残高0.2～2.28米。起点西北距黄泽关堡南门0.65千米，西南距黄泽关关门0.055千米。

图9　盘垴村东南侧长城 GPS0006（拐点）—GPS0007（止点）间墙体（从西南向东北）

本段长城可分为2小段，具体如下：

第1小段，长14.3米，近东西向的西南—东北走向，保存差。墙体低矮，仅存痕迹，石块散乱，杂草灌木丛生，墙体西侧有修筑公路时倾倒的沥青、石料等残渣。墙体残高不足0.2米。

第2小段，长18.8米，西—东走向，保存一般。墙体底宽1.2～2.5米，顶宽

图 10　盘垴村东南侧长城与黄泽关关门关系（从南向北）

0.82～1.6 米，残高 0.9～2.28 米。止点处，墙体底宽 2.5 米，顶宽 1.6 米，残高 2.28 米。止点处，东侧为陡峭山谷，地势险峻。

墙体整体保存差。墙体石块坍塌脱落，尤其是第 1 小段，墙体已仅存痕迹。墙体附近杂草灌木丛生。近年来在墙体西侧重修十八盘公路，施工队将沥青、石料等残渣倾倒在墙体及附近，对墙体造成严重的破坏。

（三）黄泽关堡内石碑

黄泽关堡内东北角现代庙宇附近有明代石碑 4 块，清代石碑 3 块，时代不明石碑 3 块。我队主要对其中的明代石碑进行了记录。

1. 《新修十八盘并天井郊城堡图》碑

《新修十八盘并天井郊城堡图》碑，位于现代庙宇内的东壁屋檐下。石碑圆首长方形，下无基座。石碑顶部略残，左、右两侧下角缺失。石碑高 1.4 米，宽 0.7 米，厚 0.22 米。碑文楷书阴刻，碑首横刻"新修十八盘并天井郊城堡图"，碑正面刻画了黄泽关堡的建筑布局及黄泽关关门和关道等设施。碑左侧下方竖刻"王自强刻石"。

黄泽关堡北门

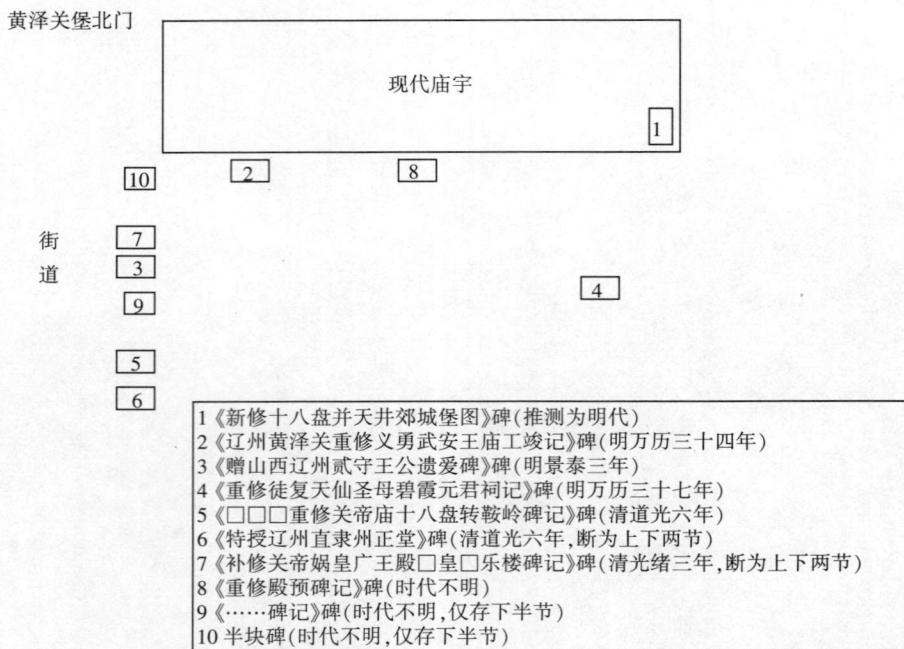

图 11　黄泽关堡内石碑分布位置示意图

2.《赠山西辽州贰守王公遗爱碑》碑

《赠山西辽州贰守王公遗爱碑》碑，位于现代庙宇前西侧，已平放于地面。石碑圆首长方形，有底榫。石碑左下角和底榫有残缺，碑面有磨损脱落。石碑高 1.55 米，宽 0.8 米，厚 0.2 米，底榫长 0.25 米，残高 0.1 米，厚 0.7 米。在底榫一侧尚有底座，长方形，纵、横剖面略呈梯形，中有卯眼，底座顶部长 0.76 米，厚 0.5 米，卯眼长 0.37 米，高 0.25 米，厚 0.21 米。碑为青石质，底座为火山岩质。碑首篆书阴刻"遗爱之碑"四字，2 行，行 2 字。碑正文楷书阴刻，25 行，行 40 字，碑文如下：

"赠山西辽州贰守王公遗爱碑

赐进士出身，北京户部郎中，山西□楼□矩撰。

乡贡进士，山西辽州儒学学正周鑑篆。

训导高杰书丹。

盈尺之璧□□之美者也，不有王人以雕琢之，其何以成其器？盘根之木错节之□者也，不有利器□分析之，其何以成其材？盖盈尺之璧，必赖王人琢，盘根之节必赖利器之析，为治之具，又□不本乎！得人而致然也，苟得其人，何难之有！以辽郡二守王公，心术既正，才力又到，君有为之地，适得为之秋，事业谋谟，如天

图 12 《新修十八盘并天井郊城堡图》碑拓片

造神出，判佐九载，德泽之被□民也甚厚。由是迁民□词保留，诏许之。迁今职，如此辈者特千□中之一二耳。子因奉使经过十八盘，□巡宰王琰□前上舍，薛泽等以公重建司公廨并左右厢房，增其旧制轮□精明，仍设法修理道路，遂以行事之状来请，曰：公自下车以来，与太守黄公辈惓惓以兴利革弊，为心切切，以承流宣化为念。夫重建公廨□事之宜为，而桥梁道路尤事之当务，今之所虑者，郡中艰险之路，惟十八盘耳！此地东通河南武安，及北直隶顺德等府，一代之境，西抵太原，榆次，太谷等处。凡遇□□山西人民移其粟于东南，河南之□易其货于西北，其于大小车牛、巨细、商贩懋迁有无，络绎不绝，日之所经，不下万数。第以山崇岭

图13　《赠山西辽州贰守王公遗爱碑》与《补修关帝娲皇广王殿□皇□乐楼碑记》碑

峻，路势巉岩，百步九折，往来艰难，载劳所虑，公于是鼓舞阖境之民，以身先之，缘山□木，竞操□□，竭力鸠工，划却崎岖而为坦途，锄治狭隘而循周道，俾车辙马迹往还于焉，康庄而无所宁碍，此利泽之及于民昭昭然在人耳目，将以著之□□垂示永久。吾虽未与公有一日之雅，途中得闻万□为之称叹。余应之曰：斯人之善，吾所□□□以请为，谨按公姓王氏讳俸字伯□，直隶顺义人，蓄蕴卓□之伟器负经济之大才，永乐间以明经廪邑庠毓成均寻□祸任判佐，迁今职，吏部以最□□授，千载一遇之盛□，人所欲得而不可得者，而公实□之其□，为何如公，敕命封赠考妣暨其内助，比干之操行，人所不能。公□复为之专以仁心施化，不以鞭捶□□其他立功立事，殆难枚举，以是其民爱之不啻□神明焉。非盈尺之璧不赖王人之琢，盘根之节不□利器之析，为治之具而不本于得人者乎，虽然惟天爱民最厚一物，先所则人气为之颤□错，任□民之□而爱人者必□天报报施之，适于此见矣，故书此以塞请焉。

大明景泰三年岁次壬申六月□十九日庚寅立。

石工薛得成造碑。"

3. 《辽州黄泽关重修义勇武安王庙工峻记》碑

《辽州黄泽关重修义勇武安王庙工峻记》碑，位于现代庙宇前西侧，已平放于地面。石碑圆首长方形，有底榫，左下角残缺。石碑高1.55米，宽0.7米，厚0.16米，底榫长0.27米，高0.12米，厚0.15米。碑文楷书阴刻。碑首竖刻"重修碑记"四字，2行，行2字。碑正文20行，行38字，碑文如下：

图14　现代庙宇前的《辽州黄泽关重修义勇武安王庙工峻记》、《重修殿预碑记》、
《新修十八盘并天井郊城堡图》碑

辽州黄泽关重修义勇武安王庙工峻记

　　按通志，太行中条山之巅，距州百二十里，所载黄泽关即今十八盘也。岗峦千里，西连辽冀之岖；溪谷万重，东接滏洺之浒。笋乔木而际漠，拔崇岩以插天。峰危束马，路绝悬车。缘自我太祖高皇帝藩封恭王入晋，钦命行军大司马高巍，火暖崇岗，林石焚爆，开山凿路，上筑堡寨，内设弓兵巡检司，启建义勇武安王庙，岁远湫漏，圣像将毁。延及圣天子抚运慕隆三十四祀，天曹以东莱披邑霍公名儒，除授掫职，诣司候缺历任，谒神遘其庙貌倾颓，忾尔兴嗟曰：朝廷设官置吏，欲其敬神恤民，矧威震华夏，英灵昭格者。余不敏，忝任兹土，宁无敬畏之心。遂捐俸金，命男应亮督工，仍令住持僧湛梅，募缘修葺殿宇，屏壁黝垩，倍昔金碧。圣像丹臒，维借神功所佑，不日就绪。狞钦广哉！俾公籍斯久任，立墩饰堡，关南泼井，岭北摩天，羊角保障，百草藩篱，奸寇缉捕，商途宁谧。考绩殿最示，次乔擢爱遗。岩岩粉堆，雄关回而西踞；翼翼金鳌，洺滏蹑而东弛者此也。董是役者，无乃摅忠报国，恪恭臣子之职，夫岂媚神徼福，徒要□誉之隆。特纪于石，用垂不

朽。是为记。

时万历丙午重九之吉，奉慈圣恩诏旌表孝子儒官江右洪漳傅明道撰。

奉直大夫知辽州事商山牛。

承务郎同知任□达。

将仕郎吏目安丘阎。

赐进士出身前文林郎今岳州府推官本州人文玄孙毓英，高材。

本司巡检霍儒。

术士任国寿，书碑范祖元，司吏杨世富。

画匠郝维□，郝维□，赵国贤，霍应亮。

纠首湛梅，张□，杨世全。

石匠杨汝□，杨汝贤。

4.《重修徒复天仙圣母碧霞元君祠记》碑

《重修徒复天仙圣母碧霞元君祠记》碑，位于现代庙宇前东南侧，已平放于地面。石碑呈长方形，碑顶、碑底有突出的榫。石碑高 1.85 米，宽 0.75 米，厚 0.16 米，顶榫长 0.16 米，高 0.1 米，厚 0.22 米，底榫残损，长 0.25 米，残高 0.02 米，厚 0.13 米。碑文楷书阴刻，碑文如下：

重修徒复天仙圣母碧霞元君祠记

维那郝进才，武尚义，郑豸，张宝，杨景云。

粤稽云盘之巅有圣母祠，谓节称走集行李□来□芦堂，且飞登万寻□□□宵足徵灵。既奉驻跸焉，嗣而东迁，无论乔各不相及，而以辽祠移之武邑境，恐非创建初□虑，神无不土之者。兹有神诱谋，所以复之者功德主薛宗礼、赵□□、陈□朝、薛□□、□金和，工督道人于真河。万历□□泊戊申告落祠宇圣状，即无恢恢钜万之费，而□然一新，禅古昔先辈□始雅意不泯。数十年来，仙秉玄舆于此□，为射者安知继自，今不忻然一停骖也。谨记。

本州选贡原尔谋撰，黄章里陈廷义书。

奉直大夫知辽州事张。

进士本州人孙毓英，王家实，刘□同。

十八盘巡检高才。

□任杨爱相。

司吏杜复龙。

术士任国寿。

金妆奶奶一尊，十八盘赵国贤，妻郝氏，男赵贵夏，张氏，贵阳市秋，张氏。

木匠郭□，郭□德，□□早那相。

铁匠高□□□□□□□。

石匠杨进甫，杨汝经，男杨世□，汝郎，杨世泓，汝明。

村里金□□，丘相，丘志□，丘志魁，丘志敩。

瑠□□龙增盛。

以下从略。

万历三十七年三月十五日立。

5. 其他石碑

（1）清代石碑

《□□□重修关帝庙十八盘转鞍岭碑记》碑，今仍竖立。石碑呈长方形，有底榫与基座。碑文楷书阴刻，一面记录人名，一面记述重修庙宇事宜，落款为"大清道光六年九月十八日吉时立"。

《特授辽州直隶州正堂》碑，断裂为上下两节，下节仍竖立，上节位于附近地面。石碑呈长方形，有底榫与基座。碑文楷书阴刻，两面均记录有人名及出资情况，落款为"大清道光六年九月十八日吉时立"。

《补修关帝娲皇广王殿□皇□乐楼碑记》碑，断裂为上下两节，已平放于地面。石碑圆首长方形，底部略凹，原亦有基座。碑首篆书阴刻"万善同归"四字。碑文楷书阴刻，记录有人名，落款为"大清光绪三年所立"。

（2）时代不明石碑

《重修殿预碑记》碑，位于现代庙宇正前方，石碑两面均雕刻有双龙，碑底有龟座。碑正面（南面）楷书阴刻"重修殿预碑记"和"皇帝万岁万万岁"，背面（北面）楷书阴刻"泰山行宫"。

《……碑记》碑，仅存下半节，有底榫。碑文楷书阴刻，记录有人名及出资情况。

还有一块石碑仅存下半节，底部略凹，字迹漫漶不清。

据《晋中碑刻选粹》记述，黄泽关堡内还有一块明天顺八年（1464 年）《重修义勇武安王庙记》石碑，惜今已不见于堡内。现将该书描述的这块石碑的情况摘录于下[①]。

石碑为青石石质，高 0.93 米，宽 0.52 米，厚 0.18 米。碑文楷书，20 行，行 25字。碑文如下：

---

① 张晋平编：《晋中碑刻选粹》（M），山西古籍出版社，2001 年，161～162 页。

重修义勇武安王庙记

　　盖闻庙者神之所宅，神者人之所主。庙貌整饰则神安所居，然后其□被其福矣。此古之不易之论也。辽郡东南有曰十八盘，其地建立巡检司，以验往来诚伪之人。山隔巍峻而势如卧虎，盘旋周围而狭窄险阻，诚天下之门户也。其关右口，旧立义勇武安王之庙。积岁年久，风雨损坏，非特神之不安耶，民之不安也。天顺八年，直隶凤阳颍州张均来守是关，目睹其倾圮，遂与本关司吏郑钊□心齐力，各捐俸禄，及劝四方助其人力木□，乐成其事。良法美意，超越于古今矣。于是垣墙之颓者筑之，门廊之邪者正之，檐楹之朽者易之，壁屋之旧者新之，神像之损者饰之。庙宇饬整焕然巍然，诚为后人之观也。经始于去年之夏，落成于是岁之秋，欲词以为之记。噫！是庙之立，其创而建之者，固见前人之功，继而举心修之者，尤见后人之绩。作于前，修于后，贯古今而一致者也。二均率之。如此之诚，他日神明之报，不唯今世之所获，抑且及遗于子孙矣。报应之验，皆神明之所赐矣。其功之大不□矣，因书以为之记。

　　天顺八年岁次甲申秋八月吉日立石。

　　前往陕西延长府官陈□谈。

　　儒学生员赵弁书。

　　巡检颍州张均。

　　司吏□□□宁里郑钊。

黄泽关堡内石碑名称与时代一览表

碑　名	时　代
《新修十八盘并天井郊城堡图》	推测为明代
《赠山西辽州贰守王公遗爱碑》	明景泰三年（1452 年）
《重修义勇武安王庙记》	明天顺八年（1464 年）
《辽州黄泽关重修义勇武安王庙工峻记》	明万历丙午，即明万历三十四年（1606 年）
《重修徒复天仙圣母碧霞元君祠记》	明万历三十七年（1609 年）
《□□□重修关帝庙十八盘转鞍岭碑记》	清道光六年（1826 年）
《特授辽州直隶州正堂》	清道光六年（1826 年）
《补修关帝娲皇广王殿□皇□乐楼碑记》	清光绪三年（1877 年）
《重修殿预碑记》	时代不明
《……碑记》	时代不明
半节石碑	时代不明

二 调查资料简析

（一）黄泽关堡时代及性质考证

关于黄泽关及其所在黄泽岭的记载，最早见于《魏书》，该书载乐平郡辽阳县（今左权县）有黄泽岭[①]。五代时，黄泽岭成为梁、晋交兵和北汉、后周对峙的重要关隘。《旧五代史》、《新五代史》和《读史方舆纪要》均记载有梁、晋军队通过黄泽岭进逼对方以及北汉和后周在黄泽岭对峙的事件[②][③][④]。在后周广顺年间（951～953年），始见黄泽关的称谓。《宋史·李筠传》记载，广顺年间李筠向周太祖"乞免黄泽关商税，奏可"[⑤]。宋、金时期，称黄泽砦或黄泽关[⑥][⑦]。元时，仍置关于此[⑧]。明时，黄泽关又称十八盘，并在黄泽关设立有巡检司。《明史》载辽州东南太行山上"有黄泽岭，岭有十八盘巡检司"[⑨]。清沿明制[⑩]。

根据在黄泽关堡内发现的石碑、石匾所记，现存黄泽关堡应建于明代，并且在明代数次进行了关堡、堡内建筑和附近道路的修缮。

据《辽州黄泽关重修义勇武安王庙工峻记》碑（万历三十四年，1606年），黄泽关堡修建于明太祖时，同时设立了十八盘巡检司和修筑了义勇武安王庙，"太祖高皇帝藩封恭王入晋，钦命行军大司马高巍，火暖崇岗，林石焚爆，开山凿路，上筑堡寨，内设弓兵巡检司，启建义勇武安王庙，……"。《明史》载晋恭王朱棡于明洪武十一年（1378年）就藩太原[⑪]，黄泽关堡应即建于此时。《读史方舆纪要》也记载了这一事件，黄泽关于洪武十一年（1378年），"置巡司戍守"[⑫]。

《赠山西辽州贰守王公遗爱碑》碑（景泰三年，1452年），记载了时为辽州二守的王俸在永乐年间（1403～1424年）重建十八盘巡检司公廨并左右厢房，修理十八盘道路以利百姓、商贾往来的事迹。《重修义勇武安王庙记》碑（天顺八年，1464年），记

---

① 《魏书》卷106，《地形志》上。
② 《旧五代史》卷8，《末帝纪》上，卷21《贺德伦传》，卷23《刘鄩传》，卷28《庄宗纪》二。
③ 《新五代史》卷22，《刘䶮传》，卷25《周德威传》。
④ 《读史方舆纪要》卷43，《山西》五。
⑤ 《宋史》卷484，《李筠传》。
⑥ 《宋史》卷86，《地理志》二。
⑦ 《金史》卷26，《地理志》下。
⑧ 《读史方舆纪要》卷43，《山西》五。
⑨ 《明史》卷41，《地理志》二。
⑩ 《清史稿》卷60，《地理志》七。
⑪ 《明史》卷116，《诸王》一。
⑫ 《读史方舆纪要》卷43，《山西》五。

载了天顺八年（1464 年）十八盘巡检张均修葺义勇武安王庙的事迹。

嘉靖二十二年（1543 年），据黄泽关堡北门"飞磴盘云"石匾，时任巡抚河南都御史的李宗枢曾也曾对该堡进行过重修。

《辽州黄泽关重修义勇武安王庙工竣记》碑（万历三十四年，1606 年），记载了万历三十四年（1606 年）十八盘巡检霍儒重修义勇武安王庙及"立墩饰堡"，"奸寇缉捕，商途宁谧"的事迹。

据《重修徒复天仙圣母碧霞元君祠记》碑（万历三十七年，1609 年），最晚在万历戊申（即万历三十六年，1608 年），堡内的义勇武安王庙又成为供奉天仙圣母的场所。到了清代，又几次重修庙宇，据《□□□重修关帝庙十八盘转鞍岭碑记》碑（道光六年，1826 年）和《补修关帝娲皇广王殿□皇□乐楼碑记》碑（光绪三年，1877 年），黄泽关堡内的这座庙宇仍旧是供奉关帝、娲皇的场所。我队调查时，这座庙宇已基本是现代的砖木结构了，还有人到这座庙宇供奉关帝、奶奶（即圣母）诸神。

盘垴村东南侧长城位于黄泽关关门东侧，原应与黄泽关关门相连。在黄泽关关门的西侧，原亦有长城墙体。据《晋中市长城遗存情况及划定范围的图纸文字说明》，晋中市文物管理局曾在 2006 年 1 月调查这段长城，当时称为黄泽关长城，并且在黄泽关关门东、西两侧均有墙体①，东侧墙体即盘垴村东南侧长城，而当时调查的西侧墙体，则由于修筑公路，今已不存。盘垴村东南侧长城的墙体构造，与我队在和顺县、盂县调查的明代长城墙体相似②。

明嘉靖二十二年（1543 年）正月，巡按直隶监察御史郑芸上呈《广集议以御虏患疏》，称"查得丑虏东犯之路，紫荆关、故关等处亦既有备矣。止有河南彰德府涉县地方，逼近山西黎城等处，山坡平漫，虏可上下。近日山西拿获奸细声言，今岁东侵，多由黎城，盖即涉县一路也。释此不守，纵之过山，欲以决战于平原旷野之地，岂计之得耶？说者以为，河南地方不必过为干预。然丑虏逾山而东，直冲广（平府）、大（名府）、真（定府）、顺（德府）等府，其祸不在河南而在畿辅，虽山东临清诸处，亦有所不免，此殆三省门户不可不慎。合无题请或先会同河南、山东并三省之力，共守此险。"③ 郑芸是年正月上疏后，河南巡抚李宗枢为加强明河南省与山西省交界处防备，同年修筑或加固了重要隘口附近的关堡或长城墙体，除黄泽关堡的"飞磴盘云"石匾外，在今黎城县东阳关的"中州外翰"石匾和辉县狼石沟口的"狼石双岩"石匾，也均为嘉靖二十二年季春时所题④。这些关堡和长城设施，在当时既能抵御蒙古族入犯，

① 晋中市文物管理局、晋中市建设局编：《晋中市长城遗存情况及划定范围的图纸文字说明》，2007 年。
② 赵杰：《山西省东部明长城调查研究》（J），《山西长城》，2008 年 2 期，26 页。
③ （明）王士翘：《西关志·故关卷》（M），北京古籍出版社，1990 年版，558～559 页。
④ 参见国家文物局主编：《中国文物地图集》山西分册和河南分册。

也能"奸寇缉捕",从而充分发挥这类防御设施的作用。如黄泽关堡内《辽州黄泽关重修义勇武安王庙工峻记》碑,记载巡检霍儒"立墩饰堡,关南泼井,岭北摩天,羊角保障,百草藩篱,奸寇缉捕,商途宁谧";《重修义勇武安王庙记》碑,有"以验往来诚伪之人"之句。

明代长城防御体系有九镇组成,其中山西省与河北省交界的太行山一线长城,先属蓟镇,后归新设的真保镇统辖。而左权县的黄泽关堡则不属于九镇体系之内,它因为要抵御蒙古族可能的入犯而于嘉靖二十二年(1543年)由巡抚河南都御史李宗枢进行了重修,与此同时,对黎城县、辉县等地的关隘亦进行了修筑或加固。由此可知,这些区域的长城是属于河南巡抚管辖的。至于真保镇的南界或河南巡抚管辖长城的北界,据《辽州黄泽关重修义勇武安王庙工峻记》碑所记"关南泼井,岭北摩天",黄泽关管辖的北界在摩天岭一带。摩天岭位于左权县芹泉镇与武安市管陶乡交界处,在这里我队调查了长城1段和关门1座(峻极关关门)。另一方面参照明代全国政区图,也能确定此即为明代河南省管辖长城的北界。

(二)黄泽关堡建筑布局

黄泽关堡内发现的《新修十八盘并天井郊城堡图》碑,刻画了黄泽关堡的建筑布局及黄泽关关门和关道等设施,与我们调查的实际情况相比较,是基本一致的。该碑所画城堡,平面形状也呈不规则形,有南、北2座城门,与南门和北门相连有一条南北向街道,街道将堡内区分为东、西两部分。东部面积较大,西部面积较小。在北门内街道东侧有庙宇建筑。庙宇南侧有城门,这与调查发现的北门内土台和庙宇南侧的道口正相吻合。堡南门与黄泽关关门有关道相连,现被十八盘公路打断已无存。从黄泽关关门向南,关道沿山势向山下蜿蜒延伸,惜现今关道已废,大多无存,最南端的关门也已消失。

据前述明代有铭石碑所记,黄泽关堡内的重要建筑有巡检司公廨和厢房,义勇武安王庙或天仙圣母庙。城堡图碑所画北门内街道东侧的庙宇,正是义勇武安王庙或天仙圣母庙,这座庙宇经多次重修,一直沿用至现代。至于公廨和厢房,在城堡图碑内还能见其端倪,而现已无存。

《新修十八盘并天井郊城堡图》碑,根据"十八盘"的名称,以及与明代有铭石碑的记载和现代调查实际情况相对比,应刊刻于明代,但具体年代则很难确定。目前,在明代长城沿线,这样完整刻画关堡布局和设施的石碑非常罕见,它的发现对于深入研究明代长城防御体系和关堡格局具有极为珍贵的价值。

内蒙古丰镇市双台山 "大明洪武二十九年" 石刻考释

——兼论明代早期北边防御体系的转变

翟 禹 张文平*

一

2007 年，内蒙古长城资源调查队在调查乌兰察布—呼和浩特段明长城大边的时候，对位于丰镇市隆盛庄镇兰家沟村东北 1.4 千米处双台山西北坡上的一块石刻作了调查[①]。该石刻刻于双台山上一块较大的岩石向阳一面，雕刻手法为阴刻，主体文字外侧刻有两周围框，外围围框宽 1.1 米、高 0.95 米，内围围框宽 1 米、高 0.85 米。围框上部自右向左刻有"□记"两字，围框内刻有 56 个字，自右向左竖排，每排 7 个字，共分为 8 排。由于岩石本身不够坚硬，属砂质岩，密度疏松，历经多年风雨侵蚀，部分文字已模糊不清，但刻文的内容仍可大致辨读，具体文字内容如下：

□记」大明洪武贰拾玖」年岁次丙子四月」甲寅吉日山西行」都指挥使司建筑」隘口东山坡至西」山坡长贰千捌拾」捌丈□□壹拾壹」里陆□烟墩三座」

在整个石刻中，有四个字的字迹已难以辨认，但并不影响对全文的释读，可句读并将繁体字转化为简体字如下：

□记：大明洪武二十九年，岁次丙子，四月甲寅吉日，山西行都指挥使司修筑隘口，东山坡至西山坡长二千八十八丈，□□一十一里六，□烟墩三座。

通过该石刻文字的句读，分条作如下释读；其一，顶头"□记"二字，缺失的第

---

* 翟　禹：内蒙古社会科学院历史研究所，实习研究员；
张文平：内蒙古文物考古研究所副所长。

① 对于这处石刻，以前一些考古工作者也作了调查，但均未能够全文释读。

一个字可解为"题",即石刻题记;其二,石刻刻于明初洪武二十九年,为西历公元1396年,可定名为"双台山'大明洪武二十九年'石刻","四月甲寅吉日"推算为阴历四月二十七日①;其三,当时修筑这段隘口的军事机构为山西行都指挥使司,隘口应指长城墙体,石刻北40米处分布着明长城大边兰家沟长城2段②;其四,隘口长2088丈,按照普遍认为的明营造尺为现代0.32米的算法③,2088丈可折合为6681.6米,表明当时修筑了6681.6米长的长城墙体,这段墙体当为兰家沟长城2段及其前后分布于隆盛庄镇周边冲积平原上的明长城大边;其五,明代1里等于180丈,刻文中的"一十一里六"恰等于2088丈,"一十一里六"前面的两个不可辨识字可能为"折合"或与其具有相似之意的名词;其五,"□烟墩三座"指的是还同时修筑了三座烽火台,隆盛庄镇周围的这段明长城墙体上只建有一座敌台,墙体南侧分布有数座烽火台,双台山之名即当来自于烽火台。

乌兰察布—呼和浩特段明长城大边东端起点与晋蒙交界处的明长城二边相接,相接点位于兴和县店子镇南口村西北1.8千米处,大致为东北—西南走向,先后在乌兰察布市和呼和浩特市穿过兴和县、丰镇市、凉城县、和林格尔县和清水河县,经行近300公里,延伸至清水河县的五道峁村附近,长城墙体消失,代之的是一系列的烽火台遗迹,向西南延伸至晋蒙交界处的老牛湾地区。

总体来看,这段长城保存程度很差,墙体坍塌严重,石块散落于山脊线上,部分地段有石砌痕迹,墙体平均高2~3米,宽1~2米。有些地段已经消失,或仅留有土垅或石垅痕迹,构筑方式也较为简单,多为黄土堆筑或毛石干垒,附属设施很少。很多地段墙体早已消失,只在地面上有零星的痕迹。长城墙体上多建有敌台,墙体沿线分布有烽火台。

二

由该石刻题记所记载的内容,可进一步引申到明初北边防御体系的建立与转变过程。

晋北地区自古以来是北方游牧民族和中原农耕民族接触、交流和融合极为频繁的重

---

① 《明太祖实录》卷二百四十五,洪武二十九年夏四月记载:"夏四月戊子朔,东北方天鸣"。中国传统农历将朔日定为每月的第一天,即初一,因此"夏四月戊子朔"指的是四月初一,由此根据干支纪日法推算,"四月甲寅"为四月二十七日。另据《明太祖实录》卷二百四十六有"洪武二十九年五月丁巳朔"的记载,据此向前推算,四月二十七日恰好为"甲寅"。
② 兰家沟长城2段为本次长城资源调查时的长城墙体段落命名。
③ 参见陈连洛:《从大同北魏永固陵制看古代的长度单位——里》,《山西大同大学学报》,2009年3期。

要地区，其政治、军事和地理位置历来非常重要。"山西古冀州地，太行峙其左，黄河绕其右，五原错落，四塞森罗，盖天险之国也"①，"自昔华夷互争之区，而在我朝为京师陵寝右翼，尤称要害，迄今遂为雄镇焉……本镇临极边，虏疾驰辄突至城下"②。晋蒙交界区地处明与北元对峙的前沿，大同地区"川原平衍，虏易长驱"③，明朝军队在此排兵布阵非常困难，往往难以抵御北元势力的大规模军事进攻，无论蒙古军队往南还是往东进攻，均可直接威胁到明廷腹里和京师地区。因此，防御体系的建设尤为重要，而其中最为有效的方式便是修筑万里长城，并在沿边设置都司卫所。

洪武六年（1373 年），朱元璋"命大将军徐达等备山西、北平边，谕令各上方略……诏诸王近塞者，每岁秋，勒兵巡边"④，实行宗王出镇与大将巡边备御制度，加强北部边境的防御。明代在地方实行军事、政治、监察三权分立原则，设立都指挥使司、承宣布政使司和提刑按察使司，分管地方的军事、行政和监察事务。洪武四年（1371 年）设立大同卫都指挥使司，洪武八年（1375 年）改为山西行都指挥使司⑤，管辖山西北部包括今乌兰察布—呼和浩特一带的边防，因此本段长城的修建自然归属山西行都指挥使司管辖。山西行都指挥使司所辖地区直接与北元势力接触，是明前期防御北边最重要的都司卫所之一。

洪武四年修筑了东胜卫⑥，"设东胜城于三降城之东，与三降城并，东联开平、独石、大宁、开元，西联贺兰山、甘肃北山，通为一边"⑦。洪武五年（1372 年），明太祖朱元璋命徐达、李文忠、冯胜率领大军兵分三路北征，意在彻底击败北元势力，"永清沙漠"，但是事与愿违，徐达和李文忠率领的中路和东路两军均遭惨败，只有冯胜的西路军获胜于甘肃亦集乃地区，但打击的也并非北元主力。北元势力趁机反攻，致使故元宣宁县（今内蒙古凉城县麦胡图乡淤泥滩古城）、云内州（今内蒙古托克托县西白塔古城）、断头山（在今内蒙古卓资县一带的大青山中）及东胜卫（今内蒙古托克托县双河镇西北东沙岗的城圐圙古城）等地再次被北元势力控制，明廷不得不撤销东胜卫，并将整个防线南缩。

经过十多年的休养生息和对北边防御的不断经略，明朝国力恢复，具备了再次出击

① （明）杨时宁：《宣大山西三镇图说》［M］，卷三，《山西镇总图说》，玄览堂丛书本，引自薄音湖、王雄：《明代蒙古汉籍史料汇编（第二辑）》［M］，内蒙古大学出版社，2000 年版，344 页。

② 同①，313 页。

③ （清）顾炎武：《天下郡国利病书》［M］，第十七册，《续修四库全书本》，596 册，472 页。

④ （清）张廷玉：《明史·兵志》［M］，卷九十一，中华书局，1974 年版。

⑤ （清）张廷玉：《明史·地理志二》［M］，卷四十一，中华书局，1974 年版。

⑥ 同⑤。

⑦ （明）魏焕：《皇明九边考》［M］，引自薄音湖、王雄：《明代蒙古汉籍史料汇编（第一辑）》［M］，内蒙古大学出版社，1993 年版，249 页。

北元的条件和时机。洪武二十年（1387 年）、二十一年（1388 年），明朝大将冯胜、蓝玉先后迫降北元丞相纳哈出，击败脱古思帖木儿汗。自此，北元势力远遁，明朝防线再次向北推进，为巩固胜利成果，开始重新构筑防御体系。

明朝在继续完善宗王出镇制度的基础上，开始在北边驻兵防守，并大规模设置卫所。洪武二十三年（1390 年），朱元璋把北征的骑兵留在开平、兴和和兴州几个据点驻守：

"今上留征进马军于上都，或兴和、兴州，相度便益，令都督、都指挥总率屯驻，常往来阅视，其公侯悉遣还京。"①

洪武后期北边防御线以开平卫为中心，以东地区有：洪武二十年设置大宁都司，并置大宁卫，次年大宁都司改为北平行都指挥使司，并陆续设置新城卫、富峪卫、会州卫、榆木卫、全宁卫等。洪武二十二年（1389 年）五月，"置泰宁、朵颜、福余三卫指挥使司於兀良哈之地，以居降胡"②。开平以西地区有：洪武二十五年（1392 年）分置东胜左、右、中、前、后五卫③。洪武二十六年（1393 年）二月，明朝政府"置大同后卫及东胜左右、阳和、天城、怀安、万全左右、宣府左右十卫于大同之东。高山、镇朔、定边、玉林、云川、镇虏、宣德七卫于大同之西，皆筑城置兵屯守"④。

驻兵防守、设置卫所只是防御体系建设中的重要据点，还需要将这些据点连成一条线，以实现点线综合型防御，因此便开始修筑长城防御工事，本文所述这条乌兰察布—呼和浩特段长城便应运而生。根据石刻题记分析，石刻附近的部分墙体修建时间为洪武二十九年，但这段长城长近 300 公里，可能不会在一年时间内建成。题记落款是山西行都指挥使司，前文提及，山西行都指挥使司设立于洪武八年，但不应据此认为这是修建长城的时间上限，因为洪武五年的岭北惨败致使明朝在洪武二十年之前丧失了对此地的实际控制权，洪武二十年以后才有可能在此处修建长城。因此，其上限不会早于洪武二十年。至于其下限，应是洪武二十九年至三十一年。因建文元年（1399 年）建文帝即位伊始便开始实行削藩，以致引起燕王朱棣"靖难之役"，无暇顾及北边防御建设，因此其下限不会晚于洪武三十一年（1398 年）。修建这段长城与建立东胜、云川诸卫的时间相隔较近，说明为同一时间内修建的一整套防御体系。

---

① 《明太祖实录》[M]，卷二百一，洪武二十三年闰四月乙丑，台湾历史语言研究所影印校勘本，1962 年版。
② 《明太祖实录》[M]，卷一百九，洪武二十二年五月辛卯，台湾历史语言研究所影印校勘本，1962 年版。
③ （清）张廷玉：《明史·兵志三》[M]，卷九十一："（洪武）二十五年又筑东胜城于河州东受降城之东，设十六卫，与大同相望。自辽以西，数千里声势联络"。
④ 《明太祖实录》[M]，卷二百二十五，洪武二十六年二月辛巳，台湾历史语言研究所影印校勘本，1962 年版。

洪武二十六年所建的镇朔卫（在今山西左云县）、定边卫（在今山西右玉县右卫镇）、云川卫（今内蒙古和林格尔县大红城古城）、玉林卫（今内蒙古和林格尔县榆林城古城）、镇虏卫（今内蒙古托克托县黑城古城）、高山卫（在今山西大同市高山镇），都位于这条长城之南，以这些新设立的前哨阵地的卫城为据点，以这段长城为防御线，共同构成了一道完整的点、线结合的综合型防御体系。

洪武三十年（1397年），朱元璋在对以宁王、辽王等诸王关于各据沿边草场放牧的问题进行指示的时候，论述了北边防御体系建设的成就：

> 自东胜以西至宁夏、河西察罕脑儿，东胜以东至大同、宣府、开平，又东南至大宁，又东至辽东，又东至鸭绿江，又北去不止几千里，而南至各卫分守地；又自雁门关外西抵黄河，渡河至察罕脑儿，又东至紫荆关，又东至居庸关，及古北口北，又东至山海卫外，凡军民屯种田地，不许牧放孳畜……①

这是关于明洪武朝北边防御体系的总结。根据当时明与北元对峙格局形势分析，明朝势力实际所能控制的外围最北地区，自东向西应该是辽东广宁地区和大宁卫，迤西通过开平东路驿站，连接开平卫，再通过西路驿站，连接独石口和兴和，再向西便与这段明长城及山西行都指挥使司北部沿边卫所相接，直至河套东胜卫地带，并与陕西北部、宁夏、甘肃相连通。东北地区的兀良哈三卫、全宁卫等均属于羁縻卫所，任命降明的蒙古首领为卫所长官，用以笼络北元一些部落，不在明朝有效的控制区内。这是北边防御体系的外围地区，也是洪武末期明与北元的基本疆界。那么，乌兰察布—呼和浩特境内的明长城大边一线，在实际上便充当了防御工事和明与北元疆界的双重作用，其东接开平卫、兴和守御千户所，西联东胜卫。此外，在山西、北平、辽东一带，明朝又建设了内边防御带，即以雁门关为中心，向西抵黄河，渡河至察罕脑儿；雁门关以东至紫荆关，又东至居庸关、古北口，又东至山海卫一带，为内边防御地区，洪武五年岭北之役以后开始建设，至洪武末年也完具规模②。

永乐年间，因明朝军事实力有所下降，难以有效控制今内蒙古地区，永乐元年（1403年），诸卫均徙至内地，卫城遂废。"后多失利，退而守河，又退而守边墙"③，北边防线全面南撤，并逐渐修筑了今天作为晋蒙省界线的新的长城，以此为依托，逐步

① 《明太祖实录》[M]，卷二百四十九，洪武三十年正月庚辰，台湾历史语言研究所影印校勘本，1962年版。
② 参见赵毅、胡凡：《论明代洪武时期的北部边防建设》，《东北师范大学学报》，1998年4期；韦占彬：《明代洪武时期北部边防的战略规划》，《赣南师范学院学报》，2007年4期。
③ （明）魏焕：《皇明九边考》[M]，引自薄音湖、王雄：《明代蒙古汉籍史料汇编（第一辑）》[M]，内蒙古大学出版社，1993年版，249页。

建立了九边重镇①，今内蒙古地区"弃为虏地"，逐渐变成了蒙古部落的驻牧地，这条长城的作用也逐渐减弱，文献中关于其是否继续沿用，并无明确记载，后世有"极边"、"外边"的称呼，或可指这条长城。通过实地调查可知，这条长城当时为一次性建成，并无修缮或补筑的痕迹，相对于晋蒙交界处的明长城二边来说，这条长城保存很差，许多地段均已消失。晋蒙交界处的明长城二边由于修建较晚，且后世不断增修、补筑，长城本体及其附属设施、相关遗存极为丰富，保存较好，与这条长城形成鲜明对照。

余　论

尽管关于这条长城的史料记载很少，但还是有一些论述，例如："北去镇城（按：镇城即大同城）九十里，旧为二边；又九十里，为大边，各墙堡联络以限边夷"②。北去镇城九十里的"二边"为现在晋蒙交界处的明长城二边，又九十里的"大边"即为石刻题记所记长城。

雍正二年（1724 年），山西巡抚诺岷在向雍正皇帝上报的奏折中提到了本段长城：

> "据闻杀虎口外又一层边墙，曰二道边。此墙与内界有间隔，北段窄，南段甚宽，有七十、八十里，其长自杀虎口直通黄河，约有三百里。于该地方，有公主下人耕田建房以居。古人在口外又筑此一层墙，不可谓无有缘故，必有关系。臣行抵杀虎口后，亲出详看，作何办理之处，待深议毕，与兼管卫所之事，一并具奏"。③

文中所称"公主"为和硕恪靖公主，其时公主居住在归化城，山西巡抚诺岷考察这段长城，部分出于保护恪靖公主安全的考虑。其中所称之"二道边"即为本文所说的这段长城，"内界"为晋蒙交界处的长城，据调查，两段长城在凉城县、和林格尔县一带相距较近，杀虎口最近处的距离仅 2 公里左右，清水河县一带相距较远，与文中所称"七十、八十里"基本吻合。

---

① （清）张廷玉：《明史·地理志一》[M]，卷四十："其边陲要地称重镇者凡九：曰辽东，曰蓟州，曰宣府，曰大同，曰榆林，曰宁夏，曰甘肃，曰太原，曰固原。皆分统卫所关堡，环列兵戎。"《明史》卷九十一《兵三》："元人北归，屡谋兴复。永乐迁都北平，三面近塞，正统以后，敌患日多。故终明之世，边防甚重。东起鸭绿，西抵嘉峪，绵亘万里，分地守御。初设辽东、宣府、大同、延绥四镇，继设宁夏、甘肃、蓟州三镇，而太原总兵治偏头，三边制府驻固原，亦称二镇，是为九边。"

② （明）魏焕：《明经世文编·巡边总论》[M]，卷二百四十九，中华书局，1962 年版。据平露堂刻本影印。

③ 中国第一历史档案馆：《雍正朝满文朱批奏折全译·山西巡抚诺岷奏请料理杀虎口地方事务训谕折》，黄山书社，1998 年版，923 页。

　　这段长城因保存较差，极易为人忽略，但如深入研究会发现，它在明代早期的北边防御中发挥着重要作用，尤其是与开平、东胜等重要卫所声势联络，构成了早期的防御体系，对其进行详细考察，有益于明代洪武年间北边防御体系的研究，而双台山"大明洪武二十九年"石刻为我们保留了一段有关此段长城的文字记载，弥足珍贵。

明代宁夏河东长城考

杨建林 *

在内蒙古自治区鄂尔多斯市鄂托克前旗南部，内蒙古自治区与宁夏回族自治区的省界上分布着一段明长城，是明代宁夏镇河东长城的一部分。该段长城为并行的南北两道，南边的民间俗称"头道边"，北边的民间俗称"二道边"。关于两道边的西端交汇点，前人多认为在兴武营（今宁夏盐池县高沙窝乡兴武营村）①。2007～2008 年，内蒙古自治区明长城调查队在对这段长城进行调查时，发现这两道边其实相交于兴武营再往西的清水营（今宁夏灵武县瓷窑乡清水营村），二者相距 30 余公里。本文就这一发现进行简单阐述和分析，并以此为切入点，对明代宁夏河东地区的明长城及明代边防做初步探讨。

一　明代河东地区的边防形势

明代的宁夏河东地区大体包括黄河以东今宁夏回族自治区银川市兴庆区、灵武市、吴忠市盐池县部分地区以及内蒙古自治区鄂尔多斯市鄂托克前旗南部地区，明代这里分属于宁夏镇中路灵州及东路后卫管辖。这一地区地势平漫，无险可守，明成化以后成为河套蒙古诸部南下侵扰的重点，也是明代中后期宁夏镇边防至要。

明代早期，明朝依仗东胜诸卫，据有河套，且屯且守，北门巩固。永乐年间，明成祖朱棣内撤东胜诸卫之后，河套地区防卫空虚，蒙古各部便逐渐填充了进来②，明

---

* 杨建林：包头市文物管理处，研究馆员。

① 艾冲："两道长城在此（从兴武营起往西）合为一股"，参见艾冲：《明代陕西四镇长城》，陕西师范大学出版社，1990 年版，83 页；华夏子："兴武营是盐池境内南（深沟高垒）、北（河东墙）两道长城的汇合点"，参见华夏子：《明长城考实》，档案出版社，1988 年版，247 页。

② 天顺六年（1542 年），毛里孩、阿罗出、孛罗忽（也作博勒呼）入河套；成化五年（1469 年）冬，阿罗出入居河套；六年（1470 年）七月，孛罗忽渡可与阿罗出合；七年（1471 年），乩加思兰入居河套，与阿罗出合。虽然成化九年（1473 年）明将王越率军在红盐池一带大破满都鲁、孛罗忽、乩加恩兰后，蒙古诸部渐出河套。但至成化二十年（1484 年）九月，蒙古势力复入河套；弘治十三年（1500 年），小王子入居河套。至此，明朝完全丢失河套。

朝失去了一个重要的缓冲地带。"当河套未失时，沃野千里，屯可四百万顷，转输省而边邮固。东至大同，西接宁夏，虏患盖寡焉。自弃套以后，深山大河，势反在虏，灵夏外险，转居河西；而花马池一带，为其利涉之冲矣。"① 宁夏北边再无门户可挡，"虏患"一起，直薄边境。宁夏河东横城至花马池一带因地势平坦，成为蒙古势力南下之冲要。"自虏据河套以来，而河东三百里间更为敌冲。是故窥平固则犯花马池之东，入灵州等处则清水营一带是其径矣"②。因此这里成为边防重地，是驻防官关注的焦点。先是宁夏副总兵"若河套有贼，仍照先次会议事理，前去花马池等处调度军马杀贼。其边墙、崖砦、川面、水口等项，悉照原给榜文，每年夏初、冬末，二次亲临监督修补，务在坚完。"③ 从嘉靖十八年（1539 年）开始，陕西三边总督"于五六月间，亲临花马池，调集延、宁奇游等兵，赴平虏城等处并力防御，其陕西巡抚亦于五六月间往固原调度兵食，候探无大势虏情，及秋尽冬初边腹收成俱毕，方准照常居中调度，巡抚官仍还本镇。"④ 在防御工事方面，经过巡抚都御史徐廷章，总制杨一清、王琼、唐龙、刘天和等人的历次修筑，在河东修筑起了一道人工屏障。

二　河东地区明长城修筑史及今址考订

河东地区的边防建设始自明朝正统年间，规模很小，主要是设置营堡和增筑烽火台。正统元年（1436 年），宁夏总兵官史昭言："所辖屯堡，俱在河外，自河迤东至察罕脑儿，抵绥德州，沙漠旷远，并无守备。请于花马池筑哨马营。"⑤ 正统九年（1444 年），巡抚都御史金濂在不知何代遗留的"半个城"废址上奏置兴武营⑥。

从成化年间开始，因蒙古各部渐次进入河套，宁夏河东地区开始长时间、大规模地修筑长城，具体过程如下：

1. 河东墙

成化十年（1474 年），首次修筑河东墙。这道边墙"自黄沙嘴起至花马池止，长三百八十七里。都御史余子俊奏筑，巡抚都御史徐廷章、总兵官范瑾力举之成者"⑦。弘

---

① （清）顾祖禹：《读史方舆纪要》［M］中华书局，1955 年版，卷 62。

② （明）魏焕：《皇明九边考》［M］，明嘉靖刊本，卷 8，12 页。

③ （明）胡汝砺编，管律重修：《嘉靖宁夏新志》［M］，宁夏人民出版社，1982 年版，34 页。

④ （明）李东阳纂，申时行重修：《大明会典》［M］，明万历刻本，卷 209。

⑤ （清）张廷玉等撰：《明史》［M］，中华书局，1974 年版，卷 91，2237 页。

⑥ 同③，253 页。

⑦ 同③，19 页。

治时，巡抚张贞叔、王珣在河东墙外添挖了 4.4 万眼"品"字形坑①，以加强防御。弘治后期，时任宁夏巡抚的王珣和刘宪计划增筑河东墙，将旧边墙帮筑高厚，边堑挑浚深涧，但是没有获得三边总制秦纮的支持，改而依秦纮之意修筑固原内边，最后只在河东旧墙一线添置了四五座小堡②。

关于河东墙的规模，在总制都御史杨一清的奏疏中有所反映："沿边旧有墩台七十一座，旧筑边墙高一丈，连垛墙三尺共一丈三尺，底阔一丈，收顶三尺五寸，内除垛墙根砖一尺五寸，止剩二尺，官军难以摆列御敌。墙外壕堑一道，深八尺，口阔一丈、底阔四尺，中间多有填塞平漫，只存形迹。"③ 这是杨一清在正德元年（1506 年）沿墙勘察时的情形。此时河东墙已残坏破败，难以起到御敌的效果。

经过杨一清勘察，发现了河东墙的诸多弊病：壕堑窄浅、墙体低薄、墩台稀疏，沿线的营堡除兴武营、清水营、毛卜刺、红山儿靠近边墙、有利防守外，其余均远离边墙，声势难以接应。决定对河东墙进行帮筑，标准为："将旧墙内外帮筑，高厚各二丈，收顶一丈二尺；两面俱筑垛墙高五尺，连墙共高二丈五尺。……墙外每里填筑敌台三座，每座相隔一百二十步；底阔周围四丈五尺，收顶周围二丈二尺，上盖暖铺一间。……墙外壕堑，挑浚深二丈，口阔二丈二尺，底阔一丈五尺"④。工程开工不久，民夫发生哗变，兼之宦官刘瑾弄权，陷害杨一清，杨以疾乞退，工程随之停止，仅修完包括横城堡在内以东 40 里的墙体。

河东墙的遗迹尚存，即今天在内蒙古鄂托克前旗及宁夏盐池县一带所见"二道边"，据内蒙古鄂尔多斯市明长城资源调查队调查，内蒙古鄂托克前旗境内的"二道边"全部为土墙，以夯土墙为主，另有少量堆土墙，现存墙体一般高 0.3～4 米，底宽 5～7 米，顶宽 0.3～2 米⑤。至于河东墙外的"品"字形坑，已完全湮没于地下。2004 年，宁夏文物考古研究所和鄂托克前旗文化局曾对芒哈图明长城进行了调查和试掘，在河东墙北 50 米发现有"品"字形坑遗迹，与墙体并行，呈三排错落分布，前排与后排相互对直，中间一排与前后排相互错位后便形成了"品"字形坑。坑形为长方形，大小基本一致，坑壁陡直，坑南北长 1.2～1.3 米，东西宽 0.9 米，深 1.1 米，坑与坑间距 0.9～1.3 米⑥。

① （明）胡汝砺撰：《弘治宁夏新志》（影印本），吴忠礼主编：《宁夏历代方志萃编（第二函）》[M]，天津古籍出版社，1988 年版，卷 1，39 页。
② （明）陈子龙等选辑：《皇明经世文编》[M]，中华书局，1962 年版，卷 116，1091 页。
③ 同②，卷 116，1093 页。
④ 同②，卷 116，1093～1094 页。
⑤ 内蒙古自治区文物局等：《内蒙古自治区明长城资源调查工作报告（2007～2009）》，内部刊物，36 页。
⑥ 宁夏文物考古研究所等：《宁夏灵武市古长城调查与试掘》[J]，《考古与文物》，2006 年 2 期，28 页。

2. 沿河边墙

成化十五年（1479 年），巡抚贾俊主持修筑了沿河边墙。这道边墙位于宁夏横城以北黄河东岸，南与河东墙相接，主要防止河套蒙古势力趁冬季河水结冰，渡河攻掠宁夏镇城等地①。正德初年杨一清计划帮筑河东墙的时候，也将此道边墙纳入整修计划，并对其做过详细勘察："宁夏横城北黄河东岸旧有边墙一百八十五里，壕堑一道，高厚深阔悉如花马池一带城堑之数，自南而北，有长城十八墩，后守臣恐稀疏，每墩空内，添设一墩，共见在墩台三十六座。墙里套内地方，又设石嘴、暖泉二墩瞭守。其第十八墩与河西黑山营、镇远关相对，每年于黑山营屯聚人马，阻遏虏骑，以为宁夏北门锁钥。"② 后由于杨一清乞退，沿河边墙终未得修复。这道边墙因沿线原有墩台十八座，又称"十八墩边墙"或"沿河十八墩"。

沿河边墙已不存，大部分被改修成了"陶乐长堤"。内蒙古乌海市明长城资源调查队在乌海市海南区巴音陶亥镇"陶乐长堤"沿线发现烽火台 7 座③，或是沿河"三十六墩"的孑遗。

3. 深沟高垒

杨一清之后，宁夏驻守官员又多次提议修复河东墙，但是由于不得任事之臣，都没有付诸实施。嘉靖七年（1528 年），明廷还专门委任兵部右侍郎王廷相在河东一带修边，最后也不了了之④。

嘉靖九年（1530 年），陕西三边总制王琼为"防护盐池，以通盐利"，在宁夏花马池与延绥定边相接地方挑挖壕堑 60 里。后发现挑挖的壕堑"真如天险，可资保障"，上书朝廷"宜于花马西北至横城堡通计一百六十里尽为挑挖，庶无空隙"⑤。王琼的修边计划于嘉靖十年（1531 年）春三月实施，至秋九月完工，完成后的工程"堑，深、广皆二丈；堤垒，高一丈，广三丈。沙土易圮处，则为墙，高者二丈余有差，而堑制视以深浅焉。关门四：清水、兴武、安定、以营堡名。在花马池营东者。为喉嗓总要，则题曰'长城关'。……毛卜剌堡设暗门一。又视夷险，三里、五里，置周庐敌台若干所，皆设戍二十人，乘城哨守。击刺射蔽之器咸具。"⑥ 时人形象地将王琼挑挖的这道壕堑称为"深沟高垒"。嘉靖九年在花马池与延绥定边相接地方挑挖的壕堑因在花马池城北 60 步处设关门一座，其上建有关楼，称为东关门，所以也被称作"东关门墙"或"东关门"。

---

① （明）《明宪宗纯皇帝实录》［M］，历史语言研究所校印，1961 年版，卷 197，5~6 页。

② （明）陈子龙等选辑：《皇明经世文编》［M］，中华书局，1962 年版，卷 116，1099 页。

③ 内蒙古自治区文物局等：《内蒙古自治区明长城资源调查工作报告（2007~2009）》，内部刊物，39 页。

④ （明）《明世宗肃皇帝实录》［M］，历史语言研究所校印，1961 年版，卷 86，1 页。

⑤ 见《明世宗肃皇帝实录》卷 118 "嘉靖九年十月甲申"，第 14 页；《嘉靖宁夏新志》中记载为 54 里（《嘉靖宁夏新志》卷 3《所属各地》，宁夏人民出版社，1982 年版，第 247 页。）

⑥ （明）胡汝砺编，管律重修：《嘉靖宁夏新志》［M］，宁夏人民出版社，1982 年版，248 页。

　　"深沟高垒"以挖沟为主，垒高才 1 丈，只在沙土易圮的地方修筑高 2 丈多高的墙体，由于后继者的帮修及风沙掩埋，其原貌已不可见。据宁夏明长城资源调查队的王仁芳称，在花马池城（今盐池县城）北迤西至红沟梁，头道边北侧数十米，发现了一道长约 15.5 公里的沟垒遗迹①。但是他所说的在花马池城以东至定边县境内头道边北侧、毛卜剌堡东西两端以及清水营以东头道边内侧发现的沟垒遗迹，值得商榷，或是嘉靖十六年（1537 年）总制尚书刘天和沿边墙内外挑挖的壕堑的遗存。

　　4. 横城大边②

　　王琼之后，唐龙继任三边总制。嘉靖十四年（1535 年）三月，宁夏镇、巡官都御史张文魁上奏，蒙古部主吉囊、俺答等纠集大众在河西、花马池等处驻牧，意图侵扰宁夏，建议按照杨一清所议修筑兴武营及延绥干沟一带的边墙，得到了朝廷的认可，由总制唐龙及各督抚筹画实施③。到第二年正月，花马池缮修边墙完工④。唐龙这次修边主要是对前人修筑边墙的维护。

　　嘉靖十五年（1536 年），因兴武营一带 70 余里的边墙修筑不坚，总制刘天和上书朝廷策划加固⑤。第二年，沿边墙内外挑挖壕堑各一道，长 53 里 2 分，深 1 丈 5 尺，阔 1 丈 8 尺⑥。同年，刘天和又从横城至南山口（延绥定边营附近）奏筑堤垒一道，与这一带不断修筑的壕墙并行，构成重险⑦。

　　嘉靖二十三年至二十五年，张衍总制任内，从花马池至安定堡间，沿原旧墩铺空内奏筑增添敌台 263 座，帮筑 417 座⑧。

　　嘉靖四十年（1561 年）六月，以宁夏为震中发生大地震，"山西太原、大同等府，陕西榆林、宁夏、固原等处各地震有声，宁、固尤甚。城垣、墩台、房屋皆摇塌。地裂，涌出黑黄沙水，压死军人无算，坏广武、红寺等城。"⑨ 大地震对河东长城造成了极大破坏，此后的隆庆一朝基本上都在进行着修复工作，据《明实录》记载，直至隆

①　王仁芳：《明代修筑河东长城的新认识》［J］，《宁夏社会科学》，2011 年 5 期。
②　"横城大边"这个名称在文献中大概最早出自成书于嘉靖二十年（1541 年）的《皇明九边考》，在该书卷 8《宁夏镇·保障考》中提到，总制尚书刘天和沿黄河东岸修筑的长提"顺河直抵横城大边墙"。这里的大边是相对于河东以南直至固原境内的数条内边而言，因其起于横城堡，故名横城大边墙。时至今日，横城大边的叫法有些混乱，有时概指宁夏河东长城（包括今日所见头道边和二道边），有时特指形体高大的头道边。王琼挑挖"深沟高垒"后，河东地区在防守上基本放弃了"河东墙"，之后的帮修主要沿着王琼的"深沟高垒"进行，所以"横城大边"应该特指在"深沟高垒"基础上帮修行成的今天所见"头道边"。
③　（明）《明世宗肃皇帝实录》［M］，历史语言研究所校印，1961 年版，卷 173，9 页。
④　同③，卷 183，2 页。
⑤　同③，卷 190，4~5 页。
⑥　（明）胡汝砺编，管律重修：《嘉靖宁夏新志》［M］，宁夏人民出版社，1982 年版，20 页。
⑦　（明）陈子龙等选辑：《皇明经世文编》［M］，中华书局，1962 年版，卷 250，2629 页。
⑧　同⑦，卷 196，2022 页。
⑨　同③，卷 498，1~2 页。

庆六年（1572 年）才将河东墙修复完毕①。

　　万历初年，为防止河水泛毁，宁夏巡抚罗凤翔将横城以北、西至河堰、长 75 丈的一段土墙改建为石墙②。万历三十五年（1607 年），宁夏巡抚黄嘉善对这段墙体继续甃石维修。第二年，黄嘉善于安定堡一带沙涨处仿效云中台式，修建跨墙砖石券甃敌台四座③。

　　横城大边的痕迹极为明显，即分布于今天内蒙古与宁夏界线及宁夏盐池县境内的"头道边"，它的规模比较宏大，墙体高厚、敌台密集，墙体现高 0.5～10 米，底宽 9～17.5 米，顶宽 0.5～4 米，敌台间距 150～300 米④。

　　5. 陶乐长堤

　　嘉靖十五年（1536 年），总制刘天和沿黄河在其东岸修堤一道，顺河直抵横城大边墙⑤，实际上可能是修复了旧有的"沿河边墙"。这段边墙的遗迹主要残留于陶乐县境内，所以后世称其为"陶乐长堤"。

　　这段长城有一部分过思兔河，分布于内蒙古乌海市海南区。据内蒙古乌海市明长城资源调查队调查，长堤沿黄河东岸向北延伸，至巴音陶亥镇平沟农场河槽东岸消失不见⑥，这里当是长堤的最北端。

　　以上便是河东地区长城的修筑概况。接下来重点讨论现今所见头道边与二道边西端交汇点的问题。据内蒙古鄂尔多斯市明长城资源调查队调查，头道边与二道边西端交汇于清水营，从清水营往东至兴武营 30 多公里，二者并行分布，间距在 200 米之内，最近处只有 25 米，过兴武营往东，二者逐渐分离，越往东离得越远。二道边在北，即成化十年（1474 年）徐廷章所修的河东墙。头道边在南，以前多认为是嘉靖十年（1531年）王琼所修的"深沟高垒"。

　　关于"深沟高垒"的修筑情况，艾冲认为："其中红山堡至兴武营仍帮筑旧'河东墙'，而由兴武营向东南另筑新墙，经安定、高平诸堡接东关门墙，再经盐场堡而达定边营。"⑦ 艾冲之后，多数研究者也都持有这种观点⑧，只有王仁芳提出异议，认为王琼

①　（明）《明神宗显皇帝实录》［M］，历史语言研究所校印，1961 年版，卷 5，3 页。
②　（明）杨寿编撰：《万历朔方新志》（影印本），吴忠礼主编：《宁夏历代方志萃编（第三函）》［M］，天津古籍出版社，1988 年版，卷 2，86 页。
③　同②，卷 2，88 页。
④　内蒙古自治区文物局等：《内蒙古自治区明长城资源调查工作报告（2007～2009）》，内部刊物，36～37 页。
⑤　（明）魏焕：《皇明九边考》［M］，明嘉靖刊本，卷 8，4 页。
⑥　同④，39 页。
⑦　艾冲：《明代陕西四镇长城》［M］，陕西师范大学出版社，1990 年版，73 页。
⑧　见《宁夏灵武市古长城调查与试掘》，《考古与文物》，2006 年第 2 期；冯晓多：《宁夏河东地区明代边墙与屯堡的变迁》，《兰州教育学院学报》，2006 年第 3 期。

从清水营以东重新勘查线路，修筑新边①。

在对这两种观点做讨论之前先来看一下王琼自己是怎么说的。王琼在其名作《北虏事迹》之后附了一幅当时宁夏的边防图，叫"设险守边图说"，里面介绍说"定边营南山口起西北至宁夏横城旧墙止，开堑共二百一十里，筑墙十八里"②，根据图中所示，筑墙在定边营一带，从定边营往西至清水营开堑，从清水营往西穿过河东旧墙直至黄河东岸挖沟。很明显，王琼构筑"深沟高垒"时在定边营附近、定边营往西至清水营、清水营再往西至黄河这三段的标准是不一样的，其中以清水营往西至黄河这一段标准最低，只挖了一道沟。前面已介绍，杨一清在帮修河东旧墙时完成了横城往东40里，那么在20多年后王琼挑挖壕堑的时候，这段墙体还应当比较高大，所以王琼从清水营往西继续沿用杨一清帮筑后的河东墙，清水营往东，放弃河东墙，挑挖新边。后来在嘉靖十五年（1536年）的时候，总制刘天和又对兴武营一带70多里的边墙进行了帮筑加固，基本形成了兴武营至清水营一带今天头道边的样子。

三 河东地区在明代的边防中的地位及特点浅探

由于明代中后期河套蒙古的兴起及宁夏河东地区特殊的地理位置，使得这一带成为西北边防紧要之地。它是固原、庆阳、平凉一带的北边门户，这里一旦有变，西可占据临洮、巩昌，控扼河西走廊，东足以震动关中平原。对此，经营西北多年的杨一清认识深刻：

切见陕西各边，延绥城堡据险，宁夏、甘肃河山阻隔，贼虽侵犯，只在本境，为患犹浅。惟宁夏花马池至灵州一带，地里宽漫，城堡稀疏，兵力单弱，一或失守，虏众拆墙而入，其所利不在宁夏而在腹里，必将犯我环庆，寇我固原，深入我平凤、临巩等府州县，其间土汉杂处，倘兵连祸结，内变或因之而作，根本动摇，诚非细故，此所谓膏肓之疾、腹心之祸也③。

杨一清的担心绝非空穴来风。早在成化二年（1466年），在蒙古势力大举入寇固原之时，当地的"土达"李俊仰献羊酒，有北从意④。第二年就爆发了土官满四的变乱，占据石城，为乱数月。

河东地势宽漫，没有险峻的地理形势借以防守，其边防只能完全依靠人为工事，所以从成化到嘉靖末年在这里反反复复挖壕、修墙，以加强防御。这是河东边防的一

① 王仁芳：《明代修筑河东长城的新认识》[J]，《宁夏社会科学》，2011年5期。
② 单锦珩辑校：《王琼集》[M]，山西人民出版社，1991年版，87页。
③ （明）陈子龙等选辑：《皇明经世文编》[M]，中华书局，1962年版，卷116，1091页。
④ 同②，64页。

offff0

个最显著特点。

由于人为工事的单薄性和脆弱性，决定了河东在边防上难以独挡，它需与固原配合，互为表里、声息相关。这是河东边防的第二个特点，主要表现在：一、制度保障上，陕西三边总督（总制）坐镇固原，统领陕西四镇，为河东边防的坚强后盾。而且，从嘉靖十八年（1539年）开始，于每年秋收开始之前，三边总督必亲临花马池居中调度这一带防务，等到探得无大规模边患、秋尽冬初边腹收成俱毕后，才能回到固原。二、边防工事建设上，河东的边墙与固原的内边墙遥相呼应，共同构成纵深防御。据魏焕在《皇明九边考》中统计，在河东至固原之间有重险四道："新红等堡直北稍东，总制刘天和新筑横墙二道以围梁家泉。直北稍西，旧有深险大沟一道，受迤东罗山之水流于黄河，长一百二十五里，总制刘天和凿崖筑堤一百八里五分，筑墙堡一十六里八分。自大边至此，重险有四道。"① 这样的纵深防御可布置多道障碍，即使敌人突破也会在前进后退中处处被动挨打。嘉靖七年（1528年），河套蒙古一万三千多骑从花马池拆墙侵入，在固原一带抢掠多日，返回时路过青沙岘，派兵在一处墩台下索要米粮盔甲，内中有一人说："我是宁夏人，正德十三年抢去。今次出来的头儿是小王子的两个儿子，率领人马一万三千有余，到你腹里地方抢掠。沿路俱无水草，连日困饥，又有处处人马跟袭，不曾深入抢的干粮，恐怕马弱不能回套。我们两日回到套里，歇马一月，再来抢掠。"这支入侵的队伍在返回途中又遇到多次阻击，伤亡不少②。这就是纵深防御的效果。

纵深防御是明代边防的一条主导思想，早在明初，朱元璋就画出了蓝图："太祖高皇帝龙飞淮甸，奄有万方，定鼎金陵，统驭夷夏，其于四方之险，无所不饬，而于北虏尤注意焉。故于甘肃、大同、宣府、大宁、辽东俱设都指挥使司，并于宁夏设立数卫以屯重兵，又建肃、庆、代、谷、宁、辽等王，以为第一藩篱。其宁夏有贺兰山、黄河之险，复自偏头、雁门、紫荆、历居庸、潮河川、喜峰口，直至山海关一带，延袤数千余里，山势高险，林木茂密，人马不通，实为第二藩篱。"③ 在宁夏河东至固原一带，杨一清提出了前后四层的纵深战略防御方案："今将沿边至腹里分为四路，以定边营、花马池、兴武营、灵州一带为藩篱，以石沟、盐池、韦州、萌城、山城一带为门户，以固原、黑水口、镇戎所、西安州、海剌都一带为庭除，以安定、会宁、静宁、隆德、平凉一带为堂室。"而且要求"步兵击之于墙上，骑兵击之于墙内"④。这样的话，战守结合，使河东以南直到平凉成了既有固定防御阵地又有机动牵制、打击部队的纵深防御

---

① （明）魏焕：《皇明九边考》［M］，明嘉靖刊本，卷8，3～4页。

② 单锦衍辑校：《王琼集》［M］，山西人民出版社，1991年版，68～69页。

③ （明）陈子龙等选辑：《皇明经世文编》［M］，中华书局，1962年版，卷63，528页。

④ 同③，卷116，1100页。

带，将内犯之敌消灭在层层反击之中。

河东地区第三个边防特点是"凡草茂之地，筑之于内，使虏绝牧；沙碛之地，筑之于外，使虏不庐"①，即保护水草丰美之地，占据有利防守地区。河东一带干旱缺水，水草是重要的战略物资，修边之时，沿着毛乌苏沙地东南缘构筑，将有水有草的地方圈入边内，沙碛不毛之地弃之蒙古，尤其重视对铁柱泉、梁家泉等长流水源的控制，如魏焕在《巡边总论》中记载："达虏依水草为居，花马池东南一带，惟铁柱前有水，又东南至梁家泉有水，又东南至甜水、红柳，榆树等泉，史巴都、韩家、长流等处有水。总制刘天和题于铁柱泉筑城，梁家泉筑堡，甜水泉、史巴都等处筑墙。一时水源俱各俱守，贼无饮马之处，诚百世之利也。"② 又如王琼所说："又虏众临墙止宿，必就有水泉处安营饮马，今花马池墙外有锅底湖、柳门井，兴武营外有虾蟆湖等泉，定边营墙外有东柳门等井，余地多无井泉，又多大沙凹凸，或产蓬蒿，深没马腹。贼数百骑或可委屈寻路而行，若马至数万匹，必颠仆劳乏，不得齐驱并辔而行。"③ 这就是"凡草茂之地，筑之于内"，"沙碛之地，筑之于外"的结果，但是正因为花马池墙外有锅底湖、柳门井，兴武营外有虾蟆湖，定边营墙外有东柳门等井，使得这一带成为蒙古内犯的必经之路。

经过历任官员的苦心经营和精心部署，总体来说河东一带的边防是成功的。作为河套蒙古内犯的冲要，河东固然不能完全拒敌于边外，但是完成了它基本的边防任务。在河套蒙古最为强大，极力向外扩张的小王子（达延汗）、俺答之时，河东能守住阵脚，没有发生大的变故，没有出现杨一清所担心的"膏肓之疾、腹心之祸"，殊为不易。况且在河东墙修成的前二十多年，还一度保障过这一地区的和平："成化初年，北虏在套，彼时未有边墙，恣肆出入。后该巡抚宁夏都御使徐廷章等奏修边墙二百余里，开浚沟堑一道。延绥地方边墙壕堑，又该延绥都御使余子俊修浚完固。北虏知不能犯，遂不复入套者二十余年。"④

附记：本文得到了内蒙古自治区文物考古研究所张文平副所长的精心指导，在此谨致谢忱。

① （明）胡汝砺编，管律重修：《嘉靖宁夏新志》[M]，宁夏人民出版社，1982 年版，19 页。
② （明）陈子龙等选辑：《皇明经世文编》[M]，中华书局，1962 年版，卷 248，2608 页。
③ 单锦衍辑校：《王琼集》[M]，山西人民出版社，1991 年版，72 页。
④ 同②，卷 116，1091 页。

试论我国长城的基本特征

梁建宏　潘玉灵[*]

我国的长城是世界上最长的军事设施，是中华民族多元一体格局形成的见证，是中华民族的精神象征和民族脊梁，也是全人类文明的瑰宝。这些关于长城的基本认知已被国内外所接受。学界公认的长城主要分布在黑龙江、吉林、辽宁、北京、天津、河北、山西、内蒙古、山东、湖北、河南、陕西、宁夏、甘肃和青海等地，始于春秋时期楚、齐两国，下迄明代。明清迄今，众多学者、各地文博工作者以及国内外长城爱好者开展了大量的实地调查，结合文献和调查资料进行了一定的理论研究，并提出了"长城学"的概念[①]。然而，什么是长城，长城的基本特征是什么，学界尚未形成一致观点。

本文拟结合近年来长城研究成果，尤其是目前已基本结束的全国长城资源调查所取得的成果，就长城的基本特征谈一些个人认识，不当之处请方家指正。

一　学界对长城的基本认识

关于长城的产生，张维华先生在《中国长城建置考（上编）》中指出：

考之古史，当前人聚族而居之时，已知于其所处之地，划界分疆而守之矣。其后有强者起，角逐抗衡之势日著，战争攻略之事亦繁，设险立塞，以守域土，更属常事。春秋间，列国诸侯，竞相争伐，或因河为堤防，或沿山置障守，其所谋以自卫之术，愈工且密。至于战国，车战之制渐息，徒骑之用渐广，战争范围，益为扩大，于是有长城之兴筑矣。原夫长城之设，既可以为界，亦可以为防，对于当时各国疆域分

---

* 梁建宏：甘肃省文物局文物保护与考古处；
潘玉灵：甘肃省文物考古研究所，馆员。

① 罗哲文、董耀会：《长城学的几个基本理论问题》［EB/OL］．［2011 - 01 - 02］．http：//www. gwculture. net/zhua-nzhu/wen/llwt. htm。

合之形势，甚有关系①。

简言之，长城是战争的产物，在产生初期既是列国边界，又是防御工程。

对张维华先生的这一认识，后来学者并无分歧，但是具体到长城的形制、构成和防御对象等方面，学者们的认识则不尽一致。罗哲文先生对长城有如是认识：

1. 不是封闭的，只是从防御的一个方向修筑；

2. 是一个覆盖了上百万平方公里的防御体系；

3. 有一个用光和烟气传递军情信息的通讯系统，以上万个烽火台组成；

4. 长度不等，少的有几百公里，多则有几千公里上万公里②。

罗哲文先生同时指出，长城的用途有三：

1. 防御扰掠，保护国家安全和人民生产生活的安定。

2. 开发屯田、保护屯田和保护边远地区生产的发展。

3. 保护通讯和商旅往还③。

景爱先生则认为长城是"以土、石、砖垒筑的连续性高城墙，系古代边境御敌的军事工程"④，并进一步指出长城具有五个特征：

1. 连续性高墙；

2. 以土、石、砖垒筑；

3. 属于御敌的军事工程；

4. 修筑在边境地区；

5. 古代建筑物⑤。

大多数先生对于长城体系的基本组成元素观点一致，如城墙、关隘、城堡、烽火台和敌楼等。朱耀廷、郭引强和刘曙光等先生进一步强调"长城是以垣墙为主体"，同时认为道路也是长城体系的组成元素⑥。侯仁之先生则明确指出，长城由城墙、障塞、烽燧、道路、后方补给设施等五个子体系组成⑦。田澍先生指出西北地区的长城由土筑墙垣、石墙、壕沟、树林、木栅、削坡而成的山崖及烽燧、天田、虎落与悬索等附属工程组成⑧。此外，吉人和孔令铜等先生还将长城的特点概括为"长"、"险"、

---

① 张维华：《中国长城建置考（上编）》［M］，中华书局，1979 年版，在"小序"内，此页无页码。

② 罗哲文：《中国古代长城南北的文化对话与交流》［M］，清华大学出版社，2008 年版，197 页。

③ 罗哲文：《长城》［M］，清华大学出版社，2008 年版，75～79 页。

④ 景爱：《中国长城史》［M］，上海人民出版社，2006 年版，25～30 页。

⑤ 同④。

⑥ 朱耀廷、郭引强、刘曙光：《战争与和平的纽带——古代长城》［M］，辽宁师范大学出版社，1996［2011－01－04］. http：//www. gwculture. net/zhuanzhu/wen/nd/nd2. htm。

⑦ 侯仁之：《在长城国际学术研讨会上的总结发言》［M］//中国长城学会：《长城国际学术研讨会论文集》，吉林人民出版社，1995 年版，334 页。

⑧ 田澍：《前言》［M］//侯丕勋、刘再聪：《西北边疆历史地理概论》，甘肃人民出版社，2007 年版，5 页。

"坚"、"系"四个字①。

防御对象方面，明代军事家王士琦认为历代长城的防御对象是"夷狄"②。白眉初③、王国良④和瓯燕⑤等先生认为长城的防御对象是北方游牧民族。刘叙杰先生则认为长城的防御对象有两类：一类是邻国，一类是"外来民族（匈奴、东胡等）"⑥。

老雷先生在其专著《拭去尘埃：找寻真实的长城》中引用了有关专家对长城作为战争防御工事的三大特征，并认为这一认识适用于秦及秦以后的长城：

1. 长城依险而建；
2. 长城的建筑极坚固；
3. 长城的构造十分复杂⑦。

经过实地考证和分析后，老雷先生认为：

修筑长城的起始时间应该追溯到鲧、禹治水时代。……长城最早的形式是堤防和壕堑，是鲧治水、禹理水时修筑的，以决九川、陂九泽，疏导洪水，治理水患。⑧

国务院 2006 年 10 月颁行的《长城保护条例》则回避了上述分歧，仅肯定了长城的基本组成元素，称该条例所说的长城"包括长城的墙体、城堡、关隘、烽火台、敌楼等"。

二　古代史籍中的"长城"

从楚、齐长城肇建，到明长城达到顶峰，时间长达 2000 余年。从"列城"发展到以墙体为主、包括烽燧在内诸多设施构成的综合防御体系，长城经历了从简单到复杂的发展历程。长城作为一个专有名词，并非今人的发明创造，而是古已有之，要说清楚长城的基本特征，首先需要从史籍记载说起。从楚、齐到明，历代史籍对长城的记载虽然寥寥，但这些记载还是反映了长城的一些重要信息。为便于表述，特按照四个时期（春秋战国、秦汉、汉明之间和明代）来进行梳理史料。需要说明的是，限于篇幅和论述需

---

① 吉人、孔令铜：《论长城的界定》［EB/OL］.（2005 – 02 – 25）［2011 – 01 – 04］. http：//www. chinagreatwall. org/detail/news_detail. jsp？info_id = 1100052939&cust_id = greatwall。

② 王士琦：《三云筹俎考·安攘考》［M/OL］，明万历刊本，长城文化网制作，http：//www. gwculture. net/sjfz/home. htm。

③ 白眉初：《白序》［M］//王国良：《中国长城沿革考》，商务印书馆，1931 年版，1 页。

④ 王国良：《中国长城沿革考》［M］，商务印书馆，1931 年版，1 页。

⑤ 瓯燕：《论我国长城出现的历史背景》［C］//张政烺先生九十华诞纪念文集编委会：《揖芬集——张政烺先生九十华诞纪念文集》，社会科学文献出版社，2002 年版，384 页。

⑥ 刘叙杰：《中国古代城墙》［EB/OL］.［2011 – 01 – 05］. http：//www. gwculture. net/zhuanzhu/wen/cngdcq. htm。

⑦ 老雷：《拭去尘埃：找寻真实的长城》［M］，东方出版社，2002 年版，138 ~ 139 页。经查，老雷全名"牟祥雷"，下同。

⑧ 老雷：《拭去尘埃：找寻真实的长城》［M］，东方出版社，2002 年版，179 ~ 180 页。

要，本文仅对部分朝代（国别）的长城资料做了引述。

（一）春秋战国时期

春秋战国时期的长城在《竹书纪年》、《战国策》和《史记》等史籍中均有提及，汉以后的很多历史典籍也有提及。

1928 年，洛阳金村大墓盗掘出土 5 件驫羌钟。这 5 件钟上各有铭文 61 字，记载了三晋伐齐"入竷壁"之事，郭沫若先生考证，这里的"竷壁"是指齐长城①。《竹书纪年·晋纪》载，晋烈公十二年（公元前 404 年）"王命韩景子、赵烈子、翟员伐齐，入长城。"② 多数学者认为此二记载互为印证③。

《竹书纪年·魏纪》记载了魏长城和齐长城的修筑：梁惠成王十二年（公元前 358 年），"（魏国）龙贾率师筑长城于西边。"④ 梁惠成王二十年（公元前 350 年），"齐筑防以为长城。"⑤《战国策·秦策一》对齐长城有如是记载："济清河浊，足以为限，长城钜坊，足以为塞"⑥。

《史记》及其相关史料关于这一时期的长城记载较多。譬如《史记·越王勾践世家·正义》引《括地志》对楚长城的记载：

故长城在邓州内乡县东七十五里，南入穰县，北连翼望山，无土之处累石为固。楚襄王控霸南土，争强中国，多筑列城于北方，以適华夏，号为方城⑦。

《史记·秦本纪第五》载：

楚北及魏西与秦相接，北自梁州汉中郡，南有巴、渝，过江南有黔中、巫郡也。魏西界与秦相接，南自华州郑县，西北过渭水，滨洛水东岸，向北有上郡鄜州之地，皆筑长城以界秦境⑧。

《史记》记载，苏秦、张仪两人在开展游说活动时，也均提及长城。苏秦游说魏襄王，说魏国"西有长城之界"⑨。张仪游说燕昭王时则说"今大王不事秦，秦

---

① 郭沫若著作编辑出版委员会：《郭沫若全集：考古编（八）》［G］，科学出版社，2002 年版，493～503 页。

② 方诗铭、王修龄：《古本竹书纪年辑证·晋纪》［M］，上海古籍出版社，1981 年版，94 页。

③ 瓯燕：《论我国长城出现的历史背景》［C］//张政烺先生九十华诞纪念文集编委会：《揅芬集——张政烺先生九十华诞纪念文集》，社会科学文献出版社，2002 年版，384 页。

④ 方诗铭、王修龄：《古本竹书纪年辑证·魏纪》［M］，上海古籍出版社，1981 年版，115 页。

⑤ 同④，128 页。

⑥ 刘向：《战国策（上册）：秦策一·张仪说秦王（卷三）》［M］，上海古籍出版社，1978 年版，99 页。

⑦ 司马迁：《史记（五）·越王勾践世家第十一（卷四十一）》［M］，中华书局，1982 年版，1750 页。

⑧ 司马迁：《史记（一）·秦本纪第五（卷五）》［M］，中华书局，1982 年版，202 页。

⑨ 司马迁：《史记（七）·苏秦列传第九（卷六十九）》［M］，中华书局，1982 年版，2254 页。

下甲云中、九原，驱赵而攻燕，则易水、长城非大王之有也。"①

比较晚的《新唐书》记载唐人刘贶在阐述如何处理与蛮夷关系时，引用《易经》中的一句话"王侯设险以固其国"，并进一步阐释道：

> 筑长城，修障塞，所以设险也。赵简子起长城备胡，燕、秦亦筑长城限中外②。

上述记载均说明了前述张维华先生的观点，即春秋战国时期的长城既是诸侯国"固国"的工具，也是与邻国的界限。

（二）秦汉时期

关于秦始皇长城，《史记》中至少有三段相去不远、又不完全相同的记载，笔者这里摘录了《史记·匈奴列传第五十》的记载：

> 始皇帝使蒙恬将十万之众北击胡，悉收河南地。因河为塞，筑四十四县城临河，徙适戍以充之。而通直道，自九原至云阳，因边山险堑谿谷可缮者治之，起临洮至辽东万余里③。
>
> 该列传又载，元朔二年（公元前 127 年），汉代"取河南地，筑朔方，复缮故秦时蒙恬所为塞，因河为固。"④

这两段记载反映了蒙恬修筑长城时充分考虑了地形因素，利用了自然地物（河险、山险），对山谷进行了修整，汉代则对蒙恬所筑部分长城段落修缮后继续使用。

《汉书·西域传第六十六上》还有如是记载"及秦始皇攘却戎狄，筑长城，界中国，然西不过临洮"⑤，此段史料则说明秦以长城为其与戎狄的界限。

《史记》、《汉书》和《后汉书》对汉代长城有较多记载。汉后元二年（公元前 162 年），汉文帝致匈奴书："先帝制，长城以北引弓之国受令单于，长城以内冠带之室朕亦制之。"⑥ 说明至少在汉初长城仍被中原王朝作为与北方少数民族划界的依据。

---

① 司马迁：《史记（七）·张仪列传第十（卷七）》[M]，中华书局，1982 年版，2298 页。
② 欧阳修、宋祁：《新唐书（一九）·列传第一百四十上·突厥上（卷二百一十六上）》[M]，中华书局，1975 年版，6023 页。
③ 司马迁：《史记（九）·匈奴列传第五十（卷一百十）》[M]，中华书局，1982 年版，2886 页。
④ 同③，2906 页。
⑤ 班固（撰），王先谦（补注），上海师范大学古籍整理研究所整理：《汉书补注（拾贰）·西域传第六十六上》[M]，上海世纪出版股份有限公司，上海古籍出版社，2008 年版，5765 页。
⑥ 班固（撰），王先谦（补注），上海师范大学古籍整理研究所整理：《汉书补注（拾壹）·匈奴传第六十四上》[M]，上海世纪出版股份有限公司，上海古籍出版社，2008 年版，5631 页。

汉元帝将王昭君配给匈奴呼韩邪单于为妻，呼韩邪上书称"愿保塞上谷以西至敦煌，传至无穷，请罢边备塞吏卒"[①]。汉元帝让官员们商议，郎中侯应认为不可，并提出了著名的不可罢边塞守备之理十条。侯应在陈述第九条时，讲述了汉代长城修筑的有关情况："起塞以来百有余年，非皆以土垣也，或因山岩石，木柴僵落，谿谷水门，稍稍平之，卒徒筑治，功费久远，不可胜计。"[②] 该记载说明汉代长城的修建也是充分考虑并利用了自然险阻。

（三）汉明之间

汉明之间大体有北魏、北周、北齐、隋、金等朝代修筑有长城。这一时期的史书也有所记载。北魏中书监高闾请筑六镇长城，上表中援引周、赵、汉、唐修筑长城的故事后，提出：

> 今宜依故于六镇之北筑长城，以御北虏。虽有暂劳之勤，乃有永逸之益，如其一成，惠及百世。即于要害，往往开门，造小城于其侧。因地却敌，多置弓弩。[③]

该段史料说明北魏长城不仅有墙，在要害处还有"门"，旁边则修筑有"小城"。

《水经注·鲍丘水》则将北魏长城称为"长堑"："大榆河……出县北广长堑南，太和中，掘此以防北狄。"[④] 说明北魏长城存在壕堑形式。而《魏书·天象三》记载，北魏太宗拓跋嗣于泰常八年二月（423 年）修筑赤城至五原段长城，并明确指出防御对象是"蠕蠕"[⑤]，这与前面两段史料的记载是一致的。

《北史》对北齐长城修筑的记载较为详尽。天统元年（565 年）五月，斛律羡认为"北虏屡犯边，须备不虞"[⑥]，于是"自库堆戍东拒于海，随山屈曲二千余里，其间二百里中凡有险要，或斩山筑城，或断谷起障，并置立戍逻五十余所"[⑦]。这段史料反映出在北齐长城体系中"戍（或戍逻）"（边防营垒）是重要组成部分，同时北齐长城也充分利用了地形，并将沿线险要的山谷进行改造，作为营垒使用。

---

① 班固（撰），王先谦（补注），上海师范大学古籍整理研究所整理：《汉书补注（拾壹）·匈奴传第六十四下》[M]，上海世纪出版股份有限公司，上海古籍出版社，2008 年版，5680 页。

② 同①，5681 页。

③ 魏收：《魏书（四）·列传第四十二·高闾传（卷五十四）》[M]．中华书局，1974 年版，2201 页。

④ 郦道元（注），杨守敬、熊会贞（疏），段熙仲（点校），陈桥驿（复校）·《水经注疏》[M]，江苏古籍出版社，1989 年版，1219 页。

⑤ 魏收：《魏书（七）·天象志第三（卷一百五之三）》[M]，中华书局，1974 年版，2400 页。说明：该版本此志卷内标题与全书目录页标题不一致，前者为《志第三·天象志第三》，后者为《天象志一之三第三》。本文从前。

⑥ 李百药：《北齐书（一）·列传第九·斛律羡传（卷十七）》[M]．中华书局，1972 年版，227 页。

⑦ 同⑥。

《隋书》载，隋初北齐旧吏高宝宁作乱，隋文帝"敕缘边修保鄣，峻长城，以备之。"① 尔后，隋开皇六年（586 年），隋文帝令司农少卿崔仲方"发丁十五万，于朔方已东缘边险要筑数十城，以遏胡寇。"② 这两段史料说明隋长城沿线修筑有城、鄣作辅助。

关于金界壕，《金史》有多处记载。《金史·独吉思忠传》记载金界壕西北段的有关情况：

> 大定间修筑西北屯戌，西自坦舌，东至胡烈么，几六百里。中间堡障，工役促迫，虽有墙隍，无女墙副堤。思忠增缮，用工七十五万，止用屯戌军卒，役不及民。③

《金史卷九十四·列传第三十二》的"赞"说"迹襄之开筑壕堑以自固，其犹元魏、北齐之长城欤？"④，此句貌似反问，实则肯定，是以将金界壕归于长城之列，当无异议。

（四）明代

关于明长城，《明史·志六十七·兵三》"边防"部分开宗明义，有明一朝"边防甚重"⑤，随之介绍了九边的设立及明长城的建造维修情况，譬如建文帝时期，宣府向西至山西段明长城"缘边皆峻垣深濠，烽堠相接"⑥，再譬如延绥巡抚都御史余子俊将衙署迁至榆林后，由黄甫川西至定边营修筑长城一千二百余里，"墩堡相望，横截套口，内复堑山堙谷，曰夹道，东抵偏头，西终宁、固"⑦。《明史》以及明代及其以后的史书、地方志以及其他资料中对明长城均有大量记载。这些史料以及后人调查均说明，明代长城对前代长城既有继承，又有创新，其修建技术之高超，防御体系之完备，堪称是我国长城修建史上的最高峰。

三　长城的基本特征

基于对上述史料的分析，结合前人调查研究成果，尤其是本次全国长城资源调查成

---

① 魏征、令狐德棻：《隋书（六）·列传第四十九·突厥传（卷八十四）》［M］，中华书局，1973 年版，1865 页。
② 魏征、令狐德棻：《隋书（五）·列传第二十五·崔仲方传（卷六十）》［M］，中华书局，1973 年版，1448 页。
③ 脱脱等：《金史（六）·列传第三十一·独吉思忠传（卷九十三）》［M］，中华书局，1975 年版，2064 页。
④ 脱脱等：《金史（六）·列传第三十二（卷九十四）》［M］，中华书局，1975 年版，2096 页。
⑤ 张廷玉等：《明史（八）·志六十七·兵三（卷九十一）》［M］，中华书局，1974 年版，2235 页。
⑥ 同⑤，2236 页。
⑦ 同⑤，2238 页。

果，笔者认为长城的基本特征可以概括为十六个字，即：国家行为、防御侵凌、因地制宜、综合体系。

（一）国家行为

从前述所引史料不难看出，不管是早期的楚、齐长城，还是尔后的汉、明长城，修筑长城的政治实体都是国家，而不是其他的政治实体。尽管春秋时期的楚国和齐国都是诸侯国，但他们的国君在自己国内拥有绝对的统治权，这些诸侯国也属于国家。修建长城是国家行为，这是长城与其他军事防御设施的根本区别。

（二）防御侵凌

长城同时具备地理界线和防御侵凌的作用，但以后者为主。就地理界线而言，魏国在西边与秦国接壤的地方筑有长城，"以界秦境"①。秦始皇命蒙恬"北筑长城而守藩篱，却匈奴七百余里。"② 这里"藩篱"就是边境，长城则是边防线。《辽史·志第二·营卫志中》有一段内容被视为长城是农牧分界线标志的重要证据，也是作为地理界线的反映：

长城以南，多雨多暑，其人耕稼以食，桑麻以衣，宫室以居，城郭以治。大漠之间，多寒多风，畜牧畋渔以食，皮毛以衣，转徙随时，车马为家。此天时地利所以限南北也。辽国尽有大漠，浸包长城之境，因宜为治。③

清代时，内蒙古南边分别毗邻盛京、直隶、山西、陕西和甘肃，"五省并以长城为限"④，甘肃省张掖市与内蒙古自治区阿拉善右旗现在的界线仍然是位于这一地区的汉代壕堑。

根据史料记载，修筑长城最重要的目的当属防御侵凌。如前所述，梁惠成王二十年（公元前 350 年），齐国修建长城作为防御工事⑤。秦昭王修建长城"以拒胡"⑥。汉武帝两度修缮"故塞"，并新建长城的目的就是巩固已有领土，防止被打败的匈奴再次入侵⑦。北魏中书监高闾上表请筑六镇长城"以御北虏"⑧。斛律羡修建北齐长城，是因为

---

① 司马迁：《史记（一）·秦本纪第五（卷五）》[M]，中华书局，1982 年版，202 页。

② 司马迁：《史记（一）·秦始皇本纪第六（卷六）》[M]，中华书局，1982 年版，280 页。

③ 脱脱等：《辽史（二）·志第二·营卫志中（第三十二卷）》[M]，中华书局，1974 年版，373 页。

④ 赵尔巽等：《清史稿（九）·志五十二·地理二十四（卷七十七）》[M]，中华书局，1976 年版，2396 页。

⑤ 方诗铭、王修龄：《古本竹书纪年辑证·魏纪》[M]，上海古籍出版社，1981 年版，128 页。

⑥ 司马迁：《史记（九）·匈奴列传第五十（卷一百十）》[M]，中华书局，1982 年版，2885 页。

⑦ 同⑥，2906 页。

⑧ 魏收：《魏书（四）·列传第四十二·高闾传（卷五十四）》[M]，中华书局，1974 年版，2201 页。

"北虏屡犯边，须备不虞"①。而隋文帝让崔中方修长城的目的也是"遏胡寇"②。金世宗时期，北部地区常遭侵扰，朝廷计划征发民夫开凿壕堑以防御侵扰，遭到当时的勋戚李石和丞相纥石烈良弼反对而作罢，同时两人也提到金代以前筑长城的目的是"备北"③。明代不断修建长城、完善长城体系的目的就是防止外来侵犯。前述魏国和秦始皇均以长城为边防线也还是因为长城具有防御外来侵犯的目的。因此，防御侵凌是修建长城的根本目的。

（三）因地制宜

"因地制宜"在我国历代长城的修建中都有不同程度的应用，分为两个方面：一是用材，一是充分考虑并利用地形地貌。这两个方面不仅在史料中有所记载，也有民国以来的多次调查实证。

第一，用材。因为修建长城，工程浩大，花费巨大，如果材料不能够就地解决的话，会大大增加修建成本和时间，所以"因地制宜、就地取材"是修建长城必须要考虑的一个重要方面，如楚长城"无土之处累石为固"④。再如甘肃长城东部多黄土夯筑，西部则在夯土中夹杂有沙土、石块，瓜沙地区部分长城直接以红柳夹砂而成。又如山东齐长城的石墙均为随地取材垒砌而成，西部长清、肥城一带多为片麻岩，中部岱岳、历城等地多用泰山青石，章丘、莱芜地区多用石灰岩，而东部地区多用红色砂岩⑤。

第二，充分考虑并利用地形地貌，即为古人所说的"因地形"，也可概括为"因形就势"。古人修建长城要考虑地形地貌的影响，同时也充分利用了地形地貌，见诸文献的多是后者。齐国不仅修建人工墙体，还利用黄河、济水为天然屏障⑥。秦始皇长城一方面直接把自然地物（山水等）作为长城的有机组成部分，一方面则对部分自然地物进行人工改造，或铲削，或添筑人工构筑物，"因河为塞"、"城河上为塞"和"堑山堙谷"等做法皆是例证。再如斛律羡所修北齐长城，其间凡有险要之处，"或斩山筑城，或断谷起障"⑦。

到了明代，这类例子比比皆是，如明成化年间（1465～1487年），余子俊巡抚延

① 李百药：《北齐书（一）·列传第九·斛律羡传（卷十七）》［M］，中华书局，1972年版，227页。
② 魏征、令狐德棻：《隋书（五）·列传第二十五·崔仲方传（卷六十）》［M］，中华书局，1973年版，1448页。
③ 脱脱等：《金史（六）·列传第二十四·李石传（卷八十六）》［M］，中华书局，1975年版，1915页。
④ 司马迁：《史记（五）·越王勾践世家第十一（卷四十一）》［M］，中华书局，1982年版，1750页。
⑤ 赵晓林：《齐长城资源调查基本完成多项调查成果揭示齐长城价值》［N/OL］，《济南日报》，2010年3月16日（07）。http://jnrb1. e23. cn/html/jinrb/20100316/jinrb8928130. html。
⑥ 刘向：《战国策（上册）·秦策一·张仪说秦王（卷三）》［M］，上海古籍出版社，1978年版，99页。
⑦ 司马迁：《史记（九）·匈奴列传第五十（卷一百十）》［M］，中华书局，1982年版，2906页。

绥，曾上疏请在陕西延安、甘肃庆阳一线修筑长城，"依山形，随地势，或铲削，或垒筑，或挑堑，绵引相接，以成边墙"①。杨一清曾向明武宗建议修边的条陈里，就石涝池至花马池一段，认为"平衍宜墙者百三十一里，险崖峻阜可铲削者三十二里，宜为墩台，连接宁夏东路。"② 甘肃省永昌县河西堡铁厂至金川峡水库一带的明长城墙垣主要有土筑墙体、石砌墙体、山险墙和山险，上述几种不同类型的墙垣、一座烽火台（已消失）和山险墙北侧的壕堑共同构成此地的防御体系③。

长城的修建充分考虑并借助地形地貌，有两个好处：一是节省人力、物力和财力，司马迁曾言："吾适北边，自直道归，行观蒙恬所为秦筑长城亭障，堑山堙谷，通直道，固轻百姓力矣。"④ 二是增加长城难度系数，使长城更增险峻。历代长城都不同程度地考虑和利用了自然地形地貌，因此，"因地制宜"是修建长城的重要经验和做法。

四　综合体系

长城是综合性的军事防御体系，这一观点已被我国大多数专家学者所接受，也有史料记载和调查印证。纵观历代长城，可以得出这样的结论：长城以墙垣为主，同时还包括其他设施，主要分为壕堑类（含墙垣外的壕沟。一些没有修墙的地方，壕堑是另外一种形式的墙体）、烽燧类（含墩台、敌台和马面等）、城堡类（含城、郭、关和堡等）和其他类（如天田、虎落和品字窖等）。同时，长城体系内各元素的组合因时因地而存在较大差异。

以墙体为例，长城墙垣包括一般墙体、经过人工加工的自然地物和被直接利用的自然地物，具体形制和材质又因地形地貌而有所差异。齐长城墙体构成及材质非常典型，齐长城墙垣分为一般墙体和山险，一般墙体又可分为土墙、石墙和土石混筑墙体构成。其中土墙多在平川或低洼地方用土夯筑而成。石墙则主要是在山岭之上。墙体的垒砌有单面和双面垒砌之分，单面垒砌墙体多利用山岭自然地势，双面墙体多依山岭修筑⑤。

因此，长城体系内的各元素共同构成了长城这一防御工程体系，是长城的重要特点。

---

① 张廷玉等：《明史（一六）·列传第六十六·余子俊传（卷一百七十八）》[M]，中华书局，1974 年版，4736 页。
② 张廷玉等：《明史（一七）·列传第八十六·杨一清传（卷一百九十八）》[M]，中华书局，1974 年版，5227 页。
③ 笔者曾因工作缘故前往实地考察，消失的烽火台未亲眼所见，系长城资源调查队员告之。
④ 司马迁：《史记（八）·蒙恬列传第二十八（卷八十八）》[M]，中华书局，1982 年版，2570 页。
⑤ 赵晓林：《齐长城资源调查基本完成多项调查成果揭示齐长城价值》[N/OL]，《济南日报》，2010 年 3 月 16 日（07）。http://jnrb1.e23.cn/html/jinrb/20100316/jinrb8928130.html。

五　结　语

长城是中华民族的骄傲，是全人类共有的物质和精神财富。长城的修建史和发展史，同时也是中华民族大家庭的形成史，是中华民族大家庭发展和壮大的历史见证。深入系统地开展长城研究工作，有利于维护民族团结和祖国统一，对于促进我国新时期社会经济的全面发展具有重要意义。

作为一个具体事物，长城的本质应该是简单的，"具有一定的边界、限制和规定"。同时，长城是历史的产物，要站在历史的环境下去研究。要把长城研究推向深入，必须要用坐冷板凳的精神扎扎实实开展基础研究，剥去后人给长城加上的种种其他信息，还其本来面目。

*本文我国古代帝王年号纪年与公元纪年的对应，均依据《辞海（缩印本）》（1979 年版）收录的《中国历史纪年表》。

后记：本文在写作过程中，得到了西北大学段清波先生的指导，也得到了郭永利、王晓琪、郭军涛、陈卫东、刘缙、张晓亮和金迪等系友以及中国文化遗产研究院许慧君博士的支持，在此谨表感谢！

长城资源调查方法论

梁建宏*

长城是世界上体量最大的线性文化遗产，国家文物局与国家测绘局联合组织的长城资源调查是有史以来第一次全国范围内在统一标准规范的基础上对长城进行专题调查，有许多好的经验和做法值得总结。本文将重点对长城资源调查从方法论的层面进行总结，以期为其他调查和相关工作提供借鉴和参考。

一 调查目的、对象和内容

调查目的是调查的依据，贯穿调查过程始终，目的的确定要合理、明确。本次调查目的可以概括为摸清长城家底，建立记录档案和数据库，为全面加强长城保护、管理、研究和利用工作提供依据。简言之，本次调查是为全面加强长城管护工作服务的，而不是单纯的学术调查。只有准确把握调查目的，才能在调查中做好各项工作。

长城是综合性的军事防御体系，基于此，本次长城资源调查对象概括为三类：长城本体、附属设施和相关遗存，在对前两类细化的基础上，共分为五类：墙体、界壕/壕堑、关堡（关隘、城、鄣、堡、寨等）、单体建筑（敌台、马面、烽火台）和相关遗存。其中，墙体不仅包括人工构筑物，还包括被利用作为险阻的自然地物（山险、水险等），并引入了"消失段"的概念。通过调查实践，我们认为，这些概念的引入，极大地丰富和完善了长城墙体的内涵和外延，对确定长城的具体走向和长度具有极其重要的作用。

调查内容由调查目的决定，同时要考虑工作量和工作时间，经过反复讨论，最终确定这次调查内容包括：基本信息、保存现状及病害、自然与人文环境和以"四有"为核心的保护管理状况。

---

* 梁建宏：甘肃省文物局文物保护与考古处。

二　调查手段

关于调查手段，长城资源调查有两大支柱：一是传统考古调查手段，一是以遥感技术（Remote Sensing，RS）、地理信息系统（Geographical information System，GIS）、全球定位系统（Global Positioning System，GPS）等"3S"为代表的高科技手段。两者的紧密结合是本次调查的最大亮点和重要支撑。

具体来讲，要充分掌握前人调查、研究等工作成果，并利用地形图、航摄影像等进行前期判读分析；具体调查中，以田野考古调查为主，文物与测绘相互协作、紧密配合，展开调查。

三　组织形式和技术路线

本次调查的组织形式和技术路线可以概括为"试点先行、国家组织、省级组队、分县调查、组长负责"。

如前所述，本次调查有很多个第一，是全国范围内第一次系统开展的长城专题调查，是第一次大规模跨部门合作对一个相对具体的文化遗产进行调查，加之不同时代、不同地区的长城存在一定差异，没有现成经验可循，试点先行，可以积累经验，发现问题。长城资源调查实践表明，试点先行是很重要的举措。

长城线长、点多、面广，涉及多个省区，横亘我国北方，所在区域地形地貌、构筑方式非常复杂，之前所做的调查在很多细节上都不统一，各省区财力都不一样，国家层面则可以解决这些问题，因此，以国家行为的方式来组织本次调查，十分必要，也有利于成果的汇总、发布和使用。

调查队组（以下称"调查组"）由省级长城资源调查工作机构组建。由于长城沿线各省区大多业务力量单薄，省级组队有利于集中全省区具有一定能力的业务人员参与工作，也利于标准规范和相关要求的上传下达，比较符合国情和优化管理。

我国行政区划层级设置不完全一致，分县调查是我国目前行政区划层级这一基本国情所决定的，也有利于资料汇总和管理。分片过大过小均会导致资料检查、汇总、统计和管理难度较大。长城资源调查实践表明，以县为调查和统计单位是合适的。

组长负责制是长城资源调查基本制度，调查组是这次田野调查的一线组织，组长代表省级长城资源调查工作机构全面负责并主持调查组工作，并代表调查组与相关方面开展协调、衔接工作。

四 人员配备及基本装备

人员配备包括两部分：一是调查组、一是其他人员，如领导人员、检查指导人员、测绘像控点布设及内业人员等。本文仅讨论调查组的人员配备。根据长城资源调查实践，调查组正常人员配备以 5~6 人（含司机）为宜，包括文物与测绘人员，分别负责文字记录、照相摄像、绘图并采集地理坐标、调绘、司机，人员分工可以根据每个调查组具体情况进行调整。由于资料要实现电子化以及操作其他设备，调查组里大多数人应该具备一定计算机操作能力。

根据需要，调查组基本配置为计算机、手持式 GPS、对讲机、照相机、摄像机、望远镜、野外用水壶、野外服装及背包、越野车（每队组 2 辆，车辆还需要配备一定的野外救援工具，如铁锹、绳索、木板）等。

五 人员培训和资料准备

长城资源调查专业性很强，跨文物考古与测绘两大学科，时间长、人员多，为保证全国一盘棋，标准规范贯彻到每位参与人员，尤其是直接参与人员，必须开展培训。

由于人员较多，培训分国家和省级两级开展。国家主要培训各省管理人员和业务骨干，再从省级业务骨干中安排人员开展省级全员培训。长城资源调查实践性强，因此培训课程的设置既有理论培训，包括长城史、长城基础知识、田野考古方法、长城资源调查标准规范和部分设备操作，还有实习调查，实习地点要尽量选择长城资源比较典型、种类比较齐全的区域。

资料准备主要包括收集、研读和整理文献资料。包括前人调查成果，同时，在1：50000 地形图上绘制省级长城走向略图，确定长城资源调查范围，收集、扫描航摄资料和调查范围内国家控制成果资料，按照区域网布点法布设像控点。需要说明的是，这些工作从启动开始，伴随长城资源调查全过程。

六 田野调查方法

长城资源调查除前期准备工作外，工作内容主要分为田野调查（含调绘）、资料整合、长度量测和数据生产等。而田野调查则是所有工作的核心，鉴此，本文主要针对田野调查方法的重点内容进行总结。

（一）管理方面

调查组由省级长城资源调查工作机构指定组长负责日常管理，即组长负责制。需要说明的是，调查组长除承担全组日常管理外，还应承担具体的调查任务。

调查组内部既有分工又有协作，需要充分发挥团队精神，做好内部协调工作。调查组就是个小家庭，如果没有兄弟姐妹般的感情，不仅是生活无法正常进行，也会影响到调查工作的顺利开展。

调查组内部实行财务公开，并安排专人管理，一言堂式管理不利于调查工作顺利开展。省级长城资源调查机构对调查组经费管理模式分为两种：日发补助和包干，通过实践，个人认为没有一定之规，需要根据实际情况确定合适的管理模式。

调查质量实行分级控制。国家长城资源调查工作机构负责整体质量控制，省级长城资源调查工作机构负责辖区内调查全过程的质量控制，调查组对所调查资料和数据质量直接负责。质量控制分为检查指导、自检、汇报和验收四种方式，其中验收分为国家验收和省级验收，均采取室内加野外的模式，省级验收好的做法是两轮验收，第一轮验收提出问题，调查组修改完善，第二轮对前次提出的问题进行针对性检查，如修改彻底，则通过验收，否则继续修改，直至通过验收为止。

由于调查组员多为青壮年，大多上有老、下有小，虽然调查时间紧张，但也必须实行人性化管理，最基本的就是在调查一段时间后，应放假休整，或采取其他方式。当然人性化管理也必须有一定制度约束。

（二）技术方面

田野调查应坚持科学、求真、务实的精神，确保调查数据和资料全面、真实、可靠、有效。这是长城资源田野调查的基本原则。

长城资源调查标准规范是田野调查工作的依据和准绳，由于长城资源调查时间紧、任务重、要求高，坚持认真、深入学习贯彻执行标准规范并贯穿调查始终，是对每个调查人员的基本要求。实践证明，凡是这点做得好的调查组，调查资料就做得好。

调查采取"点、段、面"相结合的办法开展。点和段是基本的调查登录单元，是具体的长城资源，以点为单位调查登录适用于所有的长城资源，段则是专门针对具有线性特征的墙体和壕堑（含界壕）开展调查的调查登录单元，我们以点、段为单元调查登录，并经过我们整理汇总后形成的特定区域内长城防御体系的认识就是面。"点、段、面"三者有机结合是本次调查的基本方法。

调查的重要手段之一是大量走访群众，在甘肃等地区，牧羊人的作用不可忽视。走访过程中尽量使用当地群众自己的表述方式。重要的走访有文字和影像记录。战国秦长城沿线有大量砖瓦遗存，这是战国秦长城的重要特点之一，拿着这些砖瓦遗存去走访，是战国秦长城的重要作法。

现场调查时，不急于记录，由调查组共同对调查对象及其周边进行基本了解，确定名称和需要登录的基本信息，对于墙体和壕堑，还要先确定好分段。调查时，数据采集和记录要全面准确，除考古图可在现场勾出大样，回云后再细化外，其余调查登录工作均应在现场全部完成。由于甘肃等地长城所在区域属无人区或准无人区，很多地方无法返工或返工成本太高，因此现场记录要求就比较高。

对很多调查人员来讲，以前对长城不了解，同时对长城资源调查规范标准掌握的深浅程度不一，为确保质量，田野调查过程中坚持"讨论＋学习"的模式开展工作，是行之有效的重要作法。

现场调查记录及时做好整理汇总工作，尽管不可能完全做到日清，但是也不宜拖得太久，如果搁置时间太长，很多东西记不起来，或者容易混乱。需要说明的是，照片和录像必须当天做简单整理。

合理安排调查时间。以甘肃为例，长城所在区域夏季酷热、冬季极冷，早晚温差大，以及部分驻地距长城较远，如按正常时间出工，到了调查地点，要么天气极热极冷，没法正常工作，或者算上返程时间有效工作时间太短，为此，甘肃部分调查组采取了"早出晚归"的工作方式，具体时间根据季节和驻地远近随时调整。

七　保障措施

一、标准规范。这次调查是全国范围内统一开展，全国统一的标准规范是重要保障因素之一。试点后期，国家文物局与国家测绘局开始编制标准规范，并广泛征求意见，在 2007 年培训前印发实施。同时，国家文物局与国家测绘局在调查期间，又不断结合实际，对标准规范进行了完善细化，有力地保证了长城资源调查顺利开展。

二、工作制度。"无规矩不以方圆"，国家文物局与国家测绘局在制定长城资源调查标准规范的同时，制定了相关制度。甘肃等省也结合实际制定了系列制度。这些制度保证了长城资源调查有序高效开展。

三、安全。安全是生命线，没有安全保障，一切无从谈起。为调查组员购置人身意外险，加强安全教育，配备一定的防护设施，随时掌握天气动态，雨天不出野外等是为安全保障的基本措施。

四、检查指导。强有力的检查指导可以随时发现并解决调查中存在的问题，还可以及时发现好的作法进行总结并推广，这个做法对于顺利推进长城资源调查的作用无可替代。

北京市长城本体及沿线森林植被现状及管理对策

北京林业大学　北京市文物局

1　研究目的及意义

北京境内的长城遗址，以明长城为主，是万里长城的精华部分，在历经数百年的自然侵蚀和人为损毁，已经十分脆弱。在影响长城的自然因素中，森林植被具有特殊的重要性。一方面，这些森林植被具有突出的生态和文化社会意义，是高保护价值森林，是长城景观不可分割的组成部分。另一方面，森林植被具有很强的入侵能力，在生长、发育和演替过程中对其生长的物理环境具有很强的可塑性。

基于此，本研究以北京境内明长城本体及周边森林植被为对象，研究长城本体及周边森林植被的类型、结构特征、分布状况及变化趋势，分析森林植被对长城的潜在影响，结合长城本体的状况和文化遗产保护的要求，提出相应的森林植被管理策略，为保护和增强长城这一世界文化遗产的价值创造良好的自然环境，并为制定和实施综合性的长城保护规划提供依据。

研究的意义在于：（1）掌握北京市长城周边森林植被现状，为建立数字长城提供专业性的本底数据。（2）提出长城周边森林保护和科学经营管理措施，不断增强其价值，减少环境因素对世界文化遗产的侵害。（3）研究结果将为北京市制定综合的长城保护规划及文化遗产的保护性开发提供基础数据。

2　研究方法和数据来源

（1）长城周边森林植被的信息提取。结合长城普查数据及近期北京市森林资源调查数据，应用地理信息系统软件分区县及乡镇提取长城周边地类、优势树种、面积等信息。

（2）长城本体植被调查。分别砖墙、石墙、土墙以及马道、空心敌台、实心敌台、土心敌台等类型进行典型选样，共设置典型样地块6块。样地规格，根据实际情况定。

对于敌台，全部植被均作调查，对于马道，样地长一般为 20～30 米，宽以墙体宽为界。样地调查时进行 GPS 定位，主要调查内容包括：①每木调查。记录植被种类（重点是乔木树种和灌木，也包括草本），根径或胸径，高，冠幅，根系分布情况，平均土厚等因子。②植被根系记录（个别样地）。③周边环境及森林植被记录。

（3）土地利用及森林管理情况调查。在样地所在村，通过焦点人物访谈，重点了解长城周边土地利用方式，森林植被保护、利用及管理的历史和现状，其他对长城及长城森林植被产生影响的人为活动等。

野外调查工作自 2010 年 7 月至 2010 年 8 月间进行。

3 结果与分析

3.1 长城周边 500 米范围森林植被分布及结构特征分析

3.1.1 各地类面积

长城周边各地类面积见表 1。

表 1 长城周边 500 米范围各地类面积统计 单位 hm²

Table 1 All kinds of land area in the Great Wall around 500m range

区县	有林地[a]				未成林造林地[b]	灌木林地[c]	疏林地[d]	苗圃地	宜林地[e]	无立木地[f]	非林地[g]	合计
	针叶林	阔叶林	混交林	小计								
昌平	0.00	0.04	0.00	0.04	0.00	147.62	0.00	0.00	0.00	0.00	0.00	147.66
延庆	1957.33	4216.10	1220.81	7394.24	833.68	3682.6	19.05	3.06	369.52	7.74	3525.63	15835.52
密云	2733.05	3239.95	2278.35	8251.35	358.71	4384.84	206.39	0.00	451.04	20.74	718.61	14391.68
怀柔	241.12	3147.27	167.43	3555.82		3613.58		0.00	244.63	0.00	212.52	7626.55
门头沟	17.63	552.25	78.17	648.05		190.87		0.00	167.78		30.56	1037.26
平谷	479.18	2231.02	149.96	2860.16	18.09	1096.88	161.69	0.00	62.71	152.63	117.19	4469.35
合计	5428.31	13386.63	3894.72	22709.66	1210.48	13116.39	387.13	3.06	1295.68	181.11	4604.51	43508.02

注：

a 有林地指连续面积大于 0.067hm²、郁闭度 0.20 以上、附着有森林植被的林地。

b 未成林造林地指已种植林木、未到成林年限、尚未郁闭但有成林希望的林地。

c 灌木林地指附着有灌木树种或以经营灌木林为目的的林地。

d 疏林地指附着有乔木树种、连续面积大于 0.067hm²、郁闭度在 0.10～0.19 之间的林地。

e 宜林地包括宜林荒山荒地、宜林沙荒地及其他宜林地。

f 无立木地包括采伐迹地、火烧迹地及其他无立木地。

g 非林地指林地以外的农地、水域、未利用地及其他用地。

　　上表显示，明长城周边 500 米范围内总土地面积 43508.02hm²，地类以有林地和灌木林地为主，分别占总土地面积的 52.20% 和 30.15%，林灌覆盖率为 82.34%。但仍有一定数量的宜林地 1295.68hm²。此外，有非林地（主要包括农地、水域、未利用地以及交通、居民用地等）4604.51hm²，主要分布于延庆县。

　　在有林地中，有以板栗为主的经济林面积 2847.13hm²（板栗为 1451.67hm²，占经济林面积的 50.99%）。

3.1.2　各区县长城周边主要优势树种分布情况

　　长城周边 500 米范围内各区县主要优势树种分布见表 2～表 7。

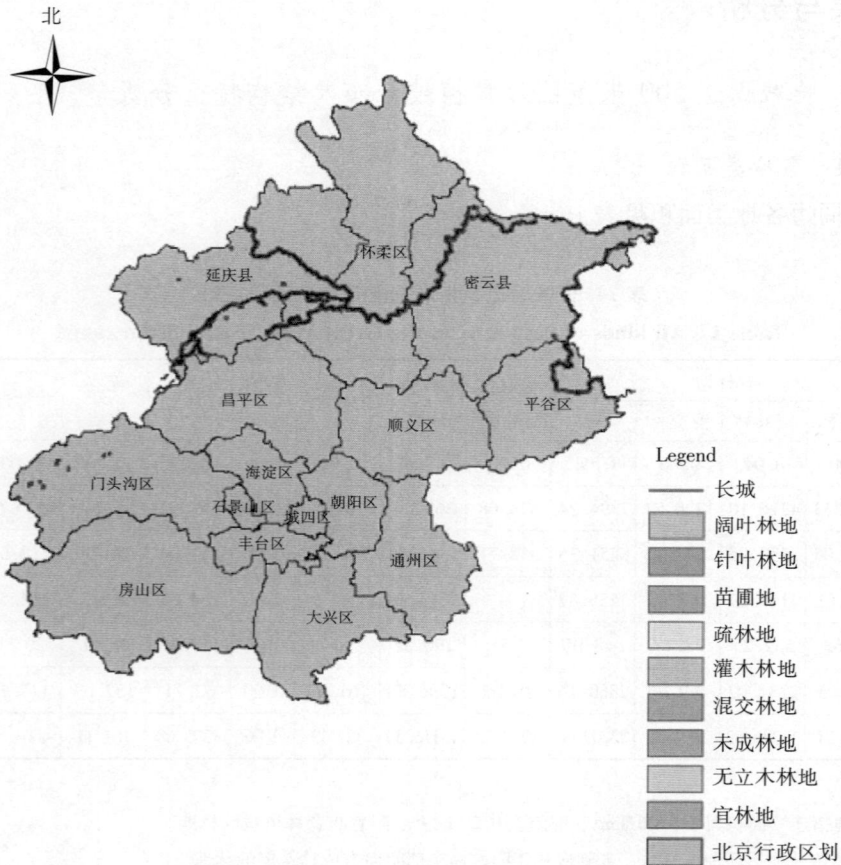

图 1　北京市长城周边地类分布图

Figure 1　Land types distribution surrounding the Great Wall in Beijing

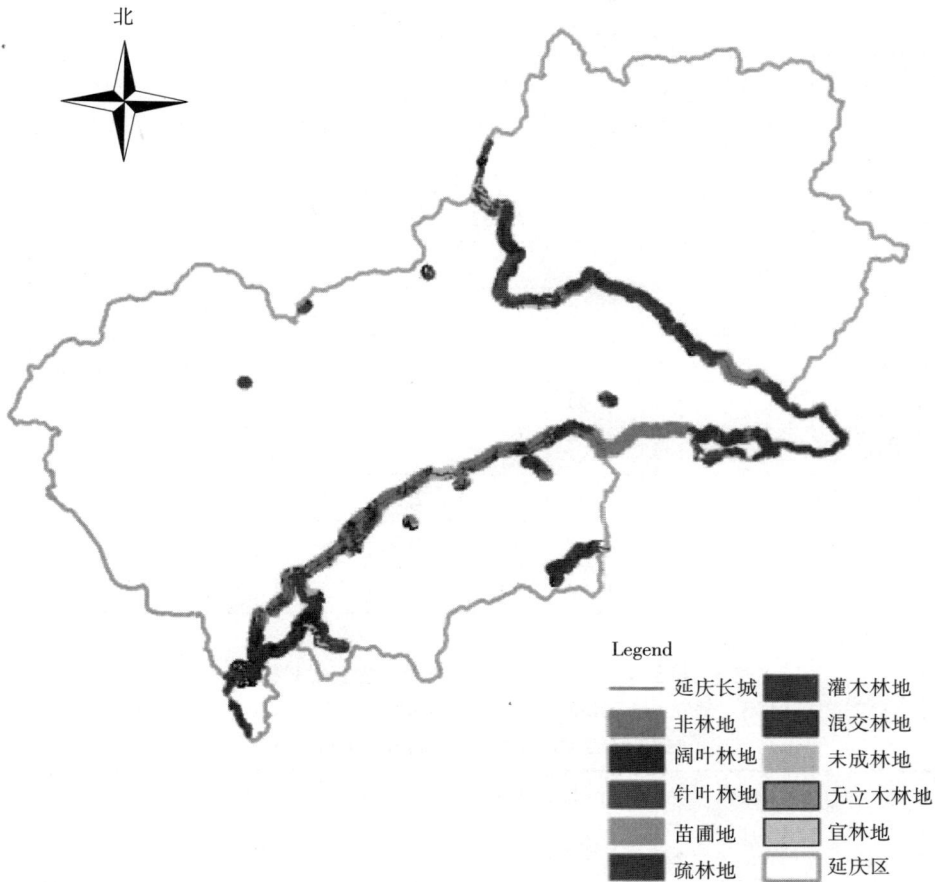

图2　延庆县长城周边地类分布图

Figure 2　Land types distribution surrounding the Great Wall in Yanqing county

　　平谷区长城周边乔木林主要分布在镇罗营（32.4%），金海湖（19.6%），黄松峪（14.2%）；主要乔木类型：栎类人工林（42.2%），天然阔叶林（21.7%），油松人工林（19.5%）。

　　密云长城周边乔木林主要分布在新城子（20.7%），冯家峪（17.4%），古北口（12.7%）；主要乔木类型为栎类天然林（29.6%），油松人工林（18.5%），侧柏人工林（16.0%）。

表2　平谷区长城周边 500 米范围内主要优势树种分布　　　　单位 hm^2

Table 2　Main advantage tree species distribution in Pinggu district within the Great Wall around 500m range

乡 镇	侧柏		阔叶树		油松	栎类		刺槐	合计
	天然林	人工林	人工林	天然林	人工林	天然林	人工林	人工林	
大兴庄					38.21				38.21
黄松峪		3.38	33.02	70.32	44.17	34.70	158.35		343.94
金海湖		48.04			230.53		187.20	9.61	475.38
南独乐河		2.89		57.46	19.90	94.03	144.20		318.48
四座楼林场				138.77	35.91		39.62		214.30
王辛庄			11.24	35.82			25.59		72.65
兴谷开发区					7.32	13.07	26.09		46.48
熊尔寨					2.30	91.71	30.31		124.32
镇罗营	2.92	13.06	45.59	220.59	93.67		409.81		785.64
合计	2.92	67.37	89.84	522.96	471.99	233.51	1021.18	9.61	2419.39

表3　密云县长城周边 500 米范围内主要优势树种分布　　　　单位 hm^2

Table 3　Main advantage tree species distribution in Miyun county within the Great Wall around 500m range

乡镇	乡镇总计	侧柏		阔叶树		落叶松	山杨		油松		栎类		刺槐
		天然林	人工林	天然林	人工林	人工林	天然林	人工林	天然林	人工林	天然林	人工林	人工林
北庄	672.75	25.21	86.01					1.70		79.53	478.69	1.61	
不老屯	737.18		210.86			76.68		0.48		133.23	8.79	307.15	
大城子	459.68	110.46	3.91				17.90		21.41	173.00	40.82	46.39	45.79
冯家峪	1244.77	180.13			23.87		168.19	19.77		207.61	600.17	0.40	44.63
高岭	270.96	82.33	49.24	56.37				6.10			39.08	32.53	5.30
古北口	907.34		520.18		1.56		37.37			130.83	89.04	59.40	68.97
石城	708.25	329.70	157.80				109.29		7.66	31.94	48.50		23.36
太师屯	278.70					30.20				19.68	228.82		
五座楼林场	144.08	20.18		22.19			83.34				18.37		

续表

乡镇	乡镇总计	侧柏		阔叶树		落叶松	山杨		油松		栎类		刺槐
		天然林	人工林	天然林	人工林	人工林	天然林	人工林	天然林	人工林	天然林	人工林	人工林
雾灵山林场	186.92			23.82					3.02	83.21	76.87		
溪翁庄	58.16			45.84							12.32		
新城子	1480.73	126.75	117.99		2.28	148.50		28.25	0.48	462.86	476.66	78.53	38.43
合计	7149.53	874.76	1145.98	172.08	3.84	255.38	416.08	56.30	32.56	1321.89	2118.15	526.01	226.48

怀柔长城周边乔木林主要分布在渤海镇（46.3%），九渡河镇（29.5%）；主要乔木类型为阔叶天然林（34.7%）、栎类天然林（36.4%）。

表4　怀柔区长城周边500米范围内主要优势树种分布　　单位 hm^2

Table 4　Main advantage tree species distribution in Huairou district within the Great Wall around 500m range

乡镇	乡镇总计	侧柏	阔叶树	落叶松	山杨	油松		栎类	
		人工林	天然林	人工林	天然林	天然林	人工林	天然林	人工林
渤海镇	814.34	9.47	395.08	29.43	82.63	75.69	25.21	196.83	
怀北镇	144.85	113.15					31.70		
九渡河镇	518.31		215.12		17.14		50.07	195.94	40.04
合计	1477.50	122.62	610.20	29.43	99.77	75.69	106.98	392.76	40.04

延庆县长城周边乔木林主要分布在四海（33.4%），刘家堡（12.7%），永宁（12.5%）；主要乔木类型为栎类天然林（32.3%），油松人工林（24.7%），阔叶天然林（10.8%）。

表5　延庆县长城周边500米范围内主要优势树种分布　　单位 hm^2

Table 5　Main advantage tree species distribution in Yanqing county within the Great Wall around 500m range

乡镇	乡镇总计	侧柏	刺槐	阔叶树		山杨		油松	栎类		桦树	落叶松
		人工	人工	人工	天然	人工	天然	人工	人工	天然	天然	人工
八达岭	603.77	205.27	11.03	10.75	298.6	12.55	5.05	18.17	17.22	25.13		
八达岭林场	607.66	45.94	17.38	57.76	58.53	16.51		352.39			13.79	45.36
大榆树	122.47	0	11.35			46.48		62.41				2.23

乡镇	乡镇总计	侧柏	刺槐	阔叶树		山杨		油松	栎类		桦树	落叶松
		人工	人工	人工	天然	人工	天然	人工	人工	天然	天然	人工
大庄科	198.13	8	0.78		116.54	2.31	1.96	57.08		10.23		1.23
井庄	378.04	143.11	46.33	16.03	1.37	48.03	24.95	98.22				
旧县	19.15	0		0.46				17.03				1.66
刘斌堡	890.15	3.97	2.68		2.07	50.36	28.33	280.86	167.67	267.02		87.19
沈家营	31.87	0	28.25					3.62				
四海	2326.42	10.91		11.1	260.59	12.92	229.83	204.92		1346.75		249.4
香营	673.4	3.69	74.89		4.15	16.35	24.34	247.02	0.55	133.95		168.46
延庆镇	57.961	0.57								53.2		4.19
永宁	867.71	0	22.93	47.57	6.32	6.17	14.03	378.72	79.48	280.83	31.66	
张山营	10.19	4.63			3.81							1.75
珍珠泉	177.91	0		45.67		0.29				131.95		
区县总计	6964.83	426.09	215.62	189.34	751.98	211.97	328.49	1720.44	264.92	2249.06	45.45	561.47

　　昌平长城周边乔木林主要分布在雁栖镇（99.9%），主要乔木类型为栎类天然林（56.7%），山杨（17.8%）。

表 6　昌平区长城周边 500 米范围内主要优势树种分布　　　　　　　单位 hm²

Table 6　Main advantage tree species distribution in Changping district within the Great Wall around 500m range

乡　　镇	乡镇总计	阔叶树	山杨		油松	栎类	桦树
		天然林	天然林	人工林	人工林	天然林	天然林
雁栖镇	460.01	71.19	82.02	2.79	16.47	260.72	26.83
南口镇	0.04	0.04					
合计	460.06	71.23	82.02	2.79	16.47	260.72	26.83

　　门头沟长城周边乔木林主要分布在斋堂镇（68.4%），主要乔木类型为栎类天然林（70.0%），桦树天然林（16.4%）。

表7　门头沟区长城周边 500 米范围内主要优势树种分布　　　单位 hm²

Table 7　Main advantage tree species distribution in Mentougou district within the Great Wall around 500m range

乡　镇	乡镇总计	阔叶树		山杨	栎类	桦树
		天然林	人工林	天然林	天然林	天然林
清水镇	67. 30	20. 19			33. 73	13. 39
斋堂镇	146. 17		6. 51	2. 30	115. 80	21. 56
合计	213. 48	20. 19	6. 51	2. 30	149. 54	34. 95

从以上统计资料可知北京市长城周边主要乔木林主要分布在密云（37.7%）、延庆（36.3%）、怀柔区（11.6%），主要乔木类型为栎类天然林（29.8%），油松人工林（14.5%）。

3.1.3　各区县长城周边经济林分布情况

长城周边 500 米范围内各区县经济林树种分布见表8～表12。

平谷长城周边经济林主要分布在镇罗营（27.9%）、金海湖（23.6%）、城关（15.3%），主要经济作物为板栗（22.5%）、柿子（23.5%）、核桃（18.9%）、梨（18.0%）。

表8　平谷区长城周边 500 米范围内经济林分布　　　单位 hm²

Table 8　Economic forest distribution in Pinggu district within the Great Wall around 500m range

乡　镇	板栗	核桃	红果	梨	李子	柿子	桃	鲜杏	乡镇总计
城关		117. 2	31. 8	52. 5	32. 9				234. 4
大兴庄	12. 4								12. 4
黄松峪	25. 6	43. 0				69. 9		18. 1	156. 6
金海湖	67. 1	91. 1				192. 3	10. 8		361. 3
南独乐河						97. 4		41. 7	139. 1
王辛庄				116. 7					116. 7
兴谷开发区			15. 0						15. 0
熊尔寨	13. 4		5. 9					46. 4	65. 7
镇罗营	224. 8	37. 6	7. 7	105. 6	6. 3			44. 9	426. 9
合计	343. 3	288. 9	60. 4	274. 8	39. 2	359. 6	102. 1	59. 8	1528. 1

注：经济林指以生产油料、干鲜果品、工业原料、药材及其他副特产品为主要经营目的的森林、林木和灌木林。

密云长城周边经济林主要分布在石城（29.2%），冯家峪（24.1%），大城子（18.6%），主要经济作物为 板栗（77.0%）。其次是仁用杏（4.9%）。

表 9　密云县长城周边 500 米范围内经济林分布　　　　　单位 hm²

Table 9　Economic forest distribution in Miyun county

within the Great Wall around 500m range

乡　镇	板栗	核桃	红果	梨	李子	苹果	仁用杏	鲜杏	乡镇总计
北庄					19.8	2.2	2.2	2	26.2
不老屯	162.4								162.4
大城子	143.6	3.5	24.8	26.7			17.7		216.3
冯家峪	280.1								280.1
高岭	12.3								12.3
石城	269.8	14.1		8.3		9.1	11.1	27.8	340.2
五座楼林场							44.2		44.2
西田各庄	28.1					16.6			44.7
新城子			15.5			22.7			38.2
合计	896.3	17.6	40.3	35.0	19.8	68.3	57.5	29.8	1164.6

怀柔长城周边经济林主要分布在九渡河（44.9%）、渤海（26.1%）；经济作物主要是板栗（69.9%）和仁用杏（20.0%）。

表 10　怀柔区长城周边 500 米范围内经济林分布　　　　　单位 hm²

Table 10　Economic forest distribution in Huairou district

within the Great Wall around 500m range

乡　镇	板栗	核桃	红果	仁用杏	鲜杏	梨	苹果	乡镇总计
渤海	179.2	17.0	9.0	289.3	233.7			728.2
淮北	53.6			156.9		17.6		228.1
九渡河	1167.9			81.2				1249.1
雁栖镇	544.2			22.6		9.7	2.4	578.9
合计	1944.9	17.0	9.0	550.0	233.7	27.3	2.4	2784.3

延庆长城周边经济林主要分布在四海（27.3%），井庄（24.0%），大庄科（21.8%）。主要经济作物为板栗（46.3%），苹果（18.7%）。

表 11　延庆县长城周边 500 米范围内经济林分布　　　　　单位 hm²

Table 11　Economic forest distribution in Yanqing county
within the Great Wall around 500m range

乡镇	板栗	核桃	红果	李子	苹果	葡萄	仁厓杏	桃	鲜杏	枣	乡镇总计
八达岭					27.8		15.6	1.2	1.8		46.4
大榆树				16.0	30.1		14.4			14.8	75.3
大庄科	161.6	1.8	12.8				7.3				183.5
井庄		6.1	12.7	55.0	76.7		51.0				201.5
刘斌堡			4.2		22.9		29.6				56.7
四海	217.5						12.1				229.6
香营						0.7	8.3				9.0
永宁		12.9	0.7				14.8				28.4
珍珠泉	10.1										10.1
合计	389.2	20.8	30.4	71.0	157.5	0.7	153.1	1.2	1.8	14.8	840.5

门头沟长城周边植被主要分布在斋堂镇（61.1%），主要经济作物是仁用杏（67.4%）。

表 12　门头沟区长城周边 500 米范围内经济林分布　　　　　单位 hm²

Table 12　Economic forest distribution in Mentougou district
within the Great Wall around 500m range

乡　镇	核桃	苹果	仁用杏	鲜杏	枣	乡镇总计
清水镇			70.8			70.8
斋堂镇	16.3	8.1	51.9	18.7	16.2	111.2
合计	16.3	8.1	122.7	18.7	16.2	182.0

综合起来，上述 5 个区县经济林总面积为 6499.5hm²，占明长城周边 500 米范围内总土地面积 43508.02hm² 的 14.94%。其中平谷区为 1528.1hm²，占经济林总面积的 23.51%，密云县为 1164.6hm²，占 17.92%，怀柔区为 2784.3hm²，占 42.83%，延庆县为 840.5hm²，占 12.93%，门头沟区为 182.0hm²，占 2.80%。

经济林树种较大宗的有：板栗 3573.7hm²，占经济林总面积的 54.98%，主要分布在怀柔（1944.9hm²）和密云（896.3hm²）；其次是仁用杏，面积为 883.3hm²，占经济林总面积的 13.59%，主要分布在怀柔（550.0hm²）；再就是核桃 360.6hm²，主要分布在平谷（288.9hm²），柿子 359.6hm²，仅分布在平谷，鲜杏 343.8hm²，主要分布在怀柔（233.7 hm²），这三项占经济林总面积的 16.37%。

3.1.4　灌木林地及其主要物种分布情况

长城周边 500 米范围内各区县灌木林分布见表 13 ~ 表 17。

表 13　平谷区长城周边 500 米范围内灌木林分布　　　　　　单位 hm²
Table 13　Shrub distribution in Pinggu district
within the Great Wall around 500m range

乡　镇	荆　条	杂灌丛	榛　丛	乡镇总计
城关	71.68			71.68
大兴	78.41			78.41
黄松峪	77.96	0.01		77.97
金海湖	328.17			328.17
南独乐河	62.68			62.68
四座楼林场		92.55	24.38	116.93
王辛庄	26.12	16.33		42.45
熊耳寨	91.39			91.39
镇罗营	164.99	62.21		227.2
合计	901.4	171.1	24.38	1096.88

表 14　密云县长城周边 500 米范围内灌木林分布　　　　　　单位 hm²
Table 14　Shrub distribution in Miyun county
within the Great Wall around 500m range

乡镇	荆条	杂灌丛	鹅耳枥	山杏、荆条	绣线菊	酸枣、荆条	乡镇总计
北庄	86.21	61.87					148.08
不老屯	371.83	6.17					378.00
大城子	81.68						81.68
冯家峪	331.32	183.34		152.98		45.42	713.06
高岭	97.16	80.07	44.61		22.93		244.77
古北口	60.7			2.64			63.34
石城	721.96		4.32	34.00			760.28
太师屯	35.49	5.34					40.83
五座楼林场	144.53		3.11				147.64
雾灵山林场	21.28			8.35			29.63
西田各庄	371.82	12.03	161.34		156.96	114.83	816.98
溪翁庄	10.12	0.67					10.79
新城子	512.27			436.77			949.04
合计	2846.37	349.49	213.38	634.74	179.89	160.25	4384.12

表 15　怀柔区长城周边 500 米范围内灌木林分布　　　单位 hm²

Table 15　Shrub distribution in Huairou district
within the Great Wall around 500m range

乡镇	荆条	杂灌丛	鹅耳枥	山杏、荆条	绣线菊	榛丛	酸枣、荆条	乡镇总计
渤海	310.75	581.54	141.84	6.00	84.20	23.04		1147.37
怀北	565.00				29.60			594.60
九渡河				176.85	155.50		719.01	1051.36
琉璃庙					3.78			3.78
雁栖	519.25	140.78	52.78	87.27	14.43	2.06		816.56
合计	1395	722.32	194.62	270.12	287.51	25.1	719.01	3613.67

表 16　延庆县长城周边 500 米范围内灌木林分布　　　单位 hm²

Table 16　Shrub distribution in Yanqing county
within the Great Wall around 500m range

乡镇	荆条	杂灌丛	山杏、荆条	绣线菊	榛丛	酸枣、荆条	辽东栎萌生丛	乡镇总计
八达岭	115.18	252.81	99.08	260.93				728.00
八达岭林场	40.34	108.00	56.95	67.61		86.51	23.27	382.68
大榆树			76.33					76.33
大庄科		103.65	338.78					442.43
井庄		5.25	71.97		0.11			77.33
旧县		1.08		6.05				7.13
刘斌堡	179.80	32.29	228.42			15.31		455.82
沈家营	6.99		2.32					9.31
四海	108.81	280.68	371.34					760.83
香营	23.27	14.68	76.71			46.38		161.04
延庆镇			1.59	5.30				6.89
永宁	31.96		419.44		4.04	7.1		462.54
张山营	65.40	3.90						69.30
珍珠泉			42.95					42.95
合计	571.75	802.34	1785.88	339.89	4.15	155.3	23.27	3682.58

表 17　昌平区长城周边 500 米范围内灌木林分布　　　　单位 hm^2

Table 17　Shrub distribution in Changping district
within the Great Wall around 500m range

乡镇	荆条	杂灌丛	乡镇总计
流村	53.55	69.98	123.53
南口	24.09		24.09
合计	77.64	69.98	147.62

表 18　门头沟区长城周边 500 米范围内灌木林分布　　　　单位 hm^2

Table 18　Shrub distribution in Mentougou district
within the Great Wall around 500m range

乡镇	荆条	杂灌丛	山杏、荆条	绣线菊	辽东栎萌生丛	乡镇总计
清水	17.18	12.22	56.47	37.7		123.58
斋堂	41.35				25.94	67.29
合计	58.53	12.22	56.47	37.7	25.94	190.87

通过以上数据可知，北京市长城两侧灌木林主要分布在密云、延庆和怀柔，占总灌木林面积的百分比分别为 33.4%，28.1%，27.6%。这三个区县灌木林总面积占灌木林总面积的 89.1%。密云县灌木林主要分布在新城子（949.04hm^2），西田各庄（816.98hm^2），石城（759.8hm^2）和冯家峪（713.06hm^2）。延庆灌木林主要分布在四海（760.83hm^2），八达岭（728.01hm^2），永宁（462.53hm^2），刘斌堡（455.81hm^2），大庄科（442.43hm^2）。怀柔灌木林主要分布在渤海镇（1147.37hm^2），九渡河镇（1051.30hm^2），雁栖镇（816.56hm^2）。平谷灌木林主要分布在金海湖（328.17hm^2），镇罗营（227.20hm^2）。昌平灌木林主要分布在流村镇（123.53hm^2）。门头沟区灌木林主要分布在清水镇（123.58hm^2）。

3.1.5　宜林地分布

宜林地主要包括宜林荒山荒地和宜林沙荒地，需要进行植被恢复。长城周边 500 米范围内各区县宜林地分布见表 19。

根据下表，长城周边需要绿化的重点乡镇为怀柔区的渤海镇（244.63hm^2），密云县的古北口镇（195.46hm^2）、新城子（95.61hm^2）、西田各庄（91.52hm^2），延庆县的八达岭镇（185.09hm^2），再就是门头沟区的斋堂镇（97.20hm^2）。

表 19　长城周边 500 米范围内各区县宜林地分布　　单位 hm²

Table 19　Forest distribution of the district and

Counties in the Great Wall around 500m range

区县	乡镇	面积	合计
平谷区	黄松峪	15.98	62.71
	镇罗营	46.73	
怀柔区	渤海镇	244.63	244.63
密云县	北庄	38.66	451.05
	大城子	3.82	
	古北口	195.46	
	太师屯	25.96	
	西田各庄	91.52	
	新城子	95.61	
延庆县	八达岭	185.09	369.52
	大榆树	5.32	
	大庄科	16.86	
	井庄	74.26	
	刘斌堡	17.12	
	四海	10.59	
	香营	19.75	
	永宁	40.53	
门头沟区	清水镇	70.57	167.78
	斋堂镇	97.20	

3.1.6　长城周边植被影响分析

长城周边 500 米沿线良好的森林植被对长城保护有积极影响。这种影响是多方面的，一是有利于坡地的水土控制。由于北京明长城多是沿山脊而筑，因此，保持坡地的稳定性极为重要，良好的森林植被有利于坡地水土保持。二是森林植被提供粗糙的下垫面，可降低风速，吸附尘土，减少土壤在墙体上的风积。三是提高长城的景观质量。当前，北京明长城周边 500 米范围林灌覆盖率为 82.34%。其中森林覆盖率为 52.20%，灌木覆盖率为 30.15%。长城周边植被为长城本体的保护提供了良好的自然环境。但也要注意到两个方面的问题，一是周边良好的植被，也在促进长城本体植被的演替，为其提供了源源不断的种质资源。二是长城周边植被中，经济林面积 6499.5hm²，占明长城周边 500 米范围内总土地面积的 14.94%，尤以怀柔区为多，达 2784.3hm²。经济林的耕作对坡地水土保持可能产生不利影响。此外，仍有一定数量的宜林地 1295.68hm² 及非林地 4604.51hm²（主要包括农地、水域、未利用地以及交通、居民用地等）。这些宜林地有待绿化，非林地需要分类管理。

3.2　长城本体森林植被状况及分析

北京境内的明长城，绝大部分地段位于燕山山系的北山，仅少部分地段位于属于太行山余脉的西山。长城依山就势，多位于分水岭或山脊地带，抑或断层崖顶部。根据筑砌材质，可分为砖石长城、石砌长城及土砌长城。由于年代久远，历经风雨侵蚀和人为损毁，大部分墙体已有林灌覆盖，只是程度各异。

下面为分类型的长城本体森林植被典型样地调查结果（见表 20 ~ 表 25）。

3.2.1　石墙马道

样地位于平谷区玻璃台镇，N40°38.580′，E116°50.882′，样地大小：13.2 米 × 1.5 米，土层平均厚度 8 厘米。

表 20　石墙马道植被状况　　单位：cm，m，株，m²，株/100m²
Table 20　Vegetation status of sample plot

植被名称	平均地径	平均高	株数	冠幅总面积	平均冠幅[a]	株数密度[b]
五角枫	5.43	4.08	4	70.95	17.74	21
榆树	2.50	1.60	3	1.33	0.44	16
桑树	2.90	0.90	1	1.13	1.13	6
荆条	1.79	1.87	60	16.14	0.27	304
小叶鼠李	0.75	1.00	9	1.57	0.17	46

草本：鸢尾、曲枝天门冬、银背粉蕨、景天三七、大叶草、苔草、狗尾草、旱生地柏，草本盖度 50%。

株数密度：乔木 43，灌木 350

冠幅总面积：乔木 72.07，灌木 17.71

注 a：平均冠幅 = 冠幅总面积/株数，下同。

注 b：株数密度 = 100 *（株数/样地面积），即每 100m² 林木株数，下同。

3.2.2　实心敌台

位于平谷区黄松峪镇，GPS 位点 N40°38.578′，E116°50.879′，样地大小为直径 60 米的圆形台，土层平均厚度 20 厘米。

表 21　实心敌台植被状况　　单位：cm，m，株，m²，株/100m²
Table 21　Vegetation status of sample plot

植被名称	平均地径	平均高	株数	冠幅总面积	平均冠幅	株数密度
暴马丁香	5.60	3.40	49	20.01	0.41	174
桑树	7.00	3.50	5	8.30	1.66	18
丁香	3.10	2.10	5	0.44	0.09	18
胡枝子	0.20	1.10	3	0.16	0.05	11
荆条	2.41	2.21	109	22.99	0.21	386
小叶鼠李	0.10	1.00	1	0.13	0.13	4

草本：石竹、白首乌、5735、5734、丝叶蒿木、羊胡子草、白莲蒿、野鸢尾，草本盖度 70%。

株数密度：乔木 192，灌木 419

冠幅总面积：乔木 28.31，灌木 23.72

3.2.3　砖墙马道

位于密云县大城子镇，GPS 位点 N40°26.464′，E117°15.355′，样地大小：26 米 × 2.5 米，坡度 33.9°，土层平均厚度 30 厘米。

表 22　砖墙马道植被状况　　单位：cm，m，株，m²，株/100m²
Table 22　Vegetation status of sample plot

植被种类	平均地径	平均树高	株数	冠幅总面积	平均冠幅	株数密度
槲树	10.35	3.50	2	21.53	10.77	4
鹅耳枥	3.28	2.54	102.00	45.62	0.45	157
小叶白蜡	0.40	0.90	4.00	0.16	0.04	7
山杏	1.05	1.25	4.00	0.29	0.07	7
刺齿鼠李	4.80	2.00	1.00	2.14	2.14	2
小叶鼠李	1.76	1.18	26.00	2.81	0.11	40
胡枝子	0.30	1.20	3.00	0.16	0.05	5
荆条	1.21	1.43	23.00	4.39	0.19	36
绣线菊	0.45	1.07	97.00	4.92	0.05	150

草本：鸢尾、防风、大叶草、稗草、白莲蒿、野大豆、狗尾巴草，草本盖度 70%。

株数密度：乔木 175，灌木 233

冠幅总面积：乔木 67.60，灌木 14.42

3.2.4　空心敌台

位于怀柔区雁栖镇西栅子村，GPS 位点 N40°28′36″，E116°30′9″，样地大小：10 米×6 米土壤平均厚度：17 厘米。

表 23　空心敌台植被状况　　单位：cm，m，株，m²，株/100m²

Table 23　Vegetation status of sample plot

植被名称	平均地径	平均高	株数	冠幅总面积	平均冠幅	株数密度
榆	1.8	3	10	7.79	0.78	17
鹅耳枥	2.89	2.77	73	27.90	0.89	122
五角枫	4.65	4.5	1	2.86	2.86	2
山桃	3.75	5.1	1	7.31	7.31	2
花曲柳	2.6	2.4	1	5.52	5.52	2
山樱桃	2.9	2.1	10	4.73	0.47	17
绣线菊		1.15	2	1.23	0.61	4
丁香	4.1	3.475	7	10.24	1.46	12

草本：羊胡子草、大叶草、玉竹，草本盖度80%。

株数密度：乔木 145，灌木 33

冠幅总面积：乔木 51.38，灌木 16.2

3.2.5　土墙

位于延庆县八达岭镇程家窑村，GPS 位点 N40°22.418′，E115°59.598651′，样地大小：30 米×1.5 米。

表 24　土墙植被状况　　单位：cm，m，株，m²，株/100m²

Table 24　Vegetation status of sample plot

植被名称	平均地径	平均高	株数	冠幅总面积	平均冠幅	株数密度
河朔荛花	1.26	0.73	52	1.9	0.04	31
酸枣	2.6	0.97	126	18.23	0.14	75

草本：白耆蒿、稗草、羊胡子草，草本盖度20%。

株数密度：灌木 106

冠幅总面积：灌木 20.13

3.2.6 土心敌台

位于延庆县八达岭镇程家窑村，GPS 位点 N40°22.427′，E115°59.609′，样地大小：5.8 米×5 米，土层平均厚度 26~28 厘米。

表 25 土心敌台植被状况 单位：cm，m，株，m²，株/100m²
Table 25 Vegetation status of sample plot

植被名称	平均地径	平均高	株数	冠幅总面积	平均冠幅	株数密度
榆树	1.30	2.40	3	7.07	2.36	10
河朔荛花	0.92	1.22	13	25.92	2.0	45

草本：野韭菜、狗尾巴草、蚂蚁草、批针叶苔草、曲枝天门冬，草本盖度 90%。

株数密度：乔木 10，灌木 45

冠幅总面积：乔木 7.07，灌木 25.92

3.2.7 北京市长城本体植被状况分析

（1）长城本体森林植被处于政策性恢复中

长城本体植被主要是近 20 多年来逐渐恢复起来的。从 20 世纪 50 年代到 20 世纪 70 年代末，山区农村主要实行集体经济，山区缺煤少柴，由村集体统一组织采伐山场和伐木烧炭，本村及外村的村民农闲时也上山樵采薪材，长城墙体上附生的植被也不能幸免，故而较少有杂灌木丛生的现象。此外，村域内各类土地人为活动显著（包括各种种植、采集和开采活动等），长城墙体进一步受到破坏或松动（如用长城砖石砌房砌地）。在农村实行联产承包责任制后，土地使用权到农户，农民外出打工逐渐增多，一些偏远地段的土地（包括农地甚至一些经济果木）荒废，加之农村的能源消耗结构不断变化，特别是近些年来，北京市实施生态林管护，各种干扰植被的人为因素受到严格控制，长城墙体原来被不断樵采的植被以及新侵入长城墙体的植物均开始自由地生长。查数墙体上萌蘖生长的乔灌木生长年轮，多在 10~25 年间，也表明在这段时间长城本体的森林植被得到较快恢复。

森林植被的这种恢复趋势仍会继续。一是政府实施的深山区移民政策仍在继续，很大程度减少了森林中人的活动；二是政府及社区在生态林管护中实施的禁牧、禁猎、禁薪、禁垦、禁伐等措施，强化了森林植被的保护。三是地方社区生活水平不断提高，生态保护意识增强，森林植被很少作为物质资料进行消费使用，更加重视其景观价值、游憩价值及生态服务价值。四是林业部门执行的严格的限额采伐政策。即除自留地及房前屋后的林木外，林木的采伐（包括长城周边及本体上的林木）必须取得采伐许可证，否则视为违法。这些活动的开展或措施的执行，使长城本体植被自 20 世纪 80 年代以来一直处于进展演替中。这种演替趋势表明，森林植被将对长城本体发挥越来越大的影响。

（2）长城本体森林植被由灌木型为主向乔木型为主转变

长城墙体上物种众多，特别在砖石长城部分和各种敌台，森林植被目前处于以灌木为主，乔灌并存的生长阶段。这些乔木树种包括五角枫、暴马丁香、侧柏、鹅耳枥、桑树、山桃、山杏、槐树、黄杨、坚桦、金银木、槲树、栾树、花曲柳、小叶白蜡等，灌木树种有荆条、刺齿鼠李、绣线菊、丁香、山樱桃、六道木、山枣、胡枝子、照山白、河朔荛花、雀儿舌头、金山梅花、卫矛等。上述样地中，除延庆的一个土心敌台样地和土墙样地没有乔木，均生长有乔木。这些样地的乔木中，虽然当前胸径大于起测径阶5厘米的计测乔木不多，但其生长势较好。个别样地已有较高大的乔木或粗大的灌木，如在密云县的砖墙马道样地中，有两株槲树，树高为3.3米和3.7米，胸径则分别为8.7厘米和12厘米。一些地段很可能在10～20年内形成以乔木为主、乔灌草并存的林相。这种演替趋势将加大对长城墙体的破坏：一是巨大冠幅产生的"风帆效应"，二是一些深根性乔木树种根系具有更强的穿透力。如槐树为耐寒、抗旱、深根性树种。槲树也为深根性树种。五角枫根系较发达，深根性，萌蘖能力和保持水土能力强。暴马丁香以及灌木树种胡枝子的根系也很发达。

4　管理对策和建议

4.1　建设绿色长城景观廊道

长城不仅仅是一座防御工程，同时也是与自然融为一体的自然文化景观。长城建筑风格独特，长城的保护，不仅仅是文化遗产本身的保护，也包括其周边自然环境的保护，从而保持遗产的整体风格及遗产本体与整体环境的协调性。长城周边天然植被群落类型多样。特别是人烟稀少地段，原始林虽已破坏，但存在一定面积具有较强恢复能力的退化次生林及残留种。建设绿色长城景观廊道，是保护古老长城、原始物种和地质地貌条件合一景观的重要举措。

绿色长城景观廊道，可划分为滨墙区和缓冲区。滨墙区以2003年北京市规划委员会及市文物局划定的长城临时保护区的非建设区为范围，即长城墙体两侧500米范围内区域。该范围内森林植被应加以严格保护，无林地段应积极恢复，绝对禁止采石、取土、伐木。缓冲区以长城临时保护区的限制建设区为范围，即长城墙体两侧500米～3000米范围。在该区域，通过森林景观恢复，实现以长城为中心的人文景观和以地景和生景为核心的自然景观的统一。即以长城本体为前导景观，配合园林风景、步道配景、田园风光，再结合庭院绿化、民居建筑，形成独具特色的绿色长城景观廊道。

为此，建议政府设立绿色长城景观廊道专项经费，用于长城周边植被恢复、景观配景、乡村产业结构调整等（如转产或废弃那些破坏古长城周边生态环境、影响景观的产业）。以社区为主体，多方参与，大规模发展配景产业和景观经济，通过环境规划将农田变成观光农业，保护原生植被，开展森林景观恢复，发展名优特经济果木林并将其衍化为长城配景，改善人居环境，建设集生态保护、自然修复、高效立体农林业及生态旅游为一体的新农村社区。

4.2 制定长城周边高保护森林保护与经营规划

长城遗址两侧植被，具有防风、固沙、美化环境以及作为生境廊道保护生物多样性的功能。长城北京区段由于受地质、土壤及水热条件的限制，森林破坏容易恢复困难。长城周边森林是具有文化和社会意义的高保护价值森林。保护世界文化遗产，需要加强对长城周边现有森林植被的保护和管理，恢复退化林地，以最大限度地阻止自然营力对长城的损毁，维护长城环境风貌。

良好的规划是应对挑战的重要手段之一。对长城周边森林及长城墙体上的森林植被进行调查和分类研究，了解森林资源状况及变化趋势，通过林业、文物等部门协作编制长城周边森林植被保护与经营方案。方案应体现预防原则，详细设计维持和增强高保护价值的措施：

a）长城周边植被类型表现出丰富的物种多样性和群落多样性，一些地段是北京地区残存的为数极少且生态、科研及景观价值极高的物种种源保护地和生物景观的观赏地，应予以特别保护。

b）在保护长城周边原生植被和人工林资源的同时，进行森林景观恢复，根据不同地段的特点或荒山绿化、或退耕还林、或封山育林，修筑保护长城的生态防线，有效控制长城两侧的生态恶化。

c）改变周边社区以山柴为炭薪、随意挖掘中草药和山野菜的习惯，推广以电代柴、以沼气代柴、以太阳能代柴等多种节能措施，积极创建"生态家园示范户"，以维持森林植被覆盖和生物多样性。

d）筛选适于长城文化遗产保护的地方性造林树种，必要地段开展林种结构调整和树种替换等。重点营造地方彩叶树种，合理配置常绿针叶树种。

4.3 科学处理长城墙体已有植被，控制新的植被实体对墙体的侵入

可考虑采取以下措施：

（1）墙体上已有植被的管理。长城墙体上森林植被既有灌木物种，也有乔木物种，

乔、灌木均有发达的根系，扎根于砖石缝隙中或铺展潜行于砖墁下，个别树木已长到胸径 10 厘米以上。对这些乔、灌木直接清除无疑会对墙体造成破坏。建议重点对长城墙体上胸径 10 厘米以上的大树进行管理，对大树进行截干，自顶端往下截去 1/3，以减轻树叶"风帆"效应对砖石和墙体的破坏。在保护长城遗址精美结构的同时，既消除森林对长城的威胁，也使依附在墙体上的林木得到保护。

（2）对于保存较完好的砖石长城，包括马道、敌台等，清除墙体砖石表层土壤、枯落物、牲畜粪便、草本植物及其他附着物。在不对砖石结构造成损坏的前提下，亦可清除生长其上乔、灌木，但根系若已深入马道砖缝，应谨慎处理。此外，对于墙体缝隙，及时用水泥、石灰等进行密实，防止新的植被侵入。再就是应对长城墙体上的排灌设施进行修复，消除对长城的水毁隐患及对坡地可能造成的水土流失。

（3）对于坍塌石墙、土墙上的植被管理，应以保护为主，可不予清除。

4.4　将长城本体及周边森林植被管理纳入到生态林管护体系中

在北京地区，长城作为一个单体文物保护单位延绵五百余公里，经过数十个乡镇，大部分位于分水岭或山脊地带，少量地段位于断层崖顶部，受水蚀、风蚀及其他自然灾害影响大。而长城作为世界上最大的地上文物，既不能像其他文物那样收藏起来，也不能像其他古建筑那样加以封闭管理。目前，除已开发利用的地段外，多数地段因地处偏远、人迹稀少而处于自生自灭的自然保存状态。北京市生态林管护体系的建立，为有效管理长城本体及周边森林植被提供了良好途径。当前亟须在北京市生态林公益林管护的组织和制度建设中，纳入长城森林植被管理的职责，建立多部门协调领导、沿线乡镇及村为管理单元的长城森林植被管理网络。

4.5　建立长城森林植被信息管理系统，加强遗产保护与植被管理的跨学科研究

基于遥感（RS）、地理信息系统（GIS）及森林资源地面调查技术等，建立长城森林植被信息管理系统。系统主要功能包括森林植被数据录入管理及查询更新，森林资源数据统计、计算及分析，图形图表输出等，使长城森林植被的保护和经营建立在现代信息管理科学和系统化管理的基础上，为北京市制定综合的长城保护规划提供基础数据。

为保护长城文化遗产，应进一步加强长城本体及周边森林植被以下方面的科学研究：①森林植被分布及结构特征与土地利用方式、森林经营活动、旅游开发与长城保护状况的相关分析；②主要乔灌木树种生物学特性分析与评价，重点对种子的自然散布方式的分析与评价，植物根系分布情况及对墙体的影响评价；③森林植被的保护功能，包

括植被覆盖与两侧边坡水土控制、坡地稳定性，以及植被对风蚀的控制；④人文景观与自然景观融合的绿色廊道建设模式的研究；⑤文化遗产地森林植被价值属性的研究等。

参考文献

[1] 邓华锋、王小平、陈峻崎、杨华著：《北京市高保护价值森林经营指南》[M]，科学出版社，2010 年版。

[2] 景爱著：《中国长城史》[M]，上海人民出版社，2006 年版。

[3] 孙玲：2006.《北京市长城保护调查报告》. http：//www. chinagreatwall. org/

[4] 徐滦伶：2005.《从长城沿线资源环境的复杂性看制定长城法的紧迫性》. http：//www. chinagreat-wall. org/

[5] 杨巨平主编：《保护遗产　造福人类》[M]，世界知识出版社，2005 年版。

[6] 张殿仁：《长城的保护与管理》[J]，《文物春秋》，1998 年 2 期，76～77 页。

[7] 张国红：《长城沿线生态环境现状分析与治理措施研究》，《林业资源管理》[J]，2001 年 6 期，61～65 页。

[8] 周冰冰：《北京的风沙灾害及其控制技术》，《绿化与生活》[J]，2002 年 2 期，5～6 页。

[9] 周晓陆：2005.《关于长城保护问题的若干思考》. http：//www. chinagreatwall. org/area/

[10] Jennifer R，Gerald S，Chng S K，et al. 2007. High conservation value：The concept in theory and practice. http：//www. panda. org/about_our_earth/all_publications（accessed 2008 – 04 – 07）

[11] ProForest. 2003. The high conservation value forest toolkit. http：//www. panda. org/about_our_earth/all_publications（accessed 2007 – 10 – 01）

[12] Tim R. 2008. Assessment，management & monitoring of high conservation values：A practical guide for forest managers. http：//www. proforest. net/publication/pubcat.（accessed 2009 – 11 – 20）

（执笔：邓华锋①）

---

① 邓华锋：北京林业大学，副教授。

浅谈 GIS 技术在长城资源信息系统中的应用

许礼林　金舒平　朱　武　雷　莹　王　明*

引　言

长城是人类历史上最伟大的建筑之一，是我国现存最大的不可移动文物。长城既是中华民族的象征和珍贵文化财富，又是世界上最大的历史文化遗产。

长城是世界上最大的线性文化遗产，其本体、附属设施及其相关遗存具有明显的地理位置特点。2007 年 1 月，国家文物局和国家测绘地理信息局启动了联合开展明长城资源调查工作。采用 3S（GIS、RS、GPS）技术、数据库技术、多媒体技术等数字化采集手段，采集长城资源田野调查数据，并生产明长城专题数据。至 2008 年年底，圆满完成明长城资源调查工作，获取了大量的调查成果和测绘调绘成果。

基于和应用 GIS 技术设计长城资源信息系统，即将长城资源要素承载在地理信息基础之上，有利于长城资源要素信息管理和位置检索。为建立完整、翔实、科学的长城数据库，夯实长城保护工程开展的基础，2007 年 4 月，在国家文物局组织下，安排相关单位参与研制长城资源信息系统，以便采集、管理和应用长城资源调查数据。

一　GIS 在文物行业中的应用

近几十年来，地理信息系统是随着计算机技术进步而快速发展起来的。地理信息系统（GIS，Geographic Information System）是融合现代地理学、地图学、测绘遥感学、空

---

* 　许礼林：国家基础地理信息中心，高级工程师；
　　金舒平：国家基础地理信息中心，高级工程师；
　　朱　武：国家基础地理信息中心，高级工程师；
　　雷　莹：国家基础地理信息中心，工程师；
　　王　明：国信司南（北京）地理信息技术有限公司，助理工程师。

间科学、环境科学、几何学、计算机科学及各类应用对象为一体的综合性高新技术，是利用现代计算机图形和数据库技术来获取、管理、处理、分析、建模、显示地理图形及其属性数据的计算机系统，对空间数据按地理坐标或空间位置进行各种处理、对属性数据有效管理、研究各种空间实体及相互关系。通过把各种信息与反映地理位置的图形信息有机地结合在一起，并根据用户的需要对这些信息进行分析，将分析结果作为决策的参考依据，并能以地图、图形或数据的形式表示处理的结果，提高了用户在管理决策方面的科学化和合理化。

由于地理信息可作为其他信息的载体，因此在我国各行各业信息化工作中，对于 GIS 的需求会越来越大，要求也会越来越高。计算机技术的应用普及、地理信息技术、遥感技术的快速发展也促进了我国文物保护和管理工作的快速发展。1993 年由国家教委批准在华东师范大学成立的"城市与环境考古遥感开放研究实验室"曾先后在长江下游、丝绸之路、金界壕、中原大地等地进行遥感考古研究，取得了显著成效。安徽师范大学和安徽省地质遥感中心对隋唐大运河进行了遥感考古研究。进入 2000 年以来，地理信息系统（GIS）逐步取代 CAD 技术，在我国文化遗产保护和管理中的应用逐步普及，并针对特定的文物保护对象，先后开发了一些基于 GIS 技术的信息管理系统，在我国文化遗产保护和管理中发挥着越来越重要的作用。例如，2000 年，联合国教科文组织与东南大学建筑学院合作成立了 GIS 中心，开发出基于 GIS 技术的历史街区保护管理信息系统，对历史街区所有的信息进行采集、输入、存贮、综合分析，将 GIS 技术应用于历史街区现状调查、保护规划编制、管理和控制全过程。

二　GIS 应用于长城保护工程中的主要内容

长城保护工程是一项复杂而又庞大的工程，GIS 应用于长城保护工程主要内容有：

（1）基于 GIS 的长城资源要素数据采集。运用 3S（GIS、RS、GPS）技术，按照相应的技术标准采集规范化的长城资源数据，包含长城资源要素的准确坐标及其范围、属性描述等。从而获取我们长城资源的家底数据。

（2）整合长城文物调查和测绘调绘成果数据，建立长城数据库。采用相关规范和标准，运用 GIS 技术，处理和整合长城的文物调查数据和精确的测绘调查数据，为长城建立完整、准确、翔实的数字记录档案。全面掌握长城的规模、分布、构成、走向及其年代，并整理其保存现状、自然与人文环境、保护管理现状等基础资料，建立长城数据库。

（3）集成管理长城数字记录档案和灵活展示长城资源调查成果。充分分析长城资源数据特点和文物档案管理特点，研究符合长城记录档案的集成管理模式。以空间化的长城资源数据为主，在基础地理数据的衬托和配合下，灵活展现、查询、分析和统计长城资源数据，体现长城资源调查工作成果。

（4）发展面向长城"保利管研"应用功能。由于大部分长城处于崇山峻岭等复杂的地理环境，有相当部分长城的情况还没有摸清，且长城分布地域广、年代久远、面临自然和人为破坏的威胁等，因此，采用先进的技术手段来加强长城保护管理工作刻不容缓。以长城影像数据为基础，利用 GIS 技术客观真实地展示长城现状及其周边环境，便于有关部门及时掌握长城情况，逐步引导、分析和整理面向长城"保利管研"的应用需求，为长城"保利管研"提供决策支持。

三　长城资源信息系统设计与实现

根据长城数据采集、管理与应用的需求，在相应的技术标准和规范要求，基于现有基础设施，采用 GIS、数据库、多媒体和互联网等方面的先进技术，设计与构建了长城资源信息系统，如图 1。

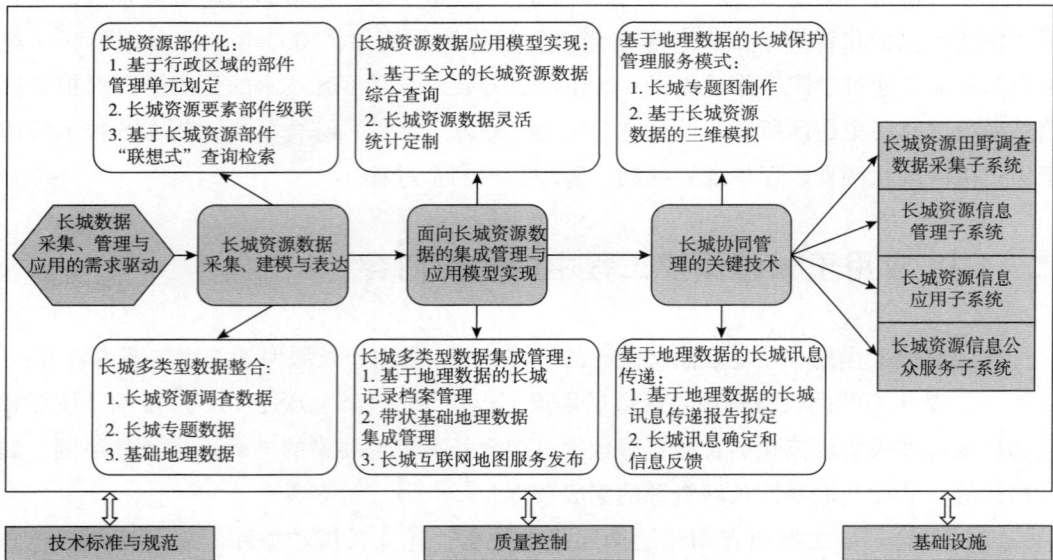

图 1　长城资源信息系统构建思路

首先，按照对象化数据建模的思路，构建准确、科学和合理的长城数据模型。长城数据建模与表达主要包含两个方面：（1）长城多类型数据整合技术方法；（2）长城资源部件化。在长城沿线带状区域的基础地理信息和专题地理信息的基础上，根据长城数据带状分布等特点，按照最小行政区域和最小管理单元原则，运用网格地图技术思想，将长城数据区域划分为很多网格单元。进一步，将长城专题要素分解为最小的资源部件，如墙体、关堡、单体建筑、界壕/壕堑、相关遗存等，以其为空间对象实现相关属性、多媒体信息的空间化挂接与关联。面对长城海量部件，要让部件按照一定的分类进行排列组合、有序管理，确定每个部件的独立代码，同时，长城资源数据部件化需与网格化相结合。长城资源部件是长城最小的组成单元，是进行长城保护、资源查询的基本载体，是真正属于长城不可移动的要素，对进行长城资源保护、研究、管理、利用的有举足轻重的作用。

其次，高效查询检索和灵活统计各类长城资源数据是系统非常重要的应用。采用数据库全文检索技术方法，构建长城资源数据及其多媒体目录、概要说明、文本内容索引以及与空间数据关联关系的数据模型，建立长城资源全文检索数据库，在此基础上开发专用的数据搜索引擎，实现对长城资源目录、说明以及文本内容等项目的全文检索功能（类似 Google 或 Baidu 等搜索引擎的显示效果）。

最后，长城系统协同管理主要解决长城专题图制作、基于长城数据的三维模拟以及长城讯息传递等问题，用于辅助分析长城保护方案等。其中，长城讯息传递主要通过 WebGIS、Web2.0 等技术实现。Web2.0 是人与人之间更为便捷的互动，也是当今互联网实现的最主要形式。Web2.0 更注重用户的交互作用，用户既是网站内容的消费者（浏览者），也是网站内容的制造者，就是他们借助了网络的力量来利用集体智慧。为给社会公众提供良好的界面，利用 WPF（Windows Presentation Foundation）技术，为各种面向公众应用提供统一的界面技术。作为长城事件速报的图形系统，为社会公众提供 2D/3D 图形、文档和媒体提供了统一的描述和操作方法。此外，为了更好地与社会公众交流长城事件，利用 WCF（Windows Communication Foundation）技术，建立安全、可靠的面向服务的应用高效的开发平台。WCF 是构建安全可靠的事务性服务的统一框架。它是一种构建分布式面向服务系统的非常丰富的技术基础，并且通过二进制和基于开放标准的通信达到了平台最优化。

基于上述技术设计思路，以 GIS 技术为主设计和实现了长城资源信息系统，该系统应用于国家文物系统的涉及长城保护和管理单位，同时也可服务于社会。为了满足不同用户对象、不同层次、不同运行环境的需要，长城资源信息系统采用单机、C/S 和 B/S 相结合的运行方式，并根据长城田野调查、长城"保利管研"的实际工作需要，将整个系统划分为：（1）长城资源田野调查数据采集子系统，用于长城沿线省级区域调查队采集数据（单机）；（2）长城资源信息管理子系统（C/S 结构），用于长城资源数据和基础地理数据管理；（3）长城资源信息应用子系统（C/S 结构），用于逐步发展长城"保利管研"的应用需要；（4）长城资源信息公众服务子系统（中国长城信息网，B/S 结构），用于向公众发布长城资源信息，使公众了解长城资源现状，增强公众保护长城资源意识，该子系统提供长城虚拟旅游、长城自助量算等功能，该子系统中数据是长城资源信息管理与应用子系统中可公开的数据。

四　长城资源信息系统应用情况

长城资源信息系统自正式运行以来，在长城资源数据采集、管理和应用工作中发挥了巨大的作用，充分体现了 GIS 技术在文物领域应用中的价值。

（1）长城资源田野调查数据采集子系统应用情况：圆满地辅助了 15 个长城沿线省级行政区域的资源调查工作，完整地采集我国各时代长城的完整、准确和翔实的资源数据。

（2）长城资源信息管理子系统应用情况：主要用于对采集的长城资源数据，包括坐标、照片、视频、pdf 等信息进行数据入库操作。在持续不断的入库工作中，系统总体运行良好，性能可靠。据统计，入库和管理的数据量达到 6TB。

（3）长城资源信息应用子系统应用情况：自部署以来，向文物专业用户提供了方便、快捷的长城信息查询和检索功能。先后多次为长城保护和利用工作提供了快速查询、快速检索、图文互查等便捷操作，扮演起"长城电子字典"的角色。

（4）长城资源信息公众服务子系统（中国长城信息网）应用情况：作为 2011 年"文化遗产日"活动的重要组成部分，中国长城信息网开通仪式于 2011 年 6 月 11 日在山东济宁举行。国家文物局童明康副局长出席仪式，并代表国家文物局正式点击开通了网站。中国长城信息网是我国最具权威性、数据信息量最大、内容最翔实的长城专业网站。该网站正式投入运行是我国文化遗产工作中的一件大事，也是长城保护工作新的里程碑。

五　结束语

以 GIS 技术为基础，确定长城资源要素的空间位置，摸清长城家底，建立长城文物记录档案和长城资源信息系统，为长城保护、管理、研究和利用提供科学翔实的调查和测量数据，为制定长城保护规划与贯彻执行《长城保护条例》奠定了基础。主要体会有：

（1）长城资源调查统一采用"长城资源田野调查数据采集子系统"进行资料的录入与整理工作。实践证明，该系统在调查数据的规范化方面起到了非常重要的作用，为长城资源数据库的建立奠定了坚实的基础。

（2）采用"文物定性，测绘定量"的方法，不仅获得了第一手长城资源调查资料，准确掌握了长城的空间分布。

（3）首次实现了对长城资源数据的科学管理，为长城资源数据的有效利用奠定了基础。设计了适用于长城资源信息表达的数据组织模型；建立了面向对象的、标准统一的长城资源数据库；研建了长城资源信息系统，实现了对长城资源数据的科学管理。

结合 GIS 技术在长城资源信息系统中应用经验，提出如下两点建议：

（1）应大力加强文物和测绘跨部门跨学科的合作。通过长城资源数据采集、管理和应用工作，实现国家基础地理信息数据与文物信息的有机结合，为国家文物局开展各类考古和文物研究、建立文物考古信息系统等工作提供基础数据测绘及全方位的测绘保障服务。为此，文物和测绘应继续加强合作，加强历史文化遗产资源的调查，推动地理信息资源共建共享的新模式。

（2）运用 GIS 和物联网相结合的技术，发展长城监测功能。物联网是通过感知设备对感知对象进行识别、定位、跟踪、监控和管理。因此，物联网需要 GIS 的能进行空间定位和空间分析的可视化地理信息支撑平台。在长城监测中，可以利用 GIS 空间分析能力来科学、合理、有效地进行传感器布设位置的选择；可以通过 GIS 和物联网将所有的物联对象整合起来，在此基础上可以快速、准确地对物联对象进行定位、追踪、查找和控制。

参考文献

［1］国家文物局、国家测绘局：《长城资源调查工作手册》，2007 年版。

［2］周文生、李强、唐剑波：《物联网与 GIS 技术在文化遗产保护中的应用思考》，《文物保护与考古科学》，Vol. 23，No. 3，2011 年 8 月。

［3］王如梅：《基于 GIS 的北京市文物资源系统建设项目设计与研究》，《高科技产品研发》，1671 – 7597（2011）0720054 – 03。

［4］周娅、谢志仁：《GIS 支持下文物保护管理信息系统设计与实现》，《东北测绘》，第 25 卷，2002 年第 1 期。

适于土长城信息提取的多源数据融合方法研究

雷　莹　许礼林　张景景　王　京　夏国富*

引　言

中国长城是世界上规模最大的文化遗产，其建造时间之长，分布地域之广，影响力之大，是其他文物不可比拟的。1987 年，长城因其独特的历史、艺术和科学价值，被联合国教科文组织整体列入世界遗产名录。作为中华民族留给世界最珍贵的文化遗产，长城的保护、研究和管理现状引起国内外各界的极大关注。

长城的位置与走向，是长城研究中最重要的问题，也是长城保护最重要的问题。长期以来只根据文献记载进行考证，误差比较大，地面调查遇到的困难也比较多，所得到的数据之间精度差别很大，难以进行类比和分析。

航空和卫星遥感技术覆盖的空间范围远非地面调查可比，它可以从宏观到微观，从自然综合体到单体科学地进行研究，其最大优点还在于：能较易发现那些分布在广大地域内只剩痕迹的墙体，追踪已泯灭、淹没的长城位置。这种科学的新方法，具有速度快、效率高、误差小的优点。

在明长城田野调查的过程中，文物部门已经证实基于遥感影像进行室内调绘，大致了解调查区域的长城要素分布情况，再有的放矢地进行外业调查，能大大提高调查的效率和准确度。但同时专家也发现在应用遥感数据进行长城调查时，不同的航空影像判读准确率和价格差别很大，综合长城测量的实际需求、生产周期和经费等因素，科学决策地选择能准确判断长城要素并且价格适当的数据源，对秦汉及其他时代长城资源调查工

*　雷　莹：国家基础地理信息中心，工程师；
　　许礼林：国家基础地理信息中心，高级工程师；
　　张景景：国信司南（北京）地理信息技术有限公司，助理工程师；
　　王　京：国信司南（北京）地理信息技术有限公司，助理工程师；
　　夏国富：国信司南（北京）地理信息技术有限公司，助理工程师。

作的开展具有重要的指导意义。

本文将立足于土长城墙体的遥感判读和分类，通过收集到的多种遥感数据，结合已有长城资源调查资料，探索适合土长城墙体信息提取的融合方法。

1 国内外研究进展

1.1 遥感考古在长城研究方面的应用

应用遥感技术调查地面的古代人类活动遗迹，被称作遥感考古，它是由航空摄影发展而来。在遥感影像上，可以通过目标物的形状、大小、色调、阴影、颜色、纹理、图形以及相关地物的位置勾绘出遗址整体形状及其分布特征。遥感考古体现了遥感技术与传统考古学相互渗透、交叉融合术，由于能够快速、准确、全面的探明地上以及地下遗址的分布状况，越来越受到考古工作者的重视。并逐渐成为考古研究的重要手段。

早在 1906 年，英国人在气球上拍摄了著名的公元前 3000 年的"巨石阵"，从此就拉开了遥感考古的序幕。英国地理及考古学家 O. GS. 克劳福德（Crawford）在 20 世纪 20 年代做的工作奠定了摄影考古学的基础，提出了航空考吉调查和航片分析的三种标志：阴影标志，土壤标志和植被标志，从航空相片上识别出史前和罗马时期农田的遗迹。随着空间科学技术的发展，在 20 世纪 60 年代以后，除飞机低空拍摄之外，红外射线、陆地卫星等手段也得到了广泛的应用，并获得了非常理想的效果[1]。英国军械局曾利用摄影测量手段进行了哈德良长城的 1：10000 测图，测定其长度为 117 千米。

国内利用遥感手段对长城进行研究，始于 20 世纪 80 年代。在 1984 年 4 月至 1985 年 3 月间，利用彩红外相片对北京地区长城进行航空遥感调查，测量出北京长城全长 629 千米，全线有城台 827 座、关口 71 座、营盘 8 座. 基本上查清了北京市境内平谷、密云、怀柔、延庆、昌平以及门头沟各区县内长城[2]。1900 年 1 月至 1992 年 12 月，对宁夏地区的长城进行了遥感调查，测量出宁夏长城全长 1507 千米，全线有城台 706 座、营堡 282 座、墩台 1065 座[3]。1994 年中国科学院遥感应用研究所利用航天飞机成像雷达探测到位于宁夏盐池到陕西定边的长城。航天飞机在这个地区平行于长城飞行，雷达波垂直于城墙发射，形成的角反射器效应使得雷达能够有效地识别长城。在干沙覆盖地区，由于雷达的穿透能力，长城被完整地显示在 SAR 图像上[4]。

① 景爱：《长城遥感调查与考古学》，《北方文物》，2007 年 1 期。
② 曾朝铭、顾巍：《北京地区长城航空遥感调查》，《华东师范大学学报》，1987 年 7 期，131～137 页。
③ 黎风、顾巍、曹灿霞：《宁夏长城航空遥感调查研究》［J］，《国土资源遥感》，1994 年 3 期，7～17 页。
④ 郭华东：《雷达对地观测理论与应用》［M］，科学出版社，2000 年版。

　　根据《长城保护工程总体工作方案》，国家文物局和国家测绘局于 2007 年始，找试点省经验的基础上，利用航空遥感、地理信息系统等先进技术手段，联合开展了明长城长度测量与资源调查。建立起明长城沿线带状地带 1∶10000 精度的立体遥感影像模型，在田野调查成果的基础上，准确测定了人工墙体、天然险、壕堑以及各种附属设施的空间分布与长度，获得了明长城实际长度、资源分布、保存现状等第一手资料，摸清了明长城的实际情况。明长城总长度为 8851.8 千米，其中人工墙体为 6259.6 千米，天然段 2232.5 千米，壕堑 359.7 千米[①]。

1.2　遥感影像在长城要素提取方面的应用

　　遥感考古的基本前提就是考古遗迹在遥感影像上反映出某些区别于其他资源的特性。这些特性用遥感的方法，可以从电磁辐射的特点和几何形状的特征这两个方面进行研究、区分。由于遗迹或现象与周围环境的差异，辐射电磁波的情况也就不一样，而电磁波波谱特征及其时间变化和空间分布规律，在遥感影像上表现为不同的影像色调和由不同色调组成的各种图案及其时空变化规律。根据影像的色调、图案及其分布规律，来判断遗迹或现象的波谱特征，从而确定遗迹或现象的属性，就是遥感影像的解译。

　　目前提取长城遥感信息大都是依靠目视解译遥感影像。长城为超长线形体的影像，并且有凸起感，以区别于铁路、公路、土路、河流和水渠。根据明长城资源调查项目的成果，人工墙体又可细分为石墙、土墙、砖墙、其他墙体、山险墙这五类，其中土墙在所有类型墙体中所占比率最高，其次为砖墙和石墙。从空间分布情况来看，土墙大多分布在甘肃、青海、宁夏、陕西等西北省份，周围环境以沙地为主，墙体断续绵亘，形状为较规则的直线。而保存较好的砖石墙体则以北京、天津、河北为代表，多随地形起伏，蜿蜒曲折，在通道险要之处设关城、塞堡，加上坚固高大的墙体，十分宏伟壮观。

　　这两类墙体由于本身材质和周围环境的不同，在可见光波段有完全不同的波谱特征。代晶晶等基于北京地区的 SPOT 5 影像和陕西榆林的 IKONOS 融合图像，进行监督分类，比较了两个地区砖石长城和土长城的不同特征[②]。张鸥选取了典型砖石结构的八达岭段长城，利用 SPOT 5 遥感数据，对其进行 NDVI 处理，初步提取"类长城地物"。再利用 1∶10000DEM 数据提取山脊线建立缓冲区，将两者进行叠合提取长城。此种方法适用于山区的长城，在高程变化不大的西北地区则受到限制[③]。

---

① 陈军等：《基于遥感的明长城立体量测科学通报》，2010 年版，第 55 卷，第 16 期，1613～1617 页。
② 代晶晶、聂跃平：《不同典型区长城遥感比较研究》，《国土资源遥感》，2008 年 3 期，72～75 页。
③ 张鸥等：《基于 DEM 的长城遥感信息提取方法研究》，《中国图象图形学报》，2007 年 8 期，第 12 卷。

综上所述，由于砖石墙体结构清晰保存条件较好，在遥感影像上较容易分辨出，但土长城无论是通过目视解译还是计算机分类方法都较难分辨，还有待进一步研究。因此本文旨在探寻适合于土长城的解译和分类方法。

1.3 多源影像的分辨率融合

与单源遥感影像数据相比，多源遥感影像数据所提供的信息具有冗余性、互补性和合作性。多源遥感影像数据的冗余性表示他们对环境或目标的表示、描述或解译结果相同；互补性是指信息来自不同的自由度且相互独立；合作信息是不同传感器在观测和处理信息时对其他信息有依赖关系[①]。

多源影像的分辨率融合是对不同空间分辨率遥感图像的融合处理，利用其各自的优势和特性，使融合处理后的结果既具有多光谱特征，又具有较好的空间分辨率，从而提供信息更丰富、更真实、更清晰的遥感图像，为进一步的分析处理做准备。

一般来说，空间分辨率越高，其识别物体的能力越强。高分辨率遥感影像提供了比中低分辨率遥感影像更多的空间信息，地物几何结构和纹理信息更加明显，更有利于地物目标属性特征的识别。遥感器系统空间分辨率的选择，一般应小于被探测目标最小值的1/2[②]。但实际上，每一目标在图像上的可分辨程度，不完全取决于空间分辨率的具体值，而是和它的形状、大小以及它与周围物体亮度和结构的相对差异有关。

像素级融合的常用算法有[③]：

1）主成分变换融合（PCA 法）：建立在图像统计特征的基础上，能准确揭示多波段数据结构内部的特征。用高分辨率数据替代多波段数据变换后的第一主成分以达到融合的目的。

2）IHS 法：IHS（Intensity，Hue，Saturation）表示强度、色调和饱和度，HIS 法是将 RGB 空间的图像分解成 HIS，用高分辨率图像与变换后的 I 分量进行直方图匹配，用匹配后的图像替换掉原 I 分量再反变换。

3）高通滤波法（HPF 法）：让高分辨率图像通过一个高通滤波器然后将高分辨率图像的高频部分的空间信息叠加到多光谱图像上。该方法对光谱信息保持得非常好，但融合结果受所选滤波器影响。

4）Brovery 变换：Brovery 变换也称为彩色标准化变换融合，主要思想是将标准化的多光谱波段和高空间分辨率图像亮度相乘，得到新的波段。

---

① 贾永红等：《多源遥感影像数据融合》，《遥感技术与应用》，2000 年版，第 15 卷，第 1 期。
② 赵英时等：《遥感应用分析原理与技术方法》［M］，科学出版社，2003 年版，37 页。
③ 刘哲等：《多光谱图像与全色图像的像素级融合研究》，《数据采集与处理》，2003 年 3 期，18 卷。

除开上述几种，在常用的遥感图像处理软件中，还提供 Pansharp、Gram-Schmidt 等算法。

1）PanSharp：由 PCI Geomatics 里的扩展模块提供，该算法库是专为最新的高空间分辨率图像设计的，它基于统计原理，利用最小二乘逼近法近似精确的灰度值，采用最小方差技术对参与融合的波值进行最佳匹配，以此来减少融合后的颜色偏差[1]。

2）Gram-schmidt 变换法：基于 Gram Schmidt 变换是线性代数和多元统计中常用的方法，类似于主成分算法，可对矩阵或多维影像进行正交变换，消除相关的多光谱波段之间的相关性。Gram-schmidt 变换后各分量只是正交。各分量所包含的信息量相差不大[2]。

本文将综合采用如上多种融合方法，建立对照组，比较哪种融合方法更有利于土长城要素的提取。

2 试验分析

2.1 研究区概况

研究区选在甘肃山丹境内，位于河西走廊中段，山丹县东南部冲积倾斜平原低山丘陵区，地势相对平坦开阔。长城即由大黄山北的走廊平地，向西北蜿蜒而去，在山丹县境内长约 93 千米。

甘肃山丹县的长城经考古验证为汉代和明代长城，主要为黄土夯筑。墙体周围地表高低起伏，有暴雨冲刷的大小构槽。缺水干旱、草场逐步向荒漠化退化是主要的环境问题。由于该地的土地沙化比较严重，残存的长城实际上只剩下一道土垛，在图像上与沙地混杂在一起。

山丹境内汉代长城以壕堑为主，延续性强，跨度大，为平地下挖而成，堆土抛在内外两侧，或仅在内侧，形成宽厚的土垄。壕堑整体多呈"V"型或"U"型，因洪水冲毁等因素，时断时续。土垄为沙砾堆积或沙土堆积，均为就地取材，所以土垄含沙石量较大，纯粹的黄土垄很少。山丹汉代长城走向与明代长城走向基本一致，且汉代长城位于明代长城外侧，两个时期的长城相距远到 1 千米，近到几米。由于此地风化程度较高，地表上仅存有高约 1 米左右的城墙，保存较好的段落有近 2 米高，局部损毁比较严重处仅存土埂状残迹。城墙附近有稀疏植被覆盖。（如图 2-1，2-2）

在前期的长城资源调查工作中，已通过文物部门的田野调查获取到了该试验区的长

[1] 陈春雷、武刚：《遥感影像中像素级融合方法的评价研究》，《浙江林业科技》。
[2] 孟京辉等：《遥感图像数据融合方法与评价方法》，《河北农业大学学报》，2010 年 1 期，33 卷。

城墙体专题数据。因此在本文中将通过不同对照组提取结果和长城墙体专题数据对比的方法，验证不同融合方法得到的影像对于土长城墙体信息提取的优劣。

图 2 - 1　山丹地区汉、明长城并行

图 2 - 2　山丹土长城墙体

2.2　数据源概况及数据预处理

本次收集到的遥感数据源情况如下：

表 2 – 1　遥感数据源情况

数据源	波段信息	空间分辨率	投影	成像时间
航片数据	全色	1 米	西安 1980 高斯克吕格	2004.06
QuickBird	蓝：450 ~ 520nm 绿：520 ~ 600nm 红：630 ~ 690nm	全色 0.6 米 多光谱 2.5 米	WGS1984 UTM	2008.06
Rapideye	蓝：440 ~ 510nm 绿：520 ~ 590nm 红：630 ~ 685nm	6.5 米	WGS84	2010.08

　　航片数据由国家基础地理信息中心提供，具有较高的空间分辨率。Rapideye 和 QuickBird 数据是采购的商业卫星成果，具有多光谱的优势。三类数据均处于夏季，且由于西北地区地物变化较小，因此地物具有较好的一致性，为融合提供了基础。对上述影像进行融合，会提高数据的信息量，有助于影像解译。

　　QuickBird 卫星于 2001 年发射，是目前世界上最先提供亚米级分辨率的商业卫星，全色影像数据分辨率为 0.61 米，多光谱为 2.5 米。有蓝、绿、红、近红外四个波段，

　　RapidEye 卫星具有较高的空间分辨率和丰富的多光谱信息，其正射影像成果空间分辨率为 6.5 米，包括蓝、绿、红、红边和近红外 5 个光谱波段，是第一个提供红边波段的商业卫星[①]。

　　由于三类原始数据之间的投影不一致，因此在数据预处理阶段，首先要统一其空间参考。对航片数据直接进行坐标系转换；以 1∶50000 数据库中的 DOM 和 DEM 数据为控制资料，分别配准 Rapideye 和 QuickBird 数据数据，将三种影像统一到 WGS1984 坐标系，经纬度坐标。为保证后期融合的精度，三类影像之间配准的精度不得大于 1 个像素。

2.3　技术路线

　　笔者借助项目需要，收集了大量的资料如航空影像、卫星影像、田野调查采集的长城专题数据、长城历史地图集，文献资料等。先基于常用的遥感图像处理软件 ERDAS IMAGINE 9.1、PCI Geomatics 10.0 和 RSI ENVI 4.3，选择不同的融合方法进行多源数据融合。再通过历史地理法，综合相关分析法等遥感考古调查方法，对比收集到的其他资料，综合分析其光谱特征和空间特性，建立土长城的解译标志，最后尝试遥感影像分类提取。

---

① 王广亮、李英成等：《RapidEye 卫星影像质量分析与彩色合成方案研究》，《遥感应用》，2011 年 2 期。

2.3.1 影像融合

本文针对 Quickbird 和航片数据，采取了主成分变换、IHS 法、高通滤波法（HPF 法）和 Brovery 变换四种实验。根据结果结果比较，认为通过 HIS 得到的融合影像比较真实、直观，它所反映的植被、裸地、水体等的色彩接近真实地物，更适于进行目视解译。

该方法首先对 Quickbird 图像的 321 波段组合（如图 2 - 3）进行 IHS 变换，然后把 1 分量用已经过对比度拉伸处理的航片数据全色波段来替代，最后再经过 IHS 反变换，把替代后的 IHS 数据再变换回到 RGB 图像空间，从而得到融合图像，如图 2 - 4 所示。

图 2 - 3　Quickbird 原始影像

图 2 - 4　HIS 方法融合后的影像

针对 Rapideye 321 波段真彩色合成的影像（如图 2 - 5）和航片数据，采取了主成分变换、IHS 法、HPF 法、Brovery 变换、PanSharp、Gram-schmidt 六种实验。根据结果比较，小波变换虽然光谱变形较小，但纹理和细节保留不清晰，明显不适宜于该影像（如图 2 - 6）。PCA、brovey、Gram – schmid 三类算法得到的融合影像非常相似，色调偏青蓝（如图 2 - 7、2 - 8）。Pansharp 算法得到的融合影像色调泛黄（如图 2 - 9），均没有保留住真彩色的光谱特性。HPF 方法能够较好地保持光谱信息和清晰度（如图 2 - 10），与其他融合方法相比有明显优势。

图 2 - 5　Rapideye 原始影像

图 2 - 6　小波变化方法融合影像

图 2 – 7　PCA 方法融合影像

图 2 – 8　Gram – schmid 融合影像

图 2 – 9　pansharp 方法融合影像

图 2 – 10　HPF 方法融合影像

此外，由于 Rapideye 影像与航片的年份相隔较远，在两期影像上地物变化的地方会出现明显的光谱变异。

2.2.2　建立解译标识

在长城资源田野调查工作中，已获取到 1∶10000 比例尺的明长城专题要素矢量数据。将融合结果叠加上墙体矢量数据，根据图像中目标物的大小、形状、阴影、色调、纹理、图案、位置以及与周围的关系这八个要素进行遥感图像判读，建立土长城的解译标志。具体的工作流程如图 2 – 11：

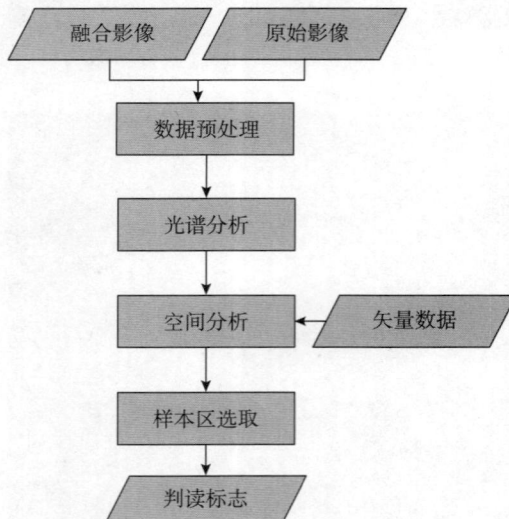

图 2 – 11　解译标志建立流程图

2.2.3 分类与提取

由于沙质土壤其反射率一般是随着波长的增加而增加，并且此趋势在可见光和近红外波段尤为显著，因此，沙质土壤的反射率在可见光的红、绿波段明显增大，在彩色图像上表现为亮色调，尤其在绿波段，沙土的反射率明显高于其他波段，而植被和水体在这两个波段的吸收比较大，反射率较小，这使得沙地和植被与水体在这两个波段有着明显的区别，反映在影像上，植被和水体呈现暗色调，而沙质土壤则相对较亮。因此在红绿波段选用合适的阈值，将高于该阈值的定为沙地，低于该阈值的则为非沙地，这样就可以将沙地和其他地物区分开。

西部地区残存长城墙体光谱反射率与周围沙地相似，在图像上与沙地、周围土路混杂，在图像上呈现出几乎相同的亮色调，因此需对长城空间特征进行分析，找出长城有别于其他沙地土路的影像特征，才有可能进一步对长城墙体和沙地以及土路等进行区分。在空间上，长城主要呈现折线状，并且宽度较小，为线状地物，与周边植被差异比较明显。其两侧由于近期治沙绿化取得一定的成效，有一些植被覆盖；而沙地的分布面积较大，为面状地物，表现在遥感图像上，长城与其周围的背景地物的灰度差较沙地的要大得多。因此，可以利用这一点并结合结合历史文献资料以及野外调查资料进行区分。

3 分类结果及分析

山丹县境内长城属于土长城，多位于平原地区或平原与山区分解带。对照影像上的地物推断，土长城的宽度不均匀，对于融合后空间分辨率为 1 米的影像而言，保存较好的段落约占 3~4 个像素。选择墙体保存程度较好的西屯长城作为分类的典型实验区。该区土长城是不连续的超长线形，因墙体的高度和太阳照射角度会在一侧产生宽窄不等的阴影，穿越田野的段落保存相对较好，在接近居民地段落墙体破损，相对不明显。

为统一分类方法以使得试验结果更具可比性，在试验后，最终选取了 ENVI 软件中的 SVM（support vector machine 支持向量机法）作为监督分类的方法。该方法作为一种可训练的机器学习方法，依靠小样本学习后的模型参数进行提取，可以得到分布均匀且相关性大为减少的分类结果。

3.1 基于 Quickbird 融合影像的分类结果

对 Quickbird 融合图像（如图 3 - 1）进行目视解译可知，长城土墙体、土路、田埂三类地物的色调均为亮白或浅黄色，光谱特性比较接近，只能通过纹理来加以区分。墙体与土路最大区别在于墙体有立体感，旁有近乎等宽的黑色阴影。田埂则可以通过田块的规则纹理与墙体的单线性纹理区别。

图 3 - 1　Quickbird 融合影像（西屯长城段样例）

基于 Quickbird 融合图像进行 SVM 法分类后，土长城墙体基本全部分出，为连续的有一定宽度的线性斑块，如图 3 - 2 中高亮部分所示。误分部分主要是居民土质院墙、土路等地物，误分部分通过纹理能明确的与土长城墙体目标区别。通过少量的人工处理即可得到较好的提取结果。

图 3 - 2　基于 Quickbird 融合影像的 SVM 分类结果（西屯长城段样例）

将原始的全色航片数据使用同样方法进行分类，结果如图 3 - 3。航片分类结果中墙体主体已提取出来，但边缘存在大量的漏分、错分情况，导致整体轮廓变形。且除开路坎和院墙外，田埂、冲沟等大量其他类别的地物被误分的比例远远高于 Quickbird 融合影像分类的结果。

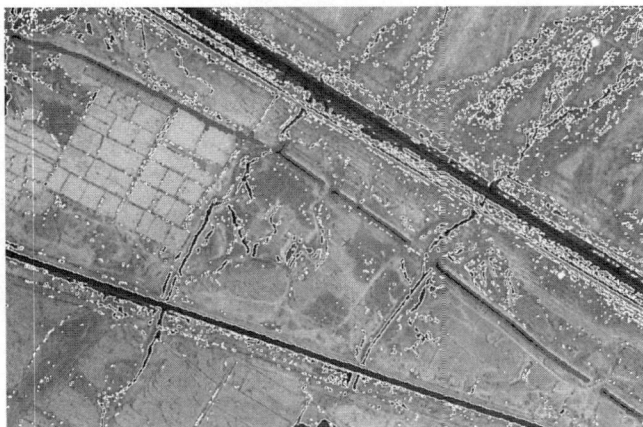

图 3 - 3   原始航片使用 SVM 法分类结果（西屯长城段样例）

3.2   基于 Rapideye 融合影像的分类结果

对 Rapideye 融合图像（如图 3 - 4）进行目视解译可知，由于 Rapideye 原始影像空间分辨率低于 Quickbird，因此融合后同区域的影像整体不如 Quickbird 清晰。但是高通滤波的方法增强了纹理中的边缘信息，因此长城墙体要素的轮廓和阴影较 Quickbird 影像更清晰明显。

图 3 - 4   Rapideye 融合影像

基于 Rapideye 融合图像进行 SVM 法分类后，墙体基本分出，连续性接近 QuickBird 影像结果，但宽度较窄，如图 3-5 中高亮部分所示。误分部分多为散碎图斑，连续线性的以田埂、冲沟为主。

图 3-5　Rapideye 融合影像分类结果

3.3　分类结果比较

西屯长城段共计 1023 米土长城墙体，其中除消失段落外有 966 米能明显从影像上判读墙体存在的段落，墙体实际面积约 2898 平方米。上述墙体段落贯穿的区域，约 400000 平方米，视为统计区域。以正确分类为墙体的图斑面积与墙体实际图斑面积比作为正确分类比率，以错分他类或未分出的墙体所占的图斑面积与统计区域总面积比作为误判率。分别统计和比较三种不同影像分类的结果，如表 3-1：

表 3-1　分类结果统计与比较

影像类型	正确分类比率	误判率
Quickbird 融合图像	94%	2%
Rapideye 融合图像	87%	3.7%
原始航片数据	72%	10%

4　结　论

通过多种融合方法的比较，从影像色彩和清晰度方面综合考虑，对于 QuickBird 影像，HIS 融合法要优于文中提及的其他三种方法；对于 Rapideye 影像，HPF 融合法要优于其他五种方法。

基于融合后的影像进行分类的结果要明显优与原始航片数据的分类结果。由于QuickBird 影像的空间分辨率高于 Rapideye 影像，因此 QuickBird 融合影像的分类结果又要优于 Rapideye 融合影像的分类结果。但总体来说，基于融合影像分类的结果误判率都较低，可以通过少量的人工干预处理，去掉纹理上明显属于错分的地物，得到轮廓较完整的土长城墙体。

从影像价格上看，使用 Rapideye 影像费用更经济，可推广到大面积的长城要素判调。关于此类方法的普适性如何，还有待于在今后的工作中进一步检验。

第三部分
长城资源调查随笔

斩山为城与断谷起障

——北京门头沟北齐长城调查报告

顾大勇[*]

在 2007～2011 年全国长城普查中，门头沟区境内可以确认的明前早期长城共有 5 段：雁翅镇马套村北洋沟长城、雁翅镇大村北西岭至德胜寺长城、雁翅镇房梁村长城、清水镇江水河村东灵山长城、雁翅镇马套村旁路沟东台岭长城。门头沟区长城普查小组在野外调查、查阅文献的基础上，经专家指导验收后确认这 5 段墙体均为北齐长城，总长度约 7000 米。

据《北齐书·斛律金附于羡传》载：后主高纬天统元年（565 年）"羡以北虏屡犯边，须备不虞，自库堆戍东拒于海，随山屈曲二千余里，其间二百里中凡有险要，或斩山筑城，或断谷起障，并置立戍逻五十余所"。它们的建筑方式正如文献中所载的那样："斩山为城"、"断谷起障"。这里的"城"我认为是"墙"的意思，即城墙或长城的略语。不经过实地考察，很难理解什么是"斩山为城"，还有对"断谷起障"含义的理解也是如此。这两种建筑形制应该是北齐晚期修筑长城的重要特征。

经过多次修建的北齐长城基本可连缀成两条主线，一条为北面的外边，自今山西西北芦芽山、管涔山向东北延伸，经大同、阳高、天镇北境入河北省张家口赤城县境，再沿燕山山脉东南方向经北京、天津、唐山市境入秦皇岛市山海关抵达海边。另一条是南面的内边，其西起山西西北偏关一带东南行，至武县转向东北，沿恒山山脉东来进入河北省内，再沿太行山北上折向东，行经北京西北部。

门头沟境内的北齐长城属于以"斩山为城"方式修建的有：清水镇江水河村东灵山长城的东南段和雁翅镇房梁村长城。这两段墙体原夹是两段自然山脊，用人工砍凿削劈后得到的山石进行垒砌，以自然山险（多为巨大的山岩）进行连接。实地调查可以发现，那些如今已经坍塌的墙体全部是由大小基本相同的山石构成，远远看去，好像是

---

* 顾大勇：北京市门头沟区文物管理所。

一道山脊被刀斧切成碎豆腐一般。

东灵山长城墙体总体走向为由西向东再向东南再折向西南，呈一弧形。墙体遗迹距灵山主峰 244 米，呈碎石垄状，新修的石路将位于鞍部的一段长城拦腰截断，石垄近似东西向，南北宽 12.2 米，南向高度为 0.6 米，北向高度为 1 米，山顶长城遗址与一层平台的东北角和西北角相连接。由平台西北角伸向西南的长城遗迹，沿山顶西侧山坡延伸，顺山脊渐行渐低，依山势时断时续，消失于远处的山峰之后。

这段长城向西通至西灵山，与河北省的明前早期长城相连接。由城堡东北角向东南延伸的长城遗迹，先向东，经平缓的山凹后，抵达距主峰数百米处的一座小山峰顶，然后转向东南。从形制、规模和与长城的相互位置看，山顶上的一层平台应是北齐长城沿线的一处城堡旧址，是北京地区最高的长城城堡。它在后代被人们用于建造寺庙，成为北京地区地势最高的庙宇。平台地面上散布着大量房瓦，年代似为明清时期，应是寺庙的遗物。

峰顶东、北两面地势和缓，有人工修筑的两层方形平台，台阶位于东面。下层平台边宽约 29 米；东部边缘有石砌护墙痕迹；北面、西面的碎石带散落在平台以外数米的范围内，应该是山顶墩台坍塌后散落形成；南面地势隆起处可见一道坎，应是南部墙基。平台南面岩石突兀，下临陡坡。

沿山脊上石垄向东行进，到达一小山头，上有一座较大的方形碎石堆，呈坑状，大部已坍塌。方形遗址直径 1.7 米，残高约 1.5 米，内部空心，东西两面与长城遗址相接，从东灵山顶至此长城墙体长约 1077 米。

从此往东南的墙体遗迹就是典型的"斩山筑城"，长约 1500 米的山脊被分成 9 段，那些墙体的块石一看就不是从别处运来的，而是山脊原来所有，连接墙体的山险——巨大的山岩根部尚能见到人工砍凿的痕迹。

房梁村长城尽管仅存遗迹，但在很多局部依然能见到刀斧砍削山岩的印迹，墙体从昌平与门头沟东北交界处沿山脊构筑约 1658 米，然后往西南向下拐，海拔下降约 60 米，可见墙体痕迹约 500 米，抵达一个垭口，南北向的南涧沟（宽约 3 米）从此通过，对面为峭壁，不可攀。东北端横隔公路，与不远处山脊上的昌平北齐长城遗迹相对，该处遗迹经发掘曾出土了北周时期的钱币，可推断北周时曾经利用过这段长城。

如果说"斩山为城"的建筑方式减少了人工搬运量，那么，相对而言"断谷起障"的建筑方式则增加了人工搬运石块与夯筑垒砌的工序。所谓"断谷起障"，顾名思义就是通过人工垒砌墙体横断山谷形成屏障。通过实地考察，凡是属于"断谷起障"方式形成的墙体，做工要比"斩山为城"的墙体形制要精细些。一般先要夯平墙基，接着用碎石和土为墙芯，外面包以块石进行垒砌。

门头沟境域内雁翅镇大村北西岭至德胜寺长城、雁翅镇马套村北洋沟长城、雁翅镇马套村旁路沟东台岭长城就属于"断谷起障"类型的墙体。

北西岭至德胜寺长城属于大型的"断谷起障",通过山险(西岭尖西边的峭壁)的连接后,整个墙体约2100米。此次我们共做了3处墙体剖面:(1)最西处剖面:墙体断面现高1.3米,底部宽6.3米、上部宽4.2米;(2)中间路口剖面:现高1.6米、底宽4米、上部宽1.2米;(3)东处剖面:现高1.3米、底宽4米。这3处剖面的墙体结构均为自然基础,两边采用不规则山石错缝相互叠压垒砌,中间用碎石和土填芯。墙体东北面是大村——相当平整的谷地。

马套村旁路沟东台岭长城则为小型的"断谷起障",现残长75米、宽3米、残高1.2米。西北向为慢坡,高约50米,下面有通往昌平的旁路沟经过,东南向为一平台,南北长约70米,东西长约50米。这段墙体为块石垒砌,没有填芯,手法与"斩山筑城"相似,但并不是直接砍削山脊,而是从别处搬运石块进行垒砌。

马套村北洋沟长城是典型的"断谷起障"。从两边石壁山腰处往下至谷底,形成两端高,中间低的弧形墙体,为土石堆砌,下层为土夯,中间为碎石和土填芯,上面及两边为石块垒砌。墙体从东南较低处往西北延伸,坡度约20°,抵达最高处约10米时坡度逐渐变陡,最陡处约45°,西北点墙体宽3~4米,墙体坍塌漫散严重,随处可见坍塌后的石块。东南点墙体宽约2.6~2.7米,墙体自然坍塌后的坡面西面高约3米,东面墙体下接自然山坡,坡面高约16米,墙体东面的山坡最低处有人工挖掘的沟槽,宽约5米、长约50米。墙体西面为扇形平台,最西处边缘有垒起的土埂,高约0.5~0.8米,平台最宽处东西长约45米,平台南北长约60米。断崖南边的墙体尚可见遗迹,断崖南面的墙体构筑形式与北面的一模一样,墙体东面坡下也有人工挖掘的沟槽,该段墙体长约30米、宽有2~3米、残高约1~1.5米,墙体坡度从北往南约40°~50°。东面坡面较深,且有南北向的沟槽,据专家解释,这是明代长城常用的手法,也就是说,这段墙体可能被明朝利用过。

北齐修筑长城主要是防御北方少数民族(即柔然、突厥)的入侵,门头沟明早期长城的走向有东北—西南、东南—西北、北—南,基本防御方向可以确定为北与东。对于北方的防御比较好理解,但对于东面的防御作何解释呢?因为当时北齐所要防御的重点在如今的山西太原、河南的洛阳与河北的临漳县(当时的邺城),而当时的门头沟地区的东面不是像辽金以后建有大型都城,极可能是一片开阔地,一旦居庸关被突破,那么通过门头沟的山路,可以抵达河北与山西,而且不易被发现。563年突厥曾发动20万兵民毁坏长城,564年又几次用兵大掠幽(今北京市)、恒(今山西大同)州境,这才使北齐在天统元年间对之前的长城进行了大规模修缮。

另外,位于门头沟入山不远的王平镇河北村有东魏武定三年刻石,上刻有"大魏武定三年,十月十五日、平远将军、海安太守筑城都使元勒,又用夫一千五百十五人,夫十人，乡豪都督三十一人，十日讫功"字样，共 4 行，50 字。该文记载了东魏武定三年（545 年），平远将军在此处驻军筑城之事，如今刻石所在的山坡地上还可依稀见到夯土墙基的痕迹。

根据史书记载：《北史·列传第八十一》1715 页"屈丐……性骄虐，视人如草，蒸土以筑城，铁锥刺入一寸，即杀作人而并筑之"；《魏书·列传第三十九》581 页"今更给军粮一月，速于骆谷筑城，使四月尽，必令成就讫。若不时营筑，乃筑而不成，成而不固，以军法从事"；《魏书·孝静帝纪》156 页载"齐献武王召夫五万于肆州北山筑城，西自马陵戍，东至土隥。四十日罢"。

由此可知，东魏北齐对于筑城的要求是十分严格的，不到两千人在十天内完成一座城池的修筑无疑是不现实的，况且带队者为皇族"平远将军、海安太守筑城都使元勒"，因此，我认为，刻石文中的"城"与"斩山筑城"的"城"均为城墙的意思。（见《北史·齐本纪中第七》121 页"诏发夫一百八十万人筑城，自幽州北夏口，西至恒州，九百余里"，其中"城"的含义明显为城墙）。所以，这块刻石是门头沟境内迄今为止发现的、最早的修筑长城的有文字记录的实物遗存。

发现魏长城

白晓龙 *

在黄陵县的第三次文物普查以进行了一多半时间了，也就剩不到一个礼拜就要结束了。这天早晨我队吃完早饭收拾好装备正准备出发，我突然接到总队长王沛打来的电话，说是今天 10 时左右要来我队看一两个普查出来的比较好的遗址。我只好收队回到房间和队友们一起商量让总队长及专家组看那几个遗址，我们进过商量后决定把前几天普查的那几个有疑问的遗址让总队专家看一下，顺便我们也可以把这个疑问搞清楚。

到来后我当总队长及专家组直接就把总队长一行引到我们有疑问的第一个遗址—殿门遗址。到达遗址现场后我对专家组们大概介绍了我队对该遗址的看法为：东西长约 200 米，宽约 100 米的城址，原因是我们在现场发现了瓦当及房水滴檐。还有从这个方向望东北方有几个遗址都有这个现象。总队专家组听后说那你详细介绍一下然后我们在跑一遍吧。

在殿门遗址中心有夯土堆一座，根据遗物及现场遗存的形状分析，这座夯土堆原为方形台体，现状残为"L"形，现堆体顶部有一盗洞，直径约为 1 米，深约 6 米左右。在堆体南侧也有盗洞一个宽约 0.7 米。深约 3 米。堆体夯层明显且均匀，夯层厚为 5 ~ 7 厘米，夯窝直径约为 6 ~ 7 厘米，堆体占地面积约为 110 平方米。地表遗物可见泥质灰陶残片，粗绳纹大板瓦，卷云纹瓦当残片，残砖，可辨器形有罐、瓦等。据当地村民讲在该墩（烽火台）西南处 40 多米远的样子也有一座墩（烽火台）后被农业所用推为平地，在两墩（烽火台）之间他们还曾挖掘出石棺一座，石棺为东西坐向，棺内有不可辨男女的一堆骨架，并伴有少量陶器。在现存的烽火台靠北约 2000 米出发现数座被盗的战国－秦汉时期的古墓葬，在墓葬里也发现了少量陶器。在该烽火台东北方向几十米处的田地断面也发现了清晰的夯层，越往这个方向走在田地和水冲沟的断面也能发现夯层。再往东北方向走上 200 多米就是一条很大的水冲沟，就基本上没有路可走了。这时

* 白晓龙：陕西省延安市文物研究所。

殿门烽火台

　　我们陪同总队专家一行走到断面边缘，总队长王沛问道，你们在这个沟底有什么发现吗？我对专家组一行人说道，在沟底有一个大约直径30米的一个土堆，我在土堆上向下挖了不到10厘米的样子就发现了夯层，而且发现这个土堆上的草和其他土堆上的草相比，都比较矮小和稀少。总队长听后没说什么只是轻轻点了点头。

　　到下个遗址我们只能驱车绕过水冲沟来到殿门遗址东北方直线距离约4千米样子的教场坪遗址。在教场坪遗址的地面上可清楚地看到一段为东西走向的残墙，这段残墙大约长65米，残高1~3米，残宽为3米，夯层厚6~12厘米。在地表遗物上可见大量的泥质灰陶的大板瓦、小筒瓦、残砖等，纹饰住要有粗绳纹、窝点纹等。在这段残墙的西头为和殿门遗址相望而中间就是大型水冲沟，在残墙的四周均为耕地。我们有沿着这段墙体向东北方向走了约1千米又有两座烽火台，这就是电视塔遗址，在两座烽火台之间的田地断面上也明显有夯层的痕迹，而且在电视塔遗址上农民也挖出了少量的五铢钱币。在遗址的东北方向又有一段向北延伸的墙体，该墙体残约50多米，墙体夯层明显，与烽火台断面处的夯层一样。该墙体再向北延伸时被210国道隔断，不过可以清楚地看到对面山体上的墙体。

　　要到对面的山上虽然只有几十米的距离，但是要绕好远才能到达。遗址下面210国道旁是黄陵县的一个垃圾填埋场，要到山顶必须进过垃圾场，冒着刺鼻的臭味，我们和总队专家组一行沿着一条小路爬上山顶。到了山顶可以清楚看到一段微微向东北方向拐了一下的较长墙体，虽然墙体已被岁月蚕食的像一条土塄，但是还能辨认出来，而且夯层比较明显。我们大概测量了一下，该段墙体残长约650米，墙体高的地方有4米左右，矮的地方只有十几厘米了。地表遗物较少和前两个遗址相同。而该遗址以属于黄陵县桥山镇周家洼村了。

再向东北走了不远就隔着一条很大的沟了大约有 4～5 千米，这时墙体以没有任何痕迹了。但远望对面的塬面上，又竖立着一座烽火台。我们只能再次上车顺着塬面的土路绕行了十几公里，绕道了桥沟烽火台。该烽火台四周均为耕地，受生产生活及自然侵蚀，烽火台现状为圆锥形，直径约 6 米，残高约 5 米，夯层厚 4－10 厘米，夯窝 5 厘米。地表遗物较少，但和前三个遗址遗物相同。这时总队长王沛再次走到我跟前问道，从这个烽火台向东或东北方向再有什么发现吗？我说再没什么发现了，但是在我们刚去的第一个遗址，殿门遗址的西南方故邑村村口有一座烽火台。总队长听后拿来地图看了一下，然后用手一比划后说道："从这几个遗址来看，遗址上的墙体和烽火台都基本在一条线上，看来是长城应该没有多大问题，但是是哪个时代的还要做进一步的调查。"在回驻地的路上总队长对我们说，我回去后再查找一下资料，过两天我再来一下，我们在仔细的跑一回。

没过两天总队长又亲自来到我队和我们将黄陵县侯庄乡境内及相邻长城遗址的两个乡镇做了一下扩展调查，果然在黄陵偏桥镇的 210 国道旁竟又发现保存的一段长城墙体。最后进过总队专家组的认真调查、考证得出结论：黄陵县普查队在侯庄乡发现长城遗迹，墙体由西南向东北延伸。黄陵县长城遗迹分布在洛河西侧支流沮河支流清水河东南侧的土塬及山体上。从宜君县进入黄陵县侯庄乡故邑村、曹洼、韩庄村，桥山镇南城村和周家洼村，最后侯庄乡桥沟村消失，迹全线长约 7 千米。

后来，进过陕西长城资源调查队的认定：黄陵县新发现的这段长城为战国魏长城。

大荔县境内无战国魏长城[*]

贺慧慧^{**}

史籍中有关魏西长城的记载，最早当推《史记》和《竹书纪年》。如：

"（孝公元年）魏西界与秦相接，南自华州郑县，西北过渭水，滨洛水东岸，向北有上郡鄜州之地，皆筑长城以界秦境。洛即漆沮水也。"①

"十二年，龙贾帅师筑长城于西边。"②

专书大荔县境内长城的，更是寥寥无几。

《太平寰宇记》蒲城下记"《史记》秦孝公九年筑长城简公二年堑洛故云自郑滨洛今沙苑长城是也"③ 又记"《史记》云魏筑长城自郑滨洛今州东南三里魏长城是也"。④

《大荔续县志·古迹条》："古迹若长城，其遗迹在大荔境者，今县西北三十里高原后有长城村，村南里许，自原之半济原而南，有城址数十丈。又南有数丈，近高原村。又南有四五十丈，至原之前巅，在党川村西北，其东有沟曰城墙沟，皆长城故址，尚确切可辨也。前志谓皆失其处，篹未之深考云。"⑤

以上是文献中有关战国魏西长城在大荔县境分布的主要记载，为我们搞清楚战国魏西长城线路提供了重要参考依据，但因其零散、语焉不详等缘故，给我们的研究造成了诸多的困扰和不便。为了使后人能了解长城的全貌，历代学者对文献相关记载进行了仔细考证，并有一些相关田野调查，也取得一定成果，主要有：杨守敬的《历代舆地沿革险要图》，谭其骧的《中国历史地图集》，张维华的《中国长城沿革考（上编）》和景

---

* 编者注：本文以文献为基础展开讨论，观点与本次长城资源调查和认定结果不一致，但作为一种学术观点收入文集。

** 贺慧慧：陕西省渭南市文物保护考古研究所。

① 《史记·卷五·秦本纪》，中华书局，1959 年版，第 202 页。

② 张玉春译注：《竹书纪年译注》，黑龙江人民出版社，2003 年版，第 58 页。

③ （宋）乐史撰：《太平寰宇记》卷二十九，清乾隆癸丑年，台北：文海出版社，1980 年版，第 242 – 243 页。

④ （宋）乐史撰：《太平寰宇记》卷二十九，清乾隆癸丑年，台北：文海出版社，1980 年版，第 244 页。

⑤ 《大荔县续志》卷四。转引自张维华：《中国长城简建置考》，中华书局，1979 年版，第 63 页。

爱的《中国长城史》对战国魏长城的论述颇有启发性。

近代以来，长城研究不再局限于单纯的文献古籍解读，而是将实地调查、钻探发掘与文献解读等相结合。尤其 20 世纪 70 年代以来，全国性文物普查工作的开展，带动一批考古学家和历史学家开始关注长城研究，河西长城也成为学者研究的重点之一。史念海先生、史党社、王重九等都对魏西长城的整体路线尤其大荔县境长城进行过研究，概括起来，争议主要集中在如下两方面：

第一，大荔县商原以东长城属性的判定。对这线墙体的存在性，毫无争议。但其属秦属魏，尚有争议①。

第二，渭河以北至商原南端段长城有无的判定。

史念海先生指出："今大荔县党川村以东及旧朝邑县的洛河左岸为魏西长城经过的地方。"② 瓯燕、叶万松③认为："滨洛"长城经大荔、蒲城、白水和澄城。陈孟东、刘和心④认为长城由大荔沙苑地区朝西北方向延伸。辛德勇、李诚⑤、张文江⑥和王重九⑦否定这一区域有长城行经。

从战国秦魏之战略力量、魏之战略地理、洛河行径地势及墙体结构特征看，大荔县境内应无长城遗迹。

首先，秦魏征战以公元前 361 年为界，可分前后两个阶段⑧：三家分晋至迁都大梁，秦在河西地区逐渐衰退，至简公时退守洛河西岸，筑重泉城与魏之雒阴城呈对峙状态；魏迁都大梁至灭亡，魏在河西地区势力越来越弱，多次修筑防线。

其次，战国时，魏之河西领土南起华山、北至黄龙山以北、西至洛河东岸。北部黄龙山和南部华山间、东部黄龙山和西部子午岭间形成豁口。当时东西往来主要有晋南豫北、豫西和商洛 – 南阳三条通道。南北往来主要有子午岭、洛河河谷和韩邑坡三条要道。这些要道，对秦东进、魏西进均有重要意义。处弱势状态的魏，筑长城以守此要道，是拱卫领土安全的重要保障。

再次，商原以东洛河沿岸无筑长城以防御之必要。战国时的征战，或为地，或为

---

① 详见拙作《战国魏西长城研究》，西北大学 2011 年硕士学位论文。

② 史念海：《再论关中东部战国时期秦魏诸长城》，《中国历史地理论丛》，1985 年 2 期，155 – 170 页。

③ 瓯燕、叶万松：《"上郡塞"与"堑洛"长城辩》，《考古与文物》，1997 年 2 期，61 页。

④ 陈孟东、刘和心：《魏国西长城调查》，《人文杂志》，1983 年 6 期，96 页。

⑤ 辛德勇、李诚：《论魏西长城走向——与陈孟东、刘和心同志商榷》，《人文杂志》，1985 年 1 期，103 页。

⑥ 张文江：《渭南地区秦魏诸长城考辩》，《文博》，2004 年 1 期，43 页。

⑦ 王重九：《关中东部战国时期秦魏诸长城再探索》，《历史地理》第五辑，上海人民出版社，1987 年，125 页。

⑧ 姚双年：《秦魏河西之争与当时的水陆交通》一文中指出：秦晋和秦魏间争夺"河西"的战争，从公元前 677 年开始到公元前 332 年结束，长达 357 年之久纵观这场战争的进程，我们可以划分为以下三个阶段，第一阶段公元前 677 年到公元前 617 年，第二阶段公元前 617 年到公元前 409 年，第三阶段公元前 409 年到公元前 332 年。

城。洛河入渭处至渭河入黄处为广袤的沙苑地带，环境较劣，不宜耕种，即便在唐代，也仅仅是作牧场使用。何况较寒冷干燥的战国时期？不利于耕种和修筑城池，应就不属双方争夺的地带。此外，秦魏两国在洛河以南区域的征战，主要体现在对郑、阴晋等城池的争夺上。再者，史籍中也未见有关秦魏两国争夺沙苑地带的记载。从技术角度讲，在沙苑地貌中修筑军事防御工事，绝非易事。沙苑之北的洛河，更是天然防线。此段洛河两岸落差，最高处可达数十米，最低处也在三米左右。秦魏借此守御，岂不更好？

东韦林镇长城村中碑刻载："长城村位于韦林镇东2.7公里处，南濒渭河。1987年移民返库后新建。因村民多系1960年移民，是长城村人，且与原村址相近，故沿用原名。原村因近魏长城而得名。"村旧址在新址东两公里处，现在已开辟为果园。村民均不知此地有长城遗迹。

最后，商原北至长城村的夯筑墙体，陕西省政府和国务院立碑确认为"魏长城"①。然从史籍记载及遗物分布看，更似雒阴城址围墙。

史籍中对"雒阴"②的记载：

"（魏）西攻秦，至郑而还，筑雒阴、合阳。《正义》曰：雒，漆沮水也，城在水南。郃阳，郃水之北。《括地志》云："雒阴在同州西也。"③

"十七。击（宋）（守）中山。伐秦至郑，还筑洛阴。徐广曰：一云击宋中山，置合阳。世家云攻秦，至郑而还，筑合阳洛阴。④

综上可知：雒阴城大体位置在洛河以南、同州西侧。王重九指"雒阴城在大荔县东十五里的沙底公社霸城村"⑤。

---

① 在此段墙体西侧有国务院和陕西省政府立的两通保护碑国务院所立碑刻的尺寸：碑身高1.2米，宽1.00米，厚0.135米，碑座高0.38米，宽1.265米，厚0.41米正面碑文有："魏长城遗址　国务院1996年11月大荔县人民政府"背面碑文为："1. 魏长城遗址位于大荔县段家乡东高垣村西偏北，地理坐标为东经09°47′，北纬34°52′2. 魏长城遗址为战国时期魏惠王三十九年（公元前356年）所筑它起自华县，过渭河，沿洛河东岸到今洛川、富县一带保护好这一古文化遗址，对其开放利用，对科研国内外学术交流，对外开放及进行爱国主义教育将产生巨大的促进作用3. 保护范围：A：遗址南北300米，东西7米　B：A区外延50米　C：同B大荔县人民政府一九九九年三月二十八日"省立保护碑尺寸：须弥座高1米，宽1.4米，厚0.41米，碑身高1.26米，宽1米，厚0.18米正面碑文为：陕西省重点文物保护单位　魏长城遗址　战国　陕西省人民政府　一九九三年四月廿日公布"大荔县人民政府立"碑刻的背面碑文为："1. 魏长城遗址位于段家乡东高垣村西，为战国时期魏惠王十九年（公元前356年）所筑，距县城约162公里。2. 遗址东西5米内为重点保护区，50米以内为一般保护区，3000米以内为建设控制地带。3. 文物属中华瑰宝，保护文物，人人有责规划保护范围是：遗址东西5米内为重点保护区，50米以内为一般保护区，3000米以内为建设控制地带。"

② 另有部分史料所载，魏此时所筑城址并非雒阴，而是汾阴如《水经·河水注》云："周威烈王之十七年，魏文侯伐秦至郑，还筑汾阴、郃阳"《今本竹书纪年疏证》引《水经注》所云：十七年，魏文侯伐秦至郑，还筑汾阴、郃阳本文采《史记》所载"雒阴"说。

③ 《史记·卷四四·魏世家》，中华书局，1959年版，1838页。

④ 《史记·卷一五·六国年表》，中华书局，1959年版，708页。

⑤ 王重九：《关中东部秦魏诸长城遗迹的再探索》，《历史地理》第五辑，上海人民出版社，1987年版，第五辑，128页。

雒阴是魏不断西进直逼洛河之际所筑。史料又载简公六年，"堑洛。城重泉。"① 双方既呈对峙状，重泉和雒阴应相距不远，规模和形制也应较近。

秦"重泉城"在今蒲城县钤铒乡重泉村东北，临近洛河之处②。大荔商原与重泉城隔河相望。商原上的夯土墙体，土质较纯，夯层较薄，大致 0.03 米 ~ 0.05 米，最薄处不足 0.025 米。墙体西侧有两个较大的瓦片散落区：东高垣村西北和党家尧村南。

东高垣村散落区东距夯筑墙体不足 400 米，地势平坦，未见夯土遗迹。据村民讲，犁地时曾发现大量瓦片，目前可确的散落范围，南北 60 米，东西 7 米左右。瓦片残损严重，类型难定，外绳纹内布纹瓦片的散落及瓦唇较完整且内切的筒瓦，更是此处秦统一前建筑遗址的力争。

党家尧村散落区距墙体也很近，南北范围 600 米左右，东西范围因农田开垦及雨水冲刷等因素影响，已无法判断。目前可见零星瓦片，内部纹饰布纹、麻点纹和菱格纹等，。据老乡讲，生产队分队前平整土地时，发现大量瓦片。

从构筑方式看，这段墙体不同于通常所见魏长城，从瓦片散落状况看，在墙体一带曾有较大规模建筑遗址，从墙体与瓦片散落区位置看，该墙体应为城址围墙，再结合"重泉城"所在看，此处应是雒阴城址所在。

综上，尽管长达数百年的征战中，魏更多处于防守状态，但其并无在大荔县修筑长城之必要。商原以北的夯土墙体，应是魏"雒阴城"围墙遗迹。商原以东洛河沿岸，并无夯土墙体。但不排除如"堑洛"般，在洛河沿岸挖掘峭壁使河道两岸更为陡峭。重泉城段河道北岸，至今仍有以"船舍"命名的村庄，大（荔）-蒲（城）县级公路也由此经过，这均证明此地曾为重要渡口。据此设防，岂不更省时省力而有效。如若如此，此佐证所谓"滨洛"更多意义上讲，当指当时秦魏之边界。

---

① 《史记·卷五·秦本纪》，中华书局，1959 年版，200 页。
② 《中国文物地图集·陕西分册》记载：在今蒲城县钳铒乡重泉村东北，临近洛河之处重泉城城址平面呈长方形，东西长约1150 米，南北宽750 米，现在地面仅存长约 50 米的夯筑城墙残垣，残高 4 米，基宽 4 米，夯层厚 0.14 米，城址内暴露有厚 1 米的文化层及墓葬、水井等，采集有云纹瓦当、空心砖、回纹铺地砖、绳纹筒瓦、板瓦以及灰陶罐、盆、缸等残片。

甘肃环县战国秦长城调查

陈探戈　　刘肖睿*

2010 年 7 月—8 月我参加甘肃战国秦部分长城调查，获益颇多。环县位于甘肃省东部偏北，东陵华池县桥川、白马、上里塬；东南与庆阳县马岭、土桥接界；南与镇原县殷家城、三岔、方山交错；西南与宁夏固原县接壤；西与宁夏同心县预旺相连；北靠宁夏盐池县萌城、麻黄山；东北与陕西省定边县毗邻。综合考虑地理位置、地形特点及成因等因素，环县地貌可分为：西部为丘陵沟壑区，北部为梁峁丘陵区，南部残塬沟壑区，中部为环江河谷。①

环县战国秦长城所过的地形，从大体上可以分为城西川和城东沟两大部分。② 本次战国秦长城的调查主要为南部残垣沟壑区，即城西川部分。沿途经过城西川、合道川、黑泉河、康家河四条大的河流。之间纵横交错一些较大的沟壑，如马鼻梁沟、苦水沟、张南沟、张北沟、箭杆梁拐沟、狗拉梁沟、后沟、旧庄沟等。经过的梁塬有：张台梁、大咀哨梁、晴天梁、墩墩梁、冰草峁、狗拉梁等。整体来说，墙体、敌台、关堡、障墙多分布于梁、塬、峁之上。

下图为环县战国秦长城的分布示意图，其中黑线部分为本次调查内容，即西川村——三岔镇。彭曦先生曾对环县战国秦长城做过仔细的调查，并著有《战国秦长城考察与研究》一书，在书中所提到的观点及调查的路线基本与本次长城调查的路线一致，不同的是本次调查的方向和彭曦先生当年调查的方向是反向的，即彭先生调查的起点是我们的终点，而他调查的终点则是我们的起点。

在秦昭襄王中后期以前，秦人并未有修筑长城的记载。即就是说秦人所修筑的长城可能并不是用来防范义渠戎部的侵伐。从"秦昭王时，义渠戎王与宣太后乱，有二子。

---

* 　陈探戈：西安博物院；
　　刘肖睿：西北大学文化遗产学院。
① 　《环县志》编纂委员会：《环县志》，甘肃省人民出版社，1993 年版，2～3 页。
② 　彭曦：《战国秦长城考察与研究》，西北大学出版社，1990 年版。

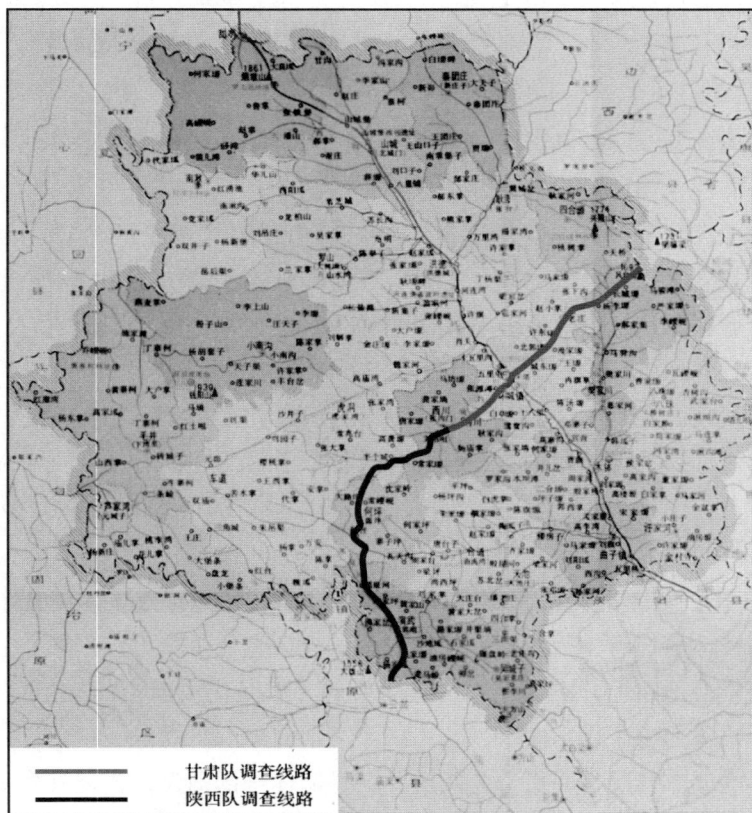

环县战国秦长城分布示意图

宣太后诈而杀义渠戎王于甘泉，遂起兵伐义渠。于是秦有陇西、北地、上郡，筑长城以拒胡"① 从这则史料可以看出，秦人所修筑的长城主要是为了防御更北方的"胡"族。但是，长城修筑完成后，在客观上起到了两方面的作用，一是在一定程度上抑制了北方"胡"族南侵和本地戎人的反叛，具有一定的监视作用；二是为秦人对东方六国的战争营造了一个相对稳定的后方。

一 调查概况

本次调查墙体共 39 段，总长 63.38 千米，现存长度 9.68 千米，消失段长度为 53.70 千米。墙体沿途所过环境多为河沟两岸及塬峁地区；墙体整体走向为东北－西南

---

① （汉）司马迁撰、（宋）裴骃集解、（唐）司马贞索隐、张守节正义：《史记·匈奴列传》，中华书局，2005 年版，2209 页。

走向，局部方向有所变化；关堡 11 座；沿线分布单体建筑共 96 个，烽火台 12 个，敌台 84 个；障墙①3 段。

1. 墙体

本次调查墙体共 39 段。墙体为总体上呈东北－西南走向。但在局部方向不一：有东－西向的；有北－南向的；有西北－东南走向的。

墙体整体保存状况较差，但从现存段可以看出，墙体修筑的位置主要有两个：一是，多沿河岸或者沟岸的台地修建；二是，在塬梁地区的墙体则是建于山梁或者塬峁的分水岭处或者塬顶平坦地带。充分利用了当地的自然地理环境，因地制宜，墙体多是平地起夯，甚少筑有地基。

墙体沿线发现的瓦片主要是板瓦和筒瓦，纹饰有：外绳纹内麻点纹、外绳纹内布纹、外绳纹内素面、外环轮纹内素面；瓦当纹饰以云纹为主，有一片文字瓦当（时代较晚）。

2. 关堡

关堡共 11 座，可判断为战国秦时期的共 10 座，仅冯新庄堡 1 座时代不清。

从残存的墙体情况看，为黄土夯筑而成。修建位置从表三可以判断有三种情况：一是关堡建于河岸台地之上，有 2 座；二是关堡建于两条沟或河流的交汇处，共有 7 座；三是关堡建于梁顶之上，仅 1 座。

依据关堡的调查情况，亦可分为两类：一是墙体全部消失，依据其残陶片的分布范围判断，并结合当地村民的描述；二是墙体还存在部分，但是具体形制仅可依其陶片的分布情况而定，但是明显可看出其不是长城墙体。

关堡上所发现的瓦片主要是板瓦和筒瓦，纹饰有：外绳纹内麻点纹、外绳纹内布纹、外绳纹内素面、外环轮纹内素面；瓦当纹饰以云纹为主。还发现有弧形素面纹砖。菱格纹陶管道。器物残片如口沿、器壁、器底等，主要为素面纹。

3. 单体

该段调查单体数量较多，共 96 座。其中 84 座为敌台，12 座烽火台。从现存的遗迹情况看，无论是烽火台或是敌台均为平底起夯，未有修建地基的情况。夯层在 5 厘米～18 厘米之间，以 8～12 厘米为主。台体内部有的夹杂有残瓦片，有外绳纹内麻点纹、外绳纹内布纹的。

4. 障墙

本次调查共发现三段障墙，保存状况不一，且因学者对此类墙体的认识分歧较大，

---

① 所谓的"障墙"是指与长城墙体垂直，且位于长城墙体内侧高出墙体的位置或者是山梁顶部的一段墙体。此类墙体，学术界并未有一致的意见，故而暂定于"障墙"一名。

对其功能未有统一见解。本次调查障墙分别为：文吊咀障墙，位于西川河的南岸台地之上墙体破坏严重，仅见一段残墙，为东南－西北走向，底部及顶部均略呈长方形，墙体四侧的断面上均可见夯土层，夯层厚约 0.05 米～0.12 米；李堡子障墙，位于箭杆梁拐沟（苏崃河）与合道川交汇的西南山梁顶上，墙体为东南－西北走向，现存墙体底部平面呈中部宽两头窄的不规则长方形，顶部平面亦呈中部宽两头窄的不规则长方形，墙体周围可见夯层，夯层厚 0.08 米～0.10 米。周围遗迹遗物较少，散见几片陶片，均为灰陶，纹饰为外绳纹内麻点纹。李堡子烽火台位于障墙中部位置；小庄洼障墙，位于后沟右岸山梁顶部，墙体为南－北走向，墙体底部平面为南宽北窄的圆角长方形，顶部平面呈圆角长方形，墙体四面断面可见夯层，夯层厚约 0.07 米～0.11 米。周围散见有残瓦片，纹饰为外绳纹内素面、外绳纹内布纹，有一瓦片纹饰为外绳纹内麻点纹。小庄洼烽火台位于障墙之上。

二 初步认识

第一，在调查的过程中，我们发现有些遗迹周围仅有单一的一种瓦片纹饰，如单一的麻点纹，或单一的布纹。但在某些遗迹中却同时发现有两种或者两种以上的纹饰，如麻点纹、布纹、环轮纹共出，或者麻点纹、布纹、素面纹共出等的情况。与此同时，在一些墙体保存情况较好的墙体或单体建筑的夯层中发现有麻点纹瓦片，而在其周围则发现有大量的布纹瓦片。从考古学理论上讲，这种情况表明麻点纹的瓦片产生的时间要早于布纹瓦。在雍城参观实习时，亦曾见到在板瓦和筒瓦上饰有麻点纹。同时在平时查阅报告时也曾注意到秦式鬲上饰有麻点纹。后在雍城发现的板瓦、筒瓦上均饰有麻点纹[1]，在秦都咸阳古城遗址中发现的筒瓦和板瓦上饰有麻点纹[2]，在秦雍城豆腐村制陶作坊中发现的筒瓦上亦饰有麻点纹[3]。从雍城到咸阳，在筒瓦和板瓦上均发现有麻点纹。从一定程度上可以说，麻点纹是秦文化的传统纹饰，是典型的秦文化因素。那么布纹瓦是什么时候进入秦统治区的呢？在段清波教授的文章《布纹瓦及在秦地的传播——来自陕西早期长城沿线的观察》一文中，对于麻点纹的使用时间、布纹瓦的起源及进入关中地区及向其他地方传播等均做了一定的讨论。并以陕西长城沿线的瓦片纹饰为例，对麻点纹瓦和布纹瓦的早晚关系进行了较为深入的讨论。作者在文中对长城沿线的布纹瓦与麻点纹瓦的讨论，并指出："……秦统一后，布纹瓦工艺随修建阿房宫、秦始皇帝

---

① 陕西省社会科学院考古研究所凤翔队：《秦都雍城遗址勘查》，《考古》，1963 年 8 期。

② 陕西省社会科学院考古研究所渭水队：《秦都咸阳古城遗址的调查和试掘》，《考古》，1962 年 6 期。

③ 陕西省考古研究院、宝鸡市考古研究所、凤翔县博物馆：《秦雍城豆腐村制陶作坊遗址发掘简报》，《考古与文物》，2011 年 4 期。

陵园的魏国工匠来到关中；汉初之际，汉匈之间以"故塞"为界，西汉朝廷遂对战国秦长城进行再利用和完善，由是，布纹瓦工艺遂传播到战国秦长城沿线。"① 这段话中包含了两个内容：一是布纹瓦传入关中地区是在秦统一后，而传播到战国秦长城沿线，则是在西汉之时；二是战国秦长城为西汉初时修葺与完善，并使用。结合调查中发现的麻点纹瓦叠压在夯层中，布纹瓦散布在遗迹周围的情况看，这些墙体应该是经过后代的修葺留下的。

　　第二，关于墙体的情况，在前文有概括性的介绍。但是，墙体的修筑位置则表现为两种不同的情况。根据调查的结果看，分布于沟河两岸台地的墙体多为秦时修筑的墙体，但是也有墙体分布于塬顶等较高的位置。后和段清波老师及当时一起参与调查的同学等讨论时，认为修建位置较低的长城墙体可能是战国秦时的，而位置的相对较高的墙体，则可能是后代修建而成。并且认为战国秦时的长城可能是不连续的墙体，而随着当时社会环境的变化，尤其是匈奴族的强大，才将原先不连续的墙体重新修葺并完善。从瓦片的分布情况看，位于塬顶的有些单体建筑周围少有麻点纹瓦片的分布，且其夯土比较纯净，并没有夹杂任何的包含物。从此出发而言，这些单体就有可能是后代完善长城时修建而成。

　　第三，关于障墙的问题。障墙在本次39段长城上共发现3处，但是在陇西、渭源、临洮等其他县也发现障墙遗存，大约有十几段。对于这类遗存的形制并没有完整的界定，对其功能亦无法推测。段清波教授在其文章中认为障墙这一类遗存是随着长城防御系统的不断完善而出现的，是汉代修建而成。关于障墙的情况还有待更多的学者对其进行探讨，本文仅将材料置于此处，其更多的研究还有待于有志之士去做。

---

① 段清波、于春雷：《布纹瓦及在秦地的传播》待发表。

金界壕随笔四则

路东升*

一 金代戍边士卒娱乐活动之围棋历史管窥

金代东北路界壕边堡甘南县境内一段 150.86 千米，小型戍边古城 16 座，大型戍边古城两座，边堡戍守士卒 200 人（王国维《集堂观林金界壕考》）。16 座边堡驻扎士卒 3 千多人，加上两座大型戍边古城的卫戍人数，总人数达 3800 多人。可见金朝廷为防止后院起火所下的决心和所投入的庞大军事力量。金代戍守界壕的士卒除战时为兵，闲时农耕屯田外，娱乐活动之一就是围棋了。

《金史·选举志卷三十四·右职官员杂选》："其他局分，若秘书监楷书及琴、碁、书、阮、象、说话待诏……"。"碁" 即 "棋围棋也"。由此，金代有专管 "楷书、琴、碁、书、阮、象、说话" 的杂官。即秘书监之设。可想而知，"碁" 和 "象" 是两种含义，"碁" 即棋、围棋。"象" 即象棋。"碁" 和 "象" 起源于中原，相传有尧所发明。从而可以看出，中原文化对金代的文化影响与汉化，不仅仅在 "碁" 而是全面的，包括金代统治阶段，知识分子和族众的汉化。金世宗曾说过："猛安人与汉户，今皆一家"，"满汉语言虽异心相同"，很多学者对辽金时期的文化，特别是娱乐文化均有独特的高论，可见汉文化的源远流长和民族融合的历史过程。

围棋，在我国古代称为弈，在整个古代棋类中可以说是棋之鼻祖，相传已有 4000 多年的历史。《路史后记》中说尧娶妻富宜氏，生下儿子丹朱。丹朱行为不好，尧至汾水之滨，见二仙对坐翠桧，划沙为道，以黑白行列如阵图。帝前问丹朱之术，一仙日："丹朱善争而愚，当投其所好，以闲其情"。指沙道石子："此谓弈枰，亦名围棋，局方而静，棋圆而动，以法天地，自立此戏，世无解者。"丹朱由尧处学了围棋，据说果真有了长进（仙话见《历代神仙通鉴》）。也有人说是舜作围棋以教愚子商均，晋张华在

---

* 路东升：黑龙江省齐齐哈尔市甘南县文物管理所。

《博物志》中亦说："舜以子商均愚，故作围棋以教之。"尧、舜是传说人物，造围棋之说不可信，但它反映了围棋起源之早。

唐宋时期，可以视为围棋游艺在历史上发生的第二次重大变化时期。由于帝王们的喜爱以及其他种种原因，围棋得到长足的发展，对弈之风遍及全国。这时的围棋，已不仅在于它的军事价值，而主要在于陶冶情操、愉悦身心、增长智慧。弈棋与弹琴、写诗、绘画被人们引为风雅之事，成为男女老少皆宜的游艺娱乐项目。在新疆吐鲁番阿斯塔那第 187 号唐墓中出土的《仕女弈棋图》绢画，就是当时贵族妇女对弈围棋情形的形象描绘。当时的棋局已以 19 道作为主要形制，围棋子已由过去的方形改为圆形。1959 年河南安阳隋代张盛墓出土的瓷质围棋盘，唐代赠送日本孝武天皇、现藏日本正仓院的象牙镶嵌木质围棋盘，皆为纵横各 19 道。中国体育博物馆藏唐代黑白圆形围棋子，淮安宋代杨公佐墓出土的 50 枚黑白圆形棋子等，都反映了这一时期围棋的变化和发展。

从唐代始，昌盛的围棋随着中外文化的交流，逐渐越出国门。首先是日本，遣唐使团将围棋带回，围棋很快在日本流传。不但涌现了许多围棋名手，而且对棋子、棋局的制作也非常考究。如唐宣宗大中二年（848 年）来唐入贡的日本国王子所带的棋局就是用"揪玉"琢之而成的，而棋子则是用集真岛上手谈池中的"玉子"做成的。除了日本、朝鲜半岛上的百济、高丽、新罗也同中国有往来，特别是新罗多次向唐派遣使者，而围棋的交流更是常见之事。《新唐书·东夷传》中就记述了唐代围棋高手杨季鹰与新罗的棋手对弈的情形，说明当时新罗的围棋也已具有一定水平。

明清两代，棋艺水平得到迅速的提高。其表现之一，就是流派纷起。明代正德、嘉靖年间，形成了三个著名的围棋流派：一是以鲍一中（永嘉人）为冠，李冲、周源、徐希圣附之的永嘉派；一是以程汝亮（新安人）为冠，汪曙、方子谦附之的新安派；一是以颜伦、李釜（北京人）为冠的京师派。这三派风格各异，布局攻守侧重不同，但皆为当时名手。在他们的带动下，长期为士大夫垄断的围棋，开始在市民阶层中发展起来，并涌现了一批"里巷小人"的棋手。他们通过频繁的民间比赛活动，使得围棋游艺更进一步得到了普及。

随着围棋游艺活动的兴盛，一些民间棋艺家编撰的围棋谱也大量涌现，如《适情录》、《石室仙机》、《三才图会棋谱》、《仙机武库》及《弈史》、《弈问》等 20 余种明版本围棋谱，都是现存的颇有价值的著述，从中可以窥见当时围棋技艺及理论高度发展的情况。

满族统治者对汉族文化的吸收与提倡，也使围棋游艺活动在清代得到了高度发展，名手辈出，棋苑空前繁盛。清初，已有一批名手，以过柏龄、盛大有、吴瑞澄等为最。尤其是过柏龄所著《四子谱》二卷，变化明代旧谱之着法，详加推阐以尽其意，成为杰作。

清康熙末到嘉庆初，弈学更盛，棋坛涌现了一大批名家。其中梁魏今、程兰如、范西屏、施襄夏四人被称为"四大家"。四人中，梁魏今之棋风奇巧多变，使其后的施襄夏和范西屏受益良多。施、范二人皆浙江海宁人，并同于少年成名，人称"海昌二妙"。据说在施襄夏 30 岁、范西屏 31 岁时，二人对弈于当湖，经过十局交战，胜负相当。"当湖十局"下得惊心动魄，成为流传千古的精妙之作。

围棋中没有和棋，这倒是和中国的"和为贵"思想有些矛盾，这也是使人百思不得其解的地方。好在围棋的很多战略战术能体现出这点，比如行棋不可用强，该让就得让，该忍就得忍，否则就很可能输得一败涂地。虽然，让与忍的真正目的还是想获得最后的胜利，但这只能说是咱们中国人很有智慧。再说，"和为贵"也是以和为目的，最后想得到平安这个好的结果。从这方面来说，两者还是相通的，并不矛盾。

二　金东北路界壕边堡之浅析

金代东北路界壕边堡线与长城一样，是作为战争中的一种防御工事。这在我国五千年的历史上，经自战国、秦始皇灭六国，在北方始修"万里长城"至汉唐于明，大规模的修筑长城的繁重徭役一直没有停止过。而北方的女真政权金，显然受汉族的"万里长城"影响，参照"万里长城"也先后搞起了"掘地为沟堑，以限戎马之足，……于要害处筑城堡以居戍人"之役。以防后院起火，金代所筑界壕有南北二线：北线起自呼伦贝尔盟额尔古纳右旗至乌勒吉河源头，长约 700 千米，这里略去不作详细介绍。南线据《金史·地理志上》分东北路、临潢路、西北路、西南路四路。东北路是这四路中最北的一路，也是修筑最早、最先投入使用的一路。

由《金史》记载推知，始竣界壕者，应为婆卢火，然婆卢火为金太祖、金太宗、金熙宗时人，授命卫戍与屯田于泰州，卒于乌古迪烈地。经考证，乌古迪烈地是邻近泰州之部族，负责防御东北路界壕之责任。婆卢火受太祖之命卫戍与屯田泰州，当时应该有竣壕之举，才能"守边屡有功"，这是肯定的。这无疑将金东北路界壕边堡之设筑提前了 10～20 年，而不是最迟 1138 年开始修筑了。1114 年，金太祖完颜阿骨打在收国前一年"习古乃等还，具言辽主骄肆废弛之状，（太祖）于是召官僚耆旧，以伐辽告之，使备冲要，建城堡，修戍器，以听后命。"太祖所召"官僚""耆旧"，既有达官，还有"老部下""诸重臣"，这是一次非常会议，决定了金源要塞部位，要建城堡，打造戍兵器。1115 年建金，这一年伐辽告馨，建城堡也同时开始，天辅年间（1120 年）已告完成。1121 年，婆卢火已升为都统（元帅），"皇命摘取诸路猛安中户万余家，屯田于泰州，并赐给耕牛五十"。这说明卫戍已初见成效，而要加强人力进行屯田了，以解决后勤补给不足这个至关重要的问题了。

东北路界壕边堡于 1120 年就已修筑完毕，那么它所受辖制自然是泰州婆卢火了。也许当时不叫东北路，而叫泰州路界壕边堡。据《金史·地理志上》记载，它起自嫩江右岸莫旗尼尔基镇北 8 千米的前七家子，史称达里带石堡子。开始一段分为南北两支，北支起自后七家子东北 2.5 千米嫩江沼泽中，由于经常地水淹沙没，显得十分低矮，但连接部位仍十分明显。南支在前七家子东北 100 余米，距嫩江 200 米。界壕的南北起点的形制和结构相同，南北相距约 3.5 千米，北支长约 20 千米，并入南支。两支线合二为一，越诺敏河而入黑龙江省甘南县。在黑龙江省段略。由黑龙江省龙江县境乌尔根河起至绰尔河，界壕分出一支岔，往西南而去。长约 200 千米而没。界壕过了洮儿河，15 千米内，共分三支：最北的一支到蒙古境内，长短不得而知。中间一支到新庙西 15 千米而终止。最南一支，至鹤午河现霍林河左岸止。金东北路界壕，总长约 1780 千米。过了绰尔河，为单线，无护壕，整个内蒙古境内，马面、城堡的间距就不规则了，但保存现状比较好，许多城堡还没有被开发。

金代东北路界壕的始修时间、长度、统辖权均已叙述，戍守、屯田的士卒在《金代东北路界壕边堡的屯戍的整体布局与分析》一文中已有分析，屯戍士卒在王国维遗书《金界壕考》中已有叙述：修筑堡戍"三千人修筑一月而告竣"。就是说小型边堡修一堡和到另一边堡的界壕得三千人修筑一个月，那么整个东北路共计 27 堡（在大定年间之前）1700 多千米，要三千人修筑三年。当然，修筑界壕边堡的工匠并不仅仅三千人，可见当时的工程巨大，才会有"募饥民以佣"的措施。而金东北路界壕，在黑龙江省段全部采用复（护）壕，每当河口等地，均为左右岸双堡隔河钳制，还有一座大型屯军城作为钳的轴加以控制、支援。可见是为了加强保护松嫩平原这块富饶之地的重要性了。当时，金朝廷除了赐耕牛外，《金史·世宗纪》还记载了"大定十七年十月，诏以羊十万付乌古里石垒部畜牧"。十万头羊不是小数目，可见那时的所辖之境，不仅屯田取得了极大的成功，而且畜牧也是相当发达了，那时松嫩平原已是"土地肥沃，精勤耕作，各安其居"了，而且"风吹草低见牛羊"一片兴隆景象了。（乌古时民族名称，迪烈部也是民族名称）

当时戍守屯田的士卒是边堡 200 人，大型屯军城 3000 人，东北路界壕边堡的总人数，《金史》记载是 13000 人。金时在东北路戍屯的部族中，也有不少游牧民族，这些游牧民族大都分布在绰尔河和洮儿河以西地区。这些游牧民族有契丹、女真、奚、渤海、乌古、迪烈等民族。

通过调查，我们初步认为：金东北路界壕边堡，1115 年始建，1120 年建成。开始并不完善，后经大定年间的几次修补增设，使之"皆取直列置堡戍"，"与临潢路接了境"。至元代废，地属泰州，东北路与临潢路的分界，仍是鹤五河，即今之霍林河。东北路界壕边堡是重要的一套防御体系，泰州（今泰来）是金代东北路界壕的指挥中心重镇。

三 金代东北路界壕的屯戍与整体布局的分析

金朝廷自金太祖收国元年（1115 年）至金朝灭亡的一个多世纪中，一方面体现了一个国家从艰难到繁荣、昌盛、衰败、灭亡，另一方面体现了穷兵黩武、色厉内荏、连年征战、民不聊生、物极必反这一道理。金代界壕边堡（长城）也大体经历了从始修到起到一定作用，最后不起作用这样一个过程。金界壕从始修到大定年间的大规模整修经历了半个多世纪七十余年。金界壕也与中原秦汉长城一样，先筑各城郭，后由形势需要将各城相联逐步加以完善这样一个过程。所以说金朝廷的命运也是与金代界壕边堡是休戚相关的。

（一）

关于金代界壕边堡的始修时间。《金史·太祖本纪》载金太祖收国元年的前一年（1114 年），"习古乃等还，具言辽主骄肆废弛之状。（太祖）于是召官僚者旧，以伐辽告之，使备冲要，建城堡，修戎器，以听后命。"这足以说明，金太祖早在建国前就有灭辽伐宋的野心。由于兵员军备不足，此时已有修城池，筑壕堡的打算了。

金代东北路界壕边堡的修筑时间，由于其地理位置接近金上京，可以说是金代界壕边堡中修筑最早的了。《金史·地理志上》："金之壤地封疆……右旋入泰州婆卢火所竣界壕……。"《金史·婆卢火传》："天辅五年（1121 年），摘取诸路猛安中万余家，屯田于泰州，婆卢火为都统，赐耕牛五十。""泰州婆卢火守边屡有功，太宗赐衣一袭，并赐其子剖叔。""天会八年，以甲赐婆卢火部诸谋克。""天会十三年，加同中书门下平章事。""天眷元年，驻乌骨敌烈地，薨。"从婆卢火天辅五年屯田于泰州，到金太宗天会八年以前的守边屡有功，赐衣一袭，就是说，金东北路界壕的开筑时间应该是天辅五年婆卢火迁徙泰州的同时。由于婆卢火尽职尽责，恪尽职守，避免了后院起火，才有"守边屡有功"。为金太祖、金太宗的灭辽伐宋立了大功。

金代东北路界壕边堡，起自嫩江右岸莫旗尼尔基镇北 8 千米的前七家子，经甘南县、碾子山区、龙江县进入内蒙古至绰尔河没有分支。过绰尔河分为三支：一支经科右前旗好仁、古迹两乡和突泉县宝石乡至霍林河（鹤五河）的吐列毛杜乡白音乌兰村，经过我们踏查证明，这是最早修筑的一支。因他与临潢路不接境，才有大定五年诏令泰州、临潢接境。一支由绰尔河右岸与上一支相距不远，经索伦过霍林河西入锡林郭勒盟到西乌珠穆沁旗止。另一支也是最北的一支，向西北折入外蒙。全长 1300 千米。后二支为大定五年和大定二十一年所增修。

从整体上看，最先开始修筑的是城堡和局部界壕，参差不齐，防御上疏漏较多。后有大定五年的临潢泰州接境，再有大定二十一年（1181 年）的大规模调整。《金史·地理志上》"大定二十年三月，世宗以东北路招讨司十九堡在泰州之境，及临潢路旧十九堡障参差不齐，遣大理司直蒲察张家奴等往视其处置。于是……皆取直列置堡戍"从而完善了防御体系，从战略上堵塞了漏洞。

从局部防御布局，先也是不完备的。边堡修筑的距界壕远近不一，最远的 4 千米，还有 2 千米的，参差不齐。无疑在防守上就成了困难。增修后的界壕边堡，百里左右设一关隘，每隔 10 至 15 千米设一边堡，堡间多设烽燧，如诺敏河、阿伦河、音河、雅鲁河、乌尔根河、塔坨河、绰尔河等重要地段设双堡，隔河相望。一座大型屯军城，以钳轴之势与隔河双堡遥相呼应。6 至 8 座边堡就有一座大型屯军城。河口也经过防洪排洪处理。真是营栅相望，烽侯相应。建筑牢固，设施完备，防御体系严密，在我国历史或军事史上是一大创举，是民族大融合的产物。金代界壕是金朝廷从奴隶社会向封建制过渡的产物，客观上在历史上起过一定的作用。但它对北方的经济，文化交流，起了阻碍作用。

（二）

1115 年，完颜阿骨打建立金国时，女真族的奴隶制社会已经存在和发展了五、六十年了。在这之后的灭辽和破北宋的时期中，虽然和中原地区军事、政治、经济、文化有了密切往来和融合，促进了东北地区的社会经济发展，出现了空前繁荣景象，促进了金朝社会迅速由奴隶制向封建制转化。但就其实质来说，金朝社会的奴隶制仍沿用了很长的时期，甚至可以说金太祖阿骨打至金章宗 80 年的时间。

金太祖完颜阿骨打袭位的第二年，《金史·兵志》载；阿骨打把原来猛安、谋克的户数作了整齐划一得规定："初无定制，至太祖即位二年……始令以三百户为谋克，谋克十为猛安"。打破了原来氏族部落加以从新组合，这是把氏族部落变为国家所采取的最有力地一个措施。而猛安谋克制度是军政合一的制度。金代军队也应是具有战时为兵，和平时期从事生产这种全民皆兵的双重身份。那么军队的成分都是由哪些成分组成的呢？《金史·兵志》载：阿骨打在征辽时对他的军队宣布："汝等同心尽力，有功者，奴婢、部曲等为良，庶人官之，先有官者叙进，"这说明阿骨打所统帅的军队是由"有官者"、"庶人"、"部曲"、"奴婢"、等四个阶段层次的人组成。金朝实行军政合一、全民皆兵制，因而军队的成分反映了社会结构。"有官者"是指新兴的统治阶级，"庶人"则是由原始部落成员转变而来的平民阶层，"部曲"的地位，低于"庶人"，却比"奴婢"的境况略高。"部曲"、"奴婢"的来源，一部分（亦可以说是大部分）是战俘和战争期间抢掠来的人口，一部分是由原始部落的奴隶继承过来的。"部曲"、"奴婢"自然是没有人身自由，以户为单位的，生活在最底层的奴隶阶级了。这种情况一直延伸到 1180 年，《金史》卷 46《食货志》载云："大定二十年，以上京路女真人户规避物力，自卖其奴隶，致耕田者少，遂以贫乏，诏定制禁之"。从这里可以看到，1180 年金朝社会，这个"全民皆兵"的国家，农业生产主要是靠奴隶。奴隶主为了逃避税收，而出卖自己的奴隶之后，造成了"耕田者少，遂以贫乏"的现象。时隔一年后的 1181 年，即大定二十一年，在《金史·地理志》所载的金界壕大规模调整，"参差不齐，皆取直列置堡戍"情况，大规模工役的主力亦是奴隶和庶民。这在金代东北路界壕目前所知的葬俗中可以得到考证：夯在长城中的尸骨，无殉葬品，肢姿各异，甚至还发现无头骨之残骸，无疑，这是没有人身自由的"奴婢"、"部曲"的尸骸。沿长城还发现大量的经过火化，用陶瓷盛殓，葬在石板墓中的尸骨，既是"庶民"。而有墓、有室、有棺，有殉葬品，选择风水地形而葬的就是"有官者"了。以上足以说明：金界壕从始修、局部调整和大定二十一年的大规模整修工役中，在长达一个多世纪的戍守中，金朝的社会结构是存在"有棺者"、"庶民"、"部曲"、"奴婢"这四个阶级层次的。我县于一座小型戍边古城中出土一枚金代铜制官印，印文"拜因阿邻谋克之印"。简译为"富山百户长之印"，全译"富山屯田军民部落长兼戍军百户长之印"。这枚金代官印的出土，其一说明每座戍边小古城为金界壕卫戍中的基层单位；其二金界壕卫戍中奉行的是"富山屯田军民部落长兼戍军百户长"，这种军政合一的体制；其三存在"有棺者"亦存在"庶民"、"部曲"、"奴婢"；其四每座戍边古城均有各自的名称。由此推知，大型戍边屯军城既是"猛安"、亦是"千户长"了。从我们普查、考查的结果证明，大型戍边屯军城，地势多选择在进可攻，退可守，随时可驰援所辖每座戍边小古城，水陆交通方便的重要防御地点上。每座大型屯军城管辖临近的六至八座小型戍边古城，按长城防御长度来说约在 150 华里左右。换句话说，一座"猛安城"，下辖六至八个"百户"亦即"谋克"基层单位。金代东北路界壕就目前普查结果看，有大型屯军城 9 座，那么，金东北路界壕卫戍力量就可想而知了。

（三）

金代东北路界壕的始修时间，正是灭辽破宋时期。虽然这一时期金朝的农业、手工业迅速发展，但金朝廷穷兵黩武，连年征战，粮食以及制作生产工具的铁非常短缺。《金史·食货·户口志》："天辅五年（1121 年），以境土既拓，……遂摘诸猛安，谋克中民户万余，使宗人婆卢火统之，屯种于泰州"。同时又把收国年间迁移到宁江州的"拾得、查端、阿里徒欢、奚达罕等四谋克（四部落）家属耕具徒于泰州"。这种从各猛安谋克部落中抽调民户或整谋克、整部落的迁徙，特别强调要"挈家属、耕具"，说明金朝廷在这一时期的农业、垦耕地人力不足，耕力不足，使用的农业耕具也不足；为了解决漫长的长城戍守线上戍边士卒的给养补充之困难，金朝廷便"委官劝督田作"，"分遣使者诸路劝农"。于是婆卢火在泰州辖境（包括金东北路界壕辖下各猛安谋克）便开始了"军民并役"的自给自足的屯田了。屯田初一段很长时期，规模不大，耕具也不先进，更不充欲。从金东北路界壕的大小古城中出土的铸铁农具犁铧、犁镜、车辖等可以看出，这些农具大小规格不一，质量不一。这必须要说明的是，我们在普查中陆续发现了为数不少的代用石制农具，如：石镰、石锄、石镢、石凿等。这些石制农具绝大部分是残件和使用过的，石料是就地取材的花岗岩石和青石，敲打加工，刃部有磨制痕迹，工具制作简单，但分工明确，一看就知道是做什么活计用的。另外，还出土了大量煮骨和烧骨，既有野生动物的如鹿、狍、野猪等，但牛、马、猪等残骨不在少数，说明屯田不是很发达的，经常以狩猎来维持日常生活，非常时期牛马也可充饥，金代东北路界壕线在屯田中，铁是非常紧缺的，石制代用品很多，如：车轮，我们在踏查中发现一只石车轮，直径91厘米，中间厚度23厘米，两个人方能把它立起来，十分笨重。其他如前所述，锤、斧、凿、镢、锄等小型农具。我县有18座大小古城，没有发现一件小型铁制农具。这就是说，除了不可代用的关键部位如犁、犁镜、锅等外，其他都可以用石器代用铁器，这表明金代除局部地区外，大部分地区铁是紧缺的，但至少可以说屯田解决了自给，缓解了漫长的界壕戍守线的补给困难。

综上所述，金代界壕边堡是民族融合的智慧和力量的结晶，修筑和戍守、屯田于漫长的界壕边堡线上的卫戍士卒，创下了长期戍守，克服困难的光辉先例！

（四）甘南县金界壕价值及作用

金朝为了防御蒙古草原各部，在北方修筑了军事防御工程，它与历代长城一样。金界壕主要分布在内蒙古境内，少部分在蒙古人民共和国和苏联境内，金界壕横跨约2500千米，实际总长度达7000余千米。据《金史》记载，天眷元年（1138年）以前就曾在东北泰州内修长城，大定十七年（1177年）和大定二十一年（1181年），大规模修筑东北路、临潢路、西北路、和西南路辖境内的长城，并把它们接成一条长城。明昌三年（1192年）至承安三年（1198年）又在西南路、西北路、临潢路以及泰州边修筑新的长城，这就是"明昌新城"。沿壕隔一定距离修一个边堡，长城形制为挖深壕，在壕边堆土夯实为长堤，堤上再加筑马面。金界壕有的有附壕，即两道壕，主壕高于附壕有附壕的是早期修筑，没有附壕的是晚期修筑。金界壕是建筑设施完备，防御体系严密，壕墙并列，城堡相连，有沟堑以限戎马之足，列城堡以为戍人之居，马面、烽燧为前代防守设施之发展，单线、复线视地势之重点需要而构筑。东北路长城由嫩江起点至诺敏河段，还有以南的一些段落基本为复线，个别地段也有三条线者。

墙与壕：由内而外依次为主墙——主壕——副墙——副壕。主墙较副墙高主壕较副壕深。挖壕筑墙，就地取材，有夯土筑或以土石混筑。

马面：主墙外侧皆有马面，在主墙顶部高出半米左右。间距不等，都在百米不等间。

边堡：沿长城内侧每隔10~20千米设置有边堡，多设在山口、河津等要隘处。黑龙江段有边堡22个，边堡多为方形或长方形，墙外有马面，两面开瓮门。北面墙一般与长城平行，距离近者只有几米，远者达几百米。堡内有建筑，多做对称或成排分布。我县金界壕全长150.86千米，戍边小古城16座，大型古城2座，边门2处，河口2处与金界壕有关的古墓葬4处。

烽燧：堡外附近往往设有烽燧，远就近在高山顶上筑土石筑，高约2米，直径约8米，便于瞭望和传递信息。

关隘：东北路长城在诺敏河、阿伦河皆有关隘，关隘由甬门和通道构成，有门壁回护，马面密布。

古城：逢较大河谷地带，则在长城防线以内几公里或十几千米处设有较大古城。当系前线指挥机构之所在。

由于大兴安岭东侧、南侧的余脉和诸支脉与大兴安岭主轴线呈垂直方向，金界壕边堡与大兴安岭主轴线呈平行态势，因而大兴安岭与金界壕相垂直。金界壕被河流溪涧冲断的地段，除阿伦河，大岗水库北端之排红设施，音河河口三处防洪排洪设施外，约未见其他类似设施。但是，有几处是利用悬崖做天然屏障的；如甘南县诺敏河河口，龙江县库提河河口，济心河河口等。悬崖下河谷中的河道，蜿蜒在沼泽中。悬崖上的金界壕或边堡，俯瞰河谷沼泽的一切，既有利于戍守、又避免和河水冲刷侵蚀之苦，可谓一举两得矣。综上所述，金代先人对水的认识是深刻的：其一，水可以作为戍守的天然障碍，又可以解决屯田、农耕中的水的利用，既达到"烽候相应、营栅相望"，又可达到"人得恣田牧"的目的。其二，边堡和大型戍边古城，多建在近水源而又不为水所害的坡岗之上，除人畜饮水外，又便于利用水上交通。其三，沼泽中的金界壕经八百多年的风、雨、雪、水的考验，虽有少部分淹没在历史的长河中，仍然有绝大多数顽强的屹立着，足以证明筑造工艺非同一般了。基于以上诸原因，金界壕边堡线，无论地形多繁复，始终是按东北向西南的方向，沿大兴安岭的东麓和东南麓的余脉和诸支脉的山根部或跨山颠或跨诸大小河流、沼泽、雄赳赳地向前延伸，不绕险，不避山，而且还巧妙地利用高山流水做为戍守的天然屏障，可见金代在测绘科学，建筑科学上，都有相当的进步与发展。是我国古代史上的又一新篇，是金代以前各朝代不能比拟的，是对我国古代长城建筑史的光辉贡献。

金代界壕边堡（金界壕）一般称"界壕"或"壕堑"，俗称"成吉思汗边墙"。今壕堡内的汉族居民称界壕为"旧边"、"老边"、"边墙"、"边壕"。称边堡为"古城"、"土城子"。莫力达瓦旗的达斡尔人则称"乌尔科"。主要分布内蒙古境内，少部分在蒙古国及俄罗斯境内。大部分为东北走向西南，横跨 2500 千米，实际长约 7000 千米。可谓近古史上的大工程，仅次于举世闻名的万里长城，是国家级保护文物。在大型及小型戍边古城中大量出土金代器物陶器和铁器及瓷器等，其中在资源调查中详细记录了调查过程和作出宣传文物简报 10 多期，有待在今后的工作中写出新的成果更进一步的研究金界壕。

长城调查夜行记

张俊生 *

　　从事考古工作近三十年，我感觉最辛苦的就是考古调查，而长城调查又是考古调查中最辛苦的。我却参加过两次天津境内明长城的调查工作，1985 年在"爱我中华，修我长城"的口号下开始第一次长城调查，2007 年在全国长城资源调查工作中又开始进行第二次天津境内明长城的调查。

　　2007 年天津市启动天津境内明长城的调查工作，天津市文化遗产保护中心组建了以姜佰国、刘健、我为队长的长城调查队，我们分工一队负责墙体调查，一队负责敌台调查，一队负责长城两侧其他遗迹调查，这次调查工作给我留下最深印象的不是长城的宏伟、险峻，也不是沿途的景色风光，而是一次摸黑下山的经历。

　　天津的长城只在蓟县的北部山区，全部修建在群山峻岭之巅，平均海拔在七百米，远离村庄人迹罕至。我们每天调查从驻地到长城要走一两个小时，好在随着农家乐旅游的开发，长城脚下的村庄都开起农家院，吃住的条件比起二十年前有天壤之别。记得那天是 11 月 8 日，刘健前几天下山时摔伤了肩膀，回市里治疗去了，姜佰国回市里开会，只有我一个人带调查队上山调查。早晨大家饱餐战饭，把午饭带好，因山上严禁明火所以只带一些馒头、发面饼、咸菜、咸鸭蛋，每人带一瓶热水，各自负责的器材、工具带好。到中午大家找个背风朝阳地方简单吃点，到下午 3 点多就要往回走，因为北方的冬季到下午 5 点左右天就开始黑了。

　　我们根据历史文献记载和自然村落的分布，从东向西把天津境内的长城划分为七大段，那天准备调查的是第三段中的最后一段，从地图上看这一段长城墙体约 3000 米长，从海拔六百多米到海拔九百多米，掉头向下到一条南北向的沟里。大家商量争取一天调查完，因为从图上看从最高点向西到沟底距离较远，且山高坡陡荆棘丛生，要再从西边往上走很费劲。

---

*　张俊生：天津市文物遗产保护中心。

　　从驻地开车到山脚下，开到车无法前行的地方，大家下车开始步行向上攀登，这次登长城我有一个很明显的感受，随着生活水平的提高，村民们已经不再用柴火来烧火做饭、烧炕取暖，山上的植被覆盖比以前有了很大改善，但也给我们的调查带来困难，上一次调查时上山的小路明显，两边的灌木都被村民砍伐光，视野广阔清晰，长城沿线两侧的遗迹很明显看到，现在是灌木丛生、荆棘密布，上山小路时隐时现，有的地方已被茂密的灌木覆盖无法通过，长城两侧倒塌的遗迹也被茂密的植物掩盖，我们只好披荆斩棘开路清理。

　　走了一个多小时终于到了长城上，虽然是冬季山上风又大，但额头上还是沁出汗珠，大家坐在地上小息片刻，按照各自分工开始工作，这一段长城的墙体都是石墙，按技术规范工作起来比较顺利，但有几座敌台是包砖的空心敌台，而且在敌台旁边烟灶、火池等遗迹也较多，照相、测量、绘图、记录技术规范要求很细。所以负责敌台的一组前进的速度较慢，负责墙体调查的一组早已看不到人影了。到下午3点多的时候，本来应该返回了，可是大家为了节省一天时间，又认为往回返的路太远，一致决定继续向前。

　　当登上最高点时眼前还有两座敌台，这时时间已快四点钟了，当把最后一座敌台调查完，时针已接近五点了，石墙在夕阳的照射下已微微泛出红色，收拾好东西大家赶紧下山。在山顶时感觉光线挺亮的，可往下走一会就感觉天色暗下来，再向四周一看才发现，周围的山峰全在我们脚下，用对讲机与山下接应的车辆也联系不上，对讲机的有效距离是三公里，说明到山脚的距离已超出这个范围，这时我感到有些紧张和担心起来，一是大家的人身安全，二是没有带野外宿营的东西，手机也没有信号无法与驻地和山下接应的车辆联系，山下的同志见不到我们肯定也很着急。大家心里可能也有同感，没有了说笑加紧了脚下的步伐，又转过几道弯天黑下来了，脚下的路已看不清了，多亏调查队员马更的背包里有个自发电的小手电，他赶紧拿了出来在前面带路，大家互相提醒着脚下的情况快步急行。

　　天色漆黑一片，四周什么也看不到，天空没有月光也看不到星光。走的急促身上开始出汗，我因为戴着眼镜，身上冒出的热气把眼镜蒙上一层雾气，就更看不清路了；根本没有时间停下来更腾出手来擦拭。大家想了个办法，马更走在最前面带路，大家都伸着一只胳膊搭在前一个队员的肩膀上，跟着最前面的同志向山下走去，山路漫漫，弯多坡陡，都是崎岖的山路和茂密的树林，好几次走在后面的队员因为看不见路不小心踩到松动的石块把脚崴了，大家伙也不顾不得那么多了忍着疼继续向山下走去。

　　也不知走了多长时间，转过多少个弯，脑袋已经发晕眼睛也看不见，只是机械地跟着前面的人走。突然走在前面的马更喊起来"看见车了"，大家精神为之一振向下望去，看见两点白光在下面闪亮，是接我们的车辆打开车灯为我们指路，大家呼喊起来向着光亮处奔去。终于到了山下，与接应同志们会合了，就着车灯我看看表，已经七点半多了，下山的路走了两个多小时，好在大家都平安到达。

坐上车大家又来了精神，互相说起下山时的丑态，车厢里充满笑声，回到驻地大家喝酒庆祝，酒杯一端一天的辛苦忘干，喝酒入肚才知道啥是幸福。

老边岗土墙调查点滴

王新英[*]

2010 年早春 4 月，对于江南水乡来说已是莹莹翠柳、满目新绿，但是在北国春城却仍是春寒料峭，大地尚未回春。当农户们还在享受着春耕前片刻清闲时，老边岗土墙调查队的队员们已经迎着并不合面的春风，踏着仍覆盖有片片残雪的黑土地，开启了老边岗土墙调查工作的大幕。这条"老边岗"已经静卧在东北这片黑土地上太久了，尘封了太多的历史尘埃，古往今来的人们对它也有着许多猜想和疑问，民间也有着许多关于它的传说，可以说队员们肩上的使命是沉甸甸的。

每天清晨，调查队队员们都会带好相机、GPS、皮尺等调查设备和测量工具，拿上水和食物，迎着太阳的第一缕晨光出发；每当队员们迈出一天工作的第一步，他们知道在旷野中有一个被历史尘封许久的真相等待着他们。无论是在田间地头、还是在河汊丘陵，双脚是调查队员们唯一的、也是最可靠的交通工具。为了不放过一丝一毫的"线索"，调查队员们不怕走冤枉路，因为他们深知，哪怕是最细小的地表遗迹现象都有助于解开老边岗土墙身上的"谜"。

所谓瑞雪兆丰年，早春的降雪为 2010 年带来了一个好年景。田地里面日渐长高的玉米苗带给辛勤劳作农民的是满心喜悦，但是却增加了调查的难度。如果黑土地被绿油油的玉米苗盖满了，就很难看见老边岗土墙的地表遗迹现象，而地表遗迹现象是调查的关键所在。这是一场与时间赛跑的比赛，不能停留、不能松懈，更不能输。就这样，即便在炎炎烈日下的正午、飘洒着细雨的清晨、道路泥泞的雨后，只要天气不是十分恶劣，调查队员们的脚步就不停歇，坚持调查工作。几个月下来，调查队里的每一名队员都累瘦了、晒黑了。所以，当翻看调查照片时，大家会从照片中看到从初春到盛夏不同的"诱人"景色。队员们身上的毛裤也慢慢变成秋裤、单裤，最后成了短裤。

老边岗土墙修建年代久远，除了有限的文献记载和前辈学者的研究成果，从当地居

* 王新英：吉林省长春市文物保护研究所。

民口中获知口碑资料就成为重要的调查依据之一。因此，调查队员们就十分重视走访沿途村民，尤其是年纪较大的老者。每当大家走进村庄，最先向村民询问的不是别的，而是村子里年龄最大的老人家在哪里？这也往往招来村民们疑惑的眼光，但只要我们讲明来意又都会热心的指引。在日复一日的走访过程中，调查队员们逐渐发现了一个"秘密"——夏日午后，村里的老人们一般会在小铺（类似城镇里面的超市）屋里或者房檐下聊天、晒太阳。发现这个"秘密"后，队员们往往一次就询访到一两个或者更多的高龄老者，从他们口中或多或少的知道一些有关老边岗土墙零散，却又有一定价值的信息。这些从村民口中获知的信息，大多是受访的老者根据所闻、所见讲述的，这就不可避免地带有感情色彩，而且未必真实可靠。所以，调查队员们在如实记录受访老者讲述之外，还会根据相关史料和以往学者的研究成果来比对，仔细辨别、去伪存真。

在长达数月的调查工作中，队员们的饮食往往因陋就简，有时甚至随便找一处避风的地方席地而坐，有时甚至要边走边吃。如果能在中午赶到村庄或居民点，在老乡家的锅灶上煮上一锅热汤面，卧上几个鸡蛋，那就十分可口了；要是用干豆腐卷几根从房后菜园里摘的大葱那就更是美味。有些时候因为道路不好走、行程又较远，往往已经日落西山，调查队员才结束一天的工作返回驻地。回到驻地时通常已是月上柳梢，简单吃过晚饭，大家也只是稍事休息就立刻投入资料整理中，严格按照规定完成当天调查信息的录入，为日后的研究做好详细资料准备。

时间虽已过去 2 年，但是调查老边岗土墙期间的点滴事情还是记忆犹新，队员们的欢笑、喜悦、悲伤、辛劳交织在一起，这些只有亲历者才能够体会、知晓。

长城调查苦与乐

——黑龙江省长城资源调查队队员随笔摘抄

踏遍青山不了情

杨枢通*

　　每当我想起牡丹江边墙，我的思绪就会飞出林立的高楼，飞过喧嚣的城市，飞到那青松翠柏绿草如茵中的古城墙上，就会想起和队友一起用如火的激情与古城墙"零距离"相处的苦乐酸甜的两年时光。

　　2008年市文物部门承接了国家项目——长城资源项目调查，9月调查队开始对牡丹江边墙江东段进行田野调查。因墙体呈线形且由浅山区不断向人烟稀少的中山区延伸，因此调查队的居住点就随着墙体延伸，走到哪就在附近找村落居住。每天早晨车把我们送到预定的山脚下，每个队员就会背起装满设备、干粮和水的厚重包裹，徒步要爬两个多小时的山路才能到达预定的墙段。山林中是没法穿凉爽衣服和短袖的，只能穿厚重的登山服和鞋，每次的攀爬队员们都是汗水湿透衣背，午饭队员们就在墙体边的草地上吃点干粮喝点水。为了能拍好每一张照片和录好每一段墙体，队员们都是边割草边测量和记录，每天至少要走二三十里山路才能完成预定的目标，一天下来队员们的衣服和脸上都结着厚厚的汗渍，肩膀都被汗水腌渍的红肿一片。冬天凛冽的山风刮到脸上像刀割一样，被雪水浸透的裤腿就像有猫在咬，又湿又痒又痛。

　　记得2008年9月14日上午9点多钟，调查车在一个地名"老虎洞沟"的分岔顺着崎岖的山路向东南方向行驶，山路因雨后形成了"酱缸"，车不时的横滑。突然车辆在泥中一个右向大横滑，接着被右侧路边一个高约1.5米的巨大卧牛石阻隔，瞬间失控，腾空而起蹿进了玉米地中。车内的队员头顶着车棚也腾空而起，在车落地的一刹那，一名队员的腰部狠狠地撞在了车内的铁护栏上，当时这名队员的脸就没有了血色。下车后

---

* 杨枢通：黑龙江省牡丹江市文物管理站。

惊魂未定的队员都围在这名队员身旁绑着护理，都以为他上不了山了，没想到他呕吐了一会、稳定一下情绪后继续又跟着我们攀爬在山路上，每个队员的眼睛都是湿润的，都没说什么，只能用好成绩和高质量来"回报"这次的意外。

2009 年 5 月，长城调查进程到半拉窝集段三道关五村附近，这时正是"草爬子"频繁出没的季节，带毒性"草爬子"的毒性极大，每年都有人死在"草爬子"的毒性上。队员们在山坡密林中爬山的时候，微风一刮，"草爬子"就像雾一样落满人的身上，随手一抓，手里都有三五个。漏皮肤的地方只要一痒，就是"草爬子"在爬行。吃午饭的时候，落下的"草爬子"像绵绵细雨一样纷纷掉在饭菜中，队员们都是边吃边用筷子往外挑。下山后每个人都脱光衣服抓身上的"草爬子"，就是这样，还有漏网的。队长后背被一个"草爬子"钻进了肉中，谁也没有发现。到了晚上，队长开始发高烧，到林业医院一检查，才知道了原因，连夜动手术取出了"草爬子"。时候大家想想都后怕。

5 月末，进程调查到西大砬子。此地落差有 200 多米，立陡石崖，几近 70 度的坡度，地势十分险要。后腰被撞的队员在腰伤还没有复原的情况下，努力克服自身的恐高症和眩晕症，拄拐手脚并用硬是爬上了西大砬子。他每行一步，都付出了极大的努力，等到山顶后，人基本瘫坐的山石上，汗水已经透过了前胸和后背。就是在这样的情况下，他依然咬牙坚持和其他队友一起工作着，并创下了单日调查墙体距离的记录。

长城田野实地调查早已结束，每当我看着快要落山的太阳和金灿灿大地的时候，我都会莫名地升起厚重的使命感。文物保护工作是一项长期的具体的工作，需要持续的、持之以恒的工作延续与衔接。也许就是众多的文物考古人默默无闻，坚持不懈，努力拼搏的精神，才使至今的文物遗存能被世人感知和认知，感受到文物遗存本体的文化内涵，也许这也就是文物工作者的最高成就和奖赏吧。

享受探寻与求真的快乐

霍晓东*

淅沥沥的秋雨打湿了绘制的图纸，刚刚标汇的墨点被雨滴放大，墨与水在浸延……，"土龙"的身躯在暮色中向远方延伸，经历近千年战乱与雪雨风霜欺凌显得更加苍凉、坚韧……，我们来倾听、探求它真实的倾诉……。三年的金界壕田野调查场景历历在目，是寂寞与快乐、是艰辛与享受，是求真欲望的满足与享受探寻快乐的过程。

---

* 霍晓东：黑龙江省齐齐哈尔市文物管理站。

金界壕黑龙江段是我再熟悉不过的古文化遗址了，不变的墙与壕和荒野，视觉变得疲劳；测量、记录、拍照等数千次不变的程序，心里变得烦躁。然而，在不变中发现了变化，心情豁然开朗，发现长城的防御结构与不同时间段的调整让我十分得意和满足。

"不到长城非好汉"，经历千辛万苦、探寻长城、求证长城的我们才有资格说"屈指行程二万"。探寻的兴奋和求证的快乐，苦和寂寞在这个过程中也就淡化了。

热爱、责任感和使命感是我们实现长城资源调查工作目标的原动力；求真、发现，是我们快乐和满足的源泉，我们享受着探寻与求真的快乐。

行进在金界壕调查征途

王大为*

7月的骄阳似火，地里的庄家被晒得"嘎、嘎"作响，蚂蚱和蝈蝈也被晒得嗡嗡啼鸣。空旷的田野大地上满是绿油油的庄家，唯有一条高于地平面的土墙似乎在告示人们一种界限，更像是在展示一段历史。一辆2020吉普车站在土墙边，5名身穿迷彩服，头戴鸭舌帽，脚穿黄胶鞋的年轻人辗转腾挪，顾不上似火的骄阳炙烤，手拿钢尺、记录本和貌似手机的东西，脖挎照相机，时而站在土墙顶瞭望、测量，时而来到墙底记录照相，并徒步沿着土墙前行，似乎是在探寻什么宝贝？这并非是电影中的一幕，这就是金界壕资源调查队田野调查一景。

在这支队伍中，由齐齐哈尔市文物管理站副站长许继生同志为队长，带领两名单位业务骨干和两名齐齐哈尔大学的志愿者共5人，他们分工明确，对照相、摄像、文字记录、绘图、测量等一一细化，责任落实到人头，这样的目的只有一个，以科学严谨的态度，运用先进科技手段，翔实记录金界壕本体及周边现阶段实况，为日后有效保护该文物保护单位提供第一手资料。

一天，为了避免中午毒烈的太阳照射，他们早上4点钟起床，天刚蒙蒙亮，大家在乡镇招待所的五人间里训练有素的起床，洗漱完毕，背上必要的设备，迅速钻进吉普车，疾驰在空旷的砂石路上。车里，队长许继生同志向各位普查队员介绍了当天的调查计划。来到预定普查位置，大家按部就班的各司其职，对金界壕的主墙、副墙和基宽、顶宽、高度、坡度、进行测量，并对周边环境、破坏程度进行记录。就在大家细致进行记录的时候，一名普查队员由于中暑，忽然晕厥，从金界壕顶部跌落，至脚踝扭伤，大

---

* 王大为：黑龙江省齐齐哈尔市文物管理站。

家赶紧进行急救，经过紧急抢救，该名队员逐渐好转，但脚踝已经慢慢水肿，无法继续前行，此时的他双手锤头，抱怨自己没有注意身体，耽误普查进度，普查队长许继生同志一面开导他，一面将其抬至车上，并布置其他队员承担测量任务，就这样，他们又继续沿着金界壕的腰身，前行在普查的征途。

10 月中旬，秋风扫落叶的日子来到了，野外的秋风格外猛烈，似一缕缕细纱从脸庞划过。原本白皙水嫩的脸蛋变成了黝黑干裂的脸庞。一旁放牧的老人看着熟悉的身影在土墙上辛勤的工作，时不时地还过来看看普查队员那些稀奇的先进设备，并用羡慕和关怀的眼神关注着他们前行。

在一片开阔地旁，一条 10 余米宽的河流沿着金界壕静静地流淌着，似乎在争着抢着向前流动，生怕凝固在河床上变成冰。忽然，在河对岸，有一个高大的身影背着一个人，赤脚在趟水过河，刺骨的河水并没有阻挡他前进的脚步，任凭河底的砂砾无情的刺痛脚心，没有停止他将河岸边上的 3 个人背过河，这个熟悉的背影渐渐清晰，原来是我们另一个普查队的队长，齐齐哈尔市文物管理站副站长辛健同志，看到另一个普查队的同志们到来，意味着此段墙体调查即将结束，大家顿时欢呼雀跃，胜似多年未见的挚友相逢。剪短寒暄过后，有人问辛健队长，"为什么要背大家过河？"他用颤抖的声音回答，"车况不允许趟这河"。"那又为什么赤脚趟河？""怕把鞋子弄湿，无法继续前行调查"。大家无语了，都用崇拜和仰慕的眼神向他表达尊敬之情。这时，一句胜似玩笑的话打破了情感流露的氛围，"好一个国民党员背一个共产党员过河的美景啊"。大家轰然一笑，继续前进在金界壕田野调查征途。

风景这边独好

王玉宝 [*]

牡丹江边墙调查结束了，但回想起来依然激动。作为一名老同志有幸能够赶上这次前所未有的专题调查，从头至尾走遍了唐代渤海国修建的这条千年长城，那种骄傲，那种自豪，终生都不会磨灭。

每天迎着朝阳出发，首先感受的便是久违的回归大自然的舒畅。我们踏遍了家乡的山山水水，跑掉过车轮，遭遇过蟒蛇，对峙过野猪。虽然是土生土长，但是还从来不知道家乡是这样美丽。山川灵秀，沟谷纵横，鸟儿在林中歌唱，小动物在山间奔跑。大地就是我们的餐桌，山溪就是我们的清泉，享受和煦的阳光，沐浴山间的清风，看花开花

---

* 王玉宝：黑龙江省牡丹江市文物管理站。

落，望云卷云舒。大有把酒临风，其喜洋洋的快意！

每天迎着朝阳出发，每天都有一次又一次的惊喜。11月2日，我们正为墙迹失踪而郁闷，爬至619米高点时，突然出现一段以石砬子做基础又加人工砌筑的山险墙，宽2～4米、长290米，曲折变化，参差错落，内外绝壁。仿佛一条神龙蜿蜒腾挪，舞动着千年不朽的生命。正在我唏嘘赞叹之时，我的目光又遭遇了另一重惊喜：前方的一座石砬子小山，极似一个面朝东方的国王，头戴王冠，额、眉、鼻、口、颌十分分明。他神态凝重，仿佛正在指挥千军万马。不知是上苍派下的天将在庇佑我的先民，还是先民们把他们心中的英雄雕成不朽的石像。由于风雨剥蚀，已看不清是自然的杰作，还是先人的鬼斧神工。再向前行，有一段坍塌严重的石墙，残留6～12层不等，内侧有2段砌有9×1米凹槽，明显是为方便站人瞭望或者射击之处。间有几处高2米、3×3米的正方形石台，似烽火台。还有一个直径3米、用大石围成的圆圈，似山泉取水口。不远处有10×10米正方形石砌房基，房基西侧有2×1.8米长方形空心石台，似是灶台。能看到这么密集的先民遗迹，我们再次震动。边墙向东北延伸59米，又与长202米、高600米的大石砬子山相接。然后沿着东偏北方向连续排列5座大石砬子，石砬子间隔14～23米不等，均以土墙或者石墙相连。我惊呼："这不是碉堡加铁丝网吗？"同事们会意地说："原来小鬼子那套是从咱们祖先这里学去的呀！"

每天迎着朝阳出发，每天都对先人的智慧一次又一次的崇敬。11月10日，我们沿着边墙向正北下山，临近谷底，边墙突然向西连续拐了9个直角，间隔10～39米不等，然后才向对面的山上爬去。开始，我们很不理解，这不是白费功夫吗？翻越了几座山谷，看得多了，我们终于明白了古人的用心，是故意在临近交通要冲处，修筑多个转角，功能相当于马面，以加强对沟谷或者道路的防守强度。我们不由对先人的智慧深表崇敬。

先人的智慧还远不止此。他们因地制宜，就地取材，有石头的地方修筑石墙，没石头的地方修筑土墙，水患地带内侧包石，江河沿岸居高临下，最令人称奇的是他们把自然山险利用得出神入化。11月16日，我们沿着边墙开始爬高，先后翻越了海拔629米、643米、658米、662米和706米五座山峰。这五座山峰都是由大石砬子和险峻的山梁连接，形成了总长2700多米的自然山险。山崩地裂，乱石穿空，壁立百丈，狂风呼啸，林涛怒吼。不用说千年前的金戈铁马，就是一支现代化军队也难于穿越这道天险啊！

立于千年边墙之上，怎能不发思古之幽情。这个修筑长城的民族身处寒荒化外之地，从肃慎、挹娄、勿吉、靺鞨一直演进到女真和满清，在中国历史上曾经两度辉煌。让人惊讶的是早在一千多年前他们就有了长城防御意识。联想到最早的赵长城、燕长城、楚长城、秦长城和最后的明长城，中华各民族在思维方式上真乃一脉相承！

每天迎着朝阳出发，每天都感受到一份沉甸甸的责任。牡丹江边墙蜿蜒于牡丹江中游、长白山余脉的崇山峻岭之中，民间流传甚多，从无文献记载。可它究竟筑于何年何代？除了目前三段还有没有其它段落？为什么都是同一走向？南城子古城是不是与它隔江呼应的防御配置？岱王山、重唇河和城墙砬子山城是不是它外围的制高点？边墙内外哪里又是当年鏖兵的战场？这些历史之谜都有待于通过我们的调查和研究来破解。

"折戟沉沙铁未销，自将磨洗认前朝"。千年的烽火硝烟早已徐徐散尽，只留下千年智慧的灵光还在沉寂的边墙上隐约闪现。能不能还原一段真实的历史，能不能留给子孙一份满意的答案？我们只有不断地努力！

每天迎着朝阳出发，心中时时充满着激动与神圣。千年边墙的断裂由我们链接，古人智慧的灵光由我们采集。我们在险峻的山脊上追寻祖先远去的背影，我们在历史的长河里打捞民族失落的记忆……

"踏遍青山人未老，风景这边独好"！

金界壕调查之我见

单丽丽 *

由于黑龙江四季分明，夏季炎热，冬季寒冷，使田野调查工作仅能在4月至7月（播种生长期）、10月至11月（收获期）期间进行，其余时间处于作物茂密期和丰水期及冰冻期无法开展田野调查工作。普查队按照普查方案，及时调整普查计划，在有限的田野调查时间里，各普查队伍起早贪黑，风餐露宿，有时为了能够顺利完成当天调查计划，甚至早上4点多钟就起床，驱车至10~20余公里外的调查现场进行田野调查。有时为了避免第二天无法完成普查计划而贪黑进行普查工作。

为了科学记录田野调查数据，普查队制订了当天数据当天整理的工作守则，每天从现场调查回到驻地后，顾不上疲惫身躯的痛苦，大家各司其职，照片影像资料整理、GPS数据整理、文字描述充实、电子地图绘制、电子软件录入等一系列工作流程有条不紊的进行着。当一切工作流程结束后，普查队长又要汇总和备份，以确保数据不流失。

由于金界壕为黑龙江省与内蒙古自治区的省界，地处偏远，远离村屯，给田野调查工作带来了补给和用餐困难。普查队员就在车里放置几个暖水瓶，面包和方便面更是整箱的储备，偶有村屯较近的区域，大家就可以到村屯内的农户家或小卖部内吃上暖和的饭菜，尽管吃的是粗茶淡饭，但这对普查队伍来说也是很奢侈和难求的。有一次在金界壕脚下，大家泡着方便面，嚼着干硬的面包时，一名普查队员忽然高叫"哎呀"，大家

* 单丽丽：黑龙江省齐齐哈尔市文物管理站。

顺势向他看去，只见他将口中的面包吐在地上，还不停的跳着、叫着，大家围过去一看，原来在他吐出的面包里有一个蠕动的虫子，大家瞬间开始嘲笑他，但转瞬都无语了，眼睛里的泪花转动着，许久后，大家用手擦擦嘴角，拍拍裤子上的灰尘，又继续前进在普查的第一线。

一份耕耘，一份收获，在5年的普查工作中，每个普查队员的每天工作时间平均在10小时左右，大家付出了常人所想象不到的困难和挫折，有过泪水，有过欢笑。回首普查的日子，大家都收获了很多，更在人生的道路上增添了辉煌的篇章。经过普查队伍的辛勤努力，最终形成了近200个分段的影像资料、近万张的图片和图纸及近千万字的调查资料。在黑龙江省文化厅的评比中，共有30余人获得金界壕资源调查先进个人，并获得金界壕资源调查组织管理奖、组织领导奖、成果一等奖和成果二等奖等荣誉。

阶段性的普查工作暂告一段落，面对我们的是针对普查的科学数据，如何加强金界壕保护工作，加大保护宣传力度，动员一切保护力量，切实有效的进行科学保护是我们今后要思考和实践的。

穿越锡林郭勒大草原

——锡林郭勒盟长城资源调查组北队调查随笔

程鹏飞 *

引 子

锡林郭勒，蒙古语为"丘陵之河"，被这条河润泽的茫茫草原叫做锡林郭勒草原。锡林郭勒草原自东向西按蒙古族部落的领地可划分为乌珠穆沁草原、阿巴嘎草原、苏尼特草原。自古以来，这片水草孕育了勤劳骁勇、灿若群星的北方民族。现在，这片草原是蒙古族牧民的主要牧场。

女真人建立金朝后，与之生活在北方和西北方的各部族的矛盾不断激化——政治形态的对立，经济资源的争夺，文化习俗的成见……最终，物化形成了几条东西横亘、不同于以往古代长城的防御体系，那就是金界壕！

界壕调查情况

锡林郭勒盟长城资源调查组北队由 4 名成员组成，锡盟文物站党组书记赛吉日格其任领队，队员为韩璐、苏德那木旺其格、程鹏飞。东乌珠穆沁旗文物保护管理所所长苏乙拉图、阿巴嘎旗文物保护管理所所长吴宝良、苏尼特左旗文物保护管理所的所长风雷、苏尼特右旗文物保护管理所所长呼日勒等参加了调查并给予了大力的支持。

自 2010 年 5 月下旬至 10 月中旬，在各级领导的热切关怀下、在人民群众的大力支持下，在调查队员的艰苦努力下，历时近 5 个月，行程 14500 余千米，细致调查了东乌珠穆沁旗、阿巴嘎旗、苏尼特左旗、苏尼特右旗境内的金界壕、边堡及其附属设施。共调查发现界壕 683.81 千米，计 148 小段（非自然分段），边堡 43 座。

---

* 程鹏飞：内蒙古自治区锡林郭勒盟文物站。

　　东乌珠穆沁旗境内共调查发现南、北两条界壕。

　　北线从兴安盟的科尔沁右翼前旗深入锡盟东北境，穿越乌拉盖河源地，东北西南方向延伸至乌兰哈达山口，折而向西北，逶迤至蒙古境，总长度为 105.50 千米，共计 31 小段。界壕内侧距离墙体 300~700 米范围内每隔 5~10 千米附建 1 座边堡，北线界壕墙体内侧共发现 8 座边堡。

　　南线由通辽市的霍林郭勒市西风口村深入锡盟境内，一直向西延伸至东乌旗中部的索里诺尔盐湖群东岸，之后消失。总长度为 130 千米，共计 34 小段，附属 18 座边堡。

　　东乌旗境内的界壕保存情况参差不齐，北线较好于南线。北线周边人烟稀少，少有人为破坏。局部地段的界壕墙体高 3~4 米，壕堑痕迹清晰可辨。只是位于河流沼泽地带的界壕被侵蚀殆尽。

　　南线主要分布在乌拉盖河下游的河泽地带，人口分布较密集，地理环境较复杂，界壕受人为破坏、流水冲刷，盐碱侵蚀、生物破坏等较为严重，大段界壕消失殆尽，许多段落与地面相平，仅能见到地表植被痕迹。

　　在界壕的建筑方法方面，大多利用挖壕筑墙的方式，墙体上未发现马面和墩台。墙体断层上很难看出明显的夯层，仅为垒筑等简单处理，并未施夯。局部段落有土石混筑结构、极少数段落直接由石块垒砌。

　　南、北线的边堡形制也不相同。北线边堡的建筑形制为边长 40~45 米的正方形土城。墙体上无马面和墩台，其建筑方法及形制与界壕墙体相同。门址一般位于南墙或是东墙正中，门址宽 4~6 米。并非每个边堡都可通视。

　　南线的边堡为边长 180~190 米的正方形土城，堡墙也是利用挖壕筑墙的方式建成，墙体外围有环壕痕迹，墙体上无马面和墩台等设施。门址位于南墙或东墙正中，宽 6~10 米。南北线界壕附属的边堡内发现标本极少，仅在部分城址内零星发现了辽金元时期的陶瓷等遗物。

　　阿巴嘎旗境内的界壕北起中蒙边境，由东北向西南方向逶迤而建，延伸至苏尼特左旗境内。总长度 163.60 千米，共计 29 小段，沿界壕墙体内侧共发现 8 座边堡。这段界壕与东乌旗境内的界壕北线形制和建筑风格相同（与东乌旗的北线界壕在蒙古国境内连为一条）。界壕保存情况参差不齐，靠近中蒙边境的浅山丘陵区的界壕普遍保存一般或较差；地势平旷、植被稀少的半荒漠草原地区界壕保存极差，甚至消失殆尽。阿巴嘎旗界壕的墙体大多被作为自然路使用，车辆对其碾压严重，人为的破坏力极大。

　　苏尼特左旗金界壕东北与阿巴嘎旗界壕相接，西南穿过浑善达克沙地进入到苏尼特右旗境内，界壕的长度为 106.34 千米，共计 23 小段，界壕墙体内侧仅发现 1 座边堡。该段界壕主要分布在干旱半荒漠草原区，受风沙侵蚀和雨水冲刷等破坏尤为严重，因此，界壕保存断断续续，大部分段落的墙体高度仅 0.3~0.6 米。壕堑的痕迹几乎与地面相平。另一个潜在的破坏因素即近年来部分界壕段落周边采矿生产日益频繁，有的已经对界壕造成了不可复原的摧毁性破坏。

苏尼特右旗境内共调查发现 2 条界壕及 8 座边堡。其中界壕主线接苏尼特左旗的界壕，东北西南方向贯穿浑善达克沙地，进入巴彦高毕。在半荒漠、荒漠草原、戈壁上逶迤西南至四子王旗境内，长度为 153.53 千米；界壕"副线"也呈东北西南走向，北起浑善达克沙地南缘，终点位于巴彦高毕腹地与界壕的主线交汇，长度为 24.84 千米。苏尼特右旗境内的界壕总长为 178.37 千米。边堡分布在墙体内侧，距界壕 300 米至 800 米的范围内，均为边长 45 米的正方形土城，墙体现存高度为 0.2 ~ 0.4 米，墙体宽 12 ~ 15 米，保存情况极差。

该段界壕整体保存状况极差，破坏及存在病害多为自然不可抗力造成，加之近年来开矿、修路等工程，对界壕也造成了摧毁性的破坏，寻致许多段落消失殆尽。

金界壕是我国重要的长城资源类型，也是重要的物质文化遗产，通过这次长城资源调查，我们采集了第一手的田野资料，详细了解了金界壕的长度、分布、建制、保存情况、存在病害以及界壕周边的自然、人文情况。为今后的保护和宣传提供了详实的资料。

调查生活片段

从 2010 年 5 月底调查开始，草原上草木萌发、莺飞燕语，到 10 月中旬的衰草接天、寒气逼人，将近 5 个月时间，调查队员们的生活就在路上，在茫茫的大草原上。经过全体队员艰苦卓绝地工作，最终完成了锡盟境内北部四旗的金界壕调查任务，横跨了东西绵延 700 余千米的锡林郭勒草原，实际行程累计达 14500 千米。调查过程几经艰险，队员们克服了重重困难，收获颇丰，感慨也颇多，令人难以忘怀！

初到东乌珠穆沁旗，为乌拉盖河源的的美景所吸引，鸟语花香，河流像飘带一样，清冽的河水，成群的牛羊，到处都是欣欣向荣……，很容易让人想到长春真人丘处机的诗"极目山川无尽头，风烟不断水长流。如何造物开天地，到此令人放马牛。"

但是在河谷地带工作的时候，纷扰的蚊群肆意地侵袭调查队员，尽管我们全服武装——蚊帽，长衣长袖长裤，高帮户外鞋，但是露在外面记录日记的双手还是时时被蚊子叮咬，肿的像面包一样，花露水和清凉油在这样种类繁多的蚊群中收效甚微。我们的日记本中竟然无意间夹了很多不同蚊子的"标本"！

乌拉盖河流域的沼泽地令我们难忘。队员们跟随界壕的痕迹，在河谷的草甸子上蹦来蹦去，起初觉得非常有趣，可是蹦一上午就觉得不是那么回事了，我们还是会滑到半尺深的水里，鞋子和裤腿经常是湿着的。更惨的是，我们的越野车好几次陷到黑臭的沼泽地里动弹不得，好在当地牧民给予我们无私的帮助，几次都是用拖拉机帮我们把车拽出来，让我们得以脱离险境。

还有一次，在乌拉盖河下游，深入到一个芦苇塘里调查一座边堡，这座边堡是在google earth 上发现的。时值盛夏，三十七八度的高温，密不透风的芦苇，脚下踩出淤泥中的沼气……眼看着前面就是边堡，就是因为隔着不知深浅的水而过不去。无奈只好返回，但是回来时迷了路，差点使我们几个中暑而困在里面。好在几个人共同努力才从里面冲出来。当然，那个边堡始终还是没有被调查到，但还是做了登记。

在东乌珠穆沁旗，我们也有幸赶上了几次那达慕大会，近距离观看了摔跤、射箭、骑马等"蒙古男儿三艺"比赛，感受到了蒙古族的骁勇和彪悍。有几次我们还被邀请到会场的蒙古包里吃手把肉，喝奶茶，这样的盛情款待让我们非常感动，也感受到了草原牧民淳朴的情怀！

在阿巴嘎旗边境调查时，恰好遇上边境事件。当地牧民举报有几名越境分子从该旗的北部进入，当时正在通缉，边防连队对边境进行了封控，严禁社会车辆和人员进入。我们被边防派出所调查，出示了身份证件，验明正身，还摁了手印，被拍了照片，随后还被告知呆着别动，我们就在边境苏木的一个小旅店里被困了三天。

在苏尼特左旗的半荒漠草原调查时，因为地旷人稀，不好进行补给，该旗文物所进行了大力配合，出动两名工作人员和一台越野车，拉上帐篷、生活用具、生活必需品，深入到荒凉的草原中驻扎下来进行调查。当一天的调查结束，晚上就在帐篷外一起做饭，草原上没有木柴，干牛粪是最好的燃料。大家齐动手，提水、烧火、切菜、做饭各司其职，那种香喷喷的干肉炖土豆是最难忘的美味。饭后，大家围坐在帐篷外牛粪火的篝火旁，头顶星空，唱着、说笑着，其乐趣穷。直到火势渐小，凉意袭来时才进入帐篷休息。

苏尼特右旗的界壕南北贯穿浑善达克沙地，沙地中局地也有蒙古语所说的"高毕"，但是这种地貌或植被并非是传统上认为的"碎石压着的沙地"，而是长着斑斑驳驳的各种小丛灌木的地貌，里面往往放养骆驼。九月的荒漠草原，已经进入深秋的阶段，早晚的温差却是一个挑战。这一带调查工作最大的困难就是界壕的保存状况极差，我们徒步走在荒漠里寻找界壕，因受风沙侵蚀严重，界壕的迹象很难辨识，时断时续，时有时无。倒是时不时可以看到出没的骆驼，它们庞大的身影使得只有风声的荒原有了一点点生气。这种荒凉的环境，也让我们对古人的驻防感同身受。

金界壕调查，不仅是一次文物调查，也让我们更多的了解了草原这种生态屏障的重要性，对生活在草原上的牧民的生产生活也有了更多的新体认。草原那种博大包容的情怀，牧民那种纯朴善良的性格，让我们永远感谢和铭记！

能参加这次调查是我们的荣幸，也是我们一生的宝贵财富！

长城，不容忽视的历史

——包头长城资源调查随笔记忆

魏长虹[*]

2009 年 6 月，我大学毕业后到了包头市文物管理处工作，正赶上全国长城资源调查。在参加此次调查之前，只到过北京的八达岭长城，因此对长城的真实意义也只停留在风景的层面上，这次能够亲身参与长城的系统调查工作，我感到十分荣幸。

这次全国性的长城资源调查是由国家文物局和测绘局共同合作进行的，主要是对全国的长城做一个彻底的调查：确定长城的长度、分布、走向及保存状况。此次长城资源调查配备了现代化设备：电脑、GPS、照相机和录像机及专门的长城资源调查数据采集系统，以便将野外取得的数据及时录入到数据库中，非常的科学、准确。另外，内蒙古自治区文物局还配发了长城调查专用车辆。

2009 年 6 月，我们组建了包头长城调查队，队长由包头市文物处副处长苗润华担任，调查队员有 2 名——杨建林和我。此外，为工作之便，我们除了携带工作所需物品外，还带有行李、锅碗瓢盆等生活用品；为保障我们健康的饮食，还雇了一位厨师，不仅给我们做饭，而且看护我们调查所用的电脑等设备，更好地保障了我们的"后勤"。距离市区远的地方我们就借宿在老乡家，村里的人都非常朴实、待我们也很友善，不仅给我们提供住的地方，而且在生活上遇到困难，他们都会帮忙解决，让我们感到家一样的温暖。

我们主要负责内蒙古自治区包头市境内的长城资源调查工作，包头具有很丰富的长城资源，主要分布在达茂旗、固阳县、土右旗、东河区、石拐区、昆都仑区和九原区，有战国赵北长城、秦汉长城、北魏长城和金界壕，总长达 600 多千米，在内蒙古的长城资源中占有重要地位。

在调查之前，我和苗处曾在呼和浩特长城调查队中学习体验了一周的时间，队友杨

---

* 魏长虹：内蒙古自治区包头市文物管理处。

建林也曾参加过明长城的调查，做过文字记录工作等，因此这次仍有他负责文字记录工作，苗处负责开车和照相，我负责 GPS、录像和 CAD 绘图。我们分工明确、配合默契，调查工作进展得非常顺利。

我们调查工作分 2 年进行：2009 年 6 月～11 月野外调查赵北长城、固阳秦长城和汉外长城内线，12 月～2010 年 4 月对野外调查资料进行室内整理；2010 年 5 月～8 月野外调查汉外长城北线、北魏长城南线和北线及金界壕，这次调查完成后，我和苗处 2 人又参加了呼和浩特市武川县汉长城和金界壕的调查工作。9 月～2011 年 5 月对野外调查资料进行室内整理。经过这两年的野外调查工作及室内整理，我对长城有以下几点肤浅的认识：

第一，对长城修筑方法的认识。大都是就地取材，或用土，或用石或利用山险，修建于山坡之上，或平地上，各时代的长城规格（包括长、宽、高）都有着严格的要求。赵北长城、秦长城都有烽火台，烽火台主要分布在长城内侧，多位于山顶上，有的为土筑，有的为石筑，保存较好的非常高大雄伟。在山谷或山顶上较平的地方还建有障城，规模在 20～120 米不等，为驻兵的地方。金界壕墙体上有马面分布，相距近的 200 米，远的相距 500 多米，与马面同时存在的还有铺房和边堡，边堡边长在 40 米、80 米、90 米、120 米不等。这样墙体、烽火台（马面）和障城（边堡）相辅相成，构成完整的防御体系。

第二，对长城的认识和宣传力度不够。我们在调查中发现，当地人对长城（又称"边墙"）知道的很少，只有年龄大的人知道。只知道有一条边墙，不知是做什么用的，更别说是什么时代的了。一说起长城，人们只知道北京的八达岭长城、河北的山海关长城，对其它时代的长城则一无所知。我作为一个考古人员应该做一些应有的宣传工作，有义务让更多人知道关于中国瑰宝古代长城的历史价值和意义，让"长城"一词在人们的心中生根发芽，让其在人类历史的长河中留下足迹。

我梦想着举办一个长城资源调查的展览，以立体的三维形式描绘并用采集的标本来介绍长城的修建历史，让人们对我们祖先留下的遗迹——长城有一个全新的认识。

第三，对长城破坏严重。为了追求现代经济的快速发展，人们大肆地修建公路、铁路、开矿、采石、挖土，甚至直接利用长城墙体做耕地，这对长城造成了极大的破坏。由于我们认识的匮乏，长城墙体在不断地缩短，如果再受不到应有的保护，在不久的将来长城将永远消失在我们自己的无视中。

第四，对长城应设置专门保护机构。例如在包头，长城归包头市文物处管理，其他各旗县文物管理所只做配合管理，没有指定专门的保护人员。另外，我认为在长城沿线树立保护标志的同时，还应该配备专人或者雇佣当地人进行看护，让保护长城的意识深入人心。更重要的是加大宣传力度，让人人都参与到保护长城资源的活动中来，这样人们就不会去破坏了。我们现在的每个人都有义务制止任何让长城遭受道路碾压、修路取土、耕地破坏、踩蹋等人为的破坏行为。我们的祖先耗费那么多的人力、物力、财力修筑了长城，今天的我们就有义务、有能力保护好它、爱护好它。

我认为再修建能体现长城本身的、能代表长城的标志性建筑，形成一条"标志线"，让当地人、游客、长城爱好者、专家学者等各界人士，能够一目了然地看到长城，而不用询问任何人。

第五，对长城做好保护规划。要始终坚持"保护为主、抢救第一、合理利用、加强管理"的方针，加大保护力度，采取有力措施，努力保护好、传承好、利用好、发展好。长城是先人留给我们的宝贵的历史文化遗产，其文化内涵丰富而又绚烂多彩，我们保护长城的同时，可以合理利用，发挥其应有的价值。

包头固阳秦长城的开发与利用就是个先例。每年举行秦长城文化节，丰富人们的精神文化生活，让人们从紧张的工作情绪中解脱出来，用心去感受、去聆听一下我们伟大祖先的豪迈胸襟和金戈铁马的豪情壮志。

第六，成立长城研究机构。通过长城资源的调查，我们发现了许多新的研究课题。如此浩大的工程，究竟耗费了多少人力、物力和财力？是谁设计的？怎么施工的？遗物不完整是什么原因？诸如障城、边堡烽火台的分类，功能研究，驻守的人员……。结合文献资料，把对长城的研究工作做得更细致、更系统、更全面。

作为一名文物工作者，有责任宣传长城知识、有义务保护长城源源，当然也可以适当地进行开发和利用，发挥长城应有的价值，最重要的是让更多的人参与到宣传、保护长城的队伍中来，这将是千秋万代的益事，唯有这样，长城才不会在历史的长河中被人遗忘。

寻访把都河堡

姬翔月[*]

2007 年 9 月 21 日，一个普通却叫人难以忘记的日子。这一天，我们陕西长城调查一队——营堡调查队按计划如期调查了吴起县的把都河堡；也正是这一天，让我深深体会了调查工作之艰难。时间过去一个月了，今日忆起，其时情景依然历历在目。把都河，就像一个神奇的名字，把我的思绪一下子带回到那个扑朔迷离、孤寂难寻的地方……

那是一个晴朗的早晨，吃过早饭，我们便驱车上路。因为目的地把都河堡在史书和相关资料中记载过于简单，所在位置不清，且从异乡的群众中也没有了解到确切的信息，所以，我们只能由一句"那里有一个旧城子"作为线索前往调查。面包车行驶在新修的柏油公路上，好不容易见到一个赶牛车的老汉，大家喜出望外，赶快询问情况。很幸运，老人正是当地人，他为我们指明了方向。果然，不一会，透过车窗就照见远处山头上的烽火台了。大家一阵兴奋，根据几个月的工作经验，我们判定城堡就在烽火台的附近。可是这里地形复杂，到处山峦相连，沟壑纵横，哪儿才是我们要找寻的地方呢？又是从哪里才可以到达呢？我们的车子只能继续前行，等待过往路人指点迷津。当老乡告诉我们"旧城子就在沟底，沿语录牌前的旧公路进去"后，我们掉转头，放心地按照他的话由一条旧路下山。然而，车行至半山腰时，路边的村民告知我们：错了！我们不得不原路返回，于下一道公路进沟。

在迂回曲折的山路上颠簸了一阵后，一道宽阔的河沟终于呈现在眼前。这时我们又疑惑了，沟内有碧绿的青草，有或隐或现的滩水，这儿应该就是曾经充满活力的把都河吧，城堡怎么会建在沟底呢？满心的困惑，一脸的无奈，车子漫无目的地行驶。翻过沟坝，在山路上碰到几个赶农活的村民，他们声称，城堡正是建在这座山的山顶上。为安全起见，我们将面包车停放在公路边，背着工具徒步爬山。山很陡立，高差约有二三百

---

* 姬翔月：陕西省榆林市文物保护研究所。

米，加之毒辣的太阳照晒，才爬了一小半，大家就已经汗水淋漓了。我落在队伍的最后，正准备迎头赶上，前面却传来队员的侦察结果。原来山顶上只是一片耕地，什么建筑也没有。所有人都像泄了气的皮球一样，瘫坐在地上。费了这么大的周折，竟然一切都是徒劳。队员小乔兼职司机，他为让大家节省时间、减少体能消耗，不顾自身疲劳，独自下山取车，准备绕道至半山腰接大家下去。

不曾想，一件意外的事情发生了。小乔在下山途中，腿软滑落，人从两米高的崖畔上摔下，腿受伤了。等我们下到公路时，他的腿已经肿起很高。当时也没有任何救急措施，他只能忍受疼痛，就地休息。我们则抓紧时间，经多方探问，最终确认旧城子就在沟对面的山上。再不会有比此时更让我对陕北信天游"见面面容易拉话话难"理解得透彻、体会得深刻的时候了！把都河堡，它就在眼前，它是如此地相近；隔了一道沟，它又是那样的遥远！不管怎样，目标终于锁定，心中不再迷茫。

继续下山到沟底，沟内边上清浅的河水静静地流淌，水草自在生长，成群结队的小鱼儿在其中欢乐游戏。看到这样悠然闲适的风景，浑身的疲劳顿时轻松了许多，我和队长还忙中偷闲逮了几条小鱼养在矿泉水瓶里。越过沟滩，上山的小路潮湿打滑，我们不得不拽紧草根，谨小慎微地踏好每一步。中午12点钟，终于进入到翘首以盼的城堡内。

今天的把都河堡已经破败不堪，全然没了昔日的风光。也许只有山上残存的两道城墙和高大坚固的烽火台尚且可以见证城堡曾经的辉煌和历史的沧桑，以及先人过人的智慧和超常的苦力?！城里冷清地住了四户人家，全是老弱病残者。和其他地方一样，有能耐的年轻人都随社会大潮流由农村走向了城市。"归去来兮？田园将芜胡不归！"再过几十年，这座寂寞的小村庄，连同它的历史，会不会真的就从人们的视线中彻底地消失了？想到这，一丝伤感不禁从心底油然而生。我们想在这里吃一顿中饭，也没能如愿。幸运的是，正在山上收割庄稼的热情的藏姓大叔大婶得知我们还没吃中饭，便慷慨地将自己带的月饼和西瓜拿给我们充饥。这是一顿特殊的"午餐"，也许就是那一块月饼的力量，才保证我们在行走二十多里、奔波七个小时、体力严重透支的情况下，圆满完成了全部调查任务。

回去的路上，我们都疲倦地睡了，只有小乔，忍受着疼痛和煎熬继续开他的车。到了驻地后，吃过饭，队长断然决定由另外一名队员开车到吴起县，以免耽误病情。后经医院拍片确诊，小乔小腿骨折，当时就打了石膏治疗。这是我们最不愿意看到的结果，大家的心情忽然变得格外沉重。晚上住宿在一个由火锅店改装的窑洞式小旅馆里，紧张劳累了一天的队员们，早早地就进入了梦乡……

这一天，是我们从事营堡调查工作四个多月以来感慨最多、感受最深的一天。它被定格在我的记忆中，在将来经意或不经意间，我都会想到它，想起我们共同经历和面对的一切……

在长城队的那些日子

贺慧慧*

那一年期末考试还未结束时，便接到暑假去参加长城资源调查通知。心情久久难以平静。在钢筋水泥的城市蜗居了大半年，终于有机会能去田野看看，听听风儿吹过，看看黄沙飘动，回到日思夜想的家乡，喝浓郁的小米粥，吃劲道的手擀面，听亲切的家乡话。一番激动的筹备行装之后，踏上去陕北长城资源调查的征途，开始了充满感动与伤感的田野考古生活。

感动篇

在队长和队员的帮助下，我这个新学徒逐渐地学习着掌握各种仪器的操作，习惯着规律有序的考古生活，当初刚来时的激动渐渐消退。后来的一天，因为一句曾经的玩笑，这个说了不再哭泣的女子，还是哭得一塌糊涂。

那是在进入毛乌素沙漠以后的事情了。风沙侵蚀严重，队长号召大家分散开来寻找长城遗迹。走着走着，忽然发现前后左右都是连绵起伏的沙丘，早已不见了队友的身影，寂静的沙漠里，只有一串串稀奇古怪的脚印。之前关于沙漠中有狼出没的言论，霎时涌入脑海，直觉四面八方的沙丘背后，都有成群结队的狼冲来，泪水刷刷的往下流。归队后，不仅未受责备，还收到各方来电以示安慰。

长城沿线的居民，颇为热情，无论是炎炎烈日，还是凛凛寒风，只要有需求，村民都会很热情的带路，穿越在漫漫黄沙中，茂密的荆棘丛中。即便在严重缺水的村落，村民都很慷慨地邀请我们喝茶喝水。这些朴实的村民，用他们的卑微，默默支援着国家的文博事业。再多的委屈、劳累和艰辛，都会融化在村民们诚挚的微笑里。

为了准确测量墙体的长度、宽度、高度及夯层厚度等数据，经常需要与墙体零距离

---

* 贺慧慧：陕西省渭南市文物保护考古研究所。

接触。这在以风沙草滩地貌为主的黄土高原，不算艰辛。而在农业经济发达的关中地区，颇为不易。墙体基本顺地势延伸。落差高达三四米的区段，要么选择跳下去，要么选择原路返回，然后穿过田地。为了节省体力和时间，大家通常选择跳下。这可苦了男队员们。他们先要自己探路，开辟出一条安全的道路。这时，标杆的功用得到充分发挥，被用来拨开断面处的荆棘，再做撑杆跳状，平安降落地面，然后扶持我们这些女子先后降落。还记得那一次在合阳县东杜家源村长城段，梯田落差大，泥土疏松，荆棘遍布，于师兄奋勇之前，平安落地后，他一脚撑地，一脚踩在断面上松软的泥土中，待我们下降时，就有了这人造的台阶，安稳落地。其实，在长达数月的野外调查中，几乎天天要上演这样的场景，因为于队长的协助，我们从未负伤，甚至少有滚滑的惨状。

伤感篇

在陕北秦长城线上调查的那段日子里，每天所见不是断壁残垣就是瓦片黄沙。转战关中地区后，长城遗迹保存状况有所好转，但前日尚存遗迹，次日即被群众破坏殆尽的事例并不鲜见。每每见此，心中都有不尽的苍凉。这个曾经固若金汤的防御工程，也禁不住岁月的摧残。而历史上，对长城损毁的记载，除了自然灾害和敌寇侵扰之后，亦有不少是关于女子的记载，越是漂亮的女人，越是红颜祸水。长城沿线的烽火台，大多坍塌呈卧鲸状，有名可考者聊聊无几。籍籍无名的骊山，因了褒姒的几声笑，名扬千古，华夏历史也从西周踏入了东周。山海关，因了陈圆圆被抢，守将吴三桂引兵入关，历史的进程就此转了一个弯。千百年来，世人都怒骂褒姒、陈圆圆之流红颜祸水。殊不知，红颜只是薄命，并不是祸水。

褒姒原本只是被乡村野夫收养的女子，因相貌出众被褒珦之子洪德以布帛三百匹买来，敬献幽王以救其父。幽王见褒姒后龙颜大悦，恩宠有加，还上演了"烽火戏诸侯"的闹剧。陈圆圆更是命苦，原本只是一个普普通通的歌妓，先被吴三桂房入府中；北京城破之时，又被李自成抢去。吴三桂一怒之下，引清兵入关，千里追杀李闯王，于是留下了冲冠一怒为红颜的典故。

褒姒和陈圆圆这样的女子，背负了千百年红颜祸水的骂名。被房且下落不明的褒姒，在众多的史籍中都被批判"周幽谁诛，焉得夫褒姒?"陈圆圆至少还有吴梅村在《圆圆曲》中为其说了几句公道话"尝闻倾国与倾城，翻使周郎受重名。妻子岂应关大计? 英雄无奈是多情。全家白骨成灰土，一代红妆照汗青!"这多少算是有点安慰吧。哭倒长城的孟姜女是又一个悲剧式的女子。得闻丈夫死讯的那一刻，孟姜女心中定是无限凄凉吧，新婚燕尔的丈夫，被征丁去修筑长城。出征的那一别，竟成了天人永隔，连丈夫的尸骨都未能得见。

　　我们这些小女子，在学校过惯了懒散的生活，没课的日子里，经常早饭午饭并做一顿，中午出门都会涂抹层层防晒护肤产品。在参加资源调查的日子里，天天起早睡晚，自不待言。因为路途遥远，条件艰苦，早晨七八点时分进食早餐，而且是要预防没有午饭的早餐，吃不进去也要使劲吃。没有足够的体能，无法支撑高强度的田野工作。午饭要视情况而定，或者就近的乡镇找个小饭馆，或者用自带的面包火腿肠矿泉水充饥。长时间的风吹日晒，皮肤粗糙黝黑是不可避免的。大家经常相互调侃，长城队锻炼体魄，帮助减肥，还能荣获一套黑珍珠首饰。晒伤的皮肤，往往要数月才能恢复过来。那些扎进皮肤里的酸枣刺儿和花椒树刺儿，就像是长出的黑痣，成了永恒的印记。

　　长城资源调查项目已近尾声，离开一线调查也已近两年。但那些在长城线上或快乐、或忧伤、或激动、或失落的日子，恍如昨日。各位长城资源调查队员，以及褒姒、陈圆圆、孟姜女等等，都是飘荡在长城线上一道永恒的风景线。

后 记

长城，中华文明的象征，人类历史上最伟大的工程之一，也是闻名天下的世界文化遗产。

长城绵延万里，横亘中国北疆，守护了中华民族两千余年。一方面，它保卫着中原农耕民族的生产生活，使之免受北方游牧民族的侵扰；另一方面，作为一条纽带，长城内外的中华儿女又被它紧密联系在一起。

17 世纪以来，长城的军事功能逐渐淡去，长城逐渐废弃。到 20 世纪初叶，在自然与人为的双重破坏之下，长城已成断壁残垣。

告别了金戈铁马，旌旗狼烟，却迎来了全世界学者们的关注。自 19 世纪开始，国内外学人们对长城进行了大量调查研究。

时至今日，长城研究材料和成果可谓汗牛充栋。但由于长城体系过于庞大复杂，再加上社会政治、经济条件和研究方法的局限，人们长期以来始终无法了解长城的全貌，遑论系统研究了。

新中国成立后，国家陆续对一些长城段落进行了重点修复，但长城的破坏依然严重，长城的面貌依然模糊。长城的恶劣境况并未得到根本改善。改革开放以来，大规模的建设活动使得长城面临着更大的破坏威胁。

可喜的是，保护和研究长城的工作得到了党和国家应有的重视。从 1984 年邓小平同志提出"爱我中华，修我长城"的口号，到 2006 年《长城保护条例》的颁布，社会各界对长城的关注达到了新的高度。

根据《"长城保护工程（2005～2014 年）"总体工作方案》的计划要求，一项由国家主导的，史无前例的长城调查工作——国家长城资源调查工作于 2007 年正式展开。

长城资源调查历时 5 年，在国家与各省文物、测绘部门的通力合作下，集合了考古、古建、历史、地理、测绘等各专业的一大批优秀专家、学者和调查队员，运用田野考古调查与测绘技术相结合的方法，对中国境内全部的长城遗存进行了地毯式的调查记录，可以说第一次基本摸清了长城的家底。

2012 年 6 月 5 日，在北京居庸关城墙脚下，召开了长城长度新闻发布会，国家文物局正式向社会公布了本次长城资源调查的精确数据：中国历代长城，全长21196.18千米，途经黑龙江、吉林、辽宁、北京、天津、河北、山东、内蒙古、山西、河南、宁夏、陕西、甘肃、青海、新疆15个省（自治区、直辖市）的403个县域，共包含春秋战国、秦汉、南北朝、隋、唐、五代、宋、辽、金、明等时代的长城遗存43721处。其中墙体10053段，壕堑1762段、单体建筑29507座、关堡1120座、相关设施189处。

　　本文集的内容，可以说是对这次调查工作的全景展示。文集共分为三个部分：第一部分是参与长城调查的各省（自治区、直辖市）文物管理部门和调查队对本省调查工作过程、成果的介绍以及相关的经验与思考，使我们能够对长城调查工作的具体情况有一个比较清晰的认识；第二部分则是研究者在长城资源调查成果的基础之上完成的学术论文；第三部分包括了长城资源调查工作的参与者们结合自己的真实经历完成的随笔散文，以及他们在审视长城时脑海中的灵光一现，展示了他们最为真实的喜怒哀乐，还有他们对长城的理解。相信在阅读过这一部分之后，调查工作的艰辛与乐趣、调查队员们的形象以及长城的形象都会在读者心中更加鲜活。

　　记录长城、保护长城是一项紧迫而责任重大的工作。长城资源调查只是长城保护工程的开始。长城所受到的威胁并不会因此而消除。我们现在做的只是使长城保护研究管理对象更加明确，采取措施更加有针对性。守护长城，仍然任重道远。

　　抚今追昔，展望未来，我们今天所能看到的明长城，在千百年后将是何等面貌？我们这一代人无法给出答案，却可以设计答案。

　　希望本文集的出版能够使更多的人关注长城，关注长城保护工程，也更加深刻、全面的认识长城和那些为保护、管理、研究长城殚精竭虑、艰苦奋斗的人们。

　　"文化遗产只有与民众发生感情才最安全"。我们也希望本书能够唤起最广大读者对长城的民族情感和保护意识，希望读者不但能通过本书获得知识，同时也接受一次心灵震撼。相信在全民族的共同努力下，这个象征着中华民族的伟大工程必能够屹立不倒，永存于世。

　　需要说明的是，本文集的编辑与长城认定工作几乎同时开展。换句话说，文集开始编辑之时，田野调查工作已基本完成，但长城资源调查项目尚未结束。因此，本文集可以说是对长城调查工作的一次"趁热打铁"式的阶段性汇报。其中所涉及的长度、遗存时代数量等数据只是对调查材料的初步整理结果，并非最终结论。长城资源研究是一项长期学术活动，对长城的认识也会仁智可见，我们希望加强和促进长城研究的总结和交流，推动对长城认识的深化。

　　同时，我们也希望本文集能够引起学界对长城研究与保护工作更多的关注，起到"抛砖引玉"的作用，切实推动长城研究不断取得新的进展。

　　最后要向奋斗在长城保护战线上的人们表示衷心的感谢。没有党和国家的高度重视，国家文物局、国家测绘局领导同志和各级政府部门的大力支持，没有中国文化遗产研究院长城项目组和各省长城专家的悉心指导和严格检查监督，没有战斗在一线的国家和各级文物考古、建筑和测绘部门专业人员的筚路蓝缕，就不会有长城资源调查项目的顺利开展和本书的出版。

　　另，吴加安、成大林、李文龙等专家对本文集的编写提出了宝贵意见和建议，在此向他们一并表示衷心感谢。

长城资源调查工作项目组

2012 年 9 月